现代政治经济学教程
（第二版）

李 由 王淑芳 著

中国财经出版传媒集团

经济科学出版社
Economic Science Press

·北京·

图书在版编目（CIP）数据

现代政治经济学教程／李由，王淑芳著． -- 2 版．
北京 ： 经济科学出版社，2025.1． -- ISBN 978 -7 -5218 -
6301 -7

Ⅰ．F0

中国国家版本馆 CIP 数据核字第 2024313TR1 号

责任编辑：李晓杰
责任校对：隗立娜　王苗苗
责任印制：张佳裕

现代政治经济学教程
（第二版）

李　由　王淑芳　著

经济科学出版社出版、发行　新华书店经销
社址：北京市海淀区阜成路甲 28 号　邮编：100142
教材分社电话：010 - 88191645　发行部电话：010 - 88191522
网址：www.esp.com.cn
电子邮箱：lxj8623160@163.com
天猫网店：经济科学出版社旗舰店
网址：http://jjkxcbs.tmall.com
北京密兴印刷有限公司印装
787×1092　16 开　32 印张　700000 字
2025 年 1 月第 2 版　2025 年 1 月第 1 次印刷
ISBN 978 -7 -5218 -6301 -7　定价：78.00 元
（图书出现印装问题，本社负责调换。电话：010 - 88191545）
（版权所有　侵权必究　打击盗版　举报热线：010 - 88191661
QQ：2242791300　营销中心电话：010 - 88191537
电子邮箱：dbts@esp.com.cn）

内 容 简 介

政治经济学是社会科学和马克思主义的基本组成部分。马克思去世后,资本主义经济出现了许多新现象、新问题,这就要求在坚持马克思基本原理的同时,经过多元性吸纳和批判性综合,对政治经济学进行创新性发展和现代化叙述。本书共九章,根据对资本主义经济从产生、发展到当代的观察和分析,按照资本永无止境地追逐剩余价值的经济规律,从商品生产和商品交换出发,依循从劳动、商品、货币到资本,从价值创造、价值交换到价值分配,从个别资本、再生产到总资本、社会再生产,从国内经济到世界经济的进程而展开的个人与整体相统一、逻辑与历史相统一的研究方法,创新性地构建了基于社会分工、财产私有制、市场方式条件下的价值和剩余价值的生产、实现和分配的马克思政治经济学的完整结构和统一体系。本书是对2015年版《现代政治经济学教程》的全面修订,可供哲学、经济学、社会学、政治学、历史学、管理学等学科和专业的本科生、研究生教学和研究使用。

自　　序

在人类经济活动的商品化、货币化、全球化、知识化、数字化的大时代，潜心研究基于斯密、李嘉图、创新于马克思、恩格斯、转向于门格尔、马歇尔等人的政治经济学，费力编写内容沉郁的政治经济学教科书，似乎是一件非常不合时宜的事情。然而，只有充分坚定地保持温情、理性和敬意，设身处地了解斯密、马克思等人的时代，全面准确地阅读斯密、马克思等人的著作，才能够清醒地认识和理解人类的和中国的历史，面对严峻复杂的国际环境、艰巨繁重的国内改革开放发展任务和人类新一轮科学、技术和产业变革，继承和发展斯密、马克思等人的经济理论，坚持解放思想、实事求是、与时俱进、求真务实，科学地推动和文明地建设人类的和中国的世界。

一个多世纪以来，经典作家特别是马克思、恩格斯对人类社会发展产生了全面、深刻、持久、复杂的影响。举凡各国的农民、工人运动，欧洲的经济民主和社会福利制度，俄国、东欧和中国的社会主义革命、计划经济建立以及后来的体制改革，都受到马克思、马克思主义的影响或指导。社会主义国家在转型过程中暴露了多种多样的社会经济问题，在1997年亚洲金融危机、2000年互联网发展受阻、2008年世界经济危机猛烈爆发和2020年新冠疫情全球蔓延，以及亚非拉众多国家长期陷入发展陷阱的情况下，众多经济学家或隔靴搔痒、或头痛医脚地描述、解释或批评之后，对资本主义经济进行了系统分析和深刻批判的马克思经济理论愈加显示了其持久而强大的生命力。在现代思想史上，马克思拥有的批评者和辩护者可能比任何其他理论家都要多，尽管他们大多并不胜任批评或辩护工作。1999年，英国剑桥大学文理学院发起评选"千年第一思想家"，马克思、爱因斯坦分居第一、第二位；同年，英国广播公司（BBC）在互联网上评选"千年第一思想家"，结果同上；2005年，在英国广播公司关于古今最伟大哲学家的3万名听众调查中，马克思依然高居榜首。2018年，在亚马逊网上书店（Amazon.cn）输入"马克思（Marx）"，至少有8000本中外文的书籍，是爱因斯坦的两倍，更远超休谟和斯密。

即便在欧美权威的或主流的经济学教科书、辞典、思想史中，马克思仍然居有崇高的地位。比如，在熊彼特《经济分析史》、萨缪尔森第18版《经济学》、马克·布劳格《经济理论的回顾》、亨利·威廉·斯皮尔格《经济思想的成长》、默瑞·N.罗斯巴德《古典经济学》中，马克思都是浓墨重彩的一章。在经济学科最权威的、约翰·伊特韦尔等人主编的《新帕尔格雷夫经济学大辞典》四卷中，仅"马克思""马克思主义价值分析""马克思主义""马克思主义经济学"辞条就有30页。更不要说，马克思在《不列颠百科全书》《布莱克维尔政治学百科全书》等工具书中的位置。2011年，美国田纳西大学、乔治梅森大学4名经济学教授在 Econ Journal Watch 上发起、299名经济学教授投票评选"最喜爱的经济思想家"，马克思与斯密、李嘉图、马歇尔、穆勒名列21世纪之前经济学家的前五名。直到当今，避而不谈马克思依然是不可能、非理性的事情，马克思提出的许多命题一直是横亘于人类经济发展和社会进步中的思想通衢。

一

人类不是依赖自然性资源而生存、繁衍的生物物种和自然个体，而是具有增长变化、多种多样的欲望或需要的生物物种和社会个体。"哲学家只是以不同的方式解释世界，而问题在于改变世界。"人类为了满足其生存、繁衍和发展的各种需要，解决其社会性资源特别是物质资料供给的稀缺不足，独立自主，勇敢探索，不断试错，理性实践，从一万多年前的原始农业经济、自然经济发展到当代市场经济、知识经济，这就是人类劳动的自然的和历史的发生发展过程，人文学科、社会科学都是关于个人的也是人类的存在和意义、需要和供给、思想和行动、目标和手段的探索，都是人类劳动如何认识和改造客观世界、不断满足人类的各种需要的实践过程。从政治经济学或经济学的角度看，人类为了满足其物质性的需要，必须投入劳动以及劳动创造的物质资料，采取一定的生产方式，占有、生产、交换、分配、消费物质资料，这就是人类的经济活动。在人类历史上，资本主义的经济、政治、知识活动发挥了革命性的作用，创造了一个物质文明、精神文明高度发达的新世界。资产阶级在它的阶级统治中所创造的生产力，比人类过去一切世代创造的全部生产力还要多、还要大。配第、魁奈、斯密、李嘉图等人开创的政治经济学或古典经济学就是研究人类经济活动特别是资本主义经济活动的一门社会科学。

马克思以工人阶级的解放为己任，但他出生在资产阶级的家庭；马克思不是资本主义的朋友，但他是资本主义的卓越学生。马克思后半生定居资本主义最发达的英国，栖身伦敦极脏乱的某处公寓。在观察和分析资本主义经济活动，继承和批判以往的经济理论的基础上，马克思等人创立的政治经济学主要以资本主义生产方式为研究对象，系统研究资本主义经济的产生、运行和发展问题，着重揭示资本主义生产关系的性质及其运动规律。马克思、恩格斯1848年发表的《共产党宣言》还概括了未来社会的核心命题，每个人的自由发展是一切人的自由发展的条件。马克思1859年在《〈政治经济学批判〉序言》中又指出：人类始终只提出自己能够解决的任务。尽管许多人将马克思、恩格斯等经典作家对于资本主义的分析和批判丢在了一边，但马克思的《资本论》等一系列著作并不只是维多利亚时代和第一次工业革命的巨著，而是留给后人的宝贵的精神财富。在经济学、社会学、政治学、历史学、管理学等人文学科、社会科学领域，马克思可以被批评、修正或贬斥，但从来没有被忽视、埋没或超越。

中国一百多年来的改良和革命、开放和发展的过程，就是不断寻找和吸收世界文化先进成果，探索和推进中国现代化的过程，而人为主体、唯物主义、科学发展的逻辑和历史相统一的马克思主义最终成为我国实践的指导性思想。在20世纪80年代以来的改革浪潮中，苏联东欧国家经济政治体制发生剧变，中国也逐渐脱离苏联模板的政治经济体制,并在1992年前后终于确立了社会主义市场经济和民主政治的改革目标和发展道路。随后,中国取得了因对外开放和自由竞争而带来的巨大成就,也遭遇了因市场发育不完全、市场竞争不规范而产生的严峻后果,1997年亚洲金融危机、2008年世界经济危机、2016年中外经济冲突和2020年全球新冠疫情更全面影响了国内经济发展。如何认识市场化、多元化、全球化的经济改革?中国发展中的问题主要是市场化的产物,还是反市场的结果?中国未来的发展目标和发展方式是什么?坚持个人和整体的社会统一、逻辑和历史的认识统一、理论和行动的实践统一的政治经济学依然保持强大的解释能力,依然是当代重要的理论工具,可以科学分析和准确回答世界和中国发展中的问题。

如何认识马克思和马克思主义的政治经济学,如何编写马克思范式的政治经济学教科书?显然,对于任何一种有影响的理论,盲目地顺从、刻意地剪裁和武断地否定都不足取。马克思主义不是空想、教条和定论,马克思主义是一种理论、方法和工具。热情洋溢地赞扬资本主义的是马克思,鞭辟入里地批判资本主义的也是马克思,而"怀疑一切"是马克思的座右铭!政治经济学既是一个全面深刻的理论体系,也是一种创新演进的知识生态。马克思的《资本论》问世一个多世纪以来,人类迎来了第二、第三次科学革命和第二、第三次工业革命,资本主义生产方式发生了一系列重大变化,从产业(工业)资本、商业资本主导的工业时代走向金融资本、知识资本、数字资本主导的后工业时代。特别是20世纪七八十年代以来,多种政治经济学思潮相继兴起,社会主义国家展开了全面改革,世界经济转向了知识化、数字化,马克思分析的经济现象和提出的经济理论从条件、内容到形式都出现了重大变化,如何与时俱进、创新发展政治经济学更是一个巨大的理论难题。包括所谓的德国修正主义、苏联列宁斯大林主义,以及总称为西方马克思主义的诸多学派,如考茨基、希法亭、卢森堡、列宁、托洛茨基、布哈林、斯大林、卢卡奇,以及米哈尔·卡莱斯基、莫里斯·多布、奥斯卡·兰格、保罗·斯威齐、保罗·巴兰、森岛通夫、欧内斯特·曼德尔、置盐信雄、伊曼纽尔·沃勒斯坦、约翰·罗默、大卫·哈维、塞缪尔·鲍尔斯等人,继承并运用马克思、恩格斯的理论和方法,吸收各种经济理论和其他学科的新成果,考察分析资本主义经济发展中的新现象和新问题,回答人类经济活动提出的新课题,形成了各种各样的马克思主义经济理论。如此,才可能坚持政治经济学的科学性和批判性,保持政治经济学的生命力和竞争力,完善政治经济学的有效性和正当性。

二

政治经济学这门课程或学科在中国既泛指马克思主义关于前资本主义、资本主义和社会主义的经济理论,又特指马克思主义关于资本主义的经济理论,本教材主要介绍马克思、马克思主义的资本主义经济理论。但马克思关于资本主义的研究卷帙浩繁,内容博大精深,读一遍他的主要著作就是毅力、智力和精力上的严峻挑战。对于初学者,可能还需要借助教科书、辞典、传记等入门性、辅助性的读物。国内外已经出版了大量的教科书,但在分析方法、内容安排、编写体例等方面还有待完善。经过反复阅读和思考,笔者还是决定根据马克思主义的基本原理和教学要求,力求既准确理解和系统表述马克思、恩格斯等经典作家的经济理论，突出和深化对基本概念和原理的认识，又吸收、综合马克思主义经济学和非马克思主义经济学的研究成果，修正古典政治经济学的某些知识和结论，反映经济发展的时代特征和政治经济学的重要发展，重新撰写一部尽可能达到体系完整、方法科学、内容精当、结构合理、逻辑严密、体例规范、风格突出的教科书，这就是这本教材的写作初衷。

在研究和叙述的方法上，既继承马克思从具体到抽象的研究方法和从抽象到具体的叙述方法相结合的科学抽象法，又尝试吸收现代经济学以及其他学科的研究成果，以期准确分析资本主义经济的运行过程和发展规律，全面揭示资本主义生产方式的本质特征和内在矛盾。在科学研究上，马克思提倡的逻辑和历史相统一的理论原则至今依然是科学研究的基本法则。科学的研究必须充分地占有材料，分析它的各种发展形式，探寻这些形式的内在联系。只有这项工作完成以后，现实的运动才能适当地叙述出来。而有效的叙述则可能反其道而行之，采取从抽象到具体、从一般到特殊的叙述方法。理论的研究一旦完成，材料的生命一旦在观念上反映出来，呈现在我们面前的就好像是一个先验的结构了。马克思就是从劳动产品的商品形式、从商品的价值形式这一抽象、一般的概念出发，逻辑演绎地分析资本主义的经济活动。诚如马克思在《资本论》第一卷第二版跋中引用他人的评论而自我解嘲："如果从外表的叙述形式来判断，马克思是最大的唯心主义哲学家；而实际上，在经济学的批判方面，他是他的所有前辈都无法比拟的实在论者。"

本教材在坚持了马克思基本理论的同时，尽可能运用现代经济研究的方法和成果，系统分析和有效叙述政治经济学理论，争取在经过多元性吸纳、批判性综合的基础上，对政治经济学进行创造性转化和现代化叙述。这种努力突出表现在第一章关于政治经济学的一般思考，第二章关于劳动、商品和价值的理论分析，第三章关于货币的产生、形式和职能的分析，第四章关于资本运动和剩余价值生产的两阶级、产业资本的模型分析，第五章探讨的资本积累、知识生产、分工扩展和扩大再生产理论，第六章探讨的商业资本、市场成本和剩余价值实现问题，第七章对于剩余价值分配和生息资本利息、土地地租的思考，第八章对于竞争与垄断、垄断资本、金融资本、知识资本、数字资本、国际资本和资本主义政府的思考，第九章对于社会再生产和经济危机等领域新现象、新问题的观察思考等方面。当然，教材不是调查报告或学术论文，主要还是运用历史分析、演绎分析、语言分析的方法，全面系统以至不厌其烦地分析和叙述资本主义生产方式的运行特征和发展规律。

相对于已有的马克思政治经济学教材，本教材在内容安排和分析方法上坚持了继承和创新相结合的原则，特别是第五章尝试构建了资本积累、知识生产和扩大再生产即资本主义经济发展理论，第八章整合分析了垄断资本、金融资本、知识资本、数字资本、国际资本及其政府问题。例如，基于资本积累和知识生产的内涵扩大再生产是19世纪后期以来资本主义经济发展的新现象，也是马克思政治经济学中相对薄弱的环节。我们在全面坚持古典学派以来的劳动价值理论，逻辑和历史相结合的分析方法，商品和剩余价值的生产、实现和分配的叙述逻辑的基础上，根据现代经济发展和经济理论研究的实际情况，重点构建和完善了关于知识生产、技术进步和内涵扩大再生产的内容。从长期和整体上看，资本主义经济的本质是商品和剩余价值的社会分工生产和扩大再生产，社会扩大再生产存在着既波动性运行又持续性增长的趋势，这就要求给出资本主义的扩大再生产或经济增长的理论模型，而这是从厚重朴素的古典学派到山头林立的当代学派都相对薄弱的理论环节。为此，我们在劳动价值理论和剩余价值理论的基础上，系统分析资本积累、知识生产、技术进步、分工扩展、规模经济、范围经济、外部经济、聚集经济等问题，尝试性地构建了基于知识生产、技术进步、分工扩展的内涵扩大再生产理论。资本主义虽然一直都是竞争开放的复杂经济体系，但马克思、恩格斯、列宁去世之后，垄断资本、金融资本、知识资本、数字资本、国际资本才开始全面迅速发展。对于资本主义发展中的这些新现象、新问题，以往的教科书往往单列垄断资本主义、世界资本主义两章进行分析，且这两章分析在逻辑和内容上似有不连续、不统一之嫌。为此，我们在系统分析了剩余价值的生产、交换、分配问题的基础上，进一步、整合性地探讨了垄断资本、金融资本、知识资本、数字资本和国际资本条件下的生产、实现和分配，以及政府与资本主义经济活动的相互关系等问题，从而为最后一章分析社会总资本再生产和经济危机奠定全面而准确的理论和知识基础。

在内容安排上，本教材按照资本永无止境地追逐价值和剩余价值的经济原则，从商品生产和商品交换出发，依循从劳动、商品、货币到资本，从价值创造、价值交换到价值分配，从产业资本、商业资本到生息资本，从国内资本到国际资本，从个别资本到总资本的进程而展开的理论逻辑，构建马克思政治经济学的理论结构。教材内容共九章，可分为两部分。第一部分总论包括第一、二、三章，主要叙述政治经济学的性质和研究的对象、方法，商品、劳动和市场经济，货币及其职能等基础知识和理论，全面深入地论述了劳动是形成和决定商品价值的基本因素，劳动分工、自由竞争的市场经济是资本主义和社会主义普遍采取的经济活动的基础性、决定性方式。第二部分分论包括第四、五、六、七、八、九章，依次展开、全面分析了市场方式中的价值和剩余价值的生产、实现和分配，以及经济危机问题：资本、资本主义及其价值和剩余价值生产，资本积累、知识生产、扩大再生产和资本积累的一般规律，资本的循环和周转、商业资本的运动和剩余价值的实现，价值和剩余价值分配中的工资和利润、职能资本和平均利润、生息资本及其利息、土地资本和地租等问题，垄断资本、金融资本、知识资本、国际资本的运动发展和资本主义政府，社会再生产和经济危机等有关资本主义经济的基本理论，以揭示资本主义生产方式的本质在于剩余价值的生产和占有，探讨社会化大生产和再生产的一般规律，以及资本主义发展的历史性和社会主义的可能性。教材中马克思、恩格斯、列宁等经典作家的引文，出自人民出版社的最新版本。对于马克思当年研究相对薄弱的部分，如政治经济学研究方法、劳动与分工、创新型劳动和知识经济、价值与价格、信用货币和世界货币、市场及其结构、公司组织与公司治理、知识生产与扩大再生产、价值和剩余价值分配、信用与生息资本、垄断资本与垄断价格、金融资本与货币经济、国有资本和政府职能、国际资本和经济全球化、社会再生产与经济危机等问题，本教材在相应章节作了一定的补充和完善。

在本教材中，马克思等人在经济理论上的一系列重大贡献得以阐释：（1）通过商品二重性和劳动二重性的分析，完善了商品生产和交换的劳动价值理论。（2）将劳动价值理论从商品价值的微观、局部、静态分析扩展到对资本主义经济的全方位、开放性、动态性的系统分析，创造性地提出了劳动力价值和工资理论，可变资本和不变资本理论，剩余价值生产、实现和分配理论，以及垄断资本、金融资本、知识资本、数字资本、国际资本和政府理论。（3）创造性地提出社会总资本再生产的宏观分析模型，阐述资本主义的经济危机理论。（4）马克思提出的价值和生产价格、内涵扩大再生产、资本利润率趋于下降、工人阶级贫困化等问题，成为影响至今的经济学重大问题。（5）马克思将经济活动中的生产关系作为政治经济学的核心问题，揭示了人与人之间关系的经济本质和资本主义经济的基本矛盾，阐明了资本主义生产方式的产生、发展、衰落的自然历史进程。

在知识的分量和难度上，本教材介于初级和中级之间，在教学中可以根据教学计划、课时数量和学生程度而有所取舍。对于经济学类的本科生、研究生和3课时以上的课程，可在一、二学期全部讲授；对于公共课和选修课，第一、三、八章等内容可简要讲授。政治经济学是研究人类经济活动尤其是资本主义经济活动的一门社会科学，不是思辨性的哲学或黑板上的理论。在教学过程中，应鼓励学生逐渐树立怀疑和思考、创新与实践的学习态度，通过文献检索、社会调查、思想实验、课堂讨论、专题研究等途径，基本掌握搜集、整理和分析各种知识、信息的方法，获得政府部门、高等院校、学术机构、工商企业、居民家庭等方面的各种相关数据资料，全面、准确、及时地了解和认识经济发展的新现象、新问题。应引导学生养成分工、竞争、交流、协作和分享精神，培育主动观察、发现问题和有效分析、解决问题的能力，特别是逻辑分析、经验分析、数量分析的能力，初步形成文献阅读和科学研究的习惯。

为了配合教师教学和学生学习，教材每一章还附有一定数量的关键概念、阅读书目和思考题。需要说明的是，马克思政治经济学从起源、发展到当今，是一种世界性的文化现象。由于马克思政治经济学的经典性文献大多是德语、英语、法语、俄语、意大利语、日语等，包括著作、论文和其他多种形式，因此，教材各章的阅读书目并不是关于该章内容的系统性的参考文献，只是示例性、导引性地给出了一部分中文书目，挂一漏万，点到为止，外文书目尤其需要认真阅读原作。由于马克思政治经济学至今仍然存在着许多有待观察、分析和解决的问题，因此，教材各章的思考题既不是关于该章内容的系统性归纳，也没有给出参考性答案，而只是示例性、导引性地给出了观察思考的方向和领域。

三

作为人文社会学科的从业者，最大的荣幸在于当今时代为我们提供了丰富的研究资料和宽松的研究环境。在多年的政治经济学学习、研究和教学中，笔者认真阅读、学习了斯密、李嘉图、马克思、恩格斯、列宁等经典作家的著作，广泛查阅、参考了国内外相关文献和教科书。北京师范大学陶大镛、朱元珍、程树礼、杨国昌、王同勋、王善迈、邢文英、詹君仲、彭延光、白暴力、沈越、李翀、李晓西、李萍、唐任伍、杨晓维、贺力平、咸奉东、陆跃祥、李宝元、胡海峰、孙志军等教授，北京大学、中国人民大学、清华大学、中央财经大学、首都经贸大学等高校的吴树青、胡乃武、陈德华、卫兴华、马镔、田纪寅、刘桂斌、王柯敬、王君彩、李子奈、王至元、吴栋、林岗、黄泰岩、刘伟、张连城、杨瑞龙、董正平、蔡继明、张宇、黄桂田、邱海平、邹正方、沈映春、徐学慎、崔恒展、吴建清、刘毅军、李军林、周明生、杨其静、李筱光等教授，都给予了很多鼓励和帮助。此外，书稿在2012年还入选了北京师范大学"十二五"规划教材资助项目。

当今世界正在深刻调整，和平与发展仍是时代主题，中国改革开放、繁荣进步任重道远。作为能动性、有组织的社会生物，人类对其自身和外部世界的认知水平制约着其文明的发展程度，愚蠢和野蛮正是其无知的结果。马克思政治经济学作为现代社会科学的组成部分，应当是认识世界、改造世界的重要工具，是推动社会经济前进的思想力量。人文社会学科的研究和写作应耐得住寂寞，追求真理，多出精品，对学术创新、社会进步有所贡献。对于马克思政治经济学，我们既要全面学习和继承，又要勇于思考和创新，让它有效适应社会发展的客观需要，并在社会实践中焕发持久而强大的生命活力。自2011年时隔20多年重新讲授政治经济学，2012年组织撰写课程教材，书稿内容已经在北京师范大学2011级以来的经济学、金融学、国际贸易、工商管理、会计学、哲学、教育学等专业的本科生、研究生课堂上连续使用十余年。感谢同事和学生对于我既尊重权威和原理，又特立独行的教学风格的支持和宽容，他们提出了许多很好的建议，帮助我不断修正、完善对于政治经济学的理解和阐释。

党的十八大以来，我国经济转型、供给改革要求哲学社会科学更好地发挥作用，国内兴起了如何坚持和发展马克思政治经济学、建立和繁荣政治经济学的中国学派的研究，新的形势和挑战促使我们加快优化马克思政治经济学的分析方法和内容结构，在2015年《现代政治经济学教程》的基础上，我们主要从以下三个方面，系统设计并认真完成了本书修订工作：一是系统观察、重点探讨了马克思等经典作家之后的诸如知识生产、企业家创新、产品内分工、公司治理、数字经济等经济活动的新现象，审慎而及时地修订了马克思政治经济学的相关理论和知识；二是在马克思的"五篇结构""六册计划"和《资本论》三卷体系的基础上，进一步完善了基于私有制、资本家和工人两阶级、社会分工、市场方式、产业和商业资本、社会再生产的资本主义经济模型的剩余价值的生产、实现和分配，以及资本主义经济危机和社会主义可能性的理论体系；三是改正了文字上的错误，更新了重要的数据，完善了各章的阅读书目和思考题，尝试构建了政治经济学的新的叙述体系。可以说，这是一部从体系、内容到风格都焕然一新的马克思政治经济学教科书。

在研究和写作过程中，观察、阅读和思考愈多，发现、疑难和挑战也愈多。对于博大精深的马克思理论，即便读一遍他的主要著作，也是一个毅力和智力上的严峻挑战，何况准确理解和系统表述他的经济理论？这促使我们在研究和教学上战战兢兢，如琢如磨，不敢懈怠。研究和写作又是一种面向未来和他人、探险和遗憾性的行为，教材尽管经过了多次的试用和修订，但距离全面准确地理解和重述马克思政治经济学这一标准,在文字和内容上显然还存在着很大差距,存在着许多不足或舛误。对于教材中的粗浅、疏漏甚至错误,恳请读者不吝指正,以激励约束我们不断改进。电子信箱：liyou@bnu.edu.cn。

李 由

2024 年 5 月

目　录

第一章　导论 ········· 001
第一节　人、劳动产品和政治经济学 ········· 001
第二节　政治经济学的研究对象 ········· 031
第三节　政治经济学的研究方法 ········· 041

第二章　商品、劳动和价值 ········· 069
第一节　商品及其二重性 ········· 069
第二节　劳动和劳动价值 ········· 094
第三节　市场经济和价值规律 ········· 151

第三章　货币的产生、形式和职能 ········· 162
第一节　货币的产生 ········· 162
第二节　货币的形式 ········· 171
第三节　货币的职能 ········· 181
第四节　货币的发行和流通 ········· 191

第四章　资本和剩余价值生产 ········· 206
第一节　资本和资本主义 ········· 206
第二节　货币转化为资本 ········· 217
第三节　剩余价值及其生产方法 ········· 232

第五章　资本积累和扩大再生产 ········· 264
第一节　资本积累 ········· 264

第二节　扩大再生产 …………………………………………… 281
　　第三节　资本积累的一般规律和劳资关系 …………………… 294

第六章　剩余价值的实现 …………………………………………… 316
　　第一节　产业资本的循环和周转 ……………………………… 316
　　第二节　商业资本的运动 ……………………………………… 326
　　第三节　市场的成本和收益 …………………………………… 333

第七章　剩余价值的分配 …………………………………………… 346
　　第一节　资本主义的分配关系 ………………………………… 346
　　第二节　职能资本和平均利润 ………………………………… 353
　　第三节　生息资本及其利润 …………………………………… 368
　　第四节　土地资本和地租 ……………………………………… 381

第八章　垄断资本、世界经济和政府 ……………………………… 391
　　第一节　垄断资本 ……………………………………………… 391
　　第二节　世界经济 ……………………………………………… 416
　　第三节　资本主义政府 ………………………………………… 436

第九章　社会再生产和经济危机 …………………………………… 452
　　第一节　社会再生产 …………………………………………… 452
　　第二节　经济危机 ……………………………………………… 467
　　第三节　资本主义的历史性 …………………………………… 480

主要参考文献 ………………………………………………………… 494

第一章 导 论

学习目标

◆ 了解人的自然属性和社会属性，人的需要与物质资源供给之间的客观真实的基本矛盾，人类为解决这一基本矛盾进行的经济活动和经济研究。

◆ 熟悉劳动产品的概念和种类，经济活动的主体、动机和目标，政治经济学的定义和外延、任务和意义，政治经济学的发展过程。

◆ 掌握政治经济学的研究对象和研究方法，生产力、生产关系和生产方式，如何研究生产方式，特别是逻辑和历史、个体主义和整体主义相结合的研究方法。

人类为何和如何进行经济活动，劳动、劳动产品、经济活动、市场经济和资本主义经济是什么？政治经济学是如何产生和演变的，古典学派特别是马克思政治经济学的研究对象、研究方法和理论结构是什么，新古典学派为什么常常从消费者偏好和预算约束开始分析经济活动，如何认识资本主义的生产和分配中的效率、公平与均等问题？对于这一系列问题的思考和回答，是观察、研究经济活动，建立、发展政治经济学，并运用政治经济学分析和解决经济问题的基础知识。

第一节 人、劳动产品和政治经济学

经济活动始于人类为解决其生存、繁衍等，运用五官、手脚和大脑，通过采集、狩猎、种植等生产活动而取得用于消费的物质资料的蒙昧时代。对于人类经济活动的专门化、理论性研究，17世纪初的法国、英国学者称为政治经济学，马歇尔1890年出版《经济学原理》之后逐渐改称经济学。政治经济学在亚当·斯密时代还是人文学科中的道德哲学的研究内容，在李嘉图时代独立为专门化的知识领域，后来是马克思主义的基本组成部分，现在则成为社会科学中的一门庞大学科。由于人是社会活动的主体和目的，人的社会存在又是人文学科、社会科学研究的对象和内容，政治经济学就要始自人的起源和性质、需要和满足而研究人类的占有、生产、交换、分配、消费等客观真实的经济活动。

一、人的起源和性质

人是地球上的自然选择和生物进化的物质奇迹,是具有生命、需要、意识的生命个体。人为了满足其生存、繁衍和发展的各种需要,必须运用自身劳动和外界条件,通过各种手段和途径,不断地改变世界包括改造自己,生产提供各种各样的产品和服务。人的这种能动、持续、物质性、社会性的活动就是人类实践、人类劳动或人类活动,人是人类实践、人类社会的主体,人类的实践活动可以分为经济、政治、知识等几种形式。人类在一定的物质条件约束下,通过占有、生产、交换、分配、消费等环节和方法提供劳动成果,以满足其生存、繁衍和发展的物质性需要的经济活动就是政治经济学研究的起点和对象。研究人类的经济活动,首先需要解答人的起源、性质和动机,经济研究的对象、内容和方法等基础性问题。

(一)人类的起源

人是生物个体和实践主体,人是其实践、历史和社会的主体,人类的实践、历史和社会无疑首先以人类的产生和存在为条件。那么,人是什么,人的经济、政治、知识等实践是什么?如何认识人与人之间关系的性质和形式?为此,首先需要研究和确认的问题就是人的自然属性或生物性质,以及由此导致的人与自然的关系。人的自然属性、人与自然的关系是理解人类活动,构建任何一门人文学科和社会科学都要思考的本原性、起点性的问题,也是研究人类经济活动的基础性问题。马克思的《1844年经济学哲学手稿》《德意志意识形态》《资本论》,以及恩格斯的《自然辩证法》等著作明确提出:人直接地是自然存在物或自然的一部分,而不遵循伟大的自然规律的人类计划只能带来灾难。

人首先是一种生物,一种在自然界产生、从自然界获得物质资源才能够生存、繁衍的生物。世界是客观性的物质世界,它以质量、空间、时间等形式构成,我们所在的宇宙大约开始于138亿年前,其中,无生命特征的物质称为非生物,具有新陈代谢、遗传等生命特征的有机体被称为生物,而在地球46亿年的演化中,人类的远亲草履虫大约出现于13亿年前。生物的基本分类是界、门、纲、目、科、属、种,人属于真核域、动物界、脊索动物门脊椎动物亚门、有颌类四足总纲哺乳纲真兽亚纲真兽下纲、灵长总目真灵长大目灵长目简鼻亚目类人猿下目狭鼻小目、人猿总科人科人亚科、人族人亚族人属、智人种指名亚种的生物,一般简称为真核域、动物界、脊索动物门、哺乳纲、灵长目、人科、人属、智人种,现代人的学名为"Homo sapiens"(智人)。

人类的起源包含多个层次的问题:人科的起源、人属的起源和现代智人的出现。现代人类是从古猿进化而来的,古猿出现于距今400万~300万年前。人类的特征中最早出现的是直立行走,当古猿能够两足直立行走之时,古猿就进入了人类的范畴,在分类上就归入了人科,因此,现存的黑猩猩等类人猿与人都可以归为人科的亚科。人科继续进化、分岔,人科中能够直立行走又能制造工具的亚科称为人属,人属大约从生活在400万~200万年前的南方古猿中脱颖而出，走上了手脑并用、脑容量增加的道路。人属大致经历了180万年前的能人、180万~30万年前的直立人，以及30万~5万年前的智人阶段，如中国200万年前的四川巫山人、170多万年前的云南元谋人、115万年前的陕西蓝田人、50万年前的北京人、30万年前的安徽和县人。约20万年前，非洲东南部的晚期智人又一次走出非洲，进入欧亚大陆，成为了现代人的共同的、主要的祖先。①

从全球范围看，在大约13000年前的最近一次冰河期结束后，人类尝试培育小麦、水稻等植物，驯养动物，建造房屋，使用金属，发明文字，文明渐渐开始了。约5500年前，埃及尼罗河流域、中东两河流域出现了城市和青铜器文明，随后印度、中国、希腊等区域兴起了古代文明，中国长江、黄河、珠江、辽河等流域进入了传说中的伏羲、炎黄、夏代和有文字的商代。1215年6月，英国国王约翰被迫签署的旨在保障封建贵族的政治独立和经济权益的《大宪章》，日后竟然成为资本主义民主政治和市场经济的重要基石。1279年3月，中国古代文明高峰的南宋经崖山之役而覆亡，此后陷入了长时期的停滞甚至倒退。1776年3月，英国斯密出版《国民财富的性质和原因的研究》；4月，英属北美殖民地发表《独立宣言》；同年，英国瓦特改良制造第一台实用蒸汽机，揭开了资本主义知识、经济和政治革命的大幕，英国以及人类经济终于开始了持续性增长。

人是生物，并且是一种有意识、能动性、组织化的社会生物，不同时代、不同地域的人还具有不同的信仰、传说、仪式、价值观等文化特征。尽管如此，亦如英国学者道金斯于1976年发表的《自私的基因》② 所揭示，人只是自然变迁、生物进化的结果，只是地球脆弱的生态系统中的一种社会化、趋利性的孤单生物，并被英国动物学家莫里斯于1967年在《裸猿》中戏称为"裸猿"。③

（二）人的自然属性

对人的性质，可以从男人和女人，儿童、成人和老人等不同的角度，进行分类和研究。对人的性质的基本分类，则是人的自然属性和社会属性。

人首先是一种必须从外界获得一定的物质资源，才能够满足其个体生存和种群繁衍的持续的、多样的又相对稳定的物质性欲望或需要的生物。然而，人在获取、消耗物质资源时，先天地受到了人的自然属性和自然界的物质条件的双重限制。

第一，人不是自养型生物而是异养型生物。自养型生物包括植物以及部分微生物，自身能够利用外界物质，自我合成物质资源。如植物能够利用阳光、二氧化碳、水以及土壤中的无机盐等，通过光合作用等生物过程，合成其生存和繁衍所需的碳

---

① 根据人类的起源及其分子生物学研究的著作撰写，可参见[英]达尔文. 物种起源[M]. 苗德步, 译. 南京：译林出版社，2013.[意] L. L. 卡瓦利－斯福扎, F. 卡瓦利－斯福扎. 人类的大迁徙[M]. 乐俊河, 译. 北京：科学出版社，1998. [美]大卫·赖克. 人类起源的故事[M]. 叶凯雄, 胡亚飞译. 杭州：浙江人民出版社，2019.
② [英] D. 莫瑞斯. 裸猿[M]. 周兴亚, 等译. 北京：光明日报出版社，1988.
③ [英] R. 道金斯. 自私的基因[M]. 卢允中, 张岱云译. 北京：科学出版社，1981.

水化合物等有机物。异养型生物包括动物和大多数微生物,它们几乎不能自我合成利用外界物质,而是直接获取、消耗自外界的特别是自养型生物合成的物质和能量,如直接消耗阳光、空气、水、植物、动物等物质资源,以满足生存和繁衍的需要。

第二,人是单性生长、双性繁衍的生物。由于单性生长、双性繁衍,人依靠个体自身难以解决其生存、繁衍的需要,除非今后生命科学、人工智能获得了革命性发展,突破了人的自然属性。由此,人类男女个体必须通过一定的组织和治理的方式,如掠夺或生产、群居或家庭、政府或市场,才能够解决其生存、繁衍和其他方面的需要。

第三,人是个体脆弱、难以高效利用外界的自然产品的生物。人类个体体力、智力有限,难以高效利用外界的自然产品,人消耗100卡路里热量但只能将20%左右转换为机械能量。人由于难以通过本能的、个体的方式充分有效提供生存所需的各种物质资源,因此就必须通过社会方式和各种手段,广泛利用外界资源,不断提高资源的利用效率,才可能最终满足自己各种各样的、增长变化的消费需要。

第四,人终究是自然的产物,只能在特定的空间和时间条件下生存和发展。地球乃至宇宙的天文、地理、气候、矿产、生物等自然条件不仅决定着生物的产生和进化,而且决定着人类的产生、繁衍和迁移,制约着人类文明的演化、发展和灭亡。亦如康德所言:"有两样东西,人们越是经常持久地对之凝神思索,它们就越是使内心充满常新而日增的惊奇和敬畏:我头上的星空和我心中的道德律。"① 只有从宇宙、地球看人类,从过去和未来看现在,从个人、人性看群体、政府和国家,才可能全面认识人的性质和行为。

由此可见,人作为异养型、单性、个体脆弱的生物,生物的自然属性与外界物质资源的供给状态之间的关系性质是决定人的生存方式、生存质量和群体规模,以及人的演化过程及其结果的首要因素。外界物质供给如果充分,则个体生存质量高,生物群体大;外界供给如果不足,则个体生物生存质量低,以致灭亡。在有限的外界物质资源不能满足生物的需要时,生物如果要生存、繁衍,就要从两方面演化:一是改变自身的性状,进化或退化,以适应外界条件的寒热、旱涝、丰歉等变化;二是改变生存的条件,个体或群体要通过一定方式探索认识、加工改造外部世界,以维持个体生存并繁衍种群。显而易见地,外界物质的自然供给状态是决定从猿到人的进化过程及其结果的首要因素,分工协作是异养型生物获得、耗用外部资源的必然选择。在激烈漫长的万物竞争中,人类竟然进化为一种智慧型生物,创造性地认识和改造自然,不断提高着物质资源供给水平。在千百年的文化竞争中,人类又渐次选择了产权私有、分工生产、开放竞争、市场交换、创新推动的资本主义生产方式。

(三)人的社会属性

人的自然属性、生理需要与外界物质资源的供给状态之间的冲突可以称为人类活动的原初的、基本的矛盾,这一矛盾引起并制约着从猿到人的演化过程及其结果,

---

① [德]康德. 实践理性批判[M]. 邓晓芒,译. 北京:人民出版社,2004:151.

制约着人类的生存方式、生存质量和群体规模。人、猿分离，人类出现后，随着人类所能够认识和利用的自然资源越来越不充足，人类除了直接消费自然资源，就必须通过劳动来探索、认识世界，制造、使用木器、石器、铁器、机器等工具，通过劳动而不断生产提供满足其需要的物质产品，人类的经济活动就是人类认识和改造世界，实现人与自然之间的物质变换，占有、生产、交换、分配、消费物质产品的劳动过程。正如马克思所言："整个所谓世界历史不外是人通过人的劳动而诞生的过程，是自然界对人说来的生成过程。"①

人类并非天然具有能动性、组织性、高效率的社会属性，但基于劳动的社会属性天然是人类的活动特征。人作为动物哺乳纲、灵长目、人科中的智人，他与外界物质之间的关系性质就不是物理运动和化学反应，也不是其他动物的物质交换和条件反射。相反，人只能是具有意识、能够认识世界并采取社会行动才得以有效生存、发展的特殊动物，人的社会性、智慧性的劳动是人与其他动物的本质区别。荀子说："水火有气而无生，草木有生而无知，禽兽有知而无义。人有气、有生、有知，亦且有义，故最为天下贵也。力不若牛，走不若马，而牛马为用，何也？曰：人能群，彼不能群也。人何以能群？曰：分。分何以能行？曰：义。故义以分则和，和则一，一则多力，多力则强，强则胜物，故宫室可得而居也。故序四时，裁万物，兼利天下，无它故焉，得之分义也。"② 汉娜·阿伦特基于人的存在方式，划分了人的生物性劳动（labor）、社会性工作（work）、沉思和政治性行动（action）这三种不同性质的人类活动。③

人似乎是地球上第一种能够认识世界、理解自己的理性生物或智慧生物，创造了所谓的人类社会、人类文化、人类文明。人的意识是指人类基于大脑的视觉、听觉、触觉、嗅觉、味觉等各种感觉，对客观世界各自属性构成了完整反映的知觉，通过概念、推理、判断等思维活动而产生的人的精神活动，是人的搜索、感觉、知觉、表征、规划、决策等各种认识活动及其结果的总和，是人类大脑对于客观物质世界的高级心理反应，所以人具有对自身及其外部世界的知识、情感、意志、理念等自我意识，人的意识以知识或信息的形式形成、传播、储存、运用。人具有意识，就能够通过情感、习惯、信仰、语言、技术、制度等各种认识和行动手段，在个体的基础上采取分工、竞争、协作、交换、管理等群体性的、交互性的社会化方式，能动性、高效率地认识和改造世界。

能动性又称主观能动性、自觉能动性，是指人类基于对客观世界的感知而产生欲望或需要，并对感知对象或目标产生内在的行为准备或意向。能动性是人类特有的摆脱本能控制、有意识地从事社会实践、满足其生存发展需要的实践能力，是由一定的情感、习惯、信仰、语言、艺术、技术等指导和约束的文化现象，是人类自主、有目的、有计划、灵活、适应性、创造性、可靠性、组织化、连续性地认识和

---

① 马克思. 1844 年经济学哲学手稿//马克思恩格斯文集：第一卷 [M]. 北京：人民出版社，2009：196.
② 荀况. 荀子 [M]. 王森译释. 北京：中国书店，1992：87.
③ [美] 汉娜·阿伦特. 人的境况 [M]. 王寅丽，译. 上海：上海人民出版社，2009.

改造世界的社会行动。人可以观察、感受，可以想象、思索，可以独处、分工，可以尝试、创造，可以竞争、合作，人的知识和物品还可以跨区、跨代、跨期流传和存储，克服了个体生命的局限，连接了过去、现在和未来，由此人类才成为了超越其他生物的贵者、灵者。

组织性是指人类个体为了一定的目标而形成的各种群体性、社会化的组织结构和行为方式。自然人的生命个体当然是人类的本原和基础，人类由一个个的个体构成，但人作为一种成长缓慢、异养型、单性生长、异性繁衍、个体脆弱、效能有限的生物，这些自然属性决定了人在条件约束、生物竞争中难以采取个体化的生存方式，而只能是一种个体之间在劳动分工的基础上既自主又互助、既竞争又协作、既自利又利他的有组织、社会化的智慧生物。人作为组织、社会中的个体，应当具有自觉、共情、利他、协作等有利于个体和整体共同发展的社会性，而不是损人利己、损人不利己的反社会性。人类及其文明产生后，人与人之间形成了各种各样的社会关系，劳动、分工、学习、交换等就是克服个体能力的不足，提高资源使用效率的社会行为方式，在个人基础上形成的氏族、部落、家庭、家族、协会、合作社、公司、政党、政府、国家等团体就是人类满足其生存发展需要的稳定、安全、持续的社会组织方式。

人的社会属性存在和表现于人的劳动性质，表现于人与人之间在全球性的创新和分工基础上的既继承又发展、既竞争又协作的各种关系，包括经济关系、政治关系、知识关系、伦理关系等社会关系。比如，早期人类正因为其能动性、组织性，使用工具，协同行动，大力采掘捕杀，才使得地球上生存了千万年的许多动植物遭受了灭顶之灾，如澳大利亚大型动物在4万年前几乎灭绝，美洲大型动物在17000~11000年间也相继灭绝了。[①] 人类进行经济、政治、知识等各种实践活动，采取经济、政治、知识等各种实践手段，都是为了解决人类生存发展的各种物质产品的生产分配的问题。每个人、每个企业、每个国家都不是一座孤岛，个人、企业、国家的本质都是各种社会关系的总和。在商品生产普遍化、全球化的资本主义时代，人与人、企业与企业、国家与国家之间结成了既竞争又协作、既自利又互惠的复杂经济体系。概言之，人类能够在知识或信息不充分、物质资源不充分的条件下，随时随地地自主适应世界，认识和改造世界，分工、竞争和合作，具有高度的生存和发展的社会能力。

亚当·斯密是18世纪苏格兰启蒙运动中的重要学者，他于1759年发表的《道德情操论》和1776年发表的《国民财富的性质和原因的研究》（简译《原富》或《国富论》）都是从人的利己本性出发，分析人的社会行为特别是人的社会性的经济行为。斯密认为，个人是社会行动的主体，支配人类行为的动机有自利、劳动习惯、交换倾向、同情心、追求自由的需要、正义感等。其中，自利（selfinterest）是指人类个体的自有、自治、自享的利益，每个人的自利行为无论贬称为自私、贪婪还是

---

① ［美］贾雷德·戴蒙德. 枪炮、病菌与钢铁［M］. 谢延光，译. 上海：上海译文出版社，2006：16-17.

褒称为正利、勇敢，都是个人从事经济活动、获得生存发展的起点和归宿，都是人类行动、社会进步的充分且必要的基本动机，基于个体主义的自利的个人是经济人，而个人通过分工、竞争和交换而交互性、最大化地实现了个人利益和社会福利。斯密时代的许多学者都对人的属性和行为进行了探讨，如休谟1736年《人性论》、梅特里1747年《人是机器》、边沁1789年《论道德与立法的原则》，以及现代薛定谔1944年《生命是什么》、莫利斯1967年《裸猿》、道金斯1976年《自私的基因》、德瓦尔1982年《黑猩猩的政治》、平克2011年《人性中的善良天使》等。斯密之后，经济学家大多坚持个人主义、功利主义（效用主义）的经济人的理性假设，假设人是具有独立生命、平等权利，以个体的方式出生、生长和发展的人，个体的生存和发展是群体存在和发展的基础，人是为了其实现其生活目标而理性行动的人，人可以通过分工、交换、企业等方式从事经济活动，做出自己利益最大化的决策、行动和结果，如李嘉图1817年《政治经济学及赋税原理》、穆勒1848年《政治经济学原理》、马歇尔1890年《经济学原理》、凯恩斯1936年《就业、利息和货币通论》、萨缪尔森1947年《经济分析基础》和西蒙《管理行为》、米塞斯1949年《人的行为》、布坎南1969年《成本与选择》、贝克尔1976年《人类行为的经济分析》、赫希曼1977年《欲望与利益》。如今，经济人假设已被扩展到了人类的政治活动、知识活动等研究领域。

马克思主义既坚持人的个体独立和自由发展——个体的尊严和发展是人类的发展理论的出发点和落脚点，又强调人是特定社会关系中的人，用经济利益解释社会行为和历史现象，人们扮演的经济角色不过是经济关系的人格化，社会制度特别是经济关系对个人行为和经济发展起制约作用，主要研究生产力和生产关系在物质资料生产中的结合方式和运行过程。在资本主义经济中，资本家和工人是经济活动的基本主体，企业是经济活动的基本组织，政治经济学既分析个别资本家和工人、个别企业的商品生产、交换和分配，又分析社会总资本运动、社会再生产过程，从而揭示资本家和工人之间既交换、协作又对立、斗争的社会关系，揭示资本主义生产方式的运行发展规律。

人类尽管能够有意识、有组织、强有力地认识和改造世界，尽管进入了全球化、工业化、信息化时代，但人类归根结底只是自然的一部分，是宇宙的偶然的、短暂的产物和杰作，人与自然之间的关系是制约人与人之间的社会关系的前提条件。人类出现后，人类首先受到其自然属性的种种限制，匍匐于大自然的威力之下。进入文明时代，人类依然受到自然条件和经济、政治、知识等社会条件的约束，且社会条件归根结底建立在自然条件基础之上并受到自然条件制约，人类是一种能动性、组织性生存发展的社会生物。

二、劳动产品

人的生存、发展自始至终、全面深入地受到物质、物质资源、劳动产品等客观真实的外界物质条件的制约，人与自然、人与社会之间关系的客观物质性是理解人类活动，构建任何一门人文学科和社会科学所要思考的基础性、起点性的出发点。事实上，马克思关于世界本质的世界物质统一性，关于人的实践本质的人是生命物质的存在、人必须认识和改造世界、不断生产物质资料而获得解放的唯物主义的实践本体论的回答，关于人的知识的本质的物质世界是人的知识的对象和来源，关于人类的认识是人类主体对物质世界的能动反映、人类可以认识和改造世界的唯物主义的实践认识论的回答，正是马克思政治经济学的哲学基础。因此，哲学和经济学中的主观性无非是指人的性质，是指人作为生物个体和社会主体的属性，是指人认识和改造世界的有限理性，主观性、主观价值、主观评价赖以存在的个人主体，以及个人认识和改造世界的目的、行为和结果在本质上都不过是一种特殊性的物质现象罢了。

（一）物质、物质资源、劳动产品

什么是物质、物质资源？物质是指宇宙一切的客观存在，是人类所在的整个世界。人类对整个世界、一切事物的认识、改造、占有和使用是基于、源自人的客观存在、不断增长的生存发展的消费需要与相对有限的物质资源供给之间的冲突紧张性，由此人类面对的物质可以分为与人有关、有用的和与人无关、无用的两大类，物质资源就是指对人有关有用的、可最终满足人的消费需要的，即具有使用价值的那一部分物质存在，又称为资源、产品、物品、财富、价值等。在汉语中，资源、产品是指一切对人有用的出产、产物，包括自然出产的和人类劳动生产的对人类有用的全部物质资源。例如，20世纪末，《新华字典》对"牛"字的解释是："（牛）力量很大，能耕田、拉车。肉和奶可吃。角、皮、骨可做器物。"①《现代汉语词典》对"牛"字的解释依然是："（牛）气力大，供役使、乳用或乳肉两用，皮、毛、骨等都有用处。"② 在英语中，commodity、article、goods、merchandise等词语都可以译为物质资源、产品、物品、资源等中性的、全称的概念。显而易见，能够为人所消费使用的物质资源只是整个世界、全部物质中的极小部分，从古至今可满足人的需要的主要是太阳系的物质资源。

人类生存、发展所需要、可消费的全部物质资源按照其产生的原因，可以分为自然资源或自然产品和社会资源或劳动产品。人类出现之前，各种生物消费的都是大自然的产品。随着自然条件的变化和生物竞争的压力，生物为获得生存资源而不断进化，古猿甚至最终进化出直立、思维、劳动的能力而转化为人类，人类消费的不只有自然产品，还加入了劳动产品。马克思指出："劳动首先是人和自然之间的过程，是人以自身的活动来引起、调整和控制人和自然之间的物质变换的过程。人自身作为一种自然力与自然物质相对立。"③ 威廉·配第正是在这个意义上提出了劳动和土地共同形成了财富即物质资源，如配第于1662年发表的《赋税论》称，"劳

---

① 新华字典［Z］．北京：商务印书馆，1996：346．
② 中国社会科学院语言研究所词典编辑室．现代汉语词典［Z］．北京：商务印书馆，2005：1002．
③ 马克思．资本论：第一卷［M］．北京：人民出版社，2004：207－208．

动是财富之父和能动因素，土地是财富之母（和被动因素）"（Labor is the father and active principle of wealth as lands are the mother）。①

自然产品是指自然力量形成、自然界存在、与人类活动无关的，且贴近人类、具有使用价值、能够直接满足人类的需要的各种物质因素的总和，是人类可直接利用的那部分物质。自然产品又称为自然资源、自然条件等，主要有星空、阳光和大气、水、土壤、植物、动物、微生物、矿藏、洞穴等组成部分，以及各种自然因素形成的环境、位置等，人类最初消费的主要资源就是自然产品。人类可用的自然产品可分为相对丰裕的自然产品和稀缺的自然产品，地球资源和地外资源，大气、生物等可再生、可循环的资源和矿藏、阳光等不可再生、可耗竭的资源。阳光、雨雪、空气、森林、荒地等长期以来都是丰裕免费的自然资源，但随着人口增加、环境污染和资源耗竭，许多种类的自然资源逐渐转为稀缺的、附加人类劳动的社会资源。

劳动产品是指经过人类劳动的、具有使用价值的物质产品，经过人类劳动改造的物质产品已经不是纯粹的、严格意义上的自然产品，又被称为物质资料、经济物品、社会资源等。物质、物质资源、劳动产品的概念外延大小可表示为物质＞物质资源＞劳动产品，本书也在不同语境中分别使用同义、等价的劳动产品、物质资料、经济物品等概念，佩第把自然产品和劳动产品合称为财富。货币也是一种劳动产品，斯密之前的经济学家如重商主义者曾经把金银货币视同财富，而斯密在《国民财富的性质和原因的研究》中把满足国民消费的各种物质资源即国民财富都视为劳动的产物，包括当年劳动创造的产品或收入和部分收入积累而形成的财产。物质资料、劳动产品则是马克思政治经济学的习惯用语，是指经过人类的劳动，以一定的品种和数量、空间和时间形式而存在的，具有使用价值或效用、能够满足人类需要的物质产品。

自然产品和劳动产品都是人类生存发展的物质资源、物质条件，这些自然的和社会的物质资源又被称为人类外部的资源、条件，称为自然资源和社会资源、自然条件和社会条件。人类产生之后，自然产品越来越多地受到了人类劳动的认识和改造，经过人类劳动改造的就是劳动产品，劳动产品在全部物质资源中的数量越来越大，种类越来越多，占比越来越高。人类经济活动既获得了大量的劳动产品，一时一地地提高了消费水平，又造成了自然资源耗竭、环境污染、生态破坏等长期性、整体性恶果，极大地降低了生物多样性和破坏了生态平衡性，这终将构成人类生产和生活的巨大成本，自然条件、自然规律始终制约着人类活动的方向和内容。

（二）劳动产品的种类

人类消费的全部物质资源虽然分为了自然产品和劳动产品，但物质生产、劳动产品是人类劳动的目的和结果，是人类生存、发展的物质条件的必要补充和主要部分，劳动产品的生产方式和生产效率从根本上决定着人类的生存发展以及政治、知

---

① ［英］威廉·配第. 配第经济著作选集［M］. 陈冬野，等译. 北京：商务印书馆，1981：66.（此处参考了汪丁丁译文。）

识等其他活动。其中，关于人类通过生产技术和生产制度、生产力和生产关系而生产提供物质资料的经济活动，关于人类生产提供物质资料、满足人类需要的占有、生产、交换、分配、消费等经济活动就成为政治经济学研究的对象和内容。

劳动产品按照其物质特性，可分为货物和服务。按照其用途或使用价值，可分为经济产品、政治产品和知识产品，中间产品的生产资料和最终产品的消费资料等，商品和非商品，充当货币的商品和非货币商品。劳动产品按其占有、交换和使用上的排他性（exclusiveness）、竞争性（rivalness）程度，可分为私人物品和公共物品，私人生产提供的主要是私人物品，公共物品则是私人难以生产提供的劳动产品。

货物和服务。劳动产品按照其物质性质，可以分为货物和服务两大类。货物是具有稳定、独立的物质形态、可以保存或贮藏、异地跨期使用的实体性的劳动产品，是劳动的物化、固化形式。货物的占有、生产、交换、分配、消费在空间和时间上一般是相对独立和可以分离的，它们可进一步划分为动产和不动产，土地以及房屋、林木等附着物为不动产，其他的货物则为动产。服务是没有稳定、独立的物质形态、只能实时实地生产、交换和使用的过程性的劳动产品，难以保存和异地、跨期使用，是一种特殊形式的劳动产品。从古代社会到19世纪的马克思时代，生产部门主要是农业和工业，劳动产品主要是有形、实体的物质资料即货物形式，当时的民商法规范和保护的主要是指动产、不动产的实物财富，这也是十八九世纪的欧洲民商法和我国2007年《物权法》所界定的财富、财产、物的概念，古典政治经济学研究的主要就是货物的生产、交换、分配和消费活动。

生产资料是直接用于生产而非直接用于消费的劳动产品，是仍然要在生产过程中被交换和加工的中间产品，包括劳动对象和劳动资料，即生产对象和生产手段。斯密、萨伊等人将生产资料分为土地和资本两类，现代经济学一般将生产对象、生产手段统称为资本，甚至将人自身的劳动力也纳入了资本范围即人力资本。劳动力又称劳动能力、人力资源、人力资本，劳动力既指人在劳动时所能运用的体力和智力的总和，又指具有劳动力的人口。如果这样，那么用于人口生产和再生产的消费资料也是生产资料。经济活动是人与物质资源的结合和运用过程，现代经济不再是简单、直接的个体生产、自给自足的自然经济，人们消费的绝大多数消费资料经历了先生产生产资料、再用生产资料生产消费资料的迂回式、中间性、社会化的大生产过程，生产资料是指直接用于生产过程、最终形成消费资料的各种劳动产品，是任何社会进行物质资料生产所必备的物质条件，包括土地、厂房、机器、基础设施、原料等形式。例如，居民购买、使用的不锈钢餐具，就经历了从研究、勘探、采矿、冶炼、加工到批发、零售的完整生产过程，其间的研究和勘探、矿石和钢材、采炼加工和运输设备等商品都是生产资料，用于运输的汽车等生产资料又细分为发动机、车厢、玻璃、轮胎、电子设备、汽油等分工生产的各种生产资料。在生产资料中，劳动对象是指人把劳动加于其上的一切东西，也就是劳动加工的对象。劳动对象有两类：一类是自然存在的，如阳光、水、荒地等自然性资源；另一类是劳动加工过的，如粮食等社会性资源，耕地严格地说是经过劳动改良的土地资源。劳动资料又称劳动手段、生产手段，是人用来影响或改变劳动对象的一切劳动产品，如机器、房屋、道路、生产知识、商誉等。劳动资料又分为劳动工具（生产工具）和辅助资料，其中决定性的因素是劳动工具，即人直接加工劳动对象的那部分劳动资料。

消费资料是不再进行任何加工、直接用于满足人的生活需要的最终产品，是维持人的生存、繁衍、发展的劳动产品，又称生活资料、消费品。按照满足人的需要的内容，消费资料分为主要满足人的自然性、生理性需要的消费资料和主要满足人的社会性、精神性需要的消费资料。按照满足人的需要的层次，消费资料分为维持人的生存、繁衍需要的生存资料，如食、衣、住、行等方面的基本消费品或生活必需品；维持人的生存、繁衍需要之外的消费资料是发展资料和享受资料，其中发展资料主要用于提高人的劳动能力的研究开发、教育培训、体育、医疗等方面的消费，享受资料主要用于提高人的生活质量的休闲性、审美性、社会交往性、政治活动等方面的消费。由于食品是消费资料中的首要部分，德国统计学家恩格尔1857年提出了食品支出占个人或家庭消费支出比例的恩格尔系数，用于衡量家庭或国家的贫富程度。随着经济和社会的不断进步，发展资料和享受资料所占的比例将不断提高，生存、发展和享受资料的具体形式和内容也将不断丰富。消费资料按其使用时间的长短，可分为一次、短期使用的易耗消费品和多次、长期使用的耐用消费品。

随着私有制和市场交换的出现，劳动产品分为用于交换的商品和内部直接消费的非商品。在一切社会状态下，劳动产品都是使用价值或使用物品。但在一定条件下，一旦生产使用价值所耗费的劳动表现为这些使用价值的价值，劳动产品就转化为了商品，商品是用于交换的劳动产品，是劳动产品采取的一种社会形式。随着货币的出现，货币和基于货币的金融资产成为物质产品的代表和影像，在物质产品的基础上延伸、诞生了金融资产的财富形式，商品可分为充当货币的商品和非货币的商品。

（三）劳动产品的供给

推动社会发展的基本动力是人类对其生存发展所需要的物质资料的不断追逐。人类为了最终满足其生存发展的需要，必须不断进行各种社会活动，包括劳动产品生产的经济活动，以及人类的政治、知识等方面的活动。生物的需要与物质资源供给之间的关系性质是决定生物生存、演化和人类产生、发展的基本约束条件，人类经济活动解决的就是人类的消费需要与劳动产品供给之间的冲突问题。人类在约束条件下为解决生存发展中的供求冲突就必须按照最小成本最大收益的理性原则，采取适当的生产方式，而劳动产品的供求冲突即人类的劳动产品供给方式与消费需要之间的相互关系就成为经济研究的逻辑起点和基本内容。

能够满足人类需要的物质资源首先是各种自然资源或自然产品。按照物质资源供给与人类需要之间的关系性质，自然资源可以分为丰裕性的和稀缺性的资源。丰裕性资源是指自然供给大于人类需要的自然资源，也就是指无成本、免费供给的资源。稀缺性资源是指自然供给小于人类需要的自然资源，也就是需要耗费人类劳动而增加供给的社会资源。根据古地质学、人类学和分子生物学研究，某些自然资源特别是食物性资源往往不能适应某些生物的需要，不能适应异养型动物包括古猿的需要，所以生物处于不断灭绝、演化之中，古猿使用五官、手脚、大脑等器官的生物功能，向人类进化，以适应、改造环境，获得生存发展需要的稀缺有用的劳动产品。进而，人类这种特殊生物不断改进其占有、生产、交换、分配、消费劳动产品的经济手段，提供尽可能多的劳动产品，以满足其不断增长变化甚至奢靡浪费的各种需要。

显然，人类对于具有使用价值、满足人类需要的各种物质资源并非都要占有、交换和分配，人类不必费心费力地占有本已丰裕、可以无偿消费的自然产品，丰裕而有用的自然产品本无占有、交换的价值，不是政治经济学研究的内容。斯密、马克思等古典政治经济学家和诸多学派都承认，人类愿意认识、占有、交换、分配的只是有用但稀缺的产品，进入占有、交换过程的稀缺性产品都是具有价值、价格的社会性、经济性产品。因为有用的自然产品一旦稀缺，不能无偿、充分满足人的需要，只能满足部分人的需要或只能满足人的部分需要，即稀缺性产品在占有上具有排他性，在消费上具有竞争性。人们就必然通过各种活动而占有、交换这些产品，其中具有排他性、竞争性的产品又称为私人产品，反之具有非排他性、非竞争性的产品称为公共产品。而人们占有、交换、分配、消费稀缺性产品的活动也就是人们占有、交换、分配、使用劳动产品的过程，这时稀缺性的产品已经不是纯粹的自然产品，而是或多或少、直接间接地耗费、凝结了人类劳动的社会产品，是经过了人类劳动的物质产品。进而，正因为人类仅仅占有、交换稀缺性的产品依然不能充分满足其不断增长变化的需要，人类还要在占有稀缺性产品的基础上，通过劳动分工、生产、交换等经济活动，生产数量更大、品种更多、性能更好、成本更低的劳动产品，并通过交换、分配、消费这些仍然稀缺有限的劳动产品而最大化地满足人的需要。概言之，自然产品的稀缺有用性而导致了人们的占有、交换、生产等劳动，经过劳动而提供的产品仍然具有稀缺有限性，经济活动就是人们不断生产提供相对有限的劳动产品以最大化地满足其需要的劳动过程。

三、政治经济学的定义和外延

（一）经济、政治经济学和经济学的概念

知识是人类对人类社会和自然界的主观反映，是人类实践的认识结果。人类的各种活动有其发生、发展的过程，有其运动规律和客观表现。如果按照社会主体的数量多少与范围大小，可分为小规模的个体活动、家庭活动、群体活动和大规模的民族活动、国家活动、人类活动等；按照人类活动的性质和形式，可分为经济活动、知识活动、政治活动、社会活动等。在人类的各种活动中，经济活动是人类活动的基础和核心，是人类首要的、基础性的实践活动。现代人类的各种知识按照研究的对象和方法的性质，大致可以分为自然科学、社会科学、人文学科、工程技术等知识结构。其中，社会科学包括经济学、政治学、社会学、管理学、法学、教育学、历史学等学科，人文学科包括语言学、文学、艺术学、哲学、宗教学等学科。

经济、政治经济学、经济学等是表述人类的经济活动及其知识体系的词语或概念。古代中国对于农业、商业等经济活动有农商、食货等概念,有小康、大同等思想。古代汉语有经、济等单字,经的本义指编织中的纵线,相对的横线是纬,济的本义为渡水、过河。秦汉之后,经济才合成为一个独立的联合词语,并逐渐偏离了经、济的本义,转义为生计、节约、经营社会、救助百姓,偏重的是管理、政治的内涵,并不是现代社会的经济概念。现代汉语中的经济、经济学、政治经济学等词语,只是清末民初对外开放的产物。19世纪中后期,欧美国家的政治、经济等领域的众多词语开始传入日本,日本借鉴汉语中的经济、经世济民,翻译英语中的economy、economics等词语,我国20世纪二三十年代逐渐转译、定名为经济、经济学。

例1-1 汉语中的"经济"

古汉语中的经、济本义是指纵线、渡水,转义为生计、经营等。如《北堂书钞》卷五十七引东晋王隐《晋书》之"才识经济",葛洪《抱朴子·内篇》之"经世济俗",南朝宋沈约《宋书·南夷传》之"思略经济",隋朝王通《文中子·礼乐篇》之"皆有经济之道"、"经世济民"。唐宋时期,经济一词开始广泛使用。如唐代李白《嘲鲁儒》之"问以经济策,茫如坠烟雾",杜甫《上水遣怀》之"古来经济才,何事独罕有",范仲淹《送河东提刑张太博》之"君有经济心,润以金石文",苏颂《尚书祠部郎中大理少卿邹公挽辞》之"平生经济学,不愧伯喈碑"。1840年鸦片战争之后,欧美经济思想渐次输入日本、中国,经济才逐渐具有现代含义。如1862年日本《英和对译袖珍辞典》首次将economist译为经济家,将political economy译为政治经济学,1868年福泽谕吉讲授政治经济学原理,1896年上海《时务报》刊登《日本名士论经济学》一文。严复、梁启超等人尤不遗余力宣传现代经济思想,如严复历时五年翻译、上海南洋公学译书院1901年1月出版斯密《原富》,梁启超在1902年10月28日《新民丛报》第18号《进化论革命者颉德之学说》介绍"麦喀士,日尔曼人,社会主义之泰斗也"。我国学界早先曾将economy译为生计、理财、富国、经济等词,将economics译为富国策、计学、平准学、理财学、资生学、轻重学、生计学等词,如丁韪良1867年在同文馆讲授"富国策",直到20世纪二三十年代才逐渐统一译为经济、经济学,马寅初1947年出版了《经济学概论》。不过,经济学科在1952年全国高校调整后几乎全部取消,1977年恢复高考后才逐渐恢复发展。

资料来源:唐庆增. 中国经济思想史[M]. 北京:商务印书馆,2010. 叶世昌. 近代中国经济思想史[M]. 上海:上海人民出版社,1998. 邹进文. 近代中国经济学的发展[M]. 北京:中国人民大学出版社,2016. 张卓元,等. 新中国经济学研究70年[M]. 北京:中国社会科学出版社,2020.

英语中的economy、political economy、economics,以及其他现代语言中的相关概

念,皆源自古希腊语和拉丁语。在 political economy 即政治经济学这一词语中,economy 源于古希腊语 oikos、nomos 和拉丁语 oeconomia、oeconomicus,一般译为家庭管理、经济管理。在古希腊、古罗马以及古代社会的其他区域,经济主要是指以家庭为基本单位的、自给自足的经济和管理活动。如古希腊政治家和学者色诺芬(约公元前 430~354)流传下来的著作《经济论》(Oeconomicus),其内涵就是家庭管理,即奴隶主对其生产活动的组织管理。[1] Political 源于古希腊语 polis 和拉丁语 polites,一般译为城堡。在古希腊,城堡往往由公民管理,即城邦公民政治,后来引申为政治、国家、公共管理等活动。17 世纪初,描述、分析资本主导、劳动分工、市场竞争、财富生产和分配的经济理论逐渐兴起,法国人率先将政治、经济二词合用,提出了政治经济学(political economy)的概念。

进入近现代社会,经济、政治经济学、经济学等词语的内涵和外延不断变化。其中,经济既是关于物质资料生产这一人类活动的一般性概念,不同时期、不同地区的人群又在不同语义上使用这一成语。如前所述,经济这一名词至少包括以下几种语义:(1)节约、精细、有效率。(2)不同时期、不同性质的经济活动、经济现象或国民经济,如古代社会以家庭为基本单位、以农业为主要内容的自然经济,现代社会的市场经济。(3)生产力。(4)生产关系。(5)生产方式,即生产力与生产关系二因素的统一、结合形式,内涵相近的概念还有经济体系、经济形态、经济制度等。一般可以将生产活动、经济活动、国民经济、生产方式、经济体系都视为在不同语境中使用的等价概念,都是关于人类的物质资料生产活动的总括性、一般性的概念。

现代经济学产生于欧洲,英国、法国等欧洲国家对于经济活动的知识研究和理论体系最初称为政治经济学。如果从法国孟克列钦 1615 年《献给国王和王太后的政治经济学》第一次使用"政治经济学"(political economy)词语,英国配第 1672 年《政治算术》探讨经济问题算起,政治经济学或经济学已有四百多年的历史。如果从英国斯密 1776 年发表《国民财富的性质和原因的研究》,创立了政治经济学的理论体系,经济学也有二百多年的历史,已经形成了一个体系庞大、结构复杂、方法多样、流派纷呈、影响巨大的知识体系。在最一般的意义上,可以把政治经济学理解为研究人类经济活动的一门社会学科,是对于经济学科的总称、统称,是经济学家所从事的事业。对于经济学科,马克思等人分为古典政治经济学和庸俗政治经济学,苏联、中国直到 20 世纪 80 年代长期统称政治经济学,并将政治经济学分为马克思主义政治经济学和非马克思主义政治经济学,欧美国家直到马歇尔 1890 年出版《经济学原理》、萨缪尔森 1948 年出版《经济学》教科书之后,才逐渐将政治经济学改称经济学,并将经济学的古典名称和特定领域改称政治经济学,但美国芝加哥大学经济系 1892 年创办的经济学刊物《政治经济学》(Journal of Political Economy)至今保持原名,德国、奥地利等德语国家长期将经济学称为国民经济学。当代欧美国家大学流行的是微观经济学、宏观经济学、劳动经济学、公共经济学、国际经济

---

[1] [古希腊]色诺芬. 经济论·雅典的收入[M]. 张伯健,陆大年,译. 北京:商务印书馆,1961:1-5.

学、发展经济学、金融学、会计学、数理经济学、计量经济学等分类，其中经济系偏重经济学的基础研究，商学院、管理学院偏重经济学的应用开发。我国学位和教育管理部门1990年将经济学科统称为经济学，包括政治经济学、马克思主义经济思想史、中国经济思想史、外国经济思想史、西方经济学等27个二级学科。1997年我国又将经济学科划分为理论经济学、应用经济学以及工商管理、农林经济管理等一级学科，其中理论经济学包括政治经济学、经济思想史、经济史、西方经济学、世界经济、人口资源和环境经济学，应用经济学包括国民经济学、区域经济学、财政学、金融学、产业经济学、劳动经济学、统计学、数量经济学、国防经济学。1990年之后，我国政治经济学转指经济学科中的马克思主义经济学，包括政治经济学（资本主义部分）和政治经济学（社会主义部分）。

经济活动是政治经济学研究的基本内容。显然地，人类只有采取有效的物质资料的占有、生产、交换、分配和消费方式，才可能解决其生存发展问题，实现最大多数人的最大化福利。然而，这一研究人的吃、穿、住、行等基础事务、意义重大的学科长期以来似乎并不引人入胜，因为历史或现实充斥着贪婪与暴力、权力与荣耀、信仰与狂热等更加刺激迷人的内容。波普尔《开放社会及其敌人》说人类历史就是国际犯罪和大屠杀的历史，而人类日复一日、循环往复的经济活动相对单调乏味，政治经济学过去又被称为沉闷的、阴郁的学科。

（二）经济活动的主体、动机和目标

政治经济学或经济学作为研究人类经济活动、物质生产的学科，就要解决经济活动的主体和对象、动机和目标、手段和方式、行为和结果等基础性问题。如果资本家和工人是资本主义经济活动的基本主体，企业是资本主义经济主体的主要形式，那么如何从社会主体、企业组织的角度分析资本主义经济？

对于经济活动的社会主体的性质和种类、动机和目标，经济学家可以给出诸如经济人、价值（收益、效用等）最大化等各自不同的理论假设。在一般意义上，经济活动指向、解决的是人的消费需要与物质资料生产之间的基本矛盾，经济学研究的是人的经济行为的原因和结果、动机和目标、投入和产出之间的实现问题，那么如何认识现代经济特别是资本主义经济活动的主体、动机和目标？对此，首先需要分析清楚两个相互关联的问题：一是谁是经济活动的主体？二是经济活动的动机？三是经济活动的内容和方式是什么？

经济活动中的社会主体是指从事经济活动的自然人及其组织，自然人可以是个人及其家庭，社会主体可以是合作社、公司等经济主体、政党、政府等政治主体。社会主体又可分为生产者和消费者、营利性主体和非营利性主体、自然人和法人等，自然人和法人可以合称为广义的人。在真实的经济活动中，社会主体都不是孤立抽象的人，而是指一定时间和空间中的、一定社会条件下的人，人的权利和义务、行为的动机和目标、方式和结果都受到具体的社会条件的约束。在古代社会，具有超额权利的奴隶主、地主是社会主体，具有一定权利的农民和手工业者是社会主体，但无人身自由的奴隶只是一种特殊的生产资料或消费资料而不是社会主体。在资本

主义社会，资本家、工人以及私人企业是社会主体，依法平等参与经济活动的国有企业也是社会主体。斯密、李嘉图把社会主体分为地主、资本家、工人三个阶级，魁奈《经济表》把社会主体分为农业生产者、土地所有者（地主）、非生产者（工商业者）三个阶级[①]。马克思则从私有制和社会分工的双重角度，把资本主义的社会主体分为资本家和工人，其中资本家是投资者和消费者，工人是资本雇佣下的劳动者和消费者，资本家、工人是法律上看似权利平等但其收入、财产、生产和消费行为并不等同的两大阶级和两种主体。微观经济学则把社会主体抽象而孤立地规定为生产者和消费者，以及居民、企业、政府等类型，却避谈真实世界中的生产者、消费者的异质性即不同的社会性质。从生物进化、社会进步的角度看，经济活动中的社会主体首先和主要是指每个人、每个公民，应当是享有充分平等权利并承担相应义务、能够独立有效从事经济活动的自然人及其企业组织，政府则是个人和企业分工生产、自由竞争的"守夜人"。

经济活动的动机和目标是什么？不管是古典经济学所宣称的用来满足人的需要的物质资料供给状况即财富、价值或福利，新古典经济学所宣称的物质资料对人的需要的满足状况即效用或幸福，它们都把经济活动的动机和目标指向了一定条件下能够满足人的需要的各种物质资料，指向了物质资料的生产和消费最大化问题。基于世界本质的物质性和物质条件的有限性，社会实践作为人类能动的认识、改造物质世界的对象性的活动，其物质性表现在从实践的主体和目的、实践的手段和过程到实践的对象和结果的性质和形式上，经济活动所生产提供的各种货物和服务都是为了真实有效地满足人的各种物质性的需要。简单而通俗地说，相对于政治动机的公平性或文艺动机的审美性，个体性、唯物性、营利性的个人利益即自利性就是人类经济活动的基础动机和基本目标，是经济活动的基本法则和第一性原理，经济活动首先和主要就是每一个人及其家庭追求其最大化的物质财富或经济利益。对此，斯密等人提出了经济人即人的经济理性的概念，个人的自利性是应对生存竞争和社会选择的经济动机，经济人是追求个人利益最大化的人，在分工和市场中的个人自利性这只"看不见的手"（invisible hand）的引导下，人们只得全力追逐一己之利，而斯密的经济人分工交换理论后来又反过来启发了达尔文的生物进化理论。自利的人是追求个人利益的人，但持续普遍、公平有效的交换是在私有制、社会分工和法治保障的条件下展开的，经济活动只能以自愿、平等、等价、诚信为普遍原则，以不损害他人的权利或利益为行为边界，市场中追逐一己之利的人自觉不自觉地客观增进了相互的利益。在客观的、纯粹的经济世界中，经济决定论、物质主义、经济理性等概念和经济人假设并无本质的差别。

马克思政治经济学直面客观具体的人类社会，研究一定条件下社会主体的经济活动，坚持劳动创造物质财富、劳动创造价值和使用价值的基本原理，把人类的劳动、生产关系、物质资料或价值及其增长而不是消费者偏好、使用价值或效用、价格、消费作为经济研究的基本内容，把价值、产量及其相对水平即经济效率作为衡

---

① ［法］弗朗斯瓦·魁奈. 魁奈经济著作选［M］. 吴斐丹译. 北京：商务印书馆，1979：308－311.

量经济活动状况的基本指标。人们可以在诸如投入和产出、国民收入定义和统计，经济增长与收入分配、消费满足和幸福评价，价值与价格之间关系等问题上不断探讨和争论，但劳动如何创造价值、社会如何组织生产、经济如何增长和收入如何分配应当成为政治经济学的主题。由此，马克思政治经济学中的资本主义经济的基本模型只有工人和资本家这两大阶级结构和社会主体，资本主义经济活动就是通过资本雇佣劳动以生产和交换商品，工人出卖劳动力而获得工资收入，资本家凭借资本雇佣劳动而追逐剩余价值，资本主义经济活动的动机和目标就是资本增殖，是剩余价值或利润最大化，直白地说，"资本主义生产的动机就是赚钱。"[①] 比较而言，资本主义的私有制和市场方式尽管存在着体制性缺陷，但依然是现代社会革命性和先进性的生产方式，资本家和工人不断追求剩余价值和工资而推动着社会经济持续发展。

（三）政治经济学的定义

什么是政治经济学？政治经济学是聚焦人的消费需要与劳动产品供给之间的社会基本矛盾，主要研究人类的占有、分工、生产、交换、竞争、分配、消费等经济活动的性质和规律的社会科学。由此，政治经济学或经济研究的对象和内容就是研究人类的经济活动为何发生和发展，人类如何生产和交换而最大化地提供物质资料、如何分配和消费而最大化地满足人的消费需要。政治经济学的研究内容包括但不限于：（1）经济活动的社会主体，包括个人以及氏族、家庭、合作社、公司、政府等社会主体，商品生产和交换的社会主体——主要为居民和企业，马克思的资本家和工人的两阶级、两主体模型，新古典经济学的生产者和消费者模型。（2）人的欲望或需要，包括对生产资料的中间产品需要和消费资料的最终产品需要。（3）人的劳动或经济行为，包括劳动者、劳动力和劳动，以及劳动分工和专业化、社会分工和个别分工、简单劳动和复杂劳动、劳动力和工资、生产劳动和非生产劳动、私人劳动和社会劳动、社会必要劳动和商品价值、活劳动和物化劳动、劳动产品和社会总劳动等。（4）劳动或经济行为的目标和手段，包括个人效用和社会效用最大化、成本收益分析、劳动力和生产资料所有制、工资和利润最大化、等量资本等量利润、资源配置的市场方式、政府方式等。（5）满足人的需要的物质或财富，包括具有使用价值的自然状态的物质资源、劳动产物的物质资料，劳动产品中用于交换的、具有使用价值和价值的货物和服务等商品。

在经济思想史上，1615 年法国孟克列钦提出的"政治经济学"概念就表明这是一门探讨现代国家的生产方式、经济增长、财富分配的学科，是关于全体国民的经济行为、社会福利的学科。斯密 1776 年发表《国民财富的性质和原因的研究》，其书名就揭示了政治经济学研究国家范围的经济活动性质和经济增长原因。约翰·穆勒 1848 年在《政治经济学原理》中也提出："政治经济学家们声称是讲授或研究财富的性质及其生产和分配规律的……就各国的经济状况取决于物理知识而言，这是

---

① 马克思. 资本论：第二卷 [M]. 北京：人民出版社，2004：67.

自然科学和建立在自然科学之上的工艺技术所要研究的问题。但是，就原因是道德的或心理的，依赖于各种制度和社会关系，依赖于人类的本性而言，这些则不属于自然科学的范畴，而是属于道德和社会科学的范畴，是所谓政治经济学研究的对象。"①

斯密、李嘉图、穆勒时期的政治经济学还没有从政治学、伦理学、历史学等学科中完全独立、分离出来。李嘉图开始建立政治经济学的研究方法和理论体系，马克思提出人类的生产方式是政治经济学的研究对象，杰文斯、门格尔、瓦尔拉等边际学派则将政治经济学的研究重点从生产过程、劳动价值理论转向了交换过程、效用价值理论，主要分析个体的市场行为，认为商品的价值是个人对物品效用的主观评价，边际效用是决定和衡量价值的尺度，开始了从政治经济学向纯粹经济学的转变。如门格尔1871年发表的《国民经济学原理》提出，首要的经济问题是财富生产与人类欲望满足之间的因果关系。② 马歇尔1890年发表的《经济学原理》认为，世界历史的两大构成力量就是宗教和经济。政治经济学或经济学是一门研究人类一般生活事务的学问，它研究在个人和社会活动中与获取和使用物质福利必需品最密切相关的那一部分。因此，经济学是一门研究财富的学问，更是一门研究人的学问。③ 富兰克·H. 奈特1921年发表的《风险、不确定性和利润》提出，经济学是一门人类科学，其基础是人类行为原理④，而当代学者认为人的动物认知与经济行为并无不同。⑤ 路德维希·冯·米塞斯则将其1949年发表的经济学著作径直命名为《人的行动的经济学》（Human Action: A Treatise on Economics）。不过，自从L. 罗宾斯1932年发表的《经济科学的性质和意义》提出了经济学一般是研究人类行为的一个侧面，是研究作为目的的人类行为与具有各种不同用途的稀缺手段之间的一种关系的定义之后，现代欧美经济学家更多地把经济学视为一门研究个人通过市场、价格来配置资源的科学。

例1-2 当代教科书中的经济学定义

保罗·萨缪尔森1948年出版《经济学》，其1961年版《经济学》提出，经济学研究的是一个社会如何利用稀缺的资源生产有价值的商品，并将它们在不同的人中间进行分配。经济学包括三个最基本的经济问题：生产什么、如何生产和为谁生产。道格拉斯·格林沃尔德1982年主编的《经济学百科全书》认为，经济学研究

---

① [英] 约翰·穆勒. 政治经济学原理：上卷 [M]. 赵荣潜，等译. 北京：商务印书馆，1991：13.
② [奥] 卡尔·门格尔. 国民经济学原理 [M]. 刘絜敖，译. 上海：上海人民出版社，2007：1-3.
③ [英] 马歇尔. 经济学原理：上卷 [M]. 朱志泰，译. 北京：商务印书馆，1964：23.
④ [美] 富兰克·H. 奈特. 风险、不确定性和利润 [M]. 王宇，王文玉，译. 北京：中国人民大学出版社，2005：41.
⑤ [美] 保罗·格莱姆齐. 决策、不确定性和大脑 [M]. 贺京同，等译. 北京：中国人民大学出版社，2010.

与产品占有及产品和服务流动有关的人类行为的各个方面。约瑟夫·E. 斯蒂格利茨、卡尔·E. 沃尔什 2002 年发表的《经济学》提出，经济学研究社会中的个人、企业、政府和其他组织如何进行选择，以及这些选择如何决定社会资源的使用。N. 格里高利·曼昆 2008 年发表的《经济学原理》提出，经济学研究社会如何管理自己的资源，研究人们如何作出投资决策，即做什么工作，购买什么，储蓄多少，以及如何把储蓄用于投资，如何相互交易，以及影响整个经济的力量和趋势。一些经济学家甚至将经济学基础理论直接称为资本、价格理论，如马克思《资本论》和庞巴维克 1884 年《资本与利息》、1889 年《资本实证论》，斯蒂格勒 1946 年《价格理论》，米尔顿·弗里德曼 1962 年、1975 年《价格理论》，杰克·赫舒拉 1976 年第 1 版至 2005 年第 7 版《价格理论及其应用》，张五常 2002 年、2015 年《经济解释》。

综观人类的生产方式和经济活动，只要假设：个人是人类存在和活动的基本单位；人具有各种各样、无限扩展的消费需要，满足人的需要的物质资源首先取自自然界，但自然产品不足以解决人的需要即自然产品具有稀缺性；由于自然产品稀缺而人的需要无限，人类必须遵照最小成本、最大收益的理性原则，通过一定的生产关系占有、使用和分配物质资料，通过一定的生产力加工和增加物质资料，通过政府、市场、企业、习俗等方式组织物质资料的生产、交换、分配等活动，以最大化满足人的需要，人类通过劳动而占有、生产、交换、分配、消费物质资料的活动就是生产力与生产关系结合和运用的经济活动。

（四）经济问题

政治经济学研究人类的生产方式或经济活动，研究人类为何、如何组织和运用劳动力和生产资料，经过劳动过程而最大化地生产、交换、分配、消费各种物质资料，以实现人类最大化的消费满足或经济福利的一门社会科学。

对于政治经济学的研究问题即经济问题，不同学派、不同学者根据不同的理论假设和研究方法，表述为国民财富、生产方式、经济选择、资源配置、经济活动、经济现象等不同的概念或词语。比较而言，国民财富侧重于经济活动的结果，是一个国家或地区在一定时间内创造和占有的收入和财产，狭义的国民财富是人类劳动创造的产品，广义的则包括自然的和劳动的产品；生产方式侧重于经济活动的技术和制度、手段和方法，生产方式是生产力和生产关系的统一和结合；经济选择、资源配置侧重于经济活动的目标、手段、结果的比较和取舍，着重探讨经济活动的最大化或效率问题；经济活动侧重于人类经济的行为和过程，是生产力和生产关系的运动和变化过程，包括劳动产品的占有、生产、交换、分配、消费等环节或领域的活动；经济现象侧重于经济的形式、过程和结构，包括生产力和生产关系、微观和宏观、实体和金融、国内和国际等各种各样的经济现象。因此，国民财富、生产方式、经济选择、经济活动、经济现象可视为关于经济问题的等价的、互换的概念，都是关于人类如何生产提供物质资料、最终有效解决消费需要的社会科学。

政治经济学将经济活动定义为人类一定时期、一定地区的物质资料的生产活动，是个人、企业、政府等各种社会主体如何经过劳动过程，占有、生产、交换、分配、消费各种劳动产品，以最终解决人们的消费需要与劳动产品供给之间的基本矛盾的社会实践方式。社会主体是人类社会的个人、家庭、合作社、公司、协会、阶级、民族、政党组织、政府机构等各种独立的实践主体，营利性的个人、家庭、合作社、公司等社会主体又可称为经济主体。在人类的各种活动中，物质资料生产是人类生存和发展的基础，这是因为：在任何时代，人类为了生存发展，就需要食物、衣服、住房等基本的消费资料，以及生产这些消费资料的生产资料，物质资源主要通过生产而获得，劳动产品生产是人类最基本的实践活动。由此，物质资料生产不仅是马克思政治经济学的研究内容，也是此前的古典学派、此后的新古典学派等各种经济学派的研究内容，还是人类从事和研究其他社会活动的基础和前提。对于人类复杂多样的经济活动，可以从不同的角度进行分类和分析。

经济活动是人类一定时间和空间的能动性、社会化的经济活动。逻辑、数学可以不考虑物质现象的时间、空间特征而只研究形式化的问题，物理学只研究自然时间、空间和理想条件下的物质现象的性质和物质运动的规律。政治经济学是一门社会科学，它研究的不是形式化的孤立个体的经济活动，不是孤岛上的鲁滨逊·克鲁索经济，而是人类在一定时间、一定地区的经济活动。（1）人类的个人能动性、社会化的经济活动。政治经济学可以从个体的、经济人的角度研究经济问题，但个体都是一定知识、政治、经济等条件下的个体，个体是自觉自主的、相互联系的社会主体，个体之间发生着复杂多样的分工、竞争、交换、协作等经济活动。政治经济学也可以从整体、集体的角度研究经济问题，但集体由一定社会条件下的个体组成，众多个体自觉有效的、相互联系的经济活动就构成了能动性、社会化的经济活动。（2）一定时间的经济活动。人类不仅具有随时间而发生的生物性的进化，而且具有随时间而发生的动态性的发展，由此个体成长、社会发展具有历史性，人类社会分为了不同的历史时期，人类在不同时期需要解决各不相同的经济问题，人类不同时期的经济活动具有不同的社会特征，政治经济学研究的是不同时期、不同社会条件下的经济问题，重点研究工业化、市场化、全球化的现代经济问题。（3）一定空间的经济活动。人类不同时期的经济问题各不相同，人类不同地区的经济问题，以至不同人群的经济问题也都具有不同的社会特征，政治经济学研究的是一定社会空间条件下的经济问题。（4）实体经济和货币经济活动。货币出现特别是纸币兴起之后，人类原先单一的实体经济就分立真实的、实物的实体经济和货币以及货币、金融工具构成的虚拟的、符号的货币经济两部分，货币经济是实体经济的符号和镜像。由此，政治经济学的研究内容可以分为农业经济学、工业经济学、劳动经济学、卫生经济学、企业经济学、国别经济学、国际经济学、计划经济学、货币经济学、财政学等不同领域。

经济活动是劳动力和生产资料、生产力和生产关系的结合和运行过程。人类的经济活动可以相对划分为劳动力和生产资料相结合和运用而创造的劳动产品的占有、生产、交换、分配、消费等环节或领域的活动，可以分为生产力和生产关系这二重因素、两个方面，生产力、生产关系及其结合方式和运行过程就是人类社会的生产方式或经济活动。因此，对经济活动可以从生产力、生产关系及其相互关系的角度进行分析。

经济活动是在一定的所有制及其实现方式约束下进行的。生产、交换、分配和消费显然都是在一定的所有制等制度条件下进行的，新古典经济学事实上也暗含了私有制的前提条件，由此生产方式、经济制度的基础和核心就是人对物质资源的占有、使用、收益和处分方式，即所谓的财产、所有权或所有制问题，所有制类型包括个人所有制、家庭所有制等私有制和集体所有制、国家所有制等公有制，由所有制决定和形成的人与人之间在经济活动中的关系就是生产关系。生产、交换、分配和消费都要从一定的劳动力、生产资料占有形式开始，生产成果的分配和消费既是上一个生产和交换过程的结束，又是下一个生产和交换过程的起点，人类经济活动是生产力和生产关系的统一和结合，而生产方式、经济活动的实质和特征取决于生产关系的社会性质。在这个意义上，生产关系是生产方式和经济活动的内核部分和制度条件，人类认识自然、征服自然的活动都是在一定的生产关系基础上进行的。马克思政治经济学的研究对象是特定社会的生产方式，研究重点是生产方式中的生产关系，这不仅是分析资本主义经济的要求，也是分析人类一切经济活动的要求。

经济活动包括生产资料和消费资料的生产活动。如前所述，人类占有、生产、交换、分配和消费的全部产品大致可分为生产资料和消费资料，生产可分生产资料生产和消费资料生产两大部类，中间产品的生产资料生产是为了生产最终产品的消费资料。政治经济学就是从商品生产和交换开始，逐步分析了资本主义的产业资本运动、价值和剩余价值创造、剩余价值分配、资本积累和社会再生产、资本国际运动等问题。由于劳动力是生产要素或生产投入的组成部分，生产活动包括产品生产和人口生产。

经济活动可分为生产、交换、分配、消费等四个环节和领域。古典政治经济学将社会分工和私有制中的经济活动分为四个环节、阶段或领域：（1）生产有两种含义：广义的生产是指商品生产总过程，也就是经济活动的全部过程，包括生产、交换、分配、消费等环节，例如"物质资料生产""商品生产""生产实践"等；狭义的生产是指创造财富、生产商品的环节和过程，是如何运用劳动技术手段，加工劳动对象，生产商品，创造商品使用价值和价值的过程。（2）交换也有两种含义：广义的交换是指经济活动中的各种交换或资源配置，既包括生产、分配、消费等环节的交换活动，又包括独立的社会主体内部的非市场性交换，独立的社会主体之间的市场性交换和捐赠、奉献、征缴等非市场性交换；狭义的交换是指独立的社会主体之间的商品性、市场化的交换，自由平等、等价有偿的市场交换是狭义交换的主要形式。（3）分配是对生产成果或国民财富的分配，包括生产资料、劳动力等生产条件的分配和消费资料的分配，包括对一定时期新创造的收入和长期积累的财产的分配，分配在既定的劳动力和生产资料所有制的制度约束下进行，按照生产劳动的投入和结果进行分配，资本主义经济的收入分配形式包括工资和利润（剩余价值），利润分为产业利润、商业利润、利息、地租等形式。（4）消费是对分配结果的使用过程，经济活动的目的就是如何生产、分配和消费相对有限的物质资料，最大化地满足人们的生活需要。

在生产、交换、分配、消费的四个环节中,生产和生产成果的分配在经济活动中的地位和作用更为重要。古典学派从劳动价值理论出发,斯密主要分析生产和交换,李嘉图主要分析分配,马克思主要分析生产和分配,而新古典学派主要分析交换和消费。从经济活动如何组织、生产成果如何分配的方式看,人类大致采取了政府、市场、习俗等方式。现代经济普遍地采取了自由竞争的市场方式,价格是市场方式的核心机制,斯密等人基于私有制、劳动分工和劳动价值理论建立了古典政治经济学,新古典学派基于消费者偏好、边际效用和供求均衡理论建立了现代经济学。

劳动者、劳动资料和劳动对象三要素。经济活动都必须拥有、投入人的要素和物的要素,人的要素指劳动者及其劳动力、劳动,其中劳动者是指达到一定年龄、具有劳动能力、从事某种劳动并获取收入的自然人,农民、工人等劳动者和企业等生产提供货物和服务的社会主体是生产者,物的要素指生产资料,生产资料包括劳动资料、劳动对象,这些要素又统称为劳动三要素、生产力三要素、生产要素。古典政治经济学的生产要素最早是指贸易中的所有初始投入,包括工人劳动、地主土地和资本家资本,即生产要素包括劳动、土地、资本三种要素。随着社会经济的不断发展,一些人提出从生产要素中分离出科学技术、经营管理才能或企业家才能、经济信息等新的要素。经济活动就是各种生产要素的投入、结合和运用过程,是劳动者与生产资料以一定的方式结合起来,劳动者运用劳动资料去加工劳动对象,改变劳动对象的形状、性质或地理位置,使生产出来的各种货物和服务最终满足人的消费需要的人类活动,就是劳动的自然过程和社会过程、使用价值和价值的创造、交换和分配的统一。

经济活动可以从生产供给和消费需求两方面分析。如前所述,物质资料的生产供给有限与消费需要无限之间的基本矛盾是经济学以至人类一切人文、社会学科研究的基础性、前提性问题。政治经济学同样从物质资料的供求基本矛盾出发,研究人类真实的经济活动问题。在市场经济中,供给是指在一定时间、空间和一定价格水平上,居民、企业、政府等生产者愿意并且实际生产提供的一定种类、一定数量的货物和服务,供给的结构和数量主要决定于社会生产力的发展水平;需求是指居民、企业、政府等消费者愿意并且以其收入和财产能够购买、消费的一定种类、一定数量的货物和服务,需求的结构和数量取决于消费者对货物和服务的需要、收入和财产及其变化即购买力水平,以及产品、服务的价格水平。比较而言,需要是指不考虑收入和财产约束的欲望、渴求或梦想,是人的愿意获得满足的心理倾向,需求是指受到人的收入和财产支持的那部分需要,人们往往只能部分满足其需要即需求往往只是需要的一部分。

需要注意的,生产者和消费者、供给和需求是在存在市场、货币、信用的经济中,对一定时间、空间的社会主体、经济活动的一分为二、互为镜像的分析和叙述方法,总供给在价值量上应当等于总需求。从个体的角度看,某种商品生产者同时就是其他商品的消费者,比如工人既向资本家出卖劳动力、投入劳动,又获得劳动力价值或价格的工资并用于消费,资本家既以不变资本和可变资本用于投资和生产,又获得剩余价值即利润并将之用于消费和积累，这是古典学派和马克思政治经济学的常识，杨小凯等人也试图建立生产者和消费者同一的新兴古典经济学，而马歇尔以来的新古典经济学及微观经济学却对生产者和消费者实行了二元分割的分析方法。从总体的角度看，全社会的经济活动既是劳动产品的生产供给状况，又是劳动产品的分配消费状况，经济活动是一种分工生产、市场撮合、供求均衡的人类行为和社会关系，生产者的总供给和消费者的总需求应当竞合相等。这样，对国内生产总值（GDP）就可以分别使用生产、收入、支出等不同的方法进行统计，对经济活动既可以分别分析生产、交换、分配、消费等问题，也可以统一分析供给、需求问题，由此马克思建立了两阶级、两部类的社会再生产理论，马歇尔提出了供给、需求共同决定、局部均衡的和一般均衡的分析方法，经济学的基本问题就从人对物质资料的生产供给和消费需要这一经济基本矛盾转化为了物质资料的生产供给与消费需求之间的分工生产和市场交换问题。

　　经济活动的一切分析都是人类劳动的投入产出、成本收益的效率分析。在一定的物质资源约束下，人类经济活动不能无中生有、百利无害，始终存在着不同的劳动力和生产资料所有制、资源配置方式的竞争、权衡和取舍。在经济活动中，成本是指为了达到一定目标而付出的劳动力和生产资料的相对代价，是显性成本（会计成本，购买或租用的生产要素支出）和隐性成本（自有且自用的生产要素支出）、机会成本或经济成本、私人成本和社会成本、货币成本和非货币成本的统一。相应地，在自由竞争、理性选择的经济活动中，确定了产权、资本、成本也就确定了价值、价格和收益，收益也是会计收益和机会收益、私人收益和社会收益、货币收益和非货币收益的统一。需要说明的，会计学中的成本一般是指用于商品生产的支出，费用一般是指商品生产之外的管理、销售、财务（金融）等方面的支出，本书使用包含成本、费用在内的广义成本概念。因此，个别企业用于生产的生产要素支出可分为生产成本和管理、销售、财务等项成本，管理成本包括企业内部管理成本和居民、企业与政府之间的公共管理成本。类似地，会计学中的收益、收入也具有不同的含义，本书使用包含收益、收入在内的广义收益或收入的概念。

　　人类经济活动不仅是投入劳动力和生产资料以生产提供货物和服务的过程，而且应当是以最小的投入、成本获得最大的产出、收益的过程，是人们选择有效生产方式、追求经济健康发展的过程，是个人、家庭、企业和政府实现最大化收益的过程。资本主义生产方式在人类生存竞争中相对有效地解放和发展了社会生产力。因此，对于经济活动还应当始终从投入和产出、成本和收益、价值和价格的角度进行分析，基于成本收益比较的理性或效率是人类经济选择的基本法则。

　　从人类活动的全过程、大系统的角度看，人类活动还包括知识活动、政治活动等，与基础性的生产关系、经济活动相适应的人类这些活动又被称为社会上层建筑。人类的生产关系、生产方式与社会上层建筑之间，经济活动与社会、知识、政治活动之间存在着复杂多样的统一互动的关系，而非单向、机械的经济决定性。此外，对经济活动还可以有其他的分类和研究，如个人和家庭经济、企业经济和政府经济，私人经济和公共经济，第一产业、第二产业和第三产业即农业、工业和服务业，微观经济和宏观经济，国内经济和国际经济，实体经济和货币经济，合法经济和地下经济，自然经济、计划经济和市场经济等。

（五）政治经济学的外延

综观经济理论的发展史，作为一种知识现象，直到19世纪末20世纪初，政治经济学还是指以人类经济活动为研究对象的社会科学，是经济学科的一般称谓。当然，不同时期、不同国家、不同学派虽然都使用了政治经济学这一词语，但所指或语义并不相同：

第一，对经济学科的一般称谓。自配第开始至马歇尔为止，政治经济学大致等同于经济理论或经济学，研究范围包括经济活动中的占有、生产、交换、分配、消费问题，农业、工业、商业以及政府部门，货币和金融，生产关系和生产力等经济现象。这一时期的政治经济学大致分为三个发展阶段：配第到西斯蒙第的古典政治经济学；马克思等人的政治经济学；古典政治经济学之后，以萨伊、马尔萨斯、巴师夏、边际学派等为代表的庸俗政治经济学。在马歇尔1890年发表《经济学原理》之后，欧美经济学界开始将政治经济学改称经济学；在凯恩斯、萨缪尔森之后，欧美国家普遍使用经济学的学科名称，经济学基础理论主要分为微观经济学和宏观经济学。中国大陆在1978年改革开放之后，对经济学科的基础理论或学科名称从政治经济学逐渐转向经济学。因此，在马歇尔、凯恩斯之前，现代语境中的政治经济学和经济学一般是指同一门学科，或者是指经济学科的基础理论。其中，苏联、中国等社会主义国家特指马克思经济学或马克思主义经济学，欧美许多国家特指古典政治经济学，当代欧美国家以经济活动中的政治、政府、法律、制度等为研究对象的经济学分支也被称为新政治经济学或新制度经济学。

第二，马克思、恩格斯政治经济学。马克思、恩格斯主要以资本主义生产方式为研究对象，在19世纪后半叶创立的政治经济学。马克思、恩格斯从商品、货币现象出发，用劳动及其二重性解释商品价值和使用价值、商品生产和交换，用劳动价值论解释资本主义的生产和分配问题，揭示了冷冰冰的产权安排、生产活动、商品交换、收入分配等经济现象实质上都是人与人之间的经济关系。马克思、恩格斯政治经济学不同于马克思主义政治经济学。围绕当时对马克思思想的误解或修正，恩格斯在1882年的《恩格斯致爱德华·伯恩斯坦》、1890年的《恩格斯致康拉德·施米特》、1894年的《恩格斯致保尔·拉法格》等书信中多次转述马克思的声明：我不是马克思主义者。[①]

第三，马克思主义政治经济学。马克思主义政治经济学是指马克思、恩格斯创立的，并在后来不断丰富发展的政治经济学，又分为传统的马列主义政治经济学和其他流派的马克思主义政治经济学。传统的马列主义政治经济学是指马克思等人创立，经过列宁、斯大林等人发展和苏联、中国等国家经济实践的政治经济学，包括具体研究某种生产方式和经济活动的狭义的政治经济学，如关于前资本主义经济的、

---

① 马克思恩格斯全集（第三十七卷）[M]. 北京：人民出版社，2020：432-446.

资本主义经济的、社会主义计划经济的政治经济学，以及以整个人类社会的生产方式和经济活动为研究对象的广义政治经济学。在 20 世纪 80 年代社会主义国家全面改革之后，又出现了中国特色社会主义经济和中国特色社会主义政治经济学。在传统的和中国特色社会主义的政治经济学之外，还有各种各样的马克思主义流派，各种形式、各种流派的马克思主义经济理论。

如果将人类的经济活动分为物质资料的占有、分配等活动，物质资料的生产、交换等活动这两大部分，那么这两个部分在政治经济学中大致分别属于生产关系、生产力的研究范围，在西方经济学中前者大致属于制度经济学、福利经济学、新政治经济学，后者大致属于微观经济学、宏观经济学等学科的研究范围，而产权理论是制度经济学、新政治经济学的核心内容，价格理论是微观经济学和宏观经济学的核心内容。

长期以来，政治经济学被定义为研究社会生产关系及其发展规律的科学。如 1988 年《中国大百科全书·经济学》指出，政治经济学是研究人类经济关系（生产关系）的发展规律的科学，即研究人类社会中支配物质资料生产、分配、交换和消费的规律的科学，是经济科学中的基础理论科学。政治经济学从生产力决定生产关系、生产关系反作用于生产力的相互关系中研究生产关系的运动规律，同时也联系上层建筑对经济基础（以劳动力、生产资料所有制为核心的生产关系总和）的积极或消极作用进行研究。[1] 宋涛等主编、中国人民大学出版社版《政治经济学教程》和吴树青等主编、中国经济出版社版《政治经济学（资本主义部分）》等教科书也都坚持：政治经济学是研究社会生产关系及其发展规律的科学。

以上关于政治经济学的传统定义，并未全面、准确地反映马克思等经典作家的经济思想。理性是并且应当是人类情感的奴隶，经济理论是也应当是揭示并指导人类生产和分配物质资料、满足人类生存发展需要的知识手段。马克思主义经济理论的出发点是物质资料生产，研究的对象是生产方式，研究的重点是资本主义生产方式中的生产关系，是处于生产力与生产关系的结合方式和运动过程中的生产关系。全面理解和运用政治经济学，就需要对资本主义所有制、劳动和劳动价值、货币和资本、简单再生产和扩大再生产、市场和价格、剩余价值和利润、世界经济、经济危机等资本主义经济的现象和运动给出准确的解释。

四、政治经济学的任务、意义和局限性

（一）政治经济学的任务

哲学家只是以不同的方式解释世界，而人类的现实问题在于如何改造世界。政治经济学既是一门社会的、历史的科学，又具有改造世界的动机和目标。政治经济学的任务或目的是通过分析人类社会纷繁复杂的经济现象，发现经济活动中的普遍

---

[1] 许涤新. 中国大百科全书：经济学（Ⅲ）[Z]. 北京：中国大百科全书出版社，1988：1214 - 1218.

的、必然的本质性内容，揭示经济运动的规律性，为个人、组织有效地进行经济活动、满足人类不断增长变化的物质需要而提供理论支持。经济规律和自然规律一样，具有客观必然性，不依人的主观愿望为转移，人们进行经济活动，必须认识和尊重经济规律。

政治经济学的任务是什么？这必须从政治经济学的产生、发展的时代特征、社会需要和阶级立场上进行回答。政治经济学产生于原始积累和自由竞争的古典资本主义时代，在欧美资本主义发展的初期阶段，政治经济学家主要站在了新兴的资产阶级、工人阶级一边，反对封建贵族、地主阶级及其国家政策。随着工业化、城市化、全球化的不断发展，资本主义生产关系已经开始阻碍生产力的全面持续发展，资产阶级与工人阶级之间的矛盾转化为社会主要矛盾且进入激化阶段，马克思、恩格斯等继承人类文化的先进成果，秉持辩证唯物主义和历史唯物主义哲学，适应社会发展的客观需要，其政治经济学研究承担了三项任务：分析当时经济现象即资本主义经济的过程和规律；揭示与资本主义经济相适应的生产关系的性质和发展趋向；批判资产阶级经济学的局限性，提出社会各阶级的经济地位和工人阶级的历史使命，最终实现全人类的解放和发展。

政治经济学不仅具有鲜明的阶级立场，而且坚持科学的理论原则。马克思主义的经济史观不是机械决定论或经济决定论。机械决定论否认偶然性和不确定性，否定个人的主观能动性在社会发展中的作用，把个人的社会实践视为历史实现自身的工具，把历史事件看作由若干确定的条件刚性决定的必然结果，表现出宿命论的色彩，如拉普拉斯的物理理论和社会思想就是机械决定论的极端例子。经济决定论坚持工人运动、社会发展只是经济发展的自然结果，经济是社会发展中唯一起作用的因素，否认个人主体和知识、制度等因素在社会发展中的作用，简单地用经济因素的自发、决定作用解释复杂多样的社会现象和历史进程。而马克思主义是一种人本的、物质的、系统的、动态的社会发展观，既坚持经济活动在人类实践中的基础性作用，又认为经济、政治、知识等因素共同决定着人类发展。

马克思主义者是自然的、人本的、实践的唯物主义者。既承认人类发展的自然历史过程和经济规律的客观性，不奢想制造乌托邦；又不是不可知论、宿命论者，认为人是社会活动的主体，人是在自然中产生、有生命和意识的、通过劳动创新了其生存发展条件的人，人可以发挥主观能动性，认识社会发展的条件和规律，自觉、有效地改造世界。马克思《资本论》第一卷第一版序言指出：经济的社会形态的发展是一种自然史的过程。"一个社会即使探索到了本身运动的自然规律——本书的最终目的就是揭示现代社会的经济运动规律，——它还是既不能跳过也不能用法令取消自然的发展阶段。但是它能缩短和减轻分娩的痛苦。"[①]

（二）政治经济学的阶级性

某些经济学家强调政治经济学或经济学是一门不偏不倚的、客观中性的学科。

---

① 马克思. 资本论：第一卷 [M]. 北京：人民出版社，2004：9-10.

但是，政治经济学作为一门研究人类经济行为的社会科学，它的研究对象是生产方式特别是资本主义生产方式，重点是生产方式中的生产关系。生产关系的核心是人的人身权和财产权、劳动力和物质资料所有制，即社会成员对物质资料的占有、使用、收益、处分的制度安排和运动过程。人和物质资料所有制在现代社会中集中表现为阶级关系，在资本主义社会中主要是资产阶级占有大部分生产资料，工人阶级除了人身自由和消费资料外几乎一无所有，是资本雇佣工人劳动、劳动创造价值、资本占有剩余价值的经济关系。由此，人们处在不同的社会地位，针对不同的研究对象和内容，基于不同的理论假设，采用不同的研究方法，就会得出不同的研究结论和政策建议，为不同的阶层、阶级、国家进行辩护和服务，政治经济学在其基本理论假设和政策建议上都具有显著的时代性、地域性、民族性和阶级性。

政治经济学的时代特色和阶级立场并不是马克思主义刻意强调的，而是鲜明表现在重商主义、重农学派、古典学派、马克思主义、历史学派，以及形形色色的新古典经济学等不同的经济学流派上，以至人们将政治经济学划分为地主阶级政治经济学、资产阶级政治经济学、小资产阶级政治经济学、工人阶级政治经济学、富国经济学和穷国经济学等不同流派。鼓吹自由放任的古典经济学长期受到了发达国家资产阶级的欢迎，古典经济学提倡的劳动价值论在李嘉图去世后却受到了资产阶级的抛弃，约翰·卡泽诺1832年写道："说劳动是财富的唯一源泉，看来是一个错误而又危险的学说，因为它不幸给予某些人以口实，他们主张一切财产属于工人阶级，而其他人所获得的部分是对个人的掠夺和欺诈。"① 马克思《资本论》第一卷第一版序言指出："政治经济学所研究的材料的特殊性质，把人们心中最激烈、最卑鄙、最恶劣的感情，把代表私人利益的复仇女神召唤到战场上来反对自由的科学研究。"② 或者如琼·罗宾逊、约翰·伊特韦尔所称："重商主义者是海外贸易商的拥护者，重农主义者卫护地主的利益，斯密和李嘉图则相信资本家，马克思把他们的论点倒转来为工人辩护。现在，马歇尔站出来充当食利者的战士。"③ 思想进步的经济学家后来还受到了诸如德国法西斯主义、美国麦卡锡主义、发展中国家独裁政权的迫害，发达国家在二十世纪七八十年代兴起了改革运动但在21世纪初以来又出现了反全球化现象。

第一，政治经济学是一种批判的、科学的经济学。政治经济学的批判性不是指把自己的理论作为批评、评判经济理论和实践正确与否的标准或尺度，不是指对经济理论和实践的简单的批评否定，而是指对待经济理论和实践应当采取客观的、怀疑的、科学的研究方法和社会立场，实践是检验理论和制度的唯一标准，是把全面分析和准确揭示经济活动的性质、问题、规律和发展趋势作为自己的根本任务。政治经济学通过对商品、货币、劳动、资本的性质，对价值和剩余价值生产和分配的逻辑和历史的分析，揭示资本主义经济的本质特征和运动规律，把资本主义看作是

---

① ［英］米克. 劳动价值学说的研究［M］. 陈彪如，译. 北京：商务印书馆，2014：147.
② 马克思. 资本论：第一卷［M］. 北京：人民出版社，2004：10.
③ ［英］琼·罗宾逊，约翰·伊特韦尔. 现代经济学导论［M］. 陈彪如，译. 北京：商务印书馆，1982：50.

一种历史的而非永恒的现象。因此,马克思《资本论》的副标题即是"政治经济学批判",熊彼特也称马克思是资本主义社会的伟大的病理学家。①

第二,政治经济学是一种革命的、创新的经济学。政治经济学既充分认识和肯定了资产阶级在历史上所发挥的巨大的革命性、创造性作用,又代表着社会大多数的、创造价值而受到雇佣剥削、政府管制的工人阶级的利益,揭示了资本主义私有制和政府也是工人贫困、经济危机和社会停滞的根源,指明了工人阶级在资本主义社会中的地位。革命或创新的本质和目标不是暴力和破坏,而是对阻碍社会发展的旧思想、旧制度的批判、改革或替代,人类的知识创新、科学技术是社会经济进步的第一生产力。政治经济学是认识和批判资本主义,推动社会经济进步的思想武器。

第三,政治经济学是一种实践的、建设的经济学。科学的经济理论不是来自人的观念,而是来自实践又高于实践,是人的经济活动在观念形态上的反映和升华,经济理论的根本目的不在于逻辑严密或形式精巧,而在于是否反映了客观存在的、不断发展的经济实践,是否经受得住经济实践的不断检验,是否有效地解释、预测和指导经济实践。经济学是社会科学,无论是哪一种经济理论或学派,逻辑和经验上的分析最终还要落到理论应用和经济实践上,要给出实证性、可行性的结论和建议。马克思政治经济学通过对经济活动性质和规律的分析,提出了社会成员共同占有生产资料,以实现每个人的自由发展和一切人的自由发展,是中国特色社会主义建设的指导理论。

政治经济学的阶级性、批判性与科学性、实践性并行不悖。事实上,社会科学在世界观和方法论上都是应然和实然、规范研究和实证研究的统一。现代经济学中的规范研究是依据一定的价值判断和演绎逻辑,提出、表述如何达到符合这种价值判断的经济目标,目的在于提出关于经济活动"应该是什么"和"应该如何实现"的理论。实证研究是指全面、真实地观察、调查、描述、分析、解释和预测经济现象,表述经济活动的条件、过程、结果等客观现象即所谓的经济活动"到底是什么"的历史性、实践性研究,实证研究的目的是通过社会调查和经验检验、证实和发现经济活动规律。然而,何谓真实的世界和美好或公平的世界?人类能否认识、如何发现真实的世界,能否认识、如何认识和实现美好或公平的世界?一些人强调实证研究而批评规范研究,但社会科学不同于自然科学,所有的社会科学都是关于人的性质和目标、行为和结果的研究,经济研究都是依据一定的假设和方法而展开的,都脱离不了人的价值判断和主观选择,科学的经济理论应当达到规范研究和实证研究、逻辑演绎与历史实证的相统一。政治经济学首先应当是社会科学,应当全面、准确地观察和分析人类经济活动特别是资本主义社会的经济活动,力图揭示经济活动的客观性质和运动规律。在此基础上,分析资本主义生产方式的历史性和未来社会的可行性,指明工人阶级的经济地位和历史任务。

---

① [美]约瑟夫·熊彼特. 资本主义、社会主义与民主[M]. 吴良健,译. 北京:商务印书馆,1999:50-97.

(三）经济活动的客观规律性

政治经济学以资本主义生产方式为研究对象，研究资本主义经济活动，着重揭示资本主义生产关系性质及其运动规律。马克思《资本论》第一卷明确提出，"本书的最终目的就是揭示现代社会的经济运动规律。"① 人类在物质资料的占有、生产、分配、交换、消费等方面的活动表现为各种经济现象，经济规律又称经济定律、原理、法则，就是关于经济活动的内在的、本质的、必然的形式和关系。比如价值规律是关于商品生产和交换的规律，商品价值量取决于社会必要劳动时间，商品之间等价交换。只有全面、准确地观察、分析纷繁复杂的经济现象，才能发现和认识经济活动的规律，揭示资本主义生产方式的社会性质和发展趋向，指明社会各阶级的经济地位和工人阶级的历史使命。

人类社会的经济规律与自然界的规律一样，具有客观性。（1）经济规律的存在是客观的、有条件的，任何经济规律都是在一定的生产力、生产关系等经济条件和其他条件的基础上产生并发生作用的。而当一定的条件改变或消失时，经济规律也随之退出历史舞台。（2）经济规律的作用过程和作用结果是客观的，不以人的主观意志为转移。（3）人们可以发挥主观能动性，观察、分析经济活动，发现和利用经济规律，按照经济规律的要求进行经济活动。也正是人类的存在和实践，才能够发现并解释我们这个世界的种种特性。基于认识能力和阶级立场的限制，人们还可能主动认识、利用一些经济规律而忽视、违背一些经济规律，这些都正是经济规律客观性的表现。尽管如此，人类终究是自然和实践的产物，人们不能任意创造或违反经济规律，否则一定会受到自然规律、经济规律的嘲笑和惩罚。

虽然同称为规律或定律，但经济活动的规律以至人类社会的规律毕竟不同于自然界的规律，经济活动的规律具有一定的特殊性：（1）人是经济活动的主体和目的，又是经济活动的对象和内容，经济活动是人的主体和客体、人的能动性和物的客观性的统一。人是处于一定的社会关系中的有意识、能动性、阶级性的行为主体，不是被动无意识的物质现象或普通生物。人的劳动力就是生产要素，人的劳动发现了科学、发明了技术、创新了经济活动并创造了物质资料和商品价值。由此，经济活动、经济规律不能离开人的主体和人的活动而独立、被动存在，而自然活动、自然规律是无意识、客观性的活动和规律。（2）经济活动是一般规律性与广泛差异性的统一。人类行为是自主的、变化的社会实践，个体遵循普遍的经济原则，而经济活动具有客观的规律性；个体之间又具有广泛的差异性，一定时间、空间中的经济活动会因人的主体认识水平、客观条件差异而呈现广泛的时代性、地域性、民族性的差异性特征。比如个别劳动与社会必要劳动之间的各种偏差，价格围绕价值的各种变化，私人资本追逐剩余价值最大化的各种方法，剩余价值在利润、利息和地租等分配形式、企业利润、平均利润和垄断利润等利润形式上的各种表现，个人不同的消费偏好和消费满足，数学、统计学上的大数定律或平均法则、中位数和平均数

---

① 马克思. 资本论：第一卷 [M]. 北京：人民出版社，2004：10.

等是经济研究的重要方法。（3）经济规律描述的只是人的劳动、物化劳动（物质资料）等经济因素对经济活动的一般性、必然性的影响及其结果，这是经济理论的有效性也是经济理论的局限性所在。经济活动除了受到经济因素的影响，还受到人类非经济因素和自然因素以及人的有限理性甚至谬误、愚昧的影响，人们在认识和运用经济规律时，应当认清经济规律的存在条件、作用机制和影响范围，从荒谬、空想而趋向民主、科学。

人类社会的经济规律大致可分为三类：（1）人类社会的一切形态都普遍存在的经济规律，如生产关系一定要适合生产力性质的规律。（2）人类社会的几种形态存在的经济规律，如商品生产和交换中的价值规律，尽管不同的历史条件下的价值规律的存在范围、表现形式和作用结果有所差异。（3）某一社会形态存在的经济规律，如资本主义的剩余价值规律、经济危机规律。政治经济学既广泛探讨人类社会的各种经济规律，又主要研究资本主义和社会主义的经济规律。

（四）政治经济学的局限性

任何个人、学派的知识或理论，无论是关于人类社会还是自然界的理论，是关于客观世界还是主观世界的理论，都是人类对其自身和外部世界的认识结果，都是一定时代、地域的相对性、有限性的理论，都处于不断地检验、证伪、修正过程中。人们认识的经济规律只是对于客观现象的经验总结和主观抽象，人们可以演绎、检验、证伪经济命题，却无法完全证明和完美利用任何经济规律。马克思等人建立的政治经济学在取得巨大的理论和实践成就的同时，也一定存在着历史的局限性。根据社会经济的发展状况和人类的知识水平，不断克服经济理论的局限性，以适应社会发展的客观需要，这就成为了政治经济学创新发展的目标。

资本主义经济出现了一系列新现象、新问题。不只是欧美发达国家出现了如知识创新和工业革命、垄断和反垄断、生产自动化、纸币和电子货币及数字货币、跨国公司和全球化、国有资本和社会福利制度、知识经济、互联网经济和数字经济、阶层和阶级的新现象等问题，经济落后国家也出现了各种各样的经济发展问题。经济学的古典理论、马克思理论都必须不断追踪、分析资本主义经济发展中的政府管制、效率扭曲、资源错配、生态破坏、文化冲突等新现象、新问题，而新古典理论对于这些问题往往力有不逮，基于自由竞争市场假设的欧美经济学教科书中的标准理论及其模型更不能简单套用于文化、制度有别的许多国家经济研究。

理论的概念和命题、结构和体系有待完善。如在劳动与分工、价值与价格、货币与经济、市场及其结构、剩余价值生产与分配、公司资本与公司治理、垄断资本与垄断价格、技术进步与经济发展、经济危机和全球化、社会责任与全球治理等问题上需要具体、深入地分析，当代经济学特别要关注知识创新、技术进步特别是信息技术、生物技术、人工智能与劳动分工、经济发展的问题。

研究的方法和工具相对单一。如逻辑分析、定性分析多而经验分析、定量分析少，语言分析多而数理分析少，静态分析多而动态分析少，局部分析多而系统分析少，国别分析多而国际分析少。马克思曾经指出，一门科学只有在能够运用数学的时候，才可能达到完善的地步。马克思之后，诸如形式逻辑、数学和数理经济学、统计学和计量经济学、动态经济分析和开放经济分析、系统分析和演化分析、行为经济学和实验经济学等经济分析的方法和工具已经获得了重大进步。

学术交流和跨学科研究相对不足。不能够充分、批判性地吸收非马克思主义经济学的研究成果，不能够充分性吸收社会学、政治学、管理学、生物学等社会科学和自然科学、人文学科的研究成果。比如，在基础理论、应用研究和研究方法上，传统政治经济学与新古典微观、宏观经济学之间曾经深沟壁垒，界限分明，难以进行正常的学术交流和互动发展。

对未来社会的认识不够全面准确。例如，在市场方式和经济危机、资本主义改革和社会主义革命，在社会主义时期的所有制结构、商品货币关系、政府干预和计划经济等问题上，过去的研究存在着语焉不详、主观武断等不足，对于国有制、计划经济、政府管制等分析不够深入充分。任何一种经济理论，一旦超越了人类当时的认识能力，轻视了物质条件约束和客观经济规律，都容易出现主观武断、空想幼稚，甚至狂妄荒诞的问题。

政治经济学尽管存在着以上局限性，而且经济学家之间可能在描述某种经济现象、分析某种经济行为、评判某种经济政策上常常意见不一致，经济学还不是一门严格的、成熟的科学，但政治经济学经过几百年的发展和改进，经济学家之间在基本概念、原理和方法上的共识要大于分歧，政治经济学或经济学比其他社会科学、人文学科更像一门科学。

第二节 政治经济学的研究对象

宇宙的边界条件或许就是它没有边界，但政治经济学还是有其研究的对象和范围。政治经济学的研究对象是什么？教科书的传统答案是：政治经济学是关于生产关系及其发展规律的科学。其实，政治经济学的研究对象并不是一个不言自明、一目了然的问题，以往的某些解释背离了马克思的科学精神，是一种断章取义、似是而非的回答。生产力和生产关系的统一体系作为人类社会的生产方式，才应当是政治经济学的研究对象。

一、生产方式

（一）生产力和生产关系

经济活动是人类活动的基础和核心部分。人类任何时期、任何类型的经济活动，都离不开劳动者和物质资料，离不开二者之间的结合和使用方式。在物质资料的占有、生产、交换、分配和消费过程中，不仅人类与物质资料之间要发生各种物质性、技术性的关系，进行物质变换，改变物质形态，生产提供货物和服务，这具体表现为一定的生产力或生产技术；人与人之间也要占有和分配物质资料，展开分工、竞争、交换、协作，发生各种社会性的经济关系，这集中表现为一定的生产关系或产权制度。由此，任何时期的经济活动都包括生产力和生产关系这两个因素、两个方面，都要占有、组织和运用劳动力和生产资料进行经济活动，生产力与生产关系在经济活动中的统一和结合就构成了生产方式。

生产力又称社会生产力，是人类改造自然及人本身、生产提供货物和服务的能力、过程和结果，反映了人与自然之间的物质变换关系，是人类生产的物质性、技术性的概念。生产力由劳动者、劳动资料、劳动对象等要素组成，其中，劳动资料和劳动对象的总和称为生产资料。在生产力的各要素中，劳动者是生产中的首要的、主观能动的主体因素，劳动是劳动者的劳动能力的运用过程，个人劳动者的知识、经验和劳动的积极性、创新性，全体劳动者的分工、竞争、交换、协作的状况就直接决定着劳动效率的高低和劳动产出的大小。消费资料、生产资料是经济活动中的物质因素，其中，人口生产、劳动力形成中的消费资料性质直接影响着人口、劳动力的数量和质量，生产资料中的生产工具性质则代表着一个时代、一个国家的生产力发展水平。

生产关系又称经济关系，是人类在物质资料的占有、生产、交换、分配、消费即生产和再生产过程中形成和确定的社会关系。由于物质资料的本质特征是稀缺有用的劳动产品，能够给占有和使用者带来经济收益和消费满足，所以人与人之间对物质资料的占有、生产、交换、分配、消费等关系上的一系列正式和非正式的制度规定就是所谓的生产关系。生产关系包括三方面的内容：（1）所有权性质即生产资料的所有制是生产关系的基础制度和核心结构。在资本主义经济中就是生产资料归资本家所有，工人除人身自由外一无所有。（2）人的权利，人与人之间在生产过程中的地位和关系。在资本主义经济中就是资本家通过生产资料、劳动力市场雇佣劳动，通过企业支配劳动、组织生产并创造使用价值和价值。（3）劳动产品如何分配和消费。在资本主义经济中就是商品价值通过商品市场转变为企业收入，分割为工资和利润（剩余价值）即收入的初次分配，以及收入的再分配等。

生产关系在社会中表现为财产或物，在法律或制度上表现为财产或物的权利，财产概念就包含着财产的物质形态和社会对财产的权利制度这两方面的内涵。财产的物质形态包括不动产、动产、知识资产等，财产的权利制度包括所有权和他物权，物权法就是调整社会主体之间因物的归属和使用而产生的财产关系的制度规定。财产权利是人身权利的对称，是指个人、法人等民事主体所享有的具有经济利益的权利，是对物质资料的所有权（自物权）、他物权、债权等具有经济利益的权利的总括，包括对财产权利的立法、行政和司法保护的各种制度及其实施。所有权是个人、法人等社会主体全面、直接支配其不动产、动产、知识资产等财产的权利安排，是对自己之物的占有、使用、收益、处分等项权利，是所有者独享的原初的、自主的、排他的权利。所有权是生产关系、财产权利的基础制度和核心结构，所有者对其权利既可自己拥有、直接支配，也可相对分离、委托代理。他物权是社会主体对他人之物的权利，包括用益物权和担保物权。因此，财产权利在内容上不只是指人与物之间的关系，其实质更是指由物的存在及关于物的占有使用的人与人之间的社会关系，是社会对其成员如何占有、使用、处分、分配财产的一系列权利的约定俗成和法律规范，诸如生产关系、所有制、所有权、财产权、物权、产权等是内涵相同或相近的概念。

由上可知，所有权或所有制是生产关系中的基础制度和核心结构，生产关系是各种社会关系中的基础制度和核心结构。从经济活动中的人与人之间的社会关系，如企业中的出资者与劳动者、管理者与被管理者之间的关系，经济活动中的占有、生产、交换、分配、消费等环节的生产关系，到人类社会中的政治关系、知识关系、宗教关系、家庭关系，都受到所有权的支配和制约。一定时期、一定国家或地区的经济活动从根本上取决于其生产力、生产关系的性质，取决于生产力与生产关系的结合方式和运行过程，生产力、生产关系的性质和结合方式决定着个人、企业、政府的资源配置和全社会的资源配置的效率状况。按照马克思主义的论述，生产力决定生产关系，进而改变着生活方式和一切社会关系，生产关系又影响着生产力发展。马克思《哲学的贫困》第二章生动地指出："手推磨产生的是封建主为首的社会，蒸汽磨产生的是工业资本家为首的社会。"[①] 而20世纪初产业资本、银行资本结合产生的是金融资本家为首的社会，20世纪末又进入了全球化、智能化和互联网的数据资本主义新时代。

需要指出的是，马克思等人曾经使用过不同内涵的生产力、生产关系、生产方式等词语，应当准确理解具体语境中的词语内涵，马克思《资本论》法文版就修正过此前德文版的某些含糊概念。比如，生产方式一词在不同语境中的不同内涵：生产方式指生产的技术方式、生产力，或者指不同产业、不同组织的生产技术方法，如马克思《1844年经济学哲学手稿》《资本论》；生产方式又指生产的社会性质、经济制度等，其核心和基础是由生产力所决定的生产关系，如封建社会生产方式、资本主义生产方式；生产方式还指生产力与生产关系的结合和统一，是组织和运用劳动力和生产资料进行经济活动的方式，是资本雇佣和指挥劳动、商品生产和交换的经济活动方式，这也是后来的政治经济学对生产方式的通常定义。又如，经济基础是指一定社会中的占统治地位的生产关系的总和；由于生产关系既要适应生产力的发展，又为生产力所决定，因此，经济基础的实质和本体是生产力和生产关系的统一体系即生产方式。再如，即便在《资本论》中，马克思对人类的生产力也有几十种相关称谓，诸如生产力、物质生产力、社会生产力、劳动生产力、主观生产力、客观生产力、一般生产力、特殊生产力、个人生产力或劳动的社会生产力、活劳动生产力、精神生产力、自然生产力、资本生产力等。这些称谓的生产力，大致可以分为两类：一类是在物质生产、生产方式的系统内部，对生产力的构成或影响因素的分析，如主观生产力、活劳动生产力、劳动的社会生产力；另一类是从物质生产、生产方式的系统之外，对影响生产力的条件或环境的分析，如自然生产力、精神生产力。

---

① 马克思. 哲学的贫困 [M]//马克思恩格斯选集：第一卷. 北京：人民出版社，1995：142.

（二）研究对象

政治经济学的研究对象应当是什么？物质资料生产？物质资料的生产和分配？商品交换或市场方式？生产关系？生产方式？经济规律或经济本质？人文学科和社会科学都是关于人类活动的学科，每一门学科都是关于人类特定活动的研究，每一门学科的研究对象都是人类这一社会主体和人类活动这一社会客体的统一。对于政治经济学的研究对象，不同时期、不同国家、不同学派的学者也有着不同的理解、界定和分析，这从前面关于经济学的定义和问题的探讨中已可看出。大致而言，古典政治经济学一般把人类的生产和分配、生产力和生产关系作为研究对象，研究重点是价值和分配理论，后期的古典政治经济学、新古典经济学和欧美现代经济学主要研究人类的生产技术、资源市场配置问题，新古典经济学如米尔顿·弗里德曼甚至把经济理论精简为市场理论即价格理论，而当代欧美的新政治经济学又转向分析人类的经济运行和经济发展中的法律、产权、管制等制度问题。在不同时期、不同文本中，马克思、恩格斯等经典作家也给出了诸如生产方式、生产力、生产关系、经济活动等并不完全一致的解释，而通常答案是生产方式。

人类的生产方式是马克思等人关于政治经济学研究对象的经典回答。如果全面分析马克思、恩格斯的各种论述，政治经济学的研究对象就是生产方式，生产力、生产关系是劳动力和生产资料二因素的结合和运用，生产方式是生产力和生产关系二因素的结合和运用的统一体，是生产力和生产关系在物质资料生产中的结合方式和运行过程，是经济活动的组织、运行和发展机制，是人类占有资源并组织生产、交换、分配、消费的经济实践。准确来说，政治经济学的研究出发点是满足人的需要的稀缺性的物质资料生产，研究对象是物质资料的生产方式，研究重点是生产方式中的生产关系，是现实经济中的资本主义生产关系，以揭示资本主义生产方式的社会性质和运动规律。

马克思《资本论》第一卷第一版序言指出，"我要在本书研究的，是资本主义生产方式以及和它相适应的生产关系和交换关系。"[①] 这里的"生产方式"显然是指生产的技术特征和物质内容即生产力，而生产力以及和它相适应的生产关系就共同构成了社会生产方式，如此才可能全面分析资本主义经济的性质和规律。恩格斯《反杜林论》专门探讨了政治经济学的研究对象和方法，指出政治经济学是研究人类社会中支配物质生活资料的生产和交换的规律的科学，是研究人类各种社会进行生产和交换并相应地进行产品分配的条件和形式的科学。列宁《评经济浪漫主义》提出，政治经济学的对象绝不像通常所说的那样只是"物质的生产"（这是工艺学的对象），而是人们在生产中的社会关系。可见，马克思等人都强调政治经济学的研究对象是物质资料生产，它包括生产力和生产关系两个方面，是生产力和生产关系的矛盾运动，是生产力和生产关系在物质资料生产中的结合方式和运行过程，以揭示资本主义生产方式的运动规律。

---

① 马克思. 资本论：第一卷 [M]. 北京：人民出版社，2004：8.

比较而言，马克思等人虽然强调政治经济学重点研究生产关系，研究人与人之间的经济关系甚至是资本主义特有的阶级关系，但生产关系不是孤立的、单纯的财产所有制，不是经济研究的唯一对象或最终目的，必须联系生产力的性质和运动来研究生产关系，为了解放和发展生产力来研究生产关系，在生产力和生产关系的统一体系和运动过程中研究生产关系。政治经济学中的劳动和分工、劳动价值、价值规律、剩余价值、企业、资本积累和再生产、经济危机、世界经济等理论等都揭示了生产力和生产关系的统一对立的矛盾运动性质。但在计划经济为主、阶级斗争为纲的传统社会主义时期，政治经济学曾经严重忽视生产力研究，片面强调生产关系的决定作用，甚至蜕变为批判资本主义经济的剥削本质和腐朽特征的政治说教。

政治经济学与西方经济学的主要区别不在于要不要研究日常、琐碎的经济现象，是否建构了宏大或精巧的理论体系，而在于世界观和方法论的重大差异，在于为何和如何研究经济问题。事物的现象与本质可能一致，也可能不一致，科学研究的任务就是运用逻辑和历史相统一、个体和整体相统一的研究方法，从事物的现象中发现、把握其本质和规律，对事物的发展变化作出科学的解释和预测。关于西方经济学的基础理论错误但具体政策可取的观点，其实违背了关于物质与意识、理论与政策关系的人类实践常识。

政治经济学研究的是经济制度，而西方经济学研究的是资源配置，这是近年来从片面强调生产关系的逻辑出发而提出的另一种观点。一方面，古典政治经济学为了支持资产阶级兴起，推动资本主义发展，也十分重视对经济制度、政策的研究，提出了一系列鼓吹自由放任、限制政府权力的理论主张。只是在马克思之后、边际革命以来，资本主义经济制度已经在欧美各国普遍取得了胜利，新古典经济学等欧美经济学派才在给定资本主义经济制度的前提条件下，把生产技术、资源配置特别是市场方式作为研究的对象和重点，这与着重研究生产关系、批判资本主义经济制度的政治经济学形成了鲜明对比，此种倾向直至早先的奥地利学派和晚近的新政治经济学中才有所改变，如哈耶克强调的自由、社会秩序和宪法，布坎南研究的官僚体制和公共选择，诺斯关注的国家悖论和社会秩序；新政治经济学则把经济学的研究范围扩大了从家庭、教育、习俗到政党、法律、行政、司法等人类社会的各种活动，政治经济学的研究对象和内容不断膨胀，出现了经济学帝国主义趋向。另一方面，政治经济学同样重视研究生产技术、资源配置问题，它与西方经济学的根本分歧不在于要不要研究生产关系或资源配置，而在于世界观、方法论上的差异。政治经济学强调对生产方式、经济活动中生产关系的重点研究，是在研究生产力与生产关系、生产关系与上层建筑的矛盾运动中研究经济制度问题，研究制度问题是政治学而非政治经济学的任务。

（三）生产关系为什么成为研究重点

生产力是人类经济活动的生产技术形式，生产关系是人类经济活动的社会关系形式。政治经济学既把人类经济活动中的生产力和生产关系都作为研究的对象，又把生产关系作为研究的重点，这主要是基于实践和理论方面的原因。

第一,经济学是关于人类赖以生存和发展、思想和行动的物质资料及其占有、生产、交换、分配的社会科学,生产关系是人们在物质资料特别是生产资料的占有、生产、交换、分配上的社会性质和相互关系,是体现在经济活动的各个方面、环节的经济关系,是社会各种关系中基础性、核心性的关系。从经济活动中的人与人之间的关系,如企业中的出资者与劳动者、管理者与被管理者之间的关系,社会生产过程中的生产、交换、分配、消费等环节的生产关系,到人类社会中的政治关系、知识关系、家庭关系,都受到生产关系的支配和制约。斯密、李嘉图等古典政治经济学家注重分析经济活动中的生产关系、阶级结构等问题,但李嘉图之后的马尔萨斯、萨伊、巴斯夏等经济学家逐渐偏离、回避分析生产关系问题,或者主要为资本主义生产关系辩护。马克思等经典作家透过眼花缭乱的商品、货币现象,探讨其背后的经济关系和经济规律,揭示资本主义经济的本质属性和发展趋势。

第二,马克思时代的资本主义生产关系已经开始严重阻碍着社会生产力的全面发展。马克思、恩格斯《共产党宣言》指出,资产阶级在历史上曾经起过非常革命的作用。作为一种新生的社会力量,资产阶级除非对生产工具,从而对生产关系,进而对全部社会关系不断地进行革新,否则就不能生存下去。① 然而,资本主义发展到马克思时代,资本主义生产关系及其政治制度已经阻碍了社会生产力的发展,工人阶级出现了严重贫困现象,由此必须对当时的资本主义生产关系及其政治制度进行改革或革命。

第三,工人阶级解放和人类发展的需要。马克思等人通过对资本主义经济的全面、深入分析,证明了资本主义生产目的是榨取剩余价值,资产阶级为了榨取剩余价值而难以继续变革生产关系,难以成为经济发展的能动力量。工人阶级作为资本雇佣的对象,也难以成为生产力和生产关系中的能动力量和创新主体。因此,政治经济学是批判和革命的经济学,是分析和批判资本主义生产关系、解放和发展生产力的经济理论。

第四,社会主义建设的需要。即便在社会主义革命胜利后,同样也需要不断研究社会活动中的生产关系、政治制度与经济运行和经济发展问题。

二、如何研究生产方式

(一) 经济研究的几个角度

生产力与生产关系是经济活动、生产方式不可分割、相互影响的两个方面,生产方式是生产力和生产关系的有机结合方式和矛盾运动过程。由此,政治经济学必须从自然和社会相统一、逻辑和历史相统一、生产力与生产关系相统一的角度,全面准确地研究生产力与生产关系的矛盾运动。然而,生产力决定生产关系这一历史唯物主义核心的、第一的命题并不是一个先验、抽象的公式或教条,它必须通过解

---

① 马克思恩格斯选集:第一卷[M]. 北京:人民出版社,2012:402-403.

决一系列的理论难题，在逻辑和历史、定性和定量上得到具体、清晰的阐述、证明和运用。那么，如何研究生产力与生产关系，以及二者之间的关系，才能全面、准确地认识生产力、生产关系发展变化的原因和趋势？

第一，从生产力与生产关系相互影响、相互依存、互为条件的对立统一关系角度研究生产方式。人类社会中的生产力与生产关系不可分割，相互影响，生产力决定生产关系的性质和形式，生产关系又约束、影响着生产力的运行和发展，不能割裂二者之间的统一关系，不能片面强调二者之间的对立甚至斗争性。相反，正因为资本主义私有制与社会化大生产的统一和结合，资本主义经济体系才能够最终确立并运行发展。因此，研究经济就不能局限于生产关系的本质及其规律进行片面、抽象分析，而要具体分析与特定生产力相适应的生产关系的性质和形式，具体分析生产力决定生产关系的经济条件和作用机制等问题。

在生产力与生产关系的相互影响上，一方面，生产力这一生产技术系统如何决定生产关系的性质和形式？诸如劳动者、生产资料、科学技术等生产要素在经济活动中是如何结合的，生产要素及其发展如何影响生产关系的形式及其变化？换言之，诸如生产资料的私有制和其他所有制是如何产生和发展，经济如何增长的，收入如何分配的？另一方面，生产关系如何促进、保障生产力的运行和发展？诸如公民平等权利和生产资料私有制为什么成为资本主义的政治基础和经济基础，资本如何雇佣劳动并组织经济活动，现代公司为什么成为经济主体的普遍形式，知识产权为什么成为保障知识生产、推动知识传播和经济增长的有效制度？

第二，从个人和社会的经济运行和发展的角度研究生产方式。经济活动为个人的生存和发展提供了物质基础，生产力和生产关系是经济活动的手段和内容。研究生产力和生产关系以及二者之间的关系、个体自由、市场竞争、生产关系变革，都是为了有效配置资源，促进经济发展，最终都是为了改善人的生存和发展状况，为了个人的私人福利和社会福利的最大化。

在经济的运行与发展上，一方面，人类如何解决信息、决策、组织、执行、激励等经济问题？古往今来，人类组织经济活动的方式大致可以分为传统、政府、市场等几种类型。传统方式是按照由来已久、约定俗成的手段、标准和过程，比如血统、年龄、性别、身份、习俗等，论资排辈，按部就班，组织生产、交换、分配和消费。政府方式是指政府凭借国家权力，通过自上而下的行政命令、经济统制、指导性计划、指令性计划等手段来直接配置资源，康芒斯所区分的管理的交易、限额的交易大致就是这种方式，德国在第一、第二次世界大战中的经济管制和美国罗斯福新政就是资本主义国家直接干预经济活动的典型事件。市场方式则是在公民权利和生产资料私有制的条件下，个人、企业、政府等社会主体通过社会分工、自由竞争、价格决定、市场交换的经济机制而组织商品生产和交换，以满足人们不断增长变化的需要。从远古社会到资本主义经济兴起之前，经济活动主要依靠传统方式，以血缘和身份为纽带，循规蹈矩，子承父业，经济技术停滞不前，社会结构僵化稳定。比较而言，行政命令在灾害、战争等特殊时期是相对有效的资源配置方式，现代社会则有管制经济和计划经济之分。社会分工和市场交换虽然贯穿了人类数千年历史，但作为资源配置的基础性、决定性方式只是资本主义经济发展到一定阶段的产物。另一方面，生产力如何不断进步，经济如何持续增长？具体地说，如果私有制和社会分工条件下的自由竞争、市场交换是资源配置的基本方式，知识生产、技术进步、经济创新是经济增长的基本途径，那么知识研究是如何组织、实施的？知识、技术是如何生产、传播和应用的？企业生产、产业结构、区域经济是如何形成和发展的？如何协调经济、政治、知识、自然之间的关系？衡量、比较同一国家不同时期或不同国家的生产力发展水平的标准或尺度是什么？如果以劳动生产率作为衡量、比较生产力发展水平的标准，那么如何进行微观比较、宏观比较和国际比较？如何进行纵向比较、横向比较和综合比较？

第三，从生产方式与上层建筑之间相互依存、相互影响、互为条件的对立统一关系角度研究生产方式。人类的社会活动、社会结构可分为经济、政治、知识三大部分，建立在经济活动、生产方式基础之上的社会结构被称为上层建筑，包括法律、国体、政体等国家制度，军队、警察、法院、监狱、行政部门、政党等政治上层建筑，以及信仰、习俗、道德、观念、人文学科、社会科学、自然科学、工程技术等人类知识、社会意识的上层建筑。知识的上层建筑可分为存在于人的头脑中的社会心理和表现于一定载体上的社会意识形式，可分为信仰、习俗、道德、观念、技能、文艺等原发性知识和人文学科、自然科学、社会科学等系统性知识。人类的知识也具有一定的时代性、地域性、阶级性，其中反映了统治阶级心理、支持了统治阶级利益的那部分知识又被称为社会意识形态，这些知识一般居于主导性、基础性的地位，并被塑造为一种总括的、共同的世界观和方法论，往往还包含某种确定的神圣命题，对社会成员具有约束、指导作用，如资本主义社会出现过个人主义、古典自由主义、人道主义（人本主义、人文主义）、科学主义、新自由主义等意识形态。

需要指出的是，法律可以分为公法和私法，公法是指调整国家与公民、组织之间关系以及国家机关及其组成人员之间关系的宪法、行政法、刑法、诉讼法、经济法等法律，规范政治活动中的国家、政府、公共管理的公法是政治上层建筑的实质和本体，第八章第三节将重点探讨国家、政府、公共管理等政治上层建筑与居民、企业的经济活动问题。而私法即广义的民法是指调整公民、组织等平等的社会主体之间的财产关系和人身关系的民法、商法、婚姻法等法律，私法的实质是对人类知识活动中的知识的生产、传播即研究开发、教育、言论、出版等知识上层建筑的认可和规范，是对人类经济活动中的财产、企业、合同等生产关系、经济基础的认可和规范，私法体现了政治、政府的实质但并非政治、政府的本体和职能。

经济基础与社会上层建筑之间，经济活动与知识、政治活动之间存在着复杂多样的统一互动的关系：一方面，经济活动是基础性、决定性的人类实践活动，知识是人类实践包括经济实践的结果，政治是经济的集中体现，政府是资本逻辑的延伸，生产方式决定上层建筑，上层建筑随着生产方式的发展变化而改变，这可以视为历史唯物主义的基本命题。另一方面，经济活动都是人的有意识、能动性、连续性改造世界的主体性实践，知识、政治等上层建筑建立之后，又对生产方式、经济活动具有长期、全面、潜在、重大的反作用，上层建筑可能适应、推动着或阻碍、限制着生产方式的形成和发展。由此，必须从生产方式与上层建筑的相互影响和矛盾运动中研究生产方式，全面、准确地认识政治法律制度、知识观念与生产关系、生产方式之间的相互关系，适时地改革政治和政府制度，以保障人的自由探索和普遍创新，推动社会经济的有效发展。

第四，从社会实践的主体与客体的角度研究生产方式。人原本是自然的产物，属于动物，又高于动物，人与其他动物的最大区别在于人在长期的进化发展中形成的情感、意志、知识、智慧、收入、财产等精神财富和物质财富，人的知识包含了语言、信仰、道德、文艺、技术、科学等内容，人是有语言、能思考、多情感、敢冒险、创新性的智慧动物，人是既独立、分工、竞争又交换、互动、协作的能动性、组织性的社会动物。人是社会活动的独立的、能动的主体，经济活动是人的生产、生活的过程，生产力、生产关系就是个人的、人类的经济活动方式，经济活动是人这一主体与人类经济活动这一客体的统一。因此，必须把生产方式放到以人为主体的自然环境、现实生活和历史进程中进行考察，广泛借鉴数学、物理学、生物学、心理学、社会学等领域的理论和方法，在条件约束、社会实践亦即历史演进中研究人及其经济活动，从个体与整体、微观与宏观相结合的角度研究人的经济活动，从主体和客体相结合的角度研究人在经济活动中的性质和地位、行为和结果。

第五，从历史的、实践的角度研究生产方式。人类社会是在具体特定的时间、空间条件下发生和演化的，历史是从不可召回的过去走向无法确知的未来。因此，对生产力、生产关系的研究就不能停留于抽象的、教条的语言、假设或逻辑，而一定要客观、具体地分析人类一定时间、空间条件下的生产方式，对过去和现在的经济活动进行规范和实证的分析。比如，公民权利和生产资料私有制是资本主义生产关系的根本制度和基本形式，剩余价值或利润最大化是资本主义经济的基本目标，这决定了资本雇佣劳动的经济性质。但是，资本主义私有制具有形形色色的实现形式，比如可以采取资本家个人所有制和资本家共有制，个人独资企业、公司就是个人所有、共有的典型组织形式。公司可以采取无限公司、有限责任公司、股份有限公司、有限合伙等不同形式，资本家对公司可以直接经营或委托经营，对商品可以直接生产或外包、贴牌生产。再如，资本雇佣劳动可以采取与工人签订个人合同或集体合同、短期合同和终身合同，工人劳动可以采取弹性工作和固定工作，工资可以采取计时工资或计件工资。生产资料私有制具体采取什么形式，这都是在特定条件约束下为追逐最大化剩余价值而相机抉择的结果。

（二）经济制度及其演变

从野蛮向文明、由低级向高级演进，这是人类社会、人类制度发展的基本趋势。根据生产力和生产关系的发展状况和性质，有史以来的人类经济活动大致可以划分为四个发展阶段、四种经济形态或经济制度，即原始经济、奴隶制经济、封建经济和资本主义经济。如果这样，那就产生了一系列问题：人类社会及其经济制度是如何发展、演变的？以市场化、组织化、工业化、城市化、全球化为特征的资本主义经济是如何产生和发展的？具体而言，资本主义经济是在封建社会内部还是外部诞生的？资本主义经济发展的动力和因素、阶段和路径是什么？分工和交换的市场方式是人类普遍的还是资本主义独有的资源配置方式？资本主义经济危机的因素和机制是什么，资本主义能否有效应对经济、政治的危机？

资本主义之前的经济形态一般被统称为古代经济，包括原始经济、奴隶制经济和封建经济。在原始社会，创新极其缓慢，分工极其简陋，生产力极其低下，物质资料曾经实行原始公社所有制，但分工的发展、私有制的出现和阶级的形成导致原始社会解体。在奴隶制社会，奴隶主不仅占有物质资料，而且占有奴隶本身。在封建社会，尽管存在着自耕农和小手工业者，但社会生产关系的核心是地主占有大部分土地和不完全占有农民和农奴，地主阶级雇佣和剥削农民。古代社会主要通过习俗的、行政的方式解决生产、交换、分配等经济问题，封闭的、简单再生产的自然经济是古代经济的共同特点：原始社会氏族、部落共同体是一种自然经济单位，奴隶主庄园是一种自然经济单位，地主、自耕农经济基本上也是内部个别分工、耕织结合、少有社会分工和市场交换的自然经济形式。

资本主义经济主要通过私有制、社会分工、市场交换的方式解决生产、交换、分配等经济问题。马克思认为，私有制基础上的资本雇佣劳动是资本主义经济的基本结构。资本主义经济具有四个方面的制度特征：一是私有制是资本主义的经济基础；二是广大劳动者虽然获得了人身自由，但几乎不占有生产资料，只得成为靠出卖劳动力为生的雇佣劳动者；三是资本家通过市场而合法雇佣工人并无偿占有工人创造的剩余价值，对剩余价值的追求成为资本主义生产的基本动机和目标；四是资本主义生产方式决定了经济危机的必然性，取而代之的将是更有活力和效率的新型经济制度。

关于生产力与生产关系、生产方式与上层建筑之间的相对关系和相互影响的论述，只是一种高度抽象的、一般化的理论概说。当然，历史发展和现实社会充满着种种戏剧性的机遇和选择，不同地区、不同民族的社会制度及其发展过程并不是机械划一的经济决定（或诸如技术决定、文化决定、制度决定）、静态均衡、线性递进的发展过程，而是复杂动态的多因决定、随机发生、竞争选择、创新推动的演化过程，存在着渐变与突变、进化和退化等复杂多样的情况，自然界与人类社会的知识、经济、政治等系统之间形成了共存互动的统一关系。人类对其行动或实践的分析是对人类社会的经济分析、政治分析、知识分析等社会因素和社会结构的综合分析，是对人类社会的历史分析、现实分析和地区（国家）分析、民族分析等社会时间和社会空间的系统分析，这就是作为思想家的马克思为什么又在社会学、经济学、政治学、历史学等领域卓有贡献。诸如生产力如何决定生产关系，生产方式如何决定上层建筑，如何决定政治和文化系统的发展？为什么法律、政府、意识形态主要体现着占支配、统治地位的阶级的意志？法律、政府、知识等上层建筑如何影响着经济活动？如何通过对经济活动中的生产力和生产关系矛盾双方的研究，揭示经济发展的阶段、方式、性质、路径和趋势，揭示一种经济制度的产生、发展和变革的过程，以及不同经济制度更替的必然性，在肯定资本主义制度的必然产生和历史进步性的同时，又充分揭露资本主义经济矛盾，揭示工人阶级与资产阶级之间既对立又协作的二重性关系，以及资本主义终结的必然性？这些都是要进一步研究的历史关节和理论命题。

第三节 政治经济学的研究方法

一、哲学和方法论

一门学科的建立和发展不仅基于社会发展的客观需要，也有赖于知识生产和哲学思考的状况，有赖于一定的世界观和方法论，以及各个学科的具体研究方法的指导和约束，自觉、多元、系统、科学的世界观和方法论同样是政治经济学建立和发展的知识基础，如此才可能对复杂原因的错综结果进行有效分析。政治经济学的研究方法既包括人类一般的世界观、方法论，又包括经济学等学科中具体不同的应用性、特殊性的方法。

（一）世界观

人类来自自然，依靠劳动和思想而生存和发展，世界观或哲学就是人类对于一切实在或整个世界即自然界和人类社会的系统性、根本性的看法，就是人在世界中的地位、性质和作用的认识。世界观的基本问题是人类关于世界的起源和存在的性质，关于物质与精神、存在与思维的关系，以及人与世界的关系的问题。人们所处的历史阶段、社会地位不同，思维能力和方法有异，形成的世界观往往并不一样，人的生存发展状况也不一样。个人的世界观往往是自发、零散的知识，而哲学是沉思和智慧，是人们关于世界性质和人生意义的思考，是关于世界的本原、物质与精神、存在与思维之间关系的自觉的、系统性、一般性的理论，是人类探索世界、认识自我、追求自由的智慧，道德哲学、自然哲学甚至一度成为人文学科、社会科学、自然科学的统称，对哲学基本问题的回答也就划分了本体论和认识论、唯心主义和唯物主义等不同的世界观，决定了认识和行动的关系性质。

人们对于哲学基本问题的解释曾被分为哲学的不同部分。古希腊哲学家通过诘问进行哲学思考，提出了三大基本问题：有关世界的本质与真理的形而上学或本体论问题；有关人们如何知道或认识世界的本质与真理的知识论问题；有关生命意义与道德实践的伦理学问题。古希腊之后，近现代欧洲关于哲学基本问题的理论也曾分为了关于物质与精神关系的本体论（存在论）、知识与行动的认识论（知识论）两个部分。研究世界的本质、一切实在的本性为本体论，而一切实在的本性需要通过认识而得到，研究认识的本质、人类如何认识为知识论。不同时期、不同区域的人们形成了特定的世界观或哲学，不同的世界观又影响了各自的观念和行动。任何时代、任何国家的经济研究和经济理论不仅受到当时经济发展状况的影响，也受到了当时的信仰、习俗、道德、哲学、技能、文艺、科学等知识水平的影响，其中看似大而无用的世界观或哲学的影响尤其深远广大，一个人的世界观或哲学也直接影响着他对经济问题研究的方法和结果。

方法一词具有方法论（methodology）和具体方法（methods）两种语义。方法论一般是指世界观或哲学上的认识论（知识论）中的方法论，是人们关于认识和改造世界、思维和实践的方向、技术、工具、程序的一般性的方法或原则。近现代哲学家曾经提出了诸如经验论、唯理论、怀疑论、唯物辩证法、语言分析哲学、实证主义、历史主义、规范主义、实用主义、个体主义、整体主义等不同的知识论及方法论。具体方法是指人们做某类或某种事、完成一个特定目标的技术、工具、程序，如军事研究的方法、农业生产的方法、社会交往的方法、扣针或面包制作的方法。人类不仅有认识和改造世界的一般性的方法论，而且在不同领域、不同学科、不同事件中也有其具体的思考和操作的方法。政治经济学、经济学经过几百年的发展，已经将逻辑和历史分析结合起来，将自然科学特别是数学、物理学、心理学的方法广泛、深入运用到经济研究中，建立了自己的研究方法。

（二）马克思主义哲学

什么是好的世界观和方法论，什么是马克思主义的世界观和方法论？如何采用哲学、马克思主义哲学指导政治经济学研究？

马克思全面梳理和充分学习了当时的哲学思想，但对于哲学基本问题未采取本体论、认识论的二分法，而是改造整合费尔巴哈等人的唯物论和黑格尔等人的辩证法的思想，形成了辩证唯物主义。辩证唯物主义是马克思主义的世界观，是马克思主义哲学的本体论、知识论及方法论，是唯物、人本、批判、求实的哲学，不是诡辩术、神逻辑、造反经或预测学。在马克思主义哲学中，辩证唯物主义、辩证唯物论、唯物辩证法这三个词语可视为内涵相同的概念，它们都是关于世界的本原、物质与意识、存在与思维关系这一哲学基本问题的理论，是由马克思、恩格斯提出，经列宁等人发展而形成的世界观和方法论，是对唯心论和形而上学的哲学批判，是唯物论和辩证法的有机统一，是关于自然、社会和思维的一般理论和方法，也是政治经济学研究的方法论。

物质与意识的关系也是近代哲学家长期思考的基本问题：洛克认为，所有外物都通过感觉达到心灵。贝克莱追问，既然所有的知识都经过感觉而达到，那么如何确定感觉之外的世界？休谟进一步质疑，不但外部世界的存在很可疑，而且我的自我也很可疑，难道从前、现在和未来的我的感觉都属于同一个我，你的和他的感觉都具有统一性？康德的回答则别具一格，现象的内容确实没有普遍性和统一性，人们的感觉都是具有时间、空间、因果关系等认知形式的现象，形式属于主体，换言之，形式和法则不是世界加于人的理性，而是人的理性加于世界。但是，不具有形式的现象如何认知，形式是属于你的主体还是他的主体？再者，启蒙运动、文艺复兴与人的理性首先针对的是古代社会的政治专制和文化愚昧，人的主体和理性可以探索、认识和改变世界，由此凸显了科学、教育、分工和市场的现代意义。

在物质和意识的关系问题上，辩证唯物主义在对以往哲学的继承和批判的基础上，坚持世界的物质统一性的思想，建立了物质第一性、意识第二性、世界统一于物质的哲学体系。物质是可以为人的意识所反映而又不依赖于意识的客观存在，意识不能离开物质而独立存在，意识是物质高度发展的产物，是人脑这一高度组织起来的物质的反映特性，是一种特殊的物质形式，而劳动在从猿到人和社会演进中起着决定性的作用。意识和思维的内容是对客观物质世界的反映，意识和思维存在的形式是语言。在关于世界的存在状态问题上，辩证唯物主义认为物质存在具有无限复杂的多样性和丰富多彩的运动形式，物质世界处于普遍的联系和永恒的运动发展之中，时间与空间是运动着的物质的存在形式，物质运动有着自身的客观规律，世界的存在和发展遵循着对立统一规律、质量互变规律、否定之否定规律等基本规律。

历史唯物主义又称唯物史观，是马克思等人关于人类社会存在和发展的哲学理论，它坚持社会存在决定社会意识，劳动是人类社会产生、存在和发展的基础，生产力决定生产关系和经济基础决定上层建筑等命题。对于历史唯物主义的基本原理，马克思1859年发表的《〈政治经济学批判〉序言》作了经典概括："人们在自己生活的社会生产中发生一定的、必然的、不以他们的意志为转移的关系，即同他们的物质生产力的一定发展阶段相适应的生产关系。这些生产关系的总和构成社会的经济结构，即有法律的和政治的上层建筑竖立其上并有一定的社会意识形式与之相适应的现实基础。物质生活的生产方式制约着整个社会生活、政治生活和精神生活的过程。不是人们的意识决定人们的存在，相反，是人们的社会存在决定人们的意识。"① 而且，社会的物质生产力发展到一定阶段，便同它们一直在其中运动的现存生产关系或财产关系发生矛盾，这些经济关系成为生产力的桎梏，那时社会革命的时代就到来了。恩格斯《社会主义从空想到科学的发展》对历史唯物主义也作了简要表述："一切重要历史事件的终极原因和伟大动力是社会的经济发展，是生产方式和交换方式的改变，是由此产生的社会之划分为不同的阶级，是这些阶级彼此之间的斗争。②"

马克思主义的世界观和方法论，如何使其经济学区别于其他学派的经济学？马克思将辩证唯物主义运用到经济研究领域，努力建立了逻辑和历史相统一、个体和整体相统一的经济理论。恩格斯、卢卡奇等认为，马克思的世界观不是教义，而是方法，是人们认识社会的原理和方法。辩证唯物主义把人类社会的发展看作一种自然历史过程，在研究经济活动及其规律时不是从观念出发，而是从客观事实出发。马克思《资本论》第二版跋特别详细引证了俄国经济学家考夫曼对《资本论》方法的评论要点，认为这些正是辩证方法，是唯物辩证法在政治经济学中的应用：马克思特别注意研究资本主义发展的规律；"把社会运动看作是受一定的客观规律支配的自然史过程，这些规律不仅不以人的意志、意识和意图为转移，反而决定人的意志、意识和意图"；特别强调研究每个历史特有的规律；"阐明支配着一定社会有机

---

① 马克思. 政治经济学批判序言 [M]//马克思恩格斯选集：第二卷. 北京：人民出版社，1995：32.
② 恩格斯. 社会主义从空想到科学的发展 [M]//马克思恩格斯选集：第三卷. 北京：人民出版社，1995：705.

体的产生、生存、发展和死亡以及为另一更高的有机体所代替的特殊规律",等等。①

政治经济学虽然是基于人的感性、本能、实用性,研究人如何有效采取经济活动来满足其物质性需要的一门社会科学,但超脱了人的感性、本能、实用性羁绊的哲学才能够为人的经济活动和经济研究提供系统性、长期性的思想方法。即如马克思、恩格斯在关于资本主义经济的观察、分析和写作中,特别是在马克思的《资本论》写作和恩格斯的修订中,正是全面坚持和运用了辩证唯物主义和历史唯物主义的基本原理和一般方法,充分遵循了逻辑和历史相统一、个体和整体相统一、归纳方法和演绎方法相统一、从具体到抽象和从抽象到具体相结合的科学抽象法的理论原则,吸收了历史主义、实证主义、个体主义、整体主义、实用主义、规范主义等具体不同的方法论,事实上还使用了微观分析和宏观分析、静态分析和动态分析、定性分析和定量分析等理论研究的具体方法,吸收并整合了哲学、历史学、社会学、政治学、心理学以至文学艺术、自然科学等多学科的知识,才使得他们的思想体系对学者和公众至今还保留着价值和魅力。马克思、恩格斯的政治经济学研究既站在了哲学的、历史的高度,又非哲学式的抽象或史料的堆积,而是逻辑演绎和历史实证的统一结合。

自然界和人类社会的世界是统一于物质的,世界的存在和发展是具有客观规律的。人类渴望充分认识并理性改造复杂而多变、充满风险和不确定的世界,意识、智能或理性是人类有别于、高于其他动物的特征。由于种种原因,即便在当代社会,动物性依然广泛影响或干扰着人类的行为,人类真实具有、普遍运用的知识、理性也只是有限知识、有限理性。有限理性的人类可能逼近真实和真理,但拥有真理、理性实践终归是一种奢望。马克思并不截断众流、唯我独尊、固步自封,而是坚持物质的、人本的、理性的实践精神,谦卑谨慎、兼容并蓄又勇于担当、特立独行,在知识生产、学术竞争中吸收应用各种思想成果。而且,诸如"生产力决定生产关系""人民是经济活动的主体"只是哲学性的观念,并不是政治经济学等各种社会学科的具体命题,政治经济学的命题或原理应当是逻辑、理论的和历史、实践的统一,必须在人类经济活动中被检验、可操作。

二、经济研究的方法

任何一门、一种体系完备、逻辑自洽、结论可检验的科学理论,在学术研究上似乎都应当得到一般性的世界观、方法论和科学研究的具体方法的支持。政治经济学作为一门社会科学,应当是世俗中的、实践性的而非头脑中或黑板上的政治经济学,经济学家更应当像科学家而非经济学家那样认识人类经济活动,其研究不仅应受到世界观、方法论的哲学思维指导,而且要遵循自己的科学研究方法。

---

① 马克思. 资本论:第一卷 [M]. 北京:人民出版社,2004:20-21.

（一）逻辑和历史相统一

逻辑有逻辑学、思维规则、规律、知识或理论等义，有形式逻辑与辩证逻辑之分。逻辑学产生于人类的意识形成、语言论辩、数学论证等知识生产过程中，是关于以推理、论证有效性为核心的思维形式和思维规则的科学，其核心是关于概念、命题、推理及其有效性判定的分析方法，是人类认识世界、改造世界的思维工具。换言之，逻辑学研究的是事物之间的相对关系，研究命题之间的推论关系，以求通过推理从真的前提获得真的结论，从已知的概念、命题推断未知、获得新知。在逻辑学的发展史上，曾经出现过主要通过自然语言进行推理的中国名辩逻辑、印度因明逻辑和西方古典形式逻辑三大流派。近现代以来，经过莱布尼兹、布尔、德摩根、弗雷格、皮尔斯、康托尔、皮亚诺、希尔伯特、罗素、斯科伦、哥德尔、塔尔斯基、图灵、科恩、雷·所罗门诺夫等人的努力，古典形式逻辑演进到主要通过人工语言特别是数学语言进行推理的现代形式逻辑（符号逻辑、数理逻辑），基于数学语言的计算机程序和人工智能在1997年、2016年战胜了国际象棋、围棋的世界冠军。逻辑学中的思维或推理方法可分为三大类：归纳逻辑，由一些命题推导出一个一般性较大的命题，由个别、具体、已知的现象到一般、抽象、未定的理论，其中因不完全信息而猜想、试错的不完全归纳方法又称为顿悟、直觉；演绎逻辑，由一些命题推导出一个一般性较小或者相等的命题，由一般到个别，包括公理化、形式化的推理方法；类比（类推）逻辑，由一类事物所具有的某种属性，分析推断与其类似的事物也应具有这种属性的推理方法。

在研究人类社会包括研究经济活动过程中，逻辑方法是观察和分析经济问题、提出和论证经济理论的思维工具，遵守逻辑或逻辑检验是经济理论成立的必要条件但非充分条件。运用逻辑方法就是要科学运用范畴和概念、判断或命题、推理等思维的基本形式，归纳逻辑、演绎逻辑等基本方法，提出范畴、概念、命题和理论体系。范畴是思维中基础性、一般性的概念，是人的思想对一个事物或对象的普遍、本质的概括和反映；概念是对事物的普遍、本质的属性的反映，是构成命题、推理的最小单位，是思维的要素和命题、推理的起点。在思想中对事物有所断定（肯定或否定）并有意义上的真伪可言的思维形式就是判断，用相应的句子把它表述出来并有真伪（对错）可言的就叫作命题。人们往往在同一意义上使用判断和命题，穆勒把命题分为肯定与否定、简单与复合，以及全称、特称、不定称与单称等三类。最后，由一个或几个判断而得出新判断的思维形式就是推理和理论，如亚里士多德的三段论就是推理的基本形式，欧几里得首创了公理化的几何体系。

现代社会观察、分析、理解世界的基本方法大致有二：一是以英国的培根以及洛克、休谟、斯密、孔德、法拉第、达尔文、穆勒、马克思、查尔斯·皮尔斯、卢瑟福、罗素、维特根斯坦、鲁道夫·卡尔纳普、卡尔·波普尔、诺姆·乔姆斯基、雷·所罗门诺夫等人为代表的，归纳的、因果的、经验主义的认识方法；二是以法国的笛卡尔以及帕斯卡、斯宾诺莎、莱布尼茨、康德、拉普拉斯、门格尔、彭加勒、哥德尔、列维－施特劳斯等人为代表的，演绎的、构造的、理性主义的认识方法。

在科学研究或知识生产上，最初曾经盛行经验主义的归纳方法，后来偏爱形式主义的演绎方法，比如牛顿以后的物理学，李嘉图以后的古典政治经济学，瓦尔拉以后的新古典经济学，而归纳逻辑又在1956年之后人工智能研究和2018年以来深度学习模型（GPT9）中大显身手。具有理性主义色彩的康德、波普尔等人试图调和这两种方法，经济学最近几十年复兴了基于个人主义和成本收益分析的经济发展的经验研究、制度研究。

逻辑也是经济研究中的基本方法，而经济学家在使用演绎逻辑、归纳逻辑上各有侧重。同是古典经济学的创始人，配第注重归纳，魁奈注重理性分析和演绎逻辑，而斯密的著作是经验主义与理性主义、归纳法与演绎法的一种独一无二的混合，充满了睿智的思想和生动的史实。马克思《资本论》第一卷第一版序言指出："分析经济形式，既不能用显微镜，也不能用化学试剂。二者都必须用抽象力代替。"《资本论》第一卷第二版跋又说："在形式上，叙述方法必须与研究方法不同。研究必须充分地占有材料，分析它的各种发展形式，探寻这些形式的内在联系。只有这项工作完成以后，现实的运动才能适当地叙述出来。这点一旦做到，材料的生命一旦在观念上反映出来，呈现在我们面前的就好像是一个先验的结构了。"[1] 比较而言，归纳法强调必须充分占有各种材料，分析它的各种发展形式及其内在联系。只有完成这项工作之后，材料的生命只有观念地反映出来，现实的经济运动才能通过逻辑演绎而适当地展现、叙述出来，呈现在人们面前的也就好像是一个先验的理论结构了。

在经济研究的逻辑方法上，至少需要指出三点：其一，马克思在《资本论》等著作中批判地运用黑格尔的理论方法，形成了以范畴的辩证运动为特征的辩证逻辑的思维方法。但辩证逻辑并不是一种与古典或现代的形式逻辑相对立的逻辑学，二者属于不同种属的概念和方法，当然也就不存在辩证逻辑优劣于形式逻辑的问题。如果说形式逻辑是一种思维的方法或思想的语法，那么辩证逻辑就是一种安排思想材料、解释叙述思想的特例和方法。其二，古典逻辑和现代形式逻辑只容纳和分析了人类思维、知识的一部分问题，而未能容纳和分析诸如不确定性的表示和处理，非演绎推理的归纳、类比等推理类型，例外的、可修正的常识推理等非形式逻辑问题，需要发明和使用多值逻辑、模糊逻辑、概率逻辑、归纳逻辑、相关逻辑等非形式逻辑方法。其三，逻辑分析在社会科学、人文学科中和在自然科学中有所不同：人类经济是自然过程和社会过程的统一，而自然科学探讨的主要是自然过程，在经济研究中运用概念、命题、推理等逻辑方法要充分考虑人类及其行为的自然属性和社会属性，经济逻辑是一种情境逻辑、演化逻辑。

历史有历史、历史学等义。历史是指自然和人类等客观世界的演变历程，是已发生的客观事实，是客观世界的发展过程。广义的历史包括自然过程和社会过程即自然史和人类史，狭义的历史是指人类的历史，是人类一定时间和空间的、一定社会条件下的发展状况，包括人类过去和现在的、经济和其他领域的活动、实践或经

---

[1] 马克思. 资本论：第一卷 [M]. 北京：人民出版社，2004：21-22.

验。人类的经济活动既在一定的条件下具体展开，又依赖于他们过去的历史或经验，人类某些文明可能因为曾经的成功或错误的选择而陷入绝境。

在人类思想史上，出现过英国经验论、历史唯物主义、德国历史学派，以及其他类型的历史主义的世界观和方法论。德国历史学派主张摒弃古典经济学的演绎分析，提出进行经验的、归纳的国别历史研究。政治经济学中的历史方法是指在研究经济活动时，全面、真实、及时地观察、了解各种经济现象，深入分析经济现象产生、发展、演变的条件、过程和结果，发现经济现象之间的关系，从而提出经济理论，发现和把握经济活动的规律。马克思《资本论》第一卷在分析剩余价值的生产问题时，翻阅了大英博物馆收藏的全部工厂视察员的报告书、议会的有关记录，以及许多其他资料，包括经济方面的和社会、政治、科技、文艺等方面的相关资料，比如他系统阅读了古希腊神话、莎士比亚戏剧、巴尔扎克小说。政治经济学在本质上不是演绎的逻辑或数学，不是先验的神学或哲学，不是头脑中、书斋里或黑板上的思辨和模型，而是一门来自实践、高于实践又运用于实践、经历实践检验的历史性、归纳性的社会科学。仅有一套完备的、自洽的逻辑或理论或许是一种好的数学或信仰，但不足以是一种好的经济学。

在逻辑和历史相统一的命题中，逻辑既指思维、研究的形式和规律，又指人类依此归纳、演绎的关于客观世界的本质和规律的概念、命题等知识或理论；历史是指自然界和人类社会这一客观世界特别是人类社会的演变过程，是人类通过其眼、脑、语言所观察、认识的客观世界的演变过程，是人类的实践或经验；逻辑和历史相统一是指思维、研究的形式和方法应当适合于科学研究，思维、研究的内容和结论应当通过实践、经验而检验，能够全面、真实地反映人类活动的本质和规律，经济理论是对经济活动的性质和规律的准确反映。显然，在政治经济学研究中要实现逻辑和历史、应然和实然的相统一，就必须既全面准确掌握和运用包括逻辑学在内的思维规律和研究方法，又通过社会调查、社会实验、文献阅读等途径而全面准确掌握人类社会的知识，如此才可能发现经济活动的本质和规律。

人们的研究活动和理论构建必须遵循思维的形式和规律，基于客观的人类历史或经验，在本质上符合人类实践的客观事实，而人类历史也只有在理论逻辑的展开中才可能完整地、准确地再现。要坚持归纳逻辑、演绎逻辑的逻辑分析和历史分析、经验实证的结合和统一，逻辑的、知识的分析及其理论命题归根结底要经过人类实践的经验检验并为人类实践服务，从而实现经济理论与其所反映的历史或实践的统一，也就是马克思所说的研究方法和研究内容的逻辑和历史相统一。一方面，构建和发展经济理论，不能脱离了真实、具体的经济实践或经验资料，而应当根据对历史或实践的观察和归纳，提出若干特定因素、变量之间因果或相关关系的命题，概念、命题的内在逻辑必须一致或自洽。逻辑和数学在一定的前提下为命题演绎提供了一系列法则，它具有内在一致性、可重复性、精确性和结论的确定性等具有诱惑力的特点，逻辑、数学为自然科学、社会科学提供了理论构建的形式标准。另一方面，概念、命题都是一定约束条件下的、尽可能反映客观世界的概念、命题，命题的真理性不能得自逻辑演绎，以理论来证明理论，而应当受到历史或实践的反复的、充分的检验、证明，不当的命题应当得到修正或抛弃。政治经济学不仅应当提出理论假设，其理论还应当有效地描述和解释过去、分析现在并预测和指导未来的经济实践，这才能达到逻辑和历史、理论和实践的统一。

当然，理论是对实践的反映和抽象，逻辑和历史、主观和客观既在方法上一致，又非简单的等同，理论的分析方法、内容体系和人类的已有实践和未来进程可能存在着某些不一致性，如何建立确实无误的、真理性的知识，逻辑或理论如何经受历史和未来的检验是相当复杂、困难的哲学和科学问题。比如，归纳和演绎、概念和命题、自然语言和人工语言都只是人类有限理性的表现形式，只是思维和研究的形式和方法，是推理和表达的工具。然而，如何证明演绎推理的逻辑的必然性、有效性？如何证明经验基础的确定性和归纳推理的正确性？在主观性、有限性的经验基础之上，如何归纳给出确定性、扩展性的知识？归纳逻辑从单称、特称命题上升到全称命题这一程序在逻辑上是确定必然的吗？休谟质疑、哥德尔定理、海森堡不确定性（测不准）、洛伦兹混沌性等都揭示了人类科学研究和知识的局限性。比如，波普尔等人认为，归纳法既不能产生也不能证实科学理论，提出了用科学假说演绎法替代归纳法，科学和非科学或伪科学之间的分界，判断科学与非科学的标准是可证伪性等主张。然而，科学假说如何检验、证实或证伪？一个完整的科学假说一般是包含了主要的、核心的和次要的、辅助性的理论，而检验的手段或程序也涉及了多方面的理论和因素，实施检验的主体也是具体而异的、理性有限的个人和组织，对于科学假说如何在不同条件下反复、有效地检验和修正？诸如"劳动""资本""价格"之类的概念，它们都包含了多个并非等同，而是家族相似性的种概念或子概念，如具体劳动和抽象劳动、私人劳动和社会劳动，如工资、利润和利息，定义劳动或价格是一个难以完成的知识行为。以致拉里·劳丹等人认为，科学和非科学之间的分界本来就是复杂、多维、模糊的，对科学假说进行完全准确的、充分必要的检验是绝对不可能的。①

对于经济活动，必须针对一定的对象或问题，审慎运用科学方法和历史资料，进行逻辑和历史相结合的理论研究。比如，如何调查、收集、获得全面、真实、及时的信息或资料，以及整理、存储、传递、使用信息，如何通过信息技术检索、收集、整理、存储、传递、使用信息？如何通过归纳、演绎等方法提出概念、命题和模型，如何通过社会调查、经济实验、社会试点、案例研究、数理分析、计量分析、人工智能等可信手段检验和改进理论，揭示经济活动的本质和规律？再如，经济理论中的假设与理论、理论与论据之间的关系是什么？经济学家的论据是否只与假设相关，只与理论相关，以及论据究竟是什么？在经济思想史上，斯密开始将演绎和归纳的方法、逻辑和历史的方法结合起来，首先是对现实问题的关注，以当时重大的经济问题为研究的中心，注意收集各方面的材料，以及经济史的材料，通过比较、

---

① ［英］卡尔·波普尔.猜想与反驳［M］.傅季重，等译.上海：上海译文出版社，1986.［英］卡尔·波普尔.开放社会及其敌人［M］.陆衡，等译.北京：中国社会科学出版社，1999.［美］拉里·劳丹.进步及其问题［M］.方在庆，译.上海：上海译文出版社，1991.［英］迈克尔·波拉尼.个人知识［M］.许泽民，译.贵阳：贵州人民出版社，2000.

归纳来认识这些材料，从中找出本质性的东西，从本质上规定诸如劳动、分工、地租、利息、利润等具体的概念和资本、价值、利润等抽象的概念；在此基础上，运用演绎法建立理论论述的体系，力求归纳和演绎、逻辑和历史的统一，形成了所谓的抽象分析法。后来，李嘉图、西斯蒙第、马克思、马歇尔、凯恩斯、熊彼特、希克斯、阿罗、斯蒂格勒、森、希勒等人进一步发展了斯密的演绎与归纳、逻辑与历史相结合的分析方法。

经济学作为一门社会科学，其概念、命题、模型应当具有知识的确定性、可检验性（后验）、可操作性和预测性。但人所具有的知识或信息又是有限的、异质的、分散的、私人的和隐含的，经济理论往往是一种经验的、后验的、描述性的知识体系，人们往往因有限知识、有限理性而构造了想象中的片面历史，而不是因充分信息而呈现了真实发生的完整历史，理论和历史都容易成为任人打扮、面目不清的模特儿。基于不同的概念、公理、公设和逻辑演绎，政治经济学或经济学可以建立不同的、竞争性的、形式化的理论体系，给出多个竞争性的离散性、收敛性甚至发散性的命题，某些经济理论甚至是一种超验的、信仰性、难以证实、容易证伪的思想教条，这正是社会科学、人文科学在知识生产上显著有异于自然科学的一大特点。而且，由于经济学研究的是具有主观能动性的人类行为，经济行为受到多因素、非线性、相互性、演进性的影响，而经济学家也是具有主观能动性甚至偏见、错误的人类个体，经济学中运用的是有选择的经验资料和不完全归纳，所谓的经济性质、经济关系、经济模型只是基于特殊的、有限的经济现象的观察和概括，不恰当的归纳推理、演绎推理极容易得出挂一漏万或以偏概全的、似是而非的结论。

自重商学派、古典学派以来，人们借助逻辑学、数学、物理学、心理学、语言学、调查、经济实验等逻辑和历史的方法而建立了经济学各种理论，诸如古典理论、边际理论、新古典理论、凯恩斯理论，以及现当代经济学的各种理论。然而，按照逻辑与历史相统一原则而得出的经济理论并不一定契合了历史经验，而展开的理论逻辑并不一定等同历史进程。已有的经济理论至多只是关于自然界和人类社会的近似的、相对有效的经济命题，而不是终极的、基本的经济定理。即便是马克思创立的政治经济学，也应当全面、及时地观察和解释经济发展的新情况、新问题，不断地创新发展，而不是空想、教条和定论。

马克思等人遵循辩证唯物主义，形成了将从具体到抽象的研究方法和从抽象到具体的叙述方法相结合的科学抽象法。从具体到抽象的研究方法是指在研究经济活动时，必须从过去和现在的人类社会的具体情况出发，通过经济实践和社会调查，充分搜集和占有材料，详细分析具体对象，舍去与本质规定无关的方面和现象，抽象出反映经济活动的本质特征和内在必然联系的范畴和概念，最终提出其经济命题和理论体系，以揭示经济运动的本质和规律。科学的抽象法既要面对纷纭多样、错综复杂的自然界和人类社会，那么哪些现象是要舍去的，哪些是要保留的，首先和主要研究的问题是什么；又要正确地抽象分析问题，那么问题的本质和表现、内因和条件是什么，问题是如何变化发展的，等等。科学抽象法包括以下环节和内容：从实际出发，详细占有材料；概念、命题、推理，以及比较、分类、演绎等思维形式的统一；以概念运动为主体；定性研究与定量研究的统一；一切理论分析都是约束条件下的分析，都是过去和现在、逻辑和经验的统一。这样一来，对经济问题的认识就可以从感性阶段上升到理性阶段，形成一系列的范畴和概念，然后进一步运用范畴和概念去说明经济活动，得到关于经济运行和发展的命题和理论。《资本论》就分析了人类经济活动，主要是资本主义商品生产的发生、发展与消亡问题。

（二）个体主义和整体主义相统一

人类的经济活动、社会发展是个体为主、自发行动的结果，还是集体行动、整体演进的必然？如果说逻辑和历史相统一是自然科学和社会科学有别于非科学的研究方法，那么对人类的个体和整体在社会活动中的地位和作用的不同回答，则划分了政治经济学和社会科学、人文科学研究中的个体主义和整体主义这两种对立的世界观、方法论，个体主义和整体主义相统一是社会科学有别于自然科学的研究方法。

个体或个人是指人类社会中的一个人或是一个群体中的特定主体，是个别的、独立的每一个居民或公民，是人类社会的行动者和经济成果的消费者，个人是人类社会的主体、元素和基础。个体主义或个人主义（individualism）有世界观、价值观上的个体主义和方法论上的个体主义之分。个体主义的世界观、方法论是一种相当悠久的思想传统，意大利佛罗伦萨的马基雅维利在政治分析中就开始采取个人利益作为人行为的主要动力，强调目的与手段相统一的研究方法。以斯密和重农主义学派为代表，个体主义方法论在18世纪末19世纪初开始渗透到政治经济学等社会科学的研究中。以瓦尔拉、门格尔、马歇尔为代表的新古典经济学，以米塞斯、哈耶克、凯恩斯、熊彼特、弗里德曼为代表的欧美现代经济学特别是奥地利学派，以布坎南、塔洛克为代表的公共选择学派都在研究上坚持个体主义，连当代的约翰·E. 罗默、乔恩·埃尔斯特等理性选择的欧美马克思主义者也坚持了个体主义思想。

世界观、价值观上的个体主义认为，个人是个体的人类或人类的个体，独立自主的个人或个体是社会的元素和基础、主体和目的，善恶、利害、美丑是个体的主观评价，个人应当是也必然是拥有充分、平等权利的个体，个体是有目的、能动性、自觉自为的行动主体，个体具有自主、有效行动的能力，个体是既追求个人幸福、又关怀人世苦乐的人道主义者，社会活动是以个人为主体、以个体行为基础的。如霍布斯、洛克把生命、自由、财产作为社会福祉的三个要素，马克斯·韦伯认为根本就不存在"能动的集体人格"。在这个意义上，人文科学、社会科学都是关于人的性质、人的行为、人的价值的学问，个人主义、人道主义、人文主义、人本主义、公民主义、共和主义都是同义词。在资本主义社会，个人是指一定社会关系中的、拥有平等人身权和财产权的市民、公民，工人和资本家则是其中基本的、典型的个人分类。比较而言，集体行动只不过是众多个体从众性或有组织的共同行动，社会、国家只是个体为了增进、保障其权利或利益而组成的，习俗、法律等只不过是个体之间强制性或自愿性达成的正式和非正式制度。

方法论上的个体主义是人类以人为本、个人主体认识世界、改造世界的一种方法和观念，它把人类面对的问题都归因为人类个体所面对的种种损益以及个体在这些损益之间所作出的选择和行动,个人主义是人类文明的逻辑起点和行动规则。个体主义坚持个人是社会的真实的、能动的主体,构成人类社会活动的唯一真实本位或基础就是个体的人,众多的特殊性的个人就构成了普遍的真实性的整体,个人是个人利益进而也是公众利益、公共利益的基本、直接、敏感的判断者即最佳判断者。

每一个人都自愿、自主、自由地追求其利益就导致了人类的经济增长和社会进步。社会现象最终可以还原、归因、解释为个体行动以及个体互动,个人的利益之和就是公众或社会的利益、组织或公共的利益、国家的利益和人类的利益。在统计上,人类的个体行为具有特殊性、不确定性,人类的总体行为又具有普遍的、重复的规律性。而公共利益只是一种特殊的、集合的个人利益,是个人采取诸如合伙、合作社、公司、地方政府和中央政府等共有组织、共同行动才能够生产提供具有规模经济、范围经济、外部经济的个人利益,公共利益是指个人得自公共行动的利益大于分散行动的利益的一种利益,特指个人得自政府组织、政府行动的利益大于得自合伙、合作社、公司的利益的一种利益,个人得自合伙、合作社、公司的利益又称为企业利益、商业利益。因此,个体主义方法论强调以个人为出发点和归宿点,基于公民的权利和义务、个人的自由和行动来研究经济现象和经济政策,我国1982年《中华人民共和国宪法》也将公民的基本权利和义务置于国家机构和国旗、国歌、国徽和首都之前。

组织、结构、制度、环境等条件性、总体性、外在性因素,对个人的认识、偏好和行动具有全面、持续、显著的影响。一些经济学家提出,需要修正关于理性的个体主义的研究假设。因为理性是人的认识和实践能力,个体行动的目的性只是一个无法证明而只能接受的前提,相反,个体的许多行动并不是自觉、有目的的行动,而强大的组织、制度力量可能导致社会发展的路径依赖,甚至可能剥夺个体的人身权和财产权。比如赫伯特·西蒙认为,新古典经济学的个体行为假设忽视了现实中的人的真实条件和行为特征,人的决策面临着至少两个方面的有限理性约束:一是当事人的信息、注意力、计算能力是有限的,不可能全知全能;二是当事人进行理性计算是有成本和时间约束的,不可能无休止地计算。在一定条件的约束下,当事人难以甚至无法得到充分信息的最优解,当事人之间难以采取最优行动。随着信息科学、行为科学等学科和技术的发展,人们又在修正关于理性或智能的认识:理性是指人类这一特定生物的理性,是受到人的生物性状、情绪状态、动机和预期、背景知识、观测工具、研究方法等因素约束的理性,是关于人的搜索、感知、表征、分类、推理、规划、决策、决策实施、反馈学习等认识和行动的能力,是按照一定方法和标准的相对最优的决策和实施结果,是在一定时空范围的劳动、资本以及知识(信息)条件下提出问题、分析问题和解决问题的选择性、适应性能力,是不断发展或进化的理性。个人即便如此脆弱不堪、有限理性,但只要坚持个人主体、生物进化、社会进步的假设,我们就只能且必须尊重和保护个人的权利,我们才可能真实定义和有效实现个人的、公众的和公共的利益。

与世界观、方法论上的个体主义相对的是整体主义,以及相关的集体主义、结构主义和宏观经济分析,而个体主义、整体主义的优劣以及相互关系成为社会科学方法论之争的焦点问题。柏拉图的哲学王和共和国思想、儒家的家国伦理和大同思想、黑格尔的普遍伦理和国家原则、奥古斯特·孔德的社会整体主义都具有整体主义的特点。整体主义方法论认为，整体的人即个体的总和不仅仅是人类的构成元素，作为一个整体及其结构的人还拥有了比个体之和更多的社会属性，即整体及其结构属性。社会整体与个体之间的区别并不是量的不同，而是质的差异。造成这种质的差异的原因在于社会整体、社会制度或宏观社会现象具有一种超越个人的结构，换言之，这种结构在时间上超越了个体的有限生命而不断延续，在空间上超越了个体的有限范围而不断扩张。个人既是商品生产者与交换者，又是市场结构中的价格接受者。这样，社会不但难以还原为个体，相反，这种社会结构成为决定和制约个体行为的原因性力量。整体主义方法论由此强调，研究社会现象的出发点和立场不应该是个体，而应该是组织、制度等结构性、宏观性的社会现象，应当对社会现象进行结构分析、总量分析、外生因素分析。

集体理性是整体主义的理性假设，认为个体理性与集体理性之间存在着冲突甚至对抗，个体理性并不一定导致集体理性，并不能够实现社会资源的有效配置。如政治经济学认为，资本主义经济存在着生产、交换、分配、消费上的生产资料私有制与社会化大生产之间的基本矛盾，而严格条件下的国有制基础上的中央计划机构似乎也可以解决经济活动中的信息、决策、执行、动力、创新等方面的难题，保证国民经济有计划、按比例、快速度、高效率地运行发展。如霍布斯、庇古等人创立的福利经济学相继提出了帕累托效率、社会福利最大化、社会福利函数化等社会福利目标，以及相应的收入均等化等政策主张。然而，实践中的苏联、东欧等社会主义国家中央计划经济都出现了整体性、长期性的失败，资本主义的政府干预和社会福利政策也都出现了一系列的严重失败，这是人类理性设计的狂妄僭越还是暂时失败？如何认识哈耶克、阿罗、布坎南、诺齐克等人对集体理性、公共选择等问题的分析和批评？相应地，20世纪80年代欧美资本主义国家纷纷掀起了放松政府管制、改革国有化和福利制度、促进自由竞争的改革浪潮，中国、苏联等社会主义国家也掀起了市场经济、民主政治的改革开放活动。

一些人把马克思主义的研究方法只归结为整体主义、集体主义，这种认识并不准确。与个体主义相比，马克思主义固然强调阶级、制度、组织、产业等总体、结构角度的经济分析，偏向于整体主义。如马克思《〈政治经济学批判〉序言》提出了社会组织和整体主义的著名论断："人们在自己生活的社会生产中发生一定的、必然的、不以他们的意志为转移的关系，即同他们的物质生产力的一定发展阶段相适合的生产关系。这些生产关系的总和构成社会的经济结构，即有法律的和政治的上层建筑竖立其上并有一定的社会意识形式与之相适应的现实基础。物质生活的生产方式制约着整个社会生活、政治生活和精神生活的过程。不是人们的意识决定人们的存在，相反，是人们的社会存在决定人们的意识。……随着经济基础的变更，全部庞大的上层建筑也或慢或快地发生变革。"[①] 然而，马克思、恩格斯还研究了客

---

① 马克思. 政治经济学批判序言 [M]//马克思恩格斯选集：第二卷. 北京：人民出版社，1995：32.

观世界、社会关系中人的性质和行为,认为个人是财产私有、权利平等条件下的分工和交换、竞争和合作的个人,是有认识能力、行动能力、通过行动改变自身条件的个人,提出了每个人的自由发展、重建个人所有制等命题。工人、资本家的两阶级是对资本主义社会主要成员的经济性质和基础结构的准确概括,是一种个体分析与整体分析、静态分析与动态分析相统一的经济分析方法,能够统一有效地分析个别资本和总资本、简单再生产和扩大再生产的占有、生产、交换、分配、消费等经济问题。

马克思经济研究既强调社会关系,又坚持个人自由,是研究方法和研究内容的个体主义与整体主义的统一。人的发展既包括人的个体的发展,又包括人的整体发展即类的发展这两个层面,经济活动是个体自觉和集体协作的共同结果。如何认识人的个体发展和类发展的统一性?人类社会由一个个有生命、能思维、追求个人福利最大化的个体组成,个体是人类的存在和发展的主体,个体及其发展是人类的存在和发展的基础和目的,个体发展的集合和结果就是人的类的发展。一方面,每一个人都是具有独立性、能动性、有目标的社会主体,每个人都具有自身的独特性、唯一性、不可重复性和不可取代性,个性的发展是个体发展的核心内容,个体的发展是人类发展理论的出发点和落脚点,人的社会特性、类特性必须在个人那里得以存在、展现和发展,集体行动只不过是众多个体自发性或有组织的行动集合,人类的发展归结为个体的全面自由发展。正如马克思、恩格斯《共产党宣言》所言,每个人的自由发展是一切人的自由发展的条件和目的。另一方面,每个人都是特定社会关系、特定社会群体中的人,个体的自由自觉的活动是在社会关系和社会结构中进行的,人的实践在本质上是分工协作、制度约束的社会化活动,而且社会化活动才能充分克服个体的弱点,发挥人类的优势。人又具有历史性,个体的性质和行为都受到特定的历史传统和社会条件的制约。由此,政治经济学应当坚持个体与整体相统一的研究方法,既要在一定的社会结构、法律制度的约束条件下分析个人、企业的主体性、基础性经济行为及其效果,又要从总量上分析社会总资本、社会再生产、经济危机等问题,要在个人主体、社会分工、制度约束、历史演进的整体框架中分析资本主义经济。

(三) 其他方法

经济研究是基于不同的条件假设,运用不同的方法和资料,对人类经济活动的描述、分析和预测,定性、定量地揭示经济活动中的各种因素之间的关系。经济学家已经建立了众多不同的经济理论以及理论模型,经济学常用的模型包括语义模型、数学模型、计算机模拟等。政治经济学还应当借鉴、使用实证主义、规范主义、语言分析、实用主义等方法论,以及数学、计算机模拟、科学实验、社会调查等现代科学的研究方法。

实证主义是从近代哲学过渡到现代哲学中的一种跨时代的哲学思潮。实证主义由法国奥古斯特·孔德开创,经历了实证论、经验批判主义、逻辑实证主义等发展阶段,衍及德国柏林学派、波兰华沙学派、美国实用实证主义等。实证主义坚持从可观测的经验事实出发，经过逻辑方法而描述并证实或证伪理论，强调只有通过观察、感知、实证而获得的经验理论才可信赖，强调现象主义语言而非物理主义语言，反对实在论和形而上学、极端的实证主义甚至怀疑推理和理性在获得可靠性理论上的有效性。相对地，经验主义坚持科学（经验）实在论、因果规则、归纳推理，采用经验数据来检验、构造、解释理论。受实证主义、经验主义的影响，现代经济学强调基于观察和感觉的经验研究、不带价值判断的实证研究等方法。但是，任何一门社会科学，任何一个学术流派或学者，其假设条件和研究方法、分析过程和分析结论都不可能单纯建立在经验的基础之上，都不能完全脱离人类的主观构造，不可能真正价值中立，而是暗含着或多或少的特殊性、规范性的条件、方法和结论，知识命题往往不是被证实或证伪，而是在统计、概率上被检验，当代实证主义、经验主义与人工智能又出现了交叉和合流趋势。

语言分析不仅是逻辑学、语言学、实证主义的研究内容，也是科学研究的重要方法。语言是人类生死与共、安家立命的行为方式，宇宙之所以是如此图像乃是因为我们的存在和反映，是我们有限的想象、观察、分析和语言中的宇宙。汉语、英语等自然语言由字、词、句等组成，语言是思想、知识的工具和载体，许多理论问题之所以引起分歧和争论，往往是由于人们对表述概念、命题的字、词、句的界定、理解不同，如一词多义或多词一义，或者对字、词的用法的不同而引起，命题必须通过语言分析才能最终确定意义。如果说罗素从本体论来思考语言的本质，那么维特根斯坦则从语言的本质来构想本体论。因此，哲学、科学以至日常交流中的许多争论，有时并非本体论上的根本分歧，而是因为在相关范畴、概念的定义及其用法上的混乱不一，语义、语法和语言分析的不确定、不统一。例如，真理的定义是什么？为什么意义的基本单位是句子而非字、词，一个句子的意义在于它的真值条件，真理定义的对象为语言中的陈述句？由此 A. 塔尔斯基 1931 年发表的《形式化语言中的真理概念》开宗明义提出：合适的定义必须满足实质上适当（充分）的、形式上正确的条件。由于自然语言的缺陷，人们创造了诸如模仿自然语言的世界语和数学语言、计算机语言，而数学成为自然科学、社会科学、人文学科研究中应用越来越广泛的语言和方法，比如物理学用微积分描述力学、用纤维丛描述电磁、用黎曼几何描述引力、用场论描述物质态，经济学也越来越多地使用抽象的数学语言和片面的数值指标。

政治经济学在发展过程中，还不断吸收了自然科学、社会科学、人文学科等领域的相关成果，形成了一系列行之有效的研究方法。相对而言，自然科学对世界的认识更接近科学，而社会科学无论在研究方法还是研究成果上都相对受限，经济学对于自然科学方法的借鉴学习长期集中于抽象的数学、机械的古典物理学和发展中的心理学，后来旁及系统科学、现代物理学、生物学、信息科学。进入 20 世纪后半叶，微观分析和宏观分析、静态分析和动态分析、社会调查和统计分析、数理分析和计量分析、均衡分析和非均衡分析、一般均衡分析和局部均衡分析、制度分析和案例分析等成为了经济分析的常用方法。最近二三十年，诸如博弈论（对策论）、可计算一般均衡模型、行为经济学、实验经济学、计算机模拟、机器学习等研究方法也迅速发展起来，人们基于互联网、大数据、机器学习等新的理论和方法，虽非基于经济因果关系但通过挖掘数据的系统特征与变量之间的相关性、预测性的统计关系而推进了经济定量研究。

比如，对一个国家或地区的经济活动可以从微观和宏观的角度进行分析，微观经济和宏观经济就是对经济学研究的对象和方法的划分。微观经济学是研究经济活动中的个人、家庭、企业等单个经济单位的经济行为，以及相应的经济变量的单项数值如何决定的经济理论。宏观经济学则把微观经济活动作为既定的前提，从产量、收入、价格水平和失业等总量上研究整个国家或地区经济的运行方式与资源配置效率，研究整个经济运行中的经济变量的决定因素、变动因素及其相互关系。在凯恩斯之前，经济研究虽然少有微观分析与宏观分析之别，但马克思《资本论》第一、二卷就首先从个别资本、产业资本的角度，分析了剩余价值的生产过程，以及产业资本的积累和循环，随后又扩展分析了产业资本、商业资本、生息资本运动、社会总资本、社会再生产和经济危机等宏观问题。

再如，对经济活动还可以从静态和动态的角度进行分析。静态分析是在假设时间和其他因素不变，只有一种或几种因素即原因（解释变量、自变量）可变的条件下，研究这几种可变因素的变化如何影响经济现象或结果（被解释变量、因变量）变化的方法。动态分析是以时间为影响结果的可变因素，原先一般假设不变的生产技术、制度、消费者偏好等因素都发生了变化，即生产技术方法、劳动生产效率等发生了变化，从而研究这些因素随时间的变化而是否以及如何影响经济结果，广义的动态分析还研究知识、制度、组织、结构等因素变化下的经济增长、经济演化问题。

（四）经济研究的数理方法

现代数学是语义、语法最严谨的逻辑语言和分析方法，数学中的基本概念、公理、公设是指人们对于某一学科提出的一般性的、无须证明也无法证明即不证自明的、但又共同认可和遵守的概念和命题，是某一理论演绎系统的初始的基本命题，由此可以推导出其他的逻辑上自洽、确定性的概念和命题。在古希腊欧几里得的《几何原本》中，根据点、线、面等基本概念和五条公理、五条公设，就演绎推导了其他所有的概念和命题（定理），初步建立了实质性公理化的欧式几何体系。基于对欧几里得第五公设的质疑和讨论，后来又建立了罗巴切夫斯基几何、黎曼几何等几何体系。欧几里得的基本概念还需要给出定义，希尔伯特的形式公理化中的原始概念不加定义，原始概念的内涵、特征、范围不先于公理确定，而由公理组隐含确定。显然，逻辑学、数学既是人类实践的逻辑本体，又是定量研究、经验证明的技术手段，都是形式科学，都是表述和推导理论、经验证明理论的重要方式。

政治经济学作为一种社会事实或人类经验科学，其理论命题或假设不仅要用自然语言表达，还需要运用人工语言和概念、命题、推理等思维形式，运用归纳逻辑、演绎逻辑等思维方法进行表达、论证、系统化，建立自己的相对统一的理论体系，人们借助机器手段甚至在1976年初步、2005年完全证明了四色定理，在1998年证明了开普勒猜想。在经济研究中，如何提出关于人类经济活动的概念、公理、公设，如何运用逻辑学、数学、物理学等学科的方法，表述和论证经济学的理论？如何判断、评价不同的经济学体系？最初，人们运用自然的、日常的语言工具来描述经济问题，提出假设和命题，进行推理和叙述。比较而言，数学要提出严密的概念、定理和明确的假设，概念、假设和命题必须逻辑一致，能够表达和处理多个因素（变量）及其关系，其假设条件、定理、一阶条件、结论、推论等往往具有经济学上的解释，并为经验实证、定量分析提供理论和数学基础，数学是一种严谨有效的思维工具。据保尔·拉法格《回忆马克思恩格斯》，马克思曾提出，"一种科学，只有在成功地运用数学时，才算达到完善的地步。"① 19世纪以来特别是以萨缪尔森1947年出版《经济分析基础》为标志，数学、逻辑学、物理学、统计学的方法逐渐被引入经济研究，用于提出和推导数学化的经济学命题。数理经济学就是主要运用诸如几何学、微积分、线性规划、拓扑学、集合论等数学工具和物理学特别是经典力学思想，表述和推导数学化的经济学命题，检验和改进经济学命题的一种分析方法，古诺、瓦尔拉、马歇尔、拉姆齐、希克斯、丁伯根、诺伊曼、德布鲁、萨缪尔森、里昂惕夫、康托罗维奇、阿罗、纳什、赫克曼、赫维茨、斯蒂格利茨、让·梯若尔等人都对经济学的数理分析作出了贡献。汪丁丁认为，代数学和在更抽象意义上承认某种连续性的代数拓扑学可能是未来经济理论的数学基础。② 随着神经网络、大数据、大模型走进数学和人工智能，似乎能够将计算、算法、统计和数学结合起来，从世间庞大的数据堆积中搜寻、制造出新的数据或知识，如美国公司 OpenAI 在2018年第一次推出深度学习模型 GPT（Generative Pre-Trained Transformer）、2023年推出 GPT4，以及不断推出的如图像生成系统 Dall-E、绘画生成工具 Stable Diffusion、文字生成视频模型 Sora 等，已经在语音识别、自然语言处理、机器学习、计算机视觉、专家系统、智能助理、数据挖掘等一系列领域展现了巨大发展潜力。

经济人是古典经济学和新古典经济学基于人类经济行为的对象、手段、结果而提出的关于社会主体行为的基本假设，也是经济学形式化、数学化的一个典型模型。斯密受到牛顿物理学的启发，基于经济活动的经验和常识，第一个系统地提出了"看不见的手"的社会分工、市场竞争和经济增长理论，分析了"各个人都不断地努力为他自己所能支配的资本找到最有利的用途"③。按照经济人的理性假设，自利是个人经济行为的基本的、普遍的特性，个人能够根据其需要或偏好、物质资料、信息等约束条件，对其目标选择的成本和收益加以衡量和选择，以追求最大化的收益（产出、效用），个人理性最终导致了个人福利和社会福利的最大化，社会福利最大化又转换为帕累托效率（最优）。与经济人假设相关的还有产权私有、偏好稳定、技术不变、完全市场、充分信息、自由竞争、货币只作为交换手段等一系列严格的假设条件，经济学家运用数学工具并模仿牛顿经典物理学，建立了一系列的经

---

① [美] 保尔·拉法格. 回忆马克思恩格斯 [M]. 马集，译. 北京：人民出版社，1973：3.
② 汪丁丁. 经济学思想史进阶讲义 [M]. 上海：上海人民出版社，2015.
③ [英] 亚当·斯密. 国民财富的性质和原因的研究（上卷）[M]. 郭大力，王亚南，译. 北京：商务印书馆，1972：27.

济理论及其数学模型,并对经济模型进行经验计量检验。比如,边际学派价格理论、瓦尔拉的一般均衡理论,以及对一般均衡的数学表述和证明。不过,斯密笔下的经济人只是经济理论的抽象概念,现实中的工人和资本家在生产资料的占有和投入、收入的消费和储蓄上具有不同的经济特征,此外,斯密等人提出人的同情心和利他性,马歇尔提出人的宗教性,阿罗、西蒙、赫维茨等人提出人的不完全信息、不对称信息、信息成本等条件约束下的有限理性假说,20世纪80年代以来,经济学家又发展了囚徒困境模型、固定规则机制、演化博弈模型、心理账户等有限理性假说。

偏好稳定性、资源稀缺性、技术(包括制度)不变,这是新古典经济学关于市场经济分析的三个不能置疑的基本假设或理论信仰。在一般意义上,人类的一切活动包括经济活动都是约束条件下的最优决策及其实施过程,这些约束条件包括人的需要和偏好、资源禀赋、生产技术、正式和非正式制度等。然而,偏好、稀缺、技术、价格、理性的基础和本质是什么,偏好、稀缺、技术等是经济活动的条件还是结果?新古典经济学基于三个简单而抽象的假设条件,建立的静态的、实物的一般均衡模型的经济学体系能够在多大程度上解释人类的经济活动?经济活动的组织、增长、波动的因素和机制是什么?从劳动价值论、效用最大化到帕累托最优是理论的进步还是倒退?科斯把新古典经济学的偏好稳定性、效用最大化理论比拟为物理学中的以太理论,认为他们分析的是没有人性的消费者、没有组织的企业、没有市场的交易。① 鲍莫尔、诺斯等人批评新古典经济学本质上是心理的和静态的分析,忽视了经济的发展和演化问题。知识生产、技术进步是人类经济持续、普遍增长的主要因素,人力资本、生产技术、产权制度及其变迁已成为新增长理论、新国际贸易理论、新制度经济学的研究对象,进化论、博弈论、系统论、人工智能等在经济研究中被广泛运用,这些对微观经济学已经产生了一系列冲击和改进。② 诺斯、斯蒂格利茨、阿克洛夫、希勒等人提出,还应当重新认识经济活动的宏观行为和变迁过程。③

比较而言,还原主义、形式主义、科学主义在现代经济学中颇有影响,数理方法、定量方法在欧美主流的新古典经济学中过度运用,特别是20世纪80年代以来开始形成基于大数据、机器学习、相关性而非决定性的定量实证模式,提出了许多看似理性、精确实则任意、虚幻的理论,以致有黑板经济学、黑箱经济学、计算机经济学等讥称。数理分析、定量分析在政治经济学的传统研究中严重不足,需要大力运用数学工具和数据资料,强化政治经济学的数理分析和定量分析,这在知识化、网络化、大数据、人工智能化的当代经济研究中尤为必要。然而,数理方法、定量方法往往偏重分析易于模型化、定量化的经济现象,可以保证一个理论本身的逻辑一致性或数量相关性,但难以提供历史或真值,难以保证逻辑和历史的一致性,难以解释经济发展和制度变迁,数学证明、机器模拟的结论可能不是经验证明的、社

---

① [美] 罗纳德·哈里·科斯. 企业、市场与法律 [M]. 盛洪,陈郁,译. 上海:上海三联书店,1990:2-5.
② [美] 威廉·鲍莫尔. 资本主义的增长奇迹 [M]. 郭梅军,等译. 北京:中信出版社,2004.
③ [美] 道格拉斯·C. 诺思. 制度、制度变迁与经济绩效 [M]. 杭行,译. 上海:格致出版社,2008.

会真实的结论，更不能成为宗教或信仰。统计学家乔治·博克斯1987年甚至说：在本质上，所有模型都是错的，只不过有些是有用的。[①] 何况数学、数值在精准表达了某些经济思想的同时，又舍弃了数理方法、定量方法不能表达的大量事实和思想，大数据的深度学习模型GPT搜集、处理的也只是人类长期积攒的各种各样的混杂信息，甚至同一的经济假说或经济现象可以表达为不同的甚至分岔的、冲突的数理模型，由此数理方法、定量方法又制造了新的模糊和混乱，现代经济学具有空洞的形式主义和天真的经验主义的倾向。

（五）叙述方法和内容结构

政治经济学不仅要科学地研究经济活动，而且要有效地叙述和传播理论成果，使之转化为认识世界、改造世界的手段。马克思等人运用从具体到抽象的研究方法和从抽象到具体的叙述方法相结合的科学抽象法，从劳动价值理论出发，依循由商品到货币再到资本、由个别资本和产业资本到社会总资本、由价值创造到价值交换和价值分配的进程展开理论逻辑，科学研究资本主义私有制和社会分工基础上的商品生产和交换活动，揭示了资本如何雇佣劳动、劳动如何创造价值和剩余价值、资本如何占有和瓜分剩余价值的资本主义生产方式的存在条件、运动过程和本质特征。

从抽象到具体是指用理论从本质上说明现象的思维和叙述方法，是指对经过科学研究而得到的经济理论，通过范畴和概念、判断和命题等语言逻辑形式，进行严密清晰的、深入浅出的理论叙述。比如，劳动、劳动产品或物质资料、资本、价值、剩余价值等都是政治经济学的范畴。其中，劳动范畴包含了具体劳动和抽象劳动、简单劳动和复杂劳动、活劳动和物化劳动、私人劳动和社会劳动、个别劳动与社会必要劳动、必要劳动和剩余劳动等概念；物质资料范畴包含了生产资料和消费资料、货物和服务、商品和非商品等概念，资本主义经济中的人们因与物质资料的关系不同而形成了资本家和工人这两大社会主体结构；资本范畴包含了货币资本和物质资本、不变资本和可变资本、固定资本和流动资本、职能资本和借贷资本、个别资本和社会总资本、国内资本和国际资本等概念；价值范畴包含了交换价值和价格、个别价值和社会价值、国别价值和国际价值等概念；反映资本主义生产的本质和目的的剩余价值范畴包含了利润、产业利润、商业利润、银行利息和利润、地租、平均利润、垄断利润等概念。再如，在认识了资本主义生产的本质是价值中的剩余价值生产，剩余价值是资本主义生产关系中的抽象、本质的范畴后，用剩余价值范畴说明如产业利润、商业利润、利息、地租等剩余价值的分配形式，企业利润、平均利润、垄断利润等市场竞争中的利润形式，从资本、剩余价值到资本积累的演进过程。

政治经济学包含了哪些基本理论？对于这一问题，马克思在不同时期的研究内容有所不同。马克思自1843年在巴黎、1850年在伦敦开始大量阅读、研究政治经济学，留下约300万字的《巴黎笔记》《伦敦笔记》，1856年开始撰写政治经济学著作，至1865年留下三部约400万字的经济学手稿。马克思1857年《〈政治经济学批

---

① [英] 乔治·博克斯. 统计学大师之路 [M]. 朱磊磊，译. 北京：人民邮电出版社，2018.

判〉导言》和《1857—1858年经济学手稿》提出"五篇结构"的写作计划，1858年2月22日马克思《致斐迪南·拉萨尔》和《1861—1863年经济学手稿》提出"六册计划"，包括资本、土地所有制、雇佣劳动、国家、国际贸易、世界市场和危机的政治经济学结构。"资本"这一册将分为四节：资本总论，包括价值、货币、资本以及生产、流通、剩余价值转化为利润；竞争，或资本相互之间的作用；信贷；股份资本。马克思1863年又提出《资本论》四卷结构计划，在最终的研究和写作中，马克思《资本论》完成的主要是"六册计划"中的资本分册以及土地所有制、雇佣劳动的部分内容，而且资本分册也不是按照价值（商品）—货币—资本的逻辑顺序，对于其中的价值、货币、竞争、股份资本等问题没有充分展开分析，更远非当初的庞大设想。马克思《资本论》形成了以资本为核心范畴、以剩余价值为中心内容的四卷结构，其中，前三卷分别为资本的生产过程、资本的流通过程、资本主义生产的总过程，分别分析剩余价值的生产、实现和分配问题，第四卷为剩余价值理论的思想史。

马克思之后，对政治经济学的理论结构也有不同的解答。如波兰奥斯卡·兰格1935年《马克思经济学和现代经济理论》认为，马克思基于长期分析和制度分析，建立了关于资本主义的首尾一贯的经济均衡和经济发展的理论体系。比利时曼德尔1962年《论马克思主义经济学》将马克思的经济学贡献概括为：剩余价值理论，以及社会发展的潜在规则即阶级斗争法则；利润平均化、生产价格的形成以及利润率下降趋势的理论，把经济学由静态理论发展为动态理论，发现了经济增长的规律；资本再生产、国民收入和经济危机理论，初步实现了宏观经济与微观经济的综合。法国雷蒙·阿隆1970年《想象的马克思主义》提出，劳动价值、工资和剩余价值理论构成了马克思主义政治经济学的框架。英国M. C. 霍华德、J. E. 金1992年《马克思主义经济学史（1929～1990）》将马克思主义经济学概括为：阶级和阶级斗争理论，再生产和经济危机理论，资本主义世界体系的不平衡发展理论。默瑞·N. 罗斯巴德1995年《古典经济学》将马克思的体系分为历史唯物主义与阶级斗争、资本主义及其必然灭亡的经济学，马克思经济学包括劳动价值论、利润率与剩余价值、资本运动规律（资本集聚与集中、工人阶级的贫困化、商业周期危机）。[①]

在《资本论》中，马克思以劳动价值理论为基础，从商品分析开始，以资本主义生产方式为对象，以劳动价值论为基础，以资本雇佣劳动为中心，建立了一个原理统一、逻辑严密、内容完备的理论体系：劳动是商品生产、价值创造、商品交换的基础性、决定性因素，具体劳动和抽象劳动解释了商品使用价值和价值的形成；资本主义经济表现为以货币为媒介的商品生产和交换活动，商品具有使用价值和价值；在生产资料资本家所有制和劳动力工人所有制的基础上，商品生产采取了资本雇佣劳动方式，工人劳动创造了商品价值和剩余价值；资本增殖即剩余价值最大化

---

① [英] M. C. 霍华德, J. E. 金. 马克思主义经济学史（1929～1990）[M]. 顾海良, 等译. 北京：中央编译出版社, 2003. [美] 默瑞·N. 罗斯巴德. 古典经济学 [M]. 张凤林, 等译. 北京：商务印书馆, 2012：597-714.

是资本主义的生产目的或动力机制；资本追逐剩余价值导致了资本运动和资本增殖，并形成了诸如社会分工和资本雇佣、绝对的和相对的剩余价值生产、商品交换和价值实现、公司资本和公司治理、资本积聚和集中、垄断资本、金融资本、国际资本等基于个别资本、产业资本运动的经济现象，以及社会总资本的简单再生产和扩大再生产、总供求失衡和经济危机等宏观经济现象。而且，在资本增殖的生产目的下，这些相互关联、环环相扣的现象或问题的相继提出和不断解决，构成了资本主义经济的资本决定、资本运动、资本增殖、资本积累和经济危机的完整结构和统一过程。

政治经济学可以采取语言分析、数理分析、定量分析等不同的研究和叙述方法。马克思的《资本论》既具有严密的理论逻辑，又运用了多样化的修辞手法。休谟、斯密、约翰·S. 穆勒、凯恩斯、萨缪尔森、弗里德曼、保罗·克鲁格曼、罗伯特·巴罗等人也都是文章高手。本教材为政治经济学的初、中级教程，主要采取语言分析、逻辑分析与历史分析相结合的方法，力争发扬汉语的丰赡微妙的优点，辅之以必要的数据、案例、图表，避免模糊空泛的缺点。最近半个世纪以来，微积分、概率论、线性代数、拓扑学、微分方程、复变函数、实变函数、测度论、博弈论等数学工具已经被普遍运用于经济学的分析和表达中，这些分析工具可用于政治经济学的中、高级教程。政治经济学著作不仅应当语言清晰，逻辑严密，而且需要形式优美，风格活泼，手段多样，浅入深出地传达给各类受众，这还需要有效采用各种写作方法和传播手段。

三、政治经济学的发展过程

任何一门有生命力的学科，都必须是与时俱进、不断创新的学科，以求全面反映研究对象的发展变化和有效适应社会实践的各种需要。政治经济学作为一门独立的社会科学，自17世纪中叶出现，18世纪中叶产生马克思政治经济学以来，都是在继承和批判中不断创新和发展的。

（一）古典政治经济学

政治经济学、经济学的英语词汇分别是 politcal economy、economics，它由古希腊语的 πολιs、οἶκοs 演变而来。在古代思想史上，曾经出现了诸如柏拉图、亚里士多德、阿基米德、欧几里得、老子、孔子、孙子、司马迁等伟大的哲学家、数学家、教育家、军事家、历史学家。但作为一种研究人类经济活动的自觉的、系统的理论活动，政治经济学直到17世纪才在欧洲发达国家出现，而此前的经济研究大致可称为经济思想。

15~16世纪，意大利出现了知识、观念、科学、艺术等领域的文艺复兴，涌现了人文主义的思潮，路德的宗教改革，实验科学的兴起，工商阶层和现代城市的崛起，法律和司法制度的变革，新兴的工商阶层开始改变传统的社会结构和政治制度，等等。在知识领域，原先简陋零散的知识生产转向了分工和专业化，知识生长、分化为人文科学、社会科学、自然科学、工程技术等门类，社会科学逐渐分化为政治学、法学、经济学、社会学、管理学等学科。人类在不同时期、不同地域面对着不同的经济问题，经济学作为人类对经济问题的研究，也具有时代和地域的特点，先后出现了空想社会主义、重商主义、重农学派、古典学派、历史学派、马克思主义、奥地利学派、新古典学派等不同流派。

古典政治经济学在英国从威廉·配第开始，在法国从布阿吉尔贝尔开始，经历了理查德·坎蒂隆、弗朗斯瓦·魁奈、詹姆斯·斯图亚特、亚当·斯密、大卫·李嘉图、让·巴蒂斯特·萨伊等人的发展。威廉·配第 1662 年出版《赋税论》，1664 年写作、1690 年出版《政治算术》，1672 年写作、1691 年出版《货币略论》等著作，提出从价值上看"劳动是财富之父和能动因素，土地是财富之母（和被动因素）"[1]，工资是维持工人生活所必需的消费资料的价值等理论命题。至于其衰落结束时间，一般以西斯蒙第（1842 年）或约翰·穆勒（1873 年）去世为止。古典学派产生于人类开始广泛采用私人企业、劳动分工、市场竞争、工业生产等生产方式，以解决生存和发展问题的资本主义前期，他们主要关注生产和分配问题，强调个人权利、自由竞争和国民财富增长，由此建立政治经济学体系。

重农学派是在法国产生和发展的古典学派，布阿吉尔贝尔是法国重农学派的早期代表，也是法国古典政治经济学的创始人，他提出价值由一般劳动时间决定，强调自由竞争。弗朗斯瓦·魁奈、安·罗伯特·雅克·杜尔阁是重农学派的代表人物，弗朗斯瓦·魁奈 1758 年初版的《经济表》是国民收入循环、社会再生产等思想的早期模型。

亚当·斯密是古典政治经济学的主要创立者。英国经验主义哲学、宪政民主理论的早期代表约翰·洛克，苏格兰启蒙运动、怀疑主义哲学家、历史学家大卫·休谟，1767 年出版《政治经济学原理研究》的詹姆斯·斯图亚特等人和法国重农学派都对斯密的经济思想产生了重要影响。斯密 1759 年出版《道德情操论》，1776 年出版《国民财富的性质和原因的研究》（简称《原富》《国富论》），首次系统提出了分工、市场、劳动价值的经济理论，是政治经济学的奠基之作，也是影响人类的思想演进和社会实践的伟大著作，政治学、历史学、社会学以至生物学都受到了斯密思想的重要影响。

大卫·李嘉图是古典政治经济学的另一位代表人物。他 1817 年出版《政治经济学及赋税原理》，从价值范畴出发，把地主、资本家、工人三个阶级的地租、利润、工资的收入分配作为政治经济学的首要问题，以比较优势解释国际经济。此外，英国杰里米·边沁、托马斯·罗伯特·马尔萨斯、詹姆斯·穆勒和其"天才之子"约翰·穆勒，法国让·巴蒂斯特·萨伊、弗雷德里克·巴斯夏、比埃尔·约瑟夫·蒲鲁东，瑞士让·沙尔·列奥纳尔·西蒙·德·西斯蒙第，德国乔治·弗利德里希·李斯特等人对古典政治经济学也作出了贡献，政治经济学逐渐成为一门独立的社会科学。其中，约翰·穆勒是古典政治经济学的集大成者，马克思、恩格斯 1848 年发表《共产党宣言》不久，穆勒出版了初版《政治经济学原理》，分析了生产、交换、

---

[1] ［英］威廉·配第. 赋税论［M］. 陈冬野，马清槐，译. 北京：商务印书馆，1963.

分配问题，既是对斯密、边沁、李嘉图等人经济理论的总结和发展，又融合了其他社会科学的相关成果，成为影响半个世纪的经济学教科书。

进入19世纪，science渐渐取代natural philosophy而流行起来。1833年，英国威廉·休厄尔发明了"scientist"，标志着科学职业化和科学家共同体登上了社会舞台，科学技术开始全面成为社会第一生产力。同样地，政治经济学逐渐从业余研究和附属学科发展成为一门独立的学科和职业。1804年，马尔萨斯任英国东印度大学政治经济学教授，这是世界上第一个兼职的政治经济学教席。1816年，曾受拿破仑一世赏识的萨伊成为法国第一位政治经济学教授，法兰西学院1832年设立了政治经济学教席。牛津大学1825年、剑桥大学1828年设立政治经济学教席，布莱梅则在剑桥大学讲授了40年无薪水的政治经济学课程，直到马歇尔接任。美国哥伦比亚大学1818年最早设立政治经济学教席，哈佛大学1871年也设立了第一个正规的政治经济学教授。

李嘉图1823年去世之后，古典政治经济学逐渐受到了三个方面的冲击：德国历史学派对政治经济学的一般理论提出质疑，主张建立基于国家特征、历史资料的国民经济学；社会主义、马克思主义表达了对资本主义经济制度的批判，提出了工人阶级的经济和政治要求；边际学派不仅与马克思主义展开了论战，而且放弃了古典学派的劳动价值理论等经济命题和分析方法。一般认为，古典政治经济学大致结束于1870年代的经济学边际革命。

（二）马克思的政治经济学

资本主义在欧美地区凯歌行进的过程中，资本家与工人、私人企业与市场竞争、经济发展与国家管制之间的经济社会矛盾也趋于激烈，工人阶级长期没有充分分享工业革命、经济增长的好处，英国19世纪40年代被称为"饥饿的40年代"，工业重镇曼彻斯特1841年、1848年失业率高达15%、18.6%，57%的儿童在5岁之前死亡。1825年7月，英国爆发了第一次生产过剩的周期性的货币和经济危机，英格兰银行黄金储备从1824年底的1070万英镑下降到1825年底的120万英镑，到1826年有70多家银行和3500多家工商企业破产。[①] 此后，1837年、1847年、1857年和1866年又相继发生了经济危机。1831年，法国里昂工人武装起义，提出了"工作不能生活，毋宁战斗而死"的口号，一度控制了里昂市。1834年，里昂再次爆发起义，提出了建立民主共和国的口号。1835～1843年，英国工人继1215年英国大宪章运动而发起了人民宪章运动，提出普选权、改革议会、改善经济和政治状况等纲领，1842年进行了总罢工。1844年，德国西里西亚纺织工人起义。1848年，欧洲大陆从巴黎、柏林到罗马都在爆发革命。[②]

19世纪中后期，卡尔·马克思（1818～1883）、弗里德里希·恩格斯（1820～1895）以劳动价值论为基础，从生产方式中的资本和劳动之间关系的角度，第一次

---

① 马克思恩格斯全集：第二卷［M］.北京：人民出版社，1957：269-587.
② 符月英.法国里昂工人起义［M］.北京：商务印书馆，1973.

明确提出了政治经济学的研究对象是人与人之间的社会生产关系,是价值的创造和分配问题,创立了包括生产的劳动二重性和劳动价值论、资本雇佣劳动和剩余价值论、资本积累和经济危机论在内的政治经济学体系,揭示了资本主义经济发展和社会主义产生的历史规律性,这是政治经济学历史上的一次革命性转型。马克思、恩格斯的政治经济学主要著作包括马克思1844年著、1932年版《经济学哲学手稿》,恩格斯1845年版《英国工人阶级状况》,马克思1847年版《哲学的贫困》《雇佣劳动与资本》,马克思、恩格斯1848年版《共产党宣言》,马克思1859年版《政治经济学批判》,马克思1867年、1885年、1894年版《资本论》三卷,恩格斯1972年版《反杜林论》,马克思1875年著、1891年版《哥达纲领批判》,恩格斯1884年版《家庭、私有制和国家的起源》等。《资本论》是马克思、恩格斯政治经济学的代表作,不仅包括马克思1867年《资本论》第一卷六章德语第一版,以后多次修订、再版,也包括1872~1873年七篇二十五章德语第二版、1872~1875年八篇三十三章法语版,恩格斯编辑出版的1883年德语第三版、1887年英语版和1890年德语第四版即《资本论》第一卷通行版,以及俄语、意大利语、波兰语、日语、汉语等各种版本,1991年历史考证版(MEGA)。马克思去世后,恩格斯整理编辑马克思《资本论》第二卷17份手稿中的8份而在1885年出版,整理编辑《资本论》第三卷17份手稿而在1894年出版,并增补《价值规律和利润率》《交易所》两篇。马克思、恩格斯去世后,卡尔·考茨基整理编辑马克思的一小部分笔记,1905年出版马克思《剩余价值论学说史》第一、二卷,1910年出版《剩余价值学说史》第三卷,这三卷又总称为《资本论》第四卷。上海读书生活出版社1938年出版郭大力、王亚南译《资本论》三卷,人民出版社1975年、2004年出版中共中央编译局译《资本论》三卷第1版、第2版。

在选择职业时,人们遵循的主要指针应当是人类的幸福和自身的完美。马克思以其热烈的诗人胸怀、深厚的哲学功底、强大的历史责任、冷静的科学精神,全面深入地分析和批判了资本主义生产方式,对资本主义发展产生了巨大而持久的影响。马克思生前和逝世之初,这种影响在欧美国家已经非常显著。[①] 1917年俄国革命之后,马克思主义迅速成为了影响世界的思潮和运动。在人文科学、社会科学包括经济学领域,避而不谈马克思几乎是不可能的事情,马克思也是资产阶级必须勉力对付的首要经济学家。1999年,英国剑桥大学文理学院发起评选"千年第一思想家",马克思、爱因斯坦分居第一、二位;同年,英国广播公司(BBC)在互联网上评选"千年第一思想家",结果同上。2005年7月,英国广播公司以古今最伟大的哲学家为题调查3万名听众,结果马克思、休谟以27.93%、12.6%得票率居第一、第二位。2011年,美国田纳西大学、乔治梅森大学4名经济学教授在经济期刊观察(*Economic Journal Watch*)发表评选"经济学教授最喜爱的经济思想家",美国299名经济学教授投票得出斯密、李嘉图、马歇尔、穆勒、马克思为最受喜爱的近代经

---

① [美]菲利普·丰纳. 马克思逝世之际[M]. 王兴斌,译. 北京:北京出版社,1983.

济思想家。①

（三）马克思之后的经济学

马克思、恩格斯创建其政治经济学体系之后，经济学的发展大致可以划分为两大路径和两大派别：一是马克思主义经济学的传播、发展和应用，包括修正主义、列宁斯大林与苏联政治经济学、苏联东欧经济改革中的经济理论，以及各种流派、各种形式的马克思主义经济学。二是欧美国家的其他经济学，即我国所谓的西方经济学，其发展经历了古典政治经济学衰落和边际革命、新古典学派、凯恩斯革命，以及当代众多的经济学流派和理论。

19世纪后半叶，欧洲知识界爆发了在世界观、方法论上相互对立的两场革命：一场是以达尔文为代表的自然科学上的生物进化论，另一场是英国威廉姆·斯坦利·杰文斯、奥地利卡尔·门格尔、法国里昂·瓦尔拉等经济学家不约而同提出的经济学边际理论。杰文斯、门格尔1871年分别出版《政治经济学理论》《国民经济学原理》，瓦尔拉1874年出版《纯粹经济学要义》，他们都疏离于工厂生产和市场竞争，而从心理学、数学、物理学等角度讨论商品价值到底由什么决定的问题，提出了边际效用价值论和边际分析方法。之后，边际学派大致沿着两个方向发展：一是以门格尔为中心、主张演绎分析的心理学派、奥地利学派，包括庞巴维克、维塞尔等人，以及米塞斯、熊彼特、哈耶克、罗斯巴德、柯兹纳，波及英国马歇尔、庇古、美国克拉克等人；二是以杰文斯、瓦尔拉为代表的数理学派，包括意大利帕累托，以及魏克塞尔、卡塞尔等瑞典学派，美国的欧文·费雪等人。

对于边际革命到马歇尔的欧美主流经济理论，一般又称为新古典经济学。马歇尔是新古典经济学的早期代表，1890年出版《经济学原理》，兼收并蓄，把供求论、生产费用论、边际效用论、边际生产力论等调和在一起，建立了一个以完全竞争为前提、以均衡价格论为核心、以局部均衡分析为特色的经济学体系，发行8版，影响直至20世纪30年代，远及现当代新古典经济学。马歇尔以来，新古典学派、新古典综合派都舍弃了古典学派的劳动价值理论，舍弃了资本家、工人和地主或资本家和工人的社会结构理论，在一定意义上也舍弃了分工、生产、资本、货币、增长等理论。

马歇尔、庇古之后，欧美经济学进入了凯恩斯革命和当代经济学的发展和应用时期。英国约翰·梅纳德·凯恩斯1936年发表《就业、利息和货币通论》，对古典和新古典经济学特别是斯密教条、萨伊定理、市场竞争等理论进行修正，开创了总量分析、需求管理、政府干预的宏观经济学。两次世界大战之后，凯恩斯主义成为以英、美为首的西方经济学的主流。凯恩斯善于将经济理论用于政治分析和政策制定，被誉为"战后繁荣之父"。同时，北欧学派、波兰学派对宏观经济理论，法兰克福学派对资本主义社会分析都作出了重要贡献。凯恩斯革命之后，经济学又兴起

---

① Economics Professors' Favorite Economic Thinkers, Journals, and Blogs. Blogs http://econjwatch.org/file_download/487/davismay2011.pdf.

了数理分析、计量分析、不完全竞争、制度分析、博弈论、演化分析、理性预期、实验经济学等研究领域和研究方法，出现了英国新剑桥学派、美国新古典综合派以及货币主义、芝加哥学派、弗莱堡学派、激进政治经济学、公共选择、理性预期、演化经济学、新凯恩斯主义、新制度经济学、新增长理论等学派，经济学研究中心也从英国转向美国，经济学家不断被政府和企业雇佣。新古典学派尽管一直是现当代经济学的主流和中坚，但古典学派、奥地利学派、新制度经济学、新增长理论等更有常识和洞见。

在分析经济活动时，古典政治经济学注重分析产权、法律、政府、知识与意识形态等对经济运行和发展的影响，马克思政治经济学把以财产制度为核心的生产关系作为经济研究的中心问题。20世纪60年代以来，欧美经济学界兴起了一股运用经济学特别是新古典微观经济学的理论和方法，研究经济的政治学与政治的经济学，包括国家和政府、立宪与公共选择、投票和选举、政治家和官僚制、寻租和腐败、利益集团、政府管制、制度变迁、经济转型、人口与环境、国际组织、国际经济一体化等经济运行与发展中的非市场问题，即所谓的新政治经济学、新制度经济学的思潮。从历史的角度看，经济理论一定要回答经济活动中的所有制、法律和政府，货币、资本和信用，企业的组织和治理，信息、决策和激励，知识的创新、传播和应用，生产和增长等基本问题，经济学终究要上升为政治经济学。

（四）马克思主义经济学派

马克思、恩格斯是马克思主义的创始人，马克思主义首先应当指马克思、恩格斯关于哲学、经济、政治、历史等方面的理论体系，这是经典的、基础的马克思主义。恩格斯在19世纪80年代初开始使用马克思主义一词，但在马克思、恩格斯晚年，就出现了对马克思主义的不同理解和表述。马克思、恩格斯生前，就有封建的社会主义、小资产阶级的社会主义、空想社会主义、科学社会主义等社会主义的许多流派，以至1847年他们为共产主义者同盟撰写的纲领叫作《共产党宣言》而非"社会主义宣言"，他们在《共产党宣言》出版后的各篇宣言中也不断修正自己的思想。恩格斯逝世之后，马克思主义不仅受到了诸如新古典学派、法西斯主义的反对或压制，而且出现了诸如德国修正主义、法国工团主义、英国费边主义、苏联马克思主义、西方马克思主义、法兰克福学派马克思主义、中国马克思主义等各种流派的马克思主义。大致而言，自马克思去世至1929年经济大危机之前，德国、俄国和苏联主导了马克思主义经济理论研究。之后，马克思主义经济理论研究中心渐渐转移到西欧、北美等地区。

长期以来，我国所说的政治经济学或者是指马克思、恩格斯原典的政治经济学，或者指经过列宁、斯大林等改造的苏联政治经济学，以及中国政治经济学。苏联政治经济学在发展过程中，长期受到主观主义、教条主义、形式主义的干扰塑造，简单化、说教性严重，缺乏时代感和进步性。如苏联列夫·阿·列昂节夫1935年出版的《政治经济学》，其中译本于1949年、1953年、1974年在我国多次发行。B. A. 梅德维杰夫主编、1988年出版的《政治经济学》体现了苏联改革新思维，中国社会科学出版社次年出版了中译本。在马克思、恩格斯理论和苏联马克思主义之外，还有各种各样的马克思主义流派，以及各种形式、流派的马克思主义经济理论。

例1-3　西方关于马克思经济理论的研究

在西方马克思主义和非马克思主义的经济理论研究上，具有一定影响的有奥地利鲁道夫·希法亭1910年《金融资本》，英国莫里斯·多布1928年《工资》、1937年《政治经济学和资本主义》、1946年《资本主义发展问题研究》、1973年《亚当·斯密以来的价值理论和分配理论：意识形态和经济理论》等著作，英国琼·罗宾逊1942年《论马克思的经济学》，美国保罗·斯威齐1942年《资本主义发展论》，英国罗·米克1956年《劳动价值学说的研究》，美国保罗·巴兰1957年《增长的政治经济学》，比利时欧内斯特·曼德尔1962年《论马克思主义经济学》和1972年《晚近资本主义》，法国路易斯·阿尔都塞1965年《保卫马克思》和《读〈资本论〉》，保罗·巴兰和保罗·斯威齐1966年《垄断资本》，以及后来法国保罗·博卡拉的国家垄断资本理论，英国本·法因的资本主义生产方式转化性质理论，德国安·岗·弗兰克的依附理论，法国阿·伊曼纽尔的不平等交换理论，美国伊曼纽尔·沃勒斯坦的世界体系理论。近年影响较大的还有埃及萨米尔·阿明1970年《世界规模的积累》、1973年《不平等的发展》、1991年《混乱的帝国》，美国约翰·罗默1981年《马克思主义经济理论的分析基础》、1982年《剥削和阶级的一般理论》、1988年《在自由中丧失》、1994年《社会主义的未来》，日本伊藤诚、希腊拉帕维查斯1999年《货币金融政治经济学》，美国大卫·哈维2005年《新帝国主义论》和艾伦·M.伍德《资本的帝国》，美国弗雷德里克·詹姆逊2011年《重读〈资本论〉》，法国托马斯·皮凯蒂2013年《21世纪资本论》等一系列新的研究成果。第二次世界大战之后，日本的马克思主义政治经济学研究与教学一度与欧美主流经济学分庭抗礼，出现了诸如正统派、宇野派、市民社会派、数理学派等各种政治经济学流派和置盐信雄、宇野弘藏、森岛通夫、伊藤诚等学者。

中国创造了辉煌的文明，包括一系列的知识发现和技术发明，但基于逻辑演绎和经验实证的现代自然科学、社会科学并未发端于中国。马克思主义自20世纪初传入中国，特别是中国共产党1921年诞生之后，也经历了马克思主义的中国本土化运用和创造的复杂演变过程。在经过了资本主义经济数百年演变，马克思主义理论和社会主义经济一百多年发展的基础上，政治经济学如何应对理论和实践的挑战，可否创造性地发展和转换新的形式和内容，如何重构政治经济学的基础理论和现代体系？再者，可否基于世界经济的各种经验和中国经济的发展道路，建立中国特色的马克思主义经济学，或者马克思主义经济学的中国学派？这仍然是有待深思、探索和证明的重大理论难题。

关键概念

人类起源；自然产品；劳动；劳动产品；生产资料；消费资料；经济；市场；政治经济学；经济学；斯密；马克思；马克思主义；凯恩斯；生产力；生产关系；所有制；生产方式；权利；上层建筑；辩证唯物主义；逻辑学；个体主义；整体主义；实证主义；《资本论》；马克思主义政治经济学

阅读书目

马克思恩格斯选集［M］. 北京：人民出版社，1995.

马克思. 1844 年经济学哲学手稿［M］. 北京：人民出版社，2000.

马克思. 资本论［M］. 北京：人民出版社，2004.

列宁选集［M］. 北京：人民出版社，1998.

［德］海因里希·格姆科夫等. 马克思传［M］. 易廷镇，侯焕良，译. 北京：人民出版社，2000.

［美］保罗·斯威齐. 资本主义发展论［M］. 陈观烈，齐亚男，译. 北京：商务印书馆，1997.

［美］大卫·哈维. 跟大卫·哈维读资本论［M］. 刘英，译. 上海：上海译文出版社，2014.

［美］道格拉斯·C. 诺斯. 制度、制度变迁与经济绩效［M］. 刘守英，译. 上海：上海三联书店，1994.

［美］贾雷德·戴蒙德. 枪炮、病菌与钢铁［M］. 谢延光，译. 上海：上海世纪出版集团，2006

［美］乔纳森·斯珀伯. 卡尔·马克思［M］. 邓峰，译. 北京：中信出版社，2014.

［美］史蒂文·A. 格林劳. 经济学研究入门指南［M］. 郝永敬，译. 北京：北京大学出版社，2018.

［美］约瑟夫·熊彼特. 从马克思到凯恩斯十大经济学家［M］. 宁嘉风，译. 北京：商务印书馆，2013.

［英］M. C. 霍华德，J. E. 金. 马克思主义经济学史（1929—1990）［M］. 顾海良，等译. 北京：中央编译出版社，2003.

［英］安格斯·麦迪森. 世界经济千年史［M］. 伍晓鹰，等译. 北京：北京大学出版社，2003.

［英］拉里·尼尔、杰弗里·G. 威廉姆森. 剑桥资本主义史［M］. 李酣，等译. 北京：中国人民大学出版社，2022.

［英］马克·布劳格. 经济理论的回顾［M］. 姚开建，等译. 北京：中国人民大学出版社，2009.

［英］以赛亚·伯林. 卡尔·马克思：生平与环境［M］. 李寅，译. 南京：译林出版社，2018.

［英］约翰·梅纳德·凯恩斯．就业、利息和货币通论［M］．高鸿业，译．北京：商务印书馆，1999．

程恩富等．现代政治经济学新编［M］．上海：上海财经大学出版社，2012．

李翀．新的历史条件下马克思政治经济学研究［M］．北京：中国经济出版社，2023．

秦晖．市场的昨天与今天［M］．北京：东方出版社，2012．

汪丁丁．经济学思想史进阶讲义［M］．上海：上海人民出版社，2015．

汪丁丁．新政治经济学讲义［M］．上海：上海人民出版社，2013．

思考题

1．如何理解生命、理性、理想？如何理解观念、知识、理论和科学，以及知识的有用性？为什么学习知识、科学、政治经济学？

2．政治经济学为什么在资本主义时期产生，试述其产生和演变的过程。

3．马克思政治经济学为什么研究生产方式，为什么重点研究生产关系？

4．如何认识经济学与逻辑学、数学、物理学、生物学、心理学与哲学、历史学、伦理学、政治学、法学、社会学、文学等学科之间的关系？

5．如何从人的性质、能力和创新的角度，理解劳动、分工和经济？

6．如何理解经济学的科学性与阶级性？如何理解经济学家的立场？

7．政治经济学研究为什么应当追求逻辑和历史的统一？

8．生产、交换和分配都涉及自然科学、工程技术问题，为什么生产、交换和分配主要是经济问题而不是自然科学、工程技术问题？

9．政治经济学可能分析、解决什么问题，不能分析、解决什么问题？

10．如何理解马克思政治经济学与新古典经济学在理论分析的假设条件、方法和内容上的异同？

第二章 商品、劳动和价值

学习目标

◆ 了解商品的概念和种类,劳动、劳动分工、商品生产、市场方式及其发展状况。

◆ 熟悉劳动产品和商品、分工和交换的概念,价值规律、竞争规律和供求规律。

◆ 掌握社会分工和个别分工,商品的价值和使用价值,具体劳动和抽象劳动、简单劳动和复杂劳动、生产劳动和非生产劳动、私人劳动和社会劳动、个别劳动和社会必要劳动等概念,商品价值为什么是劳动而非其他因素创造,为什么是社会必要劳动所决定。

价值和价格、资本、资本雇佣劳动和工资、剩余价值生产和分配、社会再生产和经济危机等是政治经济学的基本议题。但马克思分析资本主义生产方式为什么不从劳动、资本或剩余价值开始,而从商品这一最简单的经济现象和经济学范畴开始?如何理解商品二重性和劳动二重性?为什么从人类的劳动和私有制的角度,分析商品生产和交换、经济增长和发展中的价值和价格问题?如何理解关于劳动的一系列概念?劳动生产率与商品价值量之间有何关系?市场为什么成为现代社会组织经济活动的基础性、决定性方式?如果不坚持劳动是人的物质生产活动、是人与人之间社会关系的本质特征,不建立统一的劳动价值理论,不首先分析商品、以货币为媒介的商品生产和交换,就难以分析和理解价值、资本、工资、剩余价值生产和分配、社会再生产和经济危机等资本主义经济问题。

第一节 商品及其二重性

商品是古已有之、司空见惯的东西,是现代社会普遍生产和交换的对象。资本主义生产方式萌芽于简单商品生产,资本主义占统治地位的社会财富表现为庞大的商品堆积,以至连货币、劳动力、知识、信用等都成为了特殊商品,劳动创造的使用价值和价值是商品的二重属性,资本主义的经济运行过程就是商品的生产、交换、分配和消费过程,资本主义的生产力和生产关系都表现着商品性质,商品生产和交换是资本主义经济的基本内容,商品是资本主义经济最简单而极普遍的现象,是资本主义财富的元素、细胞、形式和载体。由于商品生产和交换是资本主义经济的历史前提和活动形式，商品包含着资本主义经济和社会的一切矛盾的胚芽，资本主义经济既是普遍化的又是特殊性的市场经济，经济危机就是商品社会再生产基本矛盾的严重激化和全面爆发。马克思《资本论》开篇提出：资本主义生产方式占统治地位的社会财富，表现为"庞大的商品堆积"，单个的商品表现为这种财富的元素形式。① 因此，对资本主义生产方式的分析就从商品开始。

一、商品和劳动产品

（一）如何提出概念和命题

商品一词在英语中有 commodity、article、goods 等词语，其中 commodity、article 主要指有形的货物，是工业革命前后、古典时代的斯密、李嘉图等所经常使用的词语，现代人们普遍使用 goods。理论研究从观察现象、认识事物、定义概念开始，人们在约定词语的语义、语法基础上才能够有效交流。那么，如何认识并定义商品？斯密主张从商品生产的客观因素而不是从商品消费的主观因素方面解释商品，边际革命以后的经济学家大多认为商品是消费者愿意更多得到的产品或服务②，马克思坚持，商品是用于交换的、具有使用价值和价值的劳动产品③。

人类的思维形式分为概念、命题和推理。词语是概念的形式，概念是词语的内容，是对某一事物基本的、实质的属性的反映，是构成命题、推理的最小单位，是思维的要素和命题、推理的起点。概念可分为种概念和属概念、单独概念和普遍概念等。生物学对生物通常分类为界、门、纲、目、科、属、种 7 个级别，其中种是最小的源单位，缘近的种归合为属，缘近的属归合为科，科隶属于目，目隶属于纲，纲隶属于门，门隶属于界。在逻辑学的概念定义上，由于中心词、限定词之间与属、种之间具有可比性，就形成了种概念、属概念和属加种差的概念和定义方法。当两个概念是包含关系时，被包含的概念就是种概念（下位概念），包含种概念的概念就是属概念（上位概念），比如在商品的定义中，劳动产品是其最邻近的属概念，商品、非商品是种概念。

定义是运用判断或命题，将一个事物的基本属性或本质特征表现、描述出来，揭示该事物概念的内涵和外延的语言逻辑形式。那么，如何定义一个事物或给出一个概念，如何给出一个简单、准确、有创新的定义？概念的逻辑结构分为内涵和外延。其中，内涵是一个概念所概括、反映的思维对象的本质属性，如商品概念的内涵是"用于交换的、具有使用价值和价值的劳动产品"；外延是一个概念所概括的思维对象的数量或范围，如商品概念的外延就是指古今中外的各种商品。一个定义

---

① 马克思. 资本论：第一卷 [M]. 北京：人民出版社，2004：47.
② [英] 亚当·斯密. 国民财富的性质和原因的研究（上卷）[M]. 郭大力，王亚南，译. 北京：商务印书馆，1972：42-49.
③ 马克思. 资本论：第一卷 [M]. 北京：人民出版社，2004：47-102.

由被定义项、定义项和定义联项构成，在"商品（被定义项）是（联项）用于交换的、具有使用价值和价值的劳动产品（定义项）"这个关于商品概念的定义中，"商品"是被定义项，"是"是定义联项，"用于交换的、具有使用价值和价值的劳动产品"是定义项。属加种差定义的规则包括：被定义项与定义项的外延必须是全同关系；定义项不能直接或间接地包含被定义项；定义项应当使用清晰确切的概念，不能使用比喻；定义一般不能使用否定的判断；不能循环定义。

在经济学等社会科学的研究中，对于诸如劳动、商品、资本、货币、成本、价值、价格、利润等人类社会特有的、市场经济存在的现象，首先，不能从数学、物理、化学、生物等自然角度进行分析，而必须从人类活动的社会角度进行分析，一切经济学概念都是人类经济活动、社会关系的一种反映。其次，必须经过社会研究和抽象思维，遵循逻辑学、语言学的原理，提出一定条件下的诸如劳动、商品、资本、货币、成本、价值、价格、利润等经济学概念，劳动创造商品价值、货币工资是劳动力价格、利润率动态变化等经济学命题，且这些概念、命题应当具有经验性、客观性、洞察力、普适性和简洁性、可操作、可验证、经验一致性等性质。在人类历史上，马克思是一位罕见地创立了自己的概念、命题和方法论系统，形成了理论体系和理论流派的学者和思想家。这些经济学概念和命题在本质上都是假说，不是不证而明的公理，不能不假思索、不经验证地肯定或否定，而要经过社会实践和理论竞争，不断经受检验和发展。只有达到了逻辑和历史相统一的概念才是真概念，只有达到了逻辑和历史相统一的命题才是可以接受的结论、定理或真理，且这些概念、命题也只是一定条件下的相对性的真概念、真命题。

（二）商品定义的方法

如何给出商品这一经济现象、经济学概念的定义？在全面深入的社会调查的基础上，人们一般采取属加种差定义和发生定义两种方法。

第一，属加种差定义的方法，对于一定条件下相对稳定的事物或概念，如商品、劳动、资本、储蓄、通货膨胀等，不仅要全面深入的社会调查，还可采取逻辑学、语言学中的属加种差的定义方法。而在使用属加种差的定义方法给出商品概念的定义时，首先要找到与商品概念最接近、最直接的属概念，其次要找出商品种概念与其他种概念之间的差异即种差。

首先，找出与商品概念有交集、最邻近的属概念。商品可供选择的属概念包括自然产品或自然资源和劳动产品或社会资源，哪一个才是商品的邻近属概念？

自然产品是指自然界的物质形式，是能够直接满足人的生存发展需要的物质资源。人们愿意消费对人具有使用价值的自然产品，使用价值也是人们愿意交换、成为商品的必要条件，一切作为商品的物质资源都必须具有使用价值。有用的自然产品可分为两类：一类是相对于人的需要而数量巨大，人类可以直接、任意使用的丰裕性自然产品，如阳光、大气、海洋等自然产品；另一类是相对于人的需要而数量稀少，人类只能有限使用的稀缺性自然产品，如平原、淡水、牛羊。显而易见，丰裕性或稀缺性是对资源供给与人的需要之间的数量关系的现象和概念，人类不必占有、交换丰裕而有用的自然产品，需要占有、交换的是稀缺而有用的自然产品。

稀缺而有用的自然产品是人们愿意占有和交换的对象或客体，但一旦进行占有和交换，这部分产品实际上就已经不是原来的、纯粹的自然产品，而是耗费、凝结了人类劳动的产品。这是因为人们为了消费这些稀缺而有用的产品，事前必须经过研究、占有、采集、运输、加工、保管等劳动投入，特别是经过劳动加工而提高、扩展使用价值；事中必须经过搜寻、展示、讨价还价、双方合意、签订合同等劳动投入；事后必须经过运输、保管、售后服务、违约处理等劳动投入。

概言之，稀缺而有用的自然产品如果经过交换而用于消费，人类必然都对之采取了研究、占有、生产、交换、分配等复杂多样的劳动过程，必然是投入、凝结了人类劳动的社会性产品，人类研究、占有、生产、交换、分配物质资源的劳动过程也就是人类的生产活动、经济活动。可见，自然产品一旦经过了劳动过程，进入了交换环节，就属于劳动产品。劳动产品是经过劳动加工的、能够满足人的需要的物质资料。当然，劳动产品并非凭空创造，而是人们针对劳动对象，应用劳动资料，投入、消耗体力和脑力，生产出的最终满足人们各种需要的物质资料。换言之，人类不必多此一举、劳而无功地占有和交换丰裕有用的自然产品，而稀缺有用的自然产品又需要付出人类劳动、成为劳动产品而有偿进入交换环节：真正的自然产品不能成为商品。从还原或归因的角度看，人类所有的劳动资料、劳动对象、劳动成果都是对自然产品的开发使用，人类本身也是自然和劳动的产物。

自然产品不是商品的邻近属概念，那么劳动产品是不是商品的邻近属概念？劳动产品是能够满足人的需要的物质资料。劳动产品进入消费环节，可以采取多种方式：自我生产并自我消费；通过内部交换而为他人消费；通过市场交换而为他人消费；无偿捐赠或巧取豪夺而为他人消费；因生产过剩、储运不当等原因而未能消费。显然，劳动产品不都是用于交换的商品，通过自由平等、等价有偿的市场交换而进入消费的劳动产品才是商品，商品只是劳动产品中的一部分，尽管现代社会中的大部分劳动产品已经是商品。换言之，劳动产品包含了商品、非商品两部分。比较劳动产品属概念和商品种概念，二者的共同因素或属性都是劳动产品，劳动这一因素将自然产品排除在商品之外。

其次，找出劳动产品中的商品与非商品的种概念之间的差异即概念种差。劳动产品并非都是商品，而是包括商品、非商品两部分，如古代经济中的劳动产品主要用于自我消费或非市场交换的消费，现代经济中的家庭内部的烹饪、清扫、缝纫、娱乐等劳动产品也不是商品，现代经济中的路灯、街道、防火防疫、社会治安、法律、基础知识等劳动产品也很难成为商品。如果说劳动是商品、非商品生产的共同因素，有用、效用或使用价值是商品、非商品的共同属性，那么商品与非商品之间的概念种差是什么？古往今来，这些有用的非商品性劳动产品的共同特征都是内部直接消费或非市场性交换，即不是通过人与人之间的自由平等、等价有偿的市场交换的劳动产品。权利明晰、自由平等、等价有偿交换的才是商品，独立性、市场化、等价性的交换这一本质差别才界定、区分了劳动产品中的商品和非商品。由此，自由等价的市场交换这一概念种差揭示了劳动产品中的商品区别于非商品的本质特征。

综上可见，物质资源、物质产品是劳动产品、物质资料、经济物品、社会资源的属概念。物质产品并非一定是劳动产品，自然产品也是物质产品，但劳动产品一定是物质产品，劳动产品是经过人类劳动的物质产品；劳动产品是商品的属概念，劳动产品并非一定是商品，但商品一定是劳动产品，商品是通过交换而用于消费的劳动产品。如果给商品下一个简要的定义，那么商品就是为市场交换而生产的产品，就是用于等价交换的劳动产品，商品的基本特征或关键词是劳动产品和市场交换。用于市场交换的劳动产品的商品定义也就暗含着商品的稀缺性、商品的使用价值和交换价值等属性；人类的分工性劳动、抽象性劳动创造和决定了商品的价值，占有、生产、交换、分配和消费商品就是为了追求最大化价值及其使用价值；而商品的稀缺性、使用价值和价值，商品交换的比例等现象，都可由劳动这一因素得到解释或证明，由此劳动在商品生产和交换中具有原初性、唯一性和基础性、决定性的作用。因此，商品的详细定义是：商品是人类劳动分工生产的、稀缺性的、用于市场交换的、具有使用价值和价值的、满足人的需要的、包括货物和服务的产品，商品是劳动产品在现代社会所表现的最简单、最一般的社会形式。

最后，给出商品的定义。商品是用于交换的劳动产品，这主要是古典经济学、马克思经济学的商品概念，不适用于所有经济学派。相反，边际革命之后的新古典经济学抛弃或回避了商品的分工劳动和劳动价值的本质特征，基于需要、偏好和消费而分析商品问题，将商品定义为具有效用、满足消费的产品。如边际学派和奥地利学派的卡尔·门格尔认为，非经济财富成为经济财富的原因只有两个：即人类需要的增加，或其支配量的减少。当一种财富的全部支配量不足以满足其需要时，这个财富就是经济财富。换言之，稀缺有用、能够满足人的某种需要的就是商品。① 再如奥地利学派的庞巴维克认为，财富的经济属性是主观价值，是一种财富对于所有者的福利所具有的重要性，是能够满足人的某种需要。② 欧美流行的经济学教科书则直接从人的生物偏好和主观效用出发，逆向分析消费、交换和生产问题。

第二，发生定义的方法。对于那些不断运动变化的现象或事物，由于人的研究方法、知识水平等方面的限制，往往难以使用属加种差定义的方法准确界定被定义项，这时一般使用"发生定义"的方法。发生定义方法是通过对事物的发生、形成过程的观察、研究，发现、描述事物在发生、形成、演变的过程中表现出的性状、特征，从而给出该事物的定义。例如，教育是指基于人的品德、智力、体质全面成长而提供的培养健全人格、综合能力和强健体魄的系统性、复杂性、连续性的服务；经济危机是经济结构（比例）严重失调、商品生产和交换不能顺利地进行、经济活动反复震荡波动的现象。当某些概念无所不包，几乎无法准确地定义找不到其种概念，它们一般属于所谓的元概念、基础概念或范畴，如物理学中的质量、能量、空间、时间，如政治经济学中的劳动、使用价值、价值、资本、成本等概念。在观察和分析经济活动时，有效提出并科学定义了反映经济活动的本质和规律的概念、命

---

① ［奥］卡尔·门格尔. 国民经济学原理 ［M］. 刘絜敖，译. 上海：上海世纪出版集团，2005：42，44.
② ［奥］庞巴维克. 资本实证论 ［M］. 陈端，译. 北京：商务印书馆，1964：149－171.

题，才有可能全面、准确、及时地分析和开展经济活动。

在分工交换的资本主义经济的兴起和发展过程中，人们首先和广泛关注的是商品所具有的、能够满足人的某种需要的使用价值或效用，这就提出了商品的内在、基本的因素或属性问题。那么，商品内在的因素或属性是什么，是使用价值或价值的单一属性，使用价值和价值的二重属性，还是使用价值、价值和其他性质的多重属性？商品既然是通过劳动分工而生产、交换、分配和消费，最终用于满足人的欲望、需要或偏好的劳动产品，那么人的欲望、需要或偏好是什么？商品所具有的、能够满足人的欲望、需要或偏好的使用价值（或效用）、价值是什么？商品的使用价值、价值是如何被创造、交换、分配和使用的，人们为什么选择了为交换而生产的市场经济而非自给自足的自然经济？商品的使用价值、价值的本质是什么，如何定义和分析使用价值、价值？决定商品生产和交换、价值和价格、收入分配的因素是什么，政治经济学、经济学的基础和核心理论是价值及其价格理论还是使用价值及其价格理论？配第、斯密、李嘉图、马克思等古典经济学家为什么提出了劳动价值理论，而杰文斯、门格尔、瓦尔拉等经济学家为什么反对劳动价值理论，提出主观效用、边际效用的价值、价格理论，并演变为了20世纪流行的新古典经济学派？

（三）商品的属性

商品具有使用价值和价值，这两个因素构成其二重属性，商品是使用价值和价值的统一体，劳动创造了商品的使用价值和价值，价值是商品交换和收入分配的本体和基础，使用价值是商品交换和收入分配的最终目的，这是包括斯密、李嘉图、马克思在内的古典经济学家的共同认识。

使用价值是商品作为物质资料，直接满足人的某种需要的一种能力和属性，是商品的效能、用途或有用性，使用价值在使用中得到实现，是商品的自然存在。斯密《国民财富的性质和原因的研究》第五章就从使用价值、价值的二重角度考察一定时期存在的财富：一是实物自然形态的、使用价值意义上的财富（stock）；二是社会性质的、用货币、价格表现的价值形态的财富（wealth）。① 不论财富的社会形式如何，使用价值总是财富的物质内容，是交换价值、价值、价格的物质本体、载体。

价值是商品的另一种属性，体现了不同社会主体之间的分工和交换的劳动性质和经济关系，是商品的社会存在。各种商品之所以能够交换，人类之所以从个人生产直接满足自己消费需要的自然经济，发展到分工劳动、竞争交换、先满足生产需要、最终满足消费需要的市场经济，其实质仍然是分工的劳动、价值的生产和交换，是人们对价值本体的追逐、占有和消费。价值是商品生产中人类投入、耗费、凝结了的抽象劳动，是人类劳动在商品中的对象化或物化，是在商品的交换关系或交换价值中表现出来的共同东西。

---

① ［英］亚当·斯密. 国民财富的性质和原因的研究（上卷）[M]. 郭大力，王亚南，译. 北京：商务印书馆，1972：26-41.

斯密、李嘉图、马克思之后,基于使用价值或效用的价值、价格理论成为一种简单易懂而大行于世的经济理论,但众所周知,广泛流行的经济理论就是全面、准确、及时地反映人类经济活动的本质和规律的理论吗?

对于人类经济活动的动机和目标、过程和结果,有着诸如财富和货币、使用价值和价值、幸福和福利等多种多样的定义和分析。在市场经济中,具有不同使用价值、用于满足人的需要的物质资料通过社会分工、商品生产、交换和分配而迂回间接获得,人们在经济活动中直接追逐的是商品的价值,价值借助货币而表现为商品价格,价值在资本主义经济中转化为工资、利润、利息、地租等收入形式,人们最终消费商品、满足需要而解决生存发展的问题。对于商品的使用价值和价值,价值的生产、交换和分配,资本如何雇佣劳动而生产、分配价值和剩余价值等问题,本书将逐步展开分析。

(四)商品的种类

劳动产品按其是否进行等价有偿的市场交换,分为商品和非商品。在现代社会,经过人类劳动而创造的、用于交换的商品数量庞大,种类和品牌繁多。对于商品,也可以按照不同的标准,分为不同的种类。

(1)土地、劳动和资本。这是从生产手段、生产过程的要素角度,对商品的传统分类。这里的土地不是自然状态的土地或自然资源,而是经过人类劳动的、被开发和占用的农业、工业、服务业等用地。从还原或归因的角度看,人类的一切经济活动都受到自然条件的约束,劳动和土地可以称为原初的、基本的生产要素,人类的财富都源自劳动对自然状态的土地或自然资源的加工改造,其他生产资料和消费资料都是劳动衍生的商品或财富。在商品生产和交换的间接迂回的生产方式中,人们消费的货物和服务绝大多数不是自己直接生产的,而是为交换而生产的、用商品生产的商品,而土地、资本等生产资料是生产手段。

(2)生产资料和消费资料。劳动产品、商品可用于经济活动的不同用途和不同阶段。如前所述,商品按其投入和产出、使用或消费的主体,可分为生产资料和消费资料、资本品和消费品,这是政治经济学对商品的基本划分。生产资料是中间产品或资本品,用于个人生活消费之前的生产活动,不是最终产品的消费资料。生产资料可分为土地和资本、生产手段和生产对象、固定资产和流动资产、不动产和动产等。现代经济是细密分工、迂回生产的方式,从最初投入到最终消费的生产过程一般由众多企业、众多商品连接而成,每个生产环节、每种生产资料既是本次生产的终点又是下次生产的始点,生产资料是中间性、资本性的商品。投入的生产资料、资本品具有把其流量转化为存量的增量的累积效应,消费品中的教育、医疗、体育等形成劳动能力的部分也有累积效应。人们通过劳动而生产、交换商品,最终目的是满足人的各种各样的消费需要。按照商品在消费上的特性,消费资料可以分为满足人的自然、生理的需要的商品和满足人的社会、精神的需要的商品,分为具有排他性、竞争性、个体消费的私人产品和共同消费的公共产品,分为满足个人基本生存需要的必需品、满足享受、炫耀需要的奢侈品、满足个人成长需要(如教育)的商品和满足不良需要（如毒品、赌博）的商品。关于经济活动中的生产资料和消费资料、中间产品和最终产品等问题，第五、六、九等章还将具体分析。

（3）劳动力和生产资料。从商品的物质形态和生产投入的角度，分为劳动力和生产资料。在广义上，劳动产品不仅指经过人类劳动的动产、不动产、知识资产等生产资料和消费资料、货物和服务，而且包括人口及其劳动能力。劳动不仅创造了外在的生产资料和消费资料，而且创造了人本身，创造了人的体力、智力等劳动力或劳动能力，人的劳动力或人力资源、人力资本是一种特殊的劳动产品，在一定条件下成为商品或资本，即劳动力商品或人力资本。关于劳动力商品的占有、生产、交换和使用不仅是政治经济学的研究内容，也是劳动经济学、教育经济学、卫生经济学、人力资源管理等专门学科的研究对象。

（4）货物和服务。如前所述，劳动产品按照其物质形态和使用特征，可以分为货物和服务，进而商品也可以分为货物和服务。马克思去世、工业革命完成之后，人类知识、劳动对象、生产技术、商品种类、产业结构、消费范围都发生了巨大变化，人们既从有形、实体的劳动产品、商品中衍化、细分出无形资产，又将人类劳动产品、商品衍化、细分为货物和服务两大类。无形资产包括债权、不属于债权的合同权、股票、汇票等商业票据、知识资产、商誉等，其中知识资产包括著作（作品）、专利、商标、商业秘密等独创性、智力性的劳动成果。进入20世纪后半期，服务不断超越了马克思研究过的运输、保管、包装、维修、演出等劳动的有限环节和简单形式，在生产、交换和消费中的份额越来越大，美国、英国第三产业即服务业的产值比例分别在二十世纪四五十年代超过了农业和工业之和，就业人口比例分别在二十世纪五六十年代超过了农业和工业之和。由此，有形的货物和无形的服务都应当归入商品的范围，都是商品的组成部分，这也是国内国际贸易、国际收支平衡表对商品统计和分析的一般分类。

（5）实物商品和货币、金融产品。货币出现后，货币作为充当价值符号、交换媒介、贮藏手段和支付手段，可以表示、代表和交易商品的价值，可以表现为现金、存款、股票、债券、期权、保单等金融产品形式。商品的价值与使用价值尽管最终统一于一体，但货币使得商品的价值载体即物质性的使用价值和商品的价值在时间和空间上出现了分离。这样，在劳动产品、商品的基础上，货币和基于货币的金融资产成为物质资料的代表和影像，社会财富分为了互为表里、相互对立的实物商品和金融产品。

商品还有其他的分类。（1）按照人们生产提供商品的顺序和行业，商品分为农业、工业、服务业的商品等。在农业、工业、服务业等各产业部门内部，商品种类还可以进一步细分，如农业产品分为农、林、牧、渔等商品，工业产品分为轻工业产品和重工业产品，重工业产品分为冶金产品、机械产品、化工产品等商品，机械产品分为农业、矿山、工程、汽车、机床等商品，机床分为金属切削、锻压、铸造、木工等商品。（2）按照商品在物质形式、使用价值上的稳定性、通用性，商品可分为标准化商品和非标准化商品、通用性商品和专用性商品。标准化商品可以大规模、批量化、重复性生产，可以跨地域、跨时期地定价和销售，工业革命以后生产提供的大都是标准化的商品，进入交易所的都是标准商品，政府部门或行业协会可以制定统一的质量标准。非标准化的商品往往是因为生产环境、原材料、生产方法等方面的差异，或者因为个别的、特殊性的需求，生产提供的具有特定形式和使用价值的商品。对于劳动产出的物质资料或商品，还可以从流量和存量的角度界定和分类。流量是某一时期、某一范围内生产、获得的物质资料、商品、价值或收入的数量，是产出或产量、收入或所得，是运动的、变化的量，一国一定时期的总产出或总收入可定义为社会总产品、社会总产值或国内生产总值，每个居民一定时期的收入可分为居民总收入、居民纯收入、居民可支配收入等，对流量可以作总量、个量、均量、增量等表示和分析。存量是指某一时期、某一范围内积累、保有的物质资料、商品、价值或收入的数量，包括一定时期内新增的量和过去保存、转移的量，是人类占有和使用的物质资料的累计和总和，是人类过去和现在经济活动的成果积累，土地和资本等财产都是存量，存量又是下一次生产投入的物质资料。一般而言，流量的物质资料是指产出、产量、收入、所得，收入在市场经济中主要是指市场性收入、货币性收入、初次分配收入，存量的物质资料是指财产、资产、资本，资产可分为实物资产和金融资产，总资产减去总负债就是净资产。

二、欲望和需要、偏好、需求、使用价值和效用

商品既然是通过生产、交换、分配和消费而最终满足人的欲望、需要或偏好的劳动产品，那么人的欲望、需要或偏好是什么？商品的属性是什么，是单一属性、二重属性还是多重属性？商品能够满足人的欲望、需要或偏好的使用价值（或效用）是什么？如何定义和分析使用价值？政治经济学、经济学的基础和核心理论是价值及其价格理论还是使用价值、价格理论？

（一）欲望和需要

如果分析现代人类为什么选择了分工生产和市场交换这一经济活动的手段和方式，首先应当明确认识人类经济活动的动机和目标，而这要从生产、商品生产最终是为了满足人的欲望、需要这一客观且正当的现象开始分析。

人是人类活动的主体和目的，人类的全部历史是为了使"人"成为感性意识的对象和使"人作为人"的需要成为（自然的、感性的）需要而做准备的发展史。[1]"没有需要，就没有生产。"[2] 人是生物，人的欲望、需要等生物性本能应当是人类活动包括经济活动的原初动机和基础因素，理性不只应当是自然的仆从，还应当是人类需要或情感的仆从，由此人的需要、物的使用价值是并且应当是政治经济学分析的既定的、前提性因素，经济活动最终目的是有效满足人的不断发展变化的生存、发展、繁衍的需要。而且，人的需要、行为的动机不是想象或观念，必须指向客观

---

[1] 马克思.1944年经济学哲学手稿［M］//马克思恩格斯全集：第三卷. 北京：人民出版社，2002：308.
[2] 马克思. 政治经济学批判导言［M］//马克思恩格斯选集：第二卷. 北京：人民出版社，1995：9.

的物，必须消费客观的物而实现或满足，而人类可使用的物质产品越来越多地必须通过人类劳动而生产提供，人类的需要及其性质也在人类的劳动和进步中不断扩展和升华，资本主义是历史上第一个全面展现并通过分工和市场、资本和商品而有效满足人的欲望和情感的制度和社会。因此，人类活动既源自又超越人的生物本能或原初动机，应当是自然和社会、情感和理性、物质和精神、利己和利他、分工和交换、竞争和协作的统一，应当在精益求精、日新月异的工具理性、福利追求上充满天人平衡的审慎和人道主义的光辉：这也是人类生存、经济发展、文明演进的客观要求。使用价值既然是自然产品、劳动产品、商品等物质资源都具有的、能够满足人类需要的一种属性，是商品的交换价值、价值的前提，这就必须在认识了人的需要、需求的基础上，定义、分析使用价值和商品的使用价值，进而分析商品的交换价值和价值。

欲望、需要等是生物学、心理学、社会学、文艺学、政治学、管理学等众多学科研究的现象和概念，国内外的经济学类辞书一般不予收录。需要首先是人的一种自然的、生物性的生命现象，是与生俱来、不断变化、随生而去的生命现象，是指作为生命个体的人为了其生存、繁衍而对物质资源的客观欲求，是人这一生命系统的不平衡状态的反映，是人在对所欲求的物质资源存在匮乏、未能满足时的一种条件刺激和心理紧张状态，而不管是否具有可能实现的物质条件。马克思、恩格斯在《德意志意识形态》指出，全部人类历史的第一个前提无疑是有生命的个人的存在，第一个需要确认的事实就是这些个人的肉体组织以及由此产生的个人对其他自然的关系。① 因此，人作为生物物种和生命个体，从人的自然属性而产生的消费需要及其满足就成为人的经济活动的原初的、基本的、恒久的动力，因人的社会属性而形成的社会性需要及其满足就进一步强化了人的经济活动的动力。对于人这一特殊的智慧性、社会性生物，人的需要既是一种自然、物质现象，也是一种社会、精神状态，是自然与社会、物质与精神的统一体。在社会活动中，当个体的生物条件一定时，个体的认知水平、经济条件和外部环境就发挥着越来越重要的作用。当然，物质第一性，欲望、需要、精神、社会等现象在本质上都是一种特殊的物质现象，是人类特有的主观性、社会性的物质现象。人的需要一般以一种匮乏、紧张的感觉、情绪发生，以欲望、意愿、态度等形式表现，以满足、效用为目标，从而成为个人行动的动力。刘易斯就把人的需要、观念、努力和知识增长及其应用，资本积累和其他资源并列为经济增长的三个直接原因。②

人的需要具有多样性、层次性、顺序性。从个体的角度看，人的需要可分为个体生存发展的需要和生命繁衍的需要。从需要的时间性看，人的需要可分为时点、短期的需要和长期、终身的需要，甚至超越本人生命的、代际性的需要。从需要的内容、消费的对象和选择的顺序来看，人的需要可分为基础需要和派生需要，物质

---

① 马克思，恩格斯. 德意志意识形态 [M]//马克思恩格斯选集：第一卷. 北京：人民出版社，1995：67.
② [美] W. 阿瑟·刘易斯. 经济增长理论 [M]. 梁小民，译. 上海：上海三联书店，上海人民出版社，1994：4.

需要和精神需要，生物需要和社会需要，个体需要和群体需要，私人需要和公共需要，利己需要和利他需要，生产需要和消费需要等类型。如马斯洛1945年提出了需要层次理论，人的需要分为生理、安全、爱和归属、尊重、自我实现等五个层次，1954年还探讨了介于尊重与自我实现之间的求知需要和审美需要。自然性、物质性的需要主要是指人为了维持简单的生存、繁衍而对物质资料的欲望或渴求，人首先和主要是一种自然界的动物，人的物质需要大致分为食、衣、住、行等内容结构。社会性、精神性的需要是指人的求知、向善、审美、尊严的需要，是人的自我实现。奈特《风险、不确定性和利润》指出，人的发展应当兼有生物功利主义和精神或审美的发展；与生存和舒适相比，人的需要更多地属于审美的层面。人的需要的物质性、自然性和精神性、社会性只是相对的划分，它们归根结底都属于人对物质资料的欲望和追求。①

人的个体需要具有无限性、连续性、边际性等特征。人从出生到去世，欲求不断，必须连续满足其各种各样的消费需要，人的需要具有时间上的连续性、数量上的巨大性和心理上的贪婪性。人这种特殊的动物因其发达的想象力、复杂的社会性和不断改进的技术手段，导致了远远超出了其生物需要的、自然界所能够给予满足的无尽欲望，形成了超越必要的生物生存满足的炫耀、攀比、浪费等特征的欲望，人的需要还因为其人口不断增长而具有总量巨大的特征。进入工业化、市场化时代，即便人的收入不断增长，满足不断实现，但除非文化自觉或自然匮乏的有效约束，人的欲求膨胀和消费增长似乎难以减缓。

人的需要的性质、类型及其数量并非稳定不变的生理现象或抽象概念，随着习俗变化、技术更新、收入增长等因素而动态变化，具有时代的、地域的、群体或民族的特征。比如，风俗、宗教、知识等文化因素不同，人的需要就有差异。马克思时代的工人无法想象诸如洗衣机、手机、轿车、可口可乐、在线教育等消费资料，但这些是现代人的生活必需品。诸如T. B. 凡勃仑1899年的《有闲阶级论》，W. 桑巴特1913年的《奢侈与资本主义》，F. 菲茨杰拉德1925年的《了不起的盖茨比》，赫伯特·马尔库塞1964年的《单向度的人》，让·鲍德里亚1968年的《物体系》、1970年的《消费社会》、1976年的《符号交换与死亡》、1990年的《致命策略》，贝尔纳·斯蒂格勒1994年的《技术与时间》、2009年的《新政治经济学批判》等著作，都探讨了资本主义社会的需要、偏好、风尚等问题，当代人类似乎正转向技术和资本主导的超现实的符号式、数字化世界。

物质资源是满足人的生存、发展的物质基础，也是进行知识、政治、社会等方面的活动，满足人的求知、情爱、尊重、审美等方面需要的前提条件。古代社会崇仰的是权力和荣誉，强烈而狂暴地追求权力和荣誉容易伤害他人，给人类带来重大灾难。如赫希曼《欲望与利益》提出，人类的各种强烈欲望或激情，主要分为性、权力、致富和荣誉等四类。休谟、斯密等古典经济学家认为，人对物质资料的需要

---

① [美]富兰克·H. 奈特. 风险、不确定性和利润[M]. 王宇，王文玉，译. 北京：中国人民大学出版社，2005：42−43.

是一种相对温和而持续的欲望，是一种与生俱来、至死方休的欲望，追求财富导致了人们的理性和平的行为。资本主义通过产权安排和生产技术进步，分工、交换、竞争、协作而追求商业文明，进而推进了知识繁荣和政治文明，经济学的基本问题就是研究如何最大化满足人的消费需要的物质资料生产问题。马克思、恩格斯《共产党宣言》指出，资产阶级在历史上曾经起过非常革命的作用，证明了人的活动能够取得什么样的巨大成就。① 恩格斯 1894 年《致瓦·博尔吉乌斯》强调，"社会一旦有技术上的需要，则这种需要就会比十所大学更能把科学推向前进。"② 马克思等人正是在古典学派的基础上，构建了劳动价值论的政治经济学，这一理论既承认商品的价值和使用价值二重性，商品为交换和消费而生产，又坚持人的劳动创造了商品的价值和使用价值，劳动是工人工资、资本家利润和一切社会财富的唯一源泉，价值是商品交换和一切交换的物质基础。

人的需要不是政治经济学研究的内容，用于满足人的需要的物质资源或商品却是政治经济学研究的内容，人的需要与如何获得物质资源的满足是古典学派研究人类经济活动的自然的和历史的起点，也是边际效用学派建立新的主观效用价值理论、否定劳动价值论的出发点和归宿点。如果孤立地从人的需要和消费满足的角度分析价值或价格问题，而回避了劳动分工和商品生产的客观社会过程，就很容易将人的消费偏好和主观效用作为经济分析的起点和核心。如门格尔 1871 年《国民经济学原理》就将个人欲望及其满足作为经济分析的起点和内容，人对物质资源的意志或评价是其是否有用的唯一标准，物质资源当其供给量小于需要量时就成为经济性资源，具有了价值，价值不是劳动创造的物质资源的附属之物或内在属性，价值只是物质资源同人的需要引起的一种情况，人对物质资源边际效用的主观判断决定了物质资源的交换价值。③ 类似地，杰文斯 1871 年《政治经济学理论》提出，经济学的任务就是研究以最小努力来满足最大欲望，以最小厌恶的代价获取最大欲望的快乐。④ 瓦尔拉 1874 年《政治经济学要义》则从供求函数入手，认为劳动价值论的解答太狭窄，效用价值论的解答太宽泛，只有商品的稀缺性和边际效用才决定价值。⑤

（二）偏好

19 世纪末意大利学者帕累托为了完善序数效用的价值理论和消费理论，提出了与人的欲望、需要相关的偏好概念。偏好是个人对某一事物的喜好超过了另一或其他事物，是个人对客观事物的主观价值判断。消费者偏好是指在可供选择、消费的各种商品或物质资源组合中，消费者对某商品的喜好超过对另一或其他商品，可以按照自己的相对稳定的喜好对商品的优劣和程度进行排序和选择。在新古典经济学中，偏好是经济系统之外的个人的心理属性，是外生的、给定的、差异性的因素，

---

① 马克思恩格斯选集（第一卷）[M]. 北京：人民出版社，2012：402.
② 马克思恩格斯选集（第四卷）[M]. 北京：人民出版社，1995：280.
③ [奥] 卡尔·门格尔. 国民经济学原理 [M]. 刘絜敖，译. 上海：上海世纪出版社，2005.
④ [英] 斯坦利·杰文斯. 政治经济学理论 [M]. 郭大力，译. 北京：商务印书馆，1984.
⑤ [法] W. 瓦尔拉. 政治经济学要义 [M]. 蔡受百，译. 北京：商务印书馆，1989.

是个人选择和行动的理由。比如，消费者甲需要面包和书籍，但只能选一，此时消费者可以评估消费面包和书籍的效用的高低与顺序，如果他认为面包所带来的效用大于书籍，那么面包的效用就大于或好于书籍而选择面包。由于人的需要具有多样性，满足需要的是多种商品，消费者的一般选择是面对多种商品的不同组合，消费者偏好就是对某一商品组合的喜好超过对另一商品组合。

偏好既然是人的心理现象，是每个人的隐含信息，那么如何了解或显示人的偏好？帕累托认为，通过收集偏好随物价变动的资料，就可以观察和分析消费者行为。萨缪尔森提出了显示性偏好理论，即人在一定价格条件下的购买行为就暴露或显示了他给定的、稳定的偏好倾向，因此可以根据人的购买行为来推测其偏好。[①] 现代新古典经济学对个人在不同商品组合的偏好给出了基本假设或公理，或者说规定了偏好的基本性质：偏好的完备性（或序数性），不考虑价格，个人对不同种商品可以进行比较和排序；偏好的传递性，个人如果在商品 A 和 B 中更偏好 A，在 B 和 C 中更偏好 B，那么人在 A 和 C 中就更偏好 A，这保证了偏好的一致性、连续性；偏好的反身性（自反性），对任何商品的消费偏好至少与同样商品的偏好一样好；偏好的非饱和性（非对称性），个人对商品消费是多比少好，越多越好，等等。运用数学工具，从丹尼尔·伯努利、边际学派、冯·诺伊曼、摩根斯坦、阿罗、德布鲁等人还建立了个人特殊的理性偏好下的效用函数，即用来表示个体消费者在消费中所获得的效用与所消费的商品组合之间数量关系的函数，以衡量消费者从消费既定的商品组合中所获得满足的程度。

偏好、偏好稳定、显示偏好等概念是对人的行为一致性的理论假设，但偏好的性质究竟如何，偏好的本体或基础是什么，偏好如何形成和决定，偏好为何和如何稳定，人的偏好与人的经济活动的动机和目标、投入和收入之间到底有什么关系？尽管新古典经济学认为偏好是绝对的、稳定的，但人的偏好显然是一个变动不居的概念，是一个包含了诸如口味、习惯、情感和其他内心反应的一系列概念的大杂烩。20 世纪 80 年代以来的行为经济学研究也表明，效用和偏好的性质并非如此稳定，人的偏好、选择与统计的参照点（基点）有关，偏好受到环境、生理、财产、收入、广告、制度等内外因素的客观决定和单独评判、联合评判、交替对比、语义效应等行为机制的复杂影响，损失和获得都是相对于参照点而言的，即所谓的参照依赖，效用函数只是个人一种特殊的理性偏好的数学表达。换言之，偏好虽然是影响经济活动的因素，但它是派生的、间接的、相关的因素，是由一定的社会环境和个人社会条件决定的产物或自变量，与其舍本逐末地用偏好解释价值、价格的形成、决定等经济活动，不如追根求源地用经济活动中的劳动、价值、价格解释人的偏好。

（三）需求

政治经济学虽然把人对物质资源的欲望或需要作为经济活动和经济研究的本原

---

① P. A. Samuelson. A Note on the Pure Theroy of Consumer's Behaviour [J]. Economica, 1938, 5 (17): 61–71.

和起点，但人的生物性的、单方面的需要及其满足不能成为政治经济学研究的对象或内容，更不是政治经济学的基本问题。因为人的需要在本质上是决定于人的生物性质和物质资源供给的客观现象，是被人的劳动创造的商品所满足、调整的对象，人的需要或欲望、渴求、情感、想象等生物现象主要是生物学、心理学、文艺学等学科的研究内容。人类从产生到发展是人类认识世界、改造世界的客观过程，是通过其劳动而改变物质资源的供给状态。政治经济学作为一门社会科学，探讨的主要是人的有目的、有投入、可衡量、有结果的经济活动，是如何生产提供物质资料以满足人的消费需求，是社会的供求双方制约的经济实践而不是单方的消费需要或经济梦想。如果从供给和需求的分析方法看，政治经济学研究的就是人的物质资料的生产供给与人的生产决定的有购买力的消费需求之间的关系问题，是人的物质资料生产对人的消费需要的满足状况，是在约束条件下如何选择和实现那部分的消费需要。这就提出了经济学上的需求概念，需求是一个与需要相关但并不同一的社会行为，一个与供给看似不同但实质同一的经济现象。

人的需求是指人不仅有消费欲望而且有收入和资产支持、能够得到满足的那部分需要，是人在一定的生理、收入、财产、价格等条件约束下愿意且能够购买的最大化商品数量，是人的实际能够实现的最大化满足。可见，需求一般只是需要的一部分，需要的外延大于需求，需求是需要的子集。人的生命阶段和社会条件不同，其需求的内容和结构也并不相同。在自然经济中，生产创造的几乎就是直接满足其生活需要的产品，生产就创造、形成了需求。在市场经济中，需求是通过生产、交换和分配的迂回过程才可以实现的，工人及其家庭的需求主要是工资支持的消费需求，是用于劳动力生产和再生产的消费需求，而资本家的需求包括消费需求和生产需求。从微观角度看，消费需求是居民在一定条件下对某种商品的需求，是具有一定收入的居民对其需要的各种商品的购买能力。从宏观角度看，总需求可以分为用于生活的消费需求和用于生产的投资需求两大部分，在政府支出和开放经济的条件下，总需求还可分为政府支出和出口这两部分，即总需求分为消费、投资、政府支出、出口四部分，人们又将消费、投资（含政府支出）、出口比喻为拉动国民经济大车的三匹马。

如果说人对物质资源的消费需要是人类经济活动的生物性、自然性的动力和原因，那么有收入和财产支持的消费需求就是人类经济活动的社会性、现实性的动力和原因。人的经济活动虽然是由人的消费需要引发，归根结底又受人的收入、需求水平推动。生产和收入如果变化，人的需求数量和结构也会受到调整，调整后的需求又对生产的内容和方法提出新的要求。生产对需求又具有决定作用，一定的生产技术及其产出是实现人的消费需要的物质条件，出乎意料的产品发明或喜出望外的经济增长还会改变人们的生产和生活。

决定人的需求的基本原因是物质资料的生产状况即经济发展水平，这一基本原因可分解或表现为具体而微的不同因素：个人的现期收入和过去收入的积累，消费需要和偏好，所需求商品的价格和替代品、互补品的价格，对未来收入、商品及其价格等方面的预期，以及政府因素、自然因素等。人类至今能够占有、生产、使用的物质资料只是极小一部分，加上物质资料在空间、时间、人际上的分布不均衡，物质资料在消费上的竞争性、排斥性，特别是人生受寿命、能力、收入所限，在这一系列因素的限制下，人的各种需要往往只能得到部分的满足，人必须对各种需要进行选择和平衡，确定满足的类别、顺序和数量，只能追求、实现某些需要，甚至只能追求、实现一定程度的某种需要。

在人类社会的各种生产方式或经济体系中，人的需要或需求并不是抽象不变的个体心理或行为假设，而是具有不同地位和性质的经济现象，人们要通过具体不同的手段和方法来满足其物质性的需要或需求。在几无分工、交换和经济技术进步的古代自然经济中，人的需要和需求简单稳定，直接约束、主导着男耕女织的家庭经济，经济活动的动机和目标就是生产使用价值，直接满足生活需要，边际学派和新古典学派探讨这种经济中的偏好、效用、财富、消费等现象。在基于分工和交换的市场经济中，人们是先分工劳动、生产需求、市场交换，最终才能够迂回间接地满足其消费需求，生产的直接目的不是消费而是交换，不是效用最大化而是价值最大化。换言之，在市场经济中，个人的消费需求是生产需求的需求、个人消费目标是生产目标的目标。商品虽然具有价值和使用价值二重性，但不管如何，经济活动的本质和基础是基于分工、劳动的物质资料生产，用于交换的商品本质是劳动创造的价值，生产归根结底决定着分配和消费，商品不仅是为了交换而生产，而且是为了换取相当于其劳动价值的商品，劳动创造的、最大化的价值才是商品生产的基础的、直接的目标。经济学应当首先和主要研究商品价值的创造和决定，资本的运动和增殖，商品价值在生产、交换和分配之后才有真实的消费和满足，工资和利润的不断增长才是福利或幸福的物质基础，应当在分工劳动、价值创造和收入分配的基础上分析需求、个人的和社会的需求问题。

(四) 使用价值

在分工交换的资本主义经济的兴起和发展过程中，由于人们关心商品所具有的、能够满足人的某种需要的使用价值或效用，而具有使用价值或效用的商品可以通过物物交换、钱货交换、掠夺、捐赠等方式而获得，主要由个人支付价值或货币、市场交换获得，这就提出了商品的使用价值、效用、价值等属性。商品具有单一属性、二重属性还是多重属性？经济学家的观点大致可以归结为三种：(1) 商品只有一种属性，就是满足人的需要，这种属性被称为商品的性能、用途、有用性、使用价值或效用，政治经济学经常使用的是使用价值、效用概念，斯密、李嘉图等古典学派和马克思、恩格斯等人主要使用的是使用价值概念，边际革命之后的新古典经济学主要使用的是效用、主观效用概念。(2) 商品具有使用价值或效用和价值这两个属性，这被称为商品的二重性或二因素。(3) 商品具有多重属性、稀缺性等也是商品的属性。

如何定义和分析使用价值，使用价值的本质是什么，是人的劳动的创造、商品的客观属性，是人的欲望满足、心理感觉、主观评价？由于古典政治经济学主要关注商品的使用价值和价值问题，其中使用价值是指自然产品、劳动产品以及商品等物质资源所具有的、能够满足人的生物性、客观性的某种需要的客观能力和性质，反映着物的有用性与人的需要之间的相互关系，商品同时具有使用价值和价值，使用价值是商品的交换价值和价值的物质载体。如斯密提出了劳动与价值、使用价值的关系问题，认为价值既指特定物品的效用即使用价值，又指占有某物的购买力即交换价值①。李嘉图明确指出，效用是商品的客观属性，但不是交换价值的尺度，商品的价值或交换价值只决定于生产商品时所耗费的劳动。② 即使如萨伊提出的效用价值论，他所说的效用也是指客观物品的用途，是物品满足人类需要的内在力量。

使用价值具有质和量的特征。（1）使用价值的质是指对于人的需要而言，同一种商品具有各自相同或相近的有用性，还可能具有多方面的有用性，如小麦可磨面做馒头、面条、面包，可用于饮食、装饰、体育、战争等；而不同种商品具有各自不同的使用价值，如鸡肉与苹果、鸡肉与雨伞当代使用价值各不相同，不同种商品的使用价值之间难以比较，可以满足人的不同种的需要。（2）使用价值的量是指同一种使用价值具有多少、先后的量的特征，同一种商品可以计量、比较其使用价值的单位量、边际量、总量等数量多少的基数特征，不同种商品可以计量、比较其使用价值的位次先后的序数特征。

使用价值具有自然属性和社会属性。（1）使用价值具有自然的、物质的属性。任何一种自然产品或劳动产品的使用价值的形成的原因或因素、表现的形式或载体，以及被使用的过程和结果都是自然的、物质的因素和力量的结果。具体而言，自然力量和人的劳动、物质因素和社会因素都是使用价值的形成源泉，人类的经济活动以至知识活动、政治活动在本质和广义上都是自然力量、物质运动的特殊形式；使用价值都是物质资源的某种存在形式；使用价值最终都能够满足人的客观需要，人与使用价值之间发生着物理、化学、生物的物质变换关系。（2）使用价值又具有社会的、人为的属性。任何一种使用价值都经过了人的或多或少、或先或后的认识、占有、生产、交换、分配、消费的劳动过程，都投入、凝结了人的或多或少、或先或后的劳动，都是指产品、商品等物质资源能够满足人的需要的一种属性，都体现或留存了人的各尽所能、分工协作的社会关系。从严格的还原或归因的角度看，即便是丰裕的自然资源，人们对其使用价值也经历了认识和使用的过程，都不能脱离人的需要和使用而孤立存在，而不只是纯粹的、单方的自然现象。人类可以通过认识和利用自然规律和社会规律、自然力量和社会力量，创造越来越多、日新月异的使用价值。

商品的使用价值尽管具有社会属性，人们对使用价值的认识、占有、生产、交换、分配、消费过程都是人类的劳动过程，准确地说人们的具体不同的劳动创造了产品、商品的使用价值，但不能基于不同种商品的不同用途而统一地比较、计算其相互间的交换价值、交换比例，不能反映人们之间的分工、生产、交换、分配等经

---

① ［英］亚当·斯密. 国民财富的性质和原因的研究［M］. 郭大力，王亚南，译. 北京：商务印书馆，1972：42－43.

② ［英］大卫·李嘉图. 政治经济学及赋税原理［M］. 郭大力，王亚南，译. 北京：商务印书馆，1962：7－10.

济活动的共同基础和本质特性，不能决定、解释不同种商品的价值或价格，因而不是政治经济学研究的基本内容。马克思指出，"商品的使用价值是商品的交换价值的前提，从而也是商品的价值的前提"①；但"作为使用价值的使用价值，不属于政治经济学的研究范围"②。

尽管如此，政治经济学仍要研究商品的使用价值，因为商品的使用价值既为生产者的生产劳动所创造，是交换价值和价值的物质载体，又为生产者、消费者所需要、购买和使用的，是人们经济活动的对象和目的。正如恩格斯1844年《政治经济学批判大纲》提出的著名论断："价值是生产费用对效用的关系"，③ 商品的价值是具有一定效用（使用价值）的商品的生产费用（劳动投入）。在商品生产和交换中，使用价值或许对生产者有用，但生产者普遍喜欢、直接追求的是价值或收入，消费者最终追求的是物有所值的使用价值。使用价值虽然不是决定商品价值的共同因素，不是商品具有价值的充分条件，却是商品具有价值的必要条件，是政治经济学研究的不可或缺的重要内容。

（五）效用

使用价值又被称为效用（utility），效用还可以译为哲学和伦理学中的功利、日常用语中的功用等词，效用在不同时期的不同学科中还是言人人殊、使用混乱的词语或概念。古希腊的亚里士多德、中世纪的阿奎那等人都曾提出物的效用是商品交换的物质基础，如亚里士多德认为，善或幸福是人所过的最好的生活，德性的践行是其前提和中心，而效用是指达到除道德之外的善的手段，能够当作工具使用、以达到善的目的的就是效用或功利。那么，效用究竟是什么，效用是商品的客观属性、是人的欲望满足、心理感觉、主观评价还是什么？效用如何满足人的欲望或需要，效用可否计量和如何计量，效用是基数性还是序数性的？人的单位效用、边际效用、总效用如何界定和测量？效用如何被人类所创造或产生，创造效用的因素和手段是劳动、资本还是欲望、需要、感知、偏好？效用为何、如何创造、决定商品价值或商品之间的交换比例？可否用效用定义个人和社会的幸福、福利，建立基于效用价值、效用福利的经济理论？

斯密、李嘉图、马克思等人使用的效用与使用价值是大致等价、同义的概念，是指人类劳动创造的、商品等物质资源所客观具有的、能够满足人的物质性需要的能力和性质，是物对人的需要的客观有用性，是人们使用物质资源所能够获得的客观收益。直到马歇尔时代，欧美许多经济学家还坚持古典学派的劳动创造效用和效用客观性的理论，马歇尔还主张客观成本和主观效用共同决定商品的价值，认为经济学是研究物质资料、物质福利形成原因的学科，这种劳动价值、客观效用的经济理论取向甚至被L.罗宾斯讥称为"唯物主义"。④

---

① 马克思. 资本论: 第三卷 [M]. 北京: 人民出版社, 2004: 716.
② 马克思. 政治经济学批判 [M]//马克思恩格斯全集: 第三十一卷. 北京: 人民出版社, 1998: 420.
③ 恩格斯. 国民经济学批判大纲 [M]//马克思恩格斯全集: 第三卷. 北京: 人民出版社, 1995: 451.
④ [英] 莱昂内尔·罗宾斯. 经济科学的性质和意义 [M]. 朱泱, 译. 北京: 商务印书馆, 2000: 10.

不过，即便在政治经济学建立之初，一些经济学家主要关注和分析的是商品的使用价值或效用问题，基于使用价值或效用而建立价值、价格理论乃至整个经济理论。如英国17世纪学者N.巴本认为，一切物品的价值都来自其效用。法国E.B.孔狄亚克1776年《论商业与政府的关系》提出政治经济学的中心问题是价值，价值由效用和稀缺性决定，效用决定价值的内容，稀缺性决定价值的大小。英国边沁、穆勒等人建立了效用主义（utilitariansim）即功利主义理论，如边沁1776年《政府片论》、1789年《道德与立法原则导论》提出的关于功利的两条原理：一是功利原理或最大幸福原理，个人幸福是个人行为的目的，人们一切行为的准则取决于是增进幸福抑或减少幸福的倾向，所有人的幸福之和最大化是制定社会政策的基础；二是自利选择原理，每个人是其自身幸福的最好判断者，每个人追求其最大幸福是具有理性的一切人的目的。由此可知，人的幸福最大化是人的行为的最高原则，幸福就是对个人欲望、需要的实际满足，是对快乐的追求和对痛苦的避免，而物的客观效用（功利）是满足需要、实现幸福的真实手段，幸福是物的效用即使用价值对个人欲望、需要的满足状况。穆勒1848年《政治经济学原理》、1861年《功利主义》发展了功利主义，认为人的幸福包括肉体幸福和精神幸福，社会福利包括物质财富和政治权利，以及基于个人权利保护的正义和基于边际效用递减的社会福利最大化等问题。功利主义理论尽管从产生之初即受到批评，但它被19世纪70年代兴起的边际革命和边际学派，19世纪末马歇尔开创、20世纪张伯伦、凯恩斯等人拓展的新古典学派所继承和发扬，已经成为欧美国家一种主流性的意识形态，不仅引发了19世纪以来英国的一系列政治和社会改革，至今还是社会学、经济学、伦理学、政治学等学科的核心命题。

19世纪初期，英国、法国、意大利等国家的一些经济学家开始从人的欲望、需要的角度，强调使用价值或效用而非劳动在商品价值或价格决定中的作用，而且效用概念逐渐替代使用价值概念，效用理论逐渐从劳动创造商品的客观效用论转向个人单方评价的主观效用论。如英国经济学家威廉·F.劳埃德较早指出，商品价值取决于人的欲望以及人对商品的估价。1854年，德国赫尔曼·海因里希·戈森系统提出了主观的、边际的效用价值论。19世纪70年代，英国杰文斯、奥地利门格尔和法国瓦尔拉等不约而同提出，后由奥地利庞巴维克、维塞尔等发展了个人主义的主观、基数、边际的效用理论，这就是经济学史上的主观效用、边际效用的价值理论革命即边际革命。边际效用是指消费者在对某种商品每增加一个单位的消费量所增加的满足程度或效用，特指消费者边际效用递减中的最后一个单位的效用即最小效用；边际效用递减是指在一定时间内且其他商品消费量保持不变的条件下，消费者对某种商品随消费量不断增加而所增效用不断减少的现象。主观效用论认为效用的本质不是指商品的客观用途，而是对商品满足个人欲望的程度和能力的主观评价，不同的人对同一商品，以至同一人对同一商品的感受、评价都可能并不相同。

边际革命之后，经济学家在使用价值或效用的概念内涵和理论分析上出现了两条路径：马克思主义等学派继续坚持效用的劳动创造、客观性质；而边际学派、新古典学派则先从客观效用论转变为主观效用论，主观效用论从基数效用论转变为序数效用论，序数效用论又转形为偏好理论。边际学派主要从个人欲望、从欲望与商品之间的数量关系角度研究效用，解释效用性质和价值形成，最终建立主观效用价格论：效用虽然是商品满足人的需要的能力，是人们消费商品获得的幸福或满足，但商品的这种能力或人们的这种满足在本质上不是商品的内在的、客观的属性，而是人对商品能够满足其需要状况的心理感觉和主观评价；由于人们消费商品、获得效用的前提是必须交换商品，人们对商品的主观效用评价就决定了商品的价值或价格。

那么，效用如何决定商品的价值和价格？由于效用似乎具有一定的数量或基数特征，可以表示为单位效用、总效用、边际效用，可以衡量、表示、计算和加总，总效用是边际效用之和，效用是决定商品价值、价格的必要条件；消费者购买商品时愿意支付的价格不取决于过去耗费在商品生产上的劳动或成本，而取决于个人对商品的未来需要和商品稀缺的状况，商品的稀缺性是决定商品价值的充分条件；消费者对某种商品每一单位消费的满足程度即边际效用就决定了当时其愿意支付的货币数量即价格，由此主观效用的边际效用评价就唯一地或排他性地决定了商品的价值和价格，这就是边际学派、新古典学派提出的基数效用的边际效用价值理论，19世纪末基数效用价值论又转向序数效用理论。这样，边际革命后的经济学基本问题就从价值转移到了效用和价格，从生产、分配转移到了交换、消费。尽管消费商品、获得效用的前提条件是劳动创造商品和市场交换商品，但庞巴维克等人声称客观使用价值或客观价值并不属于经济关系，个人单向的主观效用才是价值或交换价值的源泉和本体。① 这样，新古典经济学在走向精致化、数学化的同时，逐渐回避、消解了劳动分工、商品生产、商品交换、收入分配的经济本质问题。

三、交换、商品交换和交换价值

商品除了具有使用价值或效用，是否还具有其他的基本属性？古典经济学家一般认为，商品是基于劳动分工、用于市场交换的劳动产品，商品还具有交换价值或价值，价值和使用价值是商品的二重属性。那么，什么是交换和商品交换，劳动产品为什么交换？什么是交换价值，交换价值的本体和基础是什么，交换的成本和收益是什么？人们为满足其消费需要，为什么最终选择的是分工交换、迂回间接地满足消费需要的市场方式？由于交换和分工是商品生产或市场方式的相互依存的两个方面，下面分别分析交换和分工问题。

（一）人类的生存和交换

交换有广义的社会交换、狭义的经济交换，以及经济交换中的市场交换之分。社会交换是指人类在知识、经济、政治、家庭等各个领域和人类社会活动的各个环节，物质资料、劳动力、身体、权力、荣誉、知识等各种资源以及金融资产的流转、

---

① ［奥］庞巴维克. 资本实证论［M］. 陈端, 译. 北京：商务印书馆, 1964：149-157.

循环、配置等行为，诸如抢夺、配给、馈赠、合作、商品交换都是个人、企业、政府等社会主体组织生产的方式。经济交换或交换经济（哈耶克称为 catallaxy）是指人类经济活动中的各种资源配置。

从分工和交换的角度看，人类的生产方式可以分为两大类型：（1）自给自足的自然经济。可以把人与人之间有分工、协作、管理但无商品交换的个人经济、家庭经济、家族经济，以至庄园经济、部落经济都归结为自然经济。最简单、最纯粹的自然经济是以家庭为社会单位的男耕女织、为消费而生产的古典自然经济，国有制基础上的计划经济在本质上也属于虽有个别分工但无商品交换关系的自然经济或产品经济。（2）分工和交换的市场经济。建立在社会分工和财产私有的基础上，通过自由竞争和市场交换来组织经济活动的是市场经济，包括古代社会的自然经济之外的小商品经济、资本主义市场经济和社会主义计划经济之外的商品交换和社会主义市场经济。需要指出，古代社会和计划经济中的分工虽然包括社会分工和个别分工，但纯粹的自然经济、产品经济中的分工只能是基于自然因素或技术因素的个别分工而非社会分工，社会分工属于从属的或受限制的地位。

（二）商品交换

人的需要具有多样性、层次性和数量上的无限性，人的劳动能力和劳动产出又具有差异性和有限性，人的生命、能力和产出有限，而需要多样无限的人们之间就存在着分工、交换的条件和动机。

基于分工的劳动创造了更多的使用价值和价值，互通有无的交换虽然不创造价值，但交换特别是市场交换能够发现和实现每个人、每个企业的分工生产的相对成本优势即比较优势，自己和他人都能够在劳动能力、资本、政府、自然等条件约束下而实现各种生产因素的组合和产出的最大化效率。可以说，基于分工和交换的经济活动是创造和实现价值、自利和利他的理性行为，商品生产和交换就成为人类社会由来已久、于今尤盛的经济现象，成为人类独有而其他动物皆无的经济现象。

什么是商品交换？商品交换至少具有以下三个特征：（1）交换的内容或客体是劳动创造的生产资料和消费资料、货物和服务，稀缺有用、价值是交换、商品概念的应有之义。（2）交换基于分工和竞争，基于分工劳动的效率。分工、交换之所以发生，个人、企业的专业化而不是全能化，主要是基于分工劳动的竞争机制和比较优势，个人可以用专业化、低成本的劳动产品而交换其他的产品，获得更多的价值和使用价值，即追求和实现更大的经济收益。交换主要是社会分工、不同种商品之间的交换，也可能是同一种商品生产者之间的交换，比如农民之间因丰歉、余缺而引起的粮食借贷和区际贩运，比如现代社会广泛存在的货币借贷。（3）交换还基于个人是其人身及其财产的所有者。商品交换在人际进行，交换者都是商品的所有者，是人身自由、财产私有的社会主体，能够独立、完整地拥有和控制财产，国有制计划经济的国家在国际贸易上也相当于一个私有制主体。在社会分工和私有制的基础上，生产者才具有交换的充分动力，才能够维护和扩展分工和交换，普遍、持久地提高生产和交换的效率。

商品交换是由交换的主体、客体、种类、场所、时间、范围、工具、过程、规则等构成的社会系统。对于商品交换，除了分析分工和竞争、生产和交换的客体和主体，还要从交换的种类或类型、场所和时间、范围或规模、次数或频率、工具或媒介、过程和程序、规则或制度等方面进行分析。比如，商品交换可分为人与人之间的物物交换（barter）和以货币为媒介、对价的钱货交换（transaction），可分为双边交换和多边交换，可分为同时同地结清的交换和通过信函、电话、电报、互联网等媒体的异地、延时结清的信用交换，可分为现货交换和期货交换，可分为基于合同的交换和默契、信任的交换，可分为直接交换、居间交换和代理交换，可分为不同种商品的交换和同一种商品的交换等，可分为自由平等的交换和受限制的特别是政府管制的交换。市场如何交换？商品是天生的自由派、平等派，交换是基于生产者自由竞争，消费者货比三家，供求双方讨价还价，通过诚实信用、等价有偿交换而各取所需，双向互利。从法律或制度的角度看，交换是社会主体自愿、公平、等价、诚信地让渡商品或财产权利的民事行为、合同行为。

商品生产和交换不仅解决了商品内含的使用价值和价值、商品生产的私人劳动和社会劳动之间的矛盾冲突，获得了分工和交换的收益，商品生产和交换还是资本主义经济的基本特征，资本主义的一切经济现象、经济关系都与商品和价值相联系。离开了一般性的商品运动，就难以认识商品和货币的本质，难以分析劳动力如何成为商品和货币成为资本，并分析资本主义的生产过程和生产关系，再生产及其经济危机。因此，从简单的、一般的商品现象开始分析，不仅是遵循人类历史的产生、发展顺序，而且是研究资本主义经济的逻辑要求。

（三）社会交换

交换不只指经济活动中的交换以及经济活动中的市场交换，广义的物质交换还存在于自然界和人类社会的方方面面。只要有分工，即使是家庭、企业等社会组织内部的自然分工、个别分工，分工的个体之间就需要进行物质资料、劳动力的流转、循环、组织、协调，交换是人类社会普遍存在的资源配置方式，人类的经济、政治、知识、家庭、社区、宗教等活动领域都广泛存在着各具特色的交换活动，物质交换更是自然界普遍存在的现象。如原始社会的氏族内部基于性别、年龄等个体生理差异，产生了自然分工和劳动协作；氏族之间也有特定的交换，交换大多要求礼物回报，礼物包括仪式、宴会、妇女、财物等，交换成为社会整合、社会变迁的重要因素。如家庭内部的祖父母、父母、子女之间在家庭经济上的分工和协作，企业内部的股东会、董事会通过计划、指挥、监督、激励等管理手段对物质资料、劳动力等进行配置使用，企业内部的生产资料、劳动力配置使用方式被康芒斯称为管理的交易，又被称为非市场交换、间接定价机制、企业内部市场。在国有制中央计划经济中，各部门、各地区之间，各政府机关、事业单位、工厂商店、家庭等单位之间，以及各种单位内部都要按照中央计划和命令，对各种资源进行调动、划拨，以实现物资、劳动、财政、信贷等领域的资源平衡配置。

对于人类社会中存在的形形色色的交换活动，J. R. 康芒斯1934年《制度经济学》区分为三种交易类型：买卖的交易，即自由、平等的社会主体之间的物的交换，对物的所有权的让渡；管理的交易，即组织内部的上下级之间的命令与服从；限额的交易，即组织对个人之间的关系。① 20 世纪 60 年代，乔治·C. 霍曼斯从个体需要、心理动机即人的理性出发，认为人际交往、社会交换的实质与动物基于生存、本能的交换没有本质差别，社会交换是个人为获得收益或减少惩罚而采取的理性行动，是交换双方为了获得各自的最大利益。霍曼斯的收益或奖励概念超越了经济学的范围，人类的趋利避害还包括社会的、情感的以及主观价值的利与害，即包括义务、声望、权力、友情等方面。霍曼斯强调以理性的人际交换为研究中心，就能解释一切社会行动。彼德·布劳在霍曼斯的基础上，提出社会交换是一种具有自利、互惠性质的自愿性收益的行动，从而解释社会交换中的社会秩序、社会冲突、权力关系等类型的社会结构。人类社会的交换活动中尽管长期存在着诸如囚徒困境、流寇坐寇、公地悲剧之类的巧取豪夺、损人利己的互害行为，政府对居民、企业经常采取暴力不合法的、合法但不正当的税赋政策，但人们为了在生产劳动中增进收益，就必须采取自愿、平等、诚实、信用的分工和交换的生产方式。②

资本主义倡言的知识创新和政治公正，其实体和本质往往也是建立在等价有偿原则上的市场交换活动。居民、企业等社会主体不仅在经济领域的私人产品生产交换上遵循收益最大化原则，20 世纪以来，企业主体和市场方式全面参与了研究开发活动，美国企业资金占美国研究开发资金比例从 20 世纪 70 年代 50% 以上提高到 21 世纪前 20 年的 70% 左右。在政党、政府、政府的活动上，居民、企业和政府之间存在着委托—代理关系和广泛的成本收益比较和利益交换关系。

（四）交换主体

分工与交换中的社会主体具有多样性，可以进行不同的分类。(1) 从占有生产要素的性质和数量上看，社会主体可分为无产者和有产者、工人和资本家，前者拥有的主要是劳动力，后者还拥有一定数量的生产资料。(2) 从生产过程、供求关系上看，交换主体可分为生产者和消费者、卖方和买方，前者生产、提供各种货物和服务，后者购买、消费各种货物和服务。在资本主义经济中，生产者往往既投资、生产某种商品，又购买、消费其他商品，既是生产者又是消费者。比较而言，马克思的工人、资本家的两阶级、两主体划分和杨小凯等人的生产者、消费者一体假设更符合经济现实，更适宜经济分析③，而新古典经济学将社会主体抽象和分立为生产者、消费者的理论假设大有问题。(3) 从社会主体的形式和性质上看，交换主体可分为居民、企业、政府等不同类型。居民个人可以是独立生产或自我雇佣的社会主体，个人及其资产也可以建立企业，企业包括合伙、公司、合作社等形式，有限

---

① [美] 康芒斯. 制度经济学：上册 [M]. 于树生，译. 北京：商务印书馆，1962：74-86.
② [美] 罗伯特·艾克斯罗德. 对策中的制胜之道 [M]. 吴坚忠，译. 上海：上海人民出版社，1996. [美] 罗伯特·阿克塞尔罗德. 合作的复杂性 [M]. 梁捷，等译. 上海：上海世纪出版集团，2007. [美] 托马斯·C. 谢林. 微观动机与宏观行为 [M]. 谢静，等译. 北京：中国人民大学出版社，2005.
③ 杨小凯. 经济学原理 [M]. 北京：中国社会科学出版社，1998.

公司和股份有限公司已经成为市场经济的主要主体。为了叙述的方便,一般将生产提供劳动产品的社会主体统称为生产者。

居民、企业、政府的经济活动如何占有资源并组织生产,资源如何配置或商品如何交换?如何充分发挥居民及其建立的企业、政府等社会主体的积极性、创造性,普遍、持久地激励约束人类有效进行生产、交换、分配等经济活动?人类长期的社会实践已经反复证明,这一定要建立在个人本位、权利平等、自由选择、充分竞争、对外开放的制度基础之上,居民成为经济活动的微观主体和社会基础,而政府必须是民有、民治、民享的政府。市场交换是自由平等的居民、企业等分工劳动的社会主体在"看不见的手"的指挥下,自发而有序、紧张而有效地追求最大化利益的基础方式,是基于公民权利的社会分工、自由竞争、等价交换、法治保障的经济体系。

(五)交换价值和价值

使用价值或效用是自然产品、劳动产品的共同特征,是自产自用的劳动产品和用于交换的劳动产品即商品的共同特征。在生产力水平低下的古代社会,生产创造需求,劳动产品直接用于消费,物质资料、财富、价值等首先是指使用价值的现象和概念。正如配第《赋税论》所说,"劳动是财富之父和能动因素,土地是财富之母(和被动因素)"①。

不过,随着生产技术和劳动分工的发展、剩余产品的出现和交换,特别是生产是为了交换而分工生产,人们不仅关心商品的使用价值,而且关心商品交换的比例和数量,希望通过分工生产而提高产量,通过交换而增加收益,一定单位的某种商品能够交换其他商品的能力和比率成了商品的特殊使用价值。换言之,生产商品的目的不是直接满足自己的需要,而是换取他人生产的比自己生产的更大数量、价值的商品。对于一定单位的一种使用价值与另一种使用价值,即一种商品与另一种商品相交换的数量关系或比例(比率),古典政治经济学称之为交换价值或价值。换言之,交换价值就是通过分工生产而形成的、通过市场交换而发现的不同种商品之间的数量关系和比例,是一种社会中的、相对性的商品价值,商品的价值体现为交换价值。② 在15世纪、16世纪世界地理大发现之后,人们越来越广泛深入地参与商品生产和交换,商品交换的数量、种类和地域迅速扩展,自然经济逐渐转型为市场经济,商品概念逐渐呈现、明确了使用价值和交换价值或价值的二重性内涵。

在市场经济中,不同种商品之间的一次交换似乎是一种偶然的、随意的过程,交换价值也似乎是一种偶然的、随机的现象。然而,种类不同、使用价值各异的商品如果都能够在一定条件下交换,交换如果能够广泛、大量、长期地发生,某种商品的交换价值在一定时间、一定区域还表现出相对稳定的数量特征,那就意味商品存在着客观、普遍、稳定的交换价值和价值。当货币出现后,用货币表现的商品交换价值就是商品的价格,特定商品的价格在一定条件下相对稳定,价格是交换价值

---

① [英]威廉·配第. 配第经济著作选集[M]. 陈冬野,等译. 北京:商务印书馆,1981:66.
② [美]保罗·斯威齐. 资本主义发展论[M]. 陈观烈,齐亚男,译. 北京:商务印书馆,1997:41.

的发展结果和完成形态。每种商品如果存在着客观、普遍、稳定性的交换价值或价格,那就意味着商品普遍具有着某种客观、同质、可以通约或公度的性能或本质,市场经济就是人们不断追求、不断创造这种商品性能或本质的过程。数学、物理等自然科学研究表明,只有同质、同量纲的事物之间才能够相互比较和交换,形成量的关系或比例,而交换价值依存的本体、商品内在的这一性能或本质就被古典学派和马克思明确称为商品的价值。正是因为劳动创造的商品具有客观、普遍的价值,商品价值表现为普遍、稳定的交换价值和价格,社会才能够通过迂回间接的分工劳动和市场交换而组织经济活动,发现、实现和分配劳动所创造的价值,分工生产的各种商品的使用价值才能最终为各个人所获得和消费。可以说,交换价值是商品内在必然的价值的表现方式,价值是商品交换价值的性能、实质、本体。

价值是什么? 资本主义兴起之后,商品的交换、交换价值和价值一直是困扰人们的经济现象和经济学问题。古希腊亚里士多德《尼各马科伦理学》曾经追问:隐藏在商品交换背后的、决定交换价值大小的价值是什么? 是使用价值、货币还是什么?[①] 这不仅是为了追求思维逻辑的严密性,不仅是为了追求伦理的公正性,不仅希望发现分工生产、市场交换能够普遍、连续、稳定进行的客观基础和社会原因,并且有效推动和保障价值创造、价值实现和价值分配的稳定有效完成。从经济史和经济思想史上看,价值有广义和狭义之分。广义的价值是指能够用于满足人的经济、政治、知识、家庭等各方面的、物质上和精神上、私人性和公共性的需要的各种资源,具有价值的资源包括物质资料、文学艺术、尊敬和荣誉、社会身份、能力和权力、秩序和安全、神秘和神赐等经济、政治、知识等方面的各种货物和服务形式,价值最初还是兼指价值和使用价值。狭义的价值是指商品的内在所值即商品的价值,是指商品内在的决定商品的交换价值、价格的本原的、基础性的因素,是指交换价值、自然价格及其市场表现形式和价格水平等。[②] 对于商品的价值,配第最初曾把决定交换价值的价值称为自然价格,斯密、李嘉图、马克思等大多数古典政治经济学家称为价值,维塞尔等人把价值称为自然价格,而边际革命之后的新古典经济学家大多抛弃了价值概念。

在政治经济学中,人们在不同情境中还使用着不同的价值概念:(1)价值的创造、来源、实质、本体。商品价值的来源是什么,价值如何创造,是单一因素还是几种因素创造、形成了价值,如何认识劳动力、土地、资本、知识的价值? 古典学派和马克思主义认为只是劳动而非其他因素创造了价值,商品价值量决定于生产商品的社会必要劳动时间,不同种商品的价值只有量的差异而没有质的区别。(2)价值的表现和形式。无论如何定义价值,价值只能是在私有制、社会分工、商品交换中表现的一种社会现象、社会关系,劳动产品在市场交换中表现的数量关系或比例称为交换价值,价值通过货币而表现为价格,价值、价格是相对价值、相对价格,

---

① [古希腊]亚里士多德. 尼各马科伦理学 [M]. 苗力田,译. 北京:中国社会科学出版社,1990:88 - 100.

② 白暴力. 价值价格通论 [M]. 北京:经济科学出版社,2006:4 - 9.

价格一般围绕价值波动。价值、价格都不是自然经济现象，而是市场经济现象。
(3) 价值首先是指一定条件下的某种商品、单位商品的价值，具体是指某一时间、某一国家或地区的某一品种、某一品牌和质量、某一单位（如公斤、升、小时、辆、个、次）商品的价值。价值又是指包含在单位商品中的价值数量即价值量，价值量既指本次生产中新创造的价值，往往也包括以前创造和积累、本次生产中转移的价值，商品中新创造的价值和商品的全部价值、价值的创造和价值的交换、价值的创造和价值的分配是既有联系又有区别的现象和问题。价值量还指某一劳动者或企业生产的全部数量的某种商品的价值总量，还指一个国家或地区在一定时间生产的全部商品的价值总量。

价值的源泉和本质是什么？配第、魁奈、斯密、李嘉图等古典经济学家大都坚持认为劳动之于商品生产、价值创造的充分必要性，认为劳动创造了劳动力和物质资料，劳动者投入劳动于物质资料而继续创造了新的、更大的价值。斯密首先明确地区分了财富或商品的使用价值和价值，提出使用价值和价值构成了商品内在的属性，商品是包含了使用价值和价值这两要素、二重性的现象和概念。斯密《国民财富的性质和原因的研究》第四章指出：价值一词具有两个不同的意义，它有时表示特定物品的效用，有时又表示由于占有某物而取得的对他种货物的购买力。前者可叫作使用价值，后者可叫作交换价值。① 由此，国民财富可以从两个角度进行考察：一个是实物的、自然属性的、使用价值意义上的实体财富（stock），配第也是在这一意义上提出了劳动和土地共同形成了财富。另一个是用货币、价格表现的价值形态的财富（wealth），这一含义的财富与收入和财产、经济资源、经济物品是同义词，实物量乘以自然价格就是财富的价值量，价值是劳动的产物和商品的社会属性，是交换价值的内容、本体、实质、基础，价值形态的财富是政治经济学研究的内容。

价值是商品内在的属性和抽象的概念，商品的价值只有在人与人之间的分工劳动和商品交换中，通过使用价值与使用价值相交换的关系和比例才能够证明和表现出来。由此，交换价值、价格成为价值的表现形式即价值形式，价值是交换价值、价格的实质、本体和基础，使用价值是价值的使用目的和物质载体。交换价值、价格之于价值，犹如重量之于质量，行动之于动机，语言之于知识。商品虽然具有使用价值和价值二重性，但人们生产某种商品只为了直接追求商品中的价值，该商品的使用价值只是为了满足他人的需要。这样，商品内在的使用价值和价值对于其生产者而言就出现了矛盾或对立，这一对立在物物交换中表现为商品与商品之间的偶或交换的对立，在货币经济中表现为具有使用价值的商品与代表商品价值的货币之间的对立，在资本主义经济中还表现为劳动与资本之间、私人劳动与社会劳动之间的对立。只有当商品的使用价值满足他人的需求，通过市场而交换出去，商品的价值才能够实现，生产出来的商品内在的使用价值和价值的对立才被消除。

李嘉图之后，经济学家对于劳动在经济活动中的作用和地位逐渐出现了理论和

---

① ［英］亚当·斯密. 国民财富的性质和原因的研究（上卷）[M]. 郭大力，王亚南，译. 北京：商务印书馆，1972：25.

政策上的重大分歧。马克思等人继承和发展了劳动价值论，认为价值是客观性、社会性的劳动价值，价值的实质和本体是指投入并凝结在商品中的人类一般性、一定量的劳动，劳动是决定商品价值、决定人与人之间的商品交换比例的本原性、唯一性因素。而萨伊等人开始强调使用价值或效用决定了商品价值，安东尼·A.古诺1838年《财富理论的数学原理的研究》更回避了人类生产劳动是经济活动的本质，认为有用的、能够售卖的就是财富，有交换价值的就是财富。① 边际革命之后，新古典经济学认为商品不是以其劳动价值，也不是以其客观效用，而是因为稀缺且能够满足个人需要的主观效用才形成了价值或价格，凡勃仑所谓的炫耀性价值和让·鲍德里亚所谓的象征性价值也都不过是使用价值的特殊形式。

第二节 劳动和劳动价值

政治经济学是研究人类经济活动的社会科学，价值理论是政治经济学的基础理论。马克思、恩格斯等人在古典学派劳动价值论的基础上，坚持劳动是人的社会行动和人与人之间关系的本质特征，通过对商品、劳动和分工、商品的使用价值和价值、抽象劳动和具体劳动，以及简单劳动和复杂劳动、活劳动和物化劳动、生产劳动和非生产劳动、私人劳动和社会劳动、个别劳动和社会必要劳动等问题的科学分析，全面建立和完善了商品生产和交换、资本主义经济活动的劳动价值理论基础。

一、商品价值为什么由劳动决定

资本主义经济是基于社会分工和私有制的商品生产和交换的经济体系，是普遍的、现代的也是特殊的市场经济形式，交换价值、价格是人们分工协作、交换商品、配置资源的标准和信号，而价值是交换价值、价格的本体和基础，对资本主义经济的分析就需要建立在坚实而系统的价值理论基础之上。对于商品生产和交换的价值及其决定问题，政治经济学发端于配第、洛克、斯密、李嘉图等人关于劳动价值的研究，经历了马克思的劳动价值论和剩余价值论、边际学派和奥地利学派的主观效用价值论、马歇尔的供求均衡价格论，而新古典经济学则抛弃了价值理论。

（一）如何提出、分析价值理论

从逻辑和历史的角度看，政治经济学作为研究人类如何占有、生产、交换、分配物质资料或商品价值的一门社会科学，必须建立关于价值的本质和形式、价值的创造和分配的基础性理论。价值和价值理论作为基础性的概念和命题，应当符合以下标准：（1）简洁性或清晰性。价值理论的前提或假设条件较少，其公理或原理性

---

① ［法］奥古斯丹·古诺. 财富理论的数学原理的研究［M］. 陈尚霖，译. 北京：商务印书馆，1994：25.

命题内涵明确，其数学表达式的变量或参数如回归方程中的自变量（解释变量、控制变量等）较少，变量的次数和方程的级较低，自变量之间独立或无关等。（2）普适性或唯一性。价值理论的概括程度高，适用范围广，能够在经济分析框架内推出基于价值理论的其他命题，能够解释涉及价值问题的各种经济现象。（3）相容性或统一性。在同一理论体系中，价值概念、价值理论与其他概念、命题之间无逻辑上的矛盾。（4）真实性或客观性。政治经济学作为解释人类经济活动的社会科学，其概念和命题还应当符合逻辑和历史、理论和经验的一致性，价值理论要根植于客观普遍的经济活动，不能与经验事实相矛盾，这是逻辑学关于定义、命题的实质上适当（充分）、形式上正确的原则。亦如琼·罗宾逊提出、罗纳德·科斯1937年《企业的性质》再次强调的：对于经济学中的一系列假设，需要提出的两个问题是：它们易于处理吗？它们与现实世界相吻合吗？[①]

商品的价值是指各种商品共同具有的、可以相互比较、计量和交换的因素、实质和本体，是指一定条件下的单位某种商品的价值量，表现为不同种商品之间的交换价值或价格。如果认可并坚持劳动价值理论视角下，需要回答以下问题：（1）商品价值的实质、本体是什么，价值是如何表现和衡量的，形成、决定商品价值的因素或原因是什么？为什么是人的劳动因素而不是使用价值或效用、稀缺、资本、自然资源等因素决定、形成了商品价值？（2）劳动价值理论能否解释各种商品的价值？如何解释各种生产要素在价值创造和价值分配中的作用？能否解释竞争市场、垄断市场等各种市场中的商品价值？能否解释不同国家、不同时期的商品价值？（3）劳动价值理论能否有效解释货币、成本、价格、利润、工资、利息、地租等一系列、各方面的经济活动的价值现象？

决定商品价值的因素或原因是什么？换言之，商品价值作为被解释变量，其解释变量是什么？基于人类的实践经验和理论研究，劳动、使用价值或效用、稀缺、自然产品或自然力量、资本等都是可供选择的因素或答案。对于商品价值的决定因素，答案存在两种情形：由单一因素决定；由两个或更多个因素共同决定。如果劳动等因素中的某一因素或某些因素就是形成、决定商品价值的普遍、真实、基础性的因素，能够解释所有时间和地点、所有商品的生产、交换、分配和消费问题，那么也就能够依据这一或这些因素，建立起各自不同的价值理论和经济学体系。

劳动价值理论是古典学派提出、马克思等人继承和完善了的价值理论，它认为并坚持劳动是人类经济活动的本质内容和基本形式，劳动是商品价值的源泉和本体。进入18世纪，英国、美国、法国等欧美国家形成了公民权利为基础、政府权力分立和制衡的政治制度，资本主义确立了合法性，资产阶级强大了，工人阶级发声了，学者也开始分化了，商品生产、交换和分配中的价值问题成为了经济学界争论激烈的基本问题。如李嘉图学派社会主义者、马克思等人开始把劳动价值论转变为批评私有制和社会问题的工具，马克思的剩余价值论还把资本主义私有制归结为剥削的

[①] [美] 罗纳德·哈里·科斯. 企业、市场与法律 [M]. 盛洪，陈郁，译. 上海：上海三联书店，1990：2.

条件和结果。相反，一些人从资本的生产性和商品的效用、人的需要和消费等角度，修改价值、价格和收入分配理论。如马克思之前的萨伊等人提出了生产三要素的生产和分配理论，商品价值由商品的效用而产生，效用是商品价值的基础。西尼尔认为价值由效用、供给有限性和可转移性三个因素构成，其中供给有限性最重要，供给受劳动、节欲、自然因素这三种生产手段的制约，而劳动是对快乐与自由的牺牲，资本是资本家对当前享受即欲望的节制，由此得出了劳动工资、资本利润的理论。最初的效用价值理论还是指商品客观的、绝对的使用价值的价值理论，但边际革命之后，效用概念从物的客观效用转向人的主观效用，以个体的主观心理来解释效用性质和价值形成。马克思之后的三度担任奥匈帝国财政部长的庞巴维克认为劳动价值论缺乏一般性，主张以效用价值论替代劳动价值论。①

诸如劳动价值论或效用价值论之类的经济命题或理论，它们在本质上都是假说，不是不证自明的真理或公理，不能简单地肯定或否定。例如，不能以劳动量、劳动时间难以计量和比较，就断言商品的价值不能由劳动决定；也不能简单地以同一种使用价值的商品之间不需交换，而不同使用价值的商品之间难以比较，就推定商品的交换价值不能由使用价值来决定。严肃的理论研究要对可能决定商品价值的诸多因素采取比较、排除、演绎、实证等方法，给出逻辑和历史上相统一的概念和命题。

（二）为什么不是使用价值或效用

19世纪初期，经济学家开始从人的需要、个人心理的因素，重建商品的使用价值或效用的价值问题，这在边际革命后汇成了以主观效用评价来决定商品价值的理论。不能否认或回避人的生理需要和心理评价，使用价值或效用确是商品的基本属性，消费需要确是人类经济活动的自然性、生物性的原因和动机。若基于使用价值或效用建立商品的价值价格理论，可以假设：使用价值或效用是形成、决定商品价值的普遍因素，以效用作为价值分析的起点、因素和单位，以效用理论来解释人与人之间的经济关系。但这就需要从逻辑和经验上解决一系列难题：使用价值或效用的来源、实质和本体是什么，如何定义效用的内涵和范围？同一种商品的效用和不同种商品的异质效用如何客观、有效地观测、计量和加总，是用客观统一的物质单位、货币单位作为标准？同一消费者对不同种商品或不同组合的商品，不同消费者对同一种商品和不同种商品的效用如何比较、计量和加总？如何解释生产者与生产者、生产者与消费者、消费者与消费者之间的商品交换比例或价值问题？个人主观效用如何决定交换中的一定单位的某种商品、各种商品的销售或购买价格，如何转形为同质的、同量纲的普遍性、客观性的价值或价格，以及统计、会计、计量上的相关指标和数据？如何统一运用效用价值理论分析商品的占有、生产、交换、分配和消费，微观经济和宏观经济等各种经济现象，以至统一分析经济活动和知识活动、

---

① ［奥］庞巴维克. 资本实证论［M］. 陈端，译. 北京：商务印书馆，1964：149–159.

政治活动？① 围绕"效用"这个概念，需要厘清以下几个问题。

第一，效用的本质是自然现象还是社会现象？在使用价值或效用是自然产品和劳动产品、商品和非商品等物质资料所共同具有的、能够满足人的某种需要的意义上，效用应当是一个能够解释人类所有的经济行为的可能性因素。效用既然是各种物质资源普遍具有的、能够满足人的某种需要的一种属性，可否用普遍性的效用因素来解释商品生产和交换的价值这一特殊性问题？人的劳动和自然力量虽然共同创造了物质资料，形成了物的使用价值或效用。但如前所述，虽然具有使用价值但人人可以随意、免费利用的充裕性自然产品如阳光、雨雪并不能成为交换的商品，用于交换的商品一定是经过了人类劳动投入的产品，商品的客观效用或主观效用的本体和归宿都是劳动创造的产物和人类社会的现象，效用解释的价值也必须归因、存在于劳动创造的产物。

第二，效用的来源和本体是什么，是人的劳动创造的产物还是人的主观评价的结果？换言之，效用是如何形成、决定和存在的，效用的实质、本体和载体是什么？效用的实质是商品对人的客观属性，还是人对商品的主观评价？商品的价值、价格与需要、效用之间是什么性质的关系，如何从人与商品之间关系的角度分析价值、价格？主观效用理论是关于商品生产和交换的普适理论，还只是关于孤立个体的消费选择理论？能否放弃效用的物质属性，消除人的劳动是形成效用、决定价值的根本性因素？

边际革命之后，流行的主观效用价值论坚持商品的价值无关乎生产商品的劳动或成本，无关于商品的客观属性，认为效用只是人对商品单方、单向的心理感觉和主观评价，个人未来的满足或效用才是价值。其实，效用即便是个人的心理感觉或主观评价，现代心理学、生理学或哲学一般也都认为，人只是客观世界的一种物质形式和生命类型，人的心理、认识只是一定的外部环境和个人条件约束决定下的一种生物、生命现象，其本质是人的大脑等器官对外部物质运动的一种客观反应。

效用如果是指个人对商品这一物质存在的生物性的心理评价，这又回归了商品的客观效用和劳动性质问题，效用就不能是脱离了商品的客观性质而孤立存在的欲望。商品对人的使用价值或者人对商品的效用评价在本质上都具有客观性，使用价值或效用都是劳动创造的商品所具有的、能够满足人的生物性需要的客观且社会的性质，所谓的个人主观评价是个人的一种体验和情感，是事物的一种现象或存在，是一定的外部条件、个人收入和财产等条件共同约束下的客观之物，主观评价本身不是事物或商品的本质和实体。个人基于其需要和评价、用于购买、实现满足的手段不能是想象或偏好，而只能是购买能力，是拥有、支付一定的收入和财产来购买和使用商品。退而言之，效用如果只是个人单方的评价，这种主观愿望也只是引起购买的必要条件而非充分条件。离开了劳动创造的商品，离开了劳动创造的收入和财产，人的需要、效用的产生、商品的交换和消费的满足都无从谈起和落实。马克思

---

① 关于偏好、效用、选择等微观问题的现代解释，可参考：[美] 哈尔·R. 范里安. 微观经济学：现代观点 [M]. 费方域，等译. 上海：格致出版社，2012.

《资本论》第一卷第一章指出：人的需要的性质如何，例如是由胃产生还是由幻想产生，都是与政治经济学研究无关的。①

显然，效用理论如果用于分析人类社会的商品生产、交换和分配活动，效用就不能定义为一种独立于人类劳动、商品生产的生理心理现象。因为人的需要和满足虽然反映为生理感受和心理评价，但效用本质上都是针对或出自商品的客观效用，都是商品所具有的、能够满足人类需要的一种物质属性。无论是物物交换中的供求双方用于交换的、决定交换比例的商品，还是货币经济中的供求双方用于交换的、决定交换价格的商品，无论是生产者的商品及其收入，还是消费者的支出及其消费品，它们本质上都是劳动分工的产物，都是劳动创造、真实存在的客观价值。换言之，人的生理感受或主观评价这些消费需要都要落实为消费需求，消费需求取决于消费者收入，消费者收入来自产出的分配，产出取决于活劳动和资本（物化劳动）的投入，由此生产供给、消费需求的本体和实质都是人的分工劳动和劳动产出。而现代社会的商品生产和交换就是人们的劳动分工和劳动互换，就是为了追求劳动创造的工资、利润、地租的最大化价值。但主观效用价值理论仅仅基于个人的单方面的、差异性、主观感觉的效用评价就建立了商品的价值、价格理论，回避或否认了效用的实质和本体只是人们的劳动产品，以及商品交换只是人们的分工劳动下的劳动成果的社会交换，商品价格只是货币对分工劳动和劳动成果的价值形式。

第三，对基数效用理论的挑战和批评。即便回避了主观效用的来源和本体、劳动形成和决定问题，只研究主观效用问题，依然需要解决主观效用的形式、内涵和范围，主观效用的观测、表示、衡量、计算和加总等一系列问题。基数效用理论用单位效用、边际效用来定义相应效用的商品价格，用个人实际支付与意愿支付之差额的消费者剩余来表示消费者的交换收益，但效用理论不能只是解释单一个体的购买、消费行为，而应当有效解释人际的、群体的交互性经济行为，特别是社会成员在商品的占有、分工、生产、交换、分配、消费等环节和方面的各种经济关系。人们不仅难以客观、准确地界定、观测和计量每个人对同一种商品、不同种商品的主观、基数的单位效用、边际效用、总效用，更无法衡量、计算和加总人与人之间对不同种商品的异质效用，却将效用理论难题简单地归结为心理因素、黑箱决定或市场解决，基数效用理论显然不是逻辑和历史相统一、个体与总体相统一地分析商品生产和交换的普适理论。对此，欧美一些主流学者至今承认个人偏好、边际效用、消费者剩余等概念在经济解释上的不足，例如斯蒂格利茨等人关于消费者基本模型的假设在多大程度上与现实吻合的讨论。② 尽管如此，后来的凯恩斯仍然基于边际消费倾向递减、资本边际预期效率（收益率）递减、流动性偏好等关于人的三大心理规律或动物精神，提出了消费、投资的有效需求不足、经济失衡、经济危机的宏

---

① 马克思. 资本论 [M]. 北京：人民出版社，2004：47.
② [美] 约瑟夫·E. 斯蒂格利茨，卡尔·E. 沃尔什. 经济学：上册 [M] 黄险峰，张帆，译. 北京：中国人民大学出版社，2005：125 – 126.

观经济理论。① 由此，米尔顿·弗里德曼1953年《实证经济学方法论》提出：科学的目的是提出逻辑一致、预测良好的含有假设的理论或假说；而假设不是检验理论的所在，假设的真实性与理论的有效性无关。② 按照加里·贝克尔对罗纳德·科斯的回答，经济学家之所以假设并使用效用及其效用单位（util）这一并非实体的存在，因为它是一种描述偏好和价格、分析市场行为的方法论上的存在。

第四，从经济政策上看，如果效用是可数量、可比较的基数概念，且消费者的边际效用递减，那么个人效用、个人福利总和的社会效用、社会福利最大化就应当成为经济发展的目标，而个人的收入和财产分布相对均等的社会效用、社会福利显然更大，这时采取个人所得税、社会保障制度以至个人财产税、国有化等经济政策就不仅具有政治上的合法性，而且具有了经济的有效性和道德的正当性，这也是庇古等人的福利经济学的重要推论。不过，这些主张显然损害了资产阶级的既得利益，经济民主、政治公平、社会福利的运动和政策长期受到资产阶级的禁止或限制，新古典经济学就称福利经济学是规范的、不可实证的、不正当的理论，而以序数效用替代了基数效用、以帕累托效率标准替代了社会福利最大化。

第五，基数效用理论之路既然具有逻辑上的缺陷和政策上的危险，是转向劳动价值理论，还是转向其他效用理论比如序数效用理论？新古典经济学后来回避或放弃了基数效用假设，而在极其抽象、严格的消费者偏好、序数效用的假设条件下，建立了新的效用价值理论。19世纪末，帕累托首先从消费者偏好某种商品的经验事实出发，分析消费者对不同商品的态度，认为每个消费者在市场上所做的并不是权衡商品价值或效用的大小，而是在不同种商品之间进行排序，换言之，消费者不能也不必知道不同种商品、不同商品组合的价值或效用数量。这样，帕累托以消费者偏好替代了消费者主观效用，消费者偏好概念在回避效用的客观性质和数量特征的同时，又规定了效用的序数性和传递性。后来的希克斯等人坚持了序数效用假设，效用的数值只是为了表达偏好的顺序或等级，并非效用的绝对数值。然而，基数效用理论研究的是效用的数量问题，序数效用理论研究的个人对消费组合的偏好与选择在本质上还是效用的数量问题，因为偏好和排序都是在个人收入或预算的数量约束下的行为选择。建立在帕累托、希克斯、萨缪尔森、德布鲁等人的理论基础上的当代微观经济学，根据显示偏好概念和对消费者偏好的几个假设，以边际替代率代替边际效用，以边际替代率递减律替代边际效用递减律，运用无差异曲线和预算约束线相结合的分析方法，对消费者行为进行了重新诠释，就推出了逻辑自洽的消费者选择和经济均衡理论。

偏好理论在一定程度上反映了人的需要的生理的或心理的特征，个人偏好在一定条件下也具有相对稳定的特征，也是解释孤立个体的消费选择的一个因素或一种方法。然而，经济学是研究人类物质资料生产、交换、分配和消费的理论，是分工

---

① [英] 约翰·梅纳德·凯恩斯. 就业、利息和货币通论 [M]. 高鸿业，译. 北京：商务印书馆，1999.
② [美] 米尔顿·弗里德曼. 实证经济学方法论 [M]//弗里德曼文萃. 北京：首都经济贸易大学出版社，2001：119–163.

劳动创造了人的收入、财产和购买能力，是劳动产品决定和满足了人的需要。人的需要、偏好或主观评价只是人们交换、消费商品的前提性、必要性、表象性的条件，个人所需要、偏好、评价既来源于、又归宿至其所生产、交换、消费的劳动产品，换言之，只有既生产了又被劳动产品养活的人才具有持续、普遍的偏好，偏好终究是人对劳动生产、市场交换的商品价值的评价或出价。商品生产和交换的真实动机和客观结果是人们劳动产生的不同品种、不同数量的商品，是价值或收入最大化，是通过劳动而创造、分配和消费尽可能多的物质资料，满足人的需要的是客观实在的劳动产品即物质资料，不能孤立地用生理心理的刺激性反应和前提性条件来替代实践性、物质性的分工劳动的实际结果。效用理论如果只分析个人单方的消费偏好和主观评价，只分析个人对稀缺有用物品的评价和选择，只是关于个人主观评价的、消费者单方决定的主观效用价值理论，这种理论成为一种逻辑上可能而并非实质上真实的演绎推理和语言形式，而不是关于劳动分工、市场竞争、资本主义经济的真实描述和普适理论。

现代行为经济学也反复揭示了人的偏好的客观性和内生性，提出偏好是在一定的自然和社会条件下产生和变化着，偏好是一个相对的、可变的价值判断，是劳动创造的商品价值制约和决定了人的偏好的显示和实现而不是相反，人类不变追求的只是劳动不断创造的价值和使用价值。

第六，作为边际革命和新古典经济学的集成者，马歇尔尽管意识到了效用理论的根本缺陷，在新古典经济学的分析框架中加进了生产供给，加入了收入和财产的预算约束条件，从供给、成本和需求、效用两个方面统一分析商品价格的决定问题，提出了供求双方均衡决定价格的理论，但依然把主观的边际效用规律作为价格分析的理论基础。显然地，马歇尔的这种折中分析同样存在着主观效用价值论的上述困难。为此，马歇尔用消费者为购买商品而愿意支付的货币量即需求价格作为间接衡量效用的尺度，提出了边际需求价格递减规律；用劳动者、投资者愿意得到的货币成本，作为间接衡量"反效用"的劳动和"等待"的资本的尺度，提出了商品生产成本的边际生产成本递增规律。这样，供求均衡相交时的价格就是商品价格，从而商品价值本体既不只是劳动或资本，也不只是主观效用，商品价值是劳动、资本和效用之间关系的货币表现。不过，即使某一商品的供求双方之间因效用、需求递减和供给、成本递增而达成均衡价格，或者通过讨价还价而形成价格，但主观效用价值论存在的一系列问题依然没有解决。许多经济学家如阿尔弗雷德·S.艾克纳指出，新古典学派赖以建立的四个要素或命题是：每个人的一组无差异曲线；每种产品的一组等产量曲线；所有不同企业的一组正斜率供给曲线；所有投入要素的一组边际实物产量曲线。但是，以上都无法从统计或经验的资料中求出，或者无法证伪。[①]

第七，主观效用决定商品价值，前提是商品满足人的需要，商品都是消费资料。

---

① ［美］阿尔弗雷德·S.艾克纳. 经济学为什么还不是一门科学［M］. 杨玉生，等译. 北京：北京大学出版社，1990.

而在现代经济活动中，人们生产的大多数产品不是直接用于消费的商品，而是先生产生产资料、再由生产资料生产消费资料的长周期、迂回式、中间性的社会化生产，大多数商品是生产资料或中间产品。那么，生产资料、中间产品既然不能直接用于消费，没有主观评价，其价值或价格如何决定？由于生产资料是为最终生产消费资料服务的，对生产资料的需求是从消费资料需求所派生、引致的，因此对生产资料的需求被称为派生需求或引致需求。边际生产力是指增加一单位的劳动或资本等生产要素投入所带来的产量或收益，资本的边际生产力就决定了资本的价格。那么，问题又回到了争论的起点：资本的边际生产收益是资本还是劳动带来的？资本参与生产劳动、收入分配与资本创造价值是一回事吗？

综上所述，效用是人对物质资源、物质资源对人的一种属性，是人类创造的商品和非商品、劳动产品和自然产品而共同具有的客观属性，是一定条件约束下的物质资源满足人的某种需要的一种客观真实的社会现象。此外从理论建构、逻辑演绎的角度看，经济学不是形同数学、逻辑学的形式化学科，主观效用是个体对各种物品的心理评价，主观效用的心理量值难以测量、转换为客观、统一、可实证、可操作的经济量值，不能以主观效用作为解释商品的生产活动、价值源泉和交换关系的本体性、普适性的因素。基于空泛特殊的、单边效应的主观效用概念的理论建构其实是一种无约束条件、无经验实证的思维方式，是经济研究上的一种舍本逐末、舍近求远、买椟还珠的途径和方法。相反，绝不能回避或否认决定商品价值或价格的效用的来源和本体只是物质资料的生产劳动，商品的价值和效用都是劳动产物，都有物质形式，人类能够生产、交换、分配、消费的是客观真实的商品，基于人的生产劳动、客观价值而非主观效用的经济理论才可能达到逻辑和历史的统一。

边际革命后的新古典经济学效用价值理论，从研究人类的劳动投入、商品生产、分工交换的经济活动的社会科学，简化、变形为应用心理学和应用数学的理论取向，这种以偏好替代效用，以价格替代价值，按照偏好决定、理性预期的抽象假设，建立了从微观行为、宏观结构到经济增长的经济理论体系。这些理论不仅存在着效用的客观或主观性质界定、效用的评价和计量等一系列至今无法解决的理论障碍，而且是一种回避了人类经济活动的物质投入、价值创造和价值交换的客观经验和历史过程的理论假设和研究方法，回避或否定了价值或效用价值的来源、形成和形式的劳动本体和物质形式，否定了人类劳动是创造、形成了用于商品交换的客观效用的唯一源泉，否定了劳动是决定商品交换中的价值或价格的基本因素。对此，一些经济学家即便增加了资本统一收益率、信息不对称、工资和价格黏性、货币非中性等假设条件，发展了博弈论、计量经济学、实验经济学等研究工具，提出了各种分析结论和政策建议，但新凯恩斯主义、新自由主义等经济学依然经常受到了现实经济的挑战，其微观经济与宏观经济、经济运行与经济增长、经济理论与经济实践之间难以融合连通。而当代新古典经济学阵营的哈萨尼、黄有光、森等经济学家仍然坚守基数效用论的立场，认为只有建立在经验基础上的基数效用论才能为效用理论，进而为整个经济理论提供一种既可证实、又可证伪的质料，才是分析现实、用于实践的而不是数学中、黑板上的经济学，这是社会科学发展的必由之路，罗尔斯等人在其政治哲学研究中也基于基数效用探讨了自由、效率、公平机会、差别原则等公平的内涵和次序问题。经济学经历了斯密、穆勒、马克思、马歇尔、萨缪尔森、卢卡斯等人的几次综合后,现在依然面临着创造性发展和方向性选择的严峻任务。

(三) 为什么不是稀缺性、自然资源、资本等因素

可否用稀缺性因素,分析、定义商品的价值?在关于商品价值的形成、决定因素理论中,稀缺性也是一种经常出现的理论,新古典经济学就把效用与稀缺作为分析和建立效用价值论的两种因素,这在 L. 罗宾斯 1932 年《经济科学的性质和意义》提出了经济学一般是研究作为目的的人类行为与具有各种不同用途的稀缺手段之间的一种关系的定义后,几乎成为新古典经济学的共识,当代流行的经济学教科书就称价格是稀缺程度的度量。① 按照瓦尔拉的解释,稀缺性是指能够满足人的某种需要而数量有限的东西,即数量有限而有用的东西的一种性质,这些东西就是社会财富。而新古典经济学宣称的成为交换原因或者决定交换比例的稀缺性,实际是指最终用来交换的单位商品的一种数量性质,是相对于个人消费偏好、主观效用的商品生产供给状况。换言之,稀缺性既是商品有用性满足人的需要的数量程度的描述或定义,是物品的有胜于无、多胜于少的特征,又是商品供给的数量特征,是相对于人的需要的可供给商品的有限性的数量特征。

从逻辑和历史的角度看,商品的稀缺性无论是指受生产能力限制的商品供给水平,是指受收入、财产水平限制而购买、使用的商品数量特征,还是指商品满足人的需要的具体程度或个人感受,稀缺性的共同点最终都是指供求条件下的单位商品的劳动投入或生产费用的数量特征,但都不是一种自然现象。稀缺性表面上与人的生理或心理上的需要和满足有关,但一定条件、一定人的需要是相对不变的,真实可变的是生产劳动决定的商品供给水平、个人购买能力和商品的价值及其价格。正如后面将要进一步分析的,商品供给水平取决于劳动投入、劳动效率,个人收入、财产或购买能力最终也归因、取决于劳动能力、劳动投入,是各种形式的劳动价值及其积累。换言之,稀缺有用、用于交换的商品一定是经过了人类劳动的商品,稀缺性是经过劳动而形成、决定的,本质上是投入、凝结了一定数量劳动的商品的一种属性,反映的是供求双方的劳动投入数量、劳动生产效率。总之,劳动以及劳动成果分配是决定和衡量商品稀缺性的本原的、普遍的、唯一的因素和尺度,增加劳动投入、提高劳动效率就是降低商品稀缺程度、提高个人购买能力和消费满足程度的真实的、普遍的手段,人们可以倒果为因地用劳动形成和决定的稀缺性来解释商品的价值或使用价值,但不能把稀缺性解释为形成和决定商品价值的来源和原因。因此,尽管边际学派、新古典学派是从可供使用的有用性物品的数量有限性来定义稀缺性,将个人的效用评价等价于商品数量的稀缺程度,而将马歇尔等人关于商品数量的生产形成分析讽刺为"唯物主义",但商品稀缺性的本质就只是劳动创造商

---

① [英] 莱昂内尔·罗宾斯. 经济科学的性质和意义 [M]. 朱泱, 译. 北京: 北京大学出版社, 1990: 19–20.

品价值的状况，反映了人类的生产力发展性质和生产成果分配结果。

生产要素价值论、生产成本（费用）价值论也是出现很早、流传至今的理论。如斯密、萨伊等人也曾经在劳动价值论和生产成本价值论之间动摇过，萨伊提出劳动、土地、资本等生产三要素都参与了生产过程和价值创造，都参与了产品交换和分配，应当用三要素生产成本论替代劳动价值论。边际革命之后，马歇尔调和效用价值论与生产成本价值论而提出了均衡价格论，克拉克提出了边际生产力理论。可否从自然资源、物质资本等物质的因素和力量出发，从商品生产中的劳动、土地、资本等多元的生产要素投入的角度，分析商品的交换价值和价值创造问题？那么，土地、资本等生产资料或物的要素既然参与了商品生产过程，自然力量也参与了生产过程，它们是否也都创造了商品价值和使用价值？更准确地说，土地、资本等物质的因素和力量在商品生产过程中发挥的作用与人的劳动力量是否相同，是否共同创造和决定着商品的价值和使用价值？显然，如果把物的因素和力量解释为创造使用价值的因素，那么问题就回到了使用价值或效用决定价值的思路，前面已经回答了这个问题。

如果把物质的因素和力量解释为创造价值的原因，那么它们是否创造了商品价值？如果是，它们如何创造了商品价值？古典学派早就提出，物质资源的供给方式包括大自然的赋予和人类劳动的创造，物质的因素和力量如果创造商品的价值，在理论逻辑上就包括两种可能性方式：一是物质的因素和力量独立、自动地创造人类需要的物质资源；二是物质的因素和力量与人的劳动相结合而参与生产过程。显然，第一种方式就是物质的自然过程和自然产品，但丰裕的自然产品不是商品、没有价值、不必交换，物质的因素和力量更不是创造和决定商品价值的本原性、唯一性因素。第二种方式就是生产资料与劳动力、自然力量与人的劳动相结合的生产过程，但生产过程的本质是人的劳动过程，劳动是认识和利用自然力量、改变物质性状、形成商品有用性、增加商品价值的本原的、决定性的因素。至于物质资料在商品生产和价值形成中的作用，不过是劳动推动了物质性状变换，劳动将其新创造的价值和生产资料原有的价值从旧商品转换到了新商品中，共同成为商品价值量的组成部分，而且生产资料原有价值也只是过去劳动的产物、物化劳动的价值，生产资料在商品生产和交换中只是被动发生了的价值转移而非价值创造。商品价值的本质也就是马克思《1844年经济学哲学手稿》所论述的人化的自然或自然的人化，物质因素以及生产资料如果离开了人的劳动就什么都不是。[①] 亦如李泽厚由此提出的美的本质理论：美不是物的自然属性，而是物的社会属性，美是人的本质对象化的结果，美是人的主体的社会实践作用于客体世界的结果。[②]

使用价值或效用、稀缺性、自然资源、物质资料等因素尽管不是解释商品价值和商品生产的本原性、有效性的因素，但这并不妨碍新古典学派精心建造了自己的

---

① 马克思.1844年经济学哲学手稿[M]//马克思恩格斯文集：第三卷.北京：人民出版社，2002：269-274.

② 李泽厚.论美感、美和艺术[J].哲学研究，1956（5）：43-73.

价格理论，他们甚至在 20 世纪六七十年代关于资本和价值问题的两个剑桥之争后索性回避、直接放弃了价值理论。何况当代流行的经济学教科书几乎不再坚持主观效用、序数效用的逻辑一致性和理论纯洁性，而将主观与客观效用、基数与序数效用、心理原则与经济数据、数学模型与政策分析等混搭使用了。关于自然产品、资本等物质因素与商品生产、商品价值之间的关系问题，本章以及第四、第五等章还将具体分析。

（四）为什么是劳动

商品是人们的占有、生产、交换、分配等经济活动的客观对象，是满足人的需要的物质资料，是社会财富的存在形式，商品交换是现代社会分工协作、配置资源的基本方式，商品及其内含的使用价值和价值并不是自然现象或心理幻象。由此，存在于每一种商品之中、流通于每个人之间的价值，真实、普遍决定人们交换以及交换比例的价值就不能是主观想象的或个体评价的东西，也不能是自然、外在、异质性、难以通约、难以合并加总的东西，而只能是交换双方共同投入、创造和占有的客观、共同之物，是长期性、普遍性地投入到经济活动、凝结在商品中的客观因素，是各种商品共有的、可计量、可通约、可交换的东西，是联结人与人之间的社会关系的东西。

从前面的分析可知，使用价值或效用、稀缺性等虽然也是商品的普遍属性，自然产品、物质资本虽然是商品生产中的普遍投入，但这些因素并不是解释商品的占有、生产、交换、分配及其价值的基础性、普遍性、真实性的因素。那么，价值如何决定和形成？商品的使用价值、稀缺性、物质资本等曾被人们关注、分析的因素中是否包含着一种共同性的、同质性的东西？综观人类从产生、发展到当代的经济活动，形成商品价值的基础性、普遍性、真实性的因素只能是人类的一般性、抽象性的劳动，是人类特有的和投入的又具有一般性和同质性、可以进行数量上比较的体力和脑力劳动，是普遍的、真实的人类一般劳动或抽象劳动。斯密明确宣布：只有劳动才是价值的普遍尺度和正确尺度，换言之，只有用劳动标准，才能在一切时代和一切地方比较各种商品的价值。① 而且，不仅使用价值和价值都是劳动的产物，稀缺性也是劳动决定的结果和劳动价值理论解释的对象。

边际革命以前，劳动价值论一直是政治经济学中占主导地位的理论。如托马斯·霍布斯等人最早提出了劳动是财富的源泉的思想，洛克为了反对独裁和专制政府，支持私人财产权，提出了劳动价值论和劳动财产论。配第、詹姆斯·斯图亚特、布阿吉尔贝尔等人也提出了粗糙的劳动价值论，认为劳动是构成世界上我们所享有的一切东西的价值的主要源泉或原因。斯密、李嘉图等人提出，无论是研究某种商品的交换价值或价值，还是分析一国的经济或财富增长，都应当从商品的生产和交换的目的和对象、商品交换比例、商品价值的分配等方面，具体分析和发现劳动价值

---

① ［英］亚当·斯密. 国民财富的性质和原因的研究（上卷）［M］. 郭大力，王亚南，译. 北京：商务印书馆，1972：32.

理论。如斯密《国民财富的性质和原因的研究》开篇指明,"一国国民每年的劳动,本来就是供给他们每年消费的一切生活必需品和便利品的源泉。构成这种必需品和便利品的,或是本国劳动的直接产物,或是用这类产物从国外购进来的物品。"[①] 在商品的交换价值和价值的问题上,马克思则以人类劳动为中心,把商品作为研究政治经济学的出发点,提出了商品生产中的具体劳动和抽象劳动创造了商品的使用价值和价值的劳动价值理论。

从商品交换的目的和对象上看,所有用于交换、消费的商品都是稀缺而有用的、凝结了一定劳动量的劳动产品。这些劳动产品在进入消费之前,都经过了人类的认识、占有、生产、交换、分配等经济环节,都是或多或少、或直接或间接地凝结了人类劳动的物质资料,即商品都是经过劳动、用于交换的劳动产品。人们生产某种商品并交换其他种商品,本质上都是以其一定劳动量凝结的产品即一定价值量的商品换取他人等量劳动凝结的产品即等量价值的商品,商品交换本质上是劳动的分工和互换,是劳动的市场化、社会化配置。换言之,劳动是形成商品的交换价值和价值的真实、普遍、唯一、决定性的源泉和因素,劳动能够解释所有时间和地点、所有品种和形式的商品的占有、生产、交换、分配的行为本质及其数量特征。

从商品交换的比例上看,供给或卖方所生产提供的是经过劳动的商品,是投入、凝结了一定劳动量的商品,并且要换回等值劳动量的、能够满足其需要的商品;同理,需求或买方所换回是能够满足其一定需要的商品,并且要生产提供经过劳动的、凝结了等值劳动量的商品。由此,供求双方交换的具有不同使用价值的商品都是劳动的产物,决定、确定双方交换比例也是人们投入、凝结在商品中的一定数量的劳动形成的价值。准确地说,商品价值量不仅包含了本次生产所投入、凝结的一定量的脑力和体力的活劳动即新形成的价值,往往还包含了以往的一定量的活劳动而凝结、转移的物化劳动即已有的价值。供求各方为了获得最大化的收入、实现最大化的消费满足,不能以无法比较、计量、通约的使用价值确定商品交换比例,只能以商品中的劳动耗费、生产成本而决定、确定交换比例。

至于各种商品的客观使用价值、主观效用、稀缺性等看似不同的各种现象,归根结底也都是劳动的产物,劳动是形成、决定各种经济现象的唯一的、共同的因素。

综上可见,劳动应当是而且必须是商品价值的唯一来源,劳动量决定着商品生产者之间的交换比例,决定着各种商品的交换价值、相对价格和价值。经济活动的主体是各种劳动者,经济活动、经济关系的本质是劳动分工、劳动投入以及对劳动成果的交换、分配和消费,对象化、物质化在商品中的人类劳动是价值的来源和本体,是劳动而不是其他因素唯一形成了并决定着商品价值,这是一个虽然平常却为真实的经济命题。政治经济学研究的就是人类如何分工劳动以最大化满足其需要的经济活动,就是价值的创造、交换和分配,政治经济学就是人本、唯物、劳动决定、成本原则的社会科学。广言之,人类的一切社会活动、人类交换的一切资源、人类

---

① [英]亚当·斯密. 国民财富的性质和原因的研究(上卷)[M]. 郭大力,王亚南,译. 北京:商务印书馆,1972:1.

追求的一切价值,诸如商品、法律、艺术、知识都不是纯粹的自然之物或人类的主观想象,而是同时具有自然性、物质性和劳动性、社会性这二重性的人类劳动的成果,人类劳动都在其中主导着、发挥着基础性、普遍性、决定性的作用,创造了经济文明、政治文明和精神文明。由此,就应当按照逻辑和历史相统一的分析方法,基于劳动因素,建立具有理论上的比较优势和竞争能力的劳动价值理论,劳动价值理论应当能够有效分析各种条件下的生产、交换、分配和消费问题。

马克思等人在继承古典学派的劳动价值理论的基础上,进一步提出了解释商品二重性的劳动二重性理论,完善了劳动创造价值的一元价值理论:劳动是人类社会的本质特征,劳动不仅创造了人,劳动也创造人类文明;人类生产商品的各种劳动都具有具体劳动和抽象劳动的二重性;人类既通过具体有别的各种劳动而生产了不同种类的产品,具体劳动形成了各种商品的使用价值;人类的各种劳动又都是人类共有的劳动力的普遍投入使用,马克思将人类普遍投入的、数量上可比较、本质上同一的脑力和体力劳动这一劳动属性称为抽象劳动。抽象劳动创造了商品的价值,价值就是凝结在商品中人类共同的、一般性的抽象劳动。劳动形成和决定的价值是在社会分工、自由竞争的商品生产和交换过程中完成的,商品中凝结的劳动量即商品的价值量决定了、表现为商品之间的交换比例即交换价值,在货币出现后表现为商品的价格,价值是交换价值、价格的基础和本体,交换价值、价格是价值的表现形式;价值、交换价值、价格体现着人与人之间的劳动分工和劳动交换的社会关系;价值的创造、交换和分配最终是为了获得具有使用价值的、可消费的商品,是为了最大化满足人的消费需要,是为了每个人的自由而全面的生存和发展。

二、劳动和分工

劳动及其分工既起因于人类对有用而稀缺的物质资料的生产和消费的需要,劳动分工又是现代人类劳动的主要方式,资本主义经济就是建立在劳动分工、私有制的基础之上的市场经济,就是商品价值和剩余价值的生产、实现和分配的经济体系。因此,在有效论证了劳动是决定商品生产和交换的基础性、决定性、共同性、唯一性的因素和方式之后,还必须具体探讨劳动和劳动分工问题。

(一) 劳动者、劳动力和劳动

经济活动是以人为主体的劳动过程,劳动是经济活动的本质和内容。对于物质资料生产中的人的要素,经济理论上有劳动、劳动力、劳动者三种表述,这是三个密切相关又有所区别的概念,必须联系劳动者、劳动力以及劳动来分析劳动问题。

(1) 劳动者。劳动者是指达到一定年龄、具有劳动能力、从事某种劳动并获取收入的自然人,是劳动力的载体和劳动的主体,是总人口中的劳动人口。一切有劳动能力和就业要求、可以提供劳动、参与经济活动的适龄人员都是劳动人口,又称劳动力人口、劳动年龄人口、经济活动人口等。劳动人口的定义和范围受到特定社会性质的限制,包含着历史和道德的因素。随着经济发展,许多国家在立法和统计上不断提高了劳动人口的年龄标准,规定了劳动人口的统计指标。劳动人口包括就业人口和未就业人口,法律规定的成年人口减去法定退休年龄人口后的人口数就是劳动人口。如我国长期规定男子 16~60 周岁、女子 16~55 周岁的人口为劳动人口,一些国家规定 16~65 周岁的人口为劳动人口。在资本主义社会,劳动者包括一切通过劳动参与经济活动的人,包括资本主义生产关系中的工人和资本家阶级,还包括小工商业者(小业主)、独立职业者等阶级成分,但主要部分是工人阶级。

马克思《资本论》第一卷第八章"工作日"细致探讨了英国、法国、德国、美国等资本主义国家包括女工、童工在内的工人,每周七天每天从凌晨四五点到夜晚七八点的漫长痛苦的工作状况。英国 1819 年法律禁止纺织厂雇佣 9 岁以下的童工,1842 年法律禁止煤矿雇佣 10 岁以下的童工,1833 年法令规定工厂的普通工作日应从早晨 5 点半开始,到晚上 8 点半结束。①

(2) 劳动力。劳动力在汉语中既指劳动者或劳动人口,又指人的劳动能力。在政治经济学中,劳动力特指人的劳动能力或工作能力,是自然人通过生育遗传、物质消费、教育培训、体育锻炼、医疗保健、职业经历等方式所形成和具有的、能够在生产过程和其他活动中运用的体力和脑力的总和,是生产过程中的能动性、主导性的人的因素。当然,劳动者将其劳动力运用于生产过程,需要具备一定的政治、经济和社会条件,包括劳动者的社会地位特别是劳动者的人身权利和财产状况,劳动者的知识、经验或技能、健康状况和努力程度,劳动手段、劳动对象等生产资料状况,生产的组织和管理形式等。资本主义社会的工人还具有人身的自由或权利,资本家只是在合同规定的时空内拥有工人的劳动力,劳动力只是合同规定条件下的劳动者。舒尔茨认为,人类能力包括学习能力、从事有用工作的能力、娱乐能力、创造能力、处理经济失衡的能力等类别。②

人的劳动能力大致可以分为简单的、体力为主的、重复性的劳动能力和复杂的、偏重脑力的、专用性甚至创新性的劳动能力。在现代经济中,研究开发、生产管理、市场营销、财务管理等主要属于复杂性、脑力性的劳动,需要具备复杂劳动能力。复杂性劳动能力又可分为经过专门学习和经验的、应对风险性、综合性活动的一般复杂劳动能力,以及应对不确定性活动、创新性的极端复杂劳动能力,诸如企业家能力以及思想家、科学家、政治家等能力就是高度稀缺的、创新性的劳动能力。在形如 $Q = F(L, K, E)$ 的生产函数中,生产要素不仅包括劳动 L(或人力 H)和资本 K,还新增了企业家能力 E。斯密在肯定劳动创造价值以及劳动在各种资源中的特殊地位的基础上,明确提出了在劳动分工基础上的劳动熟练、技巧和判断能力的不断提高似乎是经济增长的主要因素,而劳动的熟练、技巧和判断力必须经过教育培训、花费时间和付出学费。后来,萨伊、马克思、马歇尔等人进一步分析了劳动能力及其形成问题。20 世纪 60 年代以来,西奥多·W. 舒尔茨、加里·贝克尔、罗

---

① 马克思. 资本论:第一卷 [M]. 北京:人民出版社,2004:267 - 350.
② [美] 西奥多·W. 舒尔茨. 报酬递增的源泉 [M]. 姚志勇,刘群艺,译. 北京:北京大学出版社,2001:40 - 41.

伯特·卢卡斯、保罗·罗默等人将劳动力理论转换为人力资本理论，提出人力资本是指存在于人体之中的具有经济价值的知识、技能、体力等因素之和，人力资本在经济增长中的作用大于物质资本，教育、医疗等是人力资本形成的主要途径。

企业家概念源于原籍爱尔兰、移居法国的理查德·坎蒂隆18世纪初期使用的法语entrepreneur，英语可译为adventurer、undertaker、businessman。① 后来，萨伊、马克思、马歇尔、熊彼特、奈特、德鲁克、柯兹纳等人进一步发展了企业家理论。萨伊1803年《政治经济学概论》提出，劳动力是劳动、资本和土地等生产三要素中的关键性投入，劳动力又分为哲学家或科学家、企业家或冒险家（农场主、工厂主或商人）和工人三类，企业家是应用知识于生产活动的人，是决策、协调和承担风险的人。② 马克思细致探讨了资本家职能，马歇尔《经济学原理》提出企业家是承担风险、修正不均衡的人。熊彼特1912年《经济发展理论》以及1939年《经济周期》和1942年《资本主义、社会主义和民主》明确指出，创新是指企业家首先对生产要素的新的结合，它包括以下五种情况：引入一种新的产品或者提供一种产品的新的质量；采用一种新的生产方法；开辟一个新的市场；获得一种原材料或者半成品的新的供给来源；实行一种新的企业组织形式，例如建立或者打破一种垄断地位。③ 因此，创新是一个经济的而不是技术的概念，知识生产、技术发明只有被应用且革新了经济活动时才成为创新。只有那种敢于冒险、倡导和实行创新活动的人才是企业家，而企业管理者通常只是按照相对固定的经验、知识或制度经营管理企业。按照奈特《风险、不确定性和利润》对风险与不确定性的区分，企业家能力不是在工商管理课程中学到的一般决策和执行的能力，而是专门处理不确定性问题的决策、执行能力。或者如伊斯雷尔·柯兹纳所说，企业家精神的本质就是对他人未曾认识到的机会的敏感和捕捉，企业家能够发现经济利润，推进生产要素的重新组合和经济运行的动态均衡。

在市场经济中，人的劳动力必须具有两类条件：一类是一定的体力、脑力条件。劳动者要消耗一定的消费资料，受到一定的教育、医疗等服务，形成必要的劳动能力，可以在生产中提供简单劳动和复杂劳动。另一类是一定的经济和政治条件。奴隶既无生产资料，也无人身自由或权利，他在奴隶制经济中只是驯服的劳动工具。在其他经济中，劳动者如果同时具有一定的人身自由和生产资料，他就可以成为自耕农、小商品生产者或自由职业者。劳动者如果具有人身自由但没有生产资料，他就可以成为地主的雇农或资本家的雇佣工人。

可见，劳动力不只是人的劳动能力，人的稀缺有用的劳动力还是一种劳动产品，是在一定条件下可以进入市场和企业、具有价值和使用价值的特殊商品。马克思认为，劳动力是任何社会中一切正常的劳动人口都具有的能力，劳动力又是在一定的生产关系中发挥作用的，劳动力成为商品是资本主义生产方式的特有的、普遍性的

---

① ［爱尔兰］理查德·坎蒂隆. 商业性质概论［M］. 余永定, 徐寿冠, 译. 北京: 商务印书馆, 1986.
② ［法］萨伊. 政治经济学概论［M］. 陈福生, 陈振骅, 译. 北京: 商务印书馆, 1963: 79－86, 365－384.
③ ［美］约瑟夫·熊彼特. 经济发展理论［M］. 何畏, 等译. 北京: 商务印书馆, 1990: 73－74.

经济现象。对于劳动力商品的价值和使用价值，劳动和劳动力的异同，劳动力商品的市场买卖和资本雇佣的分析，将是第四章剖析资本主义生产方式的核心理论。

(3) 劳动。劳动是指劳动者的劳动能力的投入、运用和产出过程，是人们应用劳动手段，消耗体力和脑力，改造劳动对象，生产最终满足人们的各种消费需要的物质资料的过程，是人的有目的、有效果的生产活动。在经济活动中，组织并决定经济增长的是具有复杂性特别是创新性的劳动能力的劳动者，劳动手段是不断研究开发的、凝结了复杂性、创新性劳动的机器、房屋、道路、生产知识。劳动首先是人的谋生手段。在人口众多、资源有限、消费具有排斥性、竞争性等约束条件下，人们首先必须通过劳动，才能获得本人及其家庭消费所必需的物质资料，劳动不是生活的第一需要，却是满足生活需要的基本手段。在资本主义经济中，劳动是基于私有制、知识生产、社会分工、市场竞争的劳动，劳动是分析商品生产和交换的基础概念和基本角度，创新性劳动更是现代经济运行和增长的主要源泉和途径。马克思的劳动范畴包括具体劳动和抽象劳动、简单劳动和复杂劳动、活劳动和物化劳动、生产劳动和非生产劳动、私人劳动和社会劳动、个别劳动和社会必要劳动、必要劳动和剩余劳动等多组概念。

劳动是人的劳动，首先和主要是指个人的、私人的劳动。劳动是劳动者与生产资料相结合，劳动力作用于生产资料并生产新的物质资料的过程。由于人们对物质资料特别是生产资料都要采取一定的占有、使用、收益、处分的所有制形式，包括私有制和公有制，因此劳动过程不仅体现着改造物质世界的过程，而且体现着人与人之间的社会关系，劳动是物质资料生产的自然过程和社会过程的统一。在不同的生产方式中，劳动者与生产资料的结合方式并不相同。劳动者与生产资料之间的结合分为两种基本方式：一种是劳动者拥有充分的生产资料，与生产资料直接结合，自主经营、自我劳动、自负盈亏，即所谓的自我雇佣者、自由职业者，以及合伙者、合作社等，比如农业中的自耕农、工商业中的个体工商业者（小业主、个人独资企业），以及其他行业的独立执业者，在市场经济中这类劳动者就是独立的商品生产者。另一种是劳动者不拥有生产资料但拥有人身自由，拥有生产资料的人雇佣具有劳动力的人而组织生产，即资本与劳动相对立、资本雇佣劳动，比如古代社会中的地主雇佣的雇农，现代社会中的资本家雇佣的工人。

在资本主义社会，广大的劳动者既缺乏生产资料，又不具有充分的信用和经营能力，只能被少数拥有生产资料的资本家雇佣而成为工人，为资本提供劳动并获得工资收入。工人就是指不占有生产资料、能够自由迁徙和就业、自主出让其劳动能力、在资本雇佣和支配下劳动、主要依靠工资为生的劳动人口，包括农业工人、产业工人、商业和其他行业的员工，包括研究开发、采掘、加工、运输、销售、金融、经营管理等各种职业的劳动者，他们的总和构成了工人阶级。资本家一般出资建立企业，通过企业雇佣几个以至成千上万个工人，通过企业组织商品经济活动，因此资本主义的商品生产者主要是各种各类企业，每个工人并不是独立、完整的劳动者和商品生产者，原先生产商品的个体劳动转型为资本雇佣、企业管理的集体劳动。

劳动者与生产资料之间除了以上两种基本的结合方式外，还包括其他方式。有些劳动者失去了人身自由，被管制和奴役劳动。有些劳动者拥有少量生产资料，并拥有一定的信用和经营能力，他们能够通过承包、租赁、借贷等方式使用生产资料，生产经营和收入分配既要受到生产资料所有制的约束，又要受到市场竞争的影响。这些劳动者既不是自我雇佣的独立劳动者，也不是资本雇佣的工人，而是相对独立的商品生产者。而无论在哪一种结合方式中，劳动和劳动产品都体现着所有制的社会性质，剩余的劳动产品则积累、转化为生产资料。除非在人们共同占有、使用生产资料的公有制经济中，公民权利充分保护和经济民主、政治民主有效运行，劳动和生产资料之间才可能消除对立的关系，劳动才有可能摆脱低效和异化的问题。

劳动者应当独立存在、自主交换和有效流动，而蕴含于自然人本身的劳动能力和作为生产过程的劳动都不能成为独立的生产要素。正如第四章所分析的，在资本主义生产方式中，工人名义上具有人身权，劳动力属于劳动者所有，劳动者可以自由交换其劳动力以获得劳动力价格即工资。但资本家即生产资料所有者获得劳动力的使用权后，实际拥有的是劳动力的使用价值，是劳动者投入劳动而生产了产品及其价值，而劳动生产的产品及其价值往往大于劳动力价格，这超出劳动力价格、又为资本家占有的剩余价值就是资本主义生产的秘密和目的。

（二）分工

劳动是人类生产物质资料、满足生活需要的基本手段，而分工劳动逐渐成为劳动的基本方式。分工从根本上说是劳动分工或分工劳动，是指人们从事各不相同的劳动或工作，承担不同的劳动职能，生产不同的产品或商品。《论语·子路》中的樊迟请学稼穑、为圃，孔子曰"吾不如老农""吾不如老圃"，孔子的"三人行，必有我师焉"，《管子·小匡》的"士农工商四民者，国之石民也"，都暗含着古代社会的分工思想。古希腊如色诺芬《经济论》探讨了分工的重要性，其《居鲁士的教育》指出，小城市的居民常常要独自制造床、门、犁、桌子、房屋等，即进行一体化生产，而大城市的居民只从事一种手艺就足以维持生活，甚至不必从事一种完整的手艺，众多的买者为分工提供了市场。① 关于劳动分工的类型，过去通常分为自然分工、社会分工、个别分工三种类型。但从分工决定和形成的因素角度看，分工可分为自然分工和社会分工。从分工劳动者是不是完整权利的社会主体、可否独立从事生产和交换的角度看，分工可分为个别分工和社会分工，政治经济学主要研究的是个别分工和社会分工，科斯1937年《企业的性质》探讨的也是企业内部个别分工和企业之间社会分工的竞争选择问题。

自然分工和社会分工，这是对决定和形成分工的因素的分类。（1）自然分工是基于人本身的先天生理条件和外部的自然条件差异而产生的劳动分工。人类社会之初，基于人的性别、年龄、体能等生理条件差异和外部的自然条件差异，原始社会的氏族、部落内部和本土地区的氏族、部落之间就产生了生产手段、生产对象等方

---

① ［古希腊］色诺芬. 经济论·雅典的收入 [M]. 张伯健，陆大年，译. 北京：商务印书馆，1961. ［古希腊］色诺芬. 居鲁士的教育 [M]. 沈默，译. 北京：华夏出版社，2007.

面的自然分工，如一般性的农业、畜牧业的地域分工，自然分工具有相对简单、固定、狭隘的特征。自然条件包括地形、气候、水文、土壤、生物等因素，如平原、高原、山地和丘陵、江河湖海等地形因素，如因地球纬度高低而分为寒带、温带（中温带、暖温带）、热带（亚热带、热带）等天文气候带因素，不同的自然条件影响着人的劳动分工和劳动产出，如温带平原地区种植农业相对发达，山地、丘陵、寒带等地区狩猎、采集、畜牧相对发达，江河湖海地区渔业、运输业相对发达。如卡尔·波兰尼认为劳动分工源自性别、地理和个人禀赋这些事实上的固有差异，而不是斯密所谓的人类天生倾向于交换的说法。① （2）社会分工是基于个人的劳动能力、收入和财产和外部的社会条件等社会性因素而产生的分工。随着人类的研究开发、生产技术、收入和财产、教育、体育、医疗、交往范围等方面的发展，这不断改变着人的生理条件和外部的自然条件的先天差异，特别是教育的普及和提高显著缩小了因人的性别、年龄、体能而导致的体力和智力条件差异，社会因素而非自然因素对分工的种类、收益、聚集效应等的影响越来越大。如斯密《国民财富的性质和原因的研究》第四章提出：劳动分工受人口数量、收入水平、地域大小等因素决定的交换能力或市场规模（the extent of the market）的限制，分工因降低了生产成本和交换成本而促使分工不断扩展。② 涂尔干1893年《社会分工论》也认为，社会分工之所以能够不断进步，是因为社会密度的恒定增加和社会容量的普遍扩大。③ 如美国宪法和社会上的种族歧视就长期影响了黑人的分工和就业，哈耶克认为劳动分工的本质就是知识创新和知识分工。④ 需要指出的，此处论述的与自然分工相对的社会分工与随后论述的与个别分工相对的社会分工是同名异义、外延交叉的两个概念：与自然分工相对的社会分工包括独立的社会主体之间的社会分工和独立的社会主体内部的个别分工，与个别分工相对的社会分工包括受自然因素影响的社会分工和受社会因素影响的社会分工。

个别分工，即氏族、部落、家庭、家族、企业、政府等独立的社会主体内部的职能、专业（工种）、技术上的个别分工。社会分工虽然是商品生产和交换的前提条件，但人类最初出现和长期存在的主要是氏族、部落、家庭、家族、企业社会组织内部的生产劳动的个别分工。如原始社会的自然分工主要就是氏族、部落内部成员之间的个别分工，氏族、部落之间很少产生分工和交换。如古代社会家庭内的男耕女织、男外女内的分工，斯密研究的工厂内的分工，马克思研究的企业内的个别分工，社会主义计划经济体系内的职业分工和行业分工。斯密的制针、丹尼尔笛福的鲁滨逊与星期五、伯纳德·曼德维尔的蜜蜂、伦纳德·里德的铅笔等都是经济思

---

① ［匈］卡尔·波兰尼. 大转型［M］. 冯钢, 刘阳, 译. 杭州：浙江人民出版社, 2007.
② ［英］亚当·斯密. 国民财富的性质和原因的研究：上卷［M］. 郭大力, 王亚南, 译. 北京：商务印书馆, 1972：16-20.
③ ［法］埃米尔·涂尔干. 社会分工论［M］. 渠敬东译. 北京：读书·生活·新知三联书店, 2000：219.
④ ［奥］F. A. 冯·哈耶克. 个人主义与经济秩序［M］. 邓正来译. 北京：读书·生活·新知三联书店, 2003：77, 128.

想史中的分工例子。① 但令人奇怪的，斯密最初列举的劳动分工是企业内的技术简陋、个别分工的制针例子，一家工厂才有10个工人，很多工厂雇主只雇佣三两个工人。若斯密深入观察社会分工更发达的英格兰工厂，或者列举当时生产技术更先进、内部分工更发达的纺织厂、炮弹厂，就会发现因社会分工而导致的多种多样、更加惊人的经济效应。比如，分工不只因为人类天生倾向于交换，斯密以及杨格、斯蒂格勒等人还提出了"分工受市场规模的限制"的斯密定理。②

社会分工，即个人、家庭、企业等独立的社会主体之间为生产、交换不同种商品的劳动分工。在古代社会，社会分工主要受到自身生理条件和外部自然条件的约束，社会生产力落后，劳动普遍采取家庭的形式，分工主要表现为家庭、地区之间的比较单一的、稳定的社会分工，如人类劳动在经济、政治、知识等领域的一般性的分工，以及农村和城市、政府和国家的出现。在经济领域，人类社会已经发生了几次革命性、一般性的社会分工：在私有制的基础上，先是种植农业和畜牧业之间的分工，后是农业、畜牧业与手工业、商业之间的分工，而农业一直是社会分工的主要部门。在资本主义社会，社会分工主要受到人口规模、教育程度、收入和财产数量、外部的市场规模、政治制度和政府政策等社会条件的影响，生产劳动普遍采取社团法人的公司制企业形式，分工超越了社会条件、自然条件和国家边界的限制，主要表现为生产、销售不同种商品的国家之间、行业之间、企业之间的分工。如国民经济分为农业、工业、商业、金融业等经济部门的一般性的社会分工，将经济几大部门细分为不同种的行业、商品的特殊性的社会分工。

例 2-1　斯密的制针和福特的汽车

关于个别分工，斯密列举了苏格兰工厂制针的例子：扣针制造业虽然极微小，但劳动者也是受过相当训练的专门职业。劳动者如果没有专业分工并使用专门机械，而是手工独自制针，效率即便高于"铁杵磨成针"，每人每天绝不可能生产20枚，甚至生产不出1枚。工厂制针如果分为18道工序，每人负责一两道工序，10人协作生产，每人每天平均可能生产4800枚。③ 到了20世纪80年代，英国工人每人每天可生产80000枚，当代中国大陆的工厂生产效率更达到了惊人的程度。分工的上述好处是在独立的工厂内部实现的，这种内部的个别分工大大提高了家庭、企业等组织的劳动生产率，降低了生产成本。

---

① ［美］伦纳德·里德. 铅笔的故事［M］//罗卫东. 经济学基础文献选读. 杭州：浙江大学出版社，2007：97-103.

② ［英］亚当·斯密. 国民财富的性质和原因的研究（上卷）［M］. 郭大力，王亚南，译. 北京：商务印书馆，1972：16-20. Allyn Young. Increasing Returns and Economic Progress, Economic Journal, 1928 (38): 527-542.

③ ［英］亚当·斯密. 国民财富的性质和原因的研究（上卷）［M］. 郭大力，王亚南，译. 北京：商务印书馆，1972：6.

再如，美国福特汽车公司1908年开始生产T型车，每辆售价850美元，工人家庭无力购买。亨利·福特1913年既通过内部分工和流水线生产汽车，每个工人负责一个位置或一道工序，一辆汽车分成8772个工时，1914年又实行每天5美元工资、8小时劳动时间以及利润分享的工资福利制度，导致福特T型车每辆平均10秒就可下线，售价下降到260美元，19年间在美国销售了惊人的15007033辆。20世纪后半叶，福特汽车公司的汽车生产不再局限于企业内部的个别分工，其研究、生产、管理、销售等生产环节已经转为全球性的社会分工，如法国生产汽车底盘和车身，英国生产发动机，荷兰生产轮胎和玻璃，德国生产车锁、方向盘、油箱及前轮，挪威生产输油管，丹麦生产传动皮带，奥地利生产散热器和供暖系统，日本生产车轴和挡风玻璃，瑞士生产迈速表，意大利生产玻璃和汽缸，西班牙生产空气滤清器、电池和后视镜，加拿大生产音响系统，美国自己只生产后轮和雨刷，最后在英国哈利伍德或其他国家组装，自1993年起又在中国大陆销售和生产汽车。

资料来源：[英]亚当·斯密.国民财富的性质和原因的研究[M].郭大力，王亚南，译.北京：商务印书馆，1972.[美]亨利·福特.亨利·福特自传[M].汝敏，译.北京：中国城市出版社，2005.[英]克利斯·弗里曼，罗克·苏特.工业创新经济学[M].华宏勋，等译.北京：北京大学出版社，2004：176-205.

在资本主义社会，企业之间的社会分工一直竞争演化，个人、企业之间的社会分工更加细密，商品种类不断创新扩展，原先同一行业、同一种商品的不同部件、不同工序生产已经从企业内的个别分工，转变为不同国家、不同行业、不同企业之间的社会化的纵横交错的网络化分工，企业之间的社会分工往往细密到一种看似简单的商品如圆珠笔生产就分工为笔杆、笔头（球珠和球座）、油墨等零件、环节的多种中间产品，众多企业专业化于一种商品生产中的具有比较优势的某一零件、环节的中间产品的生产分工而外包、外购其他零件、环节的中间产品，即所谓的企业之间的产品内的特殊分工，更不用说诸如汽车、计算机、飞机、光刻机等复杂商品往往由跨国家、多行业、长时间的数以千百计的企业专业化分工和市场化交易而最终完成。社会分工还可以分为水平分工和垂直分工或横向分工和纵向分工，水平分工是指在同一种商品上的区际、国际分工竞争，垂直分工是指上下游不同种商品之间的分工协作，劳动力、生产资料在各个行业、地区、企业、职业之间的分工配置是通过市场竞争和交换方式而完成的。发达国家的大多数人从来没有种粮磨面、织布制衣、建造房屋，甚至不参与物质资料生产，居民就能够充分、廉价、及时地从国内外买到他所需要的甚至难以想象的各种各样的货物和服务。事实上，分工在资本主义经济中已经达到了空前发达的水平，市场的力量迅猛冲破了家门和国界，从食品、服装到飞机、手机，分工在全国、全球展开，物质产品和精神产品生产、经济活动和其他活动都由不同的人群分担，分工和交换就形成了人们之间的经济关系和社会关系。

分工既然是劳动者在经济活动中各有其专门从事的某些工作的生产方法，分工和专业化就只是人类劳动、经济活动的一体两面：分工是对于不同的个体或组织而言，他们之间的具体而异、相互交换的经济活动就是分工；专业化是对于每一个体或组织而言，每一个体或组织的专门性、竞争性的经济活动就是专业化。可以说，分工是人类经济活动的选择结果和劳动方式，是对不分工、全能性劳动的替代，是约束条件下的劳动生产率更高的生产方式，现代社会的劳动主要是基于知识生产、技术进步的专业化、协作化的劳动而非全能性、自给式的劳动，基于分工的劳动主要是生产和交换商品的劳动，即使是家庭或企业内部的分工和协作也主要是为了商品生产和交换。

（三）分工与交换

劳动的社会分工和个别分工全面替代了个人全能、自给自足的劳动方式？如何分析分工与交换、企业、增长等经济问题？分工和专业化的效益早已为人们所发现，中国先秦的众多典籍和古希腊的柏拉图、色诺芬等人都讨论了分工问题，配第、狄德罗、杜尔阁、休谟、斯密、马歇尔、杨格等人给出了精彩的论述。如斯密把分工置于经济增长和经济理论的基础性地位，其《国民财富的性质和原因的研究》开篇提出："劳动生产力上最大的增进，以及运用劳动时所表现的更大的熟练、技巧和判断力，似乎都是分工的结果。"① 马克思、恩格斯等人全面分析了社会分工，提出了流通成本、商业资本的概念，康芒斯、科斯、诺斯等人提出了交易成本的工具。马克思《资本论》第一卷第十四章提出，工场工业的分工和协作在历史和逻辑上都是资本主义生产的起点。马克思、恩格斯1846年《德意志意识形态》第一章表达了对社会分工的崇敬："一个民族的生产力发展的水平，最明显地表现于该民族分工的发展程度。""分工发展的各个不同阶段，同时也就是所有制的各种不同形式。"②

人类长期、普遍的实践证明，在私有制条件下，特别是随着国家的人口规模和地域范围的扩大，相对于个人全能、自给自足的劳动方式，社会分工和个别分工，以及基于分工的竞争、交换和协作是一种普遍有效的劳动方式。分工不仅将不同种类的商品供给不同的个人、家庭、企业、国家生产，甚至将同种商品进一步分工为企业之间或企业内部的零件、部件和工序的生产，从而提高了资源配置的静态效率和动态效率、个体效率和社会效率，全面、持续促进了人类知识创新、政治进步和经济增长。那么，如何确定和协调社会分工和个别分工，如何组织生产、交换、分配和消费活动，众多个人、企业的个别劳动如何成为他人需要、供求平衡的社会劳动？

古往今来，人类协调分工、配置资源的方式就是市场方式和非市场方式，而自由竞争的市场成为了现代社会组织和协调分工的基本方式。以社会分工为例，某种商品生产过去主要由相对孤立的个人、家庭或企业一体化完成，现在由分工和市场中的个人、家庭或企业专业化完成。例如一家钢铁企业过去既勘探、开采矿石又冶

---

① ［英］亚当·斯密. 国民财富的性质和原因的研究（上卷）［M］. 郭大力，王亚南，译. 北京：商务印书馆，1972：5.
② 马克思，恩格斯. 德意志意识形态［M］//马克思恩格斯选集：第一卷. 北京：人民出版社，1995：92.

炼、加工钢铁，现在则由众多企业分工完成了勘探、开采、冶炼、加工等一系列的钢铁生产，以下三种情况可供分析：（1）如果多家企业因分工生产提高了生产环节的成本，或者多家企业用市场协调钢铁生产的交换成本高于一家企业用管理协调钢铁生产的管理成本，甚至多家企业分工生产钢铁同时提高了生产环节、交换环节的成本，那么分工和交换就是错误的选择。（2）如果无论是独立生产还是分工生产，生产技术、劳动效率、产品产量都不变，且一家企业生产钢铁的管理成本与多家企业生产钢铁的交换成本不相上下，多家企业之间尽管发生了商品交换，但中间产品的交换并不增加商品价值，那么分工与交换就没有必要了。（3）如果多家企业因分工生产降低了生产环节的成本，或者多家企业市场协调矿石、钢铁生产的交换成本低于一家企业内部协调钢铁生产的管理成本，甚至多家企业分工生产同时降低了生产环节、交换环节的成本，那么分工和交换就是经济可行的即理性的选择，而这正是人类实践的一般结果。

与劳动价值理论密切相关的、备受古典学派重视的劳动分工理论，也长期被新古典经济学所忽略或回避：或许因为分工就意味着劳动对立、企业对立和阶级对立，这些对立引发了资本主义的一系列社会和政治问题。或许因为社会分工而引致的企业内部的规模经济、范围经济和企业之间的外部经济、交换成本、聚集经济等现象与新古典经济学的经济人假设、瓦尔拉一般均衡等不相兼容，因而不受许多经济学家的喜欢。新古典经济学选择和发展的效用函数和无知识创新、无规模经济的生产函数只反映了各种投入与产出之间的简单关系，难以刻画创新、分工、增长等经济发展问题。比较而言，社会学、政治学等社会科学对社会分工还有相对系统的理论分析，尽管个人、企业之间的竞争交换与地区、国家之间的竞争贸易并无本质上的区别，社会、政治、国际等问题与经济问题之间存在着千丝万缕的关系。

三、劳动的性质和类型

在分工与交换的现代经济中，劳动是决定商品交换的数量或比例的基础、普遍、真实的因素。古典经济学家一般认为，商品的交换价值是商品价值的表现，是商品的价值形式和自然形式，商品的价值决定于劳动，价值的本质是人类一般劳动在商品中的耗费和凝结。那么，劳动是如何具体表现在生产商品、形成价值、交换商品上的，商品的价值是如何创造和实现的，价值形式是如何发展的？在小业主看来，商品价值似乎取决于各项生产成本；在小商人看来，商品价值似乎取决于贱买贵卖；而在工业社会，商品价值取决于社会分工、市场竞争下的劳动耗费水平。本杰明·富兰克林等人已经从人类劳动和一切物的价值的角度探讨了劳动与价值的关系，斯密探讨了劳动、劳动分工和劳动价值，李嘉图完善了劳动价值理论，并指出了地租的非劳动性，但他们都未能将劳动价值理论作为解释经济活动的基础理论并推进到工资、利润、利息范畴，扩展到生产、交换、分配领域。马克思围绕劳动范畴，通过具体劳动和抽象劳动、简单劳动和复杂劳动、活劳动和物化劳动、生产劳动和非生产劳动、私人劳动和社会劳动、个别劳动和社会必要劳动、必要劳动和剩余劳动等一系列劳动概念，分析劳动在商品生产中的地位、过程和作用，系统解释了从商品性质、工资、剩余价值或利润到资本主义再生产的资本主义经济活动，从逻辑和历史上完成了劳动创造价值的理论问题。

(一) 具体劳动和抽象劳动

斯密明确提出，如果不考虑其他因素，不管是农业劳动、工业劳动、商业劳动，人类劳动是衡量一切商品交换价值的真实尺度，所有可交换商品的真实的或自然的价值都可以用劳动来衡量。马克思最初接触古典经济学时，曾经拒绝过劳动价值论。后来马克思认识到，劳动既然是人类的本质，凝结着劳动的商品的生产和交换不仅是一种物的生产和交换，同时是一种劳动的投入和交换，应当从劳动分工和私有制的角度解释商品的生产和交换。马克思从商品现象开始分析资本主义经济：商品既然是经过劳动而生产提供的，生产商品就要投入人的劳动；商品既然具有使用价值和价值的二重性，商品二重属性如果被归因为、形成于人的劳动，那么劳动是如何形成商品二重性的？商品生产为何是使用价值形成和价值增殖的统一？这就需要科学分析劳动的性质、类别、过程和结果。

人类为了生存发展，克服自然产品的不足，就必须投入具体不同的劳动，生产多种多样的货物和服务。人们生产提供的任何一种货物或服务又都普遍耗费人类一定量的体力和脑力劳动，都是人类一般性的劳动作用于劳动对象的结果。对于人们司空见惯的劳动、商品现象，马克思创造性地提出了人类同一劳动的具体劳动、抽象劳动二重性质假设，劳动的具体劳动、抽象劳动二重性就成为解释商品的使用价值和价值二重性、建立劳动价值理论、分析商品经济的基础概念和思维方法。

人类劳动是多种多样、异质有别的具体劳动。具体劳动概念阐释的是劳动者在生产各种商品、创造各种使用价值时的投入的劳动的特殊性、差异性。人们投入了目的、对象、工具、方法、操作等方面具体不同的劳动，从而生产提供了形式、结构、用途、结果等各种各样的使用价值的货物或服务，满足了人的不同种类的需要，马克思称人的生产各种商品的特殊性、差异性劳动为具体劳动。换言之，具体劳动是对人的特定形式和内容、具有质的差别的、创造了商品使用价值的劳动性质的概括和定义，既包括生产不同种商品的具体不同的劳动，又包括生产同一种商品的具体不同的劳动。例如，在农民种植谷物、厨师烹调菜肴、程序员编写软件等不同劳动分工中，人们劳动的目的、对象、工具、方法、操作和创造的商品性能、满足的人的需要各不相同；在农民同样种植小麦或水稻的同一劳动分工中，人们劳动的对象、工具、方法、操作和结果也有具体而微的差异。作为创造商品使用价值的具体劳动，它体现着人对物的认识、改造的能力，反映了劳动分工的生产力水平。正是在劳动创造使用价值、创造价值的物质形式的意义上，才能准确理解配第的"劳动是财富之父和能动因素，土地是财富之母（和被动因素）"的思想，人类具体不同的劳动和自然力量共同创造、形成了使用价值。

人类劳动又是人类普遍的、同一性质的抽象劳动。抽象劳动概念阐释的是劳动者在生产各种使用价值、各种商品时普遍存在和投入的劳动，是劳动者之间可以相互比较和交换的劳动一般性、社会性。人们在生产各种商品时，其劳动的目的、对象、工具、方法、操作和结果等虽然存在着的特殊性、差异性，但人的各种劳动都是人类普遍具有的、一般性的体力、脑力的投入和耗费，都普遍耗费了一般性的、一定量的物质、能量和时间。撇开、舍象人的劳动在生产各种使用价值上的特定性质和具体形态，各种生产劳动就只剩下共同的一点：都是人类一般性的、社会可比较和交换的劳动能力的投入和耗费，人类普遍耗费的、无本质差别的劳动就创造、决定了商品价值，形成了商品交换价值，人们在生产不同使用价值中普遍投入、凝结在商品中的一般性、可比较和交换的劳动就被称为抽象劳动，反映了劳动分工的生产关系性质。例如，无论是同一项目还是不同项目的体育活动，都可以按照共同标准、统一竞赛人们体育才能的发挥水平。在劳动创造商品的经济体系中，它既表现为具体劳动分工生产着各种使用价值的商品，又表现为抽象劳动分工创造着各种商品的价值。

显而易见，由于人类的各种具体劳动都具有一般性、共同性的抽象劳动性质，对复杂多样的、生产不同种商品的人类劳动就可以归并、划一为具有共同性质的抽象劳动，就可以使用同一尺度进行劳动投入和产出、商品价值和价格的通约和计量，不同劳动、不同商品之间可以比较和交换了。在历史上，无论是古代社会的原始部落、奴隶制庄园或者农民家庭内部的劳动分工和协作，还是小商品经济和资本主义市场经济中的社会分工和商品交换，人们的劳动之间、劳动产品之间、商品之间都可以按照其耗费的一般性、一定量的抽象劳动进行比较和交换，劳动即抽象劳动就成为分析和比较人类各种劳动的同一实体和共同概念。在资本主义经济中，人的分工劳动所生产提供的各种商品都可以在竞争性市场中按一定的比例普遍交换，表现为相对稳定的交换价值和价格。

例 2-2　"水与钻石悖论"？

"水与钻石""新、旧葡萄酒"都是经济思想史上著名的价值悖论或价值之谜。"水与钻石"悖论是说有些东西比如水的使用价值或效用似乎很大，是人的生存发展的必需品，但价格很低，往往只能够交换很少的商品；有些东西比如钻石效用似乎很小，是非必需品，但价格很高，能够交换很多的商品。如何认识水与钻石问题上的价值之谜？斯密认为这种现象与劳动价值理论不一致，有些人称"水与钻石"和"利己与利他"为斯密理论中的两个悖论。斯密之后，边际学派使用总效用、单位效用与边际效用等定量分析方法，新古典主义运用供求价格理论，也提出了各自的解释。边际学派基于主观效用价值理论，运用总效用和边际效用概念，极其抽象地解释这一现象：人类离开了水就无法生存，水给人们带来巨大的总效用，而个人的消费具有边际效用递减的规律性，个人需用的水很多，但水的边际效用微不足道。相反，钻石的总效用并不大，但由于个人可购买的钻石极少，所以其边际效用很大。由于个人支配收入的方式是对一切产品的单位支出的边际效用相等，人们只得将收入分配于边际效用低的水和边际效用高的钻石，水的价格低而钻石的价格高，因此用于水和钻石的每元支出的边际效用才能相等，水的价格低、钻石价格高是合理的。新古典主义认为，水虽然为人们生存必需但一般容易获得，人们几乎不愿意为额外的水支付任何代价即边际价值很低，而钻石的供求状况则相反。然而，人类经济行为本质上都是具有不同的成本收益的劳动行为，都是一定约束条件下的供求双方的理性选择。水与钻石不只效用或使用价值具体不同，人类生产一定单位的水与钻石的劳动量相差悬殊，个人购买水与钻石的收入和财产归根结底也都来自劳动所得，对水与钻石的效用和价值价格不仅可以进行主观效用、供求状况的分析，还要进行主观效用、供求状况背后的劳动能力、劳动价值的分析。比如在饥渴濒死或丰衣足食的不同条件下，水与钻石的效用和效用背后的劳动量孰大孰小，二者的价值和价格如何，消费的数量和顺序如何？

水与钻石之所以成为斯密的悖论，是因为斯密等人虽然提出了水与钻石的价值或价格高低的经济学命题，但对这一命题采取的是哲学化的定性的、空泛的分析方法。任何一种经济命题或理论都应当是基于一定条件、针对一定经济现象而提出的，都应当采取定性与定量相结合的成本收益分析方法，进行逻辑和经验相统一的具体分析。商品的价格当然与个人偏好、供求状况有关，而供给、需求都是劳动的结果，即商品的数量和总效用、边际效用，人们的收入和购买能力，消费满足状况都是劳动的结果，人的需要、偏好也要受到收入水平的约束，价值、交换价值、价格最终都由劳动决定着。假设人们对水和钻石都有需要，但自然界的水相对丰裕，人们在很长时期、很多地方几乎不需要投入多少劳动就可获得水，生产一定量的水所花费的劳动并不多，供过于求、成本低廉的水的价值和价格就很低。相反，自然界的钻石相当稀缺，丰衣足食、饶有资财的人们对耀人眼目、天然稀缺、广告轰炸下的钻石才具有象征性、炫耀性的需要，才会购买、占有钻石，人们对稀缺有用的钻石才会通过勘探、采掘、加工、运输、广告、保管、销售等而生产供给，生产提供一定量的钻石耗费的劳动远远大于生产同量的水。由此，正是劳动而非效用是最终决定钻石价值、价格的本原性、唯一性的因素，部分高收入人群才愿意高价购买耗费大量劳动的钻石，亦如拿破仑时代铝碗的价格远高于银碗。类似地，优质葡萄酒的储存和升值并非自然力量的结果，而是人类修建酒窖、研究和推广葡萄酒、运输和保管等方面的各种劳动投入的结果。

（二）具体劳动和抽象劳动的关系

具体劳动和抽象劳动不是现实经济中的人的两种劳动或两次劳动，只是政治经济学对人类劳动性质的一种理论抽象和假设。具体劳动概念是指人类劳动在创造各种使用价值、生产各种商品上的劳动特殊性、异象性，是对不同目的、对象、手段、方法、过程的不同劳动创造了不同使用价值的劳动性质的抽象和界定。但具体劳动、使用价值无法解释劳动之间、商品之间的交换基础和交换比例问题。抽象劳动概念是指人类劳动在创造各种使用价值、生产各种商品上的劳动一般性、同质性，人类普遍投入各种商品生产的一般性、同质性的体力和脑力劳动被称为人的抽象劳动，质上相同而量上不等的抽象劳动可以定义和揭示商品的价值创造和价值量决定。劳动分工就是指人类劳动既是分工生产异质的使用价值的具体劳动，又是分工创造同质的价值的抽象劳动，就是为了各尽所能、各得其所，为了生产、交换和分配更多的价值和使用价值。

在劳动二重性理论的基础上，马克思提出了商品二重性、商品生产和交换的理论。马克思《资本论》第一卷第一章指出："一切劳动，一方面是人类劳动力在生理学意义上的耗费；就相同的或抽象的人类劳动这个属性来说，它形成商品价值。一切劳动，另一方面是人类劳动力在特殊的有一定目的形式上的耗费；就具体的有用劳动这个属性来说，它生产使用价值。"[1] 在商品生产和交换中，劳动的二重性形成、决定着商品的二重性、二因素，或者说二重性劳动是二重性商品的根源：生产商品的劳动既是具体劳动形成使用价值的过程，同时也是抽象劳动形成价值的过程。具体劳动和自然力量都创造着使用价值，形成了商品的物质形式、价值载体。抽象劳动且只有抽象劳动创造着商品价值，凝结在商品中的抽象劳动是商品的价值本体和社会形式，价值又是交换价值、商品价格的基础；抽象劳动的多少决定着商品价值的大小，等量抽象劳动的商品具有相等的价值，价值量又决定着交换价值的大小、价格的高低。

劳动价值论并不是马克思的独创，而是马克思对前人成果的多元性吸纳、批判性综合和创造性转化。霍布斯、配第、洛克、休谟、斯密、李嘉图等人相继提出了劳动创造价值、劳动是一切商品的交换价值的真实尺度等思想，李嘉图还区分了商品的使用价值和价值。马克思不只明确提出生产商品的劳动是具体劳动、抽象劳动二重性质的统一体，商品是使用价值、价值二重性质的统一体，从而用劳动二重性解释商品二重性的创造问题，从根本上论证了商品价值、价格的本质，发展和完善了劳动创造价值的古典理论，而萨伊、西尼尔等人开始放弃劳动价值论，边际学派普遍放弃了、反对劳动价值论。正因为人类具体劳动创造了各种不同使用价值的商品，人类的社会分工和商品交换才有必要；也正因为人类抽象劳动创造了各种商品的同一性质的价值，不同分工的劳动、不同种类的商品才可以相互交换和统计分析。由于劳动二重性、商品二重性又蕴含、反映着商品生产的私人劳动和社会劳动之间的矛盾，商品供给的价值和使用价值的结构和数量必须符合需求的结构和数量，劳动二重性理论就为进一步分析不变资本和可变资本，资本雇佣劳动和资本决定下的商品生产和交换，剩余价值的创造和分配，资本积累和资本有机构成，社会再生产和经济危机等经济问题奠定了统一的理论基础。所以，劳动二重性和劳动价值理论是理解政治经济学的路径和枢纽。

对于具体劳动和抽象劳动及其关系的理解，需要明确指出三点。

第一，具体劳动和抽象劳动是对人类劳动特别是分工劳动这一客观经济现象的理论反映，不只是逻辑演绎上的理论假设。从原始社会到当代社会，从自然经济到

---

[1] 马克思. 资本论：第一卷 [M]. 北京：人民出版社，2004：60.

市场经济,劳动的形式和生产力的性质一直处于发展变化之中,具体劳动创造的不断增长、变化的物质资料是人类存在和发展的永恒条件。不同职业、行业的具体劳动创造的使用价值具有质的区别,形成了不同的商品和行业。不同时期的具体劳动还具有时代的、历史的特征,这突出表现在物质资料的生产技术性质上,代表了不同的生产力水平。不过,在漫长的古代社会,劳动的形式和内容几乎不变,劳动产品几乎都被直接消费,很少经过市场交换,凸显的是人的具体劳动及其创造的使用价值,劳动的一般性、价值性被社会忽视。到了资本主义时代,劳动普遍采取分工、协作、竞争和交换的方式,价格成为组织经济活动的基本手段或信号,价值的生产、交换和分配成为经济理论的基本内容,人们才普遍关注和研究劳动的一般性问题。马克思只不过用具体劳动、抽象劳动的理论方法,准确界定、系统揭示了人类由来已久、反复发生的商品生产和交换的经济本质。

第二,生产商品的劳动是具体劳动和抽象劳动的统一体。具体劳动和抽象劳动在时间和空间上都不可分割,是人类所有劳动都共同具有、同时存在的内在属性,是马克思对人类劳动的性质和作用的理论概括和分析角度,而不是两次劳动或两种劳动,不是劳动的两个部分或两个阶段。对于人类的劳动,从劳动形态和使用价值形成的分析角度看就是具体劳动,而从每个人、每种形态的分析角度看都是人类一般性、一定量的脑力、体力的投入和耗费,凝结在物质资料并形成和决定了商品价值的劳动就是抽象劳动。

第三,生产商品的具体劳动和抽象劳动的统一性要通过分工、竞争和交换的社会过程,克服私人劳动和社会劳动之间的矛盾才能够最终实现。在自然经济中,人们的具体不同劳动创造的使用价值直接满足各自的消费需要,劳动二重性简单统一于自给自足的劳动过程和劳动产品。而在市场经济中,人们的具体劳动创造的是向外交换的、供给他人消费的使用价值,是为了换回他人创造的使用价值,最终实现最大化的消费满足。因此,相互交换的是具体劳动创造的不同使用价值的商品,而决定交换比例和数量的则是抽象劳动创造的不同价值量的商品,二重性劳动和二重性商品只有通过迂回曲折的劳动分工和商品交换才能够得到统一。

(三)简单劳动和复杂劳动

在分析某种商品的生产劳动和价值形成上,首先考察并假设商品生产者的劳动二重性质及其作用,即抽象劳动形成、决定着商品价值而具体劳动创造着商品使用价值,暂未考察不同生产者的劳动能力、劳动投入、价值创造的特殊性、差异性。而在现实经济中,同一种商品可能由单个劳动者独力生产,但往往由企业特别是资本雇佣劳动的企业劳动者共同生产;同一种商品可能由单个劳动者或企业独家生产,但往往由多个劳动者特别是多个企业竞争生产。显然,即便假设劳动者就是商品生产者,劳动者的生产条件都相同,但在同样或单位的劳动时间中,不同劳动者在同一种商品和不同种商品的单位商品生产上所投入、耗费的人类一般的抽象劳动往往并非同质性劳动,而具有普遍的差异性,即劳动者在劳动的能力、投入和产出上具有质的高下和量的多少。由于人们分工生产、相互交换至少两种商品,同一种商品往往由多个劳动者或多个企业竞争生产，那么如何分析同一种商品的不同生产者的劳动差异，以及企业内部的不同劳动者的劳动差异？如何分析同一种商品和不同种商品的劳动耗费、劳动价值？

生产商品的人类劳动在理论上抽象为具体劳动、抽象劳动二重性，分别用于分析商品的使用价值、价值二重性。对于商品生产中劳动的质和量的差异，应当在抽象劳动上分析。在同样的劳动时间中，即便假设同一种商品生产的劳动对象、劳动工具、生产技术、生产规模、商品种类等自身的内部条件，以及市场性质、市场规模、法律制度、知识生产、道德风俗、自然环境等外部的社会条件、自然条件等生产条件都相同，人们的劳动目的或动机相同，在同样的劳动时间中，不同生产者之间往往因体质、年龄、知识、技术、方法、态度等因素而在体力和脑力的劳动能力，劳动的熟练程度、强度以及创新程度，活劳动转化为物化劳动、物化劳动转化为商品价值的有效性等方面存在着或大或小的差异，最终表现为不同劳动者投入、耗费、凝结在商品中的劳动价值存在数量上的差异。各个劳动者的劳动差异可以分为两种情形：同一种商品生产上的劳动差异和不同种商品生产上的劳动差异。

什么是简单劳动和复杂劳动？各个劳动者在商品生产上的劳动差异是指劳动者的知识水平、劳动能力及其运用并不相同，劳动的耗费、产出、价值等数量也不相同，由此可以把劳动者的抽象劳动分为简单劳动和复杂劳动两种类型。在同样的劳动时间中，复杂劳动意味着劳动者具有更多的体力、智力上的劳动能力，进而商品生产中的劳动更熟练、高强度，劳动具有更高的有效性，劳动甚至具有创新性，同一时间耗费的劳动量和创造的价值量大于简单劳动，复杂劳动的劳动量是简单劳动的一倍以上，或者说是简单劳动的倍数。劳动的动机、态度和条件如果再不等同，劳动的差异性就更大了。至于如何界定、计量简单劳动，如何核算、比较单位劳动时间的简单劳动和复杂劳动的差异，希法亭、森岛通夫、置盐信雄、马克·布劳格、伊恩·斯蒂德曼、塞缪尔·鲍尔斯等人曾有研究，但竞争性市场是发现劳动价值即商品价值的普遍有效方式，在计划经济、企业管理、经济实验中也可以适当比较不同劳动的数量差异。

简单劳动是指不需要经过一定量、专门化的知识学习和技能训练，每一个机体健全的劳动者所具有的平均劳动能力都能够胜任和完成的劳动。当然，简单劳动和复杂劳动也是历史性、社会性的概念，简单劳动的标准或定义取决于一个国家或地域的一定时期的研究开发、教育、医疗、经济发展等因素。在发展水平低下的古代社会，简单劳动指没有经过教育、医疗、体育等方面的培养改进，没有任何专长的普通人的劳动力投入和劳动耗费。在现代社会，社会成员如果普遍享有了基础教育、基本医疗等方面的服务，简单劳动即指经过基础教育、基本医疗等方面的服务，具有基本的劳动技能和体能的劳动。

复杂劳动是指超过劳动者的平均劳动能力，超过平均的劳动熟练程度、劳动强度和劳动有效性、能够提供更多的劳动量、创造更多价值的复杂性，甚至创新性的劳动，复杂劳动是简单劳动多倍、单位时间支出更多劳动力的劳动。复杂劳动是基于知识生产、技术进步、教育培养、职业训练的劳动，在劳动之前一般经过一定量、专门化的知识学习和技能训练，能够从事研究开发、经营管理、复杂操作等专业性、复杂性乃至创新性的工作，劳动的有效性更高，劳动更符合社会需求。比如，马克思《资本论》第一卷分析了科学技术的研究开发及其在生产中的运用[①]，分析了生产劳动中的管理、监督和调节职能的管理劳动[②]。资本主义经济从产生到当代，知识性、熟练性、高强度，以致创新性的复杂劳动对经济增长的作用远远超过了简单劳动。由于复杂劳动和简单劳动之间存在着质量和数量上的差别，复杂劳动提供了更多的劳动量、创造了更多的商品价值，复杂劳动者的单位时间工资水平也高于简单劳动者。对于商品生产中的复杂性劳动，可以从生产知识、劳动技能、教育培训费用、劳动熟练、劳动强度、劳动有效性等多个方面进行分析。也可以从市场经济国家各个行业、各种职业的劳动者的平均工资或工资中位数的统计数据，近似地倒推劳动的简单和复杂程度，倒推复杂劳动与简单劳动之间的倍数。

与简单劳动和复杂劳动相关的概念，还有脑力劳动和体力劳动、熟练劳动和非熟练劳动、高强度劳动和低强度劳动、有效性劳动和社会性劳动、创新性劳动和重复性劳动等几组概念。脑力劳动、体力劳动通常是对不同人、不同工作的教育程度、劳动岗位的划分，脑力劳动者通常需要经过一定的知识学习和技能训练，单位时间的劳动投入量往往更大。在农业社会向工业社会、知识社会的发展过程中，涌现了知识创新、经济创新、制度创新、创新性劳动等现象。如萨伊提出企业家是应用知识于生产活动的人，是决策、协调和承担风险的人，范·盖尔德伦1912年《春潮：对工业发展和价格运动的反思》探讨了西欧和北美资本主义国家的产品创新和资本积累扩张问题。熊彼特提出了创新不只是知识的生产，而是建立一种新的生产函数，把一种从未有过的关于生产要素和企业生产条件的新组合引入生产体系，是一种非均衡、破坏式的发展过程，作为资本主义灵魂的企业家职能就是实现经济创新，实现技术、生产和市场的创新组合。广义的创新是人类认识世界、改造世界的劳动能力、劳动过程和劳动结果的创新，包括了经济领域的生产力、生产关系的创新和知识、政治等领域的创新。创新性劳动作为高投入、新出现、高强度、最高级、极稀缺的复杂劳动，不只是简单劳动的自乘或多倍，还是对复杂劳动的突破。通过不断的创新活动，既形成了新的技术、商品、市场和管理，又淘汰了旧的技术、商品、市场和管理，显著提高了个人、企业乃至行业、社会的劳动生产率，是推动经济长期增长的主要动力。创新性劳动因创造新方法、开发新商品、开辟新市场，加之创新者往往还因自然垄断、知识产权，在一时间内创造、占有了巨量、超额、垄断性的收益。对于创新性劳动，是将简单劳动、复杂劳动、创新性劳动三者并列，是将创新性劳动归入复杂劳动，还是将简单劳动和复杂劳动合并为重复性劳动而与创新性劳动二者并列？

对于简单劳动和复杂劳动，不仅要给出一般性的概念，还应当根据从抽象到具

[①] 马克思. 资本论：第一卷 [M]. 北京：人民出版社，2004：438，443，449，487，531，559，578，698，720，871.

[②] 马克思. 资本论：第一卷 [M]. 北京：人民出版社，2004：215–216，225，384–386.

体的理论原则，从劳动力再生产、就业、劳动耗费、工资收入，从简单劳动和复杂劳动统计和换算等方面，全面分析和比较商品生产中的劳动能力、劳动耗费、劳动效率、价值创造、价值交换、价值分配等问题。（1）由于每个劳动者的劳动是企业劳动、社会劳动的基础，首先要分析劳动者的教育、医疗、劳动能力等方面的复杂程度和数量差异。（2）由于商品生产一般不是由劳动者独立完成的，而是由企业组织的，生产者主要是指投资者出资设立和管理的企业，企业主要是资本雇佣劳动、股东至上的公司制企业，商品生产是由企业内部的不同劳动者分工协作完成的，不同企业的劳动者能力、生产条件和管理水平往往不同，这就需要具体分析企业的生产劳动问题。（3）由于商品是用于交换的劳动产品，同一行业和不同行业的生产者的个别劳动、个别价值必须通过市场交换而实现，这就必须从劳动耗费、工资和利润分配的角度分析和比较生产者的劳动特征，将企业分析与市场分析、微观分析与宏观分析相统一，既单独分析某个工人和企业、某种商品生产的劳动问题，又全面分析所有劳动者、所有商品、所有市场即全社会的劳动问题。（4）由于创新劳动改变了原先简单劳动和复杂劳动的生产条件、劳动效率、产业结构和市场均衡，经济出现了增长和波动，还必须将静态分析和动态分析相结合，分析技术进步、职业转换和产业结构，分析个别资本、一国总资本以至全球总资本的扩大再生产问题。进入21世纪，经济全球化、网络化、数字化、智能化进程加快，劳动者的能力和职业还受到了知识和技术进步、生产和资本集中的全面冲击。

（四）活劳动和物化劳动

按照劳动价值论，商品都是劳动产品，凝结在商品中的可交换的价值归根结底只由劳动形成和决定。在经济分析上，假设商品的价值及其数量表示为德语 w（商品 ware），商品生产只投入、耗费劳动，商品价值全部来自劳动创造的价值。尽管劳动者的劳动能力即劳动力是经济发展中的能动性、可变性的因素，但首先假设劳动者投入劳动创造的价值只是简单不变地维持了其生存繁衍的需要即只创造了劳动力的价值，资本雇佣的劳动力价值又称可变资本价值 v（variable capital），则商品价值 $w = v$。假设劳动者投入劳动不仅创造了劳动力价值 v，还创造且必须创造了超过劳动力价值的剩余价值德语字母 m（mehrwert），则商品价值 $w = v + m$。假设商品生产不仅投入了劳动力，劳动力的活劳动创造了价值（v+m），还投入了以前劳动所创造的、通过积累而转变为生产资料的价值，生产资料包括土地、设备、厂房、原材料等形式，生产资料在商品生产中不创造价值，只是将其价值转移到新商品中，又称为不变资本 c（constant capital），则商品价值 $w = [(v + m) + c]$。

在资本主义经济中，商品不仅是劳动创造、用于交换的商品，而且是资本雇佣劳动、运用各种生产资料而生产的商品。无论是货物的生产，还是服务的提供，劳动虽然是不可缺少的、有时甚至是主要的生产要素投入，但商品生产一般是劳动力和生产资料共同投入、相互结合、协同生产的过程，是工人劳动作用于生产资料、创造商品价值（$w = c + v + m$）的过程。资本家投入的资本两部分：可变资本购买并使用的劳动力价值 v，不变资本购买并使用的生产资料价值 c，而资本雇佣劳动所生产的商品价值分为三部分：资本家不仅收获可变资本和可变资本，而且还包括资本雇佣劳动所追逐的、工人劳动所创造的超过劳动力价值的剩余价值 m，则商品价值 $w = c + v + m$。而且，资本家把 $(c + v)$ 都视为其资本投入或商品生产成本，把剩余价值视为其投入资本而获得的收益或利润，自由竞争遵循着等量资本获得等量利润的规则，商品的交换价值、价值和价格不只决定于、包含着生产商品的新耗费的劳动量，而且受制于、包含着生产商品的不变资本量，这样劳动和生产资料似乎就共同形成了商品的价值。

综上所述，商品生产是劳动力和生产资料相互结合和共同作用的过程，如何解释劳动力和生产资料在商品生产、价值创造和价值量形成中的作用？就带来了一系列需要科学解释的理论问题：

第一，土地、设备等生产资料既然普遍参与了商品生产和价值分配，商品价值 $w = c + v + m$，那么生产资料是否创造了价值？生产资料以其物质因素、自然力量参与形成了新的使用价值，为什么不能参与价值创造？如果是，那么劳动价值论就要转化为生产要素价值论或生产成本论了，斯密等经济学家在这个问题上就如此踌躇过，陷入了相互矛盾的解释。比如斯密既提出劳动新创造和形成了商品价值 $(v + m)$；又提出劳动、土地和资本这三种生产要素共同决定了商品新价值 $(v + m)$，商品价值等于生产要素所有者各自获得的工资、地租和利润等三种收入即生产要素价值论；有时还把商品总价值、总收入 $(c + v + m)$ 与用于分配和消费的收入即商品新价值、纯收入 $(v + m)$ 分辨不清，这被马克思讥为"斯密教条"。所以，斯密虽然提出了劳动创造价值的理论，但他认同的生产要素价值论导致他在关于商品生产、价值分配、社会再生产等理论上前后不一，纠缠不清。①

斯密之后，萨伊、马尔萨斯、克拉克等人发展了生产要素价值理论，认为劳动、资本、土地等生产要素共同参与了商品生产，各自提供了生产性服务，创造了相应的工资、利息、地租，这些要素投入构成了生产成本，决定了商品的价值。如稍后的萨伊《政治经济学概论》第一篇明确提出劳动、土地、资本三者协同生产、共同创造了价值，投入劳动、土地、资本所付的代价或收益分别是投资、地租、利息。②土地、房屋、机器、原料、法律制度、自然环境等虽然都是人类劳动的生产条件，都参与了劳动过程，都形成了使用价值，都将其价值转移到了新产品中，但价值创造与生产要素投入、价值分配毕竟是生产过程的不同阶段，劳动在其中的作用并不等同。对于连续进行的某种商品生产活动，商品价值量不仅包括本次劳动新创造的价值部分，而且包括以前劳动、物化劳动的价值转移部分，即商品价值由活劳动和物化劳动构成。显然地，生产要素价值论混淆了商品生产的价值创造、价值转移和价值构成、价值分配等相互关联又并不等同的问题。如果坚持劳动创造价值的理论，那么生产资料的使用和交换是只是价值的投入和转移，是过去的活劳动创造的、物化劳动的价值转移，而非价值的创造或增殖。

---

① 马克思. 资本论：第二卷 [M]. 北京：人民出版社，2004：398-434.
② [法]萨伊. 政治经济学概论 [M]. 陈福生，陈振骅，译. 北京：商务印书馆，1963：58-92.

第二，生产资料在商品生产中如果不创造价值，但凭借其私有制和商品生产的充分条件而参与了价值的交换和分配，那么如何分析劳动耗费、价值创造和交换中的商品价值量之间的关系？最简单的，假设在同一种商品（行业）的不同企业的生产过程中，在不同种商品（行业）的生产过程中，劳动同质，且假设劳动与生产资料之间在价值量上都保持了同一比例，各种商品或行业都是相同的产业结构，如果不同种类的单位商品的劳动耗费、社会必要劳动时间相同，那么不同种类的单位商品的价值应当相等；如果不同，那么不同种类的单位商品的价值应当不等。而且，经过市场竞争、商品交换，各种商品生产的工人工资率、资本利润率应当与各自的劳动耗费相对应。如果如此，就在历史和逻辑上证明了劳动创造价值的理论。但在现实社会中，商品生产者不可能都使用同质、同量的生产资料，不可能将全社会的劳动力完全等效地配置到各个企业和行业，商品生产的资本结构、产业结构和外部条件不可能完全相同，那么如何衡量同一种商品的不同生产过程和不同种商品的生产过程中的劳动与生产资料之间的关系，如何判断各种生产过程中的劳动耗费与新创造的商品价值否保持了同一比例？如何证明商品新价值只与劳动具有正相关、因果性的关系？

为了分析物质资料生产中的劳动力与生产资料关系，就需要解决相互关联的两个问题：一是如何坚持并运用劳动价值论，分析商品生产和交换问题？二是如何认识和处理生产资料在生产过程中的性质和作用，如何分析商品的价值创造和价值构成？这就需要坚持劳动价值论，引入活劳动和物化劳动这一对概念，并运用递归、归因的分析方法。活劳动、物化劳动是斯密等人提出，马克思加以完善的概念。活劳动是指劳动者本期、本次投入、耗费、凝结在商品生产的劳动，是能动地发挥作用、创造新的使用价值和价值的劳动，活劳动形成了新增的价值和收入。物化劳动又称死劳动、过去劳动或对象化劳动，穆勒称之为"窖藏的劳动"，麦克库洛赫称之为"积累劳动"，是指前期、上次投入、已经耗费、凝入商品、形成商品价值的劳动，物化劳动表现为商品交换完成、价值实现之后的收入、储蓄和财产。生产商品时的劳动投入和耗费是活劳动，商品的生产、交换和分配过程一旦完成，活劳动就变成了物化劳动即商品，随后物化劳动一部分作为消费资料被消费，一部分作为生产资料而投入下一次商品生产。在每一次的商品生产中，物化劳动通过生产、交换等环节而转移并保存在新的商品中，成为商品价值量的组成部分。约翰·穆勒1848年《政治经济学原理》上卷提出，生产资料的价值可以还原为工资和劳动。奥地利学派门格尔1871年《国民经济学原理》第三章、维塞尔1889年《自然价值》第三卷提出了价值归算论，即生产资料价值由它参与生产的最终环节的消费资料的边际效用价值所确定，以及米塞斯在1940年《经济学：行为和交换的理论》、1949年《人的行动》中提出的货币价值，即货币购买力的"递归逆推定理"[1]，也可以

---

[1] ［奥］卡尔·门格尔. 国民经济学原理［M］. 刘絜敖，译. 上海：上海世纪出版集团，2005.［奥］弗·冯·维塞尔. 自然价值［M］. 陈国庆，译. 北京：商务印书馆，1982.［奥］路德维希·冯·米塞斯. 人的行动［M］. 余晖，译. 上海：上海人民出版社，2013.［美］扬奎斯特，萨金特. 递归宏观经济理论［M］. 杨斌，等译. 北京：中国人民大学出版社，2010.

用于解释商品的价值创造和决定问题，即商品价值、经济财富无非是以前劳动所创造价值和现在劳动新创造价值的继承和加总。

显然，如果坚持劳动价值论，那么商品价值量就包含了活劳动创造和物化劳动转移这两种形式，就包含了两部分价值：一部分是当期商品生产中新投入的劳动即活劳动创造的新价值；另一部分是过去投入、已经凝结在生产资料中的物化劳动即旧价值。在商品生产中，如果不使用生产资料，或者只使用丰裕的、无偿免费的自然产品，没有物化劳动、商品价值的转移，那么劳动是形成商品的使用价值、创造商品的价值的唯一手段和源泉，社会平均的劳动耗费直接决定了商品价值。劳动如果已经耗费、实现在商品中，物化劳动与活劳动、生产资料与劳动力相结合是生产商品、活劳动赖以发挥作用的必要的物质条件，那么期初投入的生产资料和期末产出的商品归根结底仍然都是活劳动的产物，活劳动创造了商品新价值并转移了商品旧价值。因此，对于用商品生产的商品，商品交换、价值形成时不仅包括活劳动创造的新价值，而且包括转移、分摊的物化劳动即商品旧价值。

亦如第四章将要分析的，在资本运动、剩余价值生产的货币资本阶段，资本家预付或投入的不变资本和可变资本（c＋v）都是物化劳动形式；在生产资本阶段，v已经转变为资本家支付给工人的工资、工资购买的消费资料和由此形成的工人劳动力，c依然保持物化劳动的生产资料形式，劳动力投入运用即转化为活劳动，凝结在商品中的活劳动、价值量一般大于劳动力价值v，即投入、凝结的活劳动价值量为（v＋m）；在商品资本阶段，凝结到商品中的活劳动即物化劳动需要通过交换而实现其价值，这时商品总价值包括（c＋v＋m）。在资本主义的商品生产和价值形成中，活劳动和物化劳动发挥着不同作用，但只有活劳动创造着价值。正如马克思明确指出的："劳动过程的不同因素在产品价值的形成上起着不同的作用。工人把一定量的劳动——撇开他的劳动所具有的特定的内容、目的和技术性质不说——加到劳动对象上，也就把新价值加到劳动对象上。另一方面我们发现，被消耗的生产资料的价值又成了产品价值的组成部分，例如，棉花和纱锭的价值包含在棉纱的价值中。可见，生产资料的价值由于转移到产品上而被保存下来。"[①]

第三，按照活劳动和物化劳动的性质和作用的理论分析，经济活动的一切结果终归都是劳动的产物，都可以归结为一定数量或时间的劳动凝结，现代经济就是人的活劳动以及物化劳动在个人、企业、行业、地区以至全球的生产、交换和分配，即活劳动以及物化劳动的全社会配置问题。马克思反复指出，社会必须合理地分配自己的劳动时间，才能实现符合社会全部需要的生产。因此，劳动时间的节约或劳动效率的提高，以及劳动时间在不同的生产部门之间的有计划的分配，在共同生产的基础上仍然是首要的经济规律，这甚至在更加高得多的程度上成为规律。[②]

第四，如何理解由成本和利润构成和形成的商品价值？在资本主义经济中，商

---

① 马克思. 资本论：第一卷［M］. 北京：人民出版社，2004：232. 奚兆永. 评所谓"物化劳动和活劳动共同创造价值"论［J］. 经济评论，2002（1）：3－9.
② 马克思. 经济学手稿（1857～1858年）［M］//马克思恩格斯全集：第46卷上. 北京：人民出版社，1979：120.

品价值 w = c + v + m 中的（c + v）是资本家投入的全部资本，即不变资本和可变资本之和，又称为成本、成本价格或生产成本；m 被称为剩余价值、利润或经济剩余，看似由全部资本带来但实际上由可变资本即劳动力 v 创造。由于资本雇佣劳动而生产的商品价值包含了劳动创造价值和资本转移价值，因此就要按照 w = c + v + m 进行商品交换，资本家凭借生产资料私有制，凭借资本雇佣和管理劳动，不仅要收回资本原值（c + v），而且追求资本增殖即剩余价值，追求最大化剩余价值。可见，商品生产和交换中的价值决定、价格波动的价值规律是在资本条件约束下发挥作用的，劳动分工和劳动价值、私有制和资本积累等共同决定着资本主义的商品生产和商品价值。

综上可知，在持续进行的商品生产和交换中，看似简单的商品价值实际上包含两种成分，由两部分构成：一是商品的价值创造，即价值增殖、新价值来源的问题，本次生产过程中新形成的价值（v + m）只是劳动创造；二是商品的价值构成、价值量，即投入劳动力和生产资料而生产出来的商品价值量（c + v + m）的问题，商品价值量包括本次劳动新创造的价值（v + m）和以前生产过程中劳动创造的、转移过来的生产资料价值 c。但在关于劳动价值问题的经济思想史中，自萨伊提出商品价值的生产成本理论以来，一些人或者把活劳动的价值创造、价值本原和物化劳动的价值转移、价值补偿混为一体，一些人使用诸如"价值决定""价格形成"之类的内涵含糊、善变的某一概念来定义、解释新价值创造、旧价值转移等不同性质、不同构成、不同层次的多种经济现象，还有一些人以劳动创造的新价值（v + m）不等于或小于商品价值量（c + v + m），以商品交换、经济核算上的生产投入论、价值构成论来否定或替代劳动价值论。

关于活劳动和物化劳动、资本和成本、商品价值和剩余价值生产等问题，第四、第五章等部分将继续分析。

（五）生产劳动和非生产劳动

如何全面认识经济活动中的劳动属性，如何划分经济活动、人类活动中的生产劳动和非生产劳动？这是一个争论至今的理论问题。

政治经济学最初是从哪些部门的劳动能够带来、实现商品价值，进而从如何生产商品、创造商品价值、创造剩余价值的角度，讨论生产劳动和非生产劳动问题，生产劳动不仅是直接投入物质资料生产领域的劳动，更是直接增殖资本的劳动或者直接生产使用价值的劳动。按照重商主义的理解，财富或价值来自国际贸易的顺差或金、银货币的流入，只有生产那些进出口有盈余的商品的劳动才是生产劳动，国家财富体现在金、银的积累上。重农主义认为，生产提供各种物质资料的农业是物质财富的唯一或主要来源，而工业只是变更或组合已存在的物质财富的形态，商业也只是变更了物质财富存在的时间、地点，工业、商业都是非生产性的，只有农业劳动才是生产劳动，农业投入和产出的使用价值差额构成了纯产品。马克思认为纯产品学说虽有错误，但暗含了价值和剩余价值起源的理论萌芽。

对于生产劳动与非生产劳动，斯密指出一国国民每年劳动生产力即供给状况的好坏，不仅取决于一国国民劳动的熟练、技巧、判断力等劳动性质，而且取决于国民每年从事有用劳动和不从事有用劳动的比例。[①] 进而，斯密提出了关于生产劳动两个虽有关联但并不一致的命题：(1) 基于商品生产和交换的角度，生产是指有形的物质产品（货物）的生产，物质产品比服务更耐久，生产劳动是指作用于物质产品生产上的劳动，生产劳动是指生产商品价值且劳动可凝结在有形商品上的劳动；非生产劳动是指提供劳动服务的过程，劳动不能凝结在有形商品上的劳动。可见，这一生产劳动命题包含两个要点：一是劳动必须作用于有形的物质产品的生产过程；二是劳动产品是可交换的商品。(2) 基于资本家的角度，生产劳动是指生产剩余价值（利润）、积累资本的劳动，即可直接与资本相交换，是既产生工资、又为资本家提供利润的劳动，而非生产劳动是不能生产利润的劳动。

马克思批判性继承了斯密等人提出的生产劳动和非生产劳动的思想，认为斯密的前一个命题虽然将家仆、官吏等职业的劳动划为非生产劳动，具有反封建的意义，但生产劳动的命题不应当基于劳动或商品的自然属性，而应当基于劳动的社会属性、资本属性；后一个命题基于资本所有者、资本家的角度，揭示了资本主义生产中的劳动特殊性质。在马克思的理论中，生产劳动的概念包括两方面的含义：(1) 按照劳动及其产品的自然性质，生产劳动是指生产物质资料、创造物质财富、满足人类需要的劳动，在市场经济中就是用于生产商品、创造商品价值的劳动，以及物质资料生产过程在商业领域中延续的运输、包装、保管等各种生产性劳动，主要是农业、采矿业、制造业、建筑业、运输业、通信业、餐饮业、房地产业等生产物质资料的企业、行业的劳动。(2) 按照劳动及其产品的社会性质，生产劳动是指体现特定社会的生产关系的劳动，在资本主义经济中就是被资本购买和雇佣、用于直接生产剩余价值的劳动，就是能够给产业、商业、银行等资本家生产利润的雇佣劳动，此外的劳动则是非生产劳动。例如，一个丑角为资本家剧院雇佣，既领取工资，又通过市场演出而实现剩余价值，他是生产劳动者；一个裁缝，为资本家家庭缝制衣服，只获取工资，衣服不用于市场交换，他不是生产劳动者。

不过，随着知识生产、技术进步、教育发展和产业更新，随着社会分工和商品交换的日益发达，商业、金融业、生产服务业、消费服务业等从生产部门不断分离和独立，21世纪的人类社会逐渐转入了基于知识的生产、传播和应用的知识经济、后工业经济，马克思时代的家庭仆役、土地贵族、教会人员等非生产性人口逐渐减少，许多非生产性人口进入了劳动力市场或者被资本雇佣，生产技术、企业形式、产品形态、产业结构、就业结构、消费结构等经济活动与马克思时代发生了巨大的变化，欧美发达国家的服务业的就业和产值比例纷纷超过农业和工业之和，以往的生产劳动和非生产劳动、物质资料生产和非物质资料生产，以及物质资料生产中的生产资料生产和消费资料生产的划分标准和分析结论已失之偏狭，生产劳动和生产劳动者的概念和范围必须调整。20世纪30年代以来，英国A. G. B. 费希尔、美国

[①] [英] 亚当·斯密. 国民财富的性质和原因的研究（上卷）[M]. 郭大力, 王亚南, 译. 北京：商务印书馆，1972：2.

C. G. 克拉克等人提出了三次产业的理论，服务和服务业现在已经成为国际通行的产业结构分类标准，国际收支中的经常项目也分为了货物贸易和服务贸易（无形贸易）。再如德鲁克 1959 年《明天的地标》、1993 年《后资本主义社会》探讨了知识工人、知识社会问题，弗里茨·马克卢普 1962 年出版《美国的知识生产与分配》，丹尼尔·贝尔 1973 年《后工业社会》、马克·波拉特 1977 年《信息经济》、夏皮罗和瓦里安 1998 年《信息规则》等探讨了从工业社会向信息社会的转型发展，20 世纪八九十年代我国学术界也探讨了劳动价值、生产劳动等问题。

例 2-3　三次产业的划分和演变

按照经济活动的劳动对象、发展顺序和相互关系，参考英国 A. G. B. 费希尔、美国 C. G. 克拉克等人提出了三次产业和服务业的理论，经济活动各部门被分为第一产业、第二产业和第三产业，或者，这三次产业又被称为广义的农业（包括种植、畜牧、林业、渔业等）、工业和服务业，相应的商品分为农业产品、工业产品和服务产品，对三次产业可以根据就业人口、产值（增加值）等指标进行统计和分析。各国对三次产业的定义和划分标准不尽一致，中国在 1985 年、2003 年、2012 年、2018 年相继颁布、调整三次产业划分范围，其中第一产业是指农、林、牧、渔业（不含农、林、牧、渔专业及辅助性活动）；第二产业是指采矿业（不含开采专业及辅助性活动），制造业（不含金属制品、机械和设备修理业），电力、热力、燃气及水生产和供应业，建筑业；第三产业即服务业，是指除第一产业、第二产业以外的其他行业。随着产业革命、社会分工和经济增长，第一产业的比重和地位处于不断下降的状态，第二次产业先是稳定增长后缓慢下降，第三次产业处于不断上升之中。根据 S. 库兹涅茨研究和联合国、世界银行的统计数据，1801 年英国、1839 年美国、1850 年德国、1946 年日本还是一个农业产值远大于工业的前工业化国家。1841 年英国工业产值是农业产值的 1.5 倍，1924 年农业、工业、服务业产值之比约为 4∶51∶45，2005 年三者之比为 1∶26∶73，2020 年三者之比为 1∶17∶82；1929 年美国农业、工业、服务业产值之比约为 20∶42∶49，2005 年三者之比为 1∶22∶77，2020 年农业、工业、服务业之比为 1∶18∶81；1965 年日本农业、工业、服务业产值之比约为 10∶43∶47，2005 年三者之比为 1∶31∶68，2020 年三者之比为 1∶26∶73。

资料来源：[美] 西蒙·库兹涅茨. 现代经济增长 [M]. 戴睿，等译. 北京：北京经济学院出版社，1989. 根据《2007 年世界银行发展报告》《2022 年世界银行发展报告》等资料整理。

那么，如何理解和完善生产劳动理论？从劳动及其产品性质上看，生产劳动是生产了商品、创造了剩余价值的劳动。因此，不能机械地定义生产劳动的概念，不能狭隘地圈定生产劳动的范围，可以从劳动的主体性、劳动的过程、劳动的结果等方面界定生产劳动。① （1）生产劳动都是以人为劳动主体的劳动，脱离了人的劳动主体的使用价值形成过程就不是生产劳动，比如形成自然资源的天体运行、地质活动，植物、动物的自然生长就不是生产劳动。（2）生产劳动是投入劳动力和生产资料、直接参与物质资料生产的完整劳动。完整的生产劳动、生产过程不仅包括物质资料的加工、操作过程，而且应当包括生产的研究开发、规划决策、监督评估、市场营销等活动。（3）生产劳动是人类创造货物（有形产品）和服务、生产资料和消费资料的活动。生产劳动创造的物质资料不能局限于有形产品或货物，物质资料或商品应当包括了有形产品（货物）和服务两大部类，这两大部类的物质资料都具有自然性质和社会性质，都是物质资料的存在形式，都是满足人的私人性和公共性、物质性和精神性的需要的商品。生产劳动创造的有形产品和人类积累的财产不仅包括传统的不动产和动产，而且包括知识资产。资本雇佣、支付工资的科学家、诗人、教师、医生的劳动也是生产劳动，尽管斯密等人不把训练、保持劳动能力的教师、医生等类的劳动看作生产劳动②。因此，创造了能够满足人类需要的有形产品和服务、不动产、动产和知识资产的劳动都是生产劳动。

从劳动的自然性质和社会性质来看，生产劳动不只是生产物质资料、创造剩余价值的劳动，而且是基于分工、交换、社会再生产的劳动。因此，那些直接生产物质资料的企业和行业的劳动当然是生产劳动。比如在农业、采矿业、制造业、建筑业等物质资料生产的行业和企业，直接加工物质资料的工人劳动是生产劳动，在物质资料生产部门从事研究开发、企业管理等内部分工的各种劳动当然也是物质资料生产的劳动组成部分。在传统的农业、采矿业、制造业、电力供水等业、建筑业等物质资料生产的企业和行业之外，如何认识第三产业提供生产、生活类商品的劳动，如何认识研究开发、教育培训、新闻出版等生产、传播和应用知识的、形成人的劳动力的劳动？如何认识银行、信托、保险、证券等金融行业的劳动，以及人类的法律制度、公共管理等政治上层建筑与经济发展之间的关系？从社会再生产的角度看，如果完整的价值和剩余价值生产过程包含了商品生产和实现的阶段，如果资本必须采取独立的产业资本、商业资本、生息资本、公共资本等不同形式，那么诸如从传统的农业、工业等产业中独立出来的，但又直接生产提供物质资料的交通运输、邮政、电信、研究开发、教育培训、新闻出版、专业技术服务等行业的部分劳动，直接形成劳动力的教育培训、体育、医疗等行业的部分劳动，也应当是社会再生产、生产劳动的必要组成部分，也通过社会分工、交换协作而共同、直接参与了价值和剩余价值生产，例如当代发达国家产值占比70%的服务业其实约有一半是直接服务于工农业的，那么就应当调整生产劳动的概念，扩大生产劳动、工农业的统计范围。

在资本主义经济中，生产劳动即便是特指直接生产商品、创造商品价值、创造剩余价值的劳动，主要是指资本主义农业、工业部门以及服务业某些生产商品行业的劳动。把研究开发、教育培训、新闻出版、餐饮、邮政、电信、体育、医疗、商

---

① 白暴力. 价值价格通论 [M]. 北京：经济科学出版社，2006：74-81.
② 马克思恩格斯全集：第二十六卷 [M]. 北京：人民出版社，2014：142-318.

业、金融、公共服务等为商品生产和生活消费服务行业的部分劳动归结为非生产性劳动。那么，生产劳动也只是资本主义经济活动的一部分，非生产性劳动也是生产、交换和分配商品价值和剩余价值、最终完成人们的消费满足的外部性、辅助性的劳动，其劳动创造的价值也要转入、计入生产劳动所创造的商品价值、剩余价值之中，生产劳动和非生产劳动都构成了完整的社会总劳动，诸如商业、金融等传统的和研究开发、教育培训、新闻出版、电信、体育、医疗等后起的劳动和资本都应当参与价值和剩余价值的分配，其从业者都应当获得工资和利润，都是政治经济学研究的内容。再退一步，传统的经济活动之外的知识、政治等部门也为经济活动的有序有效运行和发展提供了必要的、基础性的社会条件，知识、政治等部门的劳动和资本也可以分解、加总到社会总劳动、总资本之中，也应当参与价值和剩余价值的分配。此外，对于失去了劳动能力又缺乏足够的收入和财产的人群，社会也需要通过慈善、社会救济等方式而满足他们的基本生存需要。

四、商品的价值、价值量与劳动生产率

商品价值包含两重意义：不仅有其质的规定性，即价值的劳动创造和社会属性，某种商品具有交换其他商品的本体和能力；而且有其量的规定性，即每种商品凝结着不同的劳动量，一定单位的某种商品具有多大的交换能力或交换价值量。商品价值量也包含两种意义：一是某种、单位商品的价值量，如一斤某种苹果、一部某品牌、型号手机的价值量的大小，这取决于生产该种商品的社会必要劳动量；二是该种商品的价值总量或总价值量，即在一定时间内生产的全部该种商品的价值总和。

（一）劳动的计量和比较

商品是劳动产品，人类的一般性劳动创造、决定着商品的价值，劳动是价值的源泉。然而，劳动者的体力和脑力不同，劳动熟练程度和强度不同，导致劳动所生产的商品和所实现价值也不同，即劳动具有简单劳动和复杂劳动、私人劳动和社会劳动的差异。商品生产还要投入生产资料，商品价值中包含以前劳动所创造、转移而来的生产资料价值。那么，劳动如何决定某种商品的价值，如何定性和定量分析劳动，用什么作为劳动的基本量，用什么标量作为计算劳动量的单位？如何分析劳动与商品价值之间的关系，如何分析和比较不同生产者的劳动、不同种商品的价值？这就要以动词的劳动为对象和内容，结合与劳动直接相关的劳动能力、劳动耗费、劳动结果，结合生产劳动的组织形式、资本结构、产业结构和市场结构，分析商品生产、交换和分配中的劳动性质及其数量问题。

劳动既然是形成、决定商品价值的本原的、普遍的、唯一的因素，那么劳动如何形成、决定着商品价值，每个劳动者、生产者的劳动是否直接决定了市场中的商品价值？从哪一个角度、用哪一种基本量或尺度可以真实、普遍、低成本地衡量和分析商品的劳动耗费和价值、价格，是劳动能力、劳动时间、能量、标准商品、货币单位还是什么？古典经济学家曾经殚精竭智地从劳动能力、劳动时间、劳动产出

等环节，寻求度量劳动、价值的真实、普遍、稳定性的基本量问题。如斯密假设谷物的劳动大致不变，李嘉图长期苦恼于劳动的时间尺度而在 1817 年提出单一产品的谷物经济模型，马尔萨斯提出以一天的劳动收益作为尺度，魏特林主张废除货币而用劳动时间衡量价值，后来的斯拉法 1963 年提出"用商品生产商品"的投入产出模型，琼·罗宾逊 1953 年提出的异质资本加总问题又引起了 20 世纪六七十年代两个剑桥的资本争论。[①] 劳动能力是劳动者通过教育、医疗等方面的投入而形成的，可否借助教育年限、学历等级、职称等级、职业技术等级等手段而显示、评价劳动能力，可否用人口再生产、劳动力形成中所投入的货币工资衡量劳动力？劳动的过程和数量与劳动时间相关，劳动时间以及小时、日等时间单位似乎是衡量劳动的天然尺度？劳动是投入体力和智力、消耗物质或能量的过程，可否用投入和耗费的物质的质量以及千克单位、能量以及焦耳、卡路里单位衡量劳动？劳动创造了商品和价值，可否用商品价值衡量劳动？

马克思为什么选择时间作为衡量劳动量的基本量，用小时作为计量劳动量的基本单位？运动是物质的基本属性，物质运动表现为空间的广延性、时间的持续性。劳动既然是人这种社会生物的劳动能力的运用过程，是人消耗其体力和脑力而生产商品的劳动过程，而不同劳动者生产同样的商品的劳动耗费、劳动结果或劳动生产率并不一样，甚至差距巨大，那么如何测度、计算生产劳动这种兼有物质性、社会性的人类活动？物理学描述物质运动的时间的基本单位是秒，以及分、小时、日、月、年等，描述物质运动的能量的基本单位是焦耳（J），能量中的热能的单位是卡（卡路里）。人的劳动过程是体力和脑力的耗费过程，时间、能量等似乎都是计量劳动耗费的基本尺度。恩格斯把细胞学说、能量守恒定律、生物进化论称为 19 世纪的自然科学三大发现，马克思研究政治经济学时认为人的生命历程和劳动过程表现为时间的延展，提出了时间是计量生产商品的劳动及其数量的天然尺度，而没有采用能量单位计量劳动，或许因为人类劳动的物质或能量耗费难以有效测量和直观显示。比较而言，如果只是从理论上定性分析劳动量和价值量，假设生产条件相同，不同人在不同职业、不同行业的劳动投入或劳动耗费是均质的，或者单位时间的简单劳动和复杂劳动之间的劳动耗费数量是可以比较和换算的，那么耗费在商品中的劳动量、凝结在商品中的价值量与劳动时间成正比，诸如小时、日等众所周知的时间单位虽嫌简单粗糙，但也不失为一种简易直观的计量单位。对于不同时期、不同国家的单位时间劳动量比如 1 小时劳动的价值或购买力，人们如今还进行了国际比较，比如美国、日本或中国的 1 小时劳动可以购买多少个汉堡包，或者多少小时劳动可以购买一件苹果公司的 iPad Air2 产品？

如果以劳动时间计量生产商品的劳动及其数量，如何定义劳动时间？劳动时间这个概念由"劳动"和"时间"两个词语组合而成。劳动的时间数量可以简单地用诸如秒、小时以及日、年等自然单位作为尺度，困难的是单位时间的劳动如何定义

---

① Robinson, Joan. The Production Function and the Theory of Capital [J]. Review of Economic Studies, 1953 (2): 76 – 90.

和计量。显然，生产同种商品，不同劳动者或生产者的单位时间的劳动量往往不同，以什么样生产者的劳动作为统一标准？马克思明确提出，商品价值是指某一商品即同种商品的价值，决定商品价值、需要定义的劳动不是私人的个别劳动，而是在整个市场范围内生产同种商品的社会正常的、平均的劳动，因此就可以把同一行业、同一市场范围内的全部生产者生产该商品的正常的、平均的劳动耗费作为劳动时间中的"标准劳动"，马克思称为"社会必要劳动"，这一社会必要劳动时间是统一计算、比较生产该商品的每一个生产者个别劳动的标准尺度，只以社会必要劳动时间计算劳动时间。[①] 进而，以各种商品的社会必要劳动时间作为计量劳动的标准尺度、以小时作为计量劳动的基本单位，应当就可以对全社会的商品生产，对各个企业、各个行业和全社会的商品生产的劳动和劳动价值进行定性和定量的理论分析了。当然，由于市场是发现和衡量劳动投入、劳动价值的最优方式，货币单位和市场价格才是衡量、计算劳动投入和商品价值的普遍有效的方法，如马克思《资本论》往往还使用英国货币的本位货币单位镑、辅币单位先令、便士来计量劳动量。

从生产劳动的组织形式和市场结构上看，每种商品的生产者可以是单独劳动者或企业联合劳动者，可以是垄断的、寡头的和充分竞争的生产者。在某生产者垄断的市场上，生产者的劳动直接形成、决定了商品价值；在多个企业的市场上，马克思以私人劳动和社会劳动、个别劳动时间和社会必要劳动时间分析了劳动通过联合生产、竞争提供的方式而形成、决定商品价值。

（二）私人劳动和社会劳动

劳动创造商品价值，劳动量由劳动时间衡量，劳动量决定商品价值量，但商品价值是指市场交换而形成的社会价值、市场价值、国际价值。但生产者的劳动首先和直接表现为每个生产者的私人劳动、个别价值，私人劳动、个别价值是否直接决定了商品价值，如何比较各个生产者的劳动投入和产出？每个生产者的劳动是否能够被社会所认可、是否能够被全部交换？这就需要分析商品生产的私人劳动和社会劳动问题。

对于私人劳动与社会劳动，可以从两方面认识。(1) 商品生产实际上是私人劳动。在私有制和社会分工条件下，每个生产者在什么条件下生产什么、生产多少、如何生产、为谁生产商品，劳动时间多长，劳动生产率如何，产品如何销售，这些都是每个生产者在一定的条件约束下独立、分散地决策和竞争性完成的，收入也归生产者私人占有、分配和消费，商品生产劳动实际上是私有制和社会分工下的个别劳动、私人劳动。(2) 商品应当为交换而生产，私人劳动应当是社会劳动。比较而言，如果同一种商品只有一个生产者即垄断性市场，商品交换只发生在短暂的时间和狭隘的范围，甚至只是买卖双方一对一的交换，比如孤岛上只有鲁滨孙和另一个居民，两人之间劳动分工，商品互补，依约生产，那么单方提供的私人劳动容易全部转化为社会劳动，商品生产者的私人劳动往往就直接决定了商品价值。社会劳动

---

① 马克思. 资本论：第一卷 [M]. 北京：人民出版社，2004：220.

是指在私有制和社会分工为基础的市场经济中，生产商品的劳动所具有的社会性质和社会数量，是通过市场交换而实现了价值的那部分劳动。由此，生产者的私人劳动是众多企业分散地、竞争性地生产和交换商品，私人劳动必须转换为社会劳动，私人劳动总必须形成社会总劳动。在自由竞争的市场中，私人劳动生产的产品是否满足社会需要，个别劳动时间是否等于社会必要劳动时间，企业独立、分散的私人劳动能否成为社会劳动的一部分，这都有待于市场交换的落实和证明。

在现实的商品生产和交换中，由于同一种商品的生产者往往不是一家企业而是众多企业，商品往往也不是为一人或一家企业独家购买而是为众人或众多企业独立、分散购买。由此，商品价值就要由市场竞争中的社会必要劳动决定，企业的个别劳动时间只有不大于社会必要劳动时间，产品只有销售出去，实现其劳动价值，生产者的私人劳动才会被社会承认，转化为社会劳动的一部分。只有当众多生产者生产供给的商品在品种结构和价值数量上恰好都等于社会总需求，众多生产者的私人劳动才能够转换为社会劳动。进入资本主义时代，商品生产和交换的私人劳动与社会劳动之间矛盾转化成为资本主义私有制与社会化、市场化、全球化大生产之间矛盾，分工与交换、具体劳动与抽象劳动、使用价值与价值、个别劳动与社会必要劳动、私人劳动与社会劳动、个别价值与社会价值等等之间的矛盾都是在这一矛盾的基础上产生出来并受到它的制约，这些矛盾的存在和运动决定着工人、资本家等社会主体和市场经济的命运，这一矛盾的全面激化导致了资本主义的经济危机和政治危机。

（三）社会必要劳动时间

对商品生产的简单劳动和复杂劳动、私人劳动与社会劳动、商品的价值和价格的理论分析，必须从对某种商品、某一企业的生产和交换开始，分析单位商品生产的个别劳动、个别价值和社会必要劳动、社会价值，进而分析不同种类、不同行业的商品的生产和交换，最后分析全社会的商品生产和交换问题，商品价值是由生产商品的社会必要劳动决定的价值。然而，这种看似简单的分析和证明，就需要一定的理论、方法和技术手段的支持，诸如微观和宏观、静态和动态、均衡和非均衡、局部均衡和一般均衡、封闭经济和开放经济等分析方法，规范分析和实证分析、逻辑实证和经验实证、定性分析和统计、计量等定量分析等技术手段，包括微积分、概率论、数理统计、投入产出、线性代数、线性规划、集合论、拓扑学、博弈论等数学工具。对于商品生产的社会必要劳动时间，我们分别从某种商品生产、全社会商品生产的角度展开分析。

第一，从某种商品生产的角度，即微观的、静态的、局部均衡的角度，对商品生产的劳动、社会必要劳动及其时间进行分析。微观分析是指以单个的生产者、消费者、市场的经济活动作为研究对象，研究经济活动中的单个经济单位的经济行为，以及相应的经济变量的单项数值如何决定的研究方法。微观分析将经济中的宏观运动归结为个体行为的结果，而个体经济行为应当是动机、手段、过程、结果被清晰定义和分析的经济行为。竞争性市场是指供求或买卖人数众多，生产要素自由流动，价格竞争形成，买者和卖者是价格的接受者，经济行为受价格调节，充分竞争的市场结构。均衡是从牛顿、拉普拉斯等经典物理学引进的概念，物理学中的均衡表示同一物体同时受到几个方向不同的外力作用而合力为零时，该物体所处的静止或匀速直线运动的状态。在马歇尔的经济理论中，均衡概念是指经济活动中各种对立的、变动着的力量处于一种力量相当、相对静止的状态，这时任何调整价格、产量的决策已不可能增加收益，如消费者均衡、生产者均衡，均衡价格、均衡产量。经济学中的均衡分为局部均衡和一般均衡、静态均衡和动态均衡。其中静态均衡是指系统的各个存量、流量等因素或变量数值都不随时间变化而改变的一种状态，而系统的技术、生产要素、个人偏好等因素随时间变化而改变的则是动态均衡；局部均衡是假设在其他条件不变的情况下，分析某一时间、某一市场的某种生产要素或商品供给与需求达到均衡时的价格决定；一般均衡是在各种生产要素和商品的供给、需求、价格相互影响的条件下，分析所有生产要素和商品的供给、需求同时达到均衡时所有商品的价格如何被决定，它是关于整个经济体系的价格和产量结构的一种研究方法。

从静态、局部均衡的角度看，某种商品的生产和交换是指只分析一定时间和地域的某种商品的生产者和生产劳动状况，以及生产该商品的社会必要劳动时间，而暂不考虑其他商品的生产劳动状况和社会必要劳动时间，不考虑其他商品生产对该种商品生产的影响，不考虑技术进步、劳动生产率等因素变化对商品价值的影响。在竞争性市场上，众多生产者生产某种商品，众多消费者对该种商品具有一定量的需求，商品生产的分工、生产和交换是由众多生产者、消费者参与的竞争性市场来组织协调的，商品的价值及价格是供求均衡时的价值及价格。

那么，在静态、局部均衡的条件下，某种商品的价值如何决定？李嘉图《政治经济学及赋税原理》开篇即言：商品的价值或其所能交换的任何另一种商品的量，取决于其生产所必需的相对劳动量，而不取决于付给这种劳动的报酬的多少。① 马克思《资本论》第一卷第一章主要分析了商品生产的价值决定问题，某种商品的价值决定于商品生产的劳动耗费时间，但不是决定于某个生产者的私人劳动时间，而是决定于通过生产者的分工生产、市场竞争、供求平衡而形成的社会必要劳动时间，决定于在社会正常的生产条件下的社会必要劳动时间。由此，马克思提出了关于商品价值的社会必要劳动时间的第一个定义："社会必要劳动时间是在现有的社会正常的生产条件下，在社会平均的劳动熟练程度和劳动强度下制造某种使用价值所需要的劳动时间。"② 这一定义中的"现有的"是指特定时间、特定范围的社会必要劳动时间；"生产条件"是指商品生产中的劳动对象、劳动工具、生产技术、生产规模、产品种类、劳动环境等自身的内部条件，以及市场性质、市场规模、法律制度、政府管理、知识生产、道德风俗、自然环境等外部的社会条件和自然条件；"社会正常""社会平均"是指满足社会的需要的某种商品的所有生产者的社会平均水平

---

① ［英］大卫·李嘉图. 政治经济学及赋税原理［M］. 郭大力，王亚南，译. 北京：商务印书馆，2013：7.
② 马克思. 资本论：第一卷［M］. 北京：人民出版社，2004：52.

或中等水平，是供求均衡时的生产条件和劳动熟练程度和劳动强度，社会平均水平一般用简单算术平均数或加权算术平均数计算，有时也用中位数、众数等计算；"劳动熟练程度和劳动强度"是对人类一般劳动的质和量的衡量和比较，劳动熟练程度涉及劳动的熟练性、复杂性、技巧、知识、判断力、有效性等方面的差异，劳动强度是指单位时间的劳动投入、消耗数量；"某种使用价值"是指某一种类、某一市场的商品，是某一单位如一件、一辆、一千克、一升的商品。

马克思《资本论》第三卷第十章继续分析了商品的市场价格和市场价值问题。商品价值既是生产问题，是制造某种使用价值所需要的社会必要劳动时间，商品价值又在供求双方构成的市场上具体地、现实地表现出来。马克思认为，若使商品交换的价格接近于其价值，就需要：不同种商品的交换不是偶然的或一时的现象；交换双方大致按照符合彼此需要的数量来生产商品；没有任何自然的或人为的垄断现象。私人生产的商品按照其市场价值、社会价值而非其个别价值相互交换。"市场价值，一方面，应看作是一个部门所生产的商品的平均价值，另一方面，又应看作是在这个部门的平均条件下生产的并构成该部门的产品很大数量的那种商品的个别价值。只有在特殊的组合下，那些在最坏条件下或在最好条件下生产的商品才会调节市场价值，而这种市场价值又成为市场价格波动的中心。"①

商品生产劳动一般还是劳动力因素与生产资料等物的因素的结合和作用的过程，是劳动者运用劳动资料作用于劳动对象的生产过程，商品的价值量包括活劳动新创造的价值和生产资料转移的价值。这样，社会必要劳动时间既是商品生产者的劳动力耗费即活劳动创造新的价值的劳动时间，同时还是通过劳动把劳动资料、劳动对象的原有价值转移到产品中的劳动时间。因此，社会必要劳动时间既由劳动熟练程度、劳动强度等活劳动性质的决定，又受到劳动资料、劳动对象等自身条件、外部条件等生产条件的制约，生产条件不创造价值但影响劳动生产率和价值构成。

第二，从全社会劳动配置的角度，即宏观的、一般均衡的角度，分析商品生产、价值决定的社会必要劳动时间。在全社会各种商品生产和交换的一般均衡框架中分析社会必要劳动时间，就要分析各种商品的生产劳动的相互影响和生产劳动在各种商品的社会分配，分析私人劳动向社会劳动的转化。某种商品的社会必要劳动时间是在社会再生产的结构和过程中形成的，是通过全社会生产者之间的自由竞争、生产者和消费者之间的自由交换而形成的。

马克思《资本论》第一卷第一章指出："形成价值实体的劳动是相同的人类劳动，是同一的人类劳动力的耗费。体现在商品世界全部价值中的社会的全部劳动力，在这里是当作一个同一的人类劳动力，虽然它是由无数单个劳动力构成的。每一个这种单个劳动力，同其他劳动力一样，都是同一的人类劳动力，只要它具有社会平均劳动力的性质，起着这种社会平均劳动力的作用，从而在商品生产上只使用平均必要劳动时间或社会必要劳动时间。"② 注意，马克思强调的是"体现在商品世界全

---

① 马克思. 资本论：第三卷 [M]. 北京：人民出版社，2004：198–199.
② 马克思. 资本论：第一卷 [M]. 北京：人民出版社，2004：52.

部价值中的社会的全部劳动力",是在资本主义社会再生产的范围内分析社会必要劳动,这个社会再生产的范围可能是某个地区、国家以至全世界的市场。显然,在开放经济、技术进步的条件下,必须从全球的、动态的角度分析商品价值的社会必要劳动问题。马克思、恩格斯1848年《共产党宣言》指出:资产阶级,由于开拓了世界市场,使一切国家的生产和消费都成为世界性的了。

马克思《资本论》第三卷明确提出了关于商品价值的社会必要劳动时间的第二个定义:"如果说个别商品的使用价值取决于该商品是否满足一种需要,那么,社会产品总量的使用价值就取决于这个总量是否适合于社会对每种特殊产品的特定数量的需要,从而劳动是否根据这种特定数量的社会需要按比例分配在不同的生产领域(我们在论述资本在不同的生产领域分配时,必须考虑到这一点)。在这里,社会需要,即社会规模的使用价值,对于社会总劳动时间分别用在这个特殊生产领域的份额来说,是具有决定意义的。"[①] 这就是说,还必须从社会总资本、社会再生产,从社会总供给和总需求的统一、均衡的角度,分析形成商品价值的社会必要劳动时间。某种商品的社会必要劳动时间是生产劳动在各种商品的社会分配结果,换言之,是社会总劳动在各种商品的生产和交换中的配置结果,是在不同种商品的供求影响下而形成的。

从历史的、比较的角度看,劳动生产率或经济效率还有静态效率与动态效率之分。静态效率指一定时期内、生产方法、偏好不变、制度稳定等条件下的经济效率,而动态效率指长期或跨期的、技术进步、经济创新、制度变革等条件下的经济效率。当资本主义成为普遍性的生产方式,在知识生产、技术进步、经济创新、制度变革等推动下,商品生产不仅可能改进静态效率,还会改进动态效率。

上述关于社会必要劳动时间的两个定义,角度不同,实质一致,都是对商品的劳动价值的统一解释,只不过前者侧重于微观静态角度和价值决定,后者侧重于宏观动态角度和价值实现,并不存在所谓的商品价值既取决于技术条件、生产率又取决于社会需求或社会供求的理论冲突。一方面,同种商品生产者通过自主生产、自由竞争的市场过程,形成了某种商品生产的社会必要劳动时间,即单位商品的价值,每种商品、各种商品的生产者的自主生产、自由竞争是社会大生产、社会再生产的微观基础,依此生产各种商品的劳动就构成了社会总劳动。另一方面,每种商品生产者的生产和交换都不是在某一行业或地域中孤立、封闭环境中进行的,而是在社会大生产、社会再生产的动态、交互网络中进行的。每一商品的生产者都与其他商品生产者之间发生着各种各样的社会关系,他们通过社会大生产、社会再生产而形成了每种商品生产的社会必要劳动或社会价值,进而又形成了第七章所述的平均利润和生产价格,通过市场竞争、生产要素流动而实现了社会总劳动、总资本的有效配置。可以说,社会必要劳动的"社会"一词,既指各种商品的生产者,同时包含着各种商品的消费者,广义上还应当包含着与经济相关的知识、政治、自然等条件,商品生产的劳动是私人劳动和社会劳动统一,是全体社会成员之间的分工、生产、

[①] 马克思. 资本论:第三卷 [M]. 北京:人民出版社,2004:716.

竞争、交换、分配和消费活动。

对于商品生产的社会必要劳动时间和个别劳动时间，马克思将社会必要劳动时间形成的商品价值称为商品的社会价值、市场价值，将生产商品的私人的、个别的劳动时间称为个别价值。商品的价值是指社会价值、市场价值，不是个别价值，个别价值等于社会价值的商品生产者的私人劳动才能够全部转换为社会劳动，大于或小于社会价值的私人劳动只能部分或超额转换为社会劳动。而且，如果某企业生产商品的个别劳动时间正好等于社会必要劳动时间，该企业可称为标准企业，标准企业一般是在该行业的平均条件下生产的且占有该行业很大生产份额的企业，在垄断、灾害等特殊情况下也可能是最好条件下或最坏条件下生产商品的企业，该企业的个别价值也就等于并可以视为该行业、该商品的社会价值。

关于社会必要劳动时间，还要说明两点。（1）对于商品生产和交换，其社会必要劳动时间的社会形成过程是通过私有制生产者之间的市场竞争和交换过程完成的，是不断试错、迂回曲折的间接社会过程。比较而言，竞争性市场而非中央计划机构才是发现、计算劳动量、实现商品价值的基础方式，竞争性、稳定性发行的货币单位而非时间单位才是表示劳动量、劳动时间、价值量的一般尺度。（2）与决定商品价值的社会必要劳动时间相关的、相对的是分散个别的私人劳动等概念，社会必要劳动时间中的"必要"是指形成、决定商品价值的充分必要的社会平均的劳动时间。马克思在分析劳动力的劳动时间、劳动力价值和剩余价值生产时，又提出了必要劳动和剩余劳动概念，必要劳动是生产劳动力商品价值的劳动，不能混淆商品价值的社会必要劳动与劳动力价值的必要劳动这两个概念。

如果劳动创造商品价值，社会必要劳动决定单位商品的价值，价值是人类劳动的在物质资料中的凝结。那么，某种商品价值量是如何决定和计量的？当然是由生产该商品的社会必要劳动量、社会必要劳动时间长短决定的。假设生产条件相同，劳动同质，那么生产某种商品或不同种商品的社会必要劳动量越大，即社会必要劳动时间越长，那么该商品的价值量也就越大；假设生产商品的社会必要劳动量不变，那么该商品的价值量也不变。

马歇尔关于商品的生产成本、供给价格的概念当然不同于马克思，但他的静态均衡分析及其代表性企业概念或许受到马克思的启发，与马克思的社会必要劳动、商品价值的分析方法似有异曲同工、暗通款曲之妙。马歇尔假设，他所研究的生产某种商品的代表性企业必须是：在一个竞争性市场上，它具有相当的历史和相当的成功，它是由正常的能力来经营的，它能正常地获得属于那个总生产量的内部经济和外部经济；而对于它所生产的货物之种类，货物之销售情况以及一般经济环境，也是要加以考虑的。[①] 事实上，马歇尔的许多概念和理论还是对古典学派、边际学派和其他学派的综合或折中，马歇尔之后的经济理论则回避或抛弃了古典学派的许多思想。马克·布劳格则认为，马歇尔的代表性企业不是算术平均数、中位数或众

---

① ［英］马歇尔. 经济学原理：上卷［M］. 朱志泰，译. 北京：商务印书馆，1964：327.

数含义的企业，而是具有平均生产成本的企业。①

（四）商品价值的构成

人类生产劳动之初，劳动产品或商品的全部价值都是活劳动的凝结，商品价值量取决于社会必要劳动量。斯密最初就是把价值取决于劳动时间这一命题的适用范围限定于蛮荒的原始社会：土地等自然产品无主，可以无偿地使用；物质资料或资本也尚未积累。在这种条件下，生产只依靠人类胼手胝足地进行，唯一决定商品交换比例的就是商品生产中所耗费的一般性的人类劳动。如前所述，商品的价值量如果用 w 表示，商品生产中的劳动创造的新价值用 v 表示，假设生产之初，商品价值全部是劳动创造，那么商品价值量 w = v。

在此之后，生产持续、循环进行，产品开始剩余，财产开始积累，人类劳动过程往往就不再是劳动直接作用于自然产品之上，而是人与劳动资料、劳动对象等生产资料或商品相结合，人的劳动作用于商品的商品生产过程。这时，生产的商品不仅凝结了活劳动，而且包含了所投入和转移的、价值不变的生产资料 c，这时商品的价值量 w = v + c。在人类社会的大部分时期，社会生产力水平低下，劳动产品几乎全部用于补偿消耗的生产资料和劳动力，生产是简单再生产，劳动生产率几乎不变，经济活动乃至政治、知识活动几乎处于停滞状态，商品价值就是 w = v + c。不过，如果劳动时间延长，知识生产和技术改进，劳动分工扩展，劳动创造的产品除了补偿劳动力 v 和生产资料 c 外，还有剩余产品 m，这时生产商品的劳动、创造的价值就分为必要劳动和劳动力价值 v、剩余劳动和剩余价值 m，商品价值构成就是 w = v + c + m。在商品价值这一表达式中，v 是补偿劳动力、维持劳动力简单再生产和商品简单再生产的必要劳动，m 是剩余劳动或剩余产品，剩余产品 m 是满足新的需要、积累和扩大再生产的物质基础。同理，社会总产品的价值构成也是 w = c + v + m。

还需要说明的，市场经济建立在个人自由、产权明晰的生产资料私有制和法治社会的基础之上，商品价值归生产资料和劳动力的所有者拥有，换言之，商品生产的成本由所有者投入，收益归所有者拥有，商品主要是私人物品，如此商品生产和交换才能够长期有效进行。至于拥有土地、厂房、机器、原料等生产资料的所有者参与价值的交换和分配，这是商品生产所有权规律转换为了资本主义制度中的资本雇佣劳动、资本占有商品的规律，价值的创造、决定与价值的分配、占有是虽有联系但并不相同的经济现象。

（五）劳动生产率

人类经济活动就是为了以最小劳动成本生产提供物质资料、最大化满足人类不断增长变化的消费需要，生产方式性质、经济发展水平终究是人类劳动的生产性质

---

① ［英］马克·布劳格. 经济理论的回顾［M］. 姚开建，等译. 北京：中国人民大学出版社，2009：303.

和生产效率问题。马克思认为,劳动生产力或劳动生产率是指社会生产力的性质,是劳动力的生产劳动的能力和水平,是劳动者使用生产资料生产某种商品的水平。

"生产力当然始终是有用的、具体的劳动的生产力,它事实上只决定有目的的生产活动在一定时间内的效率。"① "劳动生产力的提高,我们在这里一般是指劳动过程中的这样一种变化,这种变化能缩短生产某种商品的社会必需的劳动时间,从而使较小量的劳动获得生产较大量使用价值的能力。"② 马克思常常把劳动生产力、劳动生产率、生产力、使用劳动力、经济效率等词语作为相同或相近的概念,常常在分析具体劳动和抽象劳动时混同使用生产力、劳动生产力,对于后人常用的劳动生产率概念以及相关的劳动、劳动时间、劳动量、商品量等概念并未给出形式严格、内涵一致的概念规定。③ 那么,什么是人类劳动的生产率,如何定义并表示劳动生产率?由于劳动生产率的本质是社会生产力,是生产活动的效率,是劳动产出与劳动投入之间的比率,可具体表现为劳动者的同一、等量的劳动在同一时间内生产不同的商品量,是在单位劳动时间通过劳动而生产的单位商品的量,劳动生产率定义和公式中的因变量、分母是劳动产出或商品的量,自变量、分子应当是劳动力投入或劳动时间,那么分析劳动生产率的关键就在于定义"劳动"和"劳动产出"的概念。

第一,劳动首先是指劳动力投入。从马克思关于商品生产的劳动二重性、商品二重性、生产方式的生产力和生产关系二重性等理论分析可知,劳动生产率探讨的应当是劳动产出与劳动投入之间的比率,是指劳动力、生产资料在企业、行业、社会范围的有效配置问题。如果只从劳动力角度定义劳动生产率、分析生产劳动,那么既可以使用劳动力价值即工资的角度分析劳动生产率,也可以从劳动力的发挥使用即活劳动的角度分析劳动生产率,分析人的劳动如何使用生产资料而创造价值。进而,资本主义劳动生产力的本质就是劳动力的生产力要大于劳动力,换言之,资本雇佣劳动中的活劳动价值必须大于劳动力价值,活劳动创造的价值超过了劳动力价值的那部分就是剩余价值,即活劳动创造了工资和剩余价值,工资、剩余价值和生产资料价值转移构成了商品价值,$[(v+m)+c]=w$。

第二,劳动是指劳动力创造价值的抽象劳动,是从抽象劳动角度分析劳动力投入、劳动过程和劳动产出。劳动如果是指各种各样、异质有别的具体劳动,那么不仅具体劳动过程和劳动成果的使用价值不能计算和比较,即便生产同一种商品的不同生产条件的企业、不同劳动能力的劳动者的具体劳动过程和劳动成果的使用价值也难以计算和比较。政治经济学虽然探讨各个行业、企业的具体劳动和使用价值,但研究的对象和内容是劳动分工、商品生产和市场交换中的经济关系和经济效率问

---

① 马克思. 资本论: 第一卷 [M]. 北京: 人民出版社, 2004: 59-60. 许涤新. 中国大百科全书·经济学 (Ⅱ) [M]. 北京: 中国大百科全书出版社, 1988: 541-543. 《中国大百科全书·经济学》第三版仍然规定: 劳动生产率中的产出是用使用价值的数量来计算的。

② 马克思. 资本论: 第一卷 [M]. 北京: 人民出版社, 2004: 366.

③ 关于劳动生产率,马克思《资本论》第一卷的不同章节给出了内涵并不一致的许多概念。参见: 马克思. 资本论: 第一卷 [M]. 北京: 人民出版社, 2004: 1102-1103.

题，而这一切都要基于人类的抽象劳动和商品价值才可以定义和分析。因此，劳动生产率中的劳动应当是且只能是人类一般的劳动即抽象劳动、商品价值的概念，其中劳动力投入是指劳动力价值或工资，劳动产出是指商品的价值量，劳动生产率应当是劳动投入与劳动产出的效率指标，是反映商品生产和交换、经济增长和社会福利的价值、价格的指标。

第三，劳动如果是人的创造价值的抽象劳动，是用个别劳动时间还是用社会必要劳动时间计算劳动时间、劳动量？正如此前"劳动的计量和比较""社会必要劳动时间"所分析的，马克思明确回答：要假定所用的劳动时间只是一定社会条件下的必要劳动时间，只以社会必要劳动时间和时间单位如小时、日来计量劳动投入和劳动产出的量。货币单位和市场价格是衡量、计算劳动投入和商品价值的普遍有效的方法，马克思还经常使用英国货币单位镑、先令、便士来计量劳动量。

第四，劳动投入不仅是指能够提供活劳动的劳动力投入，还可以兼指劳动力和生产资料的投入，而不应当是指活劳动和物化劳动的投入。通观马克思《资本论》等著作关于劳动生产率的论述，马克思对劳动投入赋予了劳动力和生产资料、活劳动和物化劳动两种不同的含义。（1）活劳动。劳动、只有人的劳动才是创造价值的普遍的、唯一的因素，可以只从劳动力、活劳动的一元角度分析商品生产、价值增殖问题。如马克思关于工人过去36小时纺纱36磅和某种发明后的工人现在6小时纺纱36磅的例证中，现在1磅棉纱活劳动创造的新价值是过去的1/6。[①]（2）提供活劳动的劳动力和物化劳动的生产资料。资本主义是资本雇佣劳动的生产方式，商品生产是劳动要素和非劳动要素的结合和作用过程，非劳动要素虽然不创造价值，但参与了劳动过程、转移了旧价值即物化劳动价值，商品价值量包含了活劳动新创造价值和物化劳动转移价值，且商品交换、经济核算也以价值量为基础和对象，那么商品交换、成本收益核算都是对商品价值量的比较和核算。如马克思关于工人1个工作日生产棉纱的劳动时间和价值的例证中，既包括工人过去生产10、20磅棉花10、20先令、生产纱锭2先令的劳动价值，又包括购买劳动力、劳动6小时、生产10磅棉纱、创造新价值即劳动力价值3先令，由此6小时工作日生产棉纱价值 $w = 10 + 2 + 3 = 15$（先令）；但资本家雇佣劳动力用棉花、纱锭生产棉纱不会无利可图，劳动时间不会是6小时3先令而可能是12小时、创造新价值6先令，由此12小时工作日生产棉纱价值 $w = 20 + 2 + 6 = 28$（先令），其中3先令是价值增殖即剩余价值。[②] 如果同时从劳动力和生产资料的角度定义劳动生产率、分析生产劳动，那么劳动投入只能是劳动力和生产资料的投入，而不能是活劳动和物化劳动的投入，因为活劳动（v+m）和物化劳动（c）价值之和在供求均衡时就是劳动产出即商品价值（w），即 $[(v+m)+c] = w$，在定义概念时时不能循环定义或同义反复，不能用两个等价、相等的概念如 $[(v+m)+c]$ 和 w 相互定义，不能用两个等价、相等

[①] 马克思本论：第一卷[M]．北京：人民出版社，2004：234.
[②] 马克思．资本论：第一卷[M]．北京：人民出版社，2004：218 – 227. 按，原著中的棉纱价值是30先令而非28先令，疑计算有误。

的概念如 [(v+m)+c] 和 w 去定义第三个概念劳动生产率。

可见，马克思在分析商品生产、讨论劳动生产率时，可以只从单位时间、某一企业的工人劳动力投入和活劳动的角度分析单位商品的价值增殖和剩余价值率等劳动生产率问题，也可以从劳动力和生产资料、可变资本和不变资本的双因素角度分析价值增殖和资本利润率等劳动生产率问题，第四章将继续探讨剩余价值率、利润率等问题。劳动投入如果是指单位时间内生产的单位商品的劳动力投入或活劳动，劳动产出如果是指单位时间内生产的单位商品的价值量，那么同一劳动的劳动生产率的计算公式可表示如下：

$$劳动生产率 = 商品的量/劳动力投入$$

或者，
$$劳动生产率 = 商品的量/活劳动投入$$

从上述公式可知：劳动生产率与单位时间所生产的单位商品的量成正比，此处的商品的量实质上是单位商品的价值量，与同一劳动的单位时间所投入的劳动力或活劳动、劳动时间成反比。

劳动投入如果是指单位时间内生产的单位商品的劳动力和生产资料投入，那么同一劳动的劳动生产率的计算公式又可以表示如下：

$$劳动生产率 = 商品的量/(劳动力 + 生产资料)$$

从劳动力投入的角度看，可以具体定义和比较劳动生产率：(1) 按劳动者人数计算，即单位劳动者生产的商品量，如全员劳动生产率是指一个国家或地区的所有从业者在单位时间内平均生产的商品或产出量，是衡量劳动力质量和劳动力使用即劳动力激励、劳动力配置的效率指标，我国计算全员劳动生产率公式为：全员劳动生产率 = GDP/年平均从业人员数。(2) 按劳动者工资计算，即单位工资生产的商品量。由于劳动者人数难以反映劳动能力的差别，劳动时间难以反映简单劳动和复杂劳动的差别，特别是不同种商品的劳动者人数、劳动时间难以有效统计和比较，可以用工资表示劳动力价值、用工资和利润表示活劳动创造的价值。(3) 按劳动力和生产资料、可变资本和不变资本等计算，如资本利润率是指可变资本和不变资本即全部自有资本带来的利润率，如国民收入的劳动分配率和资本分配率是指国民收入中劳动收入、资本收入所占的比例或份额，如全要素劳动生产率是指将劳动和资本这两种生产要素投入对产出的贡献扣除之后、其他各种因素对产出的综合贡献水平。

按照统计的层次和范围，劳动生产率可分为以下指标：(1) 个别生产者的劳动生产率，如个人的劳动生产率、企业劳动生产率，如某企业的全员劳动生产率。(2) 某一行业或地区的劳动生产率，行业劳动生产率是本行业的各个企业劳动生产率的平均数，地区劳动生产率是本地区各个行业的个人、企业劳动生产率的平均数。(3) 全社会各种商品、各个行业或地区的总的劳动生产率，即社会劳动生产率。其中，某一行业或某种商品的劳动生产率就等于该商品的社会必要劳动量，某种商品的某个生产者的劳动生产率就是个别劳动量，由此可以分析各个生产者之间的竞争和盈亏状况；全社会的各种商品、各个行业的劳动生产率反映了各个行业和全社会的生产、竞争和交换状况，因此全社会加总的劳动生产率反映了一个国家在一定时期的生产方式效率或经济发展水平。

劳动生产率的高低，取决于一系列与生产劳动相关的因素。如自然科学、社会科学、人文学科等方面知识的生产、传播及其在生产上的应用；人口规模、结构与人口增长率；劳动者的体力和脑力等劳动能力，劳动的熟练程度、强度、有效性等；生产资料所有制和劳动者的动机和态度、劳动管理的信息和激励机制，如企业形式和企业治理、工资和利润分配制度；劳动资料和劳动对象的状况，特别是劳动工具的性质；资源的社会配置方式，如市场、法律和政府状况，以及自然条件等。马克思指出："劳动生产力是由多种情况决定的，其中包括：工人的平均熟练程度，科学的发展水平和它在工艺上的应用的程度，生产过程的社会结合，生产资料的规模和效能，以及自然条件。"① 在斯密之后至凯恩斯之前，经济学家探讨了人口、投资等多种因素与劳动生产率提高、经济增长之间的关系问题，但直至20世纪60年代以来，知识、技术的持续、全面创新、传播和应用才被视为推动现代经济持续增长的首要因素，这突出表现在钟表、汽车、化学纤维、电子计算机、家用电器、通信设备、互联网等众多工业产品的技术创新和价值价格变化上。

（六）劳动生产率与商品价值变动

马克思指出：只是社会必要劳动量，决定该商品的价值量。"总之，劳动生产力越高，生产一种物品所需要的劳动时间就越少，凝结在该物品中的劳动量就越小，该物品的价值就越小。劳动生产力越低，生产一种物品的必要劳动时间就越多，该物品的价值就越大。可见，商品的价值量与实现在商品中的劳动的量成正比地变化，与这一劳动的生产力成反比地变化。"② 从马克思《资本论》等原著的语境看，马克思探讨的是劳动产出的商品价值量与使用劳动力所形成的社会必要劳动量、投入劳动力的生产劳动水平即劳动生产率这三个因素、三个变量之间的关系，准确地说，是在单位时间、生产某种使用价值的条件下的单位商品价值量与社会必要劳动量、劳动力生产力之间的关系问题，可以用公式表示为：商品价值量＝社会必要劳动量/劳动力生产力。其中，价值量是社会必要劳动所创造的商品价值量、社会价值量，而不是某一企业的个别价值量；劳动时间是社会必要劳动时间而不是某一企业的个别劳动时间，劳动量是社会必要劳动量而不是某一企业的个别劳动量；劳动生产力是劳动力的生产力，是劳动力能够提供的简单劳动和复杂劳动的程度，是指单位时间内的劳动力生产某种商品、创造价值的水平或能力。对于马克思这一命题，国外学术界几无争论，国内学术界长期以来却有多种不同的解释。

在竞争性市场中，每种商品都有众多的生产者，由于不同生产者的劳动对象、劳动工具、生产技术、生产规模、产品种类、劳动环境等自身条件，以及市场性质、市场规模、法律制度、知识生产、道德风俗、自然环境等外部社会的、自然的等生

---

① 马克思．资本论：第一卷［M］．北京：人民出版社，2004：53.
② 马克思．资本论：第一卷［M］．北京：人民出版社，2004：52～54. 按，原著中的"所需要的"应为"必要"，与下一句"必要"相一致。李翀．关于商品价值量与劳动生产率关系争论的评析［J］．政治经济学学报，2019（15）.

产条件可能相同或不同，劳动熟练程度、劳动强度、劳动有效性等也可能相同或不同，即个别劳动时间或劳动生产率普遍存在着差别，那么如何认识生产商品的劳动及其价值决定等问题？在劳动价值论的基础上，假设某一行业的所有企业只生产某种商品，单位时间内的劳动力生产单位商品的价值量的劳动生产率＝商品的价值量/（劳动力＋生产资料）。对于投入劳动力和生产资料的生产劳动水平即劳动生产率、生产劳动凝结于商品的社会必要劳动量、商品的价值量之间的关系，可以首先从静态、动态的角度，具体分析某种商品的个别生产者之间的生产、竞争和交换；进而具体分析某种商品的价值变动和该行业的价值量增长即经济增长；最后，具体分析整个社会各种商品的生产、竞争和交换，分析社会再生产问题。

第一，对于社会必要劳动量与商品价值量之间的关系，马克思所说的"商品的价值量与实现在商品中的劳动的量成正比地变化"就是指商品价值量与实现在商品中的社会必要劳动量成正比，这是一个虽然正确、毋庸置疑但属于循环定义的命题。

第二，分析某种商品的个别生产者之间的生产、竞争和交换情况。假设其他行业生产条件、商品价值和产业结构等不变；某种商品的个别生产者的生产资料、资本结构等生产条件相同，可以不考虑生产资料投入；社会供求平衡，货币稳定发行的条件下，价格等于价值；但个别生产者的劳动熟练程度、劳动强度、劳动有效性等不同，生产同一种商品所投入的个别劳动时间并不一样，甚至差别悬殊，劳动生产率不同；个别企业的生产率差异又不影响行业的劳动生产率，即不影响该种商品的社会必要劳动时间或价值。

某种商品生产虽然是由各个生产者分散竞争进行的，商品凝结着每一个生产者的抽象劳动，但通过竞争性生产和交换决定、发现着商品的社会必要劳动、市场价值和价格，各个生产者按照市场统一的价格销售各自的产品。由此，某种商品不只是个别劳动、具体劳动的有用之物，商品生产、社会必要劳动、市场价值等都体现着人与人之间的分工与交换、竞争与协作、投入与产出、供给与需求的社会关系。事实上，以分工和交换为基础的市场经济是一个相互影响的复杂经济体系，马歇尔提出的外部性或交互性是商品生产中的普遍现象。个别生产者既在无形中参与形成了商品的社会价值，又是社会价值、价格和规则的被动接受者。因此，生产者生产什么，生产多少，如何生产，如何交换，交换结果如何，不只取决于其劳动力、生产资料等生产条件和劳动效率，同时还取决于该种商品的其他企业生产和社会需求的状况。

马克思认为，商品的价值和交换价值由社会价值即社会必要劳动时间决定。显然，当不同生产者的生产资料等生产条件相同时，可以不考虑生产条件对劳动过程的影响，个别生产者的劳动生产率只有不低于行业平均水平，商品只有满足社会的需要，按照商品的社会价值进行交换，才能实现劳动的价值。个别劳动如果熟练程度高，劳动强度大，劳动有效性强，单位时间投入的劳动量大，生产单位商品的个别劳动时间和个别成本低于社会必要劳动时间，而商品按照社会价值交换，其商品交换就出现盈利，获得高于社会平均值的超额收益，该资本家就可以获得超额剩余价值，在市场竞争中处于有利地位。相反，个别劳动时间如果高于社会必要劳动时间，其商品交换就出现亏损，在市场竞争中处于不利地位，直至被市场淘汰。如表 2-1 所示，在某种商品生产中，A 生产者的单位劳动时间生产了较多的商品，劳动生产率较高，即个别劳动时间低于社会必要劳动时间，由于价值由社会必要劳动时间决定，个别生产者就可以获得更高的总收入和净收入，即获得超额利润；B 生产者的个别劳动时间和社会必要劳动时间相等；反之，C 生产者的单位劳动时间生产了较少的商品，出现了亏损。简言之，个别生产者的劳动生产率不决定商品价值，但直接影响其收入水平。

表 2-1　　　　　　　　　　某种商品的生产和交换

生产者	投入 L+K	商品量	单位商品劳动投入	单位商品总投入	个别劳动生产率	交换结果
A	3/2+1	3	3/2	5/2	6/5	1/2
B	2+1	3	2	3	1	0
C	5/2+1	3	5/2	7/2	6/7	-1/2

注：生产投入分别为劳动 L、生产资料 K，诸如 3/2+1 表示投入 3/2 单位的劳动和 1 单位的资本；总投入 = L+K，劳动生产率 = 商品量/总投入；交换结果 = 总产出的商品量 - 总投入。

如果改变某些假设条件：假设各个生产者的劳动熟练程度、劳动强度、劳动有效性等相同，但其生产资料等生产条件不同，甚至差别悬殊，即第四、五等章所讲的资本有机构成可能不同。显然，商品生产的劳动过程是人与物质资料的具体结合和相互作用过程，生产条件如果不同，生产商品的劳动生产率和单位商品的个别劳动时间就不同，那么，该种商品的价值如何决定？如何认识资本主义私有制中的个别劳动与社会劳动之间的关系？这就必须具体分析生产劳动与生产条件、商品数量之间的关系问题。这时，商品中的新价值仍然由劳动决定，由社会必要劳动时间决定，社会必要劳动时间一般等于生产条件、生产量处于平均水平的生产者或企业的劳动时间，社会必要劳动形成的价值包括活劳动创造的新价值和转移的物化劳动价值。个别生产者交换商品时是否盈亏，就要分析商品生产的劳动和非劳动因素投入即生产成本的高低，分析个别生产者的个别劳动和社会必要劳动之间的关系，分析各个生产者的劳动生产率。

如果再改变某些假设条件：假设各个生产者的生产条件和劳动熟练程度、劳动强度、劳动有效性等都不同，个别劳动时间和社会必要劳动时间之间的关系就更为复杂多样了。不过，商品价值依然取决于社会必要劳动时间，个别生产者仍然按照商品价值交换。

第三，分析某种商品的社会的、行业的生产劳动、劳动生产率和商品价值之间的关系问题。假设一定时间内某种商品的生产条件不变，单位时间的劳动生产率越高，生产的商品件数越多，商品的社会必要劳动量就越小，即劳动生产率与生产的使用价值的数量成正比，与单位商品的价值量成反比。假设影响商品生产的诸多因素如劳动技能、生产工具、生产规模、组织形式、激励制度等生产条件出现了变化，特别是知识的生产、传播和应用而普遍、重大地改变了劳动力和生产资料投入，提高了劳动熟练程度、劳动强度和劳动有效性，提高了商品的劳动生产率，生产了数量更多的商品，劳动生产率与社会必要劳动、商品价值之间未必只是静态、单一的关系，而可能呈现着具体多样的关系，生产单位商品的社会必要劳动时间可能出现降低、不变、提高等三种情况。

第四，从社会总资本、总生产，从不同种商品、不同行业之间的生产、竞争和交换的角度，分析生产劳动、劳动生产率与商品价值之间的关系问题。正如奥古斯丹·古诺1838年《财富理论的数学原理的研究》所言，经济系统是一个其所有的部分都相互关联的和相互影响的整体，对于完整而精确地求解和经济系统的某些部分有关的问题，把整个系统纳入考虑之中是绝对必要的。从社会总生产、社会再生产的角度看，各种商品生产之间是相互依存、相互影响的关系，某种商品的生产和价值不仅受到自身劳动生产率、社会必要劳动时间的影响，还受到其他商品的劳动生产率及其价值变化的影响。其他行业的劳动生产率如果发生了变化，该种商品的价值量的决定就要受到劳动、资本在全社会的流动和竞争、社会分配的调节，问题就更为复杂多样了，这类似于瓦尔拉提出的市场交换的一般均衡过程。

以上只是简单分析了商品价值及其形成问题。如果加上货币、币值变动、货币非中性的因素，商品价值表现为商品价格。如果加上供求不平衡的因素，垄断等不完全竞争和开放经济等因素，商品价值就是一个开放动态的复杂经济系统中的问题。如果再加上经济之外的政治、知识等社会因素和社会之外的自然因素，商品价值的决定和形成就极为复杂。

（七）劳动的社会计量和分配

商品价值如果由社会必要劳动决定，可以通过劳动时间即社会必要劳动时间和小时等时间单位进行统一计量劳动量，劳动生产率又是指单位劳动时间生产商品数量的劳动量指标。对经济活动中的劳动可否不只是进行抽象、严密的理论分析并建立劳动价值理论，而且还可以直接观察、统一计量商品的社会必要劳动时间？进一步地，在社会实践上可否采用统一、共同的尺度或标准，对个人的劳动能力、劳动投入和劳动产品进行观测、统计、核算，精确计算各个人、各个职业或岗位、各个企业、各个行业、各个地域或国家、各个时期的千差万别的劳动量，各个人、各种商品生产中的简单劳动和复杂劳动，各种商品的社会必要劳动量以及相应的商品价值量？显然，如果具有了统一不变的计量劳动量的基本量和基本单位，能够科学高效地计量、计算每种商品生产的每个人的和一切人的劳动能力、劳动投入和劳动产品，甚至有关部门还充分收集、拥有了诸如个人的需要、个人的收入和财产、知识生产及其应用、国际经济活动等其他方面的经济信息，由此进行了科学的分析和决策，建立了劳动投入决定劳动收益的按劳分配的激励和惩罚机制，准确分析劳动者个人、劳动者之间、企业内部、同一行业的企业之间、不同行业之间的生产劳动的分工、投入和配置或可成为现实，预先计划并精准安排生产劳动的分工和交换、分配和消费，乃至在国家、全球范围统一推行计划经济，实现如孙冶方所概括的"以最少的社会劳动消耗，有计划地生产最多的满足社会需要的产品"①。这样的理想情况受限于以下因素。

第一，由于不同种商品的劳动生产是由个别的生产者、由企业内部的每个劳动者实施的，因此对人的简单劳动和复杂劳动必须首先从个别的生产者、从企业内部的劳动进行分析。从经济活动的动机和激励、信息和决策、计划的实施和监督等方面看，基于国有制和中央集权的计划经济在充分信息、科学决策、激励相容、计划实施和监督等各方面、全过程都存在着看似简单、实则无法有效解决的根本性、系统性的问题。即如劳动的质和量的分析、统计，在劳动力的自然条件、知识水平、劳动技能、劳动态度等方面和劳动的分工、操作、劳动产品等方面存在着隐性和公开的各种差异。劳动者的劳动如果不同质，即劳动的知识、技术、态度、熟练程度、强度、有效性、创新性、结果等方面不同，如何对不同质、不同量的劳动进行分析、统计和计划？

第二，分析企业内部每个劳动者的简单劳动和复杂劳动问题。在商品生产和交换中，商品生产是企业内部不同劳动者的共同劳动的结果，复杂劳动折合成平均的简单劳动首先是通过每个企业内部的劳动管理，最终是通过企业之间的商品交换而实现的。如果以简单劳动作为计量劳动的标准，如何计量复杂劳动特别是创新性劳动，如何判断、计算和应对风险和不确定性，将复杂劳动换算为简单劳动或标准劳动？每个企业能否直接计量、配置复杂劳动？在家庭、企业等生产单位内部，在某些经济环节，管理者可以运用一定的理论和方法，对不同劳动者、不同种商品的劳动投入进行测算、评定，可以粗略、近似地计算、比较不同劳动的量，尽可能实行科学的生产管理。但是，即使生产条件相同，不同劳动者、不同种商品的劳动生产状况仍千差万别，管理者采用劳动时间、消费资料投入、使用价值量等尺度，统一计算、比较不同劳动的量，仍然具有许多难以克服的致命弱点，对个人劳动实际上难以准确地测算、评定、配置，对团队生产中的个人劳动更难以准确地测算、评定和激励。

第三，如何从社会分工、商品交换的角度，分析同一行业的不同企业之间、不同行业之间的简单劳动和复杂劳动，分析不同企业、不同行业的劳动时间？在开放经济中，如何分析本国劳动与国际劳动之间的经济技术关系？如果可以用劳动时间来直接有效计量劳动投入和劳动产品，那么人类经济活动的普遍规律就可归结为劳动和时间的节约，个人和社会必须合乎目的地分配其劳动和时间。② 那么，可否由中央计划者直接计算出全社会需要的劳动产品的种类和每种产品的数量，计算出每种产品的社会必要劳动时间和每个劳动者的个别劳动时间，从而制定人口生育、研究开发、教育培训、投资和就业、生产、交换、分配、消费、养老等全面计划，在全社会范围内直接有效地配置所有人的劳动，而不需要经过复杂、间接的市场交换、社会配置过程？马克思1872年《论土地国有化》曾经设想："生产资料的全国性的

---

① 孙冶方. 社会主义经济论稿[M]. 北京：人民出版社，1985.
② 马克思. 政治经济学批判[M]//马克思恩格斯文集：第八卷. 北京：人民出版社，2009：67.

集中将成为由自由平等的生产者的联合体所构成的社会的全国性基础，这些生产者将按照共同的合理的计划从事社会劳动。这就是十九世纪的伟大经济运动所引向的人道目标。"①

作为私人、市场方式的替代，1914年8月德国曾建立战时工业委员会，试图管制德国经济。特别是1924年苏联建立中央统计局，中国1952年建立国家计划委员会，全面尝试生产资料公有制特别是国有制基础上的中央计划经济体制，按照有计划按比例发展和按劳分配的原则，试图对生产及使用、劳动力、投资、技术、进出口、财政等编制计划，直接、统一配置劳动资源并分配劳动产品。但苏联等国家长期的计划经济实践反复证明了，无论是中央集权的计划经济还是分权自治的计划经济，在各种性质和各个方面的劳动计量、劳动力资源配置、收入分配和居民消费等一系列问题上都存在着难以克服的重重困难，中央计划体制因信息、决策、激励和执行机制的重大缺陷而难以全面、有效地计算、实现劳动创新和劳动生产率提高。即便对于某种商品，如果个别劳动者的劳动能力、职业目标和劳动投入不同，如果个别生产者的劳动的生产条件不同，中央计划者对于数量庞大、复杂多变的劳动者、企业、行业的劳动难以准确地测算、评定和配置，对于不确定、外部性的创新性劳动几乎不可能预期、投资和激励。

人类数千年的历史和计划经济几十年的实践表明，决定商品价值的虽然是人类劳动和社会必要劳动时间，但人的欲望、需要、偏好和行为动机如何有效显示，健全有效的劳动能力如何培养，创新性知识、技术如何计划、产生和传播、应用，复杂劳动如何折合为多倍的简单劳动，社会必要劳动时间和个别劳动时间如何发现和计量，劳动力和生产资料如何社会配置，劳动生产率如何全面持续提高，按劳分配和按需分配如何实行，即便借助统计、会计制度和电子计算机、互联网、人工智能等手段，这既不是市场主体能够制订、确定的，更不是中央管理者能够精算、规划的。相反，在知识创新、劳动激励、价值发现和价格形成上，人类至今没有发现比开放竞争性市场和统一稳定性货币更普遍有效的方式。正如从斯密的劳动分工理论到哈耶克的知识分工理论所揭示的，只有充分尊重和保护每一个人的人身权、言行自由和财产权，通过生产者的自主决策、分工劳动和充分竞争，生产者与生产者、生产者与消费者之间的自由交换，依靠不断试错、迂回曲折的市场过程和货币职能，才可能间接但有效地发现和确定商品的相对价格，竞争性市场才是配置劳动的基础性、决定性、有效性的力量和方式。正如马克思《资本论》第一卷论述劳动二重性时所说，"一个商品可能是最复杂的劳动的产品，但是它的价值使它与简单劳动的产品相等，因而本身只表示一定量的简单劳动。各种劳动化为当作它们的计量单位的简单劳动的不同比例，是在生产者背后由社会过程决定的，因而在他们看来，似乎是由习惯确定的。"②

---

① 马克思. 论土地国有化 [M]//马克思恩格斯选集：第三卷. 北京：人民出版社，1995：303.
② 马克思. 资本论：第一卷 [M]. 北京：人民出版社，2004：58.

（八）商品价值的市场实现

价值是人类一般性的抽象劳动在商品中的凝结和物化，社会必要劳动决定着商品价值量。那么，商品价值是如何表现和计量的？商品的使用价值和价值、商品生产的私人劳动和社会劳动之间的冲突是如何解决的，商品价值是如何形成和最终实现的？这是市场理论、货币理论所要解决的问题。

商品是为他人、为他人的需要而生产，是用于交换的劳动产品。生产者为了生产某种商品，就需要投入劳动力和生产资料，每种商品的价值由其社会必要劳动决定，不同种商品之间按照其各自的社会必要劳动而有比例地交换。但是，人们难以找到直接衡量劳动和劳动价值的普遍的、同一的尺度，劳动时间作为衡量价值的标准只是理论上的一种抽象而非现实可操作的有效尺度。千百年来，商品生产和交换就是依托交换价值和货币的形式，通过生产者的自由竞争、供求双方的讨价还价而达成的市场价值、均衡价格来反映商品价值的真实水平，最终实现商品的价值。当货币出现后，货币作为人类劳动的价值尺度和交换媒介，它使形形色色商品的内在价值转化为货币表示的价格。在一定条件下，商品价值稳定不变，但市场供求、货币供给等因素变化，引起商品价格围绕价值而波动，持续性的货币膨胀或紧缩还会还引起商品价格的普遍上涨或下降。

对于私人劳动、商品价值的市场实现问题，还可以从微观、静态的和宏观、动态的角度分别分析。

第一，从微观、静态的角度，分析某种商品的价值实现问题。在微观静态的、局部均衡的条件下，即假设其他商品的劳动生产率和社会必要劳动不变，其他商品的生产交换和自然条件、经济政策、历史文化等外部条件都不影响该商品的市场交换，且假设该种商品的社会必要劳动也不变，市场供求平衡，只分析该种商品的生产、竞争和价值实现过程。这时，某种商品价值和价格仍由社会必要劳动决定，生产者的个别劳动与社会必要劳动之间无非存在三种情形：个别劳动小于社会必要劳动，生产效率高，收入大于投入，获得利润；个别劳动等于社会必要劳动，劳动投入或劳动耗费得到完全补偿；个别劳动大于社会必要劳动，生产效率低，亏损以致破产。

但在现实的商品生产和市场竞争中，某种商品的供求平衡只是偶然性的现象。市场供求如果不平衡，商品的价值与价格之间出现偏离，生产者的盈亏状况也随之调整：当供不应求时，商品由出价最高者获得，价格高于价值，不仅个别劳动小于社会必要劳动的生产者可以获得更多的利润，具有平均生产效率的生产者也会获得一定的利润，这时就会吸引新的生产者进入；当供过于求时，价格低于价值，不仅个别劳动大于或等于社会必要劳动的生产者产生亏损，个别劳动小于社会必要劳动的生产者也可能一时亏损，部分生产者因商品过剩、持续亏损而退出市场。

也可以从信息、预期的角度，解释商品价格在短期内受供求关系影响而围绕价值波动，在长期上等于价值的现象：在短期内，孤立分散的供求双方基于各自的有限信息和简单静态预期，导致商品价格呈现发散性、波动性；在长期上，供求双方通过充分、反复的竞争交换,基于过去经验、反复试错而动态调整预期,使价格达到所谓的自然价格、均衡价格,价格水平符合商品生产实际耗费的社会必要劳动量。

可见,某种商品的价值由社会必要劳动决定,商品价格是商品价值的市场的、货币的表现形式,各个生产者和消费者以商品价格为商品生产和交换的信号,每个生产者不断调整其商品生产的个别劳动和个别产量,尽可能使其个别劳动等于或低于社会必要劳动,使其个别产量符合社会需求,从而将私人劳动顺利转化为社会劳动,个别价值转化为社会价值即市场价值。这就要求商品生产者遵照经济规律,以最少劳动投入生产社会需要的商品,获得最大的收入。

第二,再从宏观、动态的角度,分析某种商品和各种商品的价值实现问题。某种商品的生产和社会必要劳动的局部静态均衡分析是对全社会的商品生产和交换进行分析的逻辑的和历史的起点。从宏观、动态的角度看,市场是自由竞争、要素流动的统一市场,劳动力、生产资料或劳动、资本等生产要素在全社会范围内流动和配置,某种商品生产和社会必要劳动还要受到其他商品生产的影响,受到技术进步、分工扩展等因素的影响,各种商品生产之间是既相互对立、竞争又相互影响、协作的关系,商品的供求状态和社会必要劳动时间处于不断调整、变化之中,市场经济应当是微观主体最大收益和宏观经济最优状态的统一。

从宏观的角度看,每个生产者、每种商品的生产都是社会再生产的组成部分,各个生产者生产所需要的生产资料、生活所需要的消费资料主要来自其他行业,所生产的各种商品必须在使用价值和价值上满足其他行业的生产和生活需要,通过市场上的竞争和交换而实现其价值。从市场竞争、机会成本的角度看,每个生产者既追求各自收益最大化,不同生产者的收益率又因为市场竞争而趋向平均化,不同行业的商品交换将以生产价格进行交换,但从最终和总量来看,凝结同样劳动的某种商品的价值和价格不得持续低于该劳动用于其他用途所产生的价值。这样,商品生产中的劳动投入、商品价值和价值总量在竞争规律、价值规律和供求规律的调节下,经过全社会范围的竞争和交换,各种商品的供给和需求趋于平衡,商品价值与价格趋于一致,全社会的劳动配置趋向一般均衡状态,各种商品的社会必要劳动时间和价值总量得以确定和实现。因此,商品的价值既是由分工生产的社会必要劳动决定的,也是符合社会需求、通过市场交换而实现的价值。

从动态的角度看,商品生产的社会必要劳动还受到技术进步、分工扩展、法律制度等因素的全面影响而不断变化。从短期、静态的角度看,商品的分工劳动、供求关系不变,生产技术不变,商品价格围绕价值而波动。但从长期看,商品生产者为了降低个别劳动,获得最大化收益,必须通过知识生产、技术进步、经济创新等方法而不断提高劳动生产率,其他生产者也必须采取类似的竞争策略。率先实现知识生产、技术进步、经济创新的个别生产者将获得利润甚至超额利润,某种商品的劳动生产率和社会必要劳动还将随着创新扩散而发生变动,供求平衡受到破坏,进而其他商品的社会必要劳动和供求状态也将发生变动。知识生产、技术进步、经济创新还往往产生了某种商品、某个行业的互补性商品、替代性商品,创造了新的商品和行业,如知识的传播手段就经历了口头和手写、印刷和书籍报刊、电话、打字机、电影、电报、广播、电视、移动电话、计算机、卫星通信、互联网等阶段，这些都影响了商品供求关系，某些畅销、紧缺的商品未几就变成了滞销甚至无用的商品，这些商品因积压过剩而无法实现价值。

综上分析，商品的价值、价格是人的劳动力与生产资料等生产条件相互结合、共同作用的结果，生产者既相互竞争、优胜劣汰，供求双方又相互适应、动态均衡，是分工生产和竞争交换相统一的社会再生产过程。在分工生产、价值价格形成的过程中，商品价值量看似由生产领域的各种生产性成本构成，但这些成本都可以归结为人类一般性的劳动耗费，人类劳动是商品价值真实、普遍、唯一、决定性的因素。市场经济表现为人类劳动的分工、交换、竞争、协作、占有、分配等活动方式，而社会中的、相对量的商品价值和价格则是人类解决其物质性需要的基本形式。

至此，对劳动价值理论就可以比较全面准确地表述如下：人类劳动创造了商品的使用价值和价值；价值的本质是凝结在商品中的人类真实性、一般性、共同性的劳动即抽象劳动；劳动形成和决定的价值是在生产竞争、商品交换中表现出来，交换价值既是不同使用价值、不同种商品之间的交换比例，又是以使用价值为载体、蕴含在商品中的价值的表现形式，价值经过交换而得到表现和实现；通过价值形式和价值运动，体现了人与人之间基于劳动的分工、协作、交换、分配的社会关系；商品的价值由社会必要劳动决定，社会必要劳动通过市场交换、供求平衡的方式而竞争性、动态性地试错形成；货币是表示商品价值的一般尺度，商品的价值通过货币而表现为价格，在一定条件下的商品价格围绕价值而波动，即通过价格波动而发现、确定商品价值，通过价格信号而组织商品生产和交换；在数学表达上，使用价值是自然力量、劳动的二元函数，价值是劳动的一元函数，是基于劳动价值及其资本形式的数理分析；而诸如从生产交换、工商管理到会计记录、经济统计的经济活动，从基础理论到工商项目的经济分析，都是围绕劳动投入、劳动过程和劳动结果的知行统一、客观可证的劳动实践。只是基于分工生产和市场交换的劳动价值理论这一命题，就建立了统一且有效解释资本主义经济活动、人类经济活动的学说，这实在是简洁而漂亮的理论体系。

第三节　市场经济和价值规律

市场虽然常常表现为一定时间和地点的交换或贸易场所，但市场的本质是协调分工和竞争、组织生产和交换、配置劳动力和生产资料的一种手段，是现代经济活动的基础性、有效率的一种制度和方式。古典政治经济学更多地关心经济活动中的生产、分配问题，边际革命后的新古典经济学主要研究的是交换和消费问题，马克思等人全面分析了资本主义私有制和社会分工中的生产、交换、分配、消费问题。

一、市场经济

（一）市场及其产生

市场具有不同的形态和含义，或者说多个相关的现象和概念都可称为市场。市场最初是指人们交换商品的特定时间和地点，即人们定期或不定期交换商品的场所。现代市场既指商品及货币、劳动力等的交换场所，如农贸市场、百货市场、劳动力市场、货币市场、技术市场、股票市场、期货市场、信息市场；市场又指关于交换的工具和方法、程序和过程、制度和文化，市场交换包括商品及货币、劳动力等物品的让渡和所有权的转移，市场是交换场所、交换行为、交换规则的总称。通过市场竞争和商品交换，不仅实现并分配了分工劳动创造的价值，而且激励人们创新性、低成本生产，自由竞争的市场方式是组织生产、配置资源、分配收入的一种经济制度和经济体系。

社会分工和商品交换起源于原始社会。在古代的埃及、两河领域，以及希腊、印度、中国等文明地域，农业一直是基础的和主要的经济结构，生产技术和生产效率低下且长期停滞。农民在集市上也有交易，但农业产品主要是自我消费，市场只有简单、固定的商品交换，很多时候是偶然、低效的物物交换，财富增加和积累往往是政治、军事、宗教等权力掠夺的结果而非知识生产、经济增长的收益。少数城市虽然财富积聚，商品多样，生活多彩，罗马、长安等大都市甚至还有来自遥远异国的商人和商品，但城市主要是政治和军事中心，是消费中心而非生产中心，是小商品经济而远不是市场经济和公民社会。城市市场的功能和范围相对有限，除供应居民的生活必需品外，其他商品大多是满足上层需要的奢侈品，城市周围则是广大的贫困而隔绝的农村。

从世界范围看，古代农业经济的衰落和资本主义经济的兴起，是一系列因素或条件相继变化、协同作用的结果，是多方面、系统性的复杂事件。这些因素包括：君主、政府权力的受到限制，个人的主体性质从等级（身份）、管制向平等、自由的转变，社会结构的开放性、弹性化，劳动者、土地、生产资料等成为流动性的生产要素，特别是欧洲的圈地运动和土地、农业的市场化，社会对生产、交换、分配等经济活动的新观念、新伦理，经济生活趋向商品化、货币化、合同化，行商、探险、扩张、殖民等导致市场规模的扩大，人口的经济聚集和工商城市的出现，这些事件的共时发生和叠加影响，最终导致资本主义替代了古代社会，马克思、恩格斯《共产党宣言》对这一过程和方式做了精彩论述。

马克思、恩格斯之后，资本主义经历了第二次科学革命、第二次工业革命、第一次世界大战、第三次科学革命、1929年经济大危机、第二次世界大战、第三次工业革命的严峻挑战，以及社会主义与资本主义国家之间的长期竞争，中国社会主义革命和现代化建设，经济市场化与市场全球化交错发展，市场经济出现了一系列新现象、新问题。从世界银行、世界贸易组织和欧美资本主义国家来看，市场经济应当具有以下特征：自由的企业设立、经营和退出；自主的工人择业和劳资谈判；竞争性、市场化的价格、利率、汇率和统一、真实的会计、统计体系；货物、服务的自由贸易和货币的自由兑换；政府以及国有企业对企业、市场的合法、中性干预，等等。

（二）市场方式

什么是市场方式或市场经济？斯密1776年出版《国民财富的性质和原因的研究》时，资本主义刚刚在英吉利海峡两岸全面兴起，市场体系和工业生产刚刚萌芽生长，普遍存在的还是有限、分割、简单、粗陋的市场和势单力薄的工场手工业，限制竞争的英国行会制度在1813年废除《手工业法》后才慢慢退出历史舞台。但是，斯密已经洞察了基于私有制和分工劳动的市场方式的运行机制和巨大力量，作出了天才性的猜测和预言：我们每天所需要的食料和饮料，不是出自酿酒家或烙面师的恩惠，而是出自他们自利的打算。我们不说唤起他们的利他心的话，而说唤起他们利己心的话。我们不说自己有需要，而说对他们有利。……他们依着互通有无、物物交换和相互交易的一般倾向，好象把各种才能所生产的各种不同产物，结成一个共同的资源，各个人都可以从这个资源随意购取自己需要的别人生产的物品。①斯密使用的"看不见的手"的比喻，尽管原意是指个人投资行为达到了一个并非他本意想要达到的目的，但后来被人指代为自由竞争性的价格机制或市场方式，即个人在经济生活中只考虑和追求自己的利益，但似乎有一只看不见的手，组织着人们分工、生产、交换和分配，自动、有效地实现了自己和他人、个体和国家的财富增长。②

资源如何在人与人之间交换和分配，如何在不同的空间和时间交换和分配？换言之，劳动分工、资源配置的方式或制度是什么？一般把资源配置方式分为传统方式、政府方式和市场方式。市场不仅是自由竞争、商品交换的场所、工具和规则，不仅是一种信息维度和数量较少，具有成本收益比较优势的生产方式或经济制度，通过商品交换还组织、协调了人们的生产、分配和消费等全部经济活动。进入资本主义时代，市场经济最终成为一种建立在生产资料私有制和社会分工基础上的生产方式，通过自由竞争、市场交换、价格决定、协作互利的市场方式来组织生产、实现增长。

市场方式的自由竞争原则体现在诸多方面：以生产资料私有制为主要结构的经济基础，以享有充分、平等的人身权利、财产权利和政治权利并承担相应义务的个人为社会主体和市场本位，个人、企业、政府等主体处于平等一致的法律地位，市

---

① ［英］亚当·斯密. 国民财富的性质和原因的研究（上卷）[M]. 郭大力、王亚南，译. 北京：商务印书馆，1972：14，16.

② "看不见的手"这一词语只在《国民财富的性质和原因的研究》第四篇第二章"论限制从外国输入国内能生产的货物"中出现一次，见：［英］亚当·斯密. 国民财富的性质和原因的研究（下卷）[M]. 郭大力，王亚南，译. 北京：商务印书馆，1972：27. 此外，这一词语在斯密较早出版的《道德情操论》，以及斯密早年关于天文学、物理学的论文中各出现了一次，但含义都不尽相同。

场主体在交易的对象、方式、条件等方面具有充分的选择和合同自由,劳动力、生产资料等生产要素能够自由有效流动,市场是自由、竞争、统一、开放的市场。在市场体制中,个人及其企业对于商品的品种、质量、数量、价格等具有完全信息,个人、企业、政府都不能操控市场及其价格,不能以价格之外的力量直接影响他人,不能不等价、强制性地占有或损害他人商品或利益。在市场体制中,社会主体为了各自的最大化利益,自觉地研究开发,有效地组织生产,充分地行使权利,恰当地履行义务,善意地对待对方,严格执行依法订立的合同,遵守自由选择、公平竞争、等价有偿、诚实信用的行为准则和经济秩序,反对独家交易、欺诈交易和强制交易。不同社会主体之间的自由选择、公平竞争是创造并保持经济繁荣的基本机制,不完全竞争特别是政府垄断会造成经济活动的静态效率和动态效率损失。

价格机制是市场方式的核心结构,是灵敏有效的资源配置手段,市场的基本职能或作用就是组织商品生产和交换,而价格就是组织商品生产和交换的基本信号和核心机制。价格机制的作用表现在诸多方面:价格是劳动效率、商品价值的货币表现,价格水平以劳动形成的价值为基础,又受到货币发行、供求关系、心理预期、外部冲击等因素的影响,价格向消费者显示生产者提供的商品价值、使用价值等信息,价格向生产者显示消费者的需要、购买能力、产品评价等信息,是全面、准确、及时、低成本地显示商品的生产、交换、分配、消费等方面状况的信号。价格及其变化能够解决生产什么和生产多少、如何生产、为谁生产等经济问题;价格机制不仅引导个体的生产决策,提高其劳动生产率,而且调节资源在行业、地区、时间上的配置,调整总供求关系和人与政府、人与自然的关系,激励着知识创新、技术创新、经济创新和社会创新、法律创新,优胜劣汰,实现个人和社会福利最大化;价格机制在形式上以平等交换、等价有偿为原则,决定着不同要素所有者的工资、利润、地租、利息等收入的水平和结构,各种社会主体既分享市场方式的安全和收益,也承担市场竞争的风险和损失。

如何认识经济活动的市场方式?斯密等人把分工生产和资本投入作为经济增长的途径,把竞争性市场作为经济运行和增长的组织方式。斯密之后,经济理论趋向简化为纯粹而抽象的新古典经济学的交换或价格理论:萨伊提出了关于市场方式运行的"萨伊定律":生产会创造对该产品的需求;换言之,一种产品一旦被创造出来,就会立即提供一个刚好等于该产品全部价值的社会需求,进而商品的总需求与总供给总是相等的,而不会出现生产过剩的可能性,这一理论被称为萨伊定律。[1] 瓦尔拉提出了一般均衡理论,这一理论既无视分工和创新所引致的经济增长,又误解信息、竞争和货币在社会化的交换过程中的重要性,一般均衡只是一种价格迅疾无声、商品自动出清的最终状态。20世纪上半叶,帕累托、卡塞尔、沃德、诺伊曼、摩根斯坦、希克斯、兰格、霍特林、萨缪尔森、阿罗、德布鲁、麦肯齐、赫维茨等人运用集合论、拓扑学等数学工具,在极其严苛的假设条件之下终于证明:要素市场均衡与产品市场均衡可以一致,一般均衡体系可能存在着非负的、唯一的且

---

[1] [法]萨伊. 政治经济学概论[M]. 陈福生,陈振骅,译. 北京:商务印书馆,1963:141-145.

稳定的价格解，同时满足经济效率的要求。① 在凯恩斯主义需求管理政策失灵之后，弗里德曼、卢卡斯、巴罗等人又尝试重建自由竞争、理性预期、市场有效的新古典宏观经济理论。然而，市场是一个复杂的、动态的过程或现象，能够逻辑和历史相统一地表达市场过程、证明市场有效性的理论体系至今有待完成。

建立在生产资料私有制和社会分工的基础上，受到一定的文化传统、法律制度的支持和保障，通过商品交换、市场竞争、价格机制来组织经济活动的经济形态、经济体系就是市场经济或商品经济。对于市场经济，国内外经济学界都存在着认识上的偏颇：国内经济学界先是长期批判、否定商品生产和市场经济，后又反复争论商品经济、市场经济之间的异同，一些人认为商品经济是初期的、简单的、发育中的商品生产和交换活动，包括古代社会自然经济中的小商品经济和资本主义的商品经济；市场经济是以市场为资源配置的基础方式的商品经济，是货币化、工业化、社会化、开放型的商品经济，是现代的、发达的资本主义社会的经济形态。欧美现代经济学界则从个人偏好、主观效用、自由竞争、价格决定等角度，把市场经济主要理解为一种价格体系、市场方式，而回避市场经济的私有制和分工劳动的根本属性。然而，市场经济、商品经济实为同一的、等价的概念，就是指以私有制和社会分工为基础，以自由竞争、商品交换为资源配置的基础方式的经济形态。

简单的商品生产已经蕴含着私人劳动与社会劳动之间的基本矛盾。资产阶级、市场竞争在使生产工具、生产关系不断发生革命性的变化，创造了比过去一切世代创造的全部生产力还要多的生产力的同时，商品生产的私人劳动与社会劳动之间的基本矛盾又表现为资本主义经济的基本矛盾，私有制、市场方式在某些时期、某些领域无能为力，展现了大量失业、经济危机、收入差距悬殊等市场失灵的残酷性一面。马尔萨斯已经质疑了货币中性的假设，提出消费不足、储蓄过度理论，这样商品生产就存在了总需求不足、生产过剩危机的可能性，李嘉图也将政治经济学的研究重点从生产转向分配，凯恩斯在1929年大危机之后又发起了宏观分析革命。马克思、恩格斯则明确提出，资本主义经济存在着生产资料私有制与社会化大生产之间的不可调和的基本矛盾，产生了革命性的工人阶级。

二、市场经济规律

经济活动作为人类社会活动的一部分，有其存在、运行、发展的客观规律，这些规律还可以被人类认识和运用。市场的"看不见的手"是如何全面有效地发挥作用的？物质资料的占有、生产、交换、分配、消费等经济领域都存在着一定的规律性，而价值规律就是商品生产和交换即市场经济的基本规律，竞争规律、供求规律也是市场经济的重要规律。

---

① ［法］莱昂·瓦尔拉. 纯粹经济学要义 [M]. 蔡受百，译. 北京：商务印书馆，1989. ［美］西德尼·温特劳布. 当代经济思想 [M]. 陈玮，张廷玉，译. 北京：商务印书馆，1989. ［英］马克·布劳格. 经济理论的回顾 [M]. 姚开建，译. 北京：中国人民大学出版社，2009. Mark Bllaug. Not only an Economist: Autobiographical Reflections of a Historian of Economic Thought [J]. The American Economist, 1994, 38 (2): 12-27.

（一）价值规律

价值规律是关于商品价值、价格的决定、构成和作用的规律，是以劳动价值规律为基础和内核的规律，是商品生产和交换活动所特有的和基本的规律，竞争规律、供求规律等其他经济规律都受到价值规律的制约和影响。价值规律的基本内容是：商品的价值量取决于生产该商品的社会必要劳动；各种商品均以各自的价值量为基础，以价格为主要形式，按照平等自愿、等价有偿的原则进行交换。

在经济活动中，价值规律具有一定的存在条件、表现形式和作用机制：价值规律是基于生产资料私有制和社会分工的市场经济的基本规律；商品的价值由劳动创造，商品的价值量取决于生产该商品的社会必要劳动；货币出现后，商品价值表现为商品价格；受资本构成比率、市场竞争程度等因素的影响，商品价格还表现为生产价格、垄断价格等形式；商品的价值、价格是在分工、竞争、交换过程中形成的，价格围绕价值而上下波动；价值规律对商品的生产、交换、分配、消费发挥普遍性、决定性的作用。

货币出现后，商品价值就用货币来表现，价值的货币表现就是价格。由此，商品的价格水平不仅取决于商品的价值量，而且取决于货币本身的价值量；准确地说，不仅取决于某种商品价值与货币价值之间的比例，而且取决于全社会的商品价值量与货币发行量之间的比例。全社会的商品价格水平与商品价值量和货币价值量之间的关系是：价格水平与商品价值量成正比，与货币价值量成反比。在信用货币时期，货币自身几乎没有价值，货币只代表一定的商品价值，是价值代表或价值符号，商品的价格取决于货币发行的数量。

商品价格在短期内还受到商品供求状况的随动影响。斯密首先论述了自然价格与市场价格的关系，指出市场价格受供求影响而上下波动，但自然价格起着中心价格的作用，市场价格终究趋向于自然价格。不过，斯密的自然价格有时指劳动决定的价值，有时又指地租、工资和利润等生产费用决定的价格。马克思发展了斯密、李嘉图等人的价值理论，明确提出了劳动是创造价值的基本因素，社会必要劳动时间决定着商品价值的劳动价值论。假设在一定时间和地点的条件下，商品生产的技术、劳动生产率、成本等不发生变化，某种商品价值和货币价值都不变，在供过于求时，价格低于价值；在供不应求时，价格高于价值；在供求趋于均衡一致时，价格等于价值。

劳动形成和决定商品价值只是一种抽象的理论命题，而商品的价格形成和价格水平是一种现实的经济现象。在经济活动中，商品的价值、价格还受到生产资料所有制及其结构、技术进步、资本结构、资本价格、消费偏好、收入水平、竞争程度、货币发行、自然因素、政府政策等经济和非经济因素的影响，商品价格在各种因素的约束下而上下波动，甚至严重偏离商品价值。[①] 不过，只要竞争性市场是资源配置的基础性方式，商品的价格波动只能围绕价值基础而上下波动，价格波动正是价

[①] 汪丁丁. 经济学思想史讲义 [M]. 上海：上海人民出版社，2008：241–291.

值规律在价值实现中的作用机制和表现形式，这也进一步证明了劳动价值规律、商品价值规律是不以人们意志为转移的客观规律。在商品的生产、交换和分配中，价值规律发挥着全面的、决定性的作用，这主要表现在以下三个方面。

第一，价值规律通过价值、价格的运动机制，调节着商品的生产和交换，调节着劳动力、生产资料在社会生产各部门、各企业之间的流动和使用，解决着生产什么、为谁生产的生产决策和选择问题。在私有制为基础的市场经济中，如何协调个别生产者的决策、生产的有计划性与整个社会生产和需求的不确定性之间的关系？市场价格的相对高低，集中反映了商品生产的社会必要劳动时间和商品供求状况，成为生产决策和选择的基本信息。生产者的个别劳动时间不高于社会必要劳动时间，生产提供商品的数量和效用满足社会需求，才可能获得收益。价值规律作为市场这只"看不见的手"的基本法则，通过市场竞争、价格涨落的途径而有效组织经济活动，这正是价值规律的具体表现。当然，价值规律的自动调节存在着低效、失灵之处，不可避免地产生着失业、破产、通货膨胀等市场失灵现象，甚至出现诸如1929年、1973年、1997年、2008年等严重的经济危机。

第二，价值规律全面调节着生产者不断提高劳动生产率，解决着如何生产、生产效率问题。在市场竞争和交换中，商品价值由社会必要劳动时间决定，交换以商品价值为基础，实行等价交换原则。某种商品生产者的个别劳动时间、个别成本越少于社会必要劳动时间，在竞争中就越处于有利地位，其收益就越多，相反就会亏损甚至破产。为了降低个别劳动时间，不在市场竞争中被淘汰，生产者就必须不断投资研究开发，改进生产技术，改善经营管理，提高劳动熟练程度和劳动强度，降低生产、管理、交易、财务成本，最终提高劳动生产率，获得更大收益。

第三，价值规律还将生产成果在各社会主体之间进行分配，解决经济激励、收入分配问题。在资本主义经济中，价值由劳动创造，但生产在私有制下进行，资本雇佣劳动，劳动创造的产品必须在劳资之间分配。这样，价值规律通过竞争和价格机制调节着商品的生产、交换和分配，工人获得其劳动力价值的工资，资本家凭借其资本而占有了工人创造的另一部分价值即剩余价值，剩余价值又在全社会不同部门的资本家之间分割为产业利润、商业利润、借贷利息、地租等部分。

价值规律不仅是关于"看不见的手"、市场经济的基本规律，而且同样决定着资本主义的商品生产和交换活动。斯威齐甚至认为，"用现代的话来说，价值规律基本上就是关于一般均衡的一种理论，它最先是参照简单商品生产提出来的，其后也适用于资本主义。"[①] 在劳动价值理论、价值规律理论的基础上，马克思进一步区分了资本主义私有制和分工生产的不同条件下的劳动和劳动力、劳动创造的价值和劳动力的价值、商品价值和生产价格等具体现象，揭示了剩余价值的来源和利润的本质，阐明了价值规律的作用机制和转化形态，以及利润如何转化为平均利润。随着平均利润率的形成，价值转化为生产价格，资本主义经济中的价值规律也以生产价格规律的形式发生作用。

---

① [美]保罗·斯威齐.资本主义发展论[M].陈观烈，齐亚男，译.北京：商务印书馆，1997：72.

不过，价值规律以及竞争规律、供求规律在不同条件约束下的具体表现各不相同，小生产者、简单商品经济中的价值规律表现形式并不等同于资本主义经济，资本主义的资本有机构成相同与不同、简单生产与内涵扩大生产、自由竞争与垄断、政府中性与非中性等不同条件约束下的价值规律表现形式也不等同。比如价值规律在信用货币、资本雇佣劳动、市场垄断和国家垄断等条件下必然改变其表现形式，商品作为资本雇佣劳动的产物，剩余产品转变为资本家的剩余价值或利润，利润经过市场竞争和资本决定而转形为平均利润，价值转形为生产价格。因此，必须历史地、具体地运用劳动价值和价值规律理论，经过必要的中介环节和转形方式，才能有效分析资本主义生产、交换和分配现象，揭示剩余价值及其转化形式如利润、利息、地租的本质特征。

（二）竞争规律

利润和工资是资本主义经济的内在动力，市场竞争则是资本主义经济的外部压力。众多的生产者既然能够自由地从事某种商品的生产和交换，他们为了追求各自的经济利益而不断创新、全面竞争就是生存发展的必然选择。竞争首先是指同种商品的生产者之间从生产决策、研究开发、产品制造、市场销售等各方面、全过程的市场化竞争过程，是普遍发生在自由平等的商品生产者之间的经济行为，是全力满足各种各样的消费需求的经济行为。竞争同样是资本主义市场方式的重要内容，马克思曾把竞争作为其经济理论"六册计划"中资本册的一个分册主题。由此，竞争是资本主义经济普遍存在的本质性现象，任何生产者都必须经受竞争的洗礼和制约，竞争使得资本的本性或资本家的动机获得了充分而具体的展现。竞争在最终意义上是各个生产者生产单位商品的劳动消耗的比较，是各个资本家剩余价值率的比较。

马克思《资本论》第一卷指出："社会分工则使独立的商品生产者互相对立，他们不承认任何别的权威，只承认竞争的权威，只承认他们互相利益的压力加在他们身上的强制，正如在动物界中一切反对一切的战争多少是一切物种的生存条件一样。"马克思又指出："自由竞争使资本主义生产方式的内在规律作为外在的强制规律支配着每一个资本家"。[①] 竞争规律主要表现出以下几个方面的作用。

第一，竞争是价值规律发挥作用，生产者个别的私人劳动转换为社会劳动，最终实现商品价值和剩余价值的基本途径。每个生产者都要解决个别劳动与社会必要劳动、私人劳动与社会劳动之间的矛盾，都要追逐商品生产和交换的最大收益。在自由竞争条件下，每个生产者都不能单独决定商品价值和价格，只是价格的接受者。这就迫使每个生产者都必须竭忠尽智地提高其劳动生产率，生产质量好、成本低、适销对路的商品，促使劳动力、生产资料等生产要素流向供不应求、价格高于价值的企业、行业和地区，流出供过于求、价格低于价值的企业、行业和地区。这样，首先是同种商品生产者之间的竞争，调节着劳动力、生产资料在企业内部的使用和在企业之间的流动，在短期内致使个别生产者的价值围绕着社会价值，商品的价格

---

① 马克思. 资本论：第一卷 [M]. 北京：人民出版社，2004：412，683.

围绕着价值而上下波动；在长期内调整着商品生产的劳动水平和生产条件，劳动生产率和商品价值也发生变化。进而，全社会生产者的竞争，调节着劳动力、生产资料在各个行业、各个地区的流动，通过各行业、各地区的利润平均化，价值转化为生产价格，实现全社会生产要素的最优配置。

第二，生产者的优胜劣汰、适者生存的竞争机制，使得每个劳动者都面临着失业的风险，每个生产者都面临着破产的风险。这就既促使劳动者不断加强教育、医疗、体育等方面的投入，提高体力和脑力的劳动能力；又促使人们不断改革产权制度、企业制度、市场制度，进行各种各样的知识、技术、生产、销售以至法律和政府制度、伦理道德等方面的创新，优化产品、市场和产业结构，实现生产力与生产关系之间、生产方式和上层建筑之间的互动发展。第二次世界大战结束后，联邦德国路德维希·艾哈德总理总结："竞争是导致繁荣和保障繁荣最有效的手段。只有竞争才能使作为消费的人们从经济发展中受到实惠。……循着竞争的道路，经济发展与企业利润的社会化才能够完全实现。"[1]

第三，竞争还影响了社会成员的收入、财产分配，促进了资本的积聚和集中。激烈严酷的市场竞争，促使劳动力、生产资料流向收益更高的企业、行业和地区，这在一定程度上推动了工资和利润、地租、利息等生产要素收入的平均化，发达国家形成了庞大的中等收入阶层。因竞争而导致失业和破产，经济危机更加剧了失业和破产，这又导致收入、财产分配上的两极分化和生产、市场上的寡头垄断和完全垄断。当然，经过工人阶级的长期斗争，资本主义国家逐渐实行公平竞争、经济民主政策，建立义务教育、累进性所得税和财产税、社会保障等制度，这将缩小个人收入、财产上的差距。

第四，自由、自愿、自主且全面、反复、持续地分工、竞争和交换，打破了封建主义的经济秩序和社会伦理，促成了独立、平等、诚信、协作、创新的经济和社会伦理，形成了自由、平等、创新、多元、开放的资本主义文化。只有经历了全面、长期、残酷的自由竞争，资本主义经济才富有活力和效率，资本主义才可能发展进步。

（三）供求规律

市场经济是通过分工和交换而组织生产的，即生产供给适应、满足着消费需求，消费需求引导、约束着生产供给，整个社会都为有购买力的需要即消费需求而生产供给商品。还可以从生产供给和消费需求的双方决定的角度，对某种商品生产进行局部均衡分析，对社会再生产进行一般均衡分析。

在市场经济中，商品生产必须满足人们的生产和生活需要，必须适应人们的消费意愿和购买能力，商品的价格水平和人们的消费意愿与购买能力共同引导调节着商品生产，市场就是供给和需求双方之间通过调查、询价、竞价、对策、妥协、合

---

[1] ［西德］路德维希·艾哈德. 来自竞争的繁荣［M］. 祝世康，穆家骥，译. 北京：商务印书馆，1983：11.

意而达成商品交换合同、创造和实现商品价值的过程和方式。商品的生产者之间、生产供给与消费需求之间通过持续不断的竞争交换、调整适应，价格围绕价值波动，供求受到价格调整，每一种商品的使用价值和价值只有在数量和结构上适应消费需求，从而形成均衡价格和供求均衡，解决私人劳动和社会劳动之间的矛盾，实现国民经济的均衡运行和有效增长，这就是调节社会分工、商品生产和交换的供求规律。斯密经济思想的核心就是自由竞争、价格调节的市场方式可以自动达到资源配置的最优状态即经济均衡，瓦尔拉提出并在 20 世纪上半叶逐渐证明了一般均衡理论。"当供给和需求相互平衡而停止发生作用的时候，商品的市场价格就会同它的实在价值一致，就会同它的市场价格绕之变动的标准价格一致。"① 一个国家如果同时实现了经济增长、充分就业、国际收支平衡、价格水平稳定四大目标，国民经济就基本达到了总供求平衡。

当然，市场供求不只是价格调整的结果，供求状况也影响着价格变动，价格与供求之间是交互作用的过程。当商品供过于求时，价格趋于下降，市场价格低于均衡价格，商品按照低于其价值的价格销售；当供不应求时，价格趋于上升，市场价格高于均衡价格，商品按照高于其价值的价格销售。当市场价格低于均衡价格，需求超过供给，消费者不能买到他们愿意购买的商品时就出现了短缺或超额需求；当市场价格高于均衡价格，供给超过需求，生产者不能卖出他们生产的商品时就出现了过剩或超额供给。可见，价格机制和竞争压力都会全面及时地调整市场供求，从而使得短缺或过剩都是暂时的、不普遍、不稳定的现象。只有自由竞争、自愿供求，价值、价格水平才能和劳动时间成比例，供求规律才能与价值规律、竞争规律有效引导着商品生产和交换活动。

关键概念

商品；劳动；劳动产品；使用价值；效用；稀缺性；交换价值；价值；需要；需求；社会分工；个别分工；市场交换；具体劳动；抽象劳动；简单劳动；复杂劳动；物化劳动；生产劳动；私人劳动；社会劳动；社会必要劳动；劳动生产率；市场经济；价值规律；竞争规律；供求规律

阅读书目

马克思. 资本论：第一卷 [M]. 北京：人民出版社，2004.

［奥］F. A. 冯·哈耶克. 个人主义与经济秩序 [M]. 邓正来，译. 北京：三联书店，2003.

［法］莱昂·瓦尔拉. 纯粹经济学要义 [M]. 蔡受百，译. 北京：商务印书馆，1989.

［美］彼德·布劳. 社会生活中的交换与权力 [M]. 孙非，张黎勤，译. 北

---

① 马克思. 工资、价格和利润 [M]//马克思恩格斯全集：第 16 卷. 北京：人民出版社，1964：131.

京：华夏出版社，1988.

[美] 富兰克·H. 奈特. 风险、不确定性和利润 [M]. 王宇，王文玉，译. 北京：中国人民大学出版社，2005.

[美] 尼克·威尔金森. 行为经济学 [M]. 贺京同，等译. 北京：中国人民大学出版社，2012.

[美] 萨缪尔·鲍尔斯. 微观经济学：行为、制度和演化 [M]. 江艇，等译. 北京：中国人民大学出版社，2006.

[美] 约翰·E. 罗默. 马克思主义经济理论的分析基础 [M]. 汪立鑫，等译. 上海：上海人民出版社，2007.

[美] 约瑟夫·熊彼特. 经济发展理论 [M]. 何畏，等译. 北京：商务印书馆，1990.

[西德] 路德维希·艾哈德. 来自竞争的繁荣 [M]. 祝世康，穆家骥，译. 北京：商务印书馆，1983.

[英] 大卫·李嘉图. 政治经济学及赋税原理 [M]. 郭大力，王亚南，译. 北京：商务印书馆，2013.

[英] 亚当·斯密. 国民财富的性质和原因的研究 [M]. 郭大力，王亚南，译. 北京：商务印书馆，1972.

金观涛，刘青峰. 观念史研究 [M]. 北京：法律出版社，2010.

杨小凯. 经济学原理 [M]. 北京：中国社会科学出版社，2000.

张五常. 经济解释 [M]. 北京：中信出版社，2015.

思考题

1. 如何理解商品的二重性？如何理解交换价值、价值、价格的关系？
2. 为什么从劳动分工和劳动交换的角度，分析价值和价格问题？
3. 如何理解劳动二因素，以及劳动的各组概念？
4. 如何理解简单劳动和复杂劳动，如何理解创新性劳动？
5. 如何比较劳动价值论和效用价值论？
6. 如何认识服务的劳动性、物质性？
7. 如何理解劳动生产率与商品价值量之间的关系？
8. 如何理解市场？市场为什么能够成为现代社会的劳动分工和劳动交换的基础性方式？

第三章　货币的产生、形式和职能

学习目标

- ◆ 了解货币的产生、发展过程，货币的形式，中国和英国、美国、欧盟的货币简史，货币的职能。
- ◆ 熟悉商品的价值形式，商品的交换矛盾，货币的职能，货币的发行和流通，通货膨胀、虚拟经济和货币拜物教。
- ◆ 掌握货币的价值尺度、交换媒介、支付手段等职能。

现代经济不是自给自足的自然经济或简单偶然的物物交换经济，而是普遍化、货币化的市场经济。然而，实物商品如何转换为价值形式，商品价值如何表示、比较和计算？商品如何简便快速地交换，如何跨越时间、空间交换和间接交换，人们如何提高商品交换的效率？货币是商品生产和交换发展的内生之物，还是商人、政府创造的结果？货币如何从物物交换中脱颖而出，货币表现的商品价格如何成为了经济活动的普遍性、灵敏性信号？货币手段如何转向了货币资本、货币经济，现代经济危机为何大多引爆于货币、金融领域？如何在价值形式、货币形式上分析资本主义经济活动，资本主义经济关系为什么就是人与人之间的价值关系、货币关系？电子货币、数字货币等新型货币形式将会如何发展？通过分析商品的价值形式和货币形式的演变过程，货币的性质、形式和职能，可以进一步解开价值、价格、货币、资本、生产、交换、分配、消费等问题上的一系列迷惑。①

第一节　货币的产生

原始社会或简单封闭的自然经济没有商品交换和货币形式，商品交换的最初形式也是没有货币的物物交换。那么，商品的价值是如何表现和衡量的？商品交换是如何有效达成的？为什么在扩展的、普遍的商品交换中需要一种充当商品价值的一般代表、共同尺度和商品交换的共同媒介的货币？货币是人为设计的还是历史产生的？货币这一特殊商品的价值和使用价值是什么？货币是如何演变并适应着资本主

---

① 马克思《资本论》第一卷第一、三、四章，第三卷第十九章、第五篇，恩格斯增补的交易所等篇章，全面分析了货币问题。

义经济的运行和发展的？在英国议会就 1844 年和 1845 年罗伯特·皮尔爵士的银行条例进行的一次辩论中，财政大臣威廉·格莱斯顿说，受恋爱愚弄的人，甚至还没有因钻研货币本质而受愚弄的人多。① 对于这些问题，不能仅从货币商品如黄金的自然属性的角度，而必须从逻辑和历史相统一的角度，具体分析商品与商品交换的社会关系即价值关系，分析商品与商品交换的比率即交换价值，分析商品价值在交换中表现的价值形式，从而揭示货币的起源和性质。

一、商品的价值形式和货币

（一）商品的价值形式

人类劳动创造了劳动产品，但并非人类劳动的所有产品都是商品，只是用于交换的劳动产品才是商品。商品的使用价值表现为形形色色的物质形态，人们可以通过五官、四肢、大脑、肠胃而体验感受。商品的价值虽然是凝结、物化在商品中的一般人类劳动，但商品价值本身看不见、摸不着，不能自我表现，只有在商品交换中通过另一种商品才能相互比较和表现，表现为某种价值形式，商品之间交换的比率就是交换价值，商品交换价值的发展过程和表现形式被称为价值形式。

当两种商品完成交换时，两种商品就发生、形成了等价关系。在个别的商品交换中，可能出现不等价的交换，一方吃了亏。但从总体、长期来看，自愿、反复发生的商品交换必然是价值量相等的交换，一种商品的价值就被另一种商品表现出来，价值是交换价值的本体或基础，交换价值是价值的表现形式。人类历史上的商品的价值形式经历了从最初的简单偶然的价值形式、扩大的价值形式、一般的价值形式到现代的货币形式等不同阶段，以及货币形式中的信用交换、期货交换等具体形式，货币最终成为表现商品价值的一般等价形式。

对于价值形式的演化过程、商品交换和货币起源，马克思之前的亚当·斯密以及后来卡尔·门格尔、G. 西美尔等人都作了深入分析。② 简言之，货币是社会分工和商品交换的产物，价值形式是分析商品交换、货币产生的逻辑起点和中介概念，商品交换、市场发育又受到货币形式和货币运动的制约。

（二）简单的价值形式

人类最初的交换形式是互通有无、各得其所的物物交换，交换的是有用而稀缺的劳动产品。例如，原始社会的某个氏族有羊而无鸡，用 1 头羊主动同另一个原始氏族的 5 只鸡相交换。然而，这时的分工和交换关系很不稳定，物物交换简单、偶然，商品的价值在交换中表现得很不充分，因此称为简单的、个别的、偶然的价值

---

① 马克思. 政治经济学批判：第一册 [M]//马克思恩格斯全集：第 13 卷. 北京：人民出版社，1962：54.
② [奥] 卡尔·门格尔. 国民经济学原理 [M]. 刘絜敖，译. 上海：上海世纪出版集团，2005：160 - 182.

形式。用公式表示就是：

$$1\text{ 头羊} = 5 \text{ 只鸡}$$

在这一价值形式中，等式两端的商品所处的地位和作用并不相同：左边的商品羊处于相对主动的地位，要求把自己的价值相对地表现在另一种商品鸡上，因此商品羊称作相对价值形式；右边的商品鸡处于相对被动的地位，它是等价物，起着表现左边商品羊的劳动价值的作用，因此叫作等价形式。在物物交换中，商品的相对价值形式与等价形式是一种既相互依存、又地位相对的对立统一关系，持有某种相对价值商品的人总在寻找另一种作为等价物的商品，反之亦然。如果某个氏族主动拿鸡去交换羊，鸡就是相对价值形式。

相对价值是指处于相对价值形式的商品羊的价值，要相对地表现在处于等价形式的商品鸡这一使用价值的物上。商品之所以能够交换，具有价值形式，从质的角度看，不仅是因为它们有用和稀缺，而且是因为它们都或多或少地耗费了人们的一般劳动，具有价值，劳动形成的价值是商品相互交换的共同基础。从量的角度看，每一种商品的价值量都是相对大小的、可比较的属性，处于相对价值形式的商品价值量相对表现在等价形式的商品数量上，商品的相对价值量取决于相交换的两种商品的社会必要劳动量之间的比率关系。

等价形式是指某种商品鸡充当价值的代表，能够与另一种商品羊直接交换的形式，这样的商品鸡称作等价物，也被喻为价值之镜，镜子是能够反射、呈现对方的事物。等价形式具有两个特点：(1) 具体劳动成为抽象劳动的表现形式，具有使用价值的商品鸡成为价值的表现形式，即处于等价形式的商品是作为价值的化身、作为价值的等价物来表现其他商品的价值。(2) 私人劳动成为社会劳动。因为产权私有，所以生产各种商品的劳动首先是私人劳动；在社会分工和交换的市场中，私人劳动又是社会分工体系的一部分，是社会总劳动的一部分，必须经过交换而将私人劳动转化为社会劳动。

然而，交换双方对于商品的价值、使用价值等信息往往不充分、不对称，每一个交换者要寻找到另一个交换者，而且双方的物品恰好都是对方同时所需要的，即实现所谓的需求双重巧合、时间双重巧合条件都是十分费时费力的事情。即便双方遇合了，但双方往往既不知道生产商品羊、商品鸡的劳动时间是多少，不知道对羊、鸡的需求数量，也难以衡量、比较羊和鸡的使用价值，从而难以达成交换。由此，公式右边的鸡如何充当等价物，如何衡量羊的价值量就是一个相当费时费力的过程。

(三) 扩大的价值形式

随着生产力的发展和剩余产品的增加，特别是随着生产技术的进步和社会分工的发展，原始氏族、部落、公社之间，以至原始公社内部用于交换的商品逐渐多种多样，交换的频率逐渐加快，交换的规模或范围也逐渐扩大，一种商品不再只是偶然、固定地与另一种商品相互交换，而是与众多种类的商品相互交换了。这样，商品交换的次数增加了，商品价值的表现范围扩大了，商品价值在交换中表现得比较充分准确了，由简单的价值形式发展到扩大的、总和的价值形式，用公式表示就是：

$$1\text{头羊}\begin{cases}=5\text{ 只鸡}\\=2\text{ 把斧头}\\=100\text{ 斤小麦}\\=\text{一定量其他商品}\end{cases}$$

从扩大的价值形式上看，某种处于相对价值形式的商品羊的价值多次、反复地表现在种类众多的、使用价值各异的其他商品上，每一种具体的、不同数量的商品都成为反映同一种商品、同一数量的羊的价值的等价物。而且，每一种商品或者说各种商品都可以作为等价物而表现出同一种商品的价值，这表明商品价值同它凭借的使用价值的特殊形式没有关系。这样，凝结在商品中的人类抽象劳动才开始显著、普遍地表现为商品的价值，商品的价值量才逐渐准确地被发现和实现。当然，公式左边的羊也可以换成鸡、斧头、小麦等商品。

不过，扩大的价值形式依然保留着简单的价值形式的内在缺陷，与生产发展、交换扩大的客观需要之间依然存在着冲突：每一种商品的相对价值形式都表现为一系列的具体商品，不同种商品的相对价值形式往往并不相同，还没有一个充当一般等价物的商品，准确有效地表现所有商品的价值，商品交换仍然是相对偶然、随意、低效的过程。换言之，在扩大的价值形式中，商品的相对价值表现依然不完全、不充分、不稳定，有待统一、规范、有效化。

在物物交换中，扩大的价值形式所内含的缺乏一般等价物的缺陷，依然严重地制约着商品生产和交换。物物交换之所以能够发生，是因为生产者所提供的必须是另一个生产者或消费者同时同地、直接需要的商品。供求如果不一致，那么交换要么不能进行，要么只能间接地进行。例如，张三有羊而希望换鸡，李四有小麦但希望换羊，同时同地的王五有鸡而希望换小麦。由此，张三、李四、王五的产品价值都不能相互表现，都不能随时随地、直接便利地交换。

（四）一般的价值形式

由于简单的、扩大的价值形式都是商品交换不发达的价值形式，换言之，为了扩大分工、便利交换，就需要发展一种方便交换、降低成本的交换方式。在历史上，人们往往不再采取直接、实时的物物交换方式，而是采取了间接的物物交换方式，即通过交换第三方生产者的产品而实现了交换。例如，尽管张三有羊而希望换鸡，李四有麦而希望换鸡，同时同地的王五有鸡而希望换小麦，双方之间都不能直接交换，但王五信任张三的羊，就用一定量的鸡交换了自己并不需要的羊，然后再用羊交换了李四一定量的小麦，且王五用羊交换了与用鸡交换相同数量的小麦。在这次交换中，羊在生产者之间偶然地执行了等价商品和交换媒介的职能，通过间接交换而完成了交换过程。

在历史上，某种商品不是偶然地执行这种职能，而是逐渐从众多商品中分离出来，其他商品都可以同它相交换，通过它准确表现、统一代表自己的价值。比如，羊或斧头、小麦都可能从众多商品中分离出来，充当一般的等价物，统一、准确、稳定地表现和代表其他商品的价值。这样，扩大的价值形式就过渡到一般价值形式，用公式表示就是：

$$\left.\begin{array}{r}5\text{只鸡}=\\ 2\text{把斧头}=\\ 100\text{斤小麦}=\\ \text{一定量其他商品}=\end{array}\right\}1\text{头羊}$$

这种价值形式之所以叫作一般价值形式，是因为在这种价值形式中，商品价值的表现既是简便、准确的，其他商品的价值都表现在唯一的商品羊上；商品价值的表现又是统一、公认的，一切商品的价值都表现在同一的商品上。在这种商品交换中，由于某种商品普遍表现了其他商品的价值，商品的价值形式是同一、简便和准确的，所以称为一般的价值形式。

从扩大价值形式到一般价值形式是价值形式的一次质变，一切商品的价值都可以通过从商品中分离的、独立的一种商品来表现，商品价值作为无差别的一般人类劳动凝结的性质就充分、及时、准确地表现出来了。由于各种商品的价值量都可以和羊这种商品相比较，因此各种商品之间的价值量也就可以借助羊而相互比较了。由此，羊这种商品就成为了一切商品的一般等价物，生产这种商品的特殊劳动就转形为可以和其他一切劳动相比较的标准劳动，生产这种商品的私人劳动就转形为人们普遍接受的社会劳动。

在商品交换中，生产者的商品只要被对方接受而换成一般等价物，他的劳动就得到了社会承认，就可以使用这种一般等价物而换取他所需要的任何商品。一般等价物的出现，克服了简单的、扩大的价值形式的缺陷，克服了物物直接交换的缺陷，极大促进了商品生产和交换。

（五）货币价值形式

商品交换的一般价值形式已经蕴含着货币的价值形式的萌芽。当某种商品从众多商品中分离出来，长期、固定地充当一切商品的一般等价物的价值形式时，比如羊、布匹或贝壳，或者中国夏商时代的海贝、商代的铜贝，这种普遍表现商品的交换价值、价值的商品就成为了货币，这种货币就是实物货币或商品货币，一般价值形式就演化、过渡到了货币形式，实物商品货币又渐次向代用货币、信用货币演化。在一般价值形式的公式中，如果商品羊固定、普遍地充当了一般等价物，那么商品羊就成为了货币商品；如果黄金固定、普遍地充当了一般等价物，那么商品黄金也成为了货币商品。货币形式与一般价值形式没有本质的差别，只是价值形式的完成形式，货币只是社会普遍认可的、固定或唯一的一般等价物。

货币及其形式不是商人、政府设计、创造的产物，而是商品交换发展的结果，货币起源于物物交换的原始社会。在不同地域、不同时期，牲畜、盐、贝壳、羽毛、珠宝、沙金、布匹、宝石等众所公认、不易获得的特殊商品都曾经充当过商品交换的一般等价物。经过长期的优胜劣汰，数量稀少、性质稳定、用途广泛、易于分割、便于储运、衡量简便的金、银、铜等贵金属逐渐脱颖而出，成为普遍使用的货币商品。中国夏商时期，某种贝壳也一度成为财富的象征和交换的媒介，与财富有关的许多汉字即以"贝"为偏旁。可以说,货币是众所周知、普遍接受、价值明确、使用便利、交换成本最低的商品,是市场化程度最高的商品,是社会公认的一般商品。

货币出现之后,商品价值有了社会公认的独立的、准确的、固定的表现形式,货币又全面、深入地影响着生产、交换和分配活动。斯密指出,劳动是商品的真实价格,货币只是商品的名义价格。[①] 在社会发展过程中,货币制度、货币形式和货币定义、货币理论也经历了多次变化。在货币形式上,经历了从古代的各种各样的实物商品货币,金、银本位货币,到近现代的银行货币和国家法定纸币。在货币定义上,早期的实物商品货币、金银货币作为公认、固定的一般等价物,不仅是因为它本身是商品,具有价值,而且是因为它是唯一、专门充当等价物的商品,它的价值成为了衡量、表现其他商品价值的手段和尺度。不过,货币自身价值并不是成为货币的必要条件,如近现代的商业银行纸币和国家法定纸币本身几乎没有价值,它的基本职能只是价值符号和交换媒介。

对于货币的起源和性质,至少在16世纪就存在着货币金属论、货币名目论两种基本解释。货币金属论认为,货币必须具有金属内容和实质价值,货币与贵金属等同,货币价值由货币金属的价值决定,金、银天然就是货币,只有金、银才是货币。欧洲16、17世纪的重商主义者甚至认为,金、银货币是一国财富的唯一形态,一切经济活动的目的就是获得金、银,而开采金、银矿山和对外贸易获得金、银是财富的真正源泉。如果从物质的物理属性来看,金、银虽然天然适宜充当货币,但金、银天然地是金属,不是货币。金、银成为货币,只是商品交换、社会选择的结果,只是货币演化中的一种特定形式。

二、商品交换的矛盾和货币

(一)商品交换的矛盾

商品是稀缺有用、用于交换的劳动产品,但商品交换往往不是随意自动、简单高效地进行的,商品的物物交换尤其如此。对货币的产生和演变,不仅可以从商品价值形式的角度进行分析,而且应当从商品内含的使用价值和价值、商品生产的私人劳动和社会劳动之间的矛盾冲突,从物物交换的成本收益角度进一步分析。

第一,商品内在的使用价值和价值之间存在矛盾。在古代社会,劳动产品主要是为自己的消费而直接生产的,生产者就是消费者,产品不存在使用价值与价值的内在矛盾。但对于用于交换的商品,商品的价值是生产者投入劳动而形成的,他要通过交换而实现其劳动价值,以此换得所需要的具有使用价值的商品,满足自己的需要;商品的使用价值却是为了满足他人的需要而创造的,他要让渡其生产的具有使用价值的商品,满足对方的需要,才能实现商品的价值。可见,生产者提供的商

---

① [英]亚当·斯密.国民财富的性质和原因的研究:上卷[M].郭大力,王亚南,译.北京:商务印书馆,1972:29.

品只有通过交换，才能证明商品既满足了他人的需要，实现了自己创造的价值；同时，换取了他人生产的符合自己需要的商品，获得了自己的消费满足，也实现了他人生产的商品价值。可见，卖出商品是既卖出了他人所需的商品使用价值又实现了自己生产商品的价值，买入商品是既买入了自己所需的使用价值又实现了他人生产商品的价值，同一种商品的价值和使用价值就通过交换而在买、卖双方最终实现了，从而解决了为他人生产的商品使用价值与为自己追求的商品价值的内在矛盾。

第二，商品交换还要解决商品生产的私人劳动和社会劳动的内在矛盾，获得社会分工、商品生产的劳动收益。如第二章所述，在私有制和社会分工的条件下，每个居民、家庭、企业的商品生产首先是个别的、私人的生产劳动，同时又应当是能够在使用价值、价值上满足社会需求的生产劳动，是社会劳动的一部分，而私人劳动和社会劳动之间的矛盾也必须通过商品交换而得以解决。然而，解决私人劳动和社会劳动的矛盾冲突的商品交换并不是自发自动、无成本地完成的，而是受到多方面、一系列因素的限制。仅仅从交换技术的角度看，就表现在商品交换价值和价值不能明确统一地表现上，以及同一种商品供求的价格、数量上的不一致，不同种商品供求的品种、价格、数量上的不一致，商品供求的空间和时间上的不一致等问题，这些问题只能是一个频繁搜寻、分散决策、反复试错、迂回交换的解决过程。

（二）物物交换的缺陷

在商品的物物交换情形下，由于缺乏商品交换的一般等价物，且商品的生产者和交换者、种类和数量都较少，交换时间少，交换范围窄，交换频率低，交通、通信、计量、检测、储存等技术落后，交换价值发现、显示困难，商品内含的使用价值和价值之间、商品生产的私人劳动和社会劳动之间的矛盾冲突在物物交换中尤其严重，商品交换尤为困难。

在商品生产者之间的实时实地的物物交换中，每一个需要交换的生产者都需要寻找另一个需要交换的生产者，双方所生产、待交换的商品种类、价值量和交换比率正好都是对方所需要的，即符合所谓的需求双重巧合条件；同时，双方交换的时间正好相同，即符合所谓的时间双重巧合条件，而物物实时实地交换还意味着空间的双重巧合。然而，在简单的物物交换中，交换大多是偶然、特殊的交换，恰好符合了需求、时间、空间的三重巧合条件的交换几乎是可遇而不可求的。换言之，交换双方如果符合了多种巧合条件，就必须经过一定的信息搜寻和处理过程。即便存在符合这种交换条件的生产者，但完成物物交换特别是跨期、跨地的物物交换也可能极其费时费力，付出极大的交换成本，这种交换往往因成本高昂、得不偿失而难以完成。

在物物交换中，人们发现还可以采取替代性的间接交换方式。即交换双方不再实时、实地、全额地交换，而是都可以与第三者交换，甚至可以与第三者跨期、跨地交换，第三者的特定商品是其他生产者普遍认可、共同接受的商品，间接交换方式是至少需要两次、最好只要两次就可以完成的商品交换。换言之，生产者逐渐从众多商品中选择、分离出了某种特殊商品，其他商品都可以同它相交换，通过它准确表现、统一代表各种商品的价值。在商品交换中，履行间接交换职能的这种商品被生产者认可程度越高，选择比例越大，交换范围越广，交换频率越快，交换比率越准确，交换风险越小，交换过程中消耗的时间、精力和商品就越少，概言之，间接交换的成本越小或收益越大，就意味着该商品的交换能力越强，市场化程度越高。显然，生产者如果不能直接交换而又需要交换，就必须寻找、获得某种特殊商品，充当各种交换的一般等价物，通过它最终替代成本高昂的物物交换方式，使得分工和交换成为一种相对有效的生产方式。

间接交换的成本高低是决定间接交换能否进行的基本原因，而这一成本受到充当一般等价物的特殊商品的价值和使用价值的制约，由交换全过程的劳动耗费决定。对于间接交换中的特殊商品，其价值应当具有以下性质：（1）单位商品的价值要相对稳定，且其总价值要随着各种商品生产增长而相应增长。（2）货币商品用于间接交换的成本足够小，但充当一般等价物的特殊商品的单位价值和总价值尽可能大。换言之，一定单位的货币商品只有其本身价值足够大，才可能以尽可能少的货币商品去普遍衡量、代表尽可能多的其他商品。（3）对于间接交换中的货币商品，其原本的使用价值不仅能够满足人们的需要，而且具有适宜扮演货币角色的多方面的物理性能：一是颜色、熔点、硬度、密度等性质统一稳定，容易辨认，如金、银就品质稳定、易于化验和辨别，金、银铸币更容易辨别，而家畜、粮食、贝壳性质不稳定。二是按照交换、支付的需要，易于分割为较小份额。三是易于长期保留、贮藏。四是单位价值的物质质量或体积尽可能小，易于携带、运输等。某种一般等价物如果价值和性能易变，就会导致间接交换成本高昂，终将被人们淘汰，反之则在竞争中脱颖而出。货币的产生是优胜劣汰的选择过程，市场化程度较高的一般等价物对其他特定商品的替代过程是一种自我强化的收敛、集中过程，市场化程度最高的一般等价物最终就成为了地区性、全国性甚至国际性的货币。

货币介入商品生产和交换后，如果能够稳定、普遍、低成本地充当价值尺度和交换媒介，能够同方向、同比例地影响各种价格的变化，且人们如果能够理性预期和决策商品生产，那将在一定程度上解决商品内含的使用价值和价值之间、商品生产的私人劳动和社会劳动之间的矛盾，促进社会分工和生产专业化，提高商品生产和交换的效率。然而，在真实的、长期的经济活动中，由于货币非稳定发行、人们非理性预期等因素，货币往往导致了商品价值与商品价格、实体资本与货币资本、总供给与总需求之间新的矛盾，商品生产的私人劳动与社会劳动之间矛盾的最终解决并不如萨伊定律所描述的那样轻而易举、自动完成，也不如同瓦尔拉所描述的货币仅仅稳定普遍地充当价值尺度和交换手段、价格极其灵敏、市场自动均衡，货币化的市场交换是社会劳动的物质变换，是一次次商品价值从商品体跳到金体上，是商品的"惊险的跳跃"[1]，是一个长期、动态、迂回曲折的社会化过程，货币引起了实际利率、产出水平等实际经济变量的调整和改变，这就是为何经济失衡、经济危机往往由货币、金融危机引发了。

---

[1] 马克思. 资本论：第一卷 [M]. 北京：人民出版社，2004：127.

三、货币的性质

（一）货币的使用价值

货币的出现，只是克服物物交换的缺陷、提高分工生产的效率的实践结果，不是人类集中决策或政府强制的产物。货币一旦承担了价值尺度、交换媒介等社会职能，人类劳动凝结在其他一切商品中的价值就都可以通过货币来统一表现和代表。在此之后，货币从实物货币到信用货币，信用货币从纸币的发行流通、记账结算到货币电子化、数字货币等一系列演变过程，也都是为了降低商品交换的成本，提高商品交换的效率。

货币作为一种特殊的商品，当然也具有价值和使用价值。那么，货币的价值和使用价值是什么，实物货币和信用货币有何异同？这是一个看似简单清晰、其实十分复杂的问题。

货币商品实际上具有两类使用价值：作为普通商品的使用价值，作为货币商品的使用价值。充当货币的商品最初和长期只是某种普通商品，它具有前述的使用价值或物理性质，并因此而成为了货币商品。作为货币的特殊商品，其使用价值是指货币在经济活动中承担什么职能，发挥什么作用。货币商品在经济活动中的使用价值是充当一般等价物，即货币是表现一切商品价值的材料，具有直接同一切商品交换的能力，在商品交换中直接发挥着价值尺度和交换媒介这两种基本职能，以及支付手段、贮藏手段等派生职能，货币可以用来交换一切商品。

货币在发展的不同阶段和不同形式中，其使用价值也有一定的差异。在实物商品货币时期，货币以其自身的价值而被人们普遍信任和接受，直接、自动地执行了价值尺度和交换媒介。在代用货币特别是在信用货币时期，货币自身价值很小，与其代表的价值之间出现了分离，货币不再以其自身价值而执行货币职能，而是代表一定的价值量，作为一种公认的、观念上的价值计量单位，执行价值尺度和交换媒介职能。

（二）货币的价值

货币在起源上是从商品中分离出来，长期、固定、普遍地充担一般等价物的一种特殊商品。人们在商品交换中普遍认可、共同选择某种商品充当货币，首先是因为货币是人类劳动的产物，它以其社会必要劳动即自身相对稳定的价值，作为表现和衡量其他一切商品的社会必要劳动即内在价值的外在、共同、直观的标准和形式，其他一切商品的价值都表现为一定单位数量的货币。商品的价值通过一定单位、一定量的货币表现出来，就是商品的价格。

在实物商品货币时代，货币的价值由生产货币所耗费的社会必要劳动决定。然而，货币作为普通商品的价值与货币代表的价值即币值一定要相符吗？货币如果不是实物商品货币，而是代用货币、信用货币，特别是 1971 年布雷顿森林体系崩溃、美元以及绝大多数国家货币与黄金脱钩而成为纯粹的纸币，以及现代社会的货币全面电子化之后，货币不只自身价值很小，而且货币实物很少出现在支付和清算中，货币往往只是一种显示商品价格、记录个人收支的电子符号，那么信用货币能否稳定有效地承担货币职能，如何承担货币职能？对于这一争论至今的问题，如果从货币的性质和职能看，那么历史上的货币名目论已经提出了初步解释。

货币名目论认为，货币的性质并不是价值本体，货币是一种单纯的符号和名目上的存在，一个公认的、观念上的价值计量单位，是一般等价形式，货币的这一性质和职能在信用货币特别是纸币、世界货币、电子货币时代得到了充分的表现。即便在金、银货币时代，金、银本身是一种具有价值的商品，但金、银价值也不是其成为货币的物质和价值基础，金、银价值与货币所代表的价值和所执行的职能之间也没有必然性关系。

从历史与逻辑的角度看，货币在起源和历史上先是一种具有价值的商品实物，随后又是充当一般等价物的实物货币，某种实物商品特别是金、银商品天然是货币，实物货币的内在价值成为货币价值尺度和交换媒介的本体和基础。在货币的使用过程中，货币如果是统一发行、普遍接受、币值稳定的，那么货币在本质或逻辑上自身有无价值并不重要，具有足够信用的纸币本身几乎没有价值，但可以只是名目上的价值符号和价值单位，代表一定货币单位的价值。因此，只要按照单一的经济规则统一稳定地发行货币，货币发行量只要与流通中的各种商品价值总量成正比，那么发行实物商品货币反而增加了商品交换成本，是货币发行中的资源浪费。

第二节 货币的形式

货币起源于物物交换的原始社会，最初的货币形式是各种实物的、商品的货币，后来金、银、铜等贵金属成为了实物货币的通用材质。由于货币在商品交换中实际发挥的是价值符号和交换媒介的使用价值，因此，货币从实物商品货币、金银货币逐渐转形为代用、信用货币，现代各国普遍使用的是建立在国家信用基础上的法定纸币。

一、实物货币

（一）实物货币的演变

货币起源于物物交换的原始社会，牲畜、盐、贝壳、羽毛、珠宝、沙金、布匹、宝石等众所认可、不易获得的特殊商品都曾经在某一时期、某些地方充当过一般等价物。实物货币又称商品货币，是指货币由某种普遍接受的特定实物作为货币，货币的实物价值自然而然地成为了货币价值的基础，成为衡量、表现其他商品价值的尺度和手段，作为实物的价值与作为货币的价值相等。广义的实物货币包括最初的牲畜、贝类等实物货币，也包括后来的金、银、铜等金属货币。我国新石器时代晚期，开始出现牲畜、贝类、农具等实物货币。后来，布帛、谷粟等实物曾经在秦汉隋唐等时期充当过货币。法国的皮革、斐济的鲸鱼牙、美洲殖民地的烟草和威士忌、太平洋上 Yap 岛的圆形石头，以及龟壳、香烟、盐、牛、鸦片、松鼠皮等也都曾经充当过货币。

各种各样的实物货币盛行于古代社会，是货币的古典形式。实物货币既是商品，又不是普通商品，而是特殊的货币用商品，是兼具货币与商品双重身份的商品。在商品交换中，金、银、铜等贵金属因天然具有数量稀少、品质稳定、用途广泛、易于分割、便于储运、衡量简便的物理性质，适宜执行一般等价物的社会职能，从众多实物货币中脱颖而出，成为了货币的通用材质。正如马克思《资本论》第一卷所说："金银天然不是货币，但货币天然是金银。"[1] 在中国历史上，金、银、铜等曾经长期充当货币材料，如秦、西汉规定金为上币，铜为下币，清代广泛使用银币。在世界历史上，金是普遍充当货币的实物。

我国最早的金属货币大约是商代模仿南海齿贝而铸造的铜贝。商代是青铜器时代，青铜冶炼铸造业繁荣一时。随着生产的发展和交易活动的增加，当时流通的贝币由于来源和价值的不稳定而限制了商品交易，货币材料集中到了铜上，但铜币并没有广泛使用。周代货币以铜币为主，铜币有刀币、布币、圜钱、蚁鼻钱等多种形式，而贵金属和实物货币仍然并用，楚国等少数地区还使用过金饼和金片。秦国统一中国后，下令全国的铜币以秦国的铜钱为标准。秦、西汉时期，黄金为上币，主要流通于官方和贵族阶层，全国广泛流通的是铜币，汉武帝时还曾经发行白色的鹿皮货币，用于赏赐贵族和军事将领，而珠、玉、龟、贝、银、锡之属为器饰宝藏。东汉初期的公孙述在四川首次铸造铁钱，但两晋时沿用旧币，南朝齐、梁也大量铸铁钱。唐代钱、帛兼行，"半匹红绡一丈绫，系向牛头充炭直"，而白银开始流通，国库的白银按照统一的成色与重量铸成元宝，市场上使用银块时要计算成色、称量重量。明清时期，通行铜钱和白银。此外，布帛、粮食等生活物资也曾经作为货币的计算单位，用于市场交换或支付官员、军队的薪饷。

在当代外汇市场上，有时使用"商品货币"的提法，这与作为货币形式的商品货币其实是两个不同的概念。外汇市场上的商品货币是指某些国家拥有重要的物质资源，这些资源在国际贸易和本国经济结构中占据着举足轻重的地位，直接影响着该国的经济、货币和汇率的稳定性，一般把这类国家的货币称为商品货币。如澳大利亚、新西兰盛产煤炭、铁矿石、铜、铝、羊毛等产品，这些产品在国际贸易中占优势地位，又主要以美元标价，这些产品的价格变动直接影响了其经济增长和汇率变化，由此澳大利亚、新西兰货币常有商品货币之称。此外，南非兰特、挪威克朗等国货币有时也被称为商品货币。

---

[1] 马克思. 资本论：第一卷 [M]. 北京：人民出版社，2004：108.

（二）单一本位和复本位货币

本位（standard）具有根本、源头、基础、标准等义，货币本位是指货币的基础和标准。货币首先是实物货币，货币本位就指充当货币的是什么实物，这一实物具有什么样的标准或规格，简言之，货币本位就是关于标准货币的制度。在人类历史上，货币本位首先是牲畜、贝壳等曾经充当一般等价物的特殊商品，后来金、银、铜等金属成为了货币本位，而金最终成为全球普遍接受的货币本位。单一本位是指充当货币的实物或材料是单一商品，如金本位；复本位是指充当货币的实物或材料是两种以至多种商品，如金、银本位，金、银、铜本位。

复本位制是人类社会广泛实行的货币本位制度，如我国先秦至民国时期，长期采用金、银、铜以至铁等多种金属作为本位货币，在不同时期还曾经使用布帛、粮食等充当货币，其他国家和地区也曾经采取多种本位并存的货币制度。不过，复本位制因不同本位如金、银之间的价值比率变动不定，金、银两种价值尺度存在内在的冲突，因此是一种发行成本较高、运行不稳定的货币制度，后来逐渐转换到了单一本位制，最终完成于纸币本位制。

金本位制是以黄金为单一本位的货币制度。早在古代希腊、罗马和波斯时代，就开始铸造重量、成色统一的金币。在金本位制下，每单位的货币等同于若干重量的黄金即货币含金量，国家之间的汇率即决定于两国单位货币的含金量之比。金本位制包括金币本位、金块本位和金汇兑本位（虚金本位）三种形式。其中，金币本位制是金本位的典型形式，狭义的金本位制即指金币本位制。金币本位制的特点是：黄金是基础的货币材料，国家以法令规定货币的含金量；金币可以自由铸造，无限法偿；辅币和银行券可按其面值自由兑换为金币；黄金可以自由输出输入。自世界工厂、国际金融中心英国1816年立法确定、1821年启动实行金本位制，到1914年第一次世界大战爆发以前，欧洲、美洲主要资本主义国家都实行过金本位制，而且是典型的金币本位制。1848年北美旧金山地区发现金矿并引发淘金热以及随后澳大利亚的淘金热，在一定程度上缓解了当时的货币和经济问题。第一次世界大战爆发后，英国、法国、俄国、德国、日本等参战国家因财政收入紧张，纷纷禁止黄金自由输出，金币本位制实际上已经分崩离析了。

第一次世界大战结束后，欧美国家经济得到恢复发展，出现了一个相对稳定的时期，资本主义国家试图恢复金币本位制。但除美国以外，多数国家事实上恢复实行的是没有金币流通的金块本位制和金汇兑本位制，如英国1925年恢复金本位制，但这两种金本位制由于不具备金币本位制的一系列特点，实际流通的只是银行券或纸币，不能自由兑换金币，只能向中央银行有限制地兑换金块或外汇，货币制度脆弱不稳定，又被称为不完全的金本位制。其中，金块本位制又称金条本位制，由国家储存金块作为发行代用货币的储备，代用货币不再自由兑换黄金，但在需要时可按规定条件向本国中央银行兑换黄金。金汇兑本位制又称虚金本位制，国家只规定了代用货币的法定含金量，但禁止金币的铸造和流通，代用货币不能兑换黄金，只能兑换外汇，黄金不能发挥本位货币、保证币值的作用。实行金汇兑本位制的国家，其货币通常与某个实行金本位制的大国货币保持固定比价，并在该国存放外汇或黄金作为平准基金，因此这是一种带有附属性质的货币制度，如德国和许多殖民地、附属国实行的就是这种货币制度。

代用货币是在金块本位、金汇兑货币等金、银货币时期，代表本位货币在市场上流通的价值形式。早在宋元时期，中国就出现了交子、中统元宝交钞等代用货币。在金币本位制下，货币可以直接采取铸币形式，也可以采取银行券等代用货币的形式。在金块本位制和金汇兑本位制下，货币普遍采取了纸质印制的代用货币形式。广义的代用货币包括商业银行发行的商业票据和银行券，以及政府发行的银行券等。代用货币以金、银等贵金属货币作为发行、流通的基础，是一种纸质的替代金属条块或金属铸币流通的价值符号或货币符号，是商品货币向信用货币的过渡形式，不是一种独立的货币形式，不是真正的信用货币或纸币。代用货币具有印制和交换成本低、易于携带和运输、避免了金属货币流通中的磨损等优点，但也具有易损坏、伪造、超额发行等缺点。代用纸币发行量一旦超过了经济发展对货币的正常需要量，就会发生货币贬值，甚至引起通货膨胀和经济动荡。

1929~1933年，资本主义世界发生了有史以来最严重的货币信用危机和经济危机。货币信用危机从1929年10月24日美国纽约证券交易所的股票价格暴跌开始，迅速扩展到欧洲和其他地区。奥地利、德国、英国等国都发生了银行挤兑风潮，大批银行因之破产倒闭，各国在短短两个月内就从伦敦提走了将近半数的存款，英国的黄金大量外流。在大危机的冲击下，除了美国等少数国家外，大多数国家逐渐放弃了不完全的金本位制。如1931年7月，德国政府宣布停止偿付外债，实行严格的外汇管制，禁止黄金交易和黄金输出，德国从此结束了金汇兑本位制。1931年9月，英国宣布英镑贬值，放弃金本位制并禁止黄金出口。其后，法国、瑞士、意大利、荷兰、比利时、芬兰、加拿大等欧美国家在1936年前也相继宣布放弃金本位制，一些以英镑为基础实行金汇兑本位制的国家，如印度、埃及、马来西亚等国也随之放弃了金汇兑本位制。这样，代用货币被迫转化为信用货币，纸币这一新型的货币制度在全球开始建立了。

金、银本位货币制度的崩溃是多种因素导致的。金、银等贵金属生产增长率长期大幅度地低于商品生产的增长率，不能满足日益扩大的商品交换需要，不能普遍、稳定地充当货币商品，这就极大地削弱了贵金属货币流通的基础；贵金属存量在各国之间分配不平衡，如1913年底美国、英国、德国、法国、俄国五国占有世界黄金存量的2/3，1945年美国占有世界黄金存量的3/5，1949年美国占有世界黄金存量3万吨的73%，价值246亿美元。大部分黄金为少数强国掌握，必然限制以至破坏金币的自由铸造和流通，削弱其他国家金币流通的基础。第一次世界大战爆发后，黄金被参战国集中用于购买军火，停止自由输出和银行券兑现，从而最终导致金本位制的崩溃。相反，信用货币并不以任何贵金属为基础，一般由国家依法发行，强制流通，独立发挥货币的职能，是金属货币制度崩溃的直接结果。

白银也长期充当本位货币，如我国清代后期、民国初期曾实行过银本位货币制度。随着经济发展，欧美一些国家的银本位制先是过渡到金、银复本位制即金、银同时作为本位货币，如英国、美国、法国等国曾在 18～19 世纪采用金、银复本位制。但随着白银采掘业的劳动生产率不断提高，白银价值不断降低，金、银之间的比价大幅度波动，复本位制从 19 世纪 20 年代逐渐被金本位制取代，如英国 1816 年率先建立了金本位制，随后葡萄牙、德国、荷兰等主要资本主义国家也相继建立了金本位制。到了 19 世纪末 20 世纪初，只有中国、墨西哥、日本、印度等少数国家还保留着银本位制。

铸币税原是中世纪欧洲国家对送交铸币厂用以铸造货币的金、银等贵金属所征的税，后来指政府发行货币取得的利润，它等于铸币面值与铸币金属价值的差额。在金本位崩溃之后，以商业银行或政府的信用为基础的纸币取代了金本位货币，铸币税主要取决于纸币所代表的面值，取决于纸币所代表的价值和能购买到的社会产品价值，纸币面值、购买力与其印制发行成本之差就成为纸币的铸币税。如美国印制发行 1 美元纸币的成本约 0.03 美元，美国发行的货币 2/3 流通于国外，因此获得了巨额铸币税。

美国虽然在 1933 年宣布停止纸币兑换黄金，禁止银行、个人贮存黄金和输出黄金，但次年仍然规定了 1 盎司黄金从可兑换 20.67 美元提高到可兑换 35 美元。1944 年 7 月，英国、美国等 44 个同盟国在美国新罕布什州布雷顿森林村召开国际货币金融会议，通过了《国际货币基金协定》和《国际复兴开发银行协定》，规定国际货币基金组织成员方货币应当与黄金或美元挂钩，实行固定汇率兑换，开始了以美元为中心的国际货币体系即布雷顿森林体系，该体系实际是一种金汇兑本位制。随着美国经济、政府债务和外贸赤字的不断增长，美元兑换黄金的能力持续下降。

二、信用货币

（一）信用货币的定义

我国北宋时期首先在益州（成都）等地发行的交子，瑞典 1661 年、美国 1692 年、法国 1716 年等发行的代用性纸币都具有信用货币的某些特征。如 1716 年，财政濒于破产的法国政府特许约翰·劳在巴黎成立通用银行（次年更名皇家银行）并发行纸币，次年特许成立密西西比股份公司（后合并为新印度股份公司）并发行股票，但纸币随着 1720 年密西西比金融泡沫破灭而停止流通。真正的信用货币是脱离金、银等商品本位、不能兑换的独立货币形态，只以商业银行或政府的信用为基础。1929 年世界性经济大危机爆发后，许多国家货币被迫脱离金、银本位制，所发行的代用纸币不再能兑换金、银或金、银铸币，商业银行或政府发行的纸币等现代信用货币才应运而生。

货币到底是什么，商业银行或政府发行的纸币等信用货币是不是货币？如果考察金、银等实物货币的发展历史和内在逻辑，就会发现任何能够在商品交换中充当货币的东西首先在于它们是商品，都具有价值和使用价值，金、银因其物理特征和内在价值而使得货币天然是金、银，价值十足的金币成为货币的典型形式，货币价值成为了货币与其他一切商品交换的基础,这是金、银货币鼎盛时期的斯密等人关于货币的基本认识。

代用货币、信用货币之所以能够取代实物、金属货币,独立承担货币职能,主要基于以下三个方面的原因。

第一,在人类历史的很长一段时期,用作货币的金、银金属的供求关系相对稳定,币值相对稳定。但随着分工和经济的发展,商品的交换规模和交换范围逐渐增大,贵金属币材的生产不能满足货币供应量增长的需求。15世纪时,经济发达的佛兰德斯和意大利北部各邦国曾因金、银货币不足,出现了通货紧缩的恐慌。从16世纪开始,大量来自美洲的金、银通过西班牙流入欧洲,一时挽救了欧洲的货币制度,并为欧洲资本主义经济发展创造了条件。然而,由于工业和生活对金、银的广泛需求,经济发展也要求金、银货币不断增加,储量和开采相当有限的金、银远远不能满足经济发展的需要,此外,白银大量流入中国,金、银货币出现了通货紧缩、币值不稳等问题。明代中后期,白银经由日本、马尼拉等地大量流入中国而逐渐形成了银两制,但明清之交、鸦片战争时期中国又两次出现了银荒,特别是欧洲海外扩张和鸦片走私猖獗的1833~1839年6年间,中国白银净外流量年均约428万两,这是明代覆亡、清代社会动荡的重要原因。① 1848年美国加利福尼亚州发生了淘金热,大量人口和黄金涌入市场,种种因素导致了金价、币值、股票价格、商品价格等出现了复杂多变、陡涨陡落的乱象。

第二,在多样性、大规模、长距离、跨时期的商品交易中,使用金属货币极为不便,例如,人们大量的、小额的购物如何使用金、银货币?即便使用金粒、铜钱也极为不便。于是,货币从实物特别是金、银实物本位逐渐转向铸币如金币本位,又转向代用货币、信用货币,信用货币最终普遍采取了法定纸币的现代形式。

第三,历史上的面值与其金、银价值并不一致的金、银铸币能够流通,飞钱、交子等货币代用物能够流通,甚至脱钩了金、银货币的信用纸币也能够广泛流通,何况作为代用货币、信用货币的纸币印制便利,不只降低了货币发行的成本,而且降低了商品交换的成本,这说明货币在本质和逻辑上是一般等价物,是社会公认的、普遍接受的充当商品生产的价值尺度和交换媒介。货币的职能一旦独立和公认,人们关心和需要的就是货币的价值尺度能否表示商品的价值量,货币的价值符号能否代表并交换到价值相当的商品,能否承担交换媒介和支付手段的职能,比如 Yap 岛上笨重的圆形石头,而不是流通中的货币本身,流通中的货币就逐渐成为观念上、想象中的价值尺度和价值符号!因此,只要货币发行者具有足够的信用,无论发行者是酋长、国王、商业银行还是民主国家政府,换言之,只要人们普遍、长期地信任和接受观念上的货币,观念上的货币能够直接充当延期偿还的支付手段,货币就可以脱离其特定的商品形式,转而采用虽不足值但形式统一的铸币,采用自身几乎没有价值的代用货币、信用货币,如金、银本位时期的代用货币,甚至采用纸质或电子化的信用货币,货币或纸币本身有无价值无关紧要,货币不必以其自身价值作

---

① 严中平. 中国近代经济史统计资料选辑 [M]. 北京:科学出版社,1955:28.

为衡量、表现其他商品价值的尺度,信用货币的典型完成形式就是现代国家普遍发行的纸币。

金、银货币退出经济生活后,并不意味着货币的消亡。如果把各国普遍发行流通、执行货币职能的纸币称为货币,如果纸币还采取了无纸化的电子形式,那么就必须修正关于货币的传统定义。现代纸币主要是由一国或多国的货币机构依法统一发行,作为商品价值的符号,代表一定的价值,在商品交换中充当价值尺度、交换媒介的特殊形式的一般等价物。由于历史的原因,某些资本雄厚、信用卓著的商业银行如我国香港三家商业银行至今仍在发行纸币。

(二)代用货币

代用货币是实物货币和信用货币即纸币之间的货币过渡形态,执行货币的部分职能,它包括不足值的铸币、中国古代的交子和宝钞、近现代的银行券等具体形式。

银行券(bank note)是指商业银行发行的货币,它经历了从代用货币到信用货币的演变过程。从历史上看,商业银行分散发行、广泛流通的期票、汇票、支票、银行券等信用工具都承担着货币的某种职能,体现着债权人与债务人之间的信用关系。其中,现代银行券最早出现于17世纪的欧洲,是由商业银行在汇票、支票等商业票据流通的基础上分散发行,以代替金属货币流通的金融工具,又称银行钞票,是一种流通券(circulating note)。

与商业票据相比,各国商业银行发行的银行券的流通时间和流通范围都不受限制,并且往往可以随时兑换金、银货币,信用基础比较稳固,所以得到广泛使用,在一定程度上替代了货币的交换媒介、支付手段等职能,是一种流通货币。初期的银行券是金、银本位制下的代用货币,其发行量以银行贴现的商业票据为依据,允许执票人凭票即付票面数额的金、银等本位货币的一种支付凭证或本票。某种与金、银挂钩的代用货币比如1971年之前的美元如果成为国际性货币,用于国际贸易结算和储备货币,就会不断流出发行国而形成国际收支逆差,而发行国保持币值稳定又要求保持国际收支顺差,这一悖论被称为特里芬难题。金属货币制度崩溃后,一些以商业银行信用为保障的银行券成为了不兑现的信用货币形式,如我国香港、澳门的纸币至今还保留着商业银行货币的形式。

例3-1 英格兰银行

英格兰银行成立于1694年,位于伦敦城针线街,本为英国国王威廉三世为了筹措财源,特许设立的私营商业银行,开业之初即给政府借款120万英镑,并以此债权为准备而发行了等额的银行券,开创了银行发行无资本准备的银行券的先河。1696年,窘困中的大科学家牛顿就任年薪500英镑的皇家铸币局总监后,稳定铸币发行,打击铸造劣币者,甚至科以死刑,三年后升任年薪1000英镑的皇家铸币局局长。经牛顿提议,英国议会1717年决定1盎司黄金定价3英镑17先令10便士,事实上确立了英镑金本位制。1816 年英国正式通过了金本位法案，1833 年英格兰银行取得了发行法定货币的资格。1844 年，英格兰银行分为发行部和银行部，发行部专职银行券发行，逐渐垄断了英国银行券发行额，其他发行银行的发行额也被限定。1928 年，英格兰银行成为英国唯一的货币发行银行，并以其业务实力而充当其他银行的最后贷款人，确立了"银行中的银行"的地位。1933 年，英格兰银行开始代理国库。1946 年，英格兰银行国有化，隶属财政部，现有 8 家分行。英格兰银行通过理事会、货币政策委员会等，制定实施货币政策。

资料来源：[英]沃尔特·白芝浩. 伦巴第街[M]. 沈国华，译. 上海：上海财经大学出版社，2008. [英]威廉·兰金. 牛顿[M]. 孙正凡，译. 北京：三联书店，2021. [英]丹·科纳汉. 英格兰银行[M]. 王立鹏，译. 北京：中国友谊出版公司，2015.

（三）纸币

纸币一般是由现代国家的货币机构依法发行并依靠政府力量强制流通、执行货币职能的信用货币，是以柔韧材料（主要是纸张）印制的新型货币，是代用货币的完成形式和信用货币的典型形式。由于私人银行的信用往往不足以保证代用货币、纸币的统一、稳定发行和流通，19 世纪中叶以后，资本主义国家逐渐将货币发行权由众多的商业银行集中到中央银行或其指定的商业银行。1929 年美国和全球经济大危机发生后，许多国家相继放弃金本位制。1944 年 7 月，美国、英国、法国、苏联、中国等 44 国代表在美国新罕布什尔州布雷顿森林村的华盛顿山饭店举行联合国家货币金融会议，通过了《联合国货币金融会议的最后决议书》《国际货币基金组织协定》《国际复兴开发银行协定》等文件，总称为布雷顿森林体系，确立了以美元为中心、美元和黄金为储备资产的金汇兑本位制、固定汇率制的国际货币体系。第二次世界大战结束后，几乎所有国家的货币都同金、银脱钩，普遍由中央银行发行不兑换的纸币作为交换媒介。20 世纪 60 年代，美国黄金储备严重不足而政府债务持续上升，美元兑换黄金面临着越来越大的压力，加之法国等国家 1968 年提兑黄金，美国总统尼克松在 1971 年 8 月 15 日宣布，暂时停止美元自由兑换黄金，导致美元大幅度贬值，金汇兑本位的布雷顿森林体系开始崩溃。1973 年美国经济又陷入经济停滞而通货膨胀的困境，美国联邦基金利率 1973 年 10 月高达 10.6%，美国宣布不再规定美元含金量和停止固定汇率制，主要资本主义国家纷纷退出固定汇率制，美元汇价走向市场浮动，日暮途穷的金汇兑本位制最终退场了。从此，全球进入以美元为首的信用货币时代，金融风险和经济泡沫更为常见。

现代纸币是指依法发行、代替金属货币而强制流通使用的货币符号，是法定的信用货币，是各国普遍使用的货币形式。信用货币的本质不是某种商品，而是一种社会性的技术、合同、制度，是具有普遍、稳定的社会信用的价值符号和交换媒介，是货币发行者对使用者的承诺和负债。信用货币包括主币和辅币两部分，它们一般采取纸币和硬币的形式。纸币一般是法定的、基本的货币形式，是主币；辅币一般是硬币，一种小面额的、金属铸造的货币，也可以是纸币。纸币和硬币的总和称为通货或现金。至 2023 年，全球共发行 160 多种纸币，流通于 197 个独立国家（联合国会员国 193 个）和 30 多个地区，其中，60 多个国家接受《国际货币基金协定》，其货币成为自由兑换货币。与金属货币相比，纸币的印制发行成本低廉，易于保管和运输，避免了铸币在流通中的磨损。

随着通信、电子、计算机、互联网等信息技术的发展，货币采取了无纸化、电子化的账户形式，这就是替代纸质法定货币、执行货币的贮藏、支付等部分职能的电子货币。电子货币是通过电子、互联网等信息技术，执行现金贮藏存取、支付结算等业务的金融服务工具。电子货币主要有两类：一类是将货币价值等金融信息或数据保存在智能卡等卡内的电子钱包，如银行卡、银行或工商企业发行的储值卡（如购物卡、会员卡、电信卡、交通卡）等形式。银行卡是由银行发行、以磁卡或智能卡（也称集成电路卡即 IC 卡）为信息载体、供用户办理现金存取和支付结算等业务的金融服务工具，包括信用卡（贷记卡）、储蓄卡（借记卡）等种类。因为银行卡主要是塑料制成的，又称塑料货币。另一类是基于互联网等信息技术，将货币价值等信息或数据保管在信息终端的电子现金账户，如手机银行、网络银行、微信支付、支付宝等。可见，现阶段的电子货币是以货币为基础、代表一定货币价值、可以起到替代货币的某些职能的货币代用方式，是现有法定货币及其账户的一种信息化方式和过程，但不是独立的货币形式。进入 21 世纪，实物化的纸币、铸币已经全面退出社会生活，许多国家 90% 以上的货币支付和清算采取了电子化方式。

进入互联网、数字化时代，经济活动中不仅出现了法定货币的电子化现象，还出现了游戏币、数字货币等代表一定的法定货币价值的电子符号。广义的游戏币有两种：一种是娱乐场所中的实体的法定货币的代用物，比如电子游戏机的代用币；另一种是各种网络游戏中的代用币，是游戏程序的一项数据，游戏玩家可在游戏中使用游戏币买卖装备、宠物、技能等道具，玩家还可以交换游戏币。数字货币是依据特定算法产生，依托互联网、区块链、分布式账户等电子、数字技术，通过网络可确认并记录交易行为的一种数字代码，交易双方也可赋予去中心化的单位数字货币一定的法定货币币值，如 D. 乔姆等人早在 20 世纪 80 年代就提出了电子或数字货币理论，2009 年出现的比特币（Bitcoin），2019 年美国脸书公司（Facebook）推出的数字货币项目 Libra，中国人民银行 2020 年开始试点的数字货币（DCEP）等。不过，游戏币、比特币、Libra 等电子符号在本质上只是在特定范围、特定人群中使用的法定货币的代用物或虚拟价值符号，都不是独立的、新型的货币形式。数字货币如果成为新型的货币形式，就必须具有统一的价格标准和货币单位、稳定的信用担保和流通体系，必须用于国际交换和货币储备，否则就只是一种数字游戏。

纸币自身几乎没有价值，只是价值符号、交换媒介、支付手段和贮藏手段。美元 1971 年与黄金脱钩后，即遇到了信任危机，国际金融体系也动荡不安。为了保证纸币稳定地代表价值即币值稳定，执行价值尺度等职能，这就要求纸币发行机构信用优良，地位独立，具有稳定的资产储备，受到社会的严格监督，只按照经济稳定运行的单一规则或单一目标发行和流通。对于现代纸币的特征或性质，可以从纸币的符号性、虚拟性、债务性、法定性、垄断性、纸币稳定发行的目标和规则等方面进行分析。

第一，纸币是符号性、虚拟性的货币。金、银等商品货币是价值符号和价值实体的统一，货币具有货币商品的价值的基础和保证，一般不会发生通货紧缩或通货膨胀问题。代用货币以金本位为依托，不是独立的货币形态，但可兑换，一般也不会发生通货紧缩或通货膨胀问题。而纸币并无金、银本位基础，自身又几乎没有价值，商业银行或政府的信用未必靠得住，只是代表价值的纯粹符号。

符号性、名义上的纸币也是虚拟性的货币。货币一旦出现，进入了相对独立的发行和流通过程，充当了价值尺度和价值符号，执行了交换媒介和支付手段职能，商品交换就出现了时间、空间上的分离。货币以现金、存款、贷款、有价证券、金融衍生品等金融资产形式存在，在电子、网络时代还可以采取电子货币、数字货币等形式，能够给持有者定期带来一定收入，货币运动就形成了独立于实物资本、实体经济运动的虚拟资本、虚拟经济现象，这在纸币、电子货币时代登峰造极。

第二，纸币是债务性货币。在实物货币特别是金、银货币时代，货币自身有价值，尽管货币价值并不是货币充当价值尺度和交换媒介的必要条件，但发行货币就是发行了一种实为财产、内含价值、具有产权的货币，货币的发行者是货币价值的所有者，货币是一种财产性、权益性货币。与之相比，纸币几乎没有价值，纸币面值与纸币自身价值脱钩、背离，发行纸币而获得的铸币税就相当于合法、超额征收社会财富，就是对居民的负债、债务，纸币发行、通货膨胀甚至成为某些资本主义政府掠夺社会财富、解决财政危机的手段，因此，金、银货币的本质是权益性货币，而纸币的本质是居民对政府的信任、政府对居民的债务，纸币是债务性货币。

第三，纸币是法定性、垄断性、稳定性发行的货币。商品交换、货币产生是在原始社会后期自发、分散出现的经济现象，货币在很多地区、很长时期还是私人金融机构发行的，法律只是对已有经济现象的规范和治理。不过，纸币作为替代金、银货币而后起的信用货币，为了保障稳定发行流通，从产生不久就受到了各国政府的规范约束，并从商业银行分散发行逐渐转变为政府法定发行、垄断发行、稳定发行。

现代各国的货币几乎都是法定的货币，不允许商业银行发行纸币，政府因发行纸币而形成了政府信用和国有资本，发行货币成为了一种国家主权。不过，纸币的法定唯一性也有例外：巴拿马、萨尔瓦多等多个国家选择美元作为法定货币；西非共同体统一发行法郎；欧盟国家1999年发行的欧元就是超国家的货币，至2023年已经在20个国家法定流通；中国香港、澳门的多家商业银行分别发行地区性货币。

纸币发行机构的垄断性、独立性。如上所述，商品货币、代用货币甚至纸币都曾经由商业银行甚至私人发行，斯密也主张商业银行自由竞争地发行货币。现代纸币普遍由各国中央银行垄断发行后，又带来了一系列问题：纸币作为价值符号和发行银行债务，垄断发行的中央银行如何拥有信用？中央银行如何对使用货币的全体居民和企业负责，如何独立、稳定地发行纸币？从立法角度看，各国中央银行的独立性主要有以下几种模式：中央银行独立于中央政府，直接向国家最高权力机构负责，如美国、德国、瑞典；中央银行与财政部平行，分别对中央政府负责，如丹麦、1995年后的中国；中央银行名义上隶属财政部，实际上具有独立性，如日本、英国、法国、安德里亚、墨西哥、新加坡；中央银行隶属于财政部，独立性较弱，如意大利、韩国、1995 年前的中国。此外，欧盟中央银行独立于欧盟机构和各国政府，港币是在我国香港金融管理局的监管下由三家商业银行发行的。

纸币稳定发行的目标和规则。货币政策对经济增长的作用是什么？纸币根据什么目标和规则发行，如何保证纸币的信用或币值的稳定？主张政府干预的凯恩斯主义认为，政府可以根据经济发展的多重目标和具体需求，相机制定并实施货币政策。以 M. 弗里德曼为代表的货币主义学派认为，货币政策的主要目标只是保持币值稳定，保持物价总水平稳定，政府应当公开宣布并长期稳定地将货币供应量作为唯一不变的政策工具，制定货币供应量增长的法则，使货币增长率同预期的经济增长率保持一致。1995 年诺贝尔经济学奖授予理性预期学派的卢卡斯之后，这场争论似乎告一段落。

第三节　货币的职能

商品货币从众多商品中脱颖而出，充当一般等价物，当然兼有货币的、商品的使用价值和交换价值的属性。货币出现之后，人类经济体系就从原先单一的实体经济体系转向实体经济与货币经济二元一体的双重经济体系。货币从实物的、权益性的货币转向信用的、债务性的纸币之后，纸币内在的价值和纸币所代表的实体经济价值之间出现了严重背离，货币一旦超额发行，就容易出现货币贬值、物价普遍持续上涨的现象。货币的使用价值是在商品生产和交换中充当一般等价物，发挥价值尺度和交换媒介的基本职能，以及支付手段、贮藏手段等派生职能。

一、货币的基本职能

货币的职能就是货币的一般性的使用价值，是货币在经济活动中发挥的作用，是货币本质的具体表现。货币充当一般等价物时，在商品生产和交换中承担着价值尺度和交换媒介或流通手段这两种基本的社会职能，发挥着两种基本作用。如国际货币基金组织 2000 年《统计手册》认为，货币具有交换工具、价值储藏、记账单位和延期支付标准等四个基本功能。

（一）价值尺度

价值尺度是货币出现后的首要职能，最初是指货币以其社会必要劳动即内在价值，作为表现和衡量一切商品（包括货币商品）的社会必要劳动即内在价值的外在、共同、直观的标准和形式，一切商品的价值都表现为一定单位数量的货币。换言之，物物交换难以大规模、大范围、跨时期、持续性地进行，而货币作为价值尺度，能够统一表现、代表一切商品的价值，使一切商品的价值在质的方面属性相同，在量的方面可以比较，使一切商品价值有了共同的衡量标准和表现形式。

价值和使用价值统一于商品本身。商品的价值虽然是凝结在商品中的人类抽象劳动，但人们在交换商品时，如何确定交换比例，获得最大收益？显然，现实中的商品价值量不能用劳动时间直接表现，不同种商品的价值也难以衡量，商品的价值只能在交换过程中通过其他商品来间接表现。充当一般等价物的货币出现后，由于货币本身也是商品，具有价值，其就以内在价值作为衡量和表现其他商品的价值的普遍标准，执行了价值尺度职能。

当作为一般等价物的货币从商品中产生、分离后，货币充当了价值象征和价值符号，整个商品世界就分裂成了两极，一极是特殊商品的货币，另一极是所有的商品。各种商品首先表现出具有各种各样的使用价值的商品形式，而货币表现为价值尺度和价值符号，各种商品只有通过以货币为媒介的相互比较和交换，其内含的价值才能得到衡量和实现，私人劳动才能转化为社会劳动，他人生产的商品的使用价值才能够满足本人的需要。严格地说，货币不只表现其他商品的价值，还要表现单位的币材、货币和金融资产的价值。

商品的价值通过一定单位或一定量的货币表现出来，就是商品的价格。某种商品的价格可以表示为以下公式：

$$某种商品的价格 = 某种商品的价值 / 货币的价值$$

当货币充当价值尺度时，并不一定需要实物商品货币，而只需要具有观念上、符号性的货币，商品价格只是观念上或象征性的货币表现，因此，流通中的货币既可以是金、银等实物形式，也可以是观念上的符号形式，这就导致了后来的货币可以采取商品货币、代用货币、信用货币等不同的存在形态，进而又导致了货币价值与价值尺度、价值尺度与价值符号之间，价值尺度与价格标准、货币单位之间出现了既有联系又有区别的关系。因此，货币价值与价值尺度、价值符号，价值尺度与价格标准、货币单位也是既有联系又有差异的现象和概念。

在金、银等商品货币时期，货币价值是指货币商品自身的或内在的价值，而价值符号（价值标准、记账单位、货币符号）是指它象征、代表货币商品的价值，即不足值的铸币、本身没有价值的代用货币、信用货币等货币形式却可以成为商品货币的价值代表，代替商品货币，执行本位货币的价值尺度、交换媒介、支付手段等职能。在商品货币时期，不足值铸币或代用货币虽然能够购买一切商品，但只是在商品交换中发挥金属货币的价值代表和交换媒介的作用，它们的票面金额如10元或100元只是金属货币价值的表现，代表了金属货币的购买能力，不足值铸币或代用货币并不是独立的货币。当然从长期看，铸币如果不足值，或者代用货币、信用货币发行量长期大于商品货币量，它们就也要贬值即通货膨胀。

金、银天然地是货币，但货币并不一定是金、银。类似地，商品货币的内在价值天然地成为货币的价值尺度，但货币的价值尺度并不一定以货币的内在价值为基础。因为货币只要被社会所公认接受就行，单位货币只代表了一定量的价值，至于货币本身无论由什么来充当，采取实物货币、代用货币还是信用货币的形式，信用货币无论采取纸币还是电子货币的形式，货币无论由什么人拥有，向什么人支付，它作为一般等价物的本性都不会改变。谁拥有了货币，就等于拥有了价值，就可以支付货币而获得具有价值和使用价值的各种商品。纸币即便自身几乎没有价值,只是价值符号,但纸币在商品生产和交换中稳定统一地充当一般等价物,是新型的、独立的货币形式,不能说只是货币符号。

价格标准、货币单位也是与价值尺度既有联系又有差异的概念。货币充当价值尺度的职能是通过价格形式实现的,即商品的价值量表现为一定的货币量。为了统一、准确、形象地衡量、比较不同种商品的价值量,首先就要在技术标准上统一规定货币的计量单位,比如磅、两、元,这些计量单位又分成若干等分。磅、两等货币计量单位由于本来是计量物质的一种技术标准,又是从货币的价值尺度派生出来的、用来衡量表示一定量货币的价值或所代表的价值,进而用来衡量、表示一定量商品的价值的一种标准,所以又称为价格标准。在商品货币时期,假设充当货币的金、银等材质成色一定,生产单位金、银的社会必要劳动时间不变,货币的价值量就由其重量(质量)唯一决定。我国明清时期白银货币的单位为重量的两、钱、分、厘,1两=10钱=100分=1000厘,不同时期两的重量标准不一,1两重约34克至40克。我国由于长时期是金、银、铜等本位货币混用,不同的货币本位之间也有换算,1两金约等于10两银,1两银约等于1吊(贯)即1000文铜钱。可见,价格标准由货币执行价值尺度的职能派生出来,是价值尺度的延伸和具体形式,不是货币的独立职能,价格标准表示着一定量的商品货币,衡量、表现着单位货币的价值量或所代表的价值量。货币的价值尺度是在商品交换中产生形成的,货币的价格标准通常是国家依法规定的,货币的价值尺度、价格标准使得劳动创造的商品价值具有了数量化的价格形式。

货币最初是商品货币,货币商品天然的、物理的计量单位曾经长期作为价格标准或货币单位,如羊的只数、布帛的长度或金、银的重量。在金属货币时期,金、银的计量单位即物质重量单位如磅、两、元也是国家规定的货币单位名称,这种按重量确定的货币单位及其等分就是价格标准。如英国的重量单位为磅(pound),也是英国早期货币的计量单位,1821年英国实行金本位,磅正式成为货币单位,1磅含7.32238克金,中文则将"pound"一分为二地译为物理单位"磅"和货币单位"镑"。此外,不同国家的货币基本单位及其等分各具特色,即主币和辅币的单位各具特色,价格标准并不一样,如英国的镑、先令、便士,美国的美元、分,法国的法郎、生丁,德国的马克、芬尼,苏联的卢布、戈比,以及1999年欧盟国家开始使用的欧元、欧分。在法国大革命推广公制单位以前,欧洲曾经长期采用1、20、240进制,如法国银币1里弗尔等于20个苏,1苏等于12个但尼尔,而流通中的实物银币是索尔,金币之后依次是弗罗林、金埃居和金路易,以及1795年起改为十进位的法郎。英国1镑长期等于20先令,1先令等于12便士,1972年起改为1镑等于100便士的十进位制。我国人民币价的基本单位是元,1元等分为10角,1角等分为10分。

在经济发展和货币流通的过程中,由于以下原因,重量单位与货币单位往往不再一致:(1)货币磨损、政府铸造发行等原因,导致货币分量不足,货币不足值即贬值,货币的名义价值与实际价值不一,货币单位逐渐失去原来的重量单位的意义。

(2) 同一国家使用不同的货币，导致货币单位改变名称，例如我国清代起初以两作为银币的计量单位，清代中叶西班牙、墨西哥等地银元大量流入，光绪时讨论改以元作为本位货币单位，1907 年天津试铸每枚重库平 7 钱 2 分、含纯银八成九、即含 6.408 钱纯银的银元，1910 年正式规定元为银币单位，货币单位就脱离了物理单位的名称。(3) 较贵重的金属代替不太贵重的金属，例如英国 18 世纪以前以白银作为重要的货币材料，1 英镑相当于 1 磅白银，以后黄金替代白银，当时规定 7.3224 克黄金为 1 英镑，这样货币名称的镑就与以前作为物理单位的磅分开了。随着金属货币向信用货币过渡，纸币本身几乎没有价值，只是单纯的价值符号，只具有单纯的货币单位，价值尺度与价值符号、价格标准之间曾经存在的实质性差异终于消失了。

边际学派提出了效用价值论后，效用价值论如何解释货币的价值和价值尺度？代表性的一种理论是奥地利经济学家米塞斯 1940 年德文版《经济学：行动和交换的理论》、1949 年英文版《人的行动》提出的货币价值，即货币购买力决定的"递归逆推定理"。[①] 米塞斯采用递归逆推的方法，认为人们今天需要的货币，是基于它昨天的购买力；昨天的购买力又来自前天，因此一直可以倒推到过去某一时间，那时充当交换媒介的仅仅是具有某种用途的实物。换言之，那时人们之所以需要充当货币的商品（如黄金或白银），是因为这些特定的商品本身就具有效用。这一定理还表明：货币只起源于自由市场，起源于市场对于某种有用商品的需求以及该商品的边际效用，现代政府不能任意印刷纸币以增加货币供应。

关于货币的价值尺度，还需要指出三点：（1）从逻辑上看，商品中的劳动或价值不能事先、直接地进行计量、比较，只能根据经验、借助市场方式而估计或发现。同样，货币作为客观的、社会中的事物，发挥着价值尺度、价值符号的职能，但货币本身也不具有价值或价格的发现能力，不能自动、事先地衡量、比较商品的价值。只是通过分工、竞争、交换而发现了商品的交换价值和价值后，货币才能表现商品的价值和价格。（2）从历史上看，即使是商品货币或黄金货币，自身具有一定量的且稳定的价值，也只是一种相对良好的价值尺度，而不是绝对不变的价值尺度。（3）充当价值尺度的即便是足额等值的实物货币，甚至是金、银货币，或者说，货币即便能够普遍、有效地表示、代表商品的价格和价值，货币也只是一种具有特殊使用价值、充当价值尺度的经济手段，也只是衡量、代表财富的一种工具或符号，货币包括金、银货币并不等同于财富。但在资本主义发展初期，重商主义者往往把金、银货币等同于财富，把国际贸易的最终目的视为追求贸易顺差和货币储备。

综上可见，一种货币商品如果充当统一、有效的价值尺度，那么不仅单位货币的社会必要劳动时间、价值量应当长期稳定，而且货币供给量与全社会商品价值量之间也应当长期保持着稳定的数量关系。然而，即便是黄金货币，它在历史上也很难满足如此严格的条件。自身几无价值、币值并不稳定的纸币介入商品生产和交换

---

① ［奥］路德维希·冯·米塞斯. 人的行动 [M]. 余晖，译. 上海：上海人民出版社，2013：428 – 435.

后，商品价格就可能偏离商品价值，货币收入与实际收入之间就可能不一致，这就需要通过不变价格、价格指数、购买力平价等方法调整商品价格、货币收入。比如，在统计某一国家或地区的商品价格、经济总量时，经常使用当年价格、可比价格和不变价格，其中，当年价格（现行价格）一般是指报告期的实际价格，如农产品收购价格、商品零售价格，用货币单位、当期价格可以计算诸如农业总产值、社会消费品零售总额、出口商品总额、国民生产总值等指标。由于当期价格经常变动，在计算、比较诸如农业总产值及其增长率、国民生产总值及其增长率时，必须连续使用消除了价格变动因素的指标即可比价格，而不变价格（固定价格）即某一时期同类产品的平均价格就是用于经济计算和比较的可比价格。再如，由于同种商品在不同国家或地区的价格水平经常不同，等量货币的购买力也不同，在计算两国货币之间的汇率，比较两国居民收入、国内生产总值等经济活动时还要消除价格差异因素，瑞典经济学家古斯塔夫·卡塞尔等人 20 世纪初提出了购买力平价（purchasing power parity，PPP）理论，购买力平价是国家之间综合价格之比，即两种或多种货币在不同国家购买相同数量和质量的商品和服务时的价格比率，用来衡量、对比国家之间的价格水平差异。

由于货币能够衡量、表现商品的价值，进而代表商品的价值，货币还派生了贮藏、支付等职能，货币的发行、流通和应用如信贷市场全面影响了经济活动。在资本主义经济中，货币不仅可以衡量和代表资本雇佣工人、工人劳动创造的商品价值，以及工资、剩余价值（利润）等价值的分解形式，也可以衡量和代表作为剩余价值的积累结果或物化劳动的资本价值。换言之，所有价值都为劳动创造和决定，货币代表了一般价值形式，马克思运用劳动价值理论以及货币理论、剩余价值理论构造了统一的政治经济学体系。

但在纸币时期，纸币是不可兑换、几无价值、独立承担货币职能的价值符号，就是价值的符号性的、独立形态的货币，纸币如何稳定地发行、有效地充当价值尺度、政府如何履行货币发行职责就成为了理论研究和政府管理的经济难题。

（二）交换媒介

交换媒介又称流通手段，是指货币充当商品交换的工具和媒介的职能，即货币具有和一切商品直接交换、连接各种经济活动的作用或能力。货币能够承担交换媒介，是因为货币以其具有的价值尺度、价值符号的职能，具有或代表一定量的价值，可以衡量和表示商品价值及其数量，成为了人们普遍认可、接受的货币商品，凭借货币能够直接、迅速、便利地换取各种商品。货币出现之后，商品交换由物物交换、一次完成，转为通过货币中介而间接进行买和卖两个阶段：商品所有者先把商品换成货币，再用货币购买商品，这种以货币为媒介的商品交换也称商品流通。如果商品、货币分别用 W、G 表示，那么货币时代的商品交换可以用公式表示如下：

$$商品—货币—商品，即 W—G—W$$

从物质内容来看，商品交换是用商品交换商品，是不同的分工劳动之间、物质资料之间、使用价值之间的交换。在商品交换中，货币以价值尺度为前提、发挥流通手段的作用就是货币的交换媒介职能。在交换过程中，单位货币具有或代表一定的价值，一定量的商品表示为一定量的货币，或者一定量的货币代表一定量的商品，货币作为交换媒介不断地从卖方转移到买方、从买方转移到卖方，实现着商品的交换和商品的价值，货币作为交换媒介不断地与各种商品更换位置就构成了货币交换或货币流通。因此，从逻辑和历史的角度看，货币交换是由商品交换引起并为商品交换服务的，商品交换是货币交换的前提和基础，货币交换是商品交换的表现和媒介，而不能把商品交换看成货币交换的结果。

商品交换中的商品—货币和货币—商品过程能否顺利完成？这又取决于生产的商品能否在使用价值和价值上满足社会的需要，私人劳动能否成为社会总劳动的一部分。

第一，分析商品交换的两个阶段。商品交换的第一个阶段是商品—货币（W—G），商品形式要转变为货币形式，但商品的这一转换是一次惊险的跳跃。生产的商品必须在使用价值上满足人们的需要，在价值总量上等于人们的购买能力，这个"跳跃"才能完成。这个"跳跃"如果不成功，"摔"坏的不是商品，但一定是商品的所有者。[①] 商品交换的第二个阶段是货币—商品（G—W），货币形式要转变为商品形式，由于货币是一般等价物，具有或代表一定的价值，可以用它买到其他商品，这一转换相对容易。

第二，分析商品交换的整个过程。由于商品的买和卖两个阶段在时间、地点上都可以分离：商品生产者可以在某一时间或地点卖出商品，在另一时间或地点买进商品；也可以在某一时间或地点卖出部分商品，在另一时间或地点买进部分商品。这样，某一些生产者存货待卖或者持币待购，总可能使另一些生产者持币待购或者存货待卖，商品交换就出现了时间、空间上的延迟、脱节现象，甚至出现了商品供应上的过剩、短缺风险。于是，商品内在的使用价值与价值的矛盾，就发展为商品生产的私人劳动与社会劳动的矛盾。货币充当交换媒介，对商品交换产生了双重影响：既突破了物物交换的狭隘方式，扩大了商品交换的品种、数量、时间、地域范围，便利了商品交换，又使商品交换出现了延迟、脱节、失衡的可能，蕴藏着经济失衡甚至经济危机的风险。

货币作为交换媒介，最初必须是实实在在的商品货币。在金属货币时期，起初由金、银条块充当。但不同条块的重量不一，成色不同，而交换的商品价值量也大小不等，这就要求每次交换都必须查成色，称重量，不胜其烦，增加成本。更主要的是，货币作为交换媒介，在商品交换中不停地循环，商品生产者主要关心的是商品能否顺利买卖、变成通用的货币，而不是货币的材料或形式。因此，在货币流通中，单有象征性、观念上的货币就够了。于是，货币逐渐向标准化、符号化、虚拟化转变，金属货币经历了金币本位、金汇兑本位形式，出现了代替金、银货币的代用货币，最终向不可兑换的纸币转变。在电子计算机广泛使用、信息网络化、网络全球化的时代，货币进一步采取了无纸化、电子化、数字化的形式，某条电子指令

---

① 马克思. 资本论：第一卷 [M]. 北京：人民出版社，2004：127.

就可能瞬间引致数以亿元计的货币交易乃至金融和经济动荡。

总之,正如凯恩斯后来所认可的,货币是表示债务、物价与一般购买力的货币。货币作为一般等价物,作为一定条件下的形式统一、相对稳定的价值尺度和交换媒介,作为币值稳定、交易便利的支付手段和贮藏手段,既连接了不同空间、不同时间的生产、交换和分配活动,降低了物物交换经济的风险、不确定性,提高了生产和交换的效率,又内含、产生了新的风险和不确定性。

二、货币的派生职能

价值尺度和交换媒介是货币的基本职能,在这两种基本职能的基础上,货币还派生出了贮藏手段、支付手段等职能。

(一)贮藏手段

在商品交换过程中,由于货币的出现,买和卖可以在时间、空间上出现分离。当卖方将商品变为货币时,个人可以不是立即使用货币购买商品,充当交换媒介、支付手段等职能,而是将货币收藏、保存起来,退出货币流通和增殖过程。当货币不在商品生产和交换中发挥作用,而是充当独立的价值形式和社会财富的一般代表而存放起来,货币就发挥了贮藏手段的职能。特别是在商品生产不发达的金、银货币时代,贮藏货币曾经是积累财富的重要方式,而金、银货币的个人窖藏成为了货币贮藏的传统的、朴素的形式。在金、银货币时代,金、银制品也成为了货币贮藏的对象。

货币之所以能够成为贮藏手段,是因为它是一般等价物,是社会财富的一般代表。人们贮藏货币,是因为商品的生产和交换、买和卖之间存在着时间、空间上的分离,存在供求之间的不匹配、不平衡,人们出于交易、预防、投机、积累、炫耀等方面的动机,于是就贮藏一部分货币,贮藏的货币可以随时随地转为投资或消费,变换为其他商品。如凯恩斯认为,人们对货币的需求取决于交易、预防和投机的动机,其中,交易动机是指人们为了应付日常交易需要而持有一部分货币,预防(谨慎)动机是人们为了预防意外、不测而持有一部分货币,投机动机是指人们针对利率的不确定性、为了避免资本损失或增加资本收益而持有一部分货币。更何况,货币作为贮藏手段,当货币供过于求时可以增加贮藏,当货币供不应求时可以减少贮藏,这在客观上还调节了货币流通和商品生产。

随着商品生产和交换的不断发展,特别是在资本主义经济中,银行等金融机构替代个人,成为经营货币、借贷货币的社会主体,货币的贮藏方式和贮藏职能也出现了一系列变化。在产业资本和商业资本的运动过程中,货币不仅是资本运动的条件和手段,而且是资本追逐的结果和目标,货币形式的资本表现为资本运动的起点和终点,货币发挥了价值尺度、交换媒介、贮藏和支付手段的职能,资本主义经济表现为市场经济和货币经济。而资本的一部分,必须不断作为贮藏货币,作为可能的货币资本存在,这包括:一是把充当支付手段和购买手段的准备金的资本暂时积攒起来，这是一种在货币形式上等待使用的闲置的资本，而且资本的一部分不断以这种形式流回；二是把新赚取、新积累的、尚未投入使用的货币资本暂时积攒起来。除了收付货币和记账以外，这又使贮藏货币的保管业务也成为必要，它使贮藏货币不断分解为交换媒介和支付手段，并且使出售得到的货币和到期的进款重新形成贮藏货币。① 在国际贸易中，为了应对国际收支逆差，还必须贮藏一部分货币，作为国际支付的准备金。②

传统的私人贮藏货币规避了一部分经济风险，但也产生了新的问题：个人分散贮藏货币，致使部分货币退出流通领域，这不仅增加了货币发行和流通的不确定性，影响了价格形成和价格水平，而且可能造成生产、交换、分配和消费的不平衡，造成宏观经济波动；由于个人分散贮藏货币，货币不仅出现了损耗，而且使用效率一般低于金融机构储蓄。随着银行服务的健全、信用体系的建立和各种信用性金融工具的创新，传统方式的货币贮藏也不断减少了，但货币存储于银行等金融机构，形成了各种形式的金融资产，产生了利息等货币收益。个人贮藏于银行等金融机构的货币，虽然一时不用于生产和消费，但这部分货币通过贷款、债券、股票等形式而重复流通起来，用作了职能资本，这使得财富分配的货币形式和实物形式之间出现了不一致，隐含了供求失衡和经济危机的风险。

货币的传统贮藏与现代的储蓄是既有联系、又有差别的现象和概念。货币的传统贮藏是指人们将一部分货币收入作为社会财富的一般代表而收藏、保存起来，退出货币流通领域，也就退出了储蓄、生产和消费领域，而其他部分的货币收入或者购买消费资料直接消费，或者投资以获得延期的、更大的生活消费，贮藏货币是人们在金融体系不健全、社会不稳定的情况下的经济行为。在现代经济体系中，人们将货币收入一分为二，一部分即时用于生活消费，延期消费的另一部分则统称为广义的储蓄。由此，延期消费的储蓄可细分为三：一是货币退出流通领域，私人贮藏货币，货币贮藏只是广义储蓄的一部分；二是储蓄于银行等金融机构，银行等金融机构一般将人们的储蓄货币又借贷给了工商业投资者，这种储蓄往往是间接投资；三是人们将货币不通过金融机构，而是直接投资于工商活动。经济学中的储蓄一般是指后两部分的储蓄，即储蓄是居民以及企业、政府收入中用于间接投资和直接投资的货币收入，而不只是银行存款的概念。可见，只有第一部分的储蓄才是传统的货币贮藏，后两部分的储蓄并没有真正退出商品生产和交换过程。

纸币乃至萌芽中的数字货币是否具有贮藏职能？有人认为，执行价值尺度、贮藏手段的货币必须是实实在在的、自身具有价值的商品货币，最好是均质、足值的金、银货币。在古代社会和动乱时期，金、银作为高价值的商品性、资产性的货币，不仅保值，而且不易损毁，天然具有贮藏优势。但在现代经济中，货币只要信用坚实，币值稳定，代表一定的价值或财富，同样可以承担贮藏职能，充当贮藏手段的不仅曾是金、银货币，而且包括纸币以至数字货币。

---

① 马克思. 资本论：第三卷 [M]. 北京：人民出版社，2004：352-353，355-356.
② 马克思. 资本论：第三卷 [M]. 北京：人民出版社，2004：512，514.

（二）支付手段

在一手交钱、一手交货、钱货两清的商品交换中，货币发挥的是交换媒介的职能。然而，由于不同种商品的生产时间不同，而且商品跨期、跨地销售，因此某些商品生产者在销售商品、获得货款之前就需要购买，但一时又不能支付货款，这就出现了赊购、赊销等赊账现象，即商品的销售和货款的交付并不同时，货款出现了延期收付，买卖方之间形成了债务债权关系。这样，买方所欠卖方的应付货款即卖方的应收货款，买方必须按照约定的条件和期限支付，用货币清偿赊账债务时所执行的职能就是货币的支付手段。

货币的支付手段与信用具有一定的关系。经济活动中的信用是英语 credit 的译名，它具有赊账、信誉、银行存款、信任、荣誉等多重语义。在市场经济中，信用是因交换的对象（如一件产品、一项服务、一笔现金）在实物、价值上出现了时间和空间上的分离和延滞而产生的现象，是指建立在以债权人对债务人的信任基础之上的、以还本付息为条件的各种借贷活动，信用双方之间是债权债务关系。在这个意义上，买方延期以货币偿还债务的支付手段就是一种信用形式，充当支付手段的货币可以是实物货币或者是一种价值符号，代表的是已经退出流通的商品价值。可见，信用作为一种交换活动、一种经济关系，包含着延期收付、承诺和信任、通过合同完成等要素，信用包括出借、负债和偿还、履约两次过程，信用是货币执行支付手段的基础和前提，货币的支付手段是实施信用、完成偿还的一种工具、一个环节。相反，如果不能依约使用货币支付，就破坏了商品交换的信用，严重的信用危机可能引发社会经济危机。从货币作为延期偿还债务的支付手段职能，就可产生了信用货币。

以上分析的是买方市场上的货币支付手段，买方市场是竞争性市场，市场上存在着众多生产、出售商品的企业，商品往往供过于求，价格有下降趋势，买方在市场上处于相对有利的地位，由此可以采取货款延期支付的方式。然而，经济活动中还可能出现卖方市场，即市场上只有少量甚至一家生产、出售商品的企业，商品供不应求，价格有上涨趋势，卖方在交易上处于相对有利的地位，垄断、寡头企业和国有企业甚至可以人为地控制产量、提高价格，由此要求买方采取以货币预先支付货款的信用形式。从广义上说，延期支付和预先支付都是信用的形式，货币都在执行支付手段。

货币作为支付手段不仅便利了商品生产和交换，而且引发产生了诸如银行券、期票、汇票、支票等信用性的金融工具。货币作为支付手段，不仅发生在商品生产和交换领域，充当产业资本中的商品资本和商业资本中的商品经营资本和货币经营资本，而且随着经济活动的需要和信用关系的建立，货币充当预付资本的数额与商品销售额之比还趋于降低。[①] 此外，货币还在工资发放、租金支付、税款缴纳、银行贷款等许多领域发挥着支付手段的职能。

---

① 马克思. 资本论：第三卷 [M]. 北京：人民出版社，2004：309-310，357-358，505，520-522.

货币在执行支付手段时，商品生产者购买他人的商品往往先于售卖自己的商品，买卖双方之间没有同时、相互地实现价值运动，货币是作为独立的价值形式而单方、单向地执行职能的。货币发挥支付手段的职能时，固然可以减少流通中的货币量，但也导致了价值分配、价值交换与价值实现之间的不一致，扩大了商品生产和交换的矛盾，某些生产者、消费者一旦到期不能偿还债务，就可能引发信用危机和经济危机。

（三）世界货币

世界货币又称国际货币，是指在国与国之间的商品交换、生产投资、银行储蓄、社会交往等人类活动中，一国货币越出国内流通领域，在其他国家甚至全世界充当一般等价物、自由兑换、执行货币职能的货币。显然，货币跨国发行流通，成为国际货币或全球货币，有利于降低商品价格的国际差异，降低生产和交换成本，促进国际分工和国际经济发展。20世纪之前，金、银都曾经是世界性货币。金本位制普遍建立后，黄金既在英国、法国、美国等许多国家直接充当货币或作为货币材料，也在国际经济中发挥了世界货币的作用，成为国际储备的主要形式，国际收支差额主要用黄金来弥补。如20世纪30年代以前，金本位的英镑、法郎、美元等都曾经成为世界性的货币。但随着金本位的全面崩溃和美国经济实力的上升，金汇兑制的美元逐渐成为主导性的世界货币。

美元1973年不再规定含金量，成为纸币后，纸币性的美元和依托强大经济的德国马克、英国英镑、法国法郎、日本日元等依然是世界性货币，而黄金恢复了原先的贵金属地位，只是在政治经济危机时发挥着补充性货币的作用。当然，纸币的国际流通依赖于国家实力和政府信用，一国纸币成为世界性货币，至少需要具备三个条件：（1）纸币发行国具备强大的经济实力，在国际经济领域占有重要的甚至主导的地位。（2）国家政权和纸币具有相当的稳定性，其中央银行最好具有足够的黄金等贵金属储备。（3）纸币的国际流通还必须建立在国际协议的基础之上，得到流入国家的认可，是可自由兑换的货币。

世界货币不是货币的一种独立职能，充当世界货币的货币与国内流通的货币并无根本性的差别，世界货币只是货币职能在国际的延伸。现代货币特别是纸币是法定货币，可以在国内流通。国际贸易又称进出口，每个国家既输出商品也输入商品，国与国之间就发生了债权债务关系。货币跨国流通一般也是双方或多方国家之间签订条约、依法进行的，货币承担着交换媒介等职能。当货币可自由兑换、用来向国外购买商品、偿还债务时，它就发挥着其流通、支付、贮藏、结算等职能。

美元、英镑等货币尽管充当了世界性货币，美元尽管成为了当代世界货币体系中的主导性货币，但这些货币本质上仍然是国家货币，不同货币之间的流动和兑换关系缺乏相对稳定的基础，世界货币体系依然经常陷入波动和混乱。能否建立一种超主权国家的世界货币？欧洲统一的思想在中世纪即已出现，第二次世界大战结束后进入高潮。1951年，法国政治家让·莫内和法国外长舒曼提出建立欧洲煤钢共同体即舒曼计划，同年，法、意、德（联）、荷、比、卢六国签订了为期50年的《关于建立欧洲煤钢共同体的条约》。1965 年，六国签订《布鲁塞尔条约》，决定建立欧洲共同体，总部设在比利时布鲁塞尔，条约于 1967 年生效。欧洲共同体的建立，为欧洲国家建立无内部边境的统一的经济货币联盟，实行共同外交和安全政策，促进成员国经济和社会的均衡发展奠定了基础。

除了欧洲联盟和欧元，另一些国家和地区也在一定程度上推进了经济货币合作，如经济互助委员会、非洲法属金融共同体法郎、亚洲 10 + 3 经济合作机制、人民币国际化。1997 年金融危机爆发后，亚洲国家加强了区域货币与经济合作，一些学者提出了建立统一货币、单一货币的亚洲货币、世界货币的想法。2016 年，人民币纳入国际货币基金组织的特别提款权（SDR）新货币篮子，成为美元、日元、英镑、欧元之后的第五种货币。

货币职能是货币使用价值的具体表现，是对货币静态的、直接效用的分析，是为商品生产和交换服务的。从人类历史上看，货币不仅全面深入地渗入、影响着经济活动的各个方面和环节，现代经济就是货币经济，货币还全面深入地影响着人类的其他活动。

第四节　货币的发行和流通

货币作为价值尺度、交换媒介和支付手段，必须不断地在生产、交换、分配和消费领域发挥作用，由此就形成了货币发行和流通这种独特的价值运动。货币在运动过程中，不仅要发挥其一般等价物的作用，而且在运动中表现出一定的数量和结构特征。那么，货币发行和流通的规律和规模是什么，政府如何承担纸币发行的职责？货币采取什么样的资产形式，对经济活动产生什么样的影响？

一、货币的发行

（一）货币的数量

货币发行和流通的首要问题是货币数量，为经济活动提供统一稳定的价值尺度和交换媒介。商品交换过程可以表现为 W—G—W，其中，W、G 分别代表商品、货币，W—G 表示商品被买方接受而转化为货币，G—W 表示持有货币的买方交换到需要的商品。在市场经济中，商品不断地生产和交换，货币不断在买方、卖方之间转手，从而形成了商品交换过程 W—G—W 和货币交换过程 G—W—G，商品生产和交换是货币交换的基础和目的，货币交换由商品生产和交换引起并为其服务。货币一旦作为资本，资本购买劳动力和生产资料，进入生产过程，就又出现了资本运动过程：G—W—G′。

商品交换使商品内在的价值和使用价值之间、商品生产的私人劳动和社会劳动之间出现了矛盾。随着货币和世界货币的出现，商品的价值通过货币而衡量和代表，全社会、全世界的经济活动都开始连接起来，这就使得原先存在于物物交换间的双方之间的矛盾转移、扩大到了全社会的货币持有者。随着纸币替代商品货币，纸币以及金融衍生品、电子货币就与原先的金、银等货币商品彻底断绝了联系，成为纯粹的价值符号，未来或许会出现替代法定货币及其电子符号的数字货币，虚拟资本和虚拟经济的内容、范围和作用发生了巨大变化，这就使得商品生产的私人劳动和社会劳动之间、商品和货币之间的矛盾达到了极致，商品交换、经济运行蕴含了更大的风险和不确定性。

如何认识货币问题，诸如货币的性质和发行流通，货币是流量、存量还是流量和存量的统一，货币是内生的还是外生的因素，货币流通与商品生产和交换、商品总量之间具有什么样的关系，全社会商品总量是否包括金融商品或金融资产？在古典经济学家和马克思看来，货币应当既表示相对价格又表示一般价格水平，一定条件下的货币发行流通反映着资本、价值和利润的总量关系，资本主义经济本质上是一种价值性、总量上的货币经济，资本家使用货币来购买生产资料和劳动力，组织剩余价值生产，并通过出售商品而获得货币，货币流通或供应量的增长率应当等于资本利润率。那么，一个国家一定时期应当发行多少货币，以满足商品和货币正常交换即国民经济稳定有效发展的需要，如何实现货币供给和货币需求的均衡？生活在金、银货币时代的马克思主要从货币执行交换媒介的角度，分析商品生产和交换中客观需要的货币量，即货币流通规律的问题。马克思提出，流通中需要的货币量取决于流通中的商品总量和货币流通速度。一个国家一定时期的全社会的商品总量包括过去生产、积累的商品量和新增的、流动的商品量，商品包括中间品和最终品，包括不动产、动产、知识资产、劳动力和金融商品等各种商品，商品总量与商品价格的乘积就是商品价格总额，而只有进入交换过程的商品才需要货币衡量并代表其价值，这就需要具体分析一定时期进入交换过程的商品总量即商品价格总额，这一商品价格总额远远大于只是最终产品的国民收入或国内生产总值。① 由此可见，货币流通速度是指一个国家一定时期内货币在买方、卖方之间转手的次数，是单位货币的平均流通速度。

按照马克思《资本论》第一卷第三章提出的货币流通规律理论，一定时期内流通中（即执行交换媒介或流通手段职能）的货币量取决于流通的商品价格总额和同名货币流通速度（次数），流通中的货币量与商品价格总额成正比，即流通中的货币量与商品总量和商品价格成正比，与单位货币的流通速度（次数）成反比。② 用公式表示为：

流通中的货币量（M）＝商品价格总额/货币流通速度（次数）

＝商品总量（Q）×单位商品价格（P）/货币流通速度（V）

即 $M = QP/V$，或者 $V = QP/M$。

---

① ［美］弗里德曼，等. 弗里德曼的货币理论结构［M］. 高榕，译. 北京：中国财政经济出版社，1989：24－25. 李翀. 新的历史条件下马克思政治经济学研究［M］. 北京：中国经济出版社，2023：134－142.

② 马克思. 资本论：第一卷［M］. 北京：人民出版社，2004：142，163. 按，原著第163页中"最后减去"应译为"最后除以"。

在上述公式中，商品价格总额等于需要交换的商品总量 Q 与单位商品价格 P 的乘积，货币流通速度 V 是指单位货币（如 1 元）在一定时期内（如 1 年）充当交换媒介的平均次数。而影响进入流通过程的商品总量和货币流通速度的各种因素可分为经济因素、货币因素、心理因素等因素。其中，经济因素包括诸如生产技术，分工和市场化程度，企业管理效率，中间品的生产资料和最终品的消费资料，国民收入、消费和储蓄状况，经济对外开放程度等。货币因素包括金融商品，金融市场发育状况，金融机构经营效率，信用制度和信用状况，中央银行独立性和政府货币金融政策等。全社会商品总量不仅包括不动产、动产、知识资产、劳动力，而且应当包括货币以及各种金融商品，它们都需要货币充当价值尺度和流通手段。心理因素包括生产者、消费者的价值观念、消费习惯、消费心理、支付习惯，对经济形势和个人收入的预期，对商品、市场的信任程度，对通货膨胀率、利率的预期，对政府政策变化和其他政治因素的预期等。上述影响商品和货币交换的诸多因素错综复杂地交织在一起，使货币流通速度成为难以考察和计算的经济变量。

以上分析的是实物商品货币特别是指金、银货币的流通规律问题。由于商品货币本身也是劳动产品，具有价值，货币商品的价值是充当货币、执行价值尺度、交换媒介、贮藏和支付手段的基础，因此，流通中所需要的货币量不仅与需要交换的商品价格总额和货币流通速度有关，而且与货币的价值量即货币的社会必要劳动时间有关。由于商品的价格是商品价值的货币表现，即商品的价值通过一定单位的货币表现出来，马克思给出了货币流通规律的另一种表述：已知商品价值总额和商品形态变化的平均速度，流通货币量或货币材料量取决于货币本身的价值。

在实物商品货币时期，假设生产商品、货币的劳动生产率不变，根据货币流通规律，还可以得出以下推论：当商品价值总额不变时，如果实际流通的货币量大于流通所需要的货币量，出现了价格普遍上升、货币购买能力下降的现象，就将有一部分金、银货币退出货币流通领域，作为贵金属而转向其他用途；如果实际流通的货币量小于流通所需要的货币量，出现了价格普遍下降、货币购买能力提高的现象，就将有一部分金、银进入货币流通领域，作为货币而脱离贵金属的用途。但在纸币时期，过多的货币并不会自动退出流通过程。如果商品价值总额增加而货币实际流通量不变，就会出现商品价格普遍下降的现象，这时应当增加流通中的货币量；如果商品价值总额下降而货币实际流通量不变，就会出现商品价格普遍上升的现象，这时应当减少流通中的货币量。商品价值不变，而商品价格普遍、持续地上升或下降的现象就是通货膨胀或通货紧缩，在经济相对停滞、货币采取金、银货币的时期，很少出现通货紧缩，更难以出现通货膨胀。

在金、银货币向纸币的演变过程中，商品交换和金融市场不断发展，商品交换方式包含了批发和零售、现货和期货等交易方式，以及场内和场外、国内和国际、现金和信用、手工和电子等不同的交易方式，现货交易又包括赊销、邮购、直销、传销、信用卡交易等不同方式。我国唐宋时期的飞钱、交子作为代用货币和记账货币，实质上就是金融资产的古代形式。因此，货币资产或金融资产不只包括独立实物的现金形式，而扩展为现金、银行存款、支票、债券、股票、金融衍生品等其他形式，现金之外的其他金融资产只是代表一定价值的记账货币，市场经济中的债权债务关系日益复杂，虚拟性的货币资本数量日益增长。货币的发行、流通和需求出现了一系列新的变化，这都增大了货币流通和货币需求的风险和不确定性。

由于信用货币替代实物货币，纸币成为了货币的基本形式，但纸币只是商品货币的符号，在本质上只是代表一定价值量的符号，其本身几乎没有什么价值，只凭借发行者的地位和信用得以流通。同时，金融资产采取了多种形式，当代货币走向了电子化和网络化，商品生产和交换的环境和方式也都不断变化，各种层次的货币、各种形式的金融资产都对经济活动产生了复杂多变的影响。尽管如此，纸币的流通规律依然以金属货币流通规律为基础，纸币的发行流通量应当符合商品交换所需要的货币量的基本规律没有改变，信用货币依然要稳定地代表额面所规定的价值，充当价值尺度和交换媒介。不过，纸币的发行流通和监督管理都大为不同了，现实经济中可能产生超额发行货币、获得铸币税、再分配国民收入、扰乱经济运行的风险，这就必须严格约束信用货币的发行者、发行量，要求纸币的发行量仅限于它所代表的金、银货币的实际流通量，仅限于保持经济运行和物价稳定所需要的纸币量，纸币发行量所代表的价值量应当与流通中的各种商品价值总额成正比，以保持币值、价格和汇率的相对稳定。

纸币时代的货币本身几无价值，只是政府信用和政策的反映，货币的量就是货币的质。因此，货币发行、流通的数量即货币供应量如果大于国民经济稳定有效运行对货币的实际需求量，单位纸币所代表的价值量或购买力就会降低，就可能导致货币贬值和商品价格水平普遍、持续、显著性地上涨，扰乱价格机制和收入分配，这就是通货膨胀。反之，则可能出现通货紧缩。通货膨胀的实质是货币表现的社会总需求显著地、长期地大于社会总供给。由于纸币发行成本极低，发行纸币产生的铸币税形成了政府收入，而政府又有扩大支出的冲动，所以现代国家极易发生通货膨胀，难以出现通货紧缩。通货膨胀如果出现，货币购买力就下降了，货币购买力即购买力平价是指单位货币购买货物、服务等商品的能力，其大小取决于货币所代表价值与商品价值的对比关系，其变动与货币供给、商品价格水平的变动成反比，与货币代表价值的变动成正比。

例3-2　德国的恶性通货膨胀

第一次世界大战爆发后，德国、俄国出现了恶性通货膨胀。德国政府为支付战争赔款和应对国内经济问题，向其中央银行大量出售债券，中央银行转而发行大量马克，随后引发的恶性通货膨胀在一定程度上引致了魏玛共和国的破产和希特勒法西斯政权的上台。假设1914年7月德国批发价格指数为100，那么1919年7月为340，1921年7月为1430，1922年7月为10060，1923年7月为1940万，1923年11月为72.6万亿。德国2000家印刷厂夜以继日地印制钞票，纸币面额达到了10亿马克，通货从膨胀到暴胀，同月希特勒等领导的德国国家社会主义党（简称"纳粹党")发动了慕尼黑啤酒馆暴动,1923年12月批发价格指数又攀升到了1261.6万亿。1921年1月,德国某份报纸的价格为0.3马克,1922年11月上涨为7000万马克。1918年革命后,俄国也出现了通货膨胀,1924年1新卢布可兑换1918年500亿旧卢布,但私下流通的沙皇卢布保持了币值相对稳定。第二次世界大战结束后,联邦德国为抑制通货膨胀而继续实行经济管制。1948年路德维希·艾哈德等人实施货币改革,严格保障德国马克币值稳定,同时废止一系列经济管制政策,确立自由竞争的社会市场经济体制,创造了联邦德国的经济腾飞奇迹。

资料来源:[西德]路德维希·艾哈德. 来自竞争的繁荣[M]. 祝世康,穆家骥,译. 北京:商务印书馆,1983. [德]维尔纳·阿贝尔斯豪塞. 德国战后经济史[M]. 史世伟,译. 北京:中国社会科学出版社,2018.

针对经济和货币发展中的新现象、新问题,经济学各种学派都作出了各自反应。在历史上,货币理论大致分为两派:一是流量分析的货币数量理论,货币表示交换媒介和一般价格水平,代表人物是休谟、李嘉图、欧文·费雪,以及变种的弗里德曼货币需求理论。费雪1911年提出了货币流通的现金交易方程式 $MV = PT$,式中 M 为流通中的货币平均数量,V 为货币流通次数(交易速度),P 为一般价格水平,T 为商品总交易量。英国在18世纪末19世纪初曾经试行纸币制度,当时李嘉图就赞成一种狭义的货币数量论,认为货币的扩张且只是货币的扩张导致了通货膨胀,主张恢复严格的金本位制,不可兑换的纸币发行量应当达到刚好与可兑换条件下的纸币发行量一样,商业银行业务和货币发行职能应当分开。二是存量分析的货币流动偏好理论,货币表示资产或债务和相对价格水平,代表人物是斯密、瓦尔拉、马歇尔、庇古、凯恩斯,以及希克斯、托宾等人的货币分析。庇古1917年提出了货币流通的剑桥方程式 $M = kpy$,式中 M 为名义货币总需求即人们持有的货币量,k 为货币形式财富量占国民收入或国民生产总值的比率,p 为一般价格水平,y 为实际总收入即按固定价格计算的国民收入。虽然费雪方程式强调商品交易量对货币交易手段的需求,剑桥方程式强调总收入对资产职能的货币需求,但二者本质上并无区别。

在信用货币时代,纸币与黄金脱钩,是一种债务性货币,如何保证纸币的币值稳定和职能发挥?现代国家主要以国家信用为担保,从货币发行的准备或保证、货币发行的程序和限额等方面来约束货币发行。在纸币发行的准备上,1971年美元与商品黄金脱钩后,美国在1973年促使欧佩克(石油输出国组织)的全球石油交易以美元结算,加上国际贸易结算大多采用美元,美国在货币发行上逐渐形成了黄金、国债、SDR(特别提款权)、房地产抵押证券等资产储备,黄金、国债等信用较高但房地产抵押证券信用较低,政府的信用直接变现,而日本、中国香港等国家和地区则以美元作为重要的资产储备。在纸币发行的程序和限额上,弗里德曼提出了按照经济增长需要,长期稳定发行货币的单一规则而非相机抉择的货币政策。

当代社会正在转入电子化、网络化、数字化、全球化时代,商品的生产和交换、货币的发行和流通又出现了新的现象和问题,纸币不仅与黄金、国家信用脱钩,某些国家纸币还与美元脱钩。不管如何,币种统一、币值稳定、交易安全、成本低下依然是商品生产和交换中的货币流通的基本规则。中央银行过去经常使用调整存款准备金率、贴现窗口和调整贴现率、公开市场操作、资本充足率等手段调整货币供应数量,面对电子化的、"无锚"的、"集体意向"的货币,中央银行今后如何制定和实施货币政策?

(二) 货币的范围

货币最初只是流通中的货币本身,是现金。而无论是商品货币还是信用货币,随着经济技术的不断进步和商品交换、金融业务的不断发展,承担货币职能的不再只限于现金形式,货币的使用范围不断扩大,现代货币采取了多种多样的金融商品、资产或金融工具的形式。20世纪80年代以来,随着电子计算机和互联网技术的发展,金融和经济体系渐渐进入电子化、数字化、网络化的虚拟货币时代,纸质货币发行规模趋于缩小。来到中国2010年以后的杭州,菜市场、超市、餐馆、车船、商店、工厂、学校、医院等各种交易环节普遍采取了互联网金融、移动支付方式。显然,各种形式、各种载体的金融资产都具有一定程度的货币属性,都在一定程度上执行着交换媒介、支付手段等货币职能,这些金融资产作为货币的运动形式,都应当依照一定标准,归入货币的发行、流通和需求的数量范围,这就提出了如何界定货币的范围和层次,如何界定货币流通量或货币供应量的问题。

如何界定货币的范围和形式,确定货币供应量的口径和范围?现代经济学界一般根据金融资产的流动性来定义货币,确定货币供应量的范围。流动性是指金融资产转化、变换为现金而持有人不发生损失的能力,简称变现能力;变现能力越大,流动性就越强。显然,金融资产中的现金不需要变现,存款准备金、银行活期存款等几乎等于现金,其他存款形式变现能力很强,银行卡等货币代用物也能够代执行货币的交换媒介、支付手段等职能,而定期存款、商业票据、债券、股票等金融资产形式变现能力较小。基础货币又称货币基础、高能货币等,是商业银行能够借以创造存贷款、货币具有乘数效应的基础,是经过商业银行的存贷款业务而直接、高效地扩张或紧缩货币供应量的货币。现代社会中的基础货币主要由现金货币发行(流通中的货币)和存款性金融机构在中央银行的存款(存款准备金)两部分构成,具体包括社会公众持有的现金、商业银行存入中央银行的存款准备金(包括法定准备金和超额准备金)、商业银行的库存现金之和,这些货币也就是中央银行对社会的货币性负债。随着信用卡消费、金融电子化等因素扩大影响,流通中的货币在基础货币中的比例趋于下降。如果考虑政府财政收支、开放经济因素,基础货币还包括中央银行对政府债权(认购政府债券、财政性货币发行)、国外金融的资产净额。随着经济和货币的发展,国际货币基金组织2000年《统计手册》中就没有明确划分货币层次的标准,只是从特定属性的金融资产、特定资产持有者和特定债务人或货币发行者等三个方面描述货币。

金融组织和各国中央银行根据金融资产流动性的高低,定义了不同口径的货币发行、供应量。例如按照国际货币基金组织1997年的规定,货币供应量指标如下:M_0 = 现金,本币流通中的现金;$M_1 = M_0 +$ 可转让本币存款和在国内可直接支付的外币存款；$M_2 = M_1 +$ 一定期限内的（3个月到1年）单位定期存款和储蓄存款 + 外汇存款 + 大额可转让定期存单（CD）；$M_3 = M_2 +$ 外汇定期存款 + 商业票据 + 互助金存款 + 旅行支票。一般将 M_1 即现金和定期存款称为狭义货币（供应量），将 M_2 即狭义货币和其他形式的存款称为广义货币（供应量）。当然，不同国家对货币供应量的统计口径不一致，广义货币在美国一般指 M_3，在英国一般指 M_4，在中国一般指 M_2。

（三）金融机构

金融机构是货币的发行和流通的组织形式，是在金融市场上专门从事金融活动的机构。金融机构可以分为中央银行和商业金融机构，商业性金融分为银行类金融机构和保险、证券、信托、基金等非银行类金融机构。其中，中央银行被称为发行的银行、银行的银行和政府的银行，一般是政府的中央行政机构，是对营利性的金融机构进行公共管理的特殊金融机构。中央银行作为货币发行的机构，作为货币质量的监督者和货币数量的调节机构，发端于货币的银行券时代，普及于第二次世界大战之后，现在是代表国家统一发行货币并监管金融业务的机构。按照金融业务的不同，美国金融机构一般分为：存贷款性机构（商业银行），投资中介性机构（金融公司、消费信贷公司、共同基金或信托投资基金、证券公司或投资银行等），合同性储蓄机构（保险公司、养老基金等），政策性金融机构。随着金融创新和电子、计算机、互联网等技术的发展，还出现了各种资产管理公司、网络金融公司等新兴金融机构。游离于银行监管体系之外的全球影子银行资产规模巨大，2011年达到了67万亿美元，2022年超过了500万亿美元，约占全球金融资产的20%。

例3–3 现代中央银行

一些国家的中央银行由商业银行演变而来，如英格兰银行和瑞典银行；一些中央银行在政府的设计下成立，如1913年美国联邦储备系统，1994年欧盟欧洲货币局和1999年欧洲中央银行。1992年，英格兰银行采取了通货膨胀目标法的货币政策；1997年，英格兰银行被赋予独立制定货币政策的权力，其货币政策委员会是决定货币政策的最高机构，由9名委员（中央银行内部5名，内阁大臣任命4名）组成，每月对货币政策进行分析。当然，英国货币政策的通货膨胀率指标仍然由内阁制定并经议会通过。美国联邦储备系统的最高机构是联邦储备委员会（理事会），由7名理事组成，任期14年，20世纪70年代以来的联邦储备委员会主席除了昙花一现的米勒和2017年新任的鲍威尔，伯恩斯、沃尔克、格林斯潘、伯南克、耶伦都是美国犹太人，美国联邦储备系统在金融和经济管理上发挥着越来越大的作用。联邦公开市场委员会（FOMC）是美国联邦储备系统制定政策的中心，由7名联邦储备委员会理事和5名联邦储备银行行长组成，通常12人都参加会议并参与讨论，每6周召开一次例会。我国的货币发行和管理机构长期以来是1948年12月成立的中国人民银行，1984年之前中国人民银行还承担商业银行职能，1979年3月成立、中国人民银行管理的国家外汇管理局是我国外汇管理机构。

资料来源：英国英格兰银行（The Bank of England）网站：https://www.bankofengland.co.uk；美国联邦储备系统（The Federal Reserve System）网站：https://www.federalreserve.gov；中国人民银行网站：https://www.pbc.gov.cn。

在纸币时代，通货膨胀成为货币发行、经济运行中经常出现的问题，某些资本主义政府通过发行货币而筹集、掠夺社会财富，出现了恶性通货膨胀，所以一直有恢复金本位货币的呼声。比如以米塞斯、哈耶克和罗斯巴德为代表的奥地利学派就一直坚持金本位制，并主张百分之百的银行准备金制。2009年10月，美国芝加哥商品交易所允许黄金作为保证金，即享受美元现金的待遇，而美国多数州已经免除黄金交易的税收，黄金发挥着准货币的作用。2010年，世界银行行长佐利克建议各国以"布雷顿森林体系II"浮动汇率机制引导汇率走势，建立一个新的国际货币体系，该体系可能需要包括美元、欧元、日元、英镑，以及走向国际化、继而开放资本账户的人民币，还应考虑借鉴金本位制度。在经济萧条、通货膨胀、社会动荡等特殊时期，黄金也暂时充当了代用货币，执行交换媒介和价值贮藏的职能，人们出于保值或投机的动机而购买黄金，黄金价格在经济波动的波谷时往往价格偏高，在波峰时价格偏低。

二、货币的流通

（一）金融资产

货币一旦出现，货币作为价值的一般形式而充当价值尺度和交换媒介，社会就无须直接计算商品的价值和不同种商品之间的价值比率，一切商品的价值就通过市场和货币而直观地体现为价格，交换就非常简单便利了。货币还可以相对独立地充当贮藏手段和支付手段，货币还演化出了多种多样的金融资产，全面深入影响着社会经济活动。由此，人类原先单一纯粹的实体经济、真实经济就发生了分蘖、杂化，转化为物质性的实体经济、真实经济与符号性的货币经济、虚拟经济交互并存的复合体系。

金融是指货币的流通或运动，广义的金融包括货币的发行、保管、兑换、结算、借贷以及与之相联系的经济活动的总称，金融的核心问题是货币发行后的资本市场运行和资本资产定价。货币是由货币的供应者、需求者通过各种金融工具而交易和使用的，金融市场就是确定金融资产价格、组织金融资产交易的机制和方式。广义的金融市场包括货币市场、资本市场、保险市场、外汇市场、黄金市场等，这些市场又可以分为国内金融市场和国际金融市场，而狭义的金融市场只包括货币市场和资本市场。其中，货币市场是融资期限在1年以内的短期资金市场，主要是银行短期信贷市场，如银行短期信贷、银行同业拆借、商业票据、银行承兑汇票、可转让定期存单、回购合同、政府短期债券等。资本市场是融资期限在 1 年以上的长期资金市场，包括政府中长期债券市场、公司债券和股票等证券市场、基金市场、保险市场，以及银行中长期贷款等。

金融资产与物质（实物）资产、货币资本与物质资本、金融产品与物质产品、货币经济与实物经济等是相对的几组概念。金融资产是基于所有者的投资对象和权利要求的概念，是个人、企业等所拥有的以价值形态表现、以货币的某种形式存在的资产，是一种代表未来收益或索取资产的权利和凭证，是一切可以在金融市场上交易、具有现实价格和未来估价、能够为所有者提供即期或远期的货币收入流量的各种金融商品、金融工具的总称。金融资产形式多种多样，可以进行不同的分类。按照资产流动性、变现性的高低，可以分为现金、高流动性资产、资本证券、金融衍生品等形式。按照财产权利性质，金融资产可以分为债务型金融资产和所有权型金融资产。其中，高流动性资产一般指各类银行存款、货币市场基金和人身保险资金，资本证券主要指各类股票和债券。在商品、货币、存款、股票、债券、汇票、利率等原生的、基本的资产基础之上，又可以繁衍、派生出远期、互换（掉期）、期货、期权等种类的各种金融合约，以及具有这些种类中的一种或多种特征的混合金融合约，如利率互换、利率期货、利率期权、公平指数期货、股票指数期货、股票期权等，这就是金融资产中的金融衍生品资产。

与金融资产相对应的还有金融工具、金融商品、金融产品等概念，它们其实只是定义角度不同而实质一致的等价概念。金融工具、金融商品都可以指货币运动的各种形态，是在金融市场中可交易的对象，都是金融资产的具体形式，是证明融资双方债权债务关系并据以进行货币资金交易的合法凭证，是金融资产借以流通、转让的工具或形式。对于金融市场、金融资产、生息资本等问题，第四、七、九章还将继续分析。

（二）货币经济和虚拟经济

货币产生之后，货币的内容和形式经历了商品货币、代用货币、信用货币的演变，信用货币从纸币到电子形式的演变，货币全面、深入、迅速地渗入、参与了经济活动的每一个环节和领域，人类的商品生产和交换得以全面、充分、低成本地展开，现代经济就是货币化的市场经济。重商主义曾经把财富等同于货币的看法已经颇为极端，一些经济学家特别是新古典学派却又把货币当作经济活动的外生的或附加的因素，他们认为货币只是价值尺度和交换手段，货币数量的增加或减少只影响诸如价格水平、通货膨胀率等名义变量而不影响实际的经济变量，即中性货币理论。[1] 从货币因素出发，经济学的基础理论长期被粗鲁地划分为相互分割的两部分：关于劳动、资本、价值、生产、交换、分配理论在内的生产理论或市场理论，萨伊定理、瓦尔拉一般均衡理论分析的都是物物交换的实体经济；关于货币的性质、职

---

[1] 罗伯特·卢卡斯. 货币中性 [C]//王宏昌，林少宫. 诺贝尔经济学奖金获得者讲演集 1978~2007. 北京：中国社会科学出版社，2008：567-583.

能和货币的发行、流通的货币理论。

然而，由于个人的资产、收入、消费的数量和结构不同，不同数量、形式、结构的货币对经济活动中的各个主体、环节和领域产生着不同的实质性影响。由于起源于边际革命的新古典经济学的实物量与价值量是分开和无关的，瓦尔拉模型只是关于实体经济的技术经济模型，这就产生了基于实物变量的总量生产函数中的异质资本如何加总、国民核算统计变量如何构造等悖论。新古典学派还不得不在瓦尔拉模型中加入货币因素，如 K. 魏克赛尔 1898 年《利息与价格》试图建立商品市场均衡和货币均衡相统一的经济理论，凯恩斯 1936 年《就业、利息和货币通论》试图弥合实物与货币两分法的理论缺陷而把生产、交换、分配理论和货币理论连接起来，英国剑桥大学与美国剑桥两岸经济学家在 20 世纪六七十年代曾经发生过异常激烈但不了了之的关于资本理论，以及增长理论、分配理论等领域的多次争论。尽管资本家在货币经营上、资产阶级政府在货币发行上具有天使般的机智或狐狸似的狡猾，但货币理论长期是欧美主流经济学极为薄弱以至选择性忽略的研究领域，20 世纪后半期流行的是希克斯、萨缪尔森等人构建的凯恩斯新古典综合经济模型。① 显而易见地，经济活动中的货币并非纯粹的、中性的价值尺度和交换媒介，不仅需要辨别货币的形式和职能，把实物变量和货币变量统一起来，还要从市场和政府、微观和宏观、静态和动态、国内和国际等不同角度，具体分析货币运动对经济活动的各种影响。

马克思政治经济学建立在劳动价值论基础之上，认为货币是基本的和内生的经济因素或经济变量，在货币表现的价值形式上研究劳动力和生产资料、劳动和资本、投入和产出、货物和服务、收入和财产、工资和剩余价值、实物资产和金融资产等各种经济现象和经济关系。由于资本主义经济是生产商品化、商品货币化的经济体系，商品、劳动、资本、剩余价值等都采取货币形式，工人的收入主要是工资性货币收入，收入主要用于生活消费，资本家的剩余价值收入可用于生活消费和资本积累，这就需要具体分析货币对工人和资本家、对社会再生产和经济危机等经济活动的具体影响。如资本运动既是资本家雇佣工人、生产商品的过程，又是价值和剩余价值的生产和实现的价值运动过程，这个过程一般以货币资本购买生产资料和劳动力开始，以商品卖出获得货币性收入结束，是货币资本、生产资本和商品资本的统一，是商品运动和货币运动的统一。再如，由于商品、资本普遍采取了货币形式，诸如银行存款挤兑、抵押贷款抛售、外汇市场投机、货币超额发行等问题一旦发生，金融危机、经济危机就可能相继爆发。

虚拟资本（fictitious capital）、虚拟经济（fictitious economy）是与实际、实体的资本、经济（real capital，real economy）相对应的概念，英国银行家威·里瑟姆 1840 年《关于通货问题的通信》或许最早提出了虚拟资本。马克思《资本论》第

---

① 柳欣. 货币、资本与一般均衡理论［J］. 南开经济研究，2000（5）. 柳欣. 资本理论［M］. 北京：人民出版社，2003. 柳欣. 马克思经济学与资本主义［J］. 南开经济研究，2013（6）. 乔治·阿克洛夫. 过去 60 年宏观经济学的教训［J］. 比较，2020（1）.

三卷第五篇"利润分为利息和企业主收入。生息资本（续）"在分析信用、货币、生息资本、借贷资本的基础上，探讨了有关 19 世纪后期的虚拟资本问题。进入 20 世纪，希法亭等人也研究了股份公司与虚拟资本的形成和特点。按照马克思的解释，虚拟资本是指独立于农业、工业等产业的实际、实物资本运动之外，以货币为载体、以生息资本为基础、以有价证券为主要形态，能给持有者按期带来一定收入的资本。虚拟资本包括两种基础形态：一种是股票、债券、不动产抵押单等有价证券，它们是实物资产的权利证书；另一种是由信用制度产生的各种信用票据，包括商业汇票、银行汇票和银行券，马克思之后的虚拟资本还扩展出金融衍生品等新形态。虚拟资本产生于货币产生之后，货币除了采取现金形式外，还衍化出了银行存款、汇票、股票、债券、金融衍生品等金融资产形式，转化为了生息资本，虚拟资本就是建立在货币形式、信用关系和生息资本基础之上的一个特殊的金融领域。虚拟资本由股票、债券、汇票、金融衍生品等金融资产构成，其本身几乎没有价值，却有复杂多变的价格和不断膨胀的交易量，成为了实际、实物的资本和经济的代表、反映或镜像，而且往往是扭曲、膨胀的代表、反映或镜像。

在 19 世纪，货币主要是金、银等金属货币，金融资产主要是现金、银行存款、股票、公债、汇票等简单形式，虚拟资本限于借贷资本的金融领域，主要采取股票、公债等有价证券形式。随着货币从商品货币向信用货币过渡和信用制度、金融工具的全面创新，虚拟资本和虚拟经济的内容、范围和作用都发生了巨大变化。在商品、货币、股票、债券、汇票、利率等原生的、基本的资产基础之上，又可以繁衍、派生出远期、互换（掉期）、期货、期权等一系列种类的金融合约，以及具有这些基本品种中的一种或多种特征的混合金融合约，金融工具、虚拟资本在 20 世纪 70 年代以来获得了爆炸性发展，这就是所谓的金融衍生品，是一种更加虚幻的虚拟资本。由于金融合约交易双方的盈亏完全负相关，净损益为零，因此被称为"零和博弈"。尽管一方面金融产品特别是金融衍生品交易具有资产价格发现、规避资产风险的作用，但另一方面因市场中的金融资产价格变幻莫测，交易普遍采取保证金、T+0 等制度，金融衍生品交易额往往超过基础资产交易额，金融工具翻云覆雨，资本流动信马由缰，市场具有高风险性乃至不确定性。

与虚拟资本相关的还有金融资本、金融资产、货币资本、泡沫经济等概念。政治经济学中的金融资本含义有二：一是指工业资本与银行资本相结合的资本形式，特别是指垄断性的工业资本与银行资本的结合形式；二是泛指各种金融资产或货币资本，尤其是股票、债券等有价证券和金融衍生品。货币资本一般是指与实物资本相对的概念，是以货币这一价值符号、金融资产这一形式存在的资本形式，包括现金和其他形式的金融资产。可见，货币资本、货币经济、虚拟资本、虚拟经济等都是指名义性、符号性、信用性、风险性的货币、信用的经济性质，都是相对于实际的、实物的、物质的资本、经济而言的现象和概念。在 2008 年金融危机中，美国联邦储备系统一度购买了约 2 万亿美元的商业证券而供应货币；在 2020 年 3 月金融动荡中，美国联邦储备系统又大量购买低信用的商业证券，美国政府出台 2 万亿美元的经济救助法案。

1914年第一次世界大战爆发后的金本位崩溃和恶性通货膨胀，特别是1929年爆发的金融和经济大危机，严重暴露了货币、信用的虚拟性和脆弱性。为此，凯恩斯1932年《就业、利息和货币通论》继承了剑桥学派分析方法，没有粗率地断定只有名义国民收入是决定货币需求的主要因素，尝试从货币职能和国家干预角度应对经济问题，认为货币的职能既在于充当商品交换的媒介，提高交换的效率，又作为储蓄和积累的工具，通过利率而影响投资，进而影响产出、就业和收入。由于凯恩斯主义的国家干预主义盛行多时，所以政府往往会因追求经济增长目标而经常执行通货膨胀政策，如美国凭借美元的世界货币地位而长期扩大货币发行量，美国1977年《联邦储备系统改革法》规定了货币政策的最终目标是有效促进充分就业、维持价格稳定、保持长期利率的适度增长，由此许多国家通货膨胀卷土重来。20世纪70年代以来，资本特别是货币资本为追逐利润而疯狂进行金融工具创新，经济高度货币化、信用化，银行、保险、证券、信托、基金、期货等金融部门大量挤占了产业资本的利润，经济严重脱实向虚，各种金融衍生品加剧了产业失衡、债务危机、工人失业等经济风险，经济可能陷入凯恩斯、希勒所谓的非理性冲动和繁荣，经济危机往往从金融危机开始。① 资本主义经济实践表明，通货膨胀政策和金融工具创新的相互叠加严重破坏了货币的价值尺度和交换媒介的基本职能，先是欧美发达国家，后是拉丁美洲、非洲某些国家出现了经济停滞和通货膨胀交织并存的现象的"滞胀"（stagflation）。但一些国家在促进生产供给、实施反通货膨胀政策后，又产生了工业生产率大幅度提高而社会购买力相对不足、经济停滞和物价紧缩并存的"滞缩"（stagdeflation）现象。

　　近年来，人们又提出了以货币、资本、经济的电子化、数字化等物理现象为特征的virtual capital、virtual economy等概念，这些也被译为汉语同名的虚拟资本、虚拟经济。然而，实际的、实物的货币、资本、经济的电子化、数字化只是货币、资本、经济的一种新型的物质性质和物质形态，而作为实际的、实物的资本、经济的代表、镜像的货币资本、金融资产、货币经济的名义化、符号化、虚拟化却是信用货币、金融资产的一种旧有的经济性质和经济形态，实际经济的电子化、数字化的虚拟性（virtual）物质形式和货币经济的名义性、符号性的虚拟性（fictitious）经济性质并非同一类现象和概念。电子化、网络化、数字化便利了货币、资本、商品的流通和管理，不仅出现了电子化、互联网、智能化的金融，而且可能放大、加速各种金融风险和经济风险，全面影响甚至重塑经济、知识、政治等领域的人类活动。

（三）商品崇拜和货币崇拜

　　回顾商品的生产、交换和货币的产生、交换的过程可发现，商品、货币本是简单、平凡、普遍的经济事物。然而，现实中的商品、货币为什么似乎具有了决定人们命运的神奇力量，成为人们追求、争夺和崇拜、迷信的对象，这种崇拜现象还从

---

① ［英］约翰·梅纳德·凯恩斯．就业、利息和货币通论［M］．高鸿业，译．北京：商务印书馆，1999．［美］罗伯特·J．希勒．非理性繁荣［M］．李心丹，等译．北京：中国人民大学出版社，2008：2016．

经济领域扩展到了社会生活和思想观念？

从商品、货币的历史和属性上看，商品是满足人的需要的劳动产品，货币是承担价值尺度和交换媒介职能的劳动产品，商品、货币都是人类劳动的产物，都具有一定的使用价值和价值，这都不是神秘的现象。即使从价值的创造和分配的角度看，个人只要参与商品生产和交换，付出一定的劳动，就可以获得货币收入并消费商品，商品、货币也并无什么秘密。

现代社会存在的商品神秘性及对其崇拜，首先是由私有制中的商品形式所引起的。在古代社会，社会等级、人身依附是人与人之间的社会关系的本质特征。在资本主义经济中，工人劳动力转化为商品，工人劳动创造的产品转化为资本家所有的商品，劳动分工和协作转换为商品生产和交换，工人被资本支配和雇佣、为资本劳动和增殖，人与人之间的劳动关系转化为商品与商品之间的物的关系，劳动性质、人际关系特别是雇佣关系也就被物的性质和物与物的交换关系掩盖，而资本支配下的这种物的性质和关系又从根本上决定了人的生存、发展和享乐状况，人劳动创造的物反过来成为了统治人的力量或神灵。马克思把资本雇佣劳动，人的劳动和社会关系被物的关系所掩盖，人与物之间的关系被颠倒，商品等物似乎超越于社会关系之外而又支配人的思想、行为的变形、异化现象，比喻为商品拜物教。这就类似于在宗教世界中，人所创造的观念、想象的神，居然成为了独立于人而存在，影响甚至主宰着人的观念和行动的神秘力量。

在以私有制为基础的市场经济中，商品生产和交换还存在着私人劳动和社会劳动之间的矛盾。私人劳动不能直接、自动成为社会劳动，私人劳动能否为他人、为社会所需要，变成社会劳动的一部分，这还是一个经过竞争和交换才能实现的惊险跨越，而依靠个体的力量往往难以顺利实现这一跨越。由于私人劳动与社会劳动之间的矛盾，人与人之间的关系不仅变成了物与物之间的关系，而且变成了经由商品市场、迂回隐秘实现的过程，这进一步加大了商品的神秘莫测性和人们对商品的惶恐与崇拜。由于普遍存在着这种扭曲和错觉，商品拜物教就成为了现代社会的日常意识和基本观念。

类似地，人们对商品生产和交换中的货币也产生了惶恐和崇拜。由于货币的产生和流通，人与人之间的劳动关系从商品的关系又转化为了货币关系，人的经济行为就变为了直接追求货币的行为。从实物的、金银的货币到信用的纸质的货币，乃至当今的全球化、电子化的货币，尽管货币内含的价值与所代表的价值逐渐脱节，但货币作为价值符号、代表一定财富的职能一直未变，货币脱离了实体价值而又代表了实体价值，全面参与生产、交换、分配和消费，人与人之间的经济关系以至社会关系都全面实时地表现为了货币关系。由此，资本主义社会的财富不仅表现为商品的庞大堆积，而且表现为货币的庞大堆积。拥有了一定量的货币，就相当于拥有了一定量的价值或财富，就可以换取各种商品甚至名望、美貌、权力，影响甚至决定人的观念和行动，改变人的生活甚至命运，人们对货币就难免持有各种各样的向往、崇拜、追求，以致产生了货币拜物教或拜金主义。货币拜物教是商品拜物教的一种发展形态，是指货币本是人的劳动和交换的产物，但人把自身的力量归结为货币具有的神秘力量，把货币看成支配人的万能之物，把作为主体和目的的人看成了货币的奴仆和获取货币的工具，人与商品、货币的关系完全被异化、颠倒了，马克斯·韦伯还把资本主义的这种现象称为时代理性。

对货币的崇拜在古代社会就已经出现了。西晋鲁褒《钱神论》感慨：钱"市井便易，不患耗折"，又"失之则贫弱，得之则富昌"，"无德而尊，无势而热"，"危可使安，死可使活，贵可使贱，生可使杀"，谓之为神物。莎士比亚《雅典的泰门》赞叹："金子，黄黄的、发光的、宝贵的金子！……这东西，只这一点点儿，就可以使黑的变成白的，丑的变成美的，错的变成对的，卑贱变成尊贵，老人变成少年，懦夫变成勇士。"[①] 16 世纪以来的欧洲重商主义者也一直相信，金、银货币才是财富，一国积累的金、银越多就越富裕强大，因此，商品生产、国际贸易的目的就是获得大量的金、银。

在资本主义社会，不仅经济活动是普遍化的市场经济、货币经济，人与人之间的劳动分工、交换关系变成了商品、货币关系，而且经济活动之外的人类其他活动也普遍打上了商品、货币的烙印，"有钱能使鬼推磨"，"衙门八字朝南开，有理无钱莫进来"，"宁在宝马车里哭，不在自行车上笑"，商品、货币崇拜发展到了金钱万能论、货币拜物教的高度。随着货币转化为资本，资本与权力结合，还出现了资本拜物教、利息拜物教、权力拜物教等社会现象。在 2016 年 8 月巴西里约热内卢的奥运会开幕式上，诗人卡洛斯·安德拉德《花与恶心》又一次被朗诵："被我的阶级和衣着所囚禁，我一身白色走在灰白的街道上。忧郁症和商品窥视着我。我是否该继续走下去，直到觉得恶心？我能不能赤手空拳地反抗？……"商品、货币、资本、权力的拜物教或许只有在社会生产力高度发达，所有制结构被改良，个人实现了全面自由发展的未来社会才可能不复存在。

对商品、货币的顶礼膜拜还体现在经济思想上。人类经济活动的本质是人与人在社会分工和生产劳动中的关系，但过去的许多经济学家赋予了自然产品、商品、货币以独立的、超人的力量，把经济活动、生产关系理解为物与物之间的关系，理解为物对人的物化、异化的社会关系。例如，从古典学派的三要素生产成本理论到新古典学派的边际生产力理论、生产理论和利息理论，都把土地、资本、劳动作为基本的生产要素，认为"资本先生""土地太太"都具有超人的能力，都创造了价值或财富，因此，土地、资本、劳动应当分别获得地租、利润（利息）、工资。一些经济学家甚至因商品生产、货币流通而产生了强烈幻觉，把市场经济、货币经济、资本主义生产方式视为天然和永恒的现象，把对资本主义经济的特殊解释扩展到古代经济，认为资本主义经济法则会永远发挥作用。

关键概念

货币；价值形式；一般等价物；成本；实物货币；金本位制；代用货币；铸币税；信用货币；债务货币；纸币；数字货币；价值尺度；交换媒介；贮藏手段；支

---

① ［英］莎士比亚. 莎士比亚全集：八［M］. 朱生豪，译. 北京：人民文学出版社，1978：176.

付手段；世界货币；美元；欧元；货币供应量；通货膨胀；金融资产；虚拟资本

阅读书目

马克思. 资本论：第一卷, 第三卷 [M]. 北京：人民出版社, 2004.

[德] 鲁道夫·希法亭. 金融资本 [M]. 福民, 等译. 北京：商务印书馆, 1994.

[德] 西美尔. 货币哲学 [M]. 陈戎女, 等译. 北京：华夏出版社, 2018.

[法] 塞德里克·迪朗. 虚拟资本 [M]. 陈荣钢, 译. 北京：中国人民大学出版社, 2024.

[美] 劳伦斯·H. 怀特. 货币制度理论 [M]. 李扬, 等译. 北京：中国人民大学出版社, 2004.

[美] 米尔顿·弗里德曼, 安娜·J. 施瓦茨. 美国货币史（1867—1960）[M]. 巴曙松, 等译. 北京：北京大学出版社, 2009.

[美] 米尔顿·弗里德曼. 货币的祸害 [M]. 安佳, 译. 北京：商务印书馆, 2006.

[美] 欧文·费雪. 利息理论 [M]. 陈彪如, 译. 北京：商务印书馆, 2013.

陈存仁. 银元时代生活史 [M]. 桂林：广西师范大学出版社, 2007.

思考题

1. 货币的本质是什么？如何认识货币的价值和使用价值？
2. 如何理解从商品货币、权益货币到信用货币、债务货币的演变？
3. 货币具有哪些职能？如何理解货币对商品生产和交换的作用？
4. 如何理解货币的发行和流通规律？
5. 如何认识货币经济与虚拟经济？
6. 了解英镑、美元、欧元的起源、产生和现状。
7. 了解人民币的产生、发行和物价变化。
8. 随着电子、通信、计算机、互联网、人工智能等信息技术的发展，货币形式、货币流通将可能出现哪些变化？

第四章 资本和剩余价值生产

学习目标

- 了解资本主义的兴起和发展过程，资本的原始积累，企业的形式和管理。
- 熟悉资本的定义和形式，资本主义的生产方式，资本雇佣劳动和剩余价值生产过程，工人工资的现状。
- 掌握资本、劳动力、剩余价值和剩余价值率的概念，劳动力的使用价值和价值，剩余价值的两种生产方法。

什么因素或力量突然成为了资本主义经济强大、普遍、持久、无情的发展动力，使资产阶级在它的阶级统治中创造了远远超过过去一切世代的生产力？既然劳动创造商品价值，生产者通过分工、交换、竞争而在全社会从事商品生产，那么人类为什么从古代自然经济、小商品经济发展到了资本主义市场经济？资本主义又是如何发展和演变的，如何组织生产、交换、分配和消费活动的？在劳动价值论的基础上，马克思把资本主义生产过程当作直接的物质资料生产过程所呈现的各种现象，从产业资本运动入手，逐步分析了资本范畴、货币转化为资本、资本雇佣劳动、劳动创造价值、价值分割为工资和剩余价值的过程，提出了剩余价值理论。

第一节 资本和资本主义

资本追逐剩余价值是资本家生产、资本主义发展的基本而强大的动力。马克思首先运用劳动价值论分析了商品价值的创造、交换、分配和消费问题，进而分析了资本主义生产方式，即资本雇佣劳动、劳动创造价值、资本占有和瓜分剩余价值论的问题，基于劳动价值理论的剩余价值理论是政治经济学的基石。

一、资本

（一）资本的定义

劳动和资本是经济活动的基本因素，资本、资本家、资本积累是资本主义经济产生、运行和发展的基础条件，资本、资本家、资本主义等词语虽不是马克思、恩格斯独创，但已经成为政治经济学的基本概念。不过，资本、资本家、资本主义等概念又言人人殊，不仅非马克思主义学者有不同的甚至对立的解释，马克思等经典作家在不同时期也有不同的使用含义，这就首先需要准确理解这些概念。

  资本是什么？劳动与资本在经济活动中的地位、关系和作用是什么？对于资本的定义及其作用，经济学和其他社会科学经常争论，至今聚讼纷纭。从词源上看，英语、法语资本 capital、德语资本 kapital 源于原始印欧语 kaput、拉丁语 caput。Kaput 的原意是"只"，指古代欧洲衡量财产的一种方法，一个人拥有越多"只"牛，他就越富有。Capital 一词至迟在 1211 年已经出现于意大利、英国，14 世纪被普遍使用，有资金、存货、款项、生息本金、商行资本、都市等含义，后来传播到其他地区。在 1987 年英国出版的《新帕尔格雷夫经济学大辞典》中，资本依然被视为一种生产要素、一种社会关系。[①]

  与资本相关的还有资本家、资本主义等概念，理夏德·帕索夫、让·杜布瓦等人对此有所考证。Capitaliste（资本家）一词出现于 17 世纪中叶，如《荷兰信使报》1633 年、1654 年皆曾使用，开始时指大富翁，18 世纪下半叶指公共债券、股票或现金投资的拥有者，后来又与贷款人和出资者有关。Capitalism（资本主义）最早可能出现于法国 1753 年出版的《百科全书》，J. B. 里沙尔 1842 年《法语新辞典》也提到此词，法国皮埃尔·约瑟夫·蒲鲁东曾多次使用此词。马克思、恩格斯 1848 年 2 月在英国伦敦首次发表德文版《共产党宣言》，使用了 Kapitalist 即资本家，但没有使用与 capitalism 同义的 Kapitalismus，在《资本论》第一卷中也没有使用名词的 capitalism。人类大约从 15、16 世纪开始进入"资本主义"时代，资本、资本家成为了资本主义的基石和结构，但直到 19 世纪初法国、英国、德国等地才零星使用"资本主义"一词，如 1848 年法国路易·勃朗《劳动组织》使用了"capitalisme"，1854 年英国《牛津大词典》第一次列举了英国小说家 W. M. 萨克雷对"capitalism"的所有权而非生产制度的用法，1870 年德国学者谢夫莱出版了《资本主义与社会主义》。到了晚年，马克思开始使用资本主义的概念，如马克思 1877 年《给〈祖国纪事〉杂志编辑部的信》，但没有直接明确地对资本主义下过定义。直到 19 世纪末 20 世纪初，欧美学术界才逐渐使用资本主义表示一种社会制度，如德国维尔纳·桑巴特 1902 年《现代资本主义》、马克斯·韦伯 1904 年《新教伦理与资本主义精神》系统提出了资本主义的概念，晚近的如卡尔·波兰尼、费尔南·布罗代尔、埃里克·霍布斯鲍姆、黄仁宇等人也都全面探讨了市场经济、资本主义的发展历史。[②]

  在人类的经济活动中，凡是稀缺有用、能够带来经济上的收益或价值、表现出一定价格的一切事物都可以称为资本，这是广义的、一般性的资本概念。因此，各个时代实际存在的、可以用于经济活动的诸如土地、机器设备、房屋、原材料等物

---

① [英] 约翰·伊特韦尔. 新帕尔格雷夫经济学大辞典：第一卷 [Z]. 陈岱孙，等译. 北京：经济科学出版社，1992：356 – 365.

② [英] 卡尔·波兰尼. 大转型：我们时代的政治与经济起源 [M]. 冯钢，刘阳，译. 杭州：浙江人民出版社，2007. [法] 费尔南·布罗代尔. 15 至 18 世纪的物质文明、经济和资本主义 [M]. 顾良，施康强，译. 北京：三联书店，1992. 黄仁宇. 资本主义与二十一世纪 [M]. 北京：三联书店，1997.

质资料、人的劳动能力、知识经验、劳动服务、信誉等与人直接相关的人力资源，以及作为物质资料和人力资源的代表、影像的现金、银行存款、有价证券等金融资产，都可以纳入资本的范围。广义的资本概念包容了生产要素以及相应的金融资产的概念，是人类一切经济活动的生产要素或物质条件，是人们占有的、可用于经济活动、能够带来收益的资产存量，包括实物资本及其货币形态。在商品生产和交换中，一定数量的私人财产或自有资本是社会主体投资和承担债务的必要条件。

资本具有价值和价格，人们如何评估、确定不同时期、不同形式的资本价值和价格？资产评估是指对一定条件下的设备、房屋、土地等资产价值的评定估算，从而确定其价值量的经济活动。对于作为资本的资产价值，可以根据资产特征而具体采取历史成本、重置成本、现行市价、收益现值、清算价格等评估准则，总部位于伦敦的国际评估准则理事会（IVSC）1985 年制定、2021 年最新修订的《国际评估准则》则将资产价值分为市场价值和市场价值以外价值两种形式。

马克思又提出了特称的、狭义的资本概念，资本是指资本主义生产方式中的各种物质资料及其货币形式，资本是归资本家所有、用于雇佣工人、生产商品价值、占有剩余价值的要素、价值和条件、手段。资本可以表现为土地、厂房、机器、原材料和知识资产，表现为用于购买生产资料和劳动力的货币资本即不变资本（c）和可变资本（v），表现为生产成果的商品存量或价值总和（c+v+m）。无论采取什么形式，资本都不只是物，而是存在于资本主义生产关系中的一个特定范畴，是一种生产关系、生产过程和价值运动，资本运动就是资本主义的经济活动。可以说，生产资料只有在资本主义生产关系中才是资本，脱离了资本主义生产关系的生产资料并不表现为资本。例如，自耕农的土地和农具不是资本，小业主的厂房和机器不是资本；机器只是机器，货币只是货币，它们只是生产设备或一般等价物。劳动力在资本主义生产关系不只是工人的劳动力，也是资本雇佣劳动中的可变资本。

资本的本能或目标就是资本增殖，追逐剩余价值。资本的性质和灵魂就是资本家的性质和灵魂，资本家就是人格化的资本，货币资本是物质资本的表现形式，作为资本主义金融中心的英国伦敦城、纽约华尔街、日本东京或新加坡实质上都是资本中心。资本全力追逐的是剩余价值或利润，资本害怕没有利润或利润太少，就像自然界害怕真空一样。一旦有适当的利润，资本就伺机而动，胆大妄为。每一个资本家积累和投入资本，建立企业，雇佣工人，从事商品生产和交换，最终目的都是占有工人创造的最大化的剩余价值。资本主义的经济本能和资本理性就是最大化的剩余价值或利润，是不断提高剩余价值率或利润率，这也就是资本主义生产的基本动力和最终目标，而工人工资最大化只是资本家追逐剩余价值最大化的手段和附庸，雇佣工人进行生产劳动的企业是资本主义生产的组织形式和微观主体。资本追逐剩余价值的强大力量不仅把资本家和工人纳入资本主义生产方式，把资本主义经济变成一台高速运转的超大型机器，而且把资本主义的社会成员都变成这台机器上的零件。

（二）资本的形式

资本具有不同的存在形式。根据不同标准，可以将资本划分为生产资料和消费资料、不变资本和可变资本、固定资本和流动资本、自有资本和借入资本、物质资本和货币资本，以及企业资本等不同形式。

生产资料和消费资料是一组相对的概念，是根据物质资料、资本在商品生产中的作用而划分的。全部物质资料中充当生产手段的劳动资料和劳动对象部分是生产资料，用于劳动力生活消费的部分是消费资料，资本中的生产资料、消费资料就是不变资本、可变资本。不同用途的生产资料虽然难以比较、计算其使用价值总量，但它们都可以通过市场而确定价值和价格。消费资料是人对生产资料劳动的最终成果，是为劳动力生产的消费需求而生产的商品，是形成劳动力而消费的商品。

物质资本和货币资本、实物资本和虚拟资本、实际资本和名义资本也是相对的概念。货币出现之后，资本就分为了物质资本和货币资本两种形式。物质资本又称实物资本、实际资本，是指有形、实物的各种物质资料，包括传统的土地、厂房、机器、矿产资源、道路等不动产、动产等生产资料和食物、衣服、住房、教育、医疗等消费资料，广义的物质资本还包括知识、技术等知识资产和劳动力或人力资本。货币资本又称实物资本、名义资本，是以货币，以及货币衍生的存款、股票、债券、期货合同等金融资产形式存在的资本，是物质资本的货币表现形式，是购买物质资本所需要的货币量。在斯密时代，土地资本、农业资本还是资本的主要形式。马克思之后，资本的主要形式逐渐转为产业资本、商业资本以及生息资本。

企业资本是资本家或投资者所有的、投入企业中的资本，在企业设立时是指股东向企业投入注册的资本，这些资本包括货币、实物资产、知识资产、商誉等形式，自有资本在公司中又称为股本、股份，企业资本是企业开展生产经营并对债权人承担责任的初始的、核心的物质基础。企业开始生产活动后，其资本额也就变动了，这时企业资本又称所有者（股东）权益，包括企业设立时的资本和企业设立后的资本变动部分；资本变动部分实际上是剩余价值积累，包括资本公积、留存收益（盈余公积和未分配利润）。上市公司还可以通过公开发行股票而筹集资本，公开发行筹集的资本也是企业自有资本。一般来说，企业的股东权益大于企业资本，它是在股东出资基础上形成的属于股东所有的资产价值，是全体股东对公司资产量化了的财产权利。但经营不善的企业的自有资本将趋于减少，以致资不抵债，资本净值为零或者负数。

从财产所有权和微观社会主体的角度看，个人、家庭、企业、政府等投入使用的全部资本不仅包括资本家或投资者的自有资本，还包括借入资本即负债，负债包括长期负债和流动负债。在会计核算上，企业总资本（总资产）是指各种来源的、能够被企业实际占有使用的全部资本，企业总资本在数量和结构上等于自有资本与借入资本之和，也就是所有者权益与负债之和。

资本还可以分为个别资本和社会总资本、个人资本和共有资本、私人资本和国有资本、国内资本和国际资本、人力资本和非人力资本，以及产业资本运动中的货币资本、生产资本和商品资本，社会总资本中的产业资本、商业资本、生息资本、土地资本以及金融资本。其中，个别资本又称单个资本，是指在资本主义社会中各自独立发挥资本职能的资本，它通常表现为一个个具有独立地位的企业，包括个人独资、合伙、合作社、公司等企业形式。个人资本是指资本归个人独立、完整地所有，只有一个所有者。不过，资本也可以为数人同时享有即共有，共有是指两个及以上的自然人或法人对同一项资产共同享有所有权的一种法律关系，共有分为共同共有（公同共有）和按份共有（分别共有），前者如夫妻、家庭、合伙的资本共有，后者如公司的资本共有。

在物质资本、人力资本之外，皮埃尔·布迪厄、詹姆斯·科尔曼、罗伯特·帕特南、林南等人提出了社会资本，皮埃尔·布迪厄、让－克洛德·帕斯隆等人提出了文化资本等概念。

（三）资本的生产性

生产要素在物质形态上可分为劳动力和生产资料、劳动和资本两部分。古典政治经济学家虽然并不都坚持劳动价值论，但至少认为劳动是在生产中形成价值、产生收入的一种生产要素，是价值的一种源泉。不过，劳动之外的生产资料、资本要素在生产中是否形成价值、产生收入？或者说，资本在什么意义上是有收益、有价格的，资本为什么能够获得利润或利息，资本构成或密集程度不同的生产方式是否产生了不同量的价值？从古典经济学以来，经济学家对资本的生产性、增殖性这一问题解答各异，至今没有形成或不愿达成共识。

在斯密之前，人类的经济活动长期停滞不前，商品交换只是简单的、偶然的经济现象，经济著作主要讨论贸易、价格、收入、财产等商业问题，很少探讨劳动、资本、价值之间的关系。N. 巴尔本 1690 年较早提出剩余来自资本品在商品生产和贸易中的使用；休谟 1752 年区别了投入资金所得的利息和生产上使用资本所得的利润；康替龙 1755 年特别强调积累一笔资金（即基金）以便用来购买贸易和生产所需的全部货物的重要性；法国重农学派的魁奈分析了农民的预付资金在使用土地和劳动力进行生产中的作用，还区别了流动资本、固定资本在生产中的不同作用。在此基础上，杜尔阁把商业和工业置于与农业同等的地位，首次提出了资本作为生产要素的理论，强调预付的货币资本为经济活动中的一切部门所必需，各种资本的所有者之间的竞争使得一切可能的投资收益率趋于相同，而利息率可以看作衡量一个国家资本多寡以及国家所从事的各种企业规模大小的"寒暑表"。李嘉图 1817 年《政治经济学及赋税原理》也将资本划分为固定资本和流动资本，认为流动资本雇佣劳动，工资与利润率成反比。

斯密在政治经济学研究中，把劳动分工、资本积累以及二者的结合提高到了经济增长要素的高度。在关于价值创造、生产收益的来源上，斯密实际上持有相互冲突的两种理论：一方面，斯密主张生产力的最大增进似乎都是劳动及其分工的结果，只有人类劳动才是生产性的要素，劳动创造了商品的使用价值和价值，而资本只是劳动的积累，即资本是过去劳动生产的产出，是物化劳动；另一方面，斯密强调资本积累是实现劳动分工、提高劳动效益、促进生产增长的要素，把劳动同资本、土地，工资同利润、地租并列起来，这就意味着劳动与资本在生产中都产生了价值。斯密把个人的商品存量区分为耐用消费品和资本，论述了资本辅助劳动、促进生产增长的功能：机器、建筑物、土地改良等固定资本在使用中不必更换主人，通过提高劳动的效率可以促进劳动，得到收入，即固定资本具有生产效益；货币、原材料、在制品和制成品等流动资本需要在交易中放弃或在生产中消耗，且维持劳动所需的消费品也包含在流动资本的存量（即工资基金）之中，即流动资本可以缩短劳动时间。

显然，斯密的劳动价值理论并不彻底，对资本的划分和资本生产性的理论造成了价值理论的混乱，当流动资本被固定资本代替时，代替后的固定资本可以而且经常可以替代劳动、产生效益，这是否确认了资本的生产性，确认了劳动、资本共同创造了价值和收入？李嘉图指出，生产尽管是"劳动、机器和资本的联合运用"，把固定资本与流动资本等同起来，但资本只是劳动的积累，劳动才是生产性的因素。萨伊进一步把劳动、土地、资本等生产要素看成并列关系，认为生产三要素各自发挥了生产性作用，各自创造效用进而创造价值，生产要素同人们的收入之间存在紧密的平行关系。萨伊的观点在19世纪中叶被普遍地接受，如约翰·穆勒讨论生产要素的增长规律时，他对劳动、土地、资本等生产要素都是平等对待的。古典学派之后，经济学家又提出了各种各样的资本和利润、利息理论。如庞巴维克宣称，生产需要时间，需要资本的预付，由此提出时间性的生产理论和利息理论。亨利·乔治1879年撰写并自费出版的《进步与贫困》提出，凡是能够节约未来的人类努力的事物都是财富，换言之，凡是能够带来未来收益的事物都是财富。欧文·费雪1930年《利息理论》则说，资本只不过是将来收入的折现，是将来收入的资本化。20世纪40年代末，哈罗德、多马虽然基于资本、劳动二要素而提出了增长模型，但认为储蓄率即资本积累才是经济增长的唯一源泉。

生产资料、物质资本如果是生产性的、创造价值的要素，那么合乎逻辑的下一个问题就是：生产的资本密集程度越高，生产的收入或效益是不是就越大？如何测算生产的资本数量以及资本密集程度，如何构造生产函数？瓦尔拉、帕累托等人避而不谈这个问题。马歇尔、克拉克、奈特试图设法解决资本的生产性问题，但他们最终又以资本的概念实质上是货币资本的观念，资本密集程度不能明确地测算等话语来支吾搪塞。当代欧美主流经济学实际上已经精明地回避了劳动、资本、价值问题，撇开了资本的生产性这个在逻辑和历史上都不可能证明的命题，资本概念早已悄悄地转化为货币资本的概念，主要分析的是资本的价格、资本的利息而非资本的生产性。

正如第二章所分析的，马克思并不回避或否定自然因素、物质资本在商品生产、价值创造中的作用。无论在历史经验还是逻辑演绎上，劳动资料、劳动对象作为生产条件，与劳动结合而共同生产商品，资本全程参与了商品生产和交换，不仅形成了商品的使用价值，资本价值转移到商品中而成为商品价值量的组成部分，资本家还凭借资本所有权而追逐并获得了剩余价值。但是，资本、商品的价值都不能脱离劳动而产生和存在，人是经济活动的能动主体，通过决策、生产、管理等劳动而使用劳动资料，对劳动对象进行加工，从而既创造了商品的使用价值，又将资本价值转移到商品中，所谓的机器生产、自动生产、精益生产、智能生产都根植于、依赖于人的劳动，都是人类劳动的转换、物化和积累形式，资本的收入、资本的价格这一资本生产性命题必须在劳动价值的基础上才能成立，资本的生产性本质上是劳动的生产性，劳动才是资本的主人和源泉。

尽管资本是物化劳动的特殊形式，资本可以归因为劳动，利润可归因为劳动创造的剩余价值，但劳动一旦物化为价值和资本，那该如何计量和比较不同形式、不同时期的资本的价值或价格、资本的利润率？瓦尔拉一般均衡模型是只有实物的技术量值，而无货币、价值理论的抽象体系。新古典经济学只是基于个人偏好或效用的心理命题和生产函数的技术命题，却从实物变量的总量生产函数给出了异质资本加总、宏观变量构造的悖论性理论，或者说虽然无法在异质资本模型中加入统一利润率假设但构造出了生产函数和收入分配的命题，这是新古典经济学至今难以解决的经济和技术上的难题。再如，会计学中关于资产价值评估的成本法、收益法、市场法等方法，并无统一的理论和标准。冯·诺伊曼、皮埃罗·斯拉法、伊恩·斯蒂德曼，以及20世纪六七十年代英美两国经济学家的两个剑桥之争都曾经劳而无功地探讨了资本与生产问题。由此，价值、货币、资本居然成为了现代微观经济学中避而不谈、最为无用的部分，流行的经济学教科书中几乎都找不到分工、价值、货币、资本、企业等基础性理论，新古典经济学的生产理论、价格理论中的资本、工资、利润等概念与现实经济的会计学、统计学、管理学中的资本、工资、利润等概念也并不相同。①

二、资本主义生产方式

（一）什么是资本主义？

自由主义、功利主义、社会主义、民族主义、极权主义等都是产生于资本主义，引发现代政治、经济运动的思想资源。不过，或许是诸如"血汗工厂"、工人革命、大腹便便的资本家形象等原因，当然还有马克思等人的深刻批判，资本主义（capitalism）长期以来是一个声名狼藉、马克思主义广泛使用而其他学派很少置喙的概念。英语单词的后缀"ism"既用于表示某种社会运动、历史状态，又表示某种思想体系，以及上述含义的某种综合。同样，资本主义既指一种历史阶段、一种生产方式，又指一种思想体系。

资本主义是马克思晚年偶尔使用的概念，马克思既高度赞扬了资本主义生产方式的生命力、进步性，又激烈批判了资本主义私有制与社会化大生产、资本与劳动之间的矛盾性质及其后果。如《中国大百科全书·经济学》第一版对资本主义生产方式的解释就是：以社会化的机器大生产为物质条件、以生产资料的资本家私有制为基础、以资本雇佣劳动为主要特征的经济制度，是人类历史上最后一个人剥削人

---

① ［英］斯拉法. 用商品生产商品［M］. 巫宝三，译. 北京：商务印书馆，1963. 希克斯. 关于资本的争论［C］//［英］约翰·希克斯. 经济学展望. 余皖奇，译. 北京：商务印书馆，1986：154－169.

的生产方式。① 除了马克思主义的解释，斯密、穆勒、凡勃伦、韦伯、熊彼特、哈耶克、梁漱溟、卡尔·波兰尼、费尔南·布罗代尔、欧内斯特·曼德尔、米尔顿·弗里德曼、I. 沃勒斯坦、埃里克·霍布斯鲍姆等人对资本主义也作了有意义的分析。

一般认为，资本主义生产方式包括三个组成部分：（1）建立在公民权利、物质资料私有制基础上的私人企业是经济活动的基本主体，资本是组织经济活动的条件和参与收入分配的依据，等量资本得到等量的权力和利润。（2）社会分工的私人企业在市场上的自由竞争和平等交换是组织生产、配置资源的基础性方式，如韦伯等人认为资本主义的本质在于自由企业精神与资产阶级的精打细算及理性化精神的结合，波兰尼1944年《大转型》认为资本主义的实质就是基于分工、互惠、再分配的自我调节的市场，曼德尔在1976年《资本论》新英译本导言中提出了资本主义生产方式是包含着普遍化商品生产的唯一的社会组织。（3）为保障资本主义生产方式而建立的法律、政府等政治制度和知识体系。

资本主义首先是一种确立于欧洲、适应了社会化大生产的经济制度，是在物质资料私有制和社会分工基础上的资本雇佣劳动、追逐资本收益最大化的生产方式。这一生产方式对于古代社会是一种无比强大的破坏性力量，对于现代社会则是一种无比强大的创造性力量。资本主义生产方式的基本主体是资本家和工人，资本雇佣劳动的基本动机是剩余价值或利润最大化，这就是所谓的资本主义的经济人或经济理性假设，也是马克思分析资本主义经济活动的基本假设。

资本主义不仅仅是一种生产方式或经济制度，还包括与之相配合的政治制度和知识体系。资本主义是建立在充分、平等的公民人身权和财产权的基础上，主要通过自由、平等、竞争、开放的市场机制，组织生产和分配收入的一种经济制度。诸如12世纪欧洲古罗马法复兴、英国1215年《大宪章》和1689年《权利法案》、北美1776年《独立宣言》和1787年《美国宪法》、法国1789年《人权与公民权宣言》和1804年《法国民法典》等，都是资本主义制度逐渐确立的重要事件。1987年《新帕尔格雷夫经济学大辞典》关于资本主义的解释是：资本主义常常被经济学家称为市场社会，也常常被企业和政府发言人称为自由企业制度，但资本主义更是一种经济、政治、精神特征的历史结构。② 1989年之后，欧美国家都被视为采取了现代资本主义生产方式，但欧美国家往往自称自由经济、市场经济、社会民主经济、社会市场经济。

（二）资本主义的兴起

对于资本主义的萌芽、兴起和发展，可以从多种因素、多个角度进行观察和解释，如农产品的剩余和交换，地租和劳役支付的货币方式，手工业工场、贸易公司

---

① 许涤新. 中国大百科全书：经济学（Ⅲ）[M]. 北京：中国大百科全书出版社，1988：1439.
② [英] 约翰·伊特韦尔. 新帕尔格雷夫经济学大辞典：第一卷 [M]. 陈岱孙，等译. 北京：经济科学出版社，1992：377-384.

和工业工厂的兴起,商业活动和商业资本的发展,公民权利不断扩展的政治变革和法律创新,对外贸易和对外殖民的重商主义和殖民主义,知识生产、技术进步和工业革命。一般认为,意大利、尼德兰等地区在14、15世纪开始萌发资本主义性质的工商业,17世纪开始确立资本主义制度。在这一阶段,诸如12世纪兴起于意大利、后波及欧洲的法学、文艺、科学、信仰等方面的文化复兴和思想解放,1215年英国《大宪章》和权利运动,15世纪中期德国古登堡印刷术加快了知识传播,荷兰、西班牙、葡萄牙、英国、法国、瑞典等国家的特许贸易公司从15世纪末开始的海外贸易、殖民、掠夺活动和全球市场形成,英国等国家从13世纪开始、T. 莫尔1516年《乌托邦》所揭露、18世纪末19世纪初达到巅峰的圈地运动,1566~1609年荷兰革命、1640~1689年英国革命、1775~1783年美国独立战争、1789年开始的法国大革命和1804年《法国民法典》、1848年欧洲革命等社会革命所确立的自然权利和法治社会,文艺复兴、宗教改革、教育发展、人文社会科学所确立的个人主义、权利观念、自由放任、法治社会的意识形态,废除谷物法和航海条例、颁布银行法和公司法等制度变革,1840年英国棉纺工业开始普遍使用蒸汽机等动力机械、1870年以来第二次工业革命,以及工人运动、妇女解放和社会主义革命都对资本主义兴起和确立发挥了重大作用,英国、法国、德国、美国、日本等国相继成为资本主义强国。

  资本主义生产方式产生于封建社会内部。不过,它的出现和确立,必须同时具备一系列相互支持的因素或条件:(1) 农民、工人等劳动者和地主、资本家等有产者都逐渐获得相对充分、平等的权利,包括财产私有、出卖或雇佣劳动力、生产和交换等项权利,成为自由、平等地进行经济活动的主体,出现了自由交换的土地、劳动力、货物、货币、证券等市场,如 M. H. 梅因1861年《古代法》所揭示的欧洲从臣民、身份社会向公民、合同社会的转变,劳动工资合同替代了过去的奴隶制或农奴制。(2) 商品交换从简单、偶然、局部的经济现象逐渐成为自觉、有效、普遍的经济现象,市场不是家长命令或政府管制下的市场,自由竞争的市场成为了资源配置的基础性方式。(3) 货币作为即便不是普遍的也是主导性的交换手段,货币成为商品、资本的一般性的价值形式,银行、保险公司、交易所等金融机构全面发挥货币和资本流动的作用。(4) 建立在私有制基础上的现代公司成为了经济活动的主要组织,工场手工业、公司大商业、工厂大工业逐渐替代了家庭农业、作坊手工业、小店铺、合作社或国有企业,公司股东及其代理人决定、管理着商品生产和交换;同时,源于意大利的复式记账簿记对每一项经济业务按相等金额在两个或两个以上有关账户相互对应地同时进行登记、统计,为资本主义提供了经济信息系统,促进了企业发展和资本核算,资本价值的循环和增殖"是在资本家的账簿上或在计算货币的形式上得到证实的"①。(5) 独立、平等、冒险、竞争、创新、利润、责任、诚信等新的经济观念和制度不断涌现和传播,知识创新、技术进步和劳动生产率提高使得社会分工、资本雇佣劳动、扩大再生产成为普遍可能,工业、商业、金

---

① 马克思. 资本论:第二卷 [M]. 北京:人民出版社,2004:171.

融等成为主要的产业结构,以及其他社会条件。当这些因素或条件不断产生和积累,大量、长期、稳定地存在和演进时,资产阶级就能够登上历史舞台,资本主义经济就可能持续稳定增长了。资本主义的历史本质就是自由平等的公民法治社会替代君主专制社会,市场经济不断地渗透、侵蚀、取代自然经济、等级社会的过程。相反,亚非拉地区许多国家因这些因素或条件未能不断产生和稳健积累,资本主义长期陷入动荡低效困境。

资本主义的兴起和发展阶段的划分也是一个长期争论的问题,资本主义的起点不是被大大推迟,就是被大大提前了。为了对资本主义进行分期,人们在资本主义之前加上了各种定语,比如重商主义资本主义、自由竞争资本主义、垄断资本主义和国家垄断资本主义,原始资本主义、市场资本主义、福利资本主义或民主资本主义,工业资本主义、金融资本主义和后工业资本主义,好的资本主义和坏的资本主义,或者贴上了诸如英美资本主义、莱茵资本主义、拉美资本主义、东亚资本主义等地方性标签。不过,一般还是将资本主义历史分为三个阶段:首先是资本主义在封建社会母体内的孕育、萌生、发育并最终取代封建主义的初期阶段,即从15世纪初的重商主义到18世纪中叶的英国工业革命(Industrial Revolution)前夕,为期约300年;其次是资本主义的自由竞争阶段,即从18世纪中叶到19世纪末20世纪初,为期约150年;最后就进入了垄断资本主义阶段,其间尽管经历了两次世界大战、凯恩斯革命和国家干预主义、冷战和军备竞赛、第二次及第三次科学革命和第二次工业革命,以及起源于20世纪中叶、如今方兴未艾的信息技术、生物技术、互联网和知识经济、数字经济的第三次工业革命,但并未改变垄断资本主义的经济本质。

(三)资本的原始积累

资本主义作为一种组织和运用劳动力和生产资料,进行商品生产和交换的特定方式,即通过资本雇佣劳动而展开经济活动的生产方式,其再生产的简单维持、扩大进行和不断扩展,都必须具备一定的劳动力和生产资料条件:一方面,个人普遍具有了自由、平等地进行经济活动的权利,包括投资生产、出卖或雇佣劳动力、销售商品、财产保护和继承等权利;另一方面,一部分人集中、积累了一定数量的资本,用于雇佣劳动力和购买生产资料,组织商品生产。这样,劳动力、生产资料才可以持续性以至大范围、大规模地自由流动和相互结合,资本主义的生产方式才可以生长和繁荣。在资本主义兴起和确立的过程中,资产阶级和资产阶级化的贵族、地主往往使用私人暴力和国家暴力手段,通过圈占土地、特许公司的海外垄断贸易、殖民掠夺、商业战争、奴隶贸易、消灭原住民、征收税赋和关税等资本原始积累方式,迫使农民同土地分离,手工业者同生产资料分离,原住民同家园分离,才加快了农业经济、自然经济、地主和自耕农生产方式的解体,造成了大批贫困、待雇佣的无产者,这就是资本原始积累或原始资本积累。之所以如此命名,一是资本原始积累发生在资本主义萌芽和兴起阶段,是资本主义生产方式的前提和起点;二是资本积累的形式和过程具有普遍的、显著的简陋、粗暴、血腥性质,而通过局部的、分散的小商品交换、勤俭持家、自我积累和社会分化难以迅速、有效地形成这一条件。欧洲不同国家和地区的资本原始积累各有特点，极典型、最彻底的方式则是英国漫长而血腥的圈地运动和海外殖民。

例 4-1　英国圈地运动

英国 1235 年《默顿条例》、1285 年《第二威敏斯特条例》已经授权庄园领主圈占自由佃户不需要的荒地。15 世纪中叶，英国羊毛开始供不应求，羊毛税成为政府的重要收入。15 世纪末绕过非洲好望角，通往亚洲、美洲的新航路开辟和地理大发现后，逐渐形成了以欧洲为中心的世界市场体系，英国养羊、毛纺织业因市场扩展、价格上涨而迅速增长，以农业为主而牧场不足，逐利的英国贵族、地主和农场经营者除了把自有耕地变为牧场，先是用栅栏、壕沟等强行圈占农民的公地、份地，随后采取各种办法驱赶租佃耕地的农民，托马斯·莫尔 1516 年《乌托邦》称之为"绵羊吃人"运动。1688 年英国资产阶级革命胜利后，18 世纪、19 世纪的英国议会颁布 4763 件有关圈地的法令，使这一暴行合法化和加速化，直至 1867 年议会禁止非法圈地。此外，德国、法国、丹麦、俄国等也发生了类似的圈地运动。失去土地的部分农民，不堪忍受长达十五六个小时的工厂劳动，只好沦为乞丐或盗贼，政府又颁布了一系列惩治流浪者的法令，包括鞭打、割耳朵、监禁、处死等刑罚，强迫破产的农民成为资本雇佣的工人。如 1572 年的法令规定，超过 14 岁的乞丐将被杖责，并在左耳上用熨斗烙印；超过 18 岁的惯犯将被处决，除非有人愿意雇佣他们；第三次触犯法律，就被处死。英国自耕农到 1750 年、农村公共土地到 18 世纪末消灭殆尽，圈占土地约占英格兰土地的 20%，英国农业人口比例从工业革命前的 75% 下降到 1801 年的 35%、1851 年的 16%。在 2011 年英国伦敦的奥运会开幕式上，圈地运动、海外殖民、工业革命等历史场景都被回顾和反思。

资料来源：[英] 托马斯·莫尔. 乌托邦 [M]. 戴镏龄，译. 北京：商务印书馆 1982. 马克思. 资本论：第一卷第二十三章 [M]. 北京：人民出版社，2004. 沈汉. 英国土地制度史 [M]. 上海：学林出版社，2005.

各种方式的资本原始积累，是资本、市场的竞争逻辑与暴力、欺骗等强盗逻辑的混合，但所有这一切都使发育、形成资本主义生产方式所需要的私人资本迅速增长，被剥夺的广大劳动者成为资本雇佣的劳动者，资产阶级和工人阶级成为资本主义社会的基本结构。当资本主义生产方式确立之后，工人劳动创造的剩余价值才成为资本积累的主要源泉。马克思《资本论》第一卷第二十四章全面分析了资本原始积累问题：美洲金银产地的发现，土著居民的被剿灭、被奴役和被埋葬于矿井，对东印度开始进行的征服和掠夺，非洲变成商业性地猎获黑人的场所——这一切标志着资本主义生产时代的曙光。结语是："资本来到世间，从头到脚，每个毛孔都滴着血和肮脏的东西。"① 在《俄国资本主义的发展》《论所谓市场问题》等一系列论著中，列宁也深入分析了俄国资本主义的兴起问题。

第二节 货币转化为资本

在资本主义确立了公民人身权、财产权的自由竞争市场经济中，生产过程不只是劳动创造价值的过程，而且是资本增殖、剩余价值形成的过程，是资本家雇佣工人劳动并占有工人劳动创造的剩余价值的过程。分析资本的增殖过程，就可以揭示资本主义工资的性质、剩余价值的来源、生产方法和资本主义生产关系的实质，而这一切要从资本、资本运动公式，货币转化为资本和资本与劳动的结合，个别资本、个别企业的生产过程而开始分析。现在，就从资本主义的两阶级的社会结构和个别的产业资本的一般模型出发，分析产业资本的商品生产和剩余价值创造问题。

一、资本运动公式

（一）资本主义经济的模型分析

理论分析通常是从简单、一般模型到复杂、特殊模型的过程。经济理论的分析模型大致分为语言模型、图形模型、数理模型、计量模型等类型，或者分为经验性模型和理论性模型。其中，语言模型是指运用自然语言和逻辑方法，采用概念、判断、推理等思维形式，建立包括假设条件、概念、定理、假说的理论框架，以揭示、解释某一经济现象的内在的、稳定的行为性质，语言模型是建立图形模型、数理模型、计量模型的基础。

任何经济模型都是关于社会主体的经济性质、行为动机和行为方式的描述。现代社会主体是指从事经济活动，享有权利并承担义务的个人以及家庭、企业、政府等组织。那么，如何认识资本主义的社会主体？大洋孤岛上的鲁滨孙可以成为经济模型中的抽象个体，追求个人收益最大化的经济人是经济学的基本假设，但鲁滨孙、经济人的理论意义仅止于此，因为现实经济中的社会主体绝不是孤岛上的鲁滨孙，不是理想条件下的充分理性的生产者和消费者，而是处在特定的社会结构和生产方式中的人。魁奈、李嘉图、穆勒等人尝试用阶级来分析经济现象，马克思系统提出了两阶级的经济理论。阶级是具有某些共同特征的个人所形成的群体或集团，是具有相似行动的社会主体，如性别、年龄、财产、知识、职业、种族、民族等都可以成为阶级划分的标准。马克思主要是以生产资料所有制，以及人们在经济活动中的地位和作用、参与生产成果分配的方式和份额的阶级为分析标准。资产阶级是指拥有大量生产资料，以此雇佣劳动、追求剩余价值最大化的资本家阶级，而工人阶级

---

① 马克思. 资本论：第一卷 [M]. 北京：人民出版社，2004：873.

是指几乎没有生产资料，不得不出卖劳动力而获得工资、以维持生活的无产者阶级。

相对于新古典经济学的微观分析、宏观分析的二分法标准，马克思等人的资本家和工人、资产阶级和工人阶级的两阶级、两主体模型，以及产业资本、商业资本、生息资本的三形态资本模型，生产资料生产、消费资料生产的两部类生产模型是一种独特的结构分析方法，其中，资本家既是资本所有者、生产者又是消费者，工人则是资本雇佣的劳动者和消费者。在资本主义经济中，资本家和工人是一种从个别资本到社会总资本普遍存在的社会结构，这一基本结构既概括了资本主义所有制的社会性质，又反映了社会分工和生产过程的经济和技术性质，贯穿了占有、生产、交换、分配和消费环节，连通了微观与宏观、静态与动态的分析，而新古典经济学至今未能彻底解决生产与分配、微观与宏观分析之间的轩轾不一问题。由此，对资本主义生产方式就可以在自由竞争、要素流动、阶级结构、技术进步等条件约束下，逐步而连续地分析工人、资本家和企业、行业、国家、全球的经济活动。

马克思等人关于资本主义的商品价值、剩余价值生产模型，就建立在两阶级、产业资本、封闭经济等假设条件的基础之上：（1）考察纯粹的资本主义经济，整个社会只存在追逐剩余价值和工资的资本家和工人，即资产阶级和工人阶级这两个阶级、两个主体。其中，资本家只提供资本即资本是自有、预付的，资本包括不变资本和可变资本，暂不考虑资本家的债务资本，资本家的劳动也暂且忽略不计；工人除了人身自由一无所有，只提供可用于交换和生产的劳动力。资本家是主导性、支配性的社会主体，工人是被市场交换、受资本雇佣的社会主体。（2）经济活动只有单一产业资本、单一商品的生产部门，用历史成本准则计算资本、价值、剩余价值，先分析个别资本的运动过程，暂不考虑产业资本内部的不同商品、行业分工；资本遵循剩余价值最大化目标，只采取产业资本形态，产业资本在运动过程中相继采取货币资本、生产资本、商品资本的存在形式，独立、完整、直接、顺利地完成了价值和剩余价值的生产、实现、分配的全过程。（3）事实上还假设无政府即不考虑本国政府收支、政府管制等政府对经济活动的干预，封闭经济即不考虑国家之间的人口流动、货物贸易、资本运动等因素，社会总产品都在一国范围内得到补偿和实现，不存在技术进步、分工扩展、物价波动、制度变革、自然环境变化等因素。

第四章基于两阶级、产业资本、封闭经济等条件下的基础模型，先分析个别资本、某种商品的价值和剩余价值的一般生产过程。在此基础上，逐渐扩展到产业资本的不同构成和不同行业，产业、商业、生息、土地等多种资本、多个部门，私人资本与国有资本，开放经济与国际资本等渐次具体、动态开放、结构和总体的理论模型。由此，在分析产业资本运动时，先分析个别资本、某种商品，再分析行业资本、社会总资本；在分析再生产时，先分析个别资本、简单再生产，再分析社会总资本、扩大再生产；在分析社会扩大再生产时，先分析外延式扩大再生产，再分析内涵式扩大再生产。按照以上逻辑，第五章分析资本积累、知识生产、分工扩展与经济增长问题；第六章分析产业资本的循环和周转、商业资本运动和剩余价值实现问题；第七章首先分析产业资本中的行业资本运动，然后统一分析产业、商业、生息、土地等形态的资本运动和剩余价值分配问题；第八章分析资本主义经济中的私人垄断资本和国家垄断资本、国际资本和世界经济,以及政府等问题;第九章从社会总资本的角度,分析资本家在追逐剩余价值、扩大再生产的过程中如何引起资本主义经济基本矛盾,以致爆发了经济危机和社会主义革命等问题。

(二) 职能资本和产业资本

资本是归资本家所有、用于雇佣工人、生产剩余价值的价值,货币是劳动力、生产资料等商品的价值表现和支付手段。在资本运动过程中,资本可以采取货币资本、生产资本、商品资本等不同形式,处于购买、生产、售卖等不同环节,发挥不同的经济作用,部分资本可能由于逐步折旧、持币待购等原因而暂时闲置,并不一定全部、实时地在剩余价值的生产和实现过程中发挥作用,暂时闲置的资本并不能够为资本所有者带来剩余价值。职能资本是指在资本主义经济中,在剩余价值的生产和实现过程中雇佣工人,独立、直接地发挥了资本职能或作用的资本。

按照资本在价值和剩余价值生产和实现过程中的作用,职能资本主要包括产业资本和商业资本,而雇佣工人、生产商品的产业资本是职能资本的基础和核心部分。产业资本是指以资本主义生产方式经营的物质资料即商品生产部门,包括农业、采矿业、制造业、建筑业、运输业、通信业、餐饮业、房地产业等直接进行生产资料、消费资料等物质资料生产的各行业的资本,价值及剩余价值就主要由物质资料生产部门的工人创造。

在资本主义发展的初期,由于人口、资本和生产规模不大,市场规模狭小,产业资本家往往前店后厂,既进行商品生产,又组织商品销售,独立地完成了从生产资料和劳动力的购买、商品生产到商品售卖的完整循环过程,承担着剩余价值生产和实现的全部职能,剩余价值全部归产业资本家占有。当商业资本从产业资本的商品形式等形式中分离出来,承担着销售商品、实现剩余价值的职能后,这时的产业资本、商业资本分工承担着剩余价值的生产和实现职能,共同参与剩余价值的分配,获得平均利润,由此第四、第五章分析产业资本运动,第六章进而分析商业资本运动。在资本主义经济中,土地资本作为产业资本和资本的一种特殊形式,也要参与剩余价值的分配,获得平均利润甚至超额利润;生息资本作为产业、商业职能资本的一种派生形式,出借给产业、商业资本家使用,也应当参与剩余价值的分配,由此第七章系统分析了各种形态资本运动和剩余价值分配问题。

科学抽象法包括从具体到抽象的研究方法,从抽象到具体的叙述方法,马克思综合运用了这一方法来分析资本主义生产方式。在解释、叙述资本主义的经济问题时,按照从抽象到具体、从一般到特殊、从简单到复杂的研究方法,首先,假设产业资本执行了剩余价值的生产和实现的全部职能,分析封闭经济中的单个产业资本的运动过程,分析产业资本运动中的资本循环、资本周转、资本积累、资本构成等问题;其次,逐渐放松假设条件,分析不同行业的产业资本的运动过程,分析商业资本、生息资本、土地资本的运动过程;最后,分析社会总资本的运动过程。

(三) 商品流通公式和资本运动公式

物质资料的商品生产也是资本的运动过程,对资本主义的价值和剩余价值生产、交换、分配等问题就必须从资本运动过程的角度进行考察。资本运动既是个别资本从购买、生产到售卖的完整的运动总过程，个别资本的运动总过程是循环不断、周而复始的再生产过程，一个个的个别资本再生产又构成了社会再生产，下面就首先从个别资本的运动模型即产业资本运动公式开始分析。

马克思使用的"流通"一词有广义与狭义之分。广义的流通是指经济运动或运行过程，即生产资料、劳动力等商品和货币在生产、交换、分配、消费等环节，在空间、时间维度上的运行、流动、循环、周转等运动过程，如商品流通、资本运动和货币流通，马克思《资本论》第二卷研究的就是资本的广义流通过程。狭义的流通是指生产资料、消费资料、劳动力等商品通过市场机制的交换过程，有时特别指商品的售卖过程。为了叙述的方便，本书将马克思使用的广义流通一般称为运动，流通一词主要指代狭义的商品交换、商品买卖。

商品生产和交换导致了货币的出现。因此，货币既是商品交换的价值尺度和媒介，又是商品价值的代表和符号，一定价值或面值的货币代表着一定价值量的商品或物质财富，货币可以脱离商品而相对独立地执行交换、支付、贮藏等职能，成为价值的一般形式和资本的预付形式。那么，货币与资本、商品流通与资本运动、小商品生产与资本主义生产之间的区别是什么？作为商品交换手段的货币与作为资本而运动循环的货币有什么异同？资本主义经济的动机、过程和目的是什么？这就先要分析、比较商品流通公式和资本运动公式，揭示资本主义经济的本质。

商品流通是商品从生产者经过市场交换而最终流向消费者的买卖过程。在商品流通中，假设商品中没有加入、凝结新的劳动，商品的价值和使用价值不因其空间、时间的改变而变化，商品流通只是纯粹的商品交换，是商品价值的实现过程，且商品流通是无流通成本、无商品损耗的交换过程，德语字母 W、G 分别表示商品（ware）、货币（geld），商品流通公式是而且只是：

$$W（商品）—G（货币）—W（商品）$$
$$W（商品）=G（货币）=W（商品）$$

资本运动是价值和剩余价值的生产和实现过程，而且，不仅劳动创造价值是在产业资本运动中完成的，产业资本还承载着商品价值实现的职能，因此，对产业资本运动的全过程分析不仅包含、概括了商业资本、生息资本的运动内容，还是分析资本的循环、周转、积累和社会总资本运动的理论前提，是分析资本主义经济的起点和基础。假设产业资本独立完成了价值和剩余价值的生产和实现，那么产业资本运动就包括了劳动力、生产资料购买和产品售卖的商品流通环节，包括价值和剩余价值的生产环节，工人在生产环节进行了生产劳动，经过生产劳动而创造了新价值，所以产业资本运动不只是商品生产和交换的过程，也是资本运动的一般性的、总的过程，产业资本运动公式就是资本运动的总公式：

$$G（货币）—W（商品）—G'（货币），G'>G$$

比较商品流通和资本运动的公式可知，一方面，商品流通和资本运动都是以商品、货币的形式进行的经济活动，都有买、卖两个阶段，都是买、卖两个阶段的统一，都有买方、卖方且买卖方为同一个主体，都遵循市场形成价格、商品等价交换的原则，因此二者运动形式具有相似之处。另一方面，商品流通和资本运动的买卖顺序不同，在交换目的、交换内容、交换结果等方面具有本质上的差别。

在商品流通公式中，流通的起点和终点都是商品，商品流通是为了消费而交换，是为了使用价值的互通有无，各得所需，双方通过交换都获得了更大的消费满足。商品交换遵循等价交换原则，货币只是单纯的交换媒介，商品价值转移但总量不变。即便出现了局部或偶然的不等价交换，贱买贵卖或贵买贱卖，但从长期、总体上看，有得必有失，流通中的商品价值总量仍然不变。

在资本运动公式中，流通的起点是购买，终点是售卖，为购买而预付的资本和售卖后获得的收入一般都是货币，购买和售卖等流通活动也都遵循着等价交换原则。然而，起点买进商品是为生产商品准备的生产资料和劳动力，终点卖出商品是为了售卖劳动产品、实现价值，资本运动的根本目的并不是消费，也不是价值转移，而是雇工生产、价值增加，获得比预付货币资本更大的价值。

（四）资本运动的本质

在资本运动公式中，单纯考察购买 G—W 环节或者售卖 W—G 环节，货币运动或商品运动都遵循着价值规律，其价值都不可能增加，但运动后的资本又出现了价值增加，这似乎存在着矛盾。那么，资本增殖是如何发生和实现的？马克思通过分析货币资本所购买商品的种类和性质，以及这些商品在生产环节的使用过程，发现了资本增殖的秘密。

考察货币资本所购买的商品及其运动，可以发现两个不同于商品流通公式的特殊现象：（1）通过货币资本 G 购买的商品 W 不仅包括生产资料这种普通商品，而且包括劳动力即劳动者的劳动能力这种特殊商品，这些生产要素都将作为投入品而进入生产环节。（2）购买生产资料和劳动力之后，这些商品没有即时转手交换，而是进入了生产资料和劳动力结合使用的生产过程，生产了产出品即新的商品，在生产过程中蕴藏着资本增殖的秘密。

按照劳动价值理论，物质资料生产就是劳动要素与物的要素以一定的方式结合起来，通过劳动改变物的形状、性质或地理位置，使生产出来的产品最终能够满足人们生活需要的活动，是生产的自然过程和社会过程的统一。在资本主义经济中，资本家购买生产资料和劳动力商品，工人运用生产资料生产新的商品并创造新的价值。资本运动的结果如果出现了价值增殖，那秘密只能出现在这个阶段。工人劳动生产了商品，商品价值如果在扣除了劳动力工资、补偿了生产资料价值后还有剩余，剩余部分即剩余价值又被资本家所占用，那么剩余的价值只能来自工人劳动。换言之，在生产环节，生产资料只是转移了价值，劳动力在使用过程中创造了比自身价值更大的价值，但工人并没有获得其所创造的全部价值，只得到了其中的劳动力工资部分，这是资本增殖的源泉。在资本运动公式 G（货币）—W（商品）—G′（货币）中，$G = c$（不变资本）$+ v$（可变资本），$G' = c + v + m$（剩余价值），$G' > G$，$G' - G = \Delta G = m$，ΔG 即是剩余价值。因此，资本运动公式应当具体、准确地写成：

G（货币）—[W（买进商品）…P（生产）…W′（新的商品）]—G′（货币）

可见，资本不只是一种物或货币、一般性的商品价值，资本是用于购买、使用劳动力和生产资料的价值，资本的本质是充当资本家雇佣工人、组织剩余价值生产、最终占有工人创造的剩余价值的手段和力量，是能够带来剩余价值的价值，体现了资本主义的私有财产制度和资本雇佣并剥削工人的经济关系。资本运动公式 G—W—G′不仅描述、揭示了产业资本的生产环节和流通环节，即货币资本、生产资本、商品资本的运动过程及其性质，在生产过程中生产价值和剩余价值，在流通过程中实现价值和剩余价值，还对产业资本、商业资本、生息资本、土地资本等各种具体形态的资本运动都适用，商业资本、生息资本等形态的资本运动的本质、过程和目的也是如此，所以这一公式刻画了各种形态的资本运动的共同特征，是资本运动的总公式。

需要说明的是，在不同学派甚至同一学派的不同语境中，名为"资本"的可能是内涵并不相同的概念。马克思分析资本主义经济时，在理论上假设：全社会的生产资料和消费资料都归资本家所有，都属于资本，资本就是用于购买劳动力和生产资料的全部价值，资本由可变资本、不变资本两部分组成；全社会的劳动来自工人，工人于生产资料和消费资料一无所有，只有出卖劳动力以换取资本家支付的工资，工资又全部购买了消费资料。当然，一部分资本家是食利阶层，不参与生产活动，其所得就是纯粹的剩余价值或利润；另一部分资本家即便参与生产或管理活动，获得了一定的工资收入，但其获得的总收入也远远大于其应得的工资收入，其工资收入事实上也不包括在企业利润中，资本家扣除其工资收入后依然获得了剩余价值或利润。

（五）不变资本和可变资本

资本是归资本家所有、雇佣工人、带来剩余价值的价值。资本家为组织生产，在生产过程开始之前就需要垫付、投入一定量的资本，假设垫付的就是生产过程所需要投入的全部资本，在生产之初就垫付、投入的资本又称预付资本，预付资本的一部分用于购买生产资料，一部分用于购买劳动力。显然，预付资本的不同部分在生产要素购买、商品生产、价值增殖的过程中发挥的作用并不相同，这就需要具体分析资本的构成，以及不同资本的职能。不变资本和可变资本，即转化为生产资料和劳动力的资本结构，是根据资本的不同部分在商品生产、价值增殖过程中执行不同的职能的划分。

资本家预付资本的一部分用于购买生产资料，这部分资本可以是实物形态的生产资料，也可以是用于购买生产资料的货币。形成生产资料的这部分资本虽然是生产过程和价值增殖的条件和手段，但在生产过程和价值增殖中并不改变自己的价值量，因为生产资料的原有价值随着其物质形态在生产中的不断消耗而转移、再现到新产品中，但价值量不会增加，这部分资本被称为不变资本（c）。

资本家预付资本的另一部分用于购买劳动力，这部分资本在生产过程和价值增殖中不是简单地转移或再现于新产品中，而是劳动力的使用过程，是商品的生产过程。因为购买劳动力的资本价值转移到工人手中，就转化为了工人的工资收入。工人既使用工资购买消费资料，消费之后形成了工人的劳动能力；工人又在资本雇佣劳动的生产过程中使用劳动力，工人劳动形成的新价值首先用于补偿劳动力资本，劳动形成的新价值往往还大于其劳动力的价值。可见，资本家为了生产，必须用可变资本不断地购买劳动力，或者说不断地向工人支付工资，不变资本是资本的一部分。但从完整的生产过程看，可变资本的价值其实是工人劳动所创造和换取的，是工人劳动产品价值的一部分，是工人自己养活了自己。在生产过程中，由于以劳动力价值或工资形式存在的这部分资本不只是简单地被使用、消耗了，而且改变了、通常是增加了自己的价值，因此被称为资本价值可变化、可增殖的可变资本（v），可变资本、劳动力价值、工人工资是等价的概念。

劳动力成为商品后，资本才能雇佣劳动，人类一般的经济活动才转化为资本雇佣劳动的经济活动。马克思关于不变资本和可变资本的划分，深入揭示了资本概念的本质，解开了价值、剩余价值是由可变资本购买的劳动力在生产过程中所创造的这一真相。在不变资本和可变资本划分的基础上，还可以进一步分析资本家对工人的剥削程度即剩余价值率的大小，分析不变资本与可变资本之间的比例即资本构成，分析不变资本中的固定资本和流动资本的构成，以及资本构成对于资本主义经济活动的具体影响等问题。

二、劳动力商品及其买卖关系

在资本主义之前的漫长时期，经济活动主要是农业生产，生产主要在家庭、家族、庄园等单位内部完成，包括地主、自耕农在内的农民以及依附于农业的手工业者、商人往往既是生产资料的所有者，又是使用生产资料的劳动者，自主经营，自负盈亏，自给自足。在资本主义经济中，个人逐渐成为了具有平等权利的公民，但劳动者和生产资料所有者之间出现了普遍的分离，形成了有产的资本家和无产的工人两大阶级。那么，劳动者和生产资料相互分离的后果是什么？劳动力如何生产和供给，劳动力与生产资料之间如何结合？为什么一般是资本雇佣劳动，而不是劳动与资本的平等结合或者劳动雇佣资本？分析货币转化为资本、资本雇佣劳动问题的逻辑中介就是劳动力的买卖，即劳动力的商品化。而劳动力为何、如何可以买卖，这又要分析资本的稀缺和私有，劳动力商品的特殊性质即劳动力的使用价值和价值，劳动和资本、工人和资本家之间的经济关系等问题。

（一）工人和劳动力商品

在一定条件下而存在和供给的生产要素中，与人的要素相关的有劳动者、劳动力、劳动三个概念。劳动力是人的劳动能力，是自然人通过一定的物质消费、教育、医疗等过程而生产、形成和拥有的、能够在经济活动中运用的体力和智力的总和，是经济活动中的能动性、主导性的因素。尽管劳动和资本被视为生产要素的两大要素，且劳动要素是生产中的决定性要素，但在生产和交换过程中，蕴含于自然人本身的劳动能力和作为生产过程的劳动都难以成为独立的生产要素而交换和使用。无论交换的目的和内容是劳动、劳动力还是什么,直接参与生产和交换的是作为自然人、作为公民的劳动者,劳动者是资本主义经济的社会主体,而工人是劳动者的主要组成部分,工人在劳动力市场按照劳动合同规定的条件而转让其劳动力。

工人是指不拥有资本、不占有生产资料,主要依靠出卖劳动力而获得工资为生的劳动者,包括农业工人、产业工人、商业和资本主义其他行业中的工人,包括加工、运输、销售、研究开发、经营管理等各种职业的劳动者。他们无论称为工人、雇员、伙计、职工、员工还是职员,蓝领、白领、粉领、灰领、金领还是黑领,都是被资本雇佣的劳动者,他们的总和构成了工人阶级,工人阶级是与资产阶级相对的社会集团。狭义的产业工人是指直接从事物质资料生产的劳动者,主要是农业、工业等部门的劳动者,所谓的蓝领、灰领工人。在政治经济学中,假设工人除了劳动力外,不拥有其他生产资料或生产要素,只好自由而无奈地被资本家雇佣和支配。

人的劳动力在任何社会都是生产的基本因素,但只有在一定的条件下才能进入市场、成为商品。人类社会如果向前发展,资本主义如果稳定建立和有效运行,首先,要尽可能尊重和保护构成人类的每一个生命个体,每一个人都应当具有劳动的即从事各种社会活动的自由,也就是确立和保护人身权。其次,人类需要通过家庭、教育、医疗等途径而全面培养、形成人的劳动能力,通过立法、竞争等途径而充分发挥每个人的劳动积极性和创造性,通过生产劳动而获得必要的收入和财产。只有确立和保护了人身权和财产权,资本主义才能够通过分工、协作、竞争和交换,有效组织商品生产并持续赚取剩余价值。① 工人的劳动力成为商品,被资本雇佣,需要具备两个条件:

第一,作为劳动者的工人拥有了人身自由或人身权利和财产权利,成为了法律上独立自主的社会主体,即从奴隶、不平等的古代社会转变到自由、平等的市民或公民社会。个人的与其自身不可分离的、无直接财产内容的、客观存在、终生具有且受到法律保护的权利就是人身权,人身权可以分为人格权和身份权。人格权可分为物质性人格权和精神性人格权,包括生命、身体、姓名、名誉、隐私等具体人格权和人格独立、人格平等、人身自由等一般人格权,自然人人格权和法人人格权等。一般人格权的人身自由包括人在社会、经济、政治、知识等方面的行动自由或权利,诸如婚姻、生育的自由,居住、迁徙的自由,教育、信仰的自由,言论、出版、集会、结社、游行、示威的自由,选举、被选举的自由,就业、投资、生产、交换、分配、消费等经济活动的自由,建立工会、集体谈判、参与管理、罢工、获得社会保障等经济民主权利,对于妇女、未成年人、残疾人、少数族群等特定人群的特别保护,身份权包括配偶权、亲权、亲属权、荣誉权等。人身权、财产权等人的权利或自由不只是道德原则和实践手段,而且是现代社会的内容和目的,是要通过法律或制度而规定并在社会经济活动中贯彻实施的权利。

---

① [英]霍布斯. 霍布斯[M]. 黎思复,黎廷弼,译. 北京:商务印书馆,1985. [英]约翰·穆勒. 论自由[M]. 孟凡礼,译. 桂林:广西师范大学出版社,2011. 马克思、恩格斯. 共产党宣言[M]. 北京:人民出版社,1997. [美]约翰·罗尔斯. 正义论[M]. 何怀宏,等译. 北京:中国社会科学出版社,2009.

工人作为劳动者，可以和资本家之间进行自由、平等的协商谈判，签订劳动合同，出卖其劳动力。由于现代民主政治确立了人是社会活动的主体，人不能成为市场上交换的对象或客体，即人不能成为买卖的对象，诸如劳动者市场、人力资本等都是政治上不正确的观念，能够纳入市场交换和经济分析的只能是蕴含在劳动者体内的、并按约定被资本家使用的劳动力，只能是工人劳动力的使用过程即工人的劳动，因此，经济学中分析的是劳动力市场、人力资源或人力资本、劳动过程等问题。当然，劳动力是生命个体内含的、属于工人所有的体力和智力，不能与人身相分离、独立，从逻辑上说，工人出卖的不是劳动，不是法律上的工人人身权，只是一定时间和空间条件下的劳动力的使用、收益的权能，即马克思所说的劳动力的暂时的使用权。

第二，劳动者不占有生产资料。假设社会成员主要分为两大阶级：一方是资本家，拥有生产资料，但不参与生产劳动；另一方是劳动者或工人，具有法律、名义上的人身权利，但别无所有：工人缺乏自我雇佣、自主劳动的生产资料，一旦不出卖劳动力、不被雇佣劳动就缺乏维持生活的工资或消费资料，而且工人的劳动能力及其声誉也很难作为融资的担保物，在经营亏损以至破产时更缺乏承担责任、偿还债务的资产，是名副其实的无产者。由此，资本家的预付资本包括了转化为工资、消费资料的可变资本，工人只好接受资本家支付的工资，以形成并出卖劳动力，通过劳动创造的价值来补偿可变资本，剩余价值必须归资本家所有。可见，工人之所以向市场供给劳动力，资本之所以支配劳动，并非所谓的劳动者对于闲暇的偏好或风险的厌恶这一外生的、心理的因素，而是生产力水平和生产资料私有制性质决定着劳动者的闲暇、风险的心理结构和行为选择。

劳动力市场是工人劳动力供给和资本家投资需求而形成的市场，是资本家雇佣劳动力的主要方式。那么，追求最大化利润的资本家如何需求、购买劳动力，追求最大化工资的工人如何供给、出卖劳动力，劳动力价格如何形成，劳动力数量如何确定？在劳动力市场上，工人与资本家之间法律上、形式上的自由平等并不等同于事实上、实质上的自由平等，自由得一无所有的工人需要解决的是被谁雇佣、如何雇佣的问题，是如何显示其劳动力的使用价值和价值，以求获得相应的工资水平，而不是新古典经济理论所谓的劳动力基于其个人偏好，通过在劳动、收入及其效用和闲暇及其效用之间的比较、选择问题。在资本雇佣劳动的条件下，每个企业按照最小成本、最大利润原则而决定劳动力的价格和结构，不同资本家的等量资本追逐等量利润，而不是新古典经济理论所谓的递减的劳动边际产量决定工人的工资。

（二）劳动力的使用价值

工人劳动力作为一种特殊商品，也是使用价值和价值的统一体，也具有其他商品的普遍性质，而并非如卡尔·波兰尼所谓的虚构商品。劳动力的使用价值不只是劳动者所具有的体力和智力，以及劳动者具有的劳动或工作的能力或属性，而且是劳动者使用其体力和脑力的过程和结果。劳动力作为一种特殊的商品和生产要素，它具有不同于物质资本的多方面的使用价值。20世纪60年代以来，关于家庭、生育、教育、医疗、劳动、工资、就业等问题的理论研究日益深入，美国经济学家舒尔茨、贝克尔、明塞尔等人提出了人的劳动力资本即人力资本理论。人力资本是指存在于人身的具有经济价值的知识、技能、体力等劳动力因素之和，人力资本的核心是通过教育、医疗等途径而显示和提高人的劳动能力，人力资本对经济增长的贡献大于物质资本。

与物质资本相比，劳动力商品具有使用价值上的多方面特性：（1）劳动力是劳动者的内在资源，与人身不可分离，而人是一种有智慧、有情感的高级动物，劳动力的发挥取决于人的积极性、创造性。劳动者在经济活动中一旦失去了积极性、创造性，就难以充分有效地发挥劳动力的使用价值。（2）劳动者的研究开发、经营管理等复杂劳动能力具有显著的专用性、稀缺性。专用性是指某些特定的生产要素一旦形成和投入，就具有了专门用途，不可或难以用于其他地方，劳动者通过教育、从业而积累的专门性的知识、技术、经验等就具有显著的专用性。具有专用性劳动能力的劳动者如果进入某一行业或企业，就容易与物质资本、特定的岗位和企业相结合而被长期锁定，如果退出则劳资双方都可能遭受损失。稀缺性是指独特、新颖的复杂劳动能力往往处于供不应求状态，创新性劳动能力尤为稀缺。（3）资本雇佣劳动尽管是经济常态，稀缺性、复杂性的劳动力特别是创新型的劳动力也可以创造更多价值，甚至可以资产化而成为企业资本，在企业中享有一定的控制权和分配权，但这只是经济变态和罕见现象。许多国家允许研究开发、经营管理等专业人员凭借其独特的、创新性的劳动能力即人力资本而作价出资，资本化的创新型劳动力可以与资本家股东共同雇佣和支配普通劳动者。至于劳动者发现、发明的知识、技术等知识资产，更是可以作价出资而成为企业资本的组成部分。

劳动力的使用价值只有在生产过程中才能发挥作用，而且具有不同于生产资料的价值增殖能力。工人劳动力一旦成为商品，被资本家雇佣，其使用价值就归资本家所有，并在生产过程中被使用，劳动成果被资本家占有。劳动力使用价值的使用过程是劳动者运用体力和脑力、生产商品的过程，劳动不仅创造了劳动力价值，还创造了比劳动力价值更大的价值，这正是劳动力有异于其他商品的独特用途。资本家一旦通过交换而获得劳动力商品，实际上就拥有了一定条件下对劳动力的占有、使用和收益权，就拥有了劳动力的使用价值和工人劳动而创造的新价值，工人创造的大于劳动力价值的剩余价值归资本家占有，这正是资本主义生产的秘密和目标。资本的逻辑是资本增殖、资本积累，但资本增殖的真正主体是工人，真实源泉是工人劳动创造的价值，而不是资本家。

劳动力的使用价值在生产过程中还具有其他方面的特性：（1）劳动力在生产过程中往往具有团队性或集体性。团队性是指劳动不是某个劳动者的单独劳动，而是多个劳动者之间联合、协作的劳动，共同生产商品，如企业内部的部门、班组生产往往是一种团队劳动。在团队劳动的条件下，劳动者之间存在两个问题：首先是劳动者如何形成、维持团队的劳动权益，使团队劳动的总收益大于单独劳动的收益之和，这可以采取建立工会、劳资谈判、共同参与等方式；其次是如何考核、激励团队劳动中的每个劳动者的劳动投入和劳动产出，避免偷懒、损人行为？（2）劳动力的使用价值和价值在使用中往往随着知识、技能、经验的增加而增殖,即所谓的业精于勤、熟能生巧。(3)劳动力的使用价值和价值难以显示、考核、定价。劳动力是一种生产性、差异性的生产要素,其使用价值的购买、使用过程具有严重的信息不充分、不对称性,其价值、价格受到多方面因素的影响,复杂劳动、团队劳动的劳动力价值更难于评价。尽管如此,但工人一般事先获得了规避风险的固定工资。(4)男、女劳动力在人口生产上的功能和分工有异,女性往往付出了更多的生育、抚养、家务等非市场、低报酬的劳动。

与劳动力相比,物质资本的使用价值特性主要表现在以下几个方面:(1)物质资本具有稳定的、独立的物质形态,可以长期保存,可以与其所有者分离,比如物或财产的所有人通过与他人订立合同,可以创设他物权,用益物权和担保物权即是两种基本的他物权。(2)物质资本的专用性、弱流动性、抵押性。物质资本一旦投入特定行业或地区的公司,往往就成为具有专门用途的实物资产,这些资产很难转作他用或转让。(3)物质资本的稳定性和专用性导致了它在投资合同、雇佣合同中具有所谓的抵押特征,即资本不仅是生产和消费的物质条件,市场价值相对稳定的物质资本一旦投入企业就难以从企业转移,股东不仅拥有用于生产、融资的资本,而且拥有应对投资失败的资本,物质资本最终可以用于应对风险和履行责任,而工人一般事先获得了规避风险的固定工资,在企业破产时又失去工作而无力承担债务责任。因此,资本家可以凭借资本雇佣工人、组织工人劳动并占有工人的剩余劳动,或者如法马、詹森、哈特等人所分析的拥有剩余控制权和剩余索取权[1],在商品生产和交换中居于主导、支配地位。(4)物质资本的使用价值和价值相对容易被发现和定价,现货市场、股票市场、期货市场、拍卖等都是发现资产价格的方式。(5)物质资本的使用价值在生产中逐渐减少,价值逐渐转移到新产品中,物质资本价值还往往随着技术进步、社会必要劳动时间减少而加速贬值。

在资本雇佣劳动的理论模型中,劳动力成为商品是货币转化为资本的关键,劳动与资本、工人与资本家之间既对立又合作的双边竞合关系是资本主义经济的轴心。资本家购买劳动力和生产资料,支配着生产和分配过程,生产目标是剩余价值即利润最大化,这一目标决定着资本雇佣劳动的数量及其结构。

(三)劳动力的价值

在劳动力市场上,工人具有人身权利,劳动力属于工人所有,工人可以出卖、资本家可以购买劳动力和生产资料,双方自愿签订合同,工人获得了资本家支付的劳动力工资,这就是商品生产所有权规律。但工人的权利是在资本主义生产方式中落实的,劳动力的价值是在商品生产和交换中实现的。工人劳动力一旦被资本家购买和雇佣,工人就被资本雇佣劳动的制度路径锁定,成为创造剩余价值的必要手段,

---

[1] [美]迈克尔·詹森,威廉·梅克林. 企业理论:管理行为、代理成本与所有权结构[C]. 尤金·法马,迈克尔·詹森. 所有权与控制权的分离[C]//陈郁. 所有权、控制权与激励. 上海:上海三联书店,上海人民出版社,1998. 桑福德·格罗斯曼,奥利弗·哈特. 所有权的成本和收益:纵向一体化和横向一体化的理论[C]//陈郁. 企业制度与市场组织. 上海:上海三联书店,上海人民出版社,1996.

工人劳动创造的价值和剩余价值就为资本家占有，这是资本主义占有规律。资本家之所以需要并购买工人劳动力，根本原因是劳动力在商品生产中创造了超过劳动力价值的价值，并非只是根据企业的生产函数的管理决策，工人劳动力成为商品是商品生产所有权规律转形为资本主义占有规律的中介环节和必要条件。

工人劳动力价值是因资本家支付的工资或可变资本而形成的，劳动力价值取决于为创造剩余价值而生产提供劳动力所必需的社会必要劳动时间。由于劳动力的生产首先是维持工人生存的物质资料的消费过程，因此，生产劳动力所需要的劳动时间就转化为生产工人的劳动能力所必需的消费资料的劳动时间。换言之，劳动力的价值首先就是指维持工人生存所必需的消费资料的价值，包括食物、衣服、住房、交通、通信等消费资料的价值以及必要的教育、医疗、失业、养老等社会保障等费用。劳动力随着工人年老而逐渐丧失，必须源源不断地补充，劳动力价值还包括工人维持其家庭即照顾年老的父母、孕育的配偶、年幼的子女所需要的消费资料的价值，这一部分价值也包含或替代了家庭内部劳动，即养育父母、子女等部分的家务投入或生活费用，它们共同构成了劳动力价值。双亲核心家庭一度是现代人口生产的基本方式，但20世纪50年代以来，家庭形式又转向了多样性和破碎化。赡养系数即家庭总人口与就业人员之比就是影响劳动力价值的重要因素，如果劳动力工资水平一定，家庭结构变化，赡养系数提高，则意味着劳动力价值下降，反之亦然。概言之，工人劳动力价值是由生产、发展、繁衍劳动力所必需的消费资料的价值所决定的。换言之，劳动力价值不能低于维持劳动力的生产和再生产的基本生活费用。

任何商品的价值量都是一定的社会条件下的价值量，而不是抽象的、恒定的数量。形成劳动力的社会必要劳动时间，因国家、时期、行业、职业等不同而有所不同。至于劳动力价值的具体水平，工人及其家庭所必需的消费资料的范围和价值大小，则受到经济因素和非经济因素的共同影响。劳动力价值既取决于一定生产力性质或经济发展阶段对劳动者的劳动能力的需求，也取决于生产和再生产劳动力所必需的消费资料价值。诸如社会分工和产业结构、劳动生产率、商品价格和居民消费水平、劳动力供求状况、地区和行业的发展差异等经济因素都影响着劳动力的价值，这是劳动力价值的最低限。劳动力价值又受到历史传统、道德和舆论、法律和公共政策、工人组织和工人运动等因素的共同约束，劳动力价值的最高限是社会、历史决定的。例如，对于童工的限制和女工的保护，对于疾病、生育、教育、医疗、退休和养老保障的公共政策。在资本主义发展初期，劳动生产力低下，众多行业和企业雇佣简单劳动的工人，童工普遍存在，老人、孕妇也普遍被雇佣，工人出卖劳动力所获得的工资往往不能满足本人基本生活的需要。随着社会经济进步和工人运动发展，工人一般限定为一定年龄内的劳动人口，工人因技术进步、劳动复杂而需要不断地提高其教育、医疗等水平，如2010年高收入、中等收入国家和地区人口受教育年限普遍超过12年，高中及以上人口占总人口的70%以上，劳动力生产还包括一定的享受、发展费用，劳动力价值、工人工资水平出现了缓慢提高的趋向。

马克思关于工资是劳动力的价值或价格，劳动力价值取决于维持工人及其家庭所必需的消费资料的价值的理论，以及劳动力工资是工人的生存性工资，是分析剩余价值的理论前提。比如，工人维持劳动力生产和再生产的消费资料价值如何客观、定量地确定，劳动力价值如何转换为维持劳动力生产和再生产的消费资料价值？工人劳动力的生产和再生产不只由工人以及家庭成员完成，还包括工人、家庭之外的政府支出、社会捐赠等项投入，如何全面准确地分析和证实劳动力的价值或价格？劳动力价值水平还受到内涵模糊的历史和道德的因素限制，但这是一个难以定义、证明的命题，因为不论工资水平如何，在工资理论和工资水平之间都不可能出现矛盾。再如，劳动力价值具体表现为资本家支付给工人的工资水平，工人和资本家之间如何界定、分割工人创造的全部价值？约翰·E. 罗默指出，在资本家最大化利润、工人生存性工资，以及满足再生产条件、生产可能性条件下，资本主义经济能够实现马克思均衡，而且存在一个产生正的总利润即剩余价值的均衡。[1]

劳动力价值在劳动力市场表现为劳动力价格，在企业会计报表上表现为工资总额或人工成本，而货币工资是劳动力价格的普遍形式，劳动力价值决定了劳动力价格或货币工资水平。关于工资的性质、形式、水平和使用，随后还将具体分析。

（四）劳动力与生产资料的结合

正如恩格斯强调的，资本和雇佣劳动者之间的劳动关系（简称"劳资关系"）是全部现代社会体系所赖以旋转的轴心。从逻辑上看，生产资料与劳动力、资本与劳动之间可以采取三种结合方式：一是马克思分析的资本雇佣劳动方式；二是劳动雇佣资本方式；三是劳动和资本平等结合方式。启蒙运动、文艺复兴和资产阶级革命胜利后，工人、农民、资本家都成为了法律上的自由平等的社会主体，可以自由平等地分工、交换和竞争。从古典政治经济学到新古典经济学，一直宣称的都是劳动和资本之间理性决策、自由交换、公平分配的生产理论。但在资本主义经济中，工人劳动力和生产资料之间为什么普遍采取了资本雇佣劳动的方式？

卢梭1762年《社会契约论》开宗明义："人是生而自由的，但却无往不在枷锁之中。自以为是其他一切的主人的人，反而比其他一切更是奴隶。"法国1789年《人和公民权利宣言》也宣称，"在权利方面，人们生来是而且始终是自由平等的"，"这些权利就是自由、财产、安全和反抗压迫"。[2] 然而，资源稀缺是古往今来的经济常态，资本主义生产方式建立在私有制基础之上，资本家拥有绝大部分的物质财富，工人不仅与劳动的生产资料相分离、相对立，而且与劳动力生产的消费资料相分离、相对立，工人拥有的只是法律文本上的人身权利。工人如果维持生存而劳动，社会如果维护生产资料私有制，工人就只有把名义上属于自己、实际上也是自己劳动所生产的劳动力以工资形式而自愿诚信地转让给资本家，资本家不仅以可变资本购买了工人的劳动力，而且用不变资本把广大劳动力捆绑在生产上。由此，劳动力的转让、劳动与资本之间的结合在形式上似乎是自由平等的交换关系，劳动力与可

---

[1] ［美］约翰·E·罗默. 马克思主义经济理论的分析基础［M］. 汪立鑫，等译. 上海：上海人民出版社，2007. 孟捷. 劳动力价值再定义与剩余价值论的重构［J］. 政治经济学评论，2015（4）.

[2] ［法］卢梭. 社会契约论［M］. 何兆武，译. 北京：商务印书馆，2003：2.

变资本之间的交换也符合价值规律，但在生产资料私有制条件下，受不变资本和可变资本的全面支配，这一交换并非真正自由平等，劳动力事实上服从、从属于资本，劳动雇佣资本或劳动与资本平等结合往往只是浪漫幻想而并不切实可行，大行其道的就是资本雇佣劳动、劳动创造价值、资本家占有剩余价值的社会过程。相反，凭借创新性劳动力的资本化而与资本家共同雇佣劳动，劳动者之间平等结合，并不是资本主义经济中的普遍现象。

资本家依靠资本和市场，自由平等获得了对工人劳动力的占有、使用、收益权，这就决定了随后的生产、交换、分配等过程都是资本雇佣、管理、监督劳动的过程。正如马克思《资本论》第一卷所描述，劳动力的买和卖是在商品流通领域或商品交换领域的界限以内进行的，而"一离开这个简单流通领域或商品交换领域，……原来的货币占有者作为资本家，昂首前行；劳动力占有者作为他的劳动者，尾随于后。一个笑容满面，雄心勃勃；一个战战兢兢，畏缩不前，像在市场上出卖了自己的皮一样，只有一个前途——让人家来鞣。"① 资本家无论采取什么形式组织生产，工人都要为资本的增殖和积累而提供劳动。工人的劳动除非是稀缺的、复杂性的劳动甚至是创新性劳动，其劳动产品能够带来超额性收益，工人除非具有了言论、出版、结社、集会、游行、罢工等权利，工人在对资本的经济关系中才可能具有一定的谈判能力，少数工人甚至可能入股并获得分红，但这时他就转身为资本家的一员了。由此，资本家购买了劳动力和生产资料，支配着生产和分配过程，生产目标是资本家剩余价值即利润最大化，这一资本理性决定着资本雇佣劳动的数量和工人劳动的时间。

纵观历史，发达国家的雇佣劳动者与资本家之间的劳动关系经历了从初期的冲突和斗争型，转向了第二次世界大战后的对立和协调型。尽管萨缪尔森扬言：在一个竞争性市场中，谁雇佣谁的确无关紧要，因此让劳动去雇佣资本吧。② 尽管在古典和新古典的生产理论中，生产函数似乎客观、平等地表述为资本、劳动的数学形式，即 $Q = f(L, K)$，以及扩展的 $Q = f(L, K, N, E)$，其中，L、K、N、E 分别代表劳动、资本、土地、企业家才能。尽管在极端抽象的假设条件下，可以证明资本雇佣劳动、劳动雇佣资本、劳动和资本平等结合是三种等价的生产方式。但是，资本主义私有制和社会分工早就预期、内生了谁雇佣谁的行为结果，普遍可行的经济关系只能是资本雇佣劳动，企业生产目标只能是利润最大化，现实中的资本家没有谁真的相信"谁雇佣谁的确无关紧要"或"资本没有旗帜"的主张。约翰·E. 罗默还从财产权和博弈论的角度证明，剥夺者对被剥夺者的权力将随生产过程的延续而积累，导致被剥夺者的相对贫困化和在一定条件下的绝对贫困化。换言之，在资本雇佣劳动的生产方式中，劳动力的商品化和工人的无产化实际上是同一种事件，同一个过程。

---

① 马克思. 资本论：第一卷 [M]. 北京：人民出版社，2004：204-205.
② Samuelson, Paul A. Wages and Interest：A Modern Dissection of Marxian Economic Models [J]. American Economic Review, 1957（47）：884-912.

（五）企业及其形式

资本主义经济不仅是资本雇佣劳动、生产价值和剩余价值的过程，而且是资本家与工人以一定的组织形式、治理结构有效地结合、管理的过程。因此，这就要求建立适应资本主义的生产关系、生产技术和市场性质的社会组织。企业是资本主义经济的组织形式，公司是企业组织的主要类型。从单个资本家的角度看，资本主义经济具有资本雇佣、资本统治的特殊职能和组织、管理的一般职能的二重属性。因此，分析资本主义的剩余价值生产，必须具体分析其企业形式和企业管理。

人类以营利为目的而将劳动力和生产资料结合起来、从事经济活动的各种组织可以统称为企业。从历史上看，企业组织可分为个人独资、合伙、合作社、公司等不同形式，公司可分为无限责任的公司和有限责任的公司。那么，企业是如何产生的？企业形式为什么经历了从独资、合伙到公司的演变过程？换言之，社会主体为什么从自然人企业转变为法人企业，有限责任的公司为什么成为资本主义企业的基本形式，股份公司为什么成为垄断资本的基本形式？资本主义企业是如何组织经济活动的？英语中的 enterprise 源自法语，原意就是冒险进行某项事业，且有持续经营之义，后来引申为经营性、营利性的社会主体。事实上，持续性、最大化地追求利润的动机全面激发出了个人经济活动的能动、冒险、创新、竞争和协作精神，企业和市场成为个人全面充分发挥这些精神的适宜场所，企业的产生、发展过程也正是竞争、交换、创新、风险性的生产过程。

企业萌芽于人类早期的农业文明，其中，独资企业大致是基于个人的能力和资产而建立、管理的组织形式，合伙企业开始超越个人的范围，但它仍属于基于自然人权利和能力的有限财产和无限责任的古典企业制度。随着资本主义不断改进生产技术，扩展商品种类，这都要求企业不断增加资本投入，扩大生产的规模和范围，实现生产要素的有效配置。然而，由于个人的能力和资产有限，资本积累和生产扩张速度较慢，出资或产权难以流动和退出，自然人之间的谈判、协商、履约等交易成本和管理成本往往很大，以及自然风险、技术风险、市场风险、政治风险的存在，业主的无限责任、连带责任制度，这些都严重限制着独资、合伙这两种自然人、古典式企业不能充分有效地吸收利用私人资本，难以推进生产和交换的创新化、扩大化。

为了适应资本主义工业化、市场化、创新性、全球化发展的需要，特许股份公司、民间合股公司（joint-stock company，即贸易共有公司）等公司形式在16世纪前后的英国、荷兰等国家开始出现，如1600年英国特许设立的东印度公司。公司基于信用、合同等机制而公开、大量发行股票和债券，募集和使用孤立、分散的个别资本，股票、债券可以自由转让，还引发了诸如荷兰郁金香泡沫、法国密西西比泡沫、英国南海泡沫等多次金融投机、公司破产的风潮和英国1720年《泡沫法》，科学家牛顿晚年就大量持有东印度公司、南海公司、英格兰银行的股票。1776年3月8日，斯密《国民财富的性质和原因研究》出版4天前，詹姆斯·瓦特之子和博尔顿在英国伯明翰建立了博尔顿瓦特公司，向社会展示了詹姆斯·瓦特改良的蒸汽机，开始将蒸汽机批量生产，推向市场。

公司这一新型企业制度作为人类有史以来的伟大发明之一，它的规范建立和全面发展只是19世纪的事情：1804年《法国民法典》还没有确立法人制度，1825年英国议会废除《泡沫法》，放松对民间融资和创办公司的限制。1834年英国通过《贸易公司法》，允许通过行政许可证而非国王特许状成立法人公司，实际上承认了公司的社团法人地位。"国王创制法人，犹如上帝创制自然人"，公司特别是股份公司开始了全面发展时期。① 1837年美国康涅狄格州颁布了第一部一般公司法，1844年英国颁布《合股公司法》，要求所有超过25名成员以及股份可以自由转让的公司都必须注册，这为公司设立提供了统一简单的程序。随后，英国1854年彻底废除了1651年颁布的《航海条例》，1855年英国在吸收法国法律经验和议员激烈争论后，通过了《有限责任法》，承认了公司股东的有限责任制度和公司法人制度，1856年又将《有限责任法》内容并入修正后的《合股公司法》中，从而确认了股份公司的股东有限责任制度。1857年，英国通过《合股银行公司法》，次年确认银行公司的有限责任制，1862年又规定保险公司的有限责任制。1892年，德国法学家、经济学家和立法部门鉴于股份公司不能适应广大中小投资者的需要，联合设计并以《有限责任公司法》推出了有限责任公司制度，1896年《德国民法典》正式确立制定法上的法人概念，之后各国纷纷效法。1872年，经李鸿章等人创议，轮船招商局作为中国首家相对规范的股份公司在上海设立，此后，中国1904年颁布《公司律》，1929年颁布《公司法》，1979年颁布《中外合资经营企业法》。

这样，经过400多年的演变，基于私有制和社会分工的股份公司、有限公司等现代企业形式终于成为享有与自然人相似的人格、可以独立承担责任的社会主体，并凭借在集中资本和劳动力、自由转让股份、组织和管理经济活动、分担风险和责任、分配收益等方面的一系列优势，成为适应市场竞争、数量最多、影响最大的企业组织，资本主义生产实现了从个人资本到公司资本的社会化转型。如果说牛顿为工业革命创造了一把科学的钥匙，瓦特拿着这把钥匙开启了工业革命的大门，斯密为推进工业革命刻画了经济法则，那么公司制度则为工业化、社会化的经济活动提供了最优的组织形式。② 马克思《资本论》第一卷指出："假如必须等待积累使某些单个资本增长到能够修建铁路的程度，那么恐怕直到今天世界上还没有铁路。但是，集中通过股份公司转瞬之间就把这件事完成了。"③

第三节 剩余价值及其生产方法

资本购买、雇佣劳动力、生产资料与劳动力结合之后，资本主义生产如何进行，

---

① 方流芳. 中西公司法律地位历史考察 [J]. 中国社会科学, 1992 (4).
② 李由. 公司制度概论 [M]. 北京：经济科学出版社, 2010: 11.
③ 马克思. 资本论：第一卷 [M]. 北京：人民出版社, 2004: 724.

价值和剩余价值如何产生并不断增长？这就需要科学、具体地分析资本主义的生产过程，揭示剩余价值的产生原因和生产方法。马克思《资本论》第一卷对于剩余价值生产问题，首先作了局部均衡的静态分析——对于单个企业的产业资本，商品按其价值进行交换，该种商品生产的工人工资和商品价值相对稳定；其次动态分析剩余价值生产问题，以及剩余价值的实现和分配问题。

一、劳动过程与价值增殖过程

（一）劳动过程与剩余产品

无论在什么社会形态下，物质资料的生产过程都是劳动过程，都是劳动者运用生产资料作用于劳动对象，生产具有使用价值和价值的产品的过程。而且，只要人们生产的使用价值和价值超过了劳动和生产资料的投入，就会出现经济剩余或剩余产品，经济剩余是社会生产力发展的结果，是任何社会都可能出现的现象，而不只是资本主义经济的特殊现象。从商品交换、价值形式上看，生产过程 G（货币）—[W（买进商品）…P（生产）…W'（新的商品）]—G'（货币），$G' > G$，$G' - G = \Delta G$，ΔG 即是经济剩余或剩余产品，剩余产品的价值形式就是剩余价值。马克思《资本论》第三卷指出："在任何一种社会生产中，总是能够区分出劳动的两个部分，一个部分的产品直接由生产者及其家属用于个人的消费，另一个部分即始终是剩余产劳动的那个部分的产品，总是用来满足一般的社会需要。"[①]

剩余产品或剩余价值不只是资本主义经济的特殊现象。在不同的生产方式或经济制度中，劳动的目标不同，劳动力与生产资料的结合方式不同，劳动的生产过程和劳动效率就不同，剩余产品的性质和数量也不一样，其分配的主体、标准、结果和用途也不相同，具有不同的社会性质。在资本主义之前，地主、自耕农、手工业者虽然都可能产生剩余产品，但由于生产力水平所限，剩余产品不多，古代经济长期处于近乎停滞状态。剩余产品、剩余价值是扩大再生产、满足社会需要的物质基础，剩余产品的大量产生并转化为资本积累，资本在不断积累的基础上循环运动和持续增殖却是资本主义经济的普遍现象。

资本主义经济也是劳动创造使用价值和价值的过程。然而，资本和劳动一旦对立，劳动力被资本家购买以后，就离开了商品市场，进入生产领域，资本家开始对劳动力这种特殊的商品进行消费，资本主义生产就呈现了二重性：一方面，它是生产使用价值的劳动过程，工人的具体劳动改变了劳动对象的物质形态，创造了新的使用价值，新产品必须通过交换满足社会的需要。使用价值是商品的自然的、物质的形式，是价值及剩余价值的载体，是实现价值增殖的手段，生产使用价值是为了商品的售卖，并不是资本家生产的目的。另一方面，工人的劳动又是人类一般的抽象劳动，生产过程是资本雇佣并支配劳动、劳动创造新的价值的过程。工人在一定

---

① 马克思. 资本论：第三卷 [M]. 北京：人民出版社，2004：993 - 994.

量的劳动时间内生产了劳动力价值，但资本家生产的最终目的是价值增殖，是不断提高劳动生产率、进而提高剩余价值率。因此，资本家购买了劳动力使用价值，就必须要求工人继续劳动，创造出超过劳动力价值的更多的价值即剩余价值，实现使用价值生产和价值、剩余价值生产的统一。

如前所述，假设产业资本独立完成了从生产资料和劳动力购买、商品生产到商品售卖的完整过程，价值及剩余价值由资本雇佣的工人所创造，那么剩余价值就全部归产业资本家占有了。因此，从人类不同的社会制度、生产方式上看，剩余产品、剩余价值是许多社会都出现过的经济现象，但剩余价值普遍出现且被资本家无偿占有，体现了资本雇佣劳动、剥削工人的社会关系则只是资本主义经济的特殊现象。但从不同的资本主义国家和时期上看，体现了资本雇佣劳动、剥削工人的剩余价值则是资本主义经济的普遍性、本质性的现象，剩余价值是分析资本主义经济的基本概念。对于剩余价值，可以从个别资本、行业资本、社会总资本，从产业资本、商业资本、生息资本等资本不同形式，从利润以及个别利润、平均利润、产业利润、商业利润等角度具体分析。下面，首先从单个的、产业资本的角度，具体分析剩余价值生产问题。

（二）剩余价值的产生

在资本主义经济中，从个别资本的角度看，生产资料价值只是一次或分次转移到了新的商品中，工人劳动创造的新价值可能小于、等于、大于资本家预付的劳动力价值，经营结果可能亏损、持平、盈利。显然，如果劳动创造的新价值小于等于劳动力价值，没有剩余价值，那并不是资本家生产的目标。资本唯一的生命冲动就是价值增加，就是获得剩余价值，就是剩余价值最大化。资本是死劳动，像吸血鬼一样，必须吸收活的劳动，才能活得起来，并且吸收得越多，它的活力就越大。那么，价值创造过程如何转变成剩余价值的生产过程，剩余价值是如何产生的？

如前所述，工人被资本家雇佣、用于生产商品的劳动并非都是用于生产劳动力价值、补偿工人工资。工人的全部劳动可以分为两部分：一部分是用于生产劳动力价值或补偿资本家支付工资的劳动即必要劳动，正如社会必要劳动是生产商品价值的劳动，必要劳动是生产劳动力商品价值的劳动；另一部分是超出必要劳动、继续用于无偿地为资本家生产剩余价值的劳动即剩余劳动。同样，工人的全部劳动时间也分为必要劳动时间和剩余劳动时间。剩余价值就是雇佣工人的劳动所创造、超过了劳动力价值、却被资本家无偿占有的那部分价值，它是雇佣工人在剩余劳动时间付出的剩余劳动的凝结，是物化的剩余劳动，剩余劳动的物化形态是剩余产品。资本家为了追求剩余价值，就必须采取种种方法，把工人的劳动时间延长到必要劳动时间之外。

正如马克思《资本论》第一卷关于劳动过程和价值增殖过程、不变资本和可变资本的分析："包含在劳动力中的过去劳动和劳动力所能提供的活劳动，劳动力一天的维持费和劳动力一天的耗费，是两个完全不同的量。前者决定它的交换价值，后者构成它的使用价值。……劳动力的价值和劳动力在劳动过程中的价值增殖，是两个不同的量。资本家购买劳动力时,正是看中了这个价值差额。"① 转变为生产资料的那部分资本在生产过程中并不改变自己的价值量,而"转变为劳动力的那部分资本,在生产过程中改变自己的价值。它再生产自身的等价物和一个超过这个等价物而形成的余额,剩余价值。"② 剩余价值的出现和增长不仅体现了资本主义生产关系的本质,而且是社会生产力和劳动生产率提高的结果。只有当社会生产力和劳动生产率发展到一定程度,分工、交换和资本主义企业的劳动生产效率大于自给自足、家庭生产时,资本家才会普遍雇佣工人进行生产,才可能占有和瓜分工人创造的剩余价值。

综观资本运动和商品生产的过程可知:(1)剩余价值并不能从商品和货币的流通过程中产生。因为商品流通遵循的是等价交换的原则,货币流通发挥的是价值符号和交换媒介的功能,都不能产生新价值和剩余价值;即使有不等价交换,也只是价值在人与人之间的零和分配。交换之后,劳动力进入了生产过程,工人才在生产过程中创造了价值和剩余价值。而资本家对生产资料的所有权转形为在生产过程中支配工人劳动的权利,进而转形为占有工人创造的剩余劳动或剩余价值的权利。(2)离开商品和货币的流通过程,也不能产生剩余价值。因为没有市场交换的生产者只能是自我劳动、自负盈亏的自然社会主体,工人和资本家、生产者和消费者之间的各种经济关系只能在市场过程中实现,只能遵循价值规律,遵循自由平等的交换和竞争原则,资本家在市场上筹集资本、购买生产资料和劳动力商品,工人劳动凝结在新商品中的价值和剩余价值只能通过市场而最终实现。

劳动力商品理论、剩余价值理论解释了古典经济学家的第一个理论难题。斯密、李嘉图等古典经济学家创立了劳动价值理论,但他们在运用劳动价值理论、价值规律分析资本主义生产时遇到了两个难题:第一,价值规律同资本与劳动相交换的矛盾,即工资如果是劳动的价值或价格,那么工人和资本家之间按照价值规律进行等价交换,劳动价值归工人所有,就不存在剩余价值了。第二,价值规律同有机构成不同的等量资本获得等量利润规律之间的矛盾,这将在第五章具体分析。对于第一个难题,马克思区分了劳动力和劳动,提出工人出卖的是劳动力而不是劳动,工资是劳动力的价值,但资本家雇佣劳动力是为了使用劳动力,追逐劳动力劳动创造的价值,而不是劳动力的价值。工人只获得了工资,工资只补偿了其劳动价值中的必要劳动、劳动力价值,超出劳动力价值的剩余劳动、剩余价值被资本家占有了。资本家因资本积累、扩大再生产而获得的剩余价值,并不是西尼耳的"节欲"、马歇尔的"等待"或韦伯的新教徒行为的收益。资本家购买劳动力、占有剩余价值并没有违背价值规律,而是价值规律的作用扩大到劳动力商品上的结果。

劳动价值理论出现之后,如何解释工资的本质、资本的利润或利息的来源就成为政治经济学中争论不休的焦点问题。斯密、李嘉图似乎没有深究利润或利息的来源问题,而英国西尼耳1836年《政治经济学大纲》提出的节欲论(Abstinence theo-

---

① 马克思. 资本论:第一卷 [M]. 北京:人民出版社,2004:225.
② 马克思. 资本论:第一卷 [M]. 北京:人民出版社,2004:243.

ry）则是代表性的观点。按照西尼耳的理论，节欲就是节约、忍耐，是节制眼前的欲望，放弃眼前的享乐，节欲是人类意志上最艰苦的努力之一。价值由劳动、资本、自然（土地）三种要素生产，其中，工人的劳动是对安乐和自由的牺牲，劳动牺牲的收益是工资；资本家的资本是对眼前消费的牺牲而进行的储蓄，资本牺牲的收益是利润。由此，工人、资本家都为产品的生产作出了牺牲，劳动、资本共同创造了价值，工资、利润构成了生产的成本和产品的价值，不存在剥夺与被剥夺的关系。西尼耳的理论后来为新古典经济学所承袭，庞巴维克、马歇尔、费雪等人直至当代新古典学派的资本理论依然一脉相承。

利润或利息是资本家劳动、企业家才能的收益或奖励，这是关于利润或利息来源的另一种解释。马克思在分析剩余价值生产时，并没有否认部分资本家也提供劳动的事实。如马克思《资本论》第一卷提出，"随着许多雇佣工人的协作，资本的指挥发展成为劳动过程本身的进行所必要的条件，成为实际的生产条件。……一旦从属于资本的劳动成为协作劳动，这种管理、监督和调节的职能就成为资本的职能。"① 即便部分资本家直接从事一定的管理劳动，甚至是高度复杂、创新性的企业家劳动，资本家的这部分管理劳动也已经体现为管理者的工资，甚至是过高的报酬。如美国华盛顿的经济政策研究所（Economic Policy Institute，EPI）2021年统计报告显示：1978～2020年，美国前350家公司首席执行官（CEO）年度（包括薪金、奖金、股权授予、激励性收入）收入增长了1322.2%，而工人工资只增长了18%。何况，这部分兼职管理者不过是被资本家雇佣、执行资本职能、工资畸高的工人而已，其工资受到劳动力价值和市场供求的调节，在会计核算上计入工资总额而不是利润，这并不影响从资本家和工人两阶级模型假设来分析剩余价值。

剩余价值理论诞生以来，因为其理论的批判性和颠覆性，更是受到很多人的批评、抵制和攻击，特别是资产阶级及其学者一而再地宣布马克思的理论包括剩余价值理论已经终结。有人从产业结构变化、服务产业发展、技术进步、生产自动化、智能化等经济新现象出发，认为劳动价值论和剩余价值率解释不了这些新现象。也有人借助心理偏好、理性选择、均衡机制、计算机模拟等新的分析方法，在马克思范式的基础上对剩余价值的生产和分配作出了新的探讨。如霍华德·谢尔曼等人从阶级冲突论的角度，认为劳动强度、劳动生产率、劳动力平均价值和剩余价值都受到劳动力供求状况、资本家和工人之间冲突关系的影响。② 约翰·E. 罗默等人从纯技术扣除的角度，用数学工具对占有财产的人通过交换机制如何可以占有没有财产的人的剩余价值作了论证。另一些经济学家认为，资本家和工人之间除了对立关系，从动态的角度看还存在协作关系，劳资双方如果都作出必要的让步，工人暂时放弃增加工资，而将一定量的剩余价值用于投资，就可以得到非零和的协作收益，这就意味着资本家占有剩余价值是为了工人未来获得更多的工资。

---

① 马克思. 资本论：第一卷 [M]. 北京：人民出版社，2004：384.
② ［美］霍华德·谢尔曼. 激进政治经济学基础：第二、第四章 [M]. 云岭，译. 北京：商务印书馆，1993.

(三) 剩余价值率和利润率

承接前面关于资本运动、商品生产的分析，资本家投入的全部预付资本表示为货币 G，G 包括不变资本（c）和可变资本（v）两部分，即 G = c + v。经过生产过程，假设不变资本、可变资本全部被消耗，不变资本价值转移到了新的产品或商品中，可变资本转化为劳动力价值，劳动力在劳动过程中不仅创造、补偿了其原有价值，而且创造了超过劳动力价值的新价值，即 G′ > G，G′ − G = ΔG > 0，ΔG 即是剩余价值，马克思把商品生产中的剩余价值（mehrwert）用 m 表示，这是资本主义经济普遍存在的、一般性的剩余价值范畴，那么新商品 G′ 的价值量 w = c + v + m。由于剩余价值是由劳动力价值 v 带来的，所以 m 可以写成 v 的增加值 Δv。由于剩余价值的英语是 surplus value，所以还可以写为 s，商品的价值量 w = c + v + s。此外，公式 w = c + v + m 不只限于单个商品的价值分析，而且可以引申表示为一个企业、一个国家的经济产出量。比如，这一公式就是现代企业的营业收入或销售收入的简单公式，其中，不变资本是原材料、中间品等材料支出加固定资产折旧，可变资本是职工薪酬，剩余价值是利润。

那么，如何解释和计算资本 G 的价值增殖程度，即资本价值的增长率？从经济分析的不同立场和角度出发，至少可以给出三种理论解释及其计算公式。

第一，剩余价值和剩余价值率。马克思认为，在新商品 w = c + v + m 中，c 是物化劳动、不变资本价值的转移，(v + m) 是工人活劳动创造的新价值，其中，m 是真正的增加值即剩余价值，马克思由此提出了关于剩余价值增殖状况的剩余价值率 m′ 的计算公式。由于不变资本 c 并不创造价值，在分析剩余价值率时甚至可以不考虑它。剩余价值率是基于劳动价值论，站在劳动者、生产劳动的立场上提出的资本收益计算公式，是资本家对工人劳动创造的劳动价值的占有或剥削程度指标，换言之，是资本家所得和工人所得、资本收益和劳动收益的份额和比率，它可以采取物化劳动、劳动时间等两种等价的表述方法，这两种方法计算的剩余价值率 m′ 的结果相等。第一种计算公式如下：

$$剩余价值率（m′）= 剩余价值/可变资本 = m/v$$

这一公式意味着：(1) 在雇佣工人的劳动所创造的全部价值 v + m 中，资本家占有了多大份额，工人为生产劳动力而获得、消费了多大份额。(2) 资本家没有付出劳动，但不仅通过工人劳动而收回了新商品 w = c + v + m，收回了最初投入的不变资本价值，而且获得了剩余价值，因此，资本家的经济动机就是永无止境地"以无换有"。(3) 由于剩余价值是资本中的可变资本创造的，剩余价值率的高低直接取决于资本家可变资本的数量，即可变资本所雇佣的劳动力数量。资本家为了获得更多剩余价值，就必须增加可变资本的数量，以尽可能低的工资雇佣尽可能多的、创造尽可能大的剩余价值的劳动力。第二种公式如下：

$$剩余价值率（m′）= 剩余劳动时间/必要劳动时间$$

这另一公式意味着：(1) 剩余价值是工人劳动创造的，准确地说是雇佣工人的全部劳动中用于生产剩余价值的剩余劳动创造的，而非用于补偿可变资本的必要劳动创造的。(2) 剩余价值率的高低取决于工人劳动时间中的剩余劳动、必要劳动之间的比率，资本家为了获得更多的剩余价值，就必须减少必要劳动时间，增加剩余劳动时间。(3) 减少必要劳动时间又取决于资本家对劳动力工资的压缩和工人的反抗程度，该企业的劳动生产率和个别劳动时间，以及在全社会范围内生产和再生产劳动力所需要的消费资料的生产效率和社会必要劳动时间，这就继续确证了上一个剩余价值率计算公式所得出的"增加可变资本的数量"结论。

在自由竞争的资本主义经济中，资本为追逐最大化的剩余价值而不断竞争和流动，被雇佣的工人为追求工资最大化也在企业、行业、国家之间竞争和流动。因此，不同企业、不同行业，以至开放条件下的不同国家的同样劳动力的价值、剩余价值率具有了相等的趋向，而且每个企业、每个行业使用的劳动也趋近于社会必要的劳动量。马克思由此提出了一般的剩余价值率的概念："这样一个一般的剩余价值率——像一切经济规律一样，要当作一种趋势来看——是我们为了理论上的简便而假定的；但是实际上，它也确实是资本主义生产方式的前提，尽管它由于实际的阻力会多少受到阻碍。"[①]

马克思既从个别资本的角度定义剩余价值率，还从社会总资本的角度定义剩余价值率，如社会剩余价值率就是个别剩余价值率的加总平均值：

社会剩余价值率（m'）=（社会总产品－社会总资本）/工人总工资

剩余价值率是一个高度简化的公式，它准确反映了资本对剩余劳动的占有、剥夺程度，但它没有反映资本剥夺剩余劳动的绝对量和增长率。例如，假设商品生产的社会必要劳动时间不变，工人每天劳动时间为 8 小时，其中，必要劳动和剩余劳动时间皆为 4 小时，那么剩余价值率为 100%。现在工人劳动时间延长到 10 小时，必要劳动和剩余劳动时间皆为 5 小时，那么剩余价值率依然为 100%，但剩余价值量从 4 小时增加到 5 小时，增加了 25%。剩余价值率公式考虑了剩余价值生产中的可变资本因素，但现实经济中不同的企业、行业、国家的生产条件往往并不相同，生产过程和生产结果也往往不同。从长期看，单个企业的剩余价值率随企业的劳动时间、劳动生产率等因素变动而变动，企业、行业、国家的剩余价值率也随着技术进步、劳动生产率、消费资料价格水平、劳资谈判、劳动力价值等因素变动而变动，相应的剩余价值也将改变。

第二，利润和利润率。新商品中的剩余价值 m 是真正的增加值，但资本家认为剩余价值不只是可变资本 v 带来的，全部预付的不变资本和可变资本（$c+v$）都参与了价值生产和剩余价值形成，剩余价值是对资本家提供的全部资本的报酬或收益。这样，全部预付资本又被资本家称为商品生产的成本或成本价格，超过商品成本的增加值或净收益就称为资本的利润（p）而不是剩余价值，尽管 $p=m$。如果全部资本（kapital）即成本用 k 表示，假设不变资本中的固定资本和流动资本的价值都是一次性转移到商品中，即 $k=c+v$，资本家是商品的占有者，由此提出了计算全部资本增殖程度即利润增加程度的利润率 p' 的计算公式：

[①] 马克思. 资本论：第三卷 [M]. 北京：人民出版社，2004：195.

$$\text{利润率 } p' = \text{利润}/(\text{不变资本} + \text{可变资本}) = p/(c+v) = p/k$$

利润率是基于生产要素、全部资本创造价值的生产要素价值理论，站在资本家一方而提出的资本收益计算公式。可见，如果坚持劳动价值论，那么利润只是剩余价值的转化形式，利润率只是剩余价值率的转化、变形公式。不过，成本、利润和利润率已经成为欧美新古典经济学、管理学的重要概念和指标，是资本家计算投资盈亏的工具。将剩余价值率 $m' = m/v$，即 $m = m'v$ 代入利润率公式 p'，可得：

$$\text{利润率 } p' = p/(c+v) = m'v/(c+v) = m'/(c/v+1)$$

其中，m' 是剩余价值率即资本收益与劳动收益、剩余价值（利润）与工资之比，$v/(c+v)$ 是可变资本占总资本的比例，c/v 是资本的有机构成即不变资本、可变资本之比。如果随着技术进步和固定资本投资更快增长，资本有机构成趋于提高，那么资本主义利润率、利息率将呈现下降趋势。关于利润、利润率、个别利润率和平均利润率、利润率和利率下降等问题，第五、第七章等部分将进一步分析。

第三，经济利润。新古典经济学从生产要素价值理论等理论出发，认为每个企业都追求利润最大化，但在长期性的竞争性市场上，企业之间的竞争均衡使得价格等于边际成本且等于平均总成本，这时的企业生产水平被称为企业的有效规模，企业扩大生产或新企业进入一般都不会获得经济利润，即经济利润趋于零而不存在利润现象。但在现实经济中，许多企业的会计报表显示其利润为正，如何解释这一看似矛盾的现象？答案在于，利润在企业会计报表、新古典经济学、马克思主义政治经济学中的定义都不一致。

企业会计核算上的利润称为会计利润，一般是将单个企业的利润定义为企业销售商品所获得的总收入减去企业为生产商品所消耗的生产要素或资本的总耗费、总成本，即利润＝总收入－总成本。企业用以生产商品的投入称为生产要素、资本投入或成本，生产要素包括劳动力和生产资料，即资本投入包括不变资本和可变资本。显然，会计利润只是局部、静态地分析、计算了单个企业的生产要素或资本的投入产出、成本收益水平，未考虑资本流动、市场竞争条件下的平均利润、机会成本等因素，不是对利润的一般性、动态性的理论分析。从全社会、动态的角度看，资本不仅要追逐剩余价值或利润，更要追逐平均利润和超越平均利润率的超额利润。

从马歇尔开始，新古典经济学在定义、解释利润时，在生产要素价值理论、边际生产力理论等基础之上，考虑了资本流动、完全竞争、会计成本、机会成本等因素后，提出了所谓的经济成本、经济利润概念。对于企业来说，假设银行定期存款年利率为5%，且利率5%代表了资本市场一般的、平均的年收益即年利润水平，那么，股东、债权人等资本所有者都有机会、无风险地获得5%的收益或利息。由于会计成本（显性成本）是指企业购买或租用他人所拥有的生产要素支出，隐性成本是指企业自有且自用的生产要素支出，机会成本是指企业同一资源具有多种选择时被放弃的其他选项中的最大收益。由此，经济利润就是指企业利润不仅超出等量资本的社会平均利润，而且超出机会成本的资本最高收益，这种超级利润主要是因经济创新、垄断等不完全竞争因素而产生的超额利润。在充分竞争、完全均衡的理想市场中，所谓的经济利润显然并非普遍的、持久的而是趋于消失的现象。例如，某企业会计报表上的同期资本利润率假设为3%，那么该企业实际上是亏损的；资本利润率假设为5%，那么该企业盈亏平衡，虽然没有经济利润，但该企业已经弥补了机会成本，换言之，它获得了5%的社会平均收益，这已经足以激励投资活动；资本利润率如果大于5%，就会吸引更多的资本投入这一行业。①

例4-2　如何理解和计算成本、收益？

如何分析投资的成本和收益？假设某企业拥有1万元，在相同的时间、空间、风险等条件下，可选择生产A、B、C三种商品即三种投资机会，其总收益分别为1万元、2万元、3万元，则其会计成本都是1万元，其会计利润分别为0元、1万元、2万元。而机会成本是指同一资源具有多种选择时被放弃的其他选项中的最高受益者，该企业生产A、B、C三种商品的机会成本分别是3万元、3万元、2万元，其经济利润分别为-2万元、-1万元、1万元，该企业的最低成本即理性选择应当是生产C商品。再如，如何分析是否上大学的成本？上大学四年的成本并不只是学费、书籍纸笔等杂费和衣食住行费用的各项显性、直接的会计成本，还包括为上大学而放弃的东西。假设未来四年只有上学、就业、失业三种选择，且其各项显性、直接的费用均为1万元；同时，假设上大学总收益为0元，就业总收益为4万元，失业但也有1万元救济，为上大学而四年放弃的4万元就是最大的单项成本；那么未来四年上大学的会计成本、机会成本分别是4万元、4万元，就业的会计成本、机会成本分别为4万元、1万元，失业的会计成本、机会成本分别为3万元、4万元，就业、失业是最优、次优的选择。假设上大学、就业、失业的人生总收益分别为50万元、40万元、10万元，那么上大学就是最优选择。在现实生活中，企业投资或人生选择往往还是具有风险性或不确定性的行为。

在现实经济活动中，对于每一个资本家、每一家企业，经济利润都是经济活动中的梦寐以求的最大化利润，也是可望而几乎不可即的目标，而资本增殖的最低目标是一定条件下的产出、收益不小于投入、成本，即不亏损，资本普遍追逐的是有限理性条件下的适度的社会平均利润。可见，新古典经济学不仅放弃了古典经济学的劳动价值理论，又以经济利润神话掩盖或替代每个企业的资本利润差异，无视资本主义经济运行和增长中客观存在、普遍追求的平均利润现象。

二、剩余价值的生产方法

资本家雇佣劳动力，通过企业生产和市场交换，生产和占有剩余价值的基本方

---

① 在每一本欧美经济学教科书中，几乎都可以找到关于会计利润和经济利润的论述，例如美国曼昆出版的《经济学原理》。

法包括绝对剩余价值生产和相对剩余价值生产。马克思《资本论》第一卷提出劳动力价格和剩余价值量取决于三种情况：（1）工人工作日的长度，即劳动外延量；（2）正常的劳动强度，即劳动的内涵量，一定时间内耗费的劳动量；（3）劳动生产力，即由于生产劳动和生产条件的不同，劳动者的同一、等量的劳动在同一时间内生产不同的商品量①。在《资本论》第一卷第三、四、五篇共十三章中，马克思用了四百多页的篇幅，具体而深入地探讨了绝对剩余价值和相对剩余价值的生产问题。

（一）绝对剩余价值生产

对于生产某种商品的资本家，雇佣工人的工作日或全部劳动时间包括必要劳动时间和剩余劳动时间两部分。假设在某种商品的劳动生产率、社会必要劳动时间和市场供求关系不变，全社会的劳动生产率和消费资料价值不变，劳动力价值即必要劳动时间也不变的条件下，在工人已经完成了必要劳动、补偿了劳动力价值之后，延长每个工作日的全部劳动时间，就会相应地产生和增加剩余劳动时间，增加剩余价值生产，提高剩余价值率，这种通过绝对增加剩余劳动时间而生产剩余价值的方法就是绝对剩余价值的生产方法，也是资本主义经济管理的一项重要工作。

工作日是工人每个自然日中用于劳动的时间，它显然是一个可变的量。资本家购买劳动力、获得使用劳动力商品的权利之后，当然力求延长工作日的长度，以增加剩余价值生产；反之，工人作为出卖劳动力商品的劳动者，则要求较少的、尽可能等于劳动力价值的劳动时间。这样，资本家权利同工人权利相对抗，而两种权利都是商品交换原则所承认的，这就出现了二律背反。在平等权利之间，彼此的生产要素性质、力量对比就对结果起着决定性作用。在资本主义历史上，对于诸如每日劳动时间的长度、每月劳动的日数等工作日的形成过程就表现为规定工作日标准或界限的斗争，这是全体资本家和全体工人之间漫长而曲折的斗争。

工作日是一个可变量，资本家可以通过延长工作日的劳动时间来增加剩余价值生产。如上所述，假设在劳动力价值不变等条件下，工人的工作日或全部劳动时间虽然是一个可调整量，但工人的每个自然日是一个固定量，每日只有24小时，每年只有365日，一生劳动也不过百年，不可能都用于劳动，工人的全部劳动时间只能在一定范围内变动：工作日不能缩短到等于必要劳动时间，否则就不能生产剩余价值；也不能无限延长，因为受到自然日长度、工人生理条件、劳动力供求、消费资料供求、道德和舆论、工人组织和工人斗争等因素的限制，工人自然日减去工作日而剩下的时间就是闲暇时间，闲暇时间不只是个人休息、发展的时间，也是维持资本运动中的工人劳动力生产和再生产的时间。在资本主义经济之前的农业社会，农民的劳动时间和闲暇时间主要取决于自然条件，要根据自然时令、土地条件、生物生长等因素而定。在资本主义经济中，工人的时间安排主要取决于资本运动、剩余价值生产的需要。对于工作日，马克思《资本论》第一卷第八章作了极其细微的探讨。

---

① 马克思. 资本论：第一卷［M］. 北京：人民出版社，2004：593－594.

绝对剩余价值生产是资本主义初期普遍采取的方法，也是剩余价值生产的一般形式或基础方法。在资本主义初期，生产技术简单，技术进步缓慢，劳动生产率较低，资本家主要采取绝对剩余价值生产方法，工作日和总劳动时间普遍很长，童工现象严重。英国如小说家丹尼尔·笛福、哲学家约翰·洛克和边沁、坎特伯雷大主教威廉·坦普尔都曾呼吁，三四岁的孩子就可以加入劳动力行列了。1789 年，阿克莱特开办了 3 个纺纱厂，2/3 工人是童工。在 19 世纪的美国，工人工资很低，每天劳动时间常常 14～16 个小时，有的高达 18 个小时，每周劳动 6 天或 6 天半。

例 4-3 工人争取缩短劳动时间的斗争

英国 1833 年《工厂法》规定，普通工作日从早上 5 点半到晚上 8 点半，9～13 岁童工每天劳动时间限制为 8 小时，1844 年《工厂法》规定 18 岁以上女工、13～18 岁少年工的每天劳动时间限制为 12 小时，而成年男工的劳动时间则不受限制地依然高达 13～18 小时。早在 1817 年，英国社会主义者罗伯特·欧文就提出并在其工厂实行 8 小时工作制。1866 年 9 月，国际工人协会即第一国际的日内瓦会议提出 8 小时工作制的口号。1877 年，美国工人开始了第一次全国罢工，向政府提出改善劳动与生活条件，实行 8 小时工作制。1880 年，美国工人再次游行集会，要求 8 小时工作制。1884 年，美国国会通过一项法案，规定从 1886 年开始执行每日 8 小时工作制，但资本家不予理睬，美国和加拿大 8 个工会决定，1886 年 5 月 1 日举行总罢工。当日，以美国芝加哥为中心，35 万美国工人举行了大罢工和示威游行。5 月 3 日，芝加哥警察进行镇压，开枪打死两人。5 月 4 日，罢工工人在芝加哥干草市场举行抗议，有人向警察投掷炸弹，警察开枪镇压，造成 7 名警察、4 名工人死亡，100 多人受伤，史称"干草市场屠杀"。随后，8 名工人以无政府主义谋杀罪被起诉，最终 5 人被判处死刑，芝加哥郊区的干草市场纪念碑 1997 年被美国联邦政府定为国家历史地标。1889 年 7 月，由恩格斯领导的第二国际巴黎代表大会通过决议，把 5 月 1 日定为国际劳动节，并在世界范围内举行了各种抗议活动。1891 年，德国社会民主党的《爱尔福特纲领》提出改良主义的要求：普选权，提高所得税，8 小时工作制，禁止使用 14 岁以下童工等。1908 年，新西兰首先立法，确定了 8 小时工作制。

资料来源：恩格斯. 英国工人阶级状况［M］. 北京：人民出版社，1962. 张友伦. 美国工人运动史［M］. 天津：天津人民出版社，1993.［美］维尔纳·桑巴特. 美国为什么没有社会主义［M］. 王明璐，译. 上海：上海人民出版社，2005.［美］多米尼克·A. 帕西加. 湖畔风城：芝加哥的喧嚣与梦想［M］. 迟文成，等译. 北京：中国人民大学出版社，2022.

进入 20 世纪，随着知识生产、生产技术和管理方法不断进步，劳动生产率和剩余价值率不断提高，工人阶级的斗争力量也日益强大，不断要求政府和企业缩短劳动时间。为了维持剩余价值的稳定生产，欧美国家趋于缩短工作日和总劳动时间，逐步取消童工，相对剩余价值生产逐渐成为主要的生产方法。1926 年，美国福特汽车公司研究表明，在一般条件下，每周 40 小时、5 天的生产效率最高，开始实行 5 天工作制，美国 1933 年率先实行了 5 天工作制。20 世纪后半叶，欧美国家越来越多的企业采取"更少的劳动时间，更高的劳动效率"的生产方法，工人的闲暇时间趋于增加。进入 21 世纪，许多发达国家每周平均劳动时间约为 30 小时，美国也只是 34 小时，但亚非拉地区依然严重存在着雇佣童工、劳动时间过长、劳动条件恶劣等情况，以至兴起了如何兼顾工人以及消费者、社区、环境等相关利益者的企业社会责任（CSR）运动。

（二）相对剩余价值生产

假设人口数量和寿命、工作日长度、工人生理条件、消费资料价格等因素不变，而知识和技术创新加快，工人加强经济斗争和政治斗争，那就会限制资本家延长剩余劳动时间的剥削方法，资本家转而采取增加剩余价值的其他方法。相对剩余价值生产是指在工作日的劳动时间或全部劳动时间不变的条件下，资本家通过缩短工作日的必要劳动时间、增加剩余劳动时间，以增加生产剩余价值、提高剩余价值率的方法。

必要劳动时间是生产劳动力价值的劳动时间，如何缩短必要劳动时间？这就有两条途径：（1）从短期看，在某种商品的劳动生产率、社会必要劳动时间和市场供求关系不变，工人工资水平不变，工作日的劳动时间或全部劳动时间也不变的条件下，相对剩余价值生产的关键在于如何缩短工人的必要劳动时间。因此，个别资本家、个别企业可以通过提高其劳动生产率，降低商品生产的个别劳动时间或个别价值，而商品价值仍按原来的社会必要劳动时间决定，工人单位时间的劳动就实现了超过行业平均水平的价值。这样，工人较少的必要劳动时间就可以补偿劳动力价值，个别资本家也提高了剩余价值率，获得了超额剩余价值。（2）从长期、全社会看，如果缩短必要劳动时间，就要求各个行业的资本家普遍提高与劳动力价值相关的商品的劳动生产率，降低单位消费资料的价值和价格，缩减单个劳动力的价值。

超额剩余价值是指个别资本或企业的商品个别劳动时间低于社会必要劳动时间、个别价值低于社会价值而获得的资本收益差额，又称超额利润、经济利润。资本家为了提高剩余价值率，追逐超额剩余价值，不仅会采取绝对剩余价值生产方法，更会提高劳动生产率，采取相对剩余价值生产方法。个别资本提高劳动生产率的方法包括因技术、管理、销售等方面的创新，个别资本的创新活动可能导致其生产上的规模经济、范围经济以至自然垄断性收益，知识创新常常还能通过专利权、著作权、商业秘密等方式加以垄断性保护而获得超额收益。但在私人竞争性市场中，个别资本攫取超额剩余价值的方法很难普遍、持久实行：假设个别企业提高了劳动生产率，但不相应提高工资水平，生产商品的个别价值低于社会价值，这不仅会引起同行企业纷纷开展各种竞争，从而普遍提高商品生产的劳动生产率，而且会吸引其他行业资本进入，商品生产的个别价值与社会价值之间的差额往往很快趋于消失。不过，由于政府的行业或地区管制、财政补贴等限制竞争政策，个别资本也会因不公平竞争、垄断性经营而获得超额利润，资本为获得因政府管制、资源配置扭曲而产生的超额垄断利润就会寻租行贿，因政治、政府因素而产生的超额利润难以消失。

由于必要劳动时间是生产劳动力价值的劳动时间，是生产工人及其家属所必需的消费资料的劳动时间，因此，如果降低劳动力价值、缩短必要劳动时间，这就需要在全社会范围内推进知识生产和经济创新，全面提高消费资料的劳动生产率，降低消费资料生产的社会必要劳动时间。由于消费资料价值还受到生产这些消费资料的生产资料价值的影响，这还需要改变生产资料的劳动生产率和社会必要劳动时间。可见，资本家如果普遍追求剩余价值特别是超额剩余价值，就要全面提高消费资料、生产资料的劳动生产率，降低相关商品的社会必要劳动时间，从而缩短必要劳动时间，相对延长剩余劳动时间。即便全社会工人工资水平随劳动生产率提高而提高，但只要劳动生产率的增长大于实际工资水平的增长，就依然可以实现相对剩余价值生产。

（三）剩余价值生产的阶段

剩余价值是资本家生产的基本目标，全面追逐剩余价值、不断提高剩余价值率就成为了资本主义经济的绝对规律，成为资本主义技术进步、企业变革、产业调整、经济增长的基本动力。相应地，资本主义生产方式从形成到确立也经历了简单协作、工场手工业、工厂机器大工业、跨国大公司的发展阶段，并在20世纪50年代以后逐渐进入自动化、信息化、网络化的发展时期。资本主义的不同发展阶段都真实体现了资本的利润驱动、资本积累和资本扩张、资本雇佣劳动的行为逻辑，这可以从生产者、企业的角度，从劳动力、生产资料以及二者的企业结合形式和社会组织方式，从生产技术、市场结构、世界经济等不同的角度，具体分析剩余价值生产的发展阶段。

简单的劳动协作是资本主义兴起之初的剩余价值生产的主要方式。劳动协作一方面指家庭、工场、工厂、公司内部的劳动者在生产过程中的协同劳动，它可分为无分工的简单协作和有分工的复杂协作，现代经济中的劳动协作主要是有分工的复杂协作。工场一般是指早期的手工业劳动的场所和组织，工厂一般是指后起的工业劳动的场所和组织，工场、工厂可以采取古典的家庭、个人独资企业、合伙等自然人企业和现代的股份公司、有限公司、无限公司等法人企业的社会组织。劳动协作另一方面指社会性的劳动协作，即基于社会分工的企业之间的社会协作。在这一时期，家庭作坊、私人工场内部的生产技术相对简单，劳动手段主要是手工工具，劳动者之间分工不发达，工人往往从事相似的工作，独立完成多个生产工序。随着市场和生产规模扩大，一些作坊主人雇佣并管理许多工人进行简单协作劳动，自身逐渐摆脱了劳动，成为完全的资本家，简单协作成为资本主义商品生产的起点，也成为剩余价值生产的早期形式。

简单协作作为资本主义初期的劳动方式，比资本主义前的个体劳动依然具有一系列优点：工人开始摆脱了过去的依附关系，初步获得了人身自由和稳定职业，这调动了工人劳动的积极性；工场协同劳动可以共同使用厂房、设备、道路、劳动对象等生产资料,可以大规模生产而产生了规模经济,可以同时生产多种商品而产生了范围经济,因多种劳动力和生产要素的协作使用而产生的规模经济、范围经济又被称为协同效应,其提高了生产资料使用效率;协同劳动者可以展开竞争和学习,提高了劳动效率,降低了个别劳动时间;协同劳动可以实现大规模、重复性地销售商品,降低了流通成本;煤炭自16世纪中期大量使用,大大促进了劳动方式和生产技术的改进等。正如斯密、马克思、马歇尔、琼·罗宾逊等人相继探讨的,规模经济是指随着企业等组织内部的劳动力、生产资料投入和产出的数量增加,产品的平均成本趋于下降而企业收益趋于提高的经济现象。范围经济是指随着企业等组织内部同时生产提供多种货物或服务,产品的平均成本趋于下降而企业收益趋于提高的经济现象,美国经济学家潘扎尔和威利格1977年称之为范围经济。[①] 在18世纪的工业革命之前,英国的协作劳动、工场手工业已经缓缓提高了社会生产力。

工场手工业是建立在一定的分工、专业化基础上的劳动方式,劳动以手工为主,并开始采用机器生产,机器作为人的骨骼、肌肉和神经的外在延伸,不仅替代和扩展了人的劳动能力,而且成为了支配和异化工人劳动的工具,工人不断失去人身的、个性的自由,斯密等古典经济学家曾经生动描述过工场手工业的生产方式。手工业工场包括两种形式:(1)有机工场手工业,同一行业的工人集合在同一工场中分工协作劳动,共同生产同一种商品。(2)混成工场手工业,不同行业的工人在一个工场中分工协作劳动,共同生产多种商品。工场手工业进一步扩展了劳动分工,具有比简单协作更高的劳动效率。不过,工场劳动分工使工人成为只掌握片面专业技能的工人,必须在资本家强制下协同劳动,从而加深了工人对资本家的依赖性,强化了雇佣劳动关系。

进入18世纪,随着英国等资本主义国家迅速扩大国内市场和世界市场,简单协作、工场手工业的落后技术和组织形式越来越不适应经济发展的强烈需要。而英国在工场手工业时期日益发达的劳动分工、专业化生产和资本的竞相投资、自由竞争,营造了知识生产、技术进步和产业革新的社会条件。加上英国资产阶级革命在17世纪取得了决定性胜利,1689年《权利法案》确立了议会君主立宪制,为知识生产和市场竞争提供了法治保障。当不同领域的知识生产、技术进步连续性、聚集性发生,在众多产业部门不断传播和应用,引起了经济领域的劳动工具、生产组织和管理形式的变革以及社会、政治等领域的相应变革时,以机器大工业和自由竞争为代表的工业革命就爆发了,剩余价值生产方法也从绝对剩余价值生产逐渐转向了相对剩余价值生产。

在生产技术上,机器不只是复杂的机械工具,它也是劳动大量、连续地使用自然力量以节省、取代人的繁重、简陋的体力和脑力劳动的生产工具,机器一般由发动机、传动机、工作机和控制机组成。16世纪以来,哥白尼、伽利略、开普勒等人

---

① John C. Panzar, Robert D. Willig. Economies of Scale in Multi–Output Production [J]. The Quarterly Journal of Economics, 1977, 91 (3): 481–493. [美] 小艾尔弗雷德·D. 钱德勒. 企业规模经济与范围经济 [M]. 张逸人, 译. 北京: 中国社会科学出版社, 1999.

开启了现代天文学、物理学，达·芬奇、维萨里、哈维等人开启了现代生物学、医学，以牛顿1687年发表《自然哲学的数学原理》为标志，17世纪、18世纪欧洲发生了系统性的思想解放和第一次科学革命；18世纪、19世纪，因在能源（蒸汽机、煤炭）、交通（轮船、铁路）、制造（纺织、钢铁、机械）等生产领域发生了一系列基础性、重大性的科学发现、技术和产品创新，英国率先全面地发明和使用机器，最终导致了18、19世纪以机械化为特征的欧洲第一次工业革命。例如在动力机上，汤姆斯·钮可门1712年获得改进的蒸汽机的专利权，詹姆斯·瓦特1769年、1782年两次改良钮可门蒸汽机，并用于纺织业和采矿业。在纺织机器上，凯伊·约翰1733年发明飞梭，詹姆斯·哈格里夫斯1765年发明珍妮纺纱机，理查德·阿克莱特1768年发明水力纺纱机，1771年建立了水力纺织厂。此后，诸如亨利·莫兹莱1797年发明螺丝切削机床，罗伯特·富尔顿1807年造出蒸汽机轮船，乔治·斯蒂芬孙1814年发明蒸汽机车并于1825年试车成功，英国1830年开通利物浦和曼彻斯特之间的铁路，这一系列科学发现、技术发明以及在经济中的运用，如蒸汽机牵引的火车、轮船把知识、技术、人员、货物向全国、全球的运输和交流，不只引起了英国资本主义从手工劳动转向动力机器生产，法国、荷兰、德国、捷克等国家随后也展开了工业革命，并逐渐扩展到欧洲大陆、北美地区和全世界。

英国法拉第1831年发现电磁感应现象、麦克斯韦1855年提出电磁方程，德国西门子1866年发明直流发电机、美国贝尔1875年发明电话之后，人类开始第二次科学革命和第二次工业革命。1890年以后，随着科学技术的突飞猛进，以量子力学、相对论、生物学为核心的第三次科学革命，以及原子能、航空航天、合成材料、生物、电子、信息等领域的技术创新，石油的大规模开采应用，汽车、飞机等新交通工具的发明，电力、钢铁、化学、石油等工业的建立，汽车、飞机等生产线的运转，政治学、经济学、社会学、管理学等社会科学转向独立和繁荣，科学发现、技术和产品创新、生产增长出现了加速趋势，工业生产从蒸汽机时代转向发电机、电动机、内燃机的重工业、大规模、自动化、全球化的电气化时代，美国、德国等国家的资本主义发展后来居上。特别是迅速发展的电力、电子、通信技术全面、迅速压缩了人类活动的时空距离和文化距离，分散、低效的生产劳动以至知识、政治活动逐渐联结为一个连续、统一、高效的全球开放体系，亚非拉地区的落后国家也渐次卷入了工业化、市场化、全球化进程，人类终于摆脱了生产技术落后、劳动效率低下的传统农业社会。

20世纪40年代以来，随着数学和通信、机械、电力、电子、生物、医药、能源、交通、材料、管理等科学技术领域不断创新，特别是1969年以来微电子、互联网、数据库、物联网、区块链、分布式账户等技术的不断发展，思维、知识载体从笔墨、书籍、报刊扩展到电话、电报、电影、电视、电子计算机、互联网等形式，微电子、电子计算机、移动通信、互联网、大数据、人工智能、量子计算等信息产业迅速发展，信息技术和生物技术作为人的大脑、人的想象力和分析力的外在延伸，正在全面替代和扩展、组织和操纵人的思维活动、劳动能力和生活方式，美国等国家从20世纪60年代开始了后工业社会的第三次工业革命，或称为知识经济、信息经济、共享经济、数字经济时代。① 在后工业化、信息化社会，生产机械化、自动化程度进一步提高，生产第一线从事劳动的工人大大减少，美国工人中的白领人数自 1956 年超过了蓝领，甚至出现了局部的无人车间、无人工厂、无人道路、无人商店。美国汽车行业曾经雇佣上百万装配工人，而 2003 年成立的美国特斯拉（Tesla）汽车公司生产环节几乎都由机器人自动操作，以至于该公司自称信息技术（IT）企业。进入 21 世纪，信息、生物、能源、航天等领域不断发生技术和产业创新，人工智能不只越来越多地替代诸如飞机驾驶、法律服务、语言翻译、会计统计、棋牌比赛等曾经相对复杂的工人劳动，基于监测、搜集、计算、生成、发布个人信息的大数据、人工智能技术还能组织、操纵个体和群体的经济、政治、知识活动。② 如 2020 年美国脑机接口公司（Neuralink）发布了最新一代脑机接口的芯片和医疗设备，2021 年美国 IBM 公司推出了量子计算机的 IBM Quantum System One，2022 年美国 OpenAI 公司发布了人工智能技术驱动的自然语言处理工具 ChatGPT。

在生产的个别的、企业的组织形式上，蒸汽机、电气化、自动化、智能化等大工业不仅是以机器大规模生产取代个体手工生产的一场科学、技术和生产革命，还是生产的组织形式和管理方式的全面变革。从劳动力与生产资料结合方式和企业形式的角度看，资本主义经济从简单协作、家庭作坊和工场生产转向公司组织、机器生产、科学管理、全球竞争时代，家庭从商品的生产单位蜕变为劳动力的生产单位，企业组织、工商管理、公共管理等方面也发生了全面变革。19 世纪后半叶，资本主义企业在融资方式、组织机构、治理机制上继续变革，有限责任、独立法人、董事会中心的大型公司以致垄断公司纷纷出现，铁路、钢铁、石油、汽车、银行、百货等行业大型公司开始建立等级化、标准化的管理体系。现代公司特别是股份公司不仅协同了资本主义生产的组织形式和管理方式变革，而且成为资本积聚、资本集中、生产组织、跨国经营的一种新的社会化途径。美国 F. W. 泰勒 1911 年《科学管理原理》、法国亨利·法约尔 1916 年《工业管理与一般管理》、美国亨利·福特 1910～1920 年建立的汽车工业生产线标志着企业科学管理理论和实践的基本确立，随后，巴纳德、哈罗德·孔茨、马斯洛、德鲁克、安索夫、肯尼斯·阿罗、赫伯特·西蒙、赫尔维茨、赫兹伯格、詹姆斯·马奇、彼得·圣吉等人进一步发展了现代企业的管理理论和治理实践。

在生产的社会性组织、协调方式上，知识创新、技术进步和生产革命、机器大工业还全面、深入地推动了社会分工、迂回生产、自由竞争和市场交换，推动了产业细分、产业转型、经济增长和社会进步，提高了生产和资本的社会化程度和劳动

---

① ［美］丹尼尔·贝尔. 后工业社会的来临［M］. 高铦，等译. 北京：商务印书馆，1984.［日］富永健一. 经济社会学［M］. 孙日明，杨栋梁，译. 天津：南开大学出版社，1984. 弗里茨·马克卢普. 美国的知识生产与分配［M］. 孙耀君，译. 北京：中国人民大学出版社，2007. 克里斯·弗里曼，弗朗西斯科·卢桑. 光阴似箭——从工业革命到信息革命［M］. 沈宏亮，等译. 北京：中国人民大学出版社，2007.［美］凯文·凯利［M］. 失控［M］. 东西文库，译. 北京：新星出版社，2010.［英］维克托·迈尔－舍恩伯格，肯尼斯·库克耶. 大数据时代［M］. 盛杨燕，周涛，译. 杭州：浙江人民出版社，2012.

② ［法］贝尔纳·斯蒂格勒. 技术与时间：1，2，3 卷［M］. 裴程、赵和平，等译. 南京：译林出版社，2000，2010，2012.

生产率。迂回生产是指社会不是直接生产消费资料,而是先牺牲一部分当前消费,通过社会分工而直接生产原材料、能源、机器设备等生产资料或中间产品,再用这些生产资料去生产更多的消费资料。现代社会的这种扩展分工、延长生产链条或生产环节的生产方式被称为迂回式生产,而单个工人不过是生产链条上的一个零件或一条信息。进入21世纪,传统的劳动分工、市场交换中的诸如专业化、规模经济、范围经济等经济效应借助信息化、网络化等生产技术,又产生了所谓的梅特卡夫效应、双边市场效应、去中心化效应、长尾效应等新经济现象,进一步提高了生产和资本的社会化程度和劳动生产率,而21世纪初的美国苹果、谷歌等公司的生产技术和治理结构大不同于20世纪初的美国铁路、钢铁、石油、汽车等行业公司。

当然,资本主义经济并不是无条件地采用技术发明和机器生产。各种技术和机器的发明是人类认识自然、征服自然的巨大胜利,但对于资本家来说,只有提高了剩余价值率或利润率的技术和机器才是有用的技术和机器,而不在于技术、机器的先进、落后。资本家之所以采用机器,只是因为机器价值低于机器所代替的劳动力的价值,机器生产能够加大劳动强度,改进生产技术和劳动有效性,提高劳动生产率,降低工人的必要劳动时间和商品生产的个别劳动时间,以提高剩余价值率。否则,资本家宁愿更多地雇佣低成本、高效能的工人。在资本主义经济繁荣的20世纪六七十年代,美国汽车、钢铁等行业的工人通过工会不断要求提高工资,资本家在被迫让步的同时,不断推进生产的机械化、自动化,最终降低了这些行业的工人就业率。在资本决定、劳动分工的机器大工业中,不只是大量工人只能随着机器运转而劳动,劳动技能越来越简单单一化,而且体质较弱的妇女、儿童普遍参加工业生产,工人全面成为了资本雇佣进而机器生产的附属物。机器大工业、生产市场化致使大批手工业者因竞争失败而破产,成为雇佣工人,社会日益分裂为资产阶级和工人阶级两大对立阶级,城乡之间、体力劳动和脑力劳动之间的对立一度十分尖锐,从劳动的形式、内容到劳动产品都发生了所谓的异化现象。

机器替代工人和周期性经济萧条,导致了大批工人失业,工资水平下跌,以及贫富分化、环境污染、犯罪等新的社会问题。工人曾经把机器等生产资料视为失业和贫困的根源,用捣毁机器作为反对资本家、改善劳动条件、获得满意生活的手段,但这并不能从根本上阻挡资本扩张和技术进步。据流传,英国莱斯特郡一个名叫卢德(Luddite)的工人,为抗议工厂主的压迫,第一个捣毁织袜机,后来把英国等国家发生的工人以破坏机器为手段,反对资本家压迫和剥夺的工人运动称为"卢德运动"。其实至迟在17世纪,英国就出现了破坏农场、工场机械以及其他财产的活动,抗议诸如高物价、低工资、失业等现象,迫使农场主、工场主以及承包商让步,这种现象在18世纪频繁发生,如1726年萨默塞特等地区的纺织工人抗争,1738年梅克舍姆地区的纺织工人暴动,1765年诺桑伯兰煤矿的工人暴动。[①] 18世纪前期,英国政府对工人运动尚未严厉镇压。18世纪后期以来,国会屡屡通过禁止毁坏机器

---

① [英]艾瑞克·霍布斯鲍姆. 非凡小人物:反对、造反及爵士乐[M]. 蔡宜刚, 译. 北京:社会科学文献出版社, 2015.

财产的法令，如1769年英国国会颁布法令，镇压卢德运动。1811年诺丁汉郡制袜企业不顾行业规矩，生产一种劣质长筒袜，压低袜子价格，严重冲击了织袜工人的正常收入，一些纺织工人秘密组织起来，以"卢德将军"的名义捣毁工厂的织袜机，卢德运动形成高潮。为此，英国国会1812年通过《保障治安法案》，动用军警对付工人；1813年颁布《捣毁机器惩治法》，规定可用死刑惩治破坏机器的工人，当年在约克郡一次绞死17名工人并流放多名破坏机器的工人，但卢德运动仍在延续。

机器大工业不仅适应了英国圈地运动、殖民扩张和资产阶级革命后的发展要求，也满足了国内市场和海外市场，资本主义进入了全球自由竞争阶段，英国率先成为世界工厂和政治经济霸主。从市场规模、世界经济的角度看，全球扩张的资本主义加强了对国内外的剥削和掠夺，资本雇佣劳动的剩余价值生产从一个企业、一个国家的生产方式，逐渐扩展为全球性的生产方式，确立了资本和资产阶级对全球的统治。中英1840年鸦片战争之后，中国逐渐沦为半封建半殖民地社会，开始了艰难曲折的现代化历程。工业革命和市场扩张还在客观上传播了先进的生产技术和生产方式，冲击着其他地区的奴隶制、封建主义的旧制度、旧思想，引起了人类生活方式、思想观念和社会结构的不断变革，后来出现的马克思主义和社会主义运动正是工业革命的间接产物，而欧美各国又在社会主义革命的影响下开展了经济政治体制改革。

在机器大工业、生产自动化、经济数字化的生产条件下，剩余价值的源泉依然是工人的劳动，资本家获得的剩余价值不仅没有减少，发达国家和垄断企业往往还有大幅度的增长。特别是信息技术与商业、金融业的全面结合，不仅造成了经济脱实向虚，即经济活动的信息化、金融化，而且过度刺激了广大中低收入群体的消费和借贷，信息、金融等行业获得了更多的、超额的剩余价值。于是，一些经济学家又提出了机器创造价值和利润的理论，以此否定劳动价值论和剩余价值论。其实，无论在何种情况下，自动化设备、机器人、电子计算机、互联网等都不能创造价值和剩余价值。所谓的无人车间、无人工厂或自动生产、智能生产，只是人对机器的新型操作、应用方式而已。这些自动化、智能化设备的研究开发、安装、运转、监控等全过程依然都是人的劳动的创新和应用过程，是工人的长时期、高强度、熟练性、创造性劳动的结果，是企业内外的各种工人、总体工人的分工、协作劳动的结果，工人的这些劳动结果大幅度提高了劳动生产率，创造出更多的价值和剩余价值，剩余价值的源泉依然是雇佣工人的剩余劳动。信息技术只是加速了知识的创新、传播和运用，提高了信息、决策和决策实施的效率，强化了研发和应用知识的个别资本、个别国家的利润集聚和资本积累，这种现象在新兴行业和发达国家尤其显著。

从资本积累、市场结构的角度看，剩余价值生产还经历了自由竞争资本主义和垄断资本主义的发展阶段，垄断资本主义又分为私人垄断资本、国家垄断资本和国际垄断资本等不同发展时期，当代信息化、网络化技术在某些方面强化了垄断资本主义。无论在资本主义发展的哪一阶段、哪一国家，资本雇佣劳动、追逐剩余价值都是资本主义经济活动的基本规律。尽管如此，资本主义依然是当时最先进的社会制度。马克思1849年1月在《新莱茵报》发表的《孟德斯鸠第五十六》中指出，"我们在德国首先提出了反对资产阶级的主张，但是我们向工人和小资产者说：宁肯在现代资产阶级社会里受苦，也不要回到已经过时了的旧社会去！因为现代资产阶级社会以自己的工业为建立一种使你们都能获得解放的新社会创造物质资料，而旧社会则以拯救你们的阶级为借口把整个民族抛回到中世纪的野蛮状态中去！"①

（四）剩余价值基本规律

在一定的社会条件下，多种经济规律共同存在并发生作用，但其中必有一个起基础、主导作用的规律，这就是基本经济规律。在私有制为基础、资本雇佣劳动的资本主义经济中，资本是资本主义生产方式的核心范畴，资本家生产、交换和分配的基本动机和最终目标就是最大限度地追求剩余价值，剩余价值规律就是资本主义经济运行发展的基本规律。资本家采取各种各样的绝对或相对地延长工人剩余劳动时间，提高劳动强度，改进生产技术等经济手段，客观上都是为了最大化地生产和占有剩余价值，其政治和知识活动主要也是为了保障、促进剩余价值的生产和实现。剩余价值规律支配着资本主义经济的各个环节和方面，决定着资本主义经济基本矛盾的日益尖锐，以及资本主义经济发生、发展和消亡的历史趋势。

剩余价值规律作为资本主义经济的基本规律，主要表现在以下四个方面。

第一，剩余价值规律决定着资本主义的经济实质。资本作为资本主义经济的存在基础和支配力量，资本运动的动机或目标就是追求剩余价值，是资本利润最大化，资本家的一切活动都是执行资本的这一根本职能。

第二，剩余价值规律决定着资本主义的经济活动，资本主义分工生产和市场交换的各个环节和各个方面都是为最大化生产剩余价值服务的。

第三，剩余价值规律决定着资本主义经济的基本矛盾的发展全过程。资本家为了追求剩余价值，必然不断增加积累，改进技术，扩展分工，提高劳动生产率和剩余价值率，这就使生产社会性与生产资料私有制、生产不断扩大与广大劳动者收入相对不足之间的矛盾不断激化，社会再生产比例遭到破坏，商品价值实现困难，从而频繁引发经济危机。

第四，在社会分工、商品交换、市场竞争的资本主义经济中，市场竞争、优胜劣汰的外部压力也要求资本家必须全力追求剩余价值。

政治经济学也正是建立在劳动价值理论、剩余价值理论的基石之上。马克思通过分析价值和剩余价值生产、实现和分配过程，发现了资本主义生产的实质和工人阶级贫困化的秘密，完成了政治经济学的革命性发展，揭示了资本主义的历史性和社会主义的可能性。

三、资本主义的企业管理

剩余价值的生产、实现和分配，换言之，产业、商业、金融等经济活动主要是通过各种企业而组织完成的。资本家为了最大幅度地提高剩余价值率，就必须选择

---

① 马克思. 孟德斯鸠第五十六 [M]//马克思恩格斯全集：第6卷. 北京：人民出版社，1961：230.

适当的资本雇佣劳动的企业形式，有效地组织商品生产和资本增殖活动。

（一）企业管理体制

正如政治学中的国家理论研究的是公共性的权力来源、治理和政治利益分配问题，政治经济学中的企业理论研究的也是企业中的经济性的权力来源、治理和经济利益分配问题。资本家、工人作为生产资料、劳动力等生产要素的所有者，其所有权分别包括对生产资料、劳动力的占有、使用、收益、处分等权能，这些权能既可自己完整拥有、直接支配，也可相对分离、委托代理。企业如果是个人独资即业主制企业，个人独立、完整地拥有对生产资料和劳动力的权利，个人有时间、有能力直接经营，生产规模小，业务简单，所有者与劳动者合一，对生产成果享有全部收益并承担无限责任，那么企业面对的是相对简单的管理或治理问题。

在资本主义经济中，工人除劳动力之外一无所有而资本家拥有生产资料，工人与资本家相对立，在劳动力与生产资料的结合与使用上，一般采取了资本雇佣劳动的企业形式。由于私人劳动与社会劳动相对立，这又提出了企业如何组织决策、研究开发、生产、销售、财务、监督，完成商品生产和交换，创造和实现价值和剩余价值等一系列、多方面的管理问题。资本家如果具有经营管理的意愿和能力，个别资本就可以独资雇佣工人，直接管理企业，扣除工人工资之后，占有全部的剩余价值即利润。多个资本家也可以组成合伙企业，雇佣工人组织生产。但在技术多变、分工生产的市场中，多个资本家及其资本建立的大多是有限公司、股份公司等公司制企业。对于公司特别是公开上市的股份公司，资本家即股东众多而股份分散，公司股本、债务数额大，业务复杂，竞争激烈，股东只以出资为限承担经济责任，且股东如果不能或不愿管理公司，那么公司如何雇佣工人组织生产，完成价值和剩余价值的生产和交换？而且，随着工人的组织性、斗争性增强，工人逐渐从被雇佣者而转变为企业的重要利益主体，公司不仅是股东之间的长期合同，而且是公司的股东、工人以及其他利益相关者之间的合同，那么公司如何管理？

在资本主义经济的发展过程中，早期的企业大多是个人独资、前店后厂的中小企业，资本家招佣学徒、帮工等工人，独立组织、完成了商品生产和交换。随着公司制企业的产生和发展，股东与公司之间必须进行权力的分离和配置，公司的组织形式和内部管理逐渐成为资本主义经济中的重要问题。从各国公司的实践和立法来看，早期的公司特别是中小公司盛行的是股东会中心主义，是资本至上、股东主权的单边治理结构。资本家即股东是公司的主要主人，股东享有选择管理者、参与重大决策和资产收益等权利，并以其出资为限承担相应责任；公司是拥有相对独立完整权利的营利性法人，股东会作为公司的意志代表和权力机构，享有法人财产权，并以法人全部财产而承担相应责任。

不过，对于股东众多、规模庞大、业务复杂的大中型公司特别是股份公司、上市股份公司，股东会往往不再直接经营管理公司，这就必须在股东与公司之间、公司的股东会与董事会等内部机构之间进行权力的分立和配置，即公司委托人与代理人之间、所有权与控制权之间分立、配置，这也成为公司内部管理的基本问题，斯密、马克思、马歇尔、希法亭、熊彼特、科斯、钱德勒等人深入分析了现代企业的发展问题,特别是钱德勒《战略与结构》《看得见的手》《企业规模经济与范围经济》《塑造工业时代》等著作探讨了美国公司的发展战略和管理制度。① 如美国伯利和米恩斯1932年《现代公司与私有财产》揭示,1929年美国200家最大的非金融股份公司(42家铁路公司、52家公用事业公司和106家工业公司)的资产和收益高速增长,但股份极其分散,其中,规模最大的宾夕法尼亚铁路公司、美国电话电报公司(AT&T)、美国钢铁公司的最大股东持股都不到公司股本的1%,前20位股东持股也只占2.7%、4%、5.1%,从而系统提出了现代公司的所有权与控制权分立条件下的委托代理问题,公司治理经历了从股东会中心主义到董事会中心主义的演变阶段。②

在董事会中心主义下,公司内部面对的管理问题具体如下:(1)如果市场健全,股份分散,需要解决的就主要是委托人与代理人之间的信息不对称、利益不一致条件下的治理问题。(2)如果市场健全,股份集中,那么需要解决委托人与代理人之间、大股东与其他股东之间的两类信息不对称、利益不一致问题。(3)如果市场健全,股份集中,且大股东为国有股股东,那么需要解决的是委托人与代理人之间、大股东与其他股东之间、拥有国有股的政府与经营国有资本的公司之间的三类信息不对称、利益不一致问题。(4)如果市场不健全、法制不完善,资本与国家权力结合,资本通过政府力量而对市场经济横加干预,公司治理问题就更为复杂多变了。③

在公司特别是股份公司中,资本主义生产关系本质未变,但生产关系的实现形式发生了重大调整,马克思对此作了许多富有洞察力的分析:(1)借助公司这一资本集中的基本形式,商品生产和交换规模惊人地扩大了,个别资本不可能建立的经济主体和完成的庞大投资都迅速实现了。(2)私人资本在公司中直接取得了社会化资本的形式,公司也表现为社会企业而与私人企业相对立,这是作为私人财产的资本在资本主义生产方式范围内的扬弃。(3)实际执行职能的部分资本家开始转化为别人资本的管理人,而部分资本所有者开始转化为单纯的所有者即单纯的货币资本家。(4)基于公司、信用等制度,证券发行和交易迅速发展起来,食利阶层不断扩大,还催生了一整套的投机、诈骗、金融泡沫等经济现象。④ 马克思的这些论点,事实上开启了后来希法亭、伯利和米恩斯、科斯、德鲁克、钱德勒、威廉姆森等人的企业研究。

无论是传统的股东会中心主义还是董事会中心主义,无论管理者的控制权如何膨胀或扭曲,资本家或股东依然都是企业权力的主要的、最终的所有者。不过,工

---

① [德]鲁道夫·希法亭. 金融资本[M]. 福民,等译. 北京:商务印书馆,1994. [美]小阿尔弗雷德·钱德勒. 看得见的手[M]. 重武,译. 北京:商务印书馆,1987. 小阿尔弗雷德·钱德勒. 企业规模经济与范围经济[M]. 张逸人,等译. 北京:中国社会科学出版社,1999.

② [美]阿道夫·A.伯利,加德纳·C.米恩斯. 现代公司与私有财产[M]. 甘华鸣,等译. 北京:中国社会科学出版社,2005.

③ 李由. 公司制度概论[M]. 北京:经济科学出版社,2010:366.

④ 马克思. 资本论:第三卷[M]. 北京:人民出版社,2004:494-495.

人阶级对于资本至上、资本雇佣劳动的合理性一直存在着质疑和批判:资本家是不是企业权力和利益的主要的甚至唯一的所有者,风险和责任的承担者?换言之,企业实际占有、使用的生产要素是否只是股东的出资,资本积累的主要源泉是不变资本还是工人劳动?马克思之后,人们从劳动价值、人力资本、经济民主、资产专用性、利益相关者等理论出发,提出了有关企业治理的种种理论。显然,按照劳动价值理论和剩余价值理论,货币、实物资产等只是维持生产、创造价值的必要生产条件,只有劳动才创造了价值和剩余价值,包括决策、执行、技术、会计、销售等企业内部分工的各种劳动者都是价值和剩余价值的创造者,理所当然地要分享公司的权力和收益。即使根据生产要素价值理论,生产要素不仅包括物质资本,也包括人力资本,公司实质上是物质资本所有者与人力资本所有者、资本家与工人之间的一种长期、不完全的要素合同形式,各种生产要素共同参与了商品生产和交换,人数广大的工人阶级也应当有权分享公司的控制权和收益分配权。

例 4-4 Open AI 公司的股权和治理

2015 年 12 月,Sam Altman、Peter Thiel、Reid Hoffman、埃隆·马斯克等人在美国加利福尼亚州旧金山创办了从事人工智能研究的非营利公司 OpenAI Inc,初期资本主要来自马斯克投资的 1 亿美元。2019 年 OpenAI Inc 成立控股的 OpenAI GP LLC 作为 OpenAI LP 的普通合伙人,员工持股和其他投资者持有 OpenAI GP LLC 的部分股份;同时,成立营利性的有限合伙企业 OpenAI LP,营利性企业的资本收益约定不超过 100 倍,微软出资 30 亿美元而持有 OpenAI Global LLC 的 49% 股份并与 OpenAI Inc 结为战略合作伙伴。2022 年 11 月,OpenAI 推出 ChatGPT,2 个月内用户超过 1 亿人。2023 年 4 月,OpenAI Global LLC 又获得微软 100 亿美元、风险投资 3 亿美元投资。2023 年 6 月,OpenAI LP 改为有限责任公司 OpenAI Global LLC。三家关联企业之间的控制关系如下:OpenAI Inc→OpenAI GP LLC→OpenAI Global LLC。OpenAI Inc 董事会主要为独立董事且不持股,董事马斯克 2018 年离开了董事会,董事会完全控制 OpenAI GP LLC 并间接控制 OpenAI Global LLC。OpenAI Inc 董事会为了平衡三家企业的公益性和营利性的关系,其股权、治理和收益的制度安排如下:第一阶段,全部利润首先回报马斯克等首批投资者,以收回 10 亿美元的初始资本。第二阶段,75% 的利润分给微软,以收回其总计 130 亿美元投资;25% 的利润分给员工和其他投资者,以及 OpenAI Global LLC 的收益上限。第三阶段,若达到 920 亿美元利润,其 2% 分给 OpenAI Inc.,41% 分给员工,8% 支付 OpenAI Global LLC 的收益上限,剩余 49% 分给微软的收益上限。第四阶段,若达到 1500 亿美元利润,则全部分给各投资者,此后微软和其他投资者的股份全部无偿转赠 OpenAI Inc,利润也全部归 OpenAI Inc。进入 2024 年,OpenAI 公司不仅推出了生成式 AI 模型 CPT—40,还尝试从非营利性组织转变为营利性组织。

资料来源:参见 OpenAI 网站 https://openai.com/about/等;杨波等. ChatGPT 对中国发展颠

覆性创新的启示［J］．科学管理研究，2023（6）：2－10．尹西明等．人工智能国际领先机构OpenAI创新管理模式及对中国的启示［J］．创新科技，2023（9）：78－90．

从实践来看，工人阶级经过长期的斗争，已经逐步争取到了一定的劳动权利和经济民主，资本主义国家开始改革资本至上、股权唯一的企业制度，工会能够与资本家集团进行就业、工资、福利等方面的劳资集体谈判，董事会中心主义和公司社会责任就是对资本至上、股东会中心主义的超越，知识产权、职工董事、有限合伙、双重股权等制度设计就是对劳动特别是创新性劳动的激励和保护。如20世纪后半叶的德国、法国等欧洲等国家开始实行工人参与制（共决制），美国大多数州在20世纪80年代也相继修改公司法，要求公司管理者不仅为股东服务，而且要承担社会责任，维护雇员、债权人、顾客、供应商、社区和政府等多元化的利益相关者的利益。第二次世界大战结束后，发达国家一度出现了资本利润率和工人工资水平同步提高的经济繁荣。尽管如此，资本主义的基本经济关系如生产资料私人所有制、资本雇佣劳动、剩余价值生产、资本主义基本矛盾等并没有从根本上改变。

（二）企业管理过程

资本主义企业既具有资本雇佣劳动、资本管理生产的特殊性质——企业是组织价值和剩余价值生产的基本形式，又具有组织、管理现代市场经济活动的一般职能，必须适应经济发展的客观需要。企业活动从内容上大致可以分为研究开发、生产、销售、监督、激励、财务等几个环节，从职能上大致可以分为出资设立、规划决策、决策实施、监督考核、收入分配等几个部分，而这些都是为了追逐剩余价值服务的。由此，企业就要从这些方面进行全方位、全过程的管理，政治经济学就要分析企业中的资本雇佣劳动、生产经营管理等经济活动。

出资设立是指企业创立的资本筹集和市场准入问题。创立企业所需要筹集的资本按其来源分为自有资本、借贷资本等形式。在早期的家庭手工业、工场手工业等组织形式中，企业资本来源单一，主要是个别资本家的出资以及少量的借贷资本，企业主要是独资企业及合伙企业，资本规模和生产规模较小。进入18世纪，随着国内经济的发展和世界市场的开拓，工业革命的发生和生产能力的提高，个人独资、合伙等传统的企业形式已经不适应经济发展的需要，社会融资、股东众多、规模庞大、管理分工的股份公司等公司制企业逐渐成为企业制度的主要形式，公司资产形成了自有资本和债务资本的资本结构。市场准入是指投资者能否自由进入市场，自由从事商品生产和交换，换言之，政府对于企业设立和经营制定了管制政策。

从规划、决策、实施、监督、考核到收入分配是企业经济活动的主要环节。规划和决策是指企业就经济活动所进行的信息收集、预测和决策等活动，也就是制订企业的投资、研究开发、生产、销售等方面的计划，以有效组织企业的经济活动。企业拥有全面、真实、及时的信息，企业之间拥有对称性信息，这是理性决策的重要条件。决策实施是指企业决策的执行过程，包括对投资、研究开发、生产、销售等环节的执行，以及保障决策执行的监督、考核等实施环节。决策实施要保障以最小成本生产商品而获得最大收益，会计核算上的企业成本包括企业内部的生产成本、管理成本和销售成本，以及企业融资的财务成本。比较而言，企业生产资料、生产技术和生产过程相对稳定，设备、流程、质量、库存等生产管理相对规范，而工人的录用、组织、使用、调配、考核、工资和福利等劳动管理相对复杂困难。收入分配是指企业经济活动成果在各种利益主体之间的分配，首先和主要是资本家与工人的利润和工资分配。对于资本家，就是利润即剩余价值在股东、债权人等资本家之间的分配，同一条件下的等量资本获得等量利润，不同条件下的等量资本获得有差异的利润。对于工人，就是劳动力价格即工资的分配，资本家根据工人的劳动力价值或价格而付给相应的工资。企业如果由于出资、决策、生产、销售等原因而导致亏损甚至破产，各利益主体就要承担相应的风险和责任。

综上可见，资本主义企业就是基于资本和劳动之间的既对立又合作的具体而微的经济关系，将公司的权力和职能、收益和责任通过一定的组织形式和管理体制，在股东、债权人、管理者、劳动者等各种利益主体之间进行配置，以实现资本家剩余价值、股东利润或企业价值的最大化目标。

（三）企业管理成本

资本家设立企业，投入劳动力和生产资料，组织商品生产和交换的活动大致可以分为生产活动、管理活动、销售活动和财务活动，耗费到商品价值 $w = c + v + m$ 中的全部资本投入或支出（$c + v$）被称为企业的成本、成本价格或生产成本，马克思的生产成本是特指企业生产经营的全部成本的广义概念。在实际经济活动中，企业成本在会计核算上可分为人工成本和非人工成本两部分，分为生产成本、管理成本、销售成本、财务成本、政府成本等几部分。在企业的成本构成中，生产成本是指直接用于生产货物和服务的劳动力和生产资料，管理成本是指企业为组织和协调生产经营活动而发生的各种费用，销售成本是指企业为销售各种货物和服务而发生的各种费用，财务成本是指企业为筹集生产经营所需资本（主要是借贷资本）而发生的各种融资费用。企业的管理不仅包括企业内部的管理，而且包括企业外部的公共管理主要是政府管理，因此，广义的管理成本包括企业内部的管理成本和企业外部的政府管理成本，企业外部的政府管理成本主要是向政府缴纳的各种税费。企业成本在会计核算上还可以分为固定成本和可变成本，总成本、平均成本和边际成本，短期成本和长期成本，平均固定成本、平均可变成本和平均长期成本等。

在日常生活、会计核算和经济分析中，成本、费用这两个概念常常同时或者混同使用。长期以来，按照马克思等人的生产物质资料、形成商品价值和剩余价值的劳动才是生产性劳动的理论，劳动可分为生产性劳动和非生产性劳动。由此出发，在会计核算、经济分析中，在生产性劳动、生产商品中投入、耗费的劳动力和生产资料、可变资本和不变资本可归入、称为成本，是生产商品、创造价值的生产成本，生产成本要在价值和使用价值上补偿；而在不生产商品、不创造价值的管理、销售、借贷过程中投入、耗费的劳动力和生产资料归入、称为费用，大致可分为管理费用、销售费用、财务费用，费用是收益的流出或扣除。换言之，企业为生产商品而直接发生了生产成本,为管理商品生产而发生了企业管理费用,为组织流通、销售商品而发生了销售费用,为筹集、借贷、使用外部资本而发生了财务费用,以及政府管理费用。如我国过去的会计制度就是如此规定成本和费用的,企业的成本是指企业为生产商品而直接发生的各种耗费,而费用是指企业在组织管理、销售商品、借贷资金等经济活动中发生的经济利益的流出。不过,直接生产过程和管理、销售、借贷等业务都是企业经济活动的统一必要的组成部分,它们的劳动力、生产资料的投入、耗费都应当统称为成本,成本应当是一个基础性、统一性的经济行为,因此本书一般统一使用成本的概念。

资本家之所以选择一定的企业形式特别是公司制企业而不是沿袭古老的独资、合伙企业,是为了有效配置劳动力和生产资料,最大化生产价值和剩余价值,而为了完成这些经济活动就必须耗费一定的劳动力和生产资料,付出企业管理的成本。管理成本大致包括两部分:(1)设立、维持或改变企业组织形式和制度设计的成本。企业具有独资、合伙、公司等不同的组织形式,公司分为无限责任公司、有限责任公司、股份有限公司等不同形式,企业内部的组织机构和管理制度也各具特色,有关企业的组织形式和制度制定的管理成本是一项相对稳定的成本。(2)企业日常运行、业务管理的成本,包括信息和决策成本、决策实施成本、监督成本等,这是一项变化较大的成本。那么,企业的资本和生产规模可否随着资本积聚,随着纵向、横向的收购、合并等资本集中而不断扩大,企业的边界可否不断延伸,以至整个行业、整个国家变为一家超级大企业,以企业内部的个别分工和统一管理替代社会分工和竞争市场对资源的配置?如果这样,超级大企业就可以"建立起大规模的社会化的计划经济"①,通过中央机构而实行计划经济,私人劳动和社会劳动之间的矛盾就可以通过资本无限集中、社会化占有而得到了有效解决。

对于企业的性质和管理、规模和边界问题,马克思、马歇尔、希法亭、列宁、阿罗、布坎南、赫尔维茨等人作了一系列探讨,科斯等人则从企业之间的交易成本和企业内部的管理成本的角度作了比较分析②。企业的资本集中、规模扩大就意味着某一企业不断收购、合并同一行业或不同行业的竞争性企业,将这些社会分工、市场竞争的企业变为企业内部分工的工厂、车间、店铺,原先协调企业之间社会分工的是市场方式,付出的是市场流通成本,现在协调企业内部分工和生产的是管理方式,付出的是管理成本。在竞争性市场上,资本家以及企业最终都要为满足社会需求而生产提供某种商品,资本家以及企业之间的竞争归根结底就是成本、价格之争,即一定条件下的商品机会成本、平均成本、边际成本之争。假设生产成本、财务成本、政府管理成本不变,企业的规模和边界问题就转换为市场配置资源的交易成本与企业配置资源的管理成本之间的比较,如果市场交易成本大于企业管理成本,那么企业就继续并购扩张,否则企业就拆散分立。

---

① 列宁.土地问题和争取自由的斗争[M]//列宁全集:第13卷.北京:人民出版社,1985:12.
② [美]罗纳德·哈里·科斯.企业、市场与法律[M].盛洪,陈郁,译.上海:上海三联书店,1990.奥利弗·E.威廉姆森.资本主义经济制度[M].段毅才,王伟,译.北京:商务印书馆,2002.

四、资本主义的工资制度

产业资本经过雇佣工人劳动、完成价值和剩余价值生产之后,就要对工人劳动创造的新价值进行分配,资本家占有剩余价值,工人获得工资。那么,如何认识资本主义的分配制度,如何认识工人工资的本质和形式,工资水平是如何决定和形成的?

(一)工资的本质

资本在雇佣劳动、组织生产、最大化地追逐剩余价值的过程中,工人也要追求符合劳动力价值的工资。资本家根据工人劳动力在其自身生产和商品生产中的使用状况,即劳动力生产和再生产所必需耗费的消费资料价值,商品生产中的工人劳动投入、劳动时间、劳动成果,从工人创造的价值中支付给工人相应的部分,作为购买劳动力商品的价格,这就是劳动力的工资,剩下的部分则成为了资本家占有的剩余价值,成为资本雇佣劳动的收益。资本家为购买劳动力而支付的工资既是资本主义生产的起点,工人通过劳动而创造的、补偿了资本家预付的可变资本的工资又是资本主义分配的结果,工资制度是资本主义生产方式的组成部分,是资本主义劳动关系的表现形式。

从表面上看,工人劳动 1 小时,资本家付给 1 小时的工资;劳动 1 日或 1 月,付给 1 日或 1 月的工资;工人完成一定数量的产品或一定数额的工作量,付给一定数量的工资。这样,工人工资多少与劳动的时间、数量和质量直接相联系,工人出卖的似乎是劳动而不是劳动力,资本家付给的是劳动的价格而不是劳动力的价格。但是,这看似真实、公平的劳资关系和劳动价格形式,实际上是一种似是而非的假象。工人劳动力商品、工人工资只是为资本运动、资本增殖服务的因素或工具,工人在创造了劳动力价值的同时创造了剩余价值。

工资是劳动力的价格而非其劳动的价格。这是因为:(1)工人的劳动如果作为商品出卖,就必须在出卖之前已经独立存在。但是,工人在劳动力市场上与资本家发生买卖关系时,他的劳动活动还不存在,劳动是在签订劳动工资合同、结束买卖关系之后才进行的。而买卖结束后,工人的劳动是在资本家的监督支配下进行的,已经不属于工人。(2)商品的价值是人类一般劳动的凝结和物化形式,价值量的大小由劳动量、劳动时间的多少来决定。劳动如果是商品,劳动的价值就由劳动来决定,这种同义反复在逻辑上属于循环论证即先定结论,论证的前提不能是论证的结论。(3)劳动如果是商品,按照市场经济的等价交换原则,资本家支付的工资就是工人的(全部)劳动创造的价值,这样资本家就不能得到剩余价值或利润了。

当然,工人劳动力也只是劳动者的一种潜在的劳动能力,蕴藏在劳动者的体内,不能脱离劳动者而独立存在。人们能够看到活生生的劳动者,看不见、摸不着劳动者的劳动力,只有在劳动的过程和结果上才能够发现劳动力的价值。资本家尽管按照工人实际劳动或劳动成果付给工人工资,但付的工资只是工人实际劳动或劳动成果价值的一部分，超出部分的剩余劳动、剩余劳动成果的价值则归资本家所有。由于劳动力价值一般根据工人劳动表现而采取计时工资、计件工资等价值形式，且一般用货币直接支付，似乎就表现为了工人劳动的价值和价格，工资形式进一步模糊、扭曲了资本家雇佣工人、占有工人剩余劳动的经济关系。

综上可见，资本主义工资表面上是按照工人劳动付酬，但实际上只是对工人一部分劳动付酬，而不是按全部劳动付酬。部分与全体有关，属于全体，但部分不是全体，不能将部分等同于全体，正如不能将英国女性人口等同于英国人口，不能将英国资本家等同于英国居民，不能将地球等同于太阳系行星。因此，工资无论如何都不是劳动的价格，只是产出劳动的劳动力的价格，只是维持劳动力生产和再生产的价格。劳动力市场既为工人提供了自由出让劳动力商品的机会，资本主义私有制又锁定了工人只能出让劳动力的命运。

还有人提出，既然工人在市场上可以出卖劳动服务而获得收益，劳动服务本质上也是劳动，为什么不能说工资就是劳动的收益？仔细分析，这一论述中的"工人"性质是什么？如果是指资本雇佣劳动中的工人，那么工人显然不是在市场上直接将劳动出售给资本家，资本家也不能直接按劳付酬。如果不是，那么工人实际上是拥有一定生产资料的个体劳动者或合伙制的劳动者，他可以直接将劳动服务出售给消费者或者资本家，但他获得的劳动收益与资本雇佣劳动中的工人工资是两种现象、两个概念，不能混为一谈。

（二）计时工资和计件工资

工资是劳动力的价值和价格，资本愿意雇佣的是价值较低、使用价值优良的工人。在企业内部，不同工人的劳动能力和劳动耗费存在着差异，存在着简单劳动和复杂劳动的现象。资本家如何在劳动力市场上选择、招聘物美价廉的劳动力，并在生产过程中通过规划、决策、监督、考核而充分有效使用劳动力，工资形式如何选择，工资水平如何确定，让劳动力创造的新价值尽可能大于劳动力价值？资本家一般根据企业业务、工作岗位和劳动力的性质，根据工人在生产中的劳动耗费，采用有利于商品生产、资本收益最大化的工资形式。计时工资、计件工资是工资的基本形式，是资本家长期普遍采用的工资形式。

计时工资是按照工人劳动的时间支付相应的工资，即按照劳动时间支付的劳动力价值，是资本家雇佣工人、生产剩余价值的一种手段。根据社会平均工资水平而计算的每时或每件的劳动力价格即工资水平，称为工资标准或工资率。在现实经济中，计时工资适用于劳动过程、劳动成果难以直接准确计量、自动化、标准化程度高、难以直接反映个人劳动能力和努力程度的工作，计时工资具体表现为小时工资、日工资、周工资、月工资等形式。分析计时工资，不仅要考察计时工资的工资标准，即每单位时间的工资水平，而且要考察劳动的熟练程度、劳动强度、劳动有效性等劳动性质，以及计时工资与劳动量、剩余价值量之间的关系，分析资本家使用计时工资对工人劳动力的使用和剥削状况。

计件工资是按照工人生产的产品数量或完成的工作量而支付相应的工资，是计时工资的转化形式。计件工资适用于分工较细、操作和技术复杂、劳动成果数量和质量能够直接反映个人劳动能力和努力程度的工作。与计时工资相比，计件工资更是资本家雇佣工人、模糊剥削关系的一种有效手段：(1) 工人更难以确定合理的计件工资的单件工资水平，而资本家更容易以质量、数量、时间等因素而降低工资水平。(2) 计件工资可以在企业内实行，也可以通过外包、订货等方式将某些生产劳动转移到工人家庭或其他企业。(3) 计件工资更容易成为激励竞争、迫使工人提高劳动强度、延长劳动时间的一种手段。

在自由竞争阶段，企业广泛采用计件工资制。第二次世界大战之后，随着知识创新、生产自动化、产品标准化和工人阶级斗争，为了保障商品质量和协调团队工作，欧美国家的计件工资出现了下降趋势，更多地采用计时工资。资本家除了采取计时工资、计件工资这两种工资基本形式，还可以实行其他的、派生的工资形式，如奖金、效率工资、加班工资、小费、年薪、年金、职位升迁、职业培训等。1764～1766 年，亚当·斯密教授因陪伴年轻的巴克莱公爵游学法国等地，获得了 300 英镑年薪和余生 300 英镑年金。随着工作时间的不断缩短和法定工作时间的逐渐实行，加班工资成为资本驱使工人延长劳动时间的重要手段。

效率工资是企业付给工人的高于市场平均水平的工资，这种工资形式具有激励和约束的双重作用：既是对工人劳动力的一种筛选和聘用机制，资本家容易雇佣到高质量的工人；又是对工人劳动的一种压力和竞争机制，工人为了保持工资水平较高的职位而努力劳动，不敢产生偷懒、欺骗等行为，工人对企业被迫忠诚和依赖，从而不仅缓解了劳动监督难题，而且最终提高了企业劳动生产率，资本家获得了较高的剩余价值率。

为了调和劳动与资本矛盾，全面、长期激励工人劳动，资本家对工人还可以采取年薪、年金、工龄（年功）工资等工资形式，实行利润分享计划。如 20 世纪 50 年代之后，日本许多企业曾经实行年功序列工资制和终生雇佣制，工人一半左右的工资是根据其学历、工龄而确定，以此约束工人长期有效为企业工作。① 利润分享是指企业根据工人劳动的投入和产出，对部分工人分配原本为其创造的一部分利润，即资本家与工人共同分担企业风险、共同分配企业利润的激励计划。利润分享可以采取类如年终分红的现期支付方式，也可以采取类似企业年金的延期支付方式；可以采取工人持股方式，也可以采取虚拟股票方式。

（三）名义工资、实际工资和最低工资

前面分析了工资的本质、工资的形式，以及工资的作用。下面从名义工资和实际工资、绝对工资和相对工资、工资的国民差异等角度，具体分析工人工资水平及其变动情况，进一步揭示资本家对工人的雇佣剥削和工人争取权益问题。

工资水平是劳动力价值量的货币表现，是一定时间、一定地域的工人工资的数量，工资水平可表示为小时、日、月或年等时间单位的工人平均工资，可分为某一

---

① ［美］马丁·L.魏茨曼.分享经济［M］.林青松，等译.北京：中国经济出版社，1986.

工种或岗位、某一企业或行业、某一国家或地区的工人平均工资，可从工人的货币工资和实际工资、绝对工资和相对工资、工资总额和工资结构等角度进行分析。在分析工人的工资总额时，不仅要计入企业等单位在一定时期内直接支付给工人的工资或薪酬，如计时工资、计件工资、奖金、津贴和补贴、加班加点工资、特殊情况下支付的工资等各部分工资，还要计入企业等单位支付给工人的企业内部的福利费、教育经费、工会经费和社会保障性质的医疗、失业、工伤、养老等社会保险费用，以及住房公积金等其他劳动费用，因为这些都是劳动力生产和再生产费用的组成部分。

名义工资和实际工资。工资一般采取货币形式，名义工资是工人出卖劳动力所得的货币收入即货币工资。实际工资是工人用货币工资能够买到各种货物、服务类的消费资料的数量，是工资能够满足工人及其家庭成员的消费需要的实际状况。用货币表示的名义工资水平与劳动生产率、货币供应量等因素有关，而货币供应量直接影响着币值稳定性和商品价格水平变动，通货膨胀即表现为商品价格的普遍持续上涨，换言之，单位名义工资的价值或购买力随通货膨胀而下降。因此，名义工资不仅应当与劳动生产率、劳动力价值挂钩，而且应当与消费资料价格变动率即通货膨胀率挂钩。当劳动生产率不变、劳动力价值不变而消费资料价格上涨时，名义工资应当随之提高；当劳动生产率和工人劳动力价值提高而消费资料价格不变时，名义工资也应当随之提高。然而，工人名义工资变动往往不能赶上劳动力价值、通货膨胀的变动，甚至出现相反情况。如美国1999年制造业平均小时工资比1960年增长了533%，但实际工资只增长了16%；① 1980年以来，美国工人实际工资水平长期停滞，1980~2021年实际周收入年平均增长率仅为0.18%。② 为了协调劳动与工资矛盾，资本主义国家在工资与物价问题上采取过最低工资、工资—物价指导线、收入指数化、物价管制或冻结、负所得税等措施。

最低工资是指工人在法定工作时间中提供了正常劳动的前提下，其雇主或企业支付的最低金额的工资收入的一种制度。最低工资一般由一个国家或地区通过立法制定，也可以由某些行业组织自行制定。在工人运动和经济增长的条件下，19世纪末的新西兰、澳大利亚最先开始建立最低工资制度，20世纪以来，英国、法国等欧洲国家也建立了最低工资制度，规定工人的工资不得低于某一限度，试图改变工人工资水平不断降低的局面，以保障工人维持本人最低生活和赡养家庭人口的费用，并为满足经济发展而不断提高劳动标准和专业知识所支出的必要费用。

例4-5 欧美的最低工资水平

1933年，美国联邦政府首次尝试颁布全国最低工资法，规定最低工资为0.25

---

① ［美］约瑟夫·E. 斯蒂格利茨，卡尔·E. 沃尔什. 经济学［M］. 黄险峰，张帆，译. 北京：中国人民大学出版社，2005：180.

② 李翀. 新的历史条件下马克思政治经济学研究［M］. 北京：中国经济出版社，2023：502-504.

美元/小时，但最高法院1935年裁定最低工资法违宪。由于工会运动发展等原因，美国联邦政府根据《公平劳动法》，从1938年起正式实行最低工资标准，最低工资仍为0.25美元/小时，各州可以在联邦最低工资标准基础上确定各自的最低工资标准。此后，联邦最低工资标准缓慢提高，如1968年最低工资为1.6美元/小时，按货币购买力计算，相当于2005年的9.12美元、2012年的10.34美元，但2007年美国联邦最低工资标准只是5.85美元/小时，2009年才提高到7.25美元，2015年美国联邦政府雇员最低工资终于提高到了10.1美元/小时。从最低工资、可支配收入、货币购买力等多项指标看，1978年至20世纪90年代中期，美国工人实际工资水平出现了连续下降势头。2007年，法国法定最低工资标准为8.27欧元/小时、1254欧元/月，英国是5.52镑/小时、1301镑/月，南欧国家约为3~4欧元/小时，东欧国家约为1.5~3欧元/小时，2016年法国、英国法定最低工资提高到9.67欧元/小时、6.7英镑/小时；2023年瑞士苏黎世州最低工资为19.8法郎/小时，日内瓦州为23法郎/小时，高居各国之首。而澳大利亚1904年建立最低工资制，2007年最低工资为13.74澳元/小时，2015年提高到17.29澳元/小时，在资本主义国家名列前茅。

资料来源：[美]戴维·纽马克，威廉·L.沃斯切.最低工资[M].王年咏，郭虹霞，译.大连：东北财经大学出版社，2016.邵宇，陈达飞.拜登最低工资法案的"三元悖论"[EB/OL].财经杂志，2021-03-16.欧盟统计局公布最新成员国最低工资标准[EB/OL].中国商务部网站，https：//www.mofcom.gov.cn，2022-08-01.

（四）相对工资和工资国民差异

绝对工资是指工人工资特别是名义工资的绝对量，相对工资或比较工资是指与资本家的剩余价值相比较的工资水平，是工人工资与资本家剩余价值之间的比率状况。从资本主义的发展过程看，由于工人的组织程度、谈判能力的提高，以及劳动力的竞争和流动，劳动力价值在内涵和外延层面有所扩展，工人工资的绝对水平一般呈现迂回曲折的上升趋势。工资水平的提高往往也意味着劳动生产率和剩余价值水平以更大幅度提高，但工资水平不能损害资本的剩余价值率或利润率。一旦工资水平超出了劳动力价值，资本家就要通过技术进步、固定资产投资、降低雇佣工人数量、瓦解工人组织、资本和产业转移等方法，从而扩大产业后备军，抑制工资水平的增长，使工资水平回到劳动力价值附近。

各个国家的工资水平存在的差别就是工资的国民差异，即工资的国际差异，包括社会平均工资水平差异和同一行业、同一职业劳动力的工资水平差异。工资水平的较大差距不仅存在于同一国家的不同行业、不同职业、不同岗位的工人之间，而且存在于不同国家之间。工资水平取决于劳动力价值，影响劳动力价值的各种因素必然会影响工资的变化。大致而言，在一国的发展过程中，不同行业、不同地区的同一价值的劳动力的工资水平趋于相等，而不同价值的劳动力的工资水平差异呈现先升后降的库兹涅茨倒 U 曲线①；工资水平、工资收入占国民收入比例具有缓慢提高的趋势；发达国家的工资水平、工资收入占国民收入的比例较高而发展中国家较低，如 1995～2005 年发达国家劳动收入占国民收入之比大致为 0.5～0.7，而发展中国家大致为 0.3～0.5。② 资本主义的发展及其全球化已经数百年了，但经济发展水平、人均国民收入特别是工人工资的国际差距并没有出现显著的收敛或缩小的趋势。

比较同一国家和不同国家工人的工资水平差异，以及国民收入中的劳动收入与资本收入的比例，应当考虑到决定劳动力的价值量的变化的各种因素。诸如自然的和历史的因素形成的工人劳动力生产和再生产所必需的消费资料的范围和价格，人口的教育、体育、医疗费用和人口结构，妇女、儿童的劳动状况，知识创新和劳动生产率，工人的组织和斗争水平，市场竞争和市场结构，劳动力和生产资料的国际流动等因素。从长期来看，由于劳动生产率持续提高、工人不断斗争和经济长期增长，工人的工资水平和社会保障有所改善，资本主义的生产不断扩大与社会消费需求相对不足之间的矛盾有所缓和。

关键概念

资本；资本主义；资本原始积累；产业资本；资本运动公式；不变资本；可变资本；资本有机构成；劳动力商品；劳动力价值；剩余价值；剩余价值率；利润率；绝对剩余价值生产；相对剩余价值生产；英国工业革命；企业形式；企业管理；工资；名义工资；相对工资；最低工资

阅读书目

马克思. 资本论：第一卷，第二卷 [M]. 北京：人民出版社，2004.

列宁. 俄国资本主义的发展 [M]//列宁全集：第三卷. 北京：人民出版社，1984.

[法] 贝尔纳·斯蒂格勒. 技术与时间 [M]. 裴程，赵和平，等译. 南京：译林出版社，2000，2010，2012.

[法] 费尔南·布罗代尔. 15 至 18 世纪的物质文明、经济和资本主义 [M]. 顾良，施康强，译. 北京：三联书店，1992.

[美] 阿玛尔·毕海德. 新企业的起源与演进 [M]. 魏如山，马志英，译. 北京：中国人民大学出版社，2004.

[美] 布拉德福德·德龙. 蹒跚前行：1870—2010 年全球经济史 [M]. 余江，冯伟珍译. 北京：中信出版社，2024。

[美] 弗里茨·马克卢普. 美国的知识生产与分配 [M]. 孙耀君，译. 北京：

---

① Simon Kuznets. Shares of Upper Income Groups in Income and Savings. New York：National Bureau of Economic Research, 1953. 张彤玉，时学成. 美国高收入阶层收入份额变动研究的新进展 [J]. 教学与研究，2011（4）.

② 白重恩，钱震杰. 国民收入的要素分配：统计数据背后的故事 [J]. 经济研究，2009（3）. 冯志轩. 国民收入中劳动报酬占比测算理论基础和方法的讨论 [J]. 经济学家，2012（3）：3.

中国人民大学出版社，2007.

［美］卡尔·夏皮罗，哈尔·瓦里安. 信息规则［M］. 张帆，译. 北京：中国人民大学出版社，2000

［美］罗伯特·L. 海尔布罗纳，威廉·米尔博格. 经济社会的起源［M］. 李陈华，许敏兰，译. 上海：格致出版社，2010.

［美］罗纳德·哈里·科斯. 企业、市场与法律［M］. 盛洪，陈郁，译. 上海：上海三联书店，1990.

［美］托马斯·K·麦格劳. 现代资本主义：三次工业革命中的成功者［M］. 赵文书，肖锁章，译. 南京：江苏人民出版社，1999.

［英］拉里·尼尔，［美］杰弗里·G. 威廉姆森. 剑桥资本主义史［M］. 李酣，等译. 北京：中国人民大学出版社，2022.

［美］小阿尔弗雷德·钱德勒. 看得见的手［M］. 重武，译. 北京：商务印书馆，1987.

［匈］卡尔·波兰尼. 大转型［M］. 冯钢，刘阳，译. 杭州：浙江人民出版社，2007.

［英］维克托·迈尔－舍恩伯格，肯尼斯·库克耶. 大数据时代［M］. 盛杨燕，周涛，译. 杭州：浙江人民出版社，2012.

李由. 公司制度概论［M］. 北京：经济科学出版社，2014.

思考题

1. 资本主义生产方式在欧美是如何发生、发展的？
2. 如何认识中国古代某时期、某地区的资本主义萌芽问题？
3. 如何认识资本和资本主义生产方式？
4. 如何理解追逐剩余价值是资本主义发展的基本动力？
5. 什么是可变资本和不变资本、固定资本和流动资本？
6. 资本为什么雇佣劳动，资本为什么能够雇佣劳动？
7. 如何运用劳动价值理论分析剩余价值生产？如何认识剩余价值生产的两种方法？
8. 为什么说资本主义生产是劳动过程和剩余价值生产过程的统一？
9. 调查当前我国工人工资的形式、结构和水平。
10. 思考近现代的某一技术发明如蒸汽机（或者飞机、发电机、核能发电、洗衣机、电话、照相机、青霉素、电子计算机、转基因、互联网）与经济发展的关系。
11. 观察并分析当前外国某企业的发展问题。
12. 调查并分析当前我国某私营企业的发展问题。

第五章 资本积累和扩大再生产

学习目标

◆ 了解资本主义再生产与扩大再生产，资本积累的一般规律，以及相对人口过剩、工人阶级贫困等现象。

◆ 熟悉资本积聚、资本集中以及资本积累的各种方式，资产阶级、工人阶级的阶层变化和劳资关系。

◆ 掌握资本积累与扩大再生产的关系，资本有机构成及其影响因素，知识生产、技术进步、分工扩展与内涵扩大再生产。

资本主义经济为何是不断追求资本增殖、阻止一般利润率下降的扩大再生产，资产阶级如何创造了比过去一切世代还要多、还要大的生产力？这就要在第四章剩余价值生产分析的基础上，从一般到具体、循序渐进地分析剩余价值的生产、实现和分配：第五章从产业资本、知识资本的角度，分析资本积累、知识生产与扩大再生产；第六章从产业资本的循环、周转和商业资本运动的角度，分析市场方式和剩余价值实现；第七章从社会分工和社会总资本的角度，分析价值特别是剩余价值的分配；第八章分析垄断资本、金融资本、世界经济和资本主义政府；第九章从社会总资本、总产品的角度，分析社会再生产、经济危机等问题。

第一节 资本积累

资本雇佣劳动，劳动创造了新价值，新价值首先在工人和资本家之间分割为劳动力价值和剩余价值，劳动力价值就是工资，剩余价值被资本家阶级占有，被产业资本、商业资本、生息资本等不同部门的资本家瓜分。资本家获得剩余价值即利润后，基于资本增殖的经济动机和市场竞争的外在压力，并不会将剩余价值全部消费，而是通过资本积聚、资本集中等方式，将一部分转化为资本，剩余价值转化为资本就是资本积累。进入垄断资本、全球竞争时期，资本积累和剩余价值生产出现了新的现象。资本积累是知识创新、扩大再生产、追逐更多剩余价值的前提条件和实施过程，资本主义经济就是如此循环不断、周而复始地运行和发展。

一、再生产与资本积累

(一) 再生产

人类的需要应当连续不断地被生成、被满足,物质资料生产也应当是连续不断的生产和再生产过程,这种不断更新、反复进行的生产活动维持着人类的生存和发展。对于资本主义的再生产,可以从微观和宏观、物质资料和人口、投入规模不变与可变、技术不变与可变等角度进行分析。

从微观、宏观的角度看,再生产可以分为个别再生产和社会再生产。在微观上,个别或单个资本、企业的再生产是以货币形态为起点,依次转化为生产形态、商品形态,再以货币形态结束的周而复始的过程。在宏观上,社会总资本的再生产是根据生产能力和社会需求而有效配置社会劳动的过程,包括物质资料再生产和人口即商品和劳动力的再生产,物质资料再生产分为生产资料和消费资料再生产。一个完整的再生产过程要完成价值、剩余价值的创造、实现和分配,分为生产、交换、分配、消费等四个相互联系、相互制约的环节。

按照生产要素投入规模是否扩大,再生产可以分为简单再生产和扩大再生产。简单再生产是指劳动力、生产资料的投入数量不变,劳动力质量、生产技术及其结合和使用效率等不变,生产在原有的规模、结构和方式上重复进行,产出的质量、规模和结构也不变的再生产。扩大再生产是指改变生产要素投入,即增加劳动力、生产资料等,产出规模扩大了的再生产。显然,扩大再生产是资本家的本质追求和再生产的主要形式,资本家通过资本积累等途径而不断扩大生产规模,追逐更多的剩余价值。

扩大再生产按照资本积累和增殖的实现方式的不同,可以划分为外延扩大再生产和内涵扩大再生产,以及封闭扩大再生产和开放扩大再生产等类型。外延 (extensive) 又译为粗放,外延扩大再生产是指在劳动力质量、生产技术等不变的情况下,通过增加生产要素投入数量的方式,扩大生产规模的再生产。内涵 (intensive) 又译为集约,内涵扩大再生产是指通过提高劳动力质量、改进生产技术、创新产品种类、变革生产组织方式等方面的创新,提高劳动生产率的方式,扩大生产规模的再生产。具体而言,内涵扩大再生产又可细分为两种类型:一是通过知识和技术创新、教育发展、生产组织方式变革等方法而提高劳动生产率,但产品和行业结构不变的扩大再生产;二是通过社会分工和产品种类扩展、行业结构更新的扩大再生产。当然,在现实经济中,外延扩大再生产与内涵扩大再生产往往结合在一起,内涵扩大再生产的两种类型也往往结合在一起。随着人口不断增长、自然资源不断耗竭,采取知识、技术、经济和制度创新、社会分工扩展方法的内涵扩大再生产逐渐成为扩大再生产的主要方式。

劳动和资本是斯密分析资本主义经济的两个基本概念,《国民财富的性质和原因的研究》第二篇就专门分析资本积累在资本主义经济中的地位和作用。比较而言,斯密以来的经济理论主要是一种静态封闭的、局部均衡的分析,这些理论可以很好地解释某一时间、某种商品的生产和交换,商品的价值和价格,价值的分配和商品的消费,简单再生产的运行和实现等经济问题。然而,对于诸如技术和产品如何创新,再生产如何扩大和持续进行(即经济如何持续增长和发展),国际因素如何影响一国经济发展,经济如何动态增长、一般均衡的经济问题,经济理论则力有不逮。

仍然假设产业资本完整地执行剩余价值生产和实现的职能,劳动力买卖和商品流通都由产业资本完成,第五章主要分析单个产业资本的积累和扩大再生产,后续各章再分析商业资本、生息资本与再生产,社会总资本的积累和再生产等问题。

(二) 资本主义再生产的性质

资本主义再生产不仅是物质资料和劳动力的再生产,同时还是资本价值和剩余价值再生产、资本主义生产关系再生产的统一。

第一,物质资料和劳动力的再生产。任何社会的物质资料消费都不能停止,再生产首先是物质资料的再生产,包括生产资料和消费资料的再生产,同时还是人口以及劳动力的再生产。生产的条件也是再生产的条件,生产的条件包括劳动力和劳动对象、劳动工具、生产技术、劳动环境等方面的经济条件。为了再生产的持续进行,要求将生产的产品分为生产资料和消费资料,从而在实物和价值上更替所消耗的生产资料,并满足人们的消费需要,维持劳动力的再生产。在资本主义经济体系中,生产资料、劳动力采取不变资本、可变资本的形式,在不变的或扩大的规模上不断生产和更替。

第二,资本价值、剩余价值的再生产。资本价值包括可变资本和不变资本两部分。从资本运动过程上看,可变资本是资本家用于购买劳动力的资本,是向工人支付的工资,是资本家预付资本的一部分。但从再生产的过程来看,可变资本其实是工人生产出来的,是工人劳动产品价值的一部分,不变资本也是劳动的产物。因为从连续进行的再生产上看,即使不变资本最初是资本家勤劳或节俭的产物,但由于不变资本不创造价值,而资本家不断地消费,假设资本家的劳动忽略不计,资本家又不占有工人创造的剩余价值,那么资本家坐吃山空,迟早也会耗竭其预付资本。但从现实经济的运行过程上看,资本家不仅没有耗竭其资本,反而通过不断占有剩余价值而实现了资本增殖和资本积累。这样,在再生产过程中,工人不仅通过劳动补偿了可变资本,而且创造了资本积累的源泉的剩余价值。

第三,资本主义生产关系的再生产。如上所述,再生产不仅是物质资料的再生产,资本和剩余价值的再生产,同时也是人口以及劳动力的再生产,劳动力再生产是资本主义生产的必要前提条件。从再生产之外看,工人的消费似乎是私人问题,是非生产性问题。但从再生产过程上看,工人的工资水平只限于满足本人及其家属的生产和再生产,工人的消费只是再生产了给资本家创造价值和剩余价值的劳动力。因此,通过不断再生产而创造出的相对分离的生产资料和劳动力,也就维持了资本家和工人的阶级对立和社会分工,保护和延续了资本雇佣劳动并占有剩余价值的生产关系。

（三）资本积累

在每一次的商品价值和剩余价值的生产过程中，资本实现了从（c+v）到（c+v+m）的增殖。其中，工人获得工资 v，资本家凭借资本雇佣工人劳动而占有了（c+v+m），获得了资本（c+v）增殖的剩余价值 m。对于这一分配结果，工人、资本家可能有消费、投资（储蓄）等支出或使用上的选择。但在资本主义生产方式中，假设工资水平不变，工资是劳动力的价值或价格，只能全部用于生活消费，工人没有储蓄。不考虑资本家的劳动，因为资本家即便参与经营管理劳动而获得了管理者工资，也全部用于资本家的生活消费。那么资本家会获得剩余价值，资本家如何使用其剩余价值？

在任何一个经济体系中，个人或企业为了连续维持简单再生产，必须每次从生产过程中提存并投入所耗费的等量的劳动力和生产资料。为了进行扩大再生产，必须投入比上一次生产过程中所耗费的更大数量的劳动力和生产资料。资本家投入资本的动机就是永无止境地追逐资本增殖，实现剩余价值最大化，由此资本主义生产和再生产的基本特征不是简单再生产，而是扩大再生产。而扩大再生产必然要求增加劳动力和生产资料、可变资本和不变资本的投入，增加资本投入的基本途径就是资本积累。对于某个资本、企业而言，资本积累的源泉可以是其资本的增殖部分，即剩余价值或利润转为资本，也可以是他有、外来的资本，如掠夺和继承、信用和借贷资本都是资本积聚和集中的方法。但从全社会、连续性的角度看，普遍性的方式是资本家将一部分剩余价值用于生活消费，另一部分剩余价值用于投资而转化为资本，资本积累、扩大再生产的结果是产生了更多的剩余价值和资本，如此循环不息，由此资本积累与剩余价值扩大再生产实质上是同一个问题的两个方面。保罗·巴兰也探讨了与资本积累类似的实际经济剩余，即社会当前实际劳动产品与社会当前实际消费之间的差额，以及潜在经济剩余，即在一定的自然条件和技术条件下，利用可获得的生产资源所可能生产的产品和可认为必需消费品之间的差额。[①]

资本家就是人格化的资本，资本家的生命动力就是不断追逐剩余价值。只是资本家的性格和行为不是僵化不变的，而是审时度势、与时俱进的。在创业初期，资本家更倾向于在竞争中追逐最大化的剩余价值，将尽可能多的剩余价值用于资本积累。资本积累是指剩余价值部分或全部地转化为资本，即剩余价值的资本化。资本家为了市场竞争和更大收益，对于雇佣劳动、工人创造的剩余价值往往并不全部用于生活消费，而是将其中一部分转化为新的资本，用于购买更多的生产资料和劳动力，使生产在扩大的规模上进行，这部分剩余价值就转化为了资本。在知识生产、技术进步加快的条件下，资本家还必须加快资本积累，以便研究开发新技术、新产品，及时更新固定资本，雇佣高质量的劳动力，在市场竞争中保持有利地位。资本家如果参加管理、监督等劳动而获得工资性收入，那他就可能将全部剩余价值转化

---

① [美]保罗·巴兰. 增长的政治经济学[M]. 蔡中兴，杨宇光，译. 北京：商务印书馆，2000：107-109.

为新的资本。

但资本家占有剩余价值的最终目的不是积累而是消费。随着生产扩大和财富增长，资本家将相当一部分剩余价值用于消费，挥霍炫富甚至成为社会交往和商业广告的方法，成为取得信用贷款的手段，而信用和投机的发展也使得资本家的挥霍消费成为可能。剩余价值用于消费和积累都是资本家生产动机的实现方式，不同时期、不同资本家的剩余价值如何在消费和积累、现在消费和未来消费之间分配则需要相机抉择，"在资本家个人的崇高的心胸中同时展开了积累欲和享受欲之间的浮士德式的冲突"①。

对于资本积累，可以从资本积累的来源、资本积累的规模和类型、资本积累的结构、资本积累的增长率等方面进行分析。其中，从资本积累的来源看，剩余价值是资本积累的主要来源，暴力掠夺的原始积累、其他阶级的相对剩余收入也是资本积累的来源。规模是指剩余价值转化为资本的价值量，可以从个别资本、企业的资本积累额和社会总资本的积累额，本年新增的资本积累额和多年累计的资本积累额等方面进行分析。资本积累的结构可以从剩余价值转化为生产资料和劳动力、不变资本和可变资本的比例，从私人资本和国有资本、自有资本和他有资本即所有者权益与负债、国内资本与外国资本等角度进行分析。资本积累的增长率是指资本积累规模的变化状况，其中，资本积累率是剩余价值中用于积累的部分与剩余价值之比，即本年新增资本积累额与本年剩余价值额之比（会计上的资本积累率是指本年所有者权益增长额同年初所有者权益的比率），资本积累增长率是本年资本积累增长额与年初资本积累总额之比。总之，资本及其积累是确立资本主义生产方式、追逐剩余价值的前提条件，剩余价值的持续增加又有效强化和扩展了资本主义，资本主义的发展过程就是资本运动和资本积累的持续过程。

资本积累的根本目的就是扩大资本和生产规模，追逐更高的剩余价值率和更大的剩余价值量，资本积累研究的热点就是它对资本增殖的作用。由此，资本积累可分为外延型积累和内涵型积累。外延型积累是指单纯增加劳动力和生产资料的投入数量、单纯延长劳动时间而实现经济的粗放型增长，内涵型积累是指在提高劳动力质量、改进生产技术、创新产品种类、变革生产组织方式等条件下而实现劳动生产率的持续提高。从意大利、西班牙、英国等资本主义的不同崛起和发展过程看，各国现代经济活动尽管受到固定资产投资和自然条件的影响，但外延型积累是一种难以持久的资本积累和经济增长方式，经济增长的普遍性、决定性因素是居民占有资源、利用资源的知识、能力、制度和行为方式。

（四）影响资本积累的因素

剩余价值再转化为资本是资本积累的主要来源。那么，影响资本积累的规模和增长率、资本结构等的因素有哪些？由于资本积累既与剩余价值量、剩余价值率有关，又与剩余价值中消费和投资的比例等因素有关，下面具体分析资本积累的规模与剩余价值率和剩余价值的规模、消费和资本比例之间的关系，以及资本积累与社

---

① 马克思. 资本论：第一卷 [M]. 北京：人民出版社，2004：685.

会劳动生产率的关系。

资本积累主要来源于剩余价值。资本积累规模主要由剩余价值量和剩余价值率而决定，而剩余价值量和剩余价值率都是可变动的因素。其中，剩余价值量取决于以下因素：生产力、劳动生产率和生产劳动中的必要劳动、剩余劳动之比；预付资本及可变资本的规模，不变资本和可变资本比例即资本构成；资本周转速度；等等。剩余价值率取决于必要劳动与剩余劳动之比，而必要劳动、剩余劳动又与生产力、劳动生产率、劳资关系等因素有关。显而易见，影响剩余价值量、剩余价值率的以上因素都与劳动生产率、生产劳动中的必要劳动和剩余劳动相关，而劳动生产率最终受到知识生产、技术进步、经济创新的制约。"一旦资本主义制度的一般基础奠定下来，在积累过程中就一定会出现一个时刻，那时社会劳动生产率的发展成为积累的最强有力的杠杆。"① 熊彼特指出，资本主义经济不是也不可能是静态的，它也不仅仅以稳定的方式扩大。它是由新的企业从内部进行不停的彻底改革，其方式是新的商品或新的生产方法或新的商业机会在任何时刻闯入现存的产业结构。……这样每一家企业都要积累。②

在剩余价值量、剩余价值率不变的条件下，个别资本的积累量由资本家对剩余价值的消费和投资比例而决定。资本家占有的剩余价值不会全部消费或全部积累，一般分为个人消费和投资两部分。显然，剩余价值中的个人消费比例越大，积累量就越小；资本比例越大，积累量就越大。由于资本家是人格化的资本，追求剩余价值是资本家的内在动机和行为目标，且等量资本要求等量利润的平均利润率原则，剩余价值规律和市场竞争规律驱使着资本家不断增加积累，通过自我积累的资本集聚或收购、合并的资本集中的方式，把小企业变为资本更多、劳动生产率更高的大企业。而且，只有不断积累和扩大积累，才能获得越来越多的剩余价值，满足资本家不断膨胀的消费需要。

在其他条件不变的条件下，假设个别资本因采用新技术、新设备，因企业规模经济、范围经济、聚集经济等因素而提高了劳动生产率，单位时间生产了更多数量的商品，商品生产的个别价值低于社会价值，那将从几个方面影响剩余价值生产和资本积累：（1）直接减少了工人的必要劳动时间，相对延长了剩余劳动时间，即降低了劳动力的价值，结果是增加了剩余价值量和提高了剩余价值率，甚至获得了超额剩余价值，扩大了资本积累量；（2）由于降低了劳动力价值，等量资本能够购买更多的劳动力和生产资料，扩大生产规模，从而生产更多的剩余价值；（3）由于技术进步和劳动生产率提高，简单劳动的标准势必趋于提高，劳动者需要提高劳动质量，学习新的知识和技能，增加教育、医疗等费用，这又增加了劳动力再生产的费用，减缓了劳动力价值的降低。

从全社会的角度看，资本积累的最强有力的杠杆是社会生产力、劳动生产率，而劳动生产率与科学技术创新、国内竞争、国际开放等因素有关。随着社会劳动生

---

① 马克思. 资本论：第一卷［M］. 北京：人民出版社，2004：717.
② ［美］熊彼特. 资本主义、社会主义与民主［M］. 吴良健，译. 北京：商务印书馆，1999：80-81.

产率的提高，资本家可以获得更多的剩余价值并用于资本积累，增量剩余价值可以购买更多的生产资料和劳动力，国际资本流动进一步优化了资本结构和资本效率。当然，由于固定资本的无形磨损和固定资本的实物更新、价值转移的速度加快了，这又可能限制相对剩余价值和超额剩余价值的生产。

二、资本积累的方式

资本积累作为剩余价值转化为资本的过程，作为扩大再生产的物质因素和前提条件，是采取一定的形式、通过一定的过程而实现的。在资本主义发展中，资本的积累经历了资本的原始积累和一般积累阶段，个别资本一般通过资本积聚、资本集中等积累，以及债务资本、基金资本、国有资本等方式，不断将私人资本积累起来，以扩大商品生产规模，增强市场竞争能力，从而获得更多的剩余价值。

（一）资本积聚

资本积聚是指个别资本或单个资本家将自己拥有的一部分剩余价值，直接转化为资本，投资于工业、商业等部门的商品生产和交换活动，从而扩大个别资本的总额或规模，实现资本增殖的方式。

资本积聚是在所有权基础上的某一资本自我积累，是资本积累的基础方式和直接结果，是资本集中的前提条件。在现实经济中，资本家的收入储蓄、财产分割和继承等都是资本积聚的具体方法，资本家不断集聚资本而扩大投资规模。

与资本集中相比，资本积聚具有以下特征：(1) 假设其他条件不变，资本积聚受到资本家的资本规模和剩余价值增长率的限制，受到剩余价值量及其消费、投资比例的限制，资本积聚的速度较慢，规模较小，难以在短时间积聚大量资本，投资诸如铁路、港口、钢铁、航天、核能等大规模、高风险的项目。(2) 资本积聚可以扩大个别资本和全社会资本的规模，而在资本积聚到一定量时，资本集中可以扩大个别资本的规模但不会扩大全社会资本的规模。(3) 由于社会分工、市场竞争等原因，个别资本往往在同一产品或行业内积聚，很少进行多产品、跨行业积聚。(4) 在一定时间、一定区域内，社会总资本、总劳动按一定比例分布在许多不同的行业，个别资本的资本积聚不仅受到其资本规模和剩余价值量的限制，而且受到总资本、总劳动的社会分配比例的限制。

（二）资本集中

资本集中是指分散的、多个的个别资本结合成更大的个别资本的过程，包括个别资本设立公司、公司合并和收购，以及企业联盟、合同生产或业务外包等方式。众多个别资本通过多种方式的资本集中，可以扩大资本投入和再生产的规模，提高生产和市场的份额。比较而言，资本积聚是某一资本家的资本自我积累，资本集中是多个资本家的资本合作积累，资本集中不以改变或转移资本所有权为前提，只是对多个资本家的资本的集合统一使用，股份公司和有限公司是资本集中的有效组织形式。资本集中可以分为横向集中和纵向集中,横向集中是指同一商品、同一行业中的资本集中,纵向集中是指上下游的商品、行业之间的资本集中。资本集中是对已经存在并且执行职能的资本在社会化大生产中的重新分配和组合,可以增大个别资本的总额或规模,可以快速集中大量资本,但并不增加社会资本的总额。

资本集中一般出于以下动因,为了获得以下效果:(1)在企业、企业联合的范围内,使过去孤立分散的生产过程不断地变成企业内部的简单协作、复杂协作和企业之间的社会协作的生产过程,增强个别资本的技术能力和生产规模,降低单位产品的生产成本、销售成本、管理成本、财务成本等,形成、强化协作生产的规模经济、范围经济或生产协同效应,解决财务困难并取得财务协同效应等,提高个别资本的劳动生产率。(2)筹集巨额资本,设立大型企业或集团企业,实施中小资本无力承担的大规模、高风险的投资项目。(3)减少竞争对手,获取更大的市场份额,甚至形成寡头的、垄断的市场结构。因此,个别资本之间的合并、收购、联合等成为经济发展中的重要现象,跨国企业通过合并、收购还展开了全球范围的市场竞争,在全球范围追逐最大化的剩余价值。

资本集中可以采取设立公司、发行股票、并购公司等方式,把许多已经形成或正在形成的资本融合起来。(1)设立公司和发行股票。在独资、合伙企业等古典企业基础上创造的公司制度,可以通过私下募集、社会募集等方式集中资本。资本家在公司的出资就形成了公司资本即所有者(股东)权益,包括公司设立时的实收资本、公司设立后的发行资本和公司资本的变动部分。公司设立后,可以通过增资或扩股而进行集中资本,公开发行股票的上市公司可以将孤立、分散的个别资本迅速有效地集中起来。资本变动部分包括公司的留存收益(包括盈余公积和未分配利润)、资本公积等,其中,公司税后收益减去分配给股东股息后的剩余称为企业储蓄,公司的股本和资本变动是资本积累的股权融资、内源融资。(2)并购公司。合并(mergers)是指两个或两个以上的公司依照法定程序归并为其中的一个公司或创设另一个新公司的资本集中行为,合并分为吸收合并和新设合并,横向合并、纵向合并和混合合并,国内合并和跨国合并等方式。收购(acquisition)是指一个公司出于控制对方、占有市场等目的,只购买、取得目标公司的部分股本即可控制目标公司的资本集中行为,收购可分为公开收购、协议收购以及要约收购等方式,合并和收购合称为"并购"(M&A)。借助信用制度、金融市场、市场竞争等手段而进行的公司并购是资本集中的强有力方式,通过经营危机、经济危机进行的公司并购是资本集中的大好时机。1995年全球公司合并、收购总值仅8500亿美元,1998~2000年分别增长到2.4万亿美元、3.3万亿美元、3.46万亿美元,2008~2013年受全球金融危机影响而下降到2.9万亿美元左右,2014~2018年又超过了4万亿美元。①

金融市场是资本集中的重要途径。随着技术进步和金融创新,货币市场、资本市场、保险市场、外汇市场等金融市场可以提供信用贷款、债券、股票等各种融资工具,可以提供资产评估、管理咨询、公司托管等各种服务,从而将大量孤立分散

---

① 根据英国伦敦证券交易所集团(LSEG)等统计数据,http://www.lseg.com.cn。

的小资本以及其他财产汇集起来,这就大大提高了公司并购、资本集中的速度和规模。如英国伦敦证券交易所、德国法兰克福证券交易所、美国纽约证券交易所和纳斯达克、加拿大多伦多证券交易所、日本东京证券交易所、中国香港联合交易所就是全球性的资本市场。美国道琼斯公司1896年首次在《华尔街日报》推出道琼斯工业指数,当时由12种股票组成,1916年、1928年分别增加到20种、30种股票,在一百多年中先后进出该指数的公司高达上百家,但经过并购、退市,其指数成分股中保留至今的只有通用电气公司(GE)一家,在第二次世界大战前成为指数成分股的公司保留至今的只有7家,且通用电气公司也经历了无数次并购,其业务范围从其创始人爱迪生时代的电灯泡制造发展到目前涵盖小家电、飞机引擎、金融服务、传媒、能源、医疗等多元化业务。

(三)资本积累的其他方式

剩余价值是资本积累、资本形成的主要源泉,资本积聚和资本集中是个别资本家将其全部或部分剩余价值直接转化为资本的两种基本方式。此外,债务资本、基金资本、国有资本等也是积累资本的重要来源和方式。

债务资本。从资本来源的角度看,个别资本、企业实际占有使用的、用于剩余价值生产的资本包括股权资本和债务资本,他有、借入的资本即负债也是资本积累、资本形成的重要形式,企业的自有资本和借入资本之和称为企业总资产。债务资本是指债权人为企业提供的各种短期和长期的资本,包括银行贷款、发行债券、融资租赁等,广义的债务资本还包括应付账款、预收货款、商业汇票、票据贴现等商业信用,如总部设在瑞士巴塞尔的国际清算银行监管委员会(巴塞尔委员会)1988年《巴塞尔委员会关于统一国际银行资本衡量和资本标准的协议》(巴塞尔协议)规定,资本=核心资本+附属资本,核心资本即自有资本,附属资本中的债务工具即债务资本。负债主要是其他资本家的资本,也包括自耕农、小业主、独立职业者、工人的少量剩余资金。中小企业、初创企业、落后国家一般侧重股权资本,而大型企业、成熟企业、发达国家一般兼顾债务资本。

基金资本。基金(fund)一般是指孤立、分散的个人、企业等社会主体基于专业投资、利益共享、风险共担的营利目的,将其资金采取契约、公司等方式集中起来,形成一定规模的信托资产,一般会交给银行等基金托管机构和单位信托基金、证券投资基金、产业投资基金、保险基金、退休(养老)基金、公积金等基金管理机构,进行专业化、多元化、分散化的投资,基金机构募集的资本金就是基金资本。公共基金等金融工具起源于19世纪末的英国,兴盛于20世纪初的美国,如1868年设立的英国海外及殖民地政府信托基金、1924年设立的美国马萨诸塞州投资信托基金、1950年设立的美国通用汽车公司养老基金。第二次世界大战结束后各类基金迅速增长,共同基金、退休基金、保险基金等机构投资者已经成为欧美国家广泛筹集和专业使用社会资金的重要手段,如1999年美国公共基金资产规模超过了银行资产而成为最大金融组织,美国退休基金持有了40%以上的公司股份,2005年、2021年全球开放式共同基金规模达到17.8万亿美元、70.9万亿美元,2022年美国养老基金规模达到35万亿美元。①

国有资本，又称公共资本、国家资本。随着私人资本积累、生产集中和生产社会化，需要克服个别资本、市场竞争的局限性，以保障价值和剩余价值的有序有效生产。资本积累除了采取私人性的、市场化的资本积聚、资本集中的方式，资本主义政府还凭借其强制性的公共权力，实行多种形式的国有资本积累和公共政策干预。如政府可以通过税收、财政盈余、中央银行储备等方式而集中一部分居民收入包括私人资本，从而形成、使用国有资本，并通过国有企业、财政补贴、公共基础设施等支出方式，为私人资本的再生产提供公共货物和服务。据估算，英国、法国、德国的私人资本与国民收入之比在1910年之前超过了600%，1920～1980年下降到300%左右，此后又趋于提高，而国有资本与国民收入之比长期不超过100%，1980年以来纷纷降低到50%以下。② 政府可以采取公共政策，对私人资本的市场准入和退出，企业的生产、交易、竞争、价格等市场行为等方面进行管理，调节社会的总资本运动和总劳动配置，影响私人资本的利润形成、分配和积累。政府还可以借助国际战争、国际组织、国家联盟等方式，在世界范围筹集、使用资本并调节资本国际运动，主权投资基金就是国有资本与国际资本的当代结合形式。

一些国家的政府及其国有资本机构不仅参与了国内资本积累，而且通过政府捐赠或援助、政府直接投资或商业贷款等形式，越来越多地参与国际资本积累。20世纪后半叶以来，一些国家由于政府财政盈余或中央银行储备而形成了国有资本或主权财富（Sovereign Wealth），并通过行政机关法人（如中央银行）或者国有企业法人（如国家投资公司）而建立了面向国际市场的主权投资基金（SWFs）。如早在1953年，科威特就利用其石油出口收入建立了科威特投资局，投资于国际金融市场。二十世纪七八十年代之后，各国国有资本的对外投资迅速发展起来。如新加坡1981年建立的负责管理和投资外汇资产的政府投资公司（GIC），挪威1990年建立的负责经营石油收益的挪威政府全球养老基金（NGPF），韩国2005建立的负责经营部分国家外汇储备的韩国投资公司（KIC）。2021年，全球前十大主权财富基金挪威政府全球养老基金和新加坡的淡马锡、GIC投资公司，中东的阿布扎比投资局、科威特投资局、公共投资基金、卡塔尔投资局，以及中国的中国投资、全国社会保障基金理事会、香港金融管理局。

三、资本积累的内容

（一）资本的技术构成和有机构成

人类为了扩大生产，必须积累、占有和使用诸如土地、房屋、粮食、衣服、机

---

① ［美］基思·P.安巴克希尔.养老金革命［M］.董禹，译.北京：机械工业出版社，2014.［美］约翰·博格.共同基金常识［M］.巴曙松，等译.北京：中国人民大学出版社，2011.有关数据见：美国投资公司协会（ICI）网站 https：//www.ici.org/等.

② ［法］托马斯·皮凯蒂.21世纪资本论［M］.巴曙松，等译.北京：中信出版社，2014：141-163.

器、矿产资源、道路等物质资产和知识、技术等知识资产，以及人的劳动力或人力资源。以上形形色色的各种资产在商品生产、价值增殖过程中执行不同的职能，发挥不同的作用，由此可以把资本分为提供生产条件、自身价值不变而只是转移到新商品中的不变资本和用于购买、雇佣劳动力、创造价值和剩余价值的可变资本。资本中的不变资本、可变资本的分类反映了资本的物质内容和使用性质，它们不仅在价值和剩余价值生产中发挥着不同作用，而且这一比率还随着知识生产、技术进步、资本积累等因素而不断变化。例如，农业、餐饮、钢铁、铁路、银行等行业的资本构成就长期存在着显著差异。资本中的不变资本、可变资本的分类、比率和结构被称为资本构成，资本构成可以分为使用价值形态的资本技术构成和价值形态的资本有机构成。

资本技术构成是指从资本的物质形态、使用价值上看，因生产技术的具体性质和发展阶段不同，不同行业、不同生产者投入使用的生产资料数量和使用这些生产资料的劳动力数量之间的对比关系也各具特征并不断变化，马克思把由生产技术决定的、在生产活动中劳动力使用的生产资料数量同使用的劳动力数量之间的资本比率称为资本的技术构成。马克思意识到了知识生产、技术进步是推动人类社会进步的根本动力，是经济长期增长的基本因素，但他的一生正处于第一次科学革命和工业革命过程中，1820～1870年资本主义国家的年均经济增长率不足1%，工人和资本家之间时时发生着各种冲突和斗争。因此，马克思在具体分析资本积累、社会再生产等问题时，并没有充分分析知识的创新和应用因素，而把科学技术对劳动力、生产资料及其结合运用的影响简化为不变资本和可变资本的比例问题。资本技术构成反映着生产关系和生产技术制约下的劳动生产率的水平，只要生产过程中的生产资料数量比使用这些生产资料的劳动力数量相对地增加了，就意味着资本技术构成的提高，生产技术水平和劳动生产率的不断提高。

资本有机构成是由资本技术构成决定、并反映着资本技术构成变化的不变资本、可变资本的价值构成，资本有机构成一般简称为资本构成。从资本的价值形态来看，经济发展阶段不同，不同行业、不同生产者的资本中的不变资本和可变资本的价值量也不相同，资本的这两部分之间的价值比率称为资本的价值构成。资本技术构成从根本上决定着资本价值构成，但技术构成难以定量统计，只能通过资本的价值构成而具体表现。资本有机构成用公式表示即 $c:v$。例如，某产业资本家以100万元投入某一种商品生产，其中，用于设备、厂房、原材料等生产资料的不变资本为80万元，用于雇佣劳动力的可变资本为20万元，资本的有机构成就是8:2。不过，资本价值构成及其变化并非完全一致地反映着资本技术构成及其变化，二者之间存在着一定的偏差。在一定时间内，如果消费资料、生产资料的劳动生产率变化不一，那么其价值的变化也不一致；如果生产资料劳动生产率提高得更快，资本的技术构成和价值构成就可能出现不同速度，甚至不同方向的变化。尽管如此，在内在逐利动力和外部竞争压力之下，剩余价值不断被资本家占有并积累为不变资本，不变资本变动采用新的技术和设备，而资本家用于购买和雇佣劳动力的可变资本的部分相对萎缩，资本价值构成即有机构成存在着趋于提高的现象。

对于资本的技术构成和有机构成等资本构成问题,可以从个别资本、行业资本、社会总资本的范围分别计算和分析。对于某一种商品生产或行业,把所有个别资本的构成加以平均就是该行业的资本构成;对于某一国家或地区,把全部行业的资本平均构成加以平均就是全社会的总资本构成。显然,在一定时期,在产业资本的不同行业,产业资本、商业资本、生息资本等不同形式的资本,由于各自的经营范围、生产技术等都不相同,资本有机构成也不同。随着知识生产、技术进步和劳动力教育增加,资本积累不仅是资本规模、人均资本不断扩大的再生产,而且是资本质量、劳动生产率不断提高的再生产。由此,资本家既不断使用新技术和新设备,较少量的劳动力又可以操纵较多量的机器和原料,生产较多量的产品,其商品的个别价值低于社会价值而获得超额剩余价值,这就意味着不变资本的增长率往往快于可变资本的增长率,资本有机构成存在着提高的趋向。

马克思提出的资本有机构及其趋于提高的理论,是分析生产和再生产、剩余价值、利润和平均利润、绝对地租、相对过剩人口等经济问题的重要理论工具。在分析资本有机构成及其变化趋势时需要注意三点:(1)资本家如何积累、投资,资本有机构成如何变化,从根本上取决于资本家对最大化剩余价值的疯狂追逐,同时又受到劳动和资本矛盾、工人的经济和政治斗争的制约。对于资本家而言,科学技术只分为有利于或不利于攫取剩余价值的科学技术,有利于攫取剩余价值的就是先进的、有效的、适用的、值得投资开发的科学技术。(2)在资本积累、技术进步的过程中,资本家为了生产资料和劳动力的有效结合使用,也不得不加大劳动力生产中的教育、医疗等费用,工人工资、可变资本也会增加,这又限制了资本有机构成的单调性提高。(3)从长期看,知识创新、技术进步和经济创新即人类认识和改造世界的社会生产力是影响资本有机构成的绝对性、基础性的因素,人口增长和人口结构、剩余价值率、工人斗争等是影响资本有机构成的重要因素。

(二)人力资本和知识资本

在资本积累和资本构成中,不变资本、可变资本分别用于购买一定量的劳动力、生产资料,劳动力、生产资料在生产过程中被结合和耗费而实现了资本增殖。由于资本不断追逐最大化的剩余价值,资本不只要从市场上购买一定数量和种类的劳动力、生产资料——这是简单再生产和扩大再生产顺利进行的基本条件,而且要购买质量、效能更高,能够提高劳动生产率、带来更多剩余价值的劳动力和生产资料。

如前所述,在资本主义经济中,劳动力是人的劳动能力,是个人通过物质消费、生育、教育、医疗、娱乐等方式所形成和具有的,能够自由买卖并且在生产过程中运用的体力和智力的总和,劳动力的创新性劳动还形成了知识资产或知识资本,劳动力及其创造的知识资本是生产过程中的基础性、能动性、主导性的因素。从劳动耗费、价值创造的角度看,劳动力可分为劳动者能够提供的简单劳动和复杂劳动、创新劳动的能力。假设人口的数量、寿命、性别、工作日、工作环境等社会条件和自然条件不变,那么创造更多剩余价值、提高剩余价值率的基本途径就是提高劳动生产率、缩短必要劳动时间的相对剩余价值生产方法,而这就需要雇佣高质量的劳动力，制造和使用新的劳动资料和劳动对象，生产新的货物和服务即建立新的行业，改善劳动与资本之间的关系，而这一切归根结底就是不断提高劳动者的劳动能力，激发和保护劳动者的工作积极性和创造性。

对于资本主义经济中的劳动力以及劳动力的知识创新，斯密、坎蒂隆、萨伊等人作了人口理论、企业家才能等分析，新古典经济学则称之为人力资本、知识资本。劳动者因为婚姻生育、教育培训、医疗保健等方面的投资，以及工作经验、人口迁移等因素的影响，形成了其知识、技能等方面的劳动能力即人力资本，还形成了著作、发明、商标等知识资产或知识资本，这都提高了劳动生产率和工资率。对于这一经验事实，配第、魁奈、斯密、李嘉图、穆勒、萨伊等古典经济学家已经从劳动价值论角度进行了分析。如斯密提出劳动分工、劳动者的数量增加和质量提高是国民财富增长的基本条件，穆勒提出教育支出将会带来更多的国民财富，马克思、恩格斯关于简单劳动和复杂劳动、生产劳动、管理劳动、劳动力价值与可变资本、婚姻和家庭、科学技术和教育等思想进一步发展了劳动力理论。马克斯·韦伯《新教伦理与资本主义精神》提出了新教徒的生活伦理促进了资本主义发展的韦伯假说，而后来的经验实证表明：马丁·路德等人的新教改革在倡导人人阅读《圣经》的同时，间接提高了新教教徒的识字比例，增加了学校的供给，促进了教育的发展，提高了人力资本。换言之，是人力资本导致了经济的增长，而不是新教伦理。[①] 20世纪60年代以来，西奥多·W. 舒尔茨、加里·贝克尔、雅各布·明瑟、罗伯特·卢卡斯、保罗·罗默等人将劳动力理论转换为人力资本理论。人力资本是指存在于人体之中的具有经济价值的知识、技能、体力等因素之和，人力资本在经济增长中的作用或贡献逐渐超过物质资本。如舒尔茨系统阐述了人力资本理论，分析了人力资本的形成方式与途径、教育投资收益率以及教育对经济增长的贡献等问题；贝克尔从微观角度研究了人力资本与个人收入分配的关系，罗默、卢卡斯等人提出人力资本、知识资本的私人投资具有外部效应的特征。

正是由于劳动力要素或人力资本及其知识资本不只是价值创造、经济增长中的基础性、能动性的因素，还具有一定的外部效应和累积效应，人力资本才成为资本积累的重要内容和社会财富的主要增量。马尔萨斯1798年出版《人口原理》，满心阴郁地探讨了人口增长与经济增长之间的可怕关系，甚至把人口增长、劳动供过于求视为贫困和罪恶的原因。但早在17世纪，一些国家就开始颁行义务教育法令，如1619年魏玛公国规定6~12岁儿童必须接受义务教育。马克思时代的英国《工厂法》开始规定工人必须接受一定的教育培训，英国1848年《公共健康法》和1870年《初等教育法》颁布后，开始建立公共医疗、义务教育等制度，法国1848年《卡诺教育法案》也要求普及初等义务教育。日本1868年明治维新后，1872年改革中小学和职业、大学教育，小学入学率大幅提高。第二次世界大战结束后，欧美国家普遍建立社会保障制度，推进男女平权、投票普选、集体谈判、参与管理等政治

---

① Sascha O. Becker and Ludger Woessmann. Was Weber Wrong? A Human Capital Theory of Protestant Economic History [J]. The Quarterly Journal of Economics，2009，124（2）：531-596.

和经济民主改革，在普及初中等义务教育的基础上普及高等教育，北欧、西欧等国家还实施高等义务教育，以全面提高劳动者的文化素质和社会流动。以美国为例，20世纪后半叶，由于地方、州、联邦政府投入约占基础投资的1/4，中小学教育支出约占地方、州政府支出中的1/5而成为最大一项，人力资本积累迅速增加，1900年美国人口的高中毕业率不到10%，1970年激增到80%，2015年高中、大学毕业率分别为83%、42%，人力资本约占资本存量的2/3至3/4。[①] 联合国等五大国际组织颁布的《2008国民账户体系》，将研究与开发，矿藏勘探与评估，计算机软件与数据库，娱乐、文学和艺术品原件，其他知识产权产品等五类知识产权产品全部纳入国民经济核算，将研发支出由原来的中间投入修订为固定资本形成。

（三）公共物品与国有资本

由于存在着生产资料私有制与社会化大生产之间的基本矛盾，资本主义经济经常出现严重的市场失灵以至经济危机、社会危机问题，市场失灵突出表现为经济活动的外部性和私人、市场方式对私人物品供过于求和公共物品供不应求等现象，政治、政府干预和国有资本就应运而生了。

私人物品一般是指在占有、使用上具有排他性、竞争性的物质资料或物品，人们生产和消费的衣食住行中的货物和服务大都是私人物品。其中，排他性是指产权、占用的排他性，即该物品易于私人占有和等价交换，个人只有支付一定费用才能够占有和使用相应价值的物品，否则就被排除在外；竞争性是指使用或消费的竞争性，即对于某一物品，当甲使用它，满足一定需要时，必定相应地限制、减少了乙的使用。例如，一个馒头1元，私人必须花1元钱才能购买、占有1个馒头，这是馒头的排他性；甲吃掉了1个馒头，馒头的使用价值和价值就消失了，乙只能垂涎无望。由此，具有排他性、竞争性的私人物品，物品可占有，成本可控制，投资可收回，收益很确定，私人资本够通过投资、生产、交换的方式而充分提供。显然，私人物品具有排他性和竞争性，其价值和使用价值、收益和效用都由其所有者拥有或控制，私人成本与社会成本、私人收益与社会收益相一致，经济活动具有内部性。

与私人物品相对的是公共物品，一般是指在具有非排他性、非竞争性，其私人成本与社会成本、私人收益与社会收益不一致的物品，如国防、外交、立法、无线电视、马路、基础研究、基础教育、社会治安等正外部性、公益性物品，广义的公共物品还包括对诸如环境污染、传染性疾病之类的负外部性、公害性物品的预防治理。例如，制作、播放无线广播、电视等节目需要一定的投资，接收无线节目就应当按需付费，但过去曾经很难实时准确地监测无线节目的接收、消费情况并收取相应费用，换言之，实时准确地监测和收费可能花费不菲，得不偿失，这是非排他性；甲接收、欣赏某一无线节目并不影响乙同样接收、欣赏同一内容的节目，在一定范

[①] 美国教育数据见：美国全国教育统计中心（National Center for Education Statistics，NCES）网站，https://www.niss.org/. 王芮等. 美国发布《2023教育统计报告》[EB/OL]. 上师大国际与比较教育研究院（RIICE）. 2023-05-30.

围内增加或减少消费者人数并不改变成本、收益，即供应非竞争性物品的边际成本为零，这就会导致一些人不愿付费而"搭便车"。再如，宪法的统一制定及其实施机制可以全面而高效维护居民的人身、财产、社会活动的权利，保障有序有效的商品生产和市场竞争，这也是资本主义得以确立和发展的制度条件。公共物品可以分为国际（世界）公共物品、全国公共物品和地方公共物品，纯公共物品和准公共物品。

显而易见，对于非排他性、非竞争性即存在外部性的公共物品，由于难以有效地显示、计量私人应有的偏好、收益和成本，通过私有产权、市场交易方式进行收费和提供既不可能也不合理，相反容易出现"搭便车"、自然垄断、消费不足等现象。二十世纪五六十年代，加尔布雷斯《丰裕社会》《新工业国》等著作就尖锐揭示了私人资本大企业支配经济生活而公用事业严重不足的问题，弗里德曼随后则针对性地提出了货币稳定发行、教育券、志愿兵役等市场化的公共政策。[1] 个人、市场的方式如果不能充分有效地生产提供公共物品或限制公害物品，不仅降低了公共物品的生产和消费，而且限制着私人物品的生产和消费，从而影响着劳动配置效率和社会福利实现。比如，汽油、汽车等消费受到公路限制，洗衣机、电冰箱、空调器、吸尘器、电炊具、收音机、电视机、计算机、手机等电器消费受到水电气、通信等基础网络限制，精神性、社会性货物和服务的消费受到中小学、大学、图书馆、体育场等基础设施和服务的限制。

由于私人资本常常不能、也不愿生产提供公共物品，这就要求政府作为资本特别是垄断资本的总代表和人格化的政治组织，提供政治、经济、知识、社会等公共管理职能，生产提供必要的公共产品和公共服务，矫正个人、市场失灵，维护资本主义生产方式的稳定有序运行。政府依靠强制性的公共权力，通过财政盈余、中央银行储备等而形成、使用的各种资本就是国有资本、国家资本或公共资本，国家权力及国有资本与私人资本之间的各种结合就形成了国家垄断资本。关于国家、政府、国家垄断资本和国有资本等问题，第八章第三节将进一步分析。

四、垄断时期的资本积累

（一）资本积累源泉的扩大

在自由竞争时期，资本积累、产业投资的主要来源是资本家所得剩余价值中未用于生活消费的部分，主要采取资本积聚和资本集中的形式。同时，还可以通过贷款、债券、基金等各种融资工具，大量筹集孤立分散的中小资本以及其他资金，以提高资本集中的速度和规模。正如第八章仍要分析的，当自由竞争引起生产集中，

---

[1] ［美］加尔布雷斯. 丰裕社会 [M]. 徐世平，译. 上海：上海人民出版社，1965. 约翰·肯尼思·加尔布雷思. 新工业国 [M]. 嵇飞，译. 上海：上海人民出版社，2012. ［美］米尔顿·弗里德曼，罗斯·弗里德曼. 自由选择 [M]. 胡骑，等译. 北京：商务印书馆，1982. 米尔顿·弗里德曼. 资本主义与自由 [M]. 张瑞玉，译. 北京：商务印书馆，1986.

资本、技术、生产、销售等集中到一个或几个企业手中时，垄断某种商品的生产、销售并通过垄断价格而获取超额垄断利润的资本就是垄断资本了。自19世纪后期开始的垄断资本主义，由于垄断资本、金融资本和国家垄断资本的发展，资本积累的形式、途径及其对经济的影响也发生了变化。

第一，垄断利润对资本积累的影响。垄断资本的产生和发展对资本主义经济的影响之一就是垄断利润的形成，垄断利润不仅来自垄断企业工人创造的剩余价值，而且来自非垄断企业和其他行业工人创造的一部分剩余价值，以及其他社会成员和国外劳动者创造的一部分价值。垄断资本获得的高额垄断利润，为垄断资本及其他资本的社会再生产提供了相对充裕的积累来源。垄断资本虽然很少在垄断行业进行资本积累和扩大生产，但追逐利润的垄断资本势必投向非垄断行业和国外市场。垄断资本既限制了垄断行业的资本积累和市场竞争，又促进了非垄断行业的资本积累和市场竞争，这就对整个资本主义经济活动产生了利弊互见、变化不定的影响。

第二，金融机构和金融资本的发展对资本积累的影响。在自由竞争时期，银行主要是筹集、使用社会零散、闲置资本，扩大资本积累来源的工具。到了垄断资本主义时期，不仅传统的银行业务获得了继续发展，部分大银行转型为多元化金融机构，保险、证券、信托、基金等金融机构得到了全面发展，因金融创新、电子、计算机、互联网技术等还出现了各种资产管理公司、网络金融机构等新兴金融机构，这些银行和非银行金融机构通过各种方式，面向国内外市场，最大限度地集中了各种来源的社会资本，极力转化为工商业职能资本。

第三，国家垄断资本的发展也扩大了资本积累的源泉。在垄断资本特别是国家垄断、国际垄断资本时期，政府不仅通过税收等手段集中了越来越多的国民收入，通过国有企业方式进行资本积累，而且以财政补贴、政府贷款、政府债券等方式转化为私人企业特别是垄断企业的资本积累。国有企业不仅为私人企业发展创造了外部条件，还通过价格转移等方式，提高了私人资本的利润率和积累率。从实践来看，发达国家集中的国民收入从20世纪初的10%左右逐渐提高到30%以上，其中瑞典、芬兰、丹麦、荷比卢三国、法国等超过40%，[①] 而相当部分通过政府投资、财政补贴等方式最终转移到了私人企业，这都扩大和加速了资本积累。

第四，市场竞争和资本积累在一定程度上推动了知识创新、技术进步和经济增长。由于垄断行业保持了较高的剩余价值率，垄断利润形成的资本积累主要转向了非垄断性行业和新兴行业，这一方面可能导致资本过剩，利润率和利率下降，如21世纪的欧洲、日本经济相继出现了负利率现象；另一方面又加剧了市场竞争，垄断资本和非垄断资本被迫通过研究开发、技术进步等手段，扩大人力资本和知识资本，以提高劳动生产率和剩余价值率，剩余价值量和工人收入水平趋于提高。因此，垄断资本主义时期的科技进步和经济增长趋于加快，经济停滞和经济增长交错出现。

---

① ［英］安东尼·B. 阿特金森，［美］约瑟夫·E. 斯蒂格利茨. 公共经济学［M］. 蔡江南，等译. 上海：上海三联书店，上海人民出版社，1994：18－26.［法］托马斯·皮凯蒂. 21世纪资本论［M］. 巴曙松，等译. 北京：中信出版社，2014：489－493. 政府收入与支出的详细数据，可见各国财政部门统计数据，以及经济合作与发展组织（OECD）、世界银行、联合国等国际组织的统计数据。

（二）资本积累速度的加快

资本积累量和积累率是制约经济增长的条件之一。"一个资本家打倒许多资本家。随着这种集中或少数资本家对多数资本家的剥夺，规模不断扩大的劳动过程的协作形式日益发展，科学日益被自觉地应用于技术方面，土地日益被有计划地利用，劳动资料日益转化为只能共同使用的劳动资料，一切生产资料因作为结合的社会劳动的生产资料使用而日益节省，各国人民日益被卷入世界市场网，从而资本主义制度日益具有国际的性质。"[①] 进入垄断资本主义时期，随着垄断利润的增加和资本积累源泉的扩大，尽管垄断行业的资本积累相对停滞，但垄断资本在非垄断行业的资本积累速度趋于提高，国际投资不断扩大，这可能从整体上保障了经济的持续较快增长。

统计资料表明，19世纪以来，发达国家的资本积累和经济增长呈现加快趋势。除了两次世界大战时期，发达国家的固定资本投资出现了加快趋势，这一加速趋势在第二次世界大战结束后到1973年表现得尤其显著。1870年至第一次世界大战爆发前，正是美国、德国等国家实现工业化的时期，第二次工业革命和垄断资本主义发展客观加速了资本积累和经济增长。第二次世界大战结束后，由于战后第三次工业革命、经济恢复和国家垄断资本的发展，资本积累获得了更大的推动力，资本积累和经济增长达到了空前的速度。从表5-1英国A.麦迪森等人的研究资料可以清楚地看到这一趋势。

表 5-1　　　　　发达国家的经济增长率和资本积累增长率　　　　　单位：%

时期	人均GDP年均复合增长率			非住宅固定资本量年均增长率
	西欧国家	西方衍生国	日本	
1820~1870年	0.95	1.42	0.19	
1870~1913年	1.32	1.81	1.48	2.9
1913~1950年	0.76	1.55	0.89	1.7
1950~1973年	4.08	2.44	8.05	5.5
1973~1998年	1.78	2.5	2.34	4.4

资料来源：[英] 麦迪森. 世界经济千年统计 [M]. 伍晓鹰，等译. 北京：北京大学出版社，2003. 西方衍生国指美国、加拿大、澳大利亚、新西兰四国；非住宅固定资本量是发达国家的数据。

20世纪70年代以来，由于石油危机的爆发和国家垄断资本的过度发展，资本主义国家的市场竞争受到限制，资本积累和经济增长陷入了停滞不前。进入80年代，随着欧美资本主义国家的经济政策调整和国有经济改造，苏联东欧和亚洲社会主义国家的全面改革开放，新一轮科学技术革命的开始，资本积累和经济增长的速度又有所提高，美国经济自1982年以来长期保持了3%左右的较高增长率。

---

① 马克思. 资本论：第一卷 [M]. 北京：人民出版社，2004：874.

（三）资本积累构成的变化

从企业的角度看，资本积累、资本形成不仅来自资本家或股东的资本，而且包括股东之外的他有资本如债务资本、国有资本等。在居民收入水平提高、金融市场发达的垄断资本主义时期，资本积累的方式和源泉发生了重大变化。

从资本积累的方式看，中小企业、初创企业的资本积累依然主要采取自我积聚方式，但金融市场、政府政策发挥着越来越重要的作用。20世纪后半叶，金融市场和企业制度继续变革发展，兴起了有限合伙企业、风险投资、创业板市场、网络众筹、网络共享等新的投资和积累方式，金融市场有力推动了企业外部融资的资本集中。同时，资本主义国家兴起了一波又一波合并、收购、联合的高潮，跨国并购迅速增长，全国并购总额从1996年开始迅速增长，大型项目、大中型企业之间的并购成为资本集中的重要方式，各国垄断资本、垄断企业几乎都是通过连续不断的企业并购而形成的。

从资本积累的来源看，资本家或股东直接投入生产活动的资本虽然数量和占比很大，但越来越多的资本来自国内外金融市场集中、筹集的资本，特别是通过银行贷款、企业债券、股票发行、基金投资等方式而筹借使用的各种资本。此外，国家权力也越来越深入地参与资本积累，政府投资、财政补贴、政府贷款、国际援助等国有资本不断扩大。由于资本市场主要向大中型企业开放，国有资本主要投向大中型企业，这进一步加强了大资本、大企业的实力，加速了私人资本积累和垄断资本形成。

第二节　扩大再生产

资本积累为扩大再生产提供了劳动力和生产资料的物质条件。那么，扩大再生产如何持续、有效地进行，剩余价值如何持续性增长？这至少要解决两个问题：一是商品的扩大再生产的源泉或因素是什么？二是商品的扩大再生产如何稳定有效地实施？对于第一个问题，既然劳动创造了使用价值和价值，就应当从劳动者、劳动力、劳动的角度分析扩大、持续再生产的内在原因。如前所说，扩大再生产尽管分为了外延扩大再生产和内涵扩大再生产，由于自然环境资源和人的寿命、时间相对有限和劳资矛盾、工人运动等因素约束，持续普遍提高剩余价值率、阻止一般利润率下降的基本方法不能是绝对剩余价值生产或外延扩大再生产，只能依靠社会劳动生产率的提高，而社会劳动生产率的持续提高只能依靠资本积累而推动的知识创新和技术进步。这一节主要从产业资本的角度，探讨以资本积累为物质条件、知识创新和分工扩展为增长源泉和途径的内涵扩大再生产活动，第九章再具体分析社会总资本的简单再生产、扩大再生产的前提条件和实现条件。

一、知识创新与扩大再生产

资本主义尽管创造了远远超出过去一切世代的生产力,但其初期的经济增长并不普遍、快速,且经济增长对内主要依靠绝对剩余价值生产,对外依靠殖民掠夺。只是19世纪后半叶以来,欧美、东亚国家才相对普遍、持续地出现了经济增长,经济增长率逐渐加快。斯密把导致现代经济持续、普遍增长的基本原因概括为资本积累基础上的劳动分工,哈罗德-多马增长模型仍然认为资本积累是经济增长的唯一源泉。20世纪50年代以来,罗伯特·索洛、肯尼斯·阿罗等人开始意识到,社会需求、资本推动下的知识生产、技术进步和分工扩展才是经济持续增长的原因。根据库兹涅茨、麦迪森等人并不完全准确的估算,经济发达的西欧地区1900年人口预期寿命不足40岁,1500~1820年人均GDP年均增长率只有0.15%,1820~1870年提高到0.95%,1870~1913年、1950~1973年、1973~1998年人均GDP年均增长率达到1.32%、4.08%、1.78%,而遭遇两次世界大战的1913~1950年人均GDP年均增长率也达到了0.76%,其人口预期寿命1950年、1999年达到了67、78岁。比较而言,美国、加拿大、澳大利亚、新西兰四国即西方衍生国,以及日本、东欧和苏联在1820—1973年也实现了较高的经济增长率,世界其他地区的经济增长则长期停滞不前。①

(一)研究开发

研究开发(R&D)最初是指自然科学中的基础研究、应用研究和试验开发(发展),广义的研究开发是指人类对自然界和人类社会的各种研究活动。知识生产从根源上在于人类的生存发展的需要。知识不只是人类认识世界的手段,也是人类改造世界、获得物质资料的力量。人面对生存发展的压力,依靠其思维和劳动能力,除了简单、重复地开发利用自然资源,还能够通过知识的生产、传播和应用,不断创造新的产品,提高劳动生产率和社会总产品。正如马歇尔所指出,知识和智力的进步促进了财富增长,而组织则有助于知识的形成。② 由此,资本推动的知识生产和知识应用就成为资本增殖、利润增加的基本因素和主要途径。

古代农业社会的知识生产主要还是自发、孤立的个人活动。由于资本对利润的狂热追逐,研究开发逐渐成为人类有目的、有组织、大规模地生产和应用知识的创新性劳动,促使相继发生了两次科学革命和三次工业革命。到了19世纪后期,知识生产已经呈现出了几个显著特征:(1)理论思维与实验(经验)分析、科学与技术的密切结合。(2)研究开发的专门化、职业化。英国工业革命之初,诸如凯伊、瓦

---

① [美]西蒙·库兹涅茨. 各国的经济增长[M]. 常勋,译. 北京:商务印书馆,1999. [英]安格斯·麦迪森. 世界经济千年史[M]. 伍晓鹰,等译. 北京:北京大学出版社,2003:18,116. 此处西欧指广义西欧,包括欧洲的北欧、中欧、南欧和狭义西欧,但不包括冷战时期的波兰、阿尔巴尼亚、保加利亚、捷克斯洛伐克、匈牙利、罗马尼亚、南斯拉夫等东欧七国和苏联。

② [英]马歇尔. 经济学原理[M]. 朱志泰,译. 北京:商务印书馆,1981:上卷338-252,下卷323.

特、富尔敦之类的工人技师多有发明创造，列文虎克、拉瓦锡、孟德尔之类的业余科学家多有科学发现，但第一次工业革命之后的研究开发逐渐不再是个人、大学、企业、政府的孤立分散行为，人类开始进行有目的、有组织的知识生产活动。第二次世界大战爆发后，欧美国家的政府和企业全面组织了军事、经济方面的研究开发。(3) 研究开发的市场化、资本化。研究开发尽管表现为知识生产知识的社会现象，但其本质上已是一种市场引导、资本推动的经济活动，科学家、工程师、文学家和大学教师大多成为资本雇佣的劳动者，知识生产与经济活动密切结合。(4) 研究开发的全球化分工、竞争和合作进程不断加快。①

研究开发由基础研究、应用研究和试验开发等三部分组成，研究开发的知识成果包含自然科学、社会科学、人文学科等方面的基础性、应用性知识和应用这些知识而发明的各种技术性知识。(1) 基础研究是指为获得关于现象和可观察事实的基础知识、基本原理而进行的实验性和理论性工作。基础研究似乎并不以任何专门的或经济的应用为目的，它产生的是普遍的、公共的知识，是对自然界和人类社会及其规律的理解，但它从根本上提供了解决大量的、相关的应用的理论和方法，导致了技术进步、经济增长和社会发展，是无用而有用的研究工作，物理学家爱因斯坦就是20世纪基础研究的伟大代表。(2) 应用研究是指主要针对某一专门的、特定的实际目的或目标，为获得新知识而进行的创造性研究。(3) 试验开发是指利用基础研究、应用研究和实际经验所获得的知识，为产生新的材料、产品和装置，建立新的工艺、系统和服务，以及对已产生和建立的上述各项作实质性的改进而进行的系统性工作。完整的研究开发活动还包括研究开发成果应用、工业生产、商品销售等后续阶段，与之相关的还有技术开发、技术积累、技术扩散、技术老化等概念。其中，技术开发是指知识生产通过应用研究、试验开发而转化为工业生产的全过程，包括技术发明、技术革新和技术推广等三个相互关联的技术活动环节。技术积累是指对既有技术的学习、接受、应用的过程和结果，既包括通过教育、医疗、培训、"边干边学"等人力资本投资途径而积累的人力资本，也包括通过新的机器设备的制造、更新而形成的技术积累，从而提高劳动者质量、企业生产技术和市场竞争能力。技术扩散是将知识创新以有偿或无偿、公开或秘密的方式，传递、运用到个人、企业、国家以至全球的社会活动中的现象，技术扩散的本质是知识的学习和应用、知识效应的发挥和实现过程。技术老化是指原有的技术由于社会发展和知识创新而变成落后技术、逐渐丧失其使用价值的过程，一项技术的发展周期一般都经历研究、试验开发、推广、普及、成熟和老化等演变阶段。

知识虽然是投资的产物和潜在的第一生产力，知识生产、知识资产虽然是技术进步、分工扩展、经济增长的前提条件，但研究开发又具有显著的风险性和不确定性。研究开发的过程是知识生产、技术开发的过程，研究开发的目的在于获得计划中或预料外的发现或发明，并将之运用于经济活动，取得相应的投资收益。不过，

---

① [美] 乔治·泰奇. 研究与开发政策的经济学 [M]. 苏竣，柏杰，译. 北京：清华大学出版社，2002：23 - 35. 王淑芳. 企业的研究开发问题研究 [M]. 北京：北京师范大学出版社，2010：43 - 44.

研究开发往往并不是一种预先计划、精准实施的经济行为，从研究开发的决策、投资、实施到获得相关成果等一系列阶段或环节都存在着严重的信息不充分、不对称性，存在着高度的风险以至不确定性。基础性研究尤其是投入大、时间长、风险高、产出低的研究活动，基础性、不确定性的创新尤其可遇而不可求，是一种极其稀缺的公共物品。第三次科学革命自20世纪初爆发以来，20世纪后半叶转向了技术和经济创新，但第四次科学革命似乎未见端倪。不只研究开发具有风险性和不确定性，研究开发成果的转换、应用等环节也都是一次次的惊险跳跃，制约着商品生产的投资、生产、交换和分配、消费，导致了资本主义经济运行的多变化、不稳定以至经济危机。

（二）知识创新的产权保护

研究开发的成果、产出或直接产物一般称为知识，此外还有思想、理论、学术、科学技术、信息等不同的概念。这些不同的概念存在微妙的差异，人们有时把认识世界的成果称为知识、思想、理论、学问，把改造世界的手段称为科学、工具、技术、技艺等，又从分析、决策和管理的角度使用信息、资讯的概念。还可以把研究开发中的基础成果称为基础理论或科学，把应用研究和开发研究的成果称为技术。研究开发的成果具体包括自然科学领域的论文、软件、数据库、模型、装置等形式，人文学科、社会科学等领域的论文、专著、研究报告、作品、工具书等形式。知识生产的成果又称为知识资产，包括发现、著作、发明、商标、字号等公开性的知识资产，商业秘密等不公开的知识资产，发明、商标、字号等可用于商品生产和交换的知识资产又称为工业产权。

例5-1 知识的现代分类

丰富多彩、不断增长的知识可以分为不同的类别或部分，比如旧知识和新知识，命题知识和过程知识，有用知识和无用知识，私人知识和公共知识，显性（明确、可编码）知识和隐性（默会、不可编码）知识，通用知识和专用知识，正义知识和邪恶知识，精神（宗教）知识、基础知识和应用（实用）知识，基础研究知识、应用研究知识和开发研究知识，自然科学知识、社会科学知识和人文学科知识，信仰、习俗、道德、观念、技能、文艺等原发性知识和人文学科、自然科学、社会科学等系统性知识，等等。经济合作与发展组织（OECD）的知识概念由4个W构成：know-what，知道是什么，关于事实方面的知识；know-why，知道为什么，关于原理和规律方面的知识；know-how，知道怎么做，关于技术、智力、诀窍方面的技能知识；know-who，知道是谁，关于管理和制度方面的人力知识。此外，知识还应该包括两个W：know-when，知道什么时间，关于知识的动态或发展特征；know-where，知道什么地点或空间，关于知识的地域和国家特征。改革开放以来，我国逐渐恢复和建立了知识产权体系：1980年我国加入1967年成立的世界知识产权组织，1982

年、1984年、1986年、1987年、1990年、1993年、2007年我国相继制定了商标法、专利法、民法通则、技术合同法、著作权法、反不正当竞争法、物权法，2001年我国制定了《计算机软件保护条例》，2012年我国签署并于2014年批准了世界知识产权组织《视听表演北京条约》。

创新性和私人性是人类知识的基本特征。知识是人们对自然界和人类社会前所未有的、降低风险和不确定性的探索研究和发现发明，知识是创造性、新颖性的知识。哈耶克1936年《经济学与知识》等揭示，知识的生产、使用、收益、占有的原初和最终的主体是特定的、具体的个人，知识首先和主要是隐含性、过程性、专用性、技术性的私人知识，个人在掌握、使用这些特定时空条件下具有个体观念依存性的知识方面具有个别性特征和比较性优势，个人知识主要通过个体的、分散的、分工的、自愿的、非强制性的方式加以有效使用，即个人应当是劳动分工和知识分工的主体和目的，个人知识是私人所有和受益的人力资本和知识资本，竞争性市场是沟通、使用个人知识的有效方式。创新性的知识往往既具有实用性和营利性，在其存续、应用上往往又具有显著的非排他性、非竞争性。正如阿罗1962年《边干边学的经济含义》指出的，作为研究开发的成果，作为一种特殊性的生产要素或资产，知识的本质特征是资产的占有、使用、收益上的非排他性和非竞争性，这一特征在科学发现和通用发明上尤其显著，知识是一种公共性物品、准公共性物品。[①]但知识的非排他性、非竞争性势必损害了知识的私有性、营利性，现代社会由此在传统的动产和不动产所有权的基础上，建立了适应知识创新、商品生产和交换的著作权（版权）、专利权、商标权等知识产权制度，对知识创新从专有权（垄断或独占权）、优先权、使用收益权等方面进行有效保护和激励。

由于知识的生产者孤立分散地保护其知识成果费心费力，难以排他性地独自占有、使用知识并获得收益，基础知识、通用知识的非排他性尤其显著，这就导致他人往往无偿分占、获得了知识的使用价值和价值，知识的生产者因他人的不劳而获而得不到应有的、足够的权益，从而削弱、破坏了知识创新的动力。专有权是所有者对某一种资产或权利所独立享有的、可以禁止他人违法使用的权利，是所有者在一定时间和地域内独占对著作、发明、商标等知识成果的人身权和财产权。优先权又称在先权，是当多人同时对同一知识成果提出所有权时，确定权利归属的规则或法律。在确定知识成果的所有权时，基本规则有两个：一是自动取得原则，即创新在先原则，法律授予最先发现发明的人，如著作权大多采取这一原则；二是申请在先原则，法律授予最先申请的人，除非多人同时申请，这时授予最先发现发明的人，如专利权、商标权大多采取这一原则。创新者一旦获得可以广泛、持续应用于经济活动的著作、专利、商标、字号、地理标志等知识产权，就可以凭借专有权而在一定时间和地域内独占商品的生产和销售的收益以至超额收益，足以补偿研究开发的

[①] Kenneth J. Arrow. The Economic Implications of Learning by Doing [J]. The Review of Economic Studies, 1962, 29 (3): 155–173.

投资，这将极大地激励和保护创新性劳动的积极性和创造性，各方面、竞争性、持续性的知识创新成为了经济增长、社会进步的基本途径。

创新性、私人性的知识资产以其非排他性、非竞争性而具有了外部性即公共物品特征，这又要求对知识生产的产权保护进行时间性、地域性等方面的限制。知识资产以其非排他性、非竞争性，不仅可以被所有者使用，而且可以被其他人低成本、等效用地占有使用，他人大规模、重复性、无偿性地使用知识尽管损害了知识所有者的权益，但并不降低知识的使用价值，相反普遍降低了他人的成本，提高了他人的收益。比如知识可以被汉语、拉丁语、英语等自然语言和图形、数字等人工语言所表达，可以被金石、竹帛、纸张、胶片、磁带、磁盘、光盘、芯片等载体低成本、重复性地记录、储存、传递、分享、使用，在使用过程中易于被剽窃、模仿、学习、使用，过度地、绝对化保护知识的私人产权可能降低知识的社会收益。因此，知识的权利保护应当具有相对合理性，力求在激励创新、保护私人权利与推广使用、增进社会利益之间达到平衡。其中，知识产权的时间性、地域性原则是指知识产权只在法律规定的期限、地域内受到保护，其中，专利权的保护期限一般为 10～20 年，实用新型、外观设计、商标一般为 10 年，商标权期满可以续展，著作权期限一般为作者有生之年加 25～70 年，所有者只在保护期内享有知识的专有权。对于具有显著的公共物品性质的基础研究、科学发现，一般实行科学基金、税收减免、义务教育、知识命名权、科学奖章奖金等保护政策，以扶持和激励基础知识的创新和应用。

（三）基于知识创新的扩大再生产

知识创新只是研究开发的初步成果，新知识只是上一次创新性劳动的有效部分和物化形式，并不意味着知识生产过程的结束，知识的创新还必须转化为知识的传播和应用。马克思、恩格斯一直把知识创新、知识资产、科技进步作为历史发展的强有力杠杆和革命性力量。《共产党宣言》明确指出：资产阶级在历史上曾经起过非常革命的作用。……自然力的征服，机器的采用，化学在工业和农业中的应用，轮船的行驶，铁路的通行，电报的使用，整个大陆的开垦，河川的通航，仿佛用法术从地下呼唤出来的大量人口，——过去哪一个世纪料想到在社会劳动里蕴藏有这样的生产力呢？① 马克思《资本论》更屡屡强调知识生产、科学技术在资本主义经济中的巨大作用：大工业把科学作为一种独立的生产力与劳动分离出来，并迫使科学为资本服务，科学转化为资本支配劳动的权力。大工业把巨大的自然力和自然科学并入生产过程，使生产过程转化为科学在工艺上的应用，必然大大地提高劳动生产率。② 而科学技术的进步、劳动生产率的提高和剩余价值的增长是相辅相成、互为一体的，这也是马克思对资本主义生产方式进步性的理性解释。

按照熊彼特提出和发展的创新理论，创新不只是知识创新，更是知识在不同企业、行业中学习、传播、应用，作为资本主义灵魂的企业家的职能就是实现创新，

---

① 马克思，恩格斯．共产党宣言［M］//马克思恩格斯选集：第一卷．北京：人民出版社，1995：277.
② 马克思．资本论：第一卷［M］．北京：人民出版社，2004：418，444，487，720.

以改变企业的生产方法、生产函数和生产效率,打破企业、行业以至国民经济的经济均衡。熊彼特的创新概念包含五种情况,这五种情况可以概括为产品创新、技术创新、市场创新、组织(制度)创新,可以分为产品创新和非产品的技术、销售、组织上的创新两大类。可见,熊彼特的创新不是指单纯的知识创新,而是知识创新因在经济中的传播、应用而导致生产技术、产业结构、交换方式以至知识观念、生活方式的突发性、革命性的发展变化,创新是一种系统性、创造性的破坏和进步过程。① 反之,知识创新如果不能有效运用于经济活动,带来一定的投资收益,就会被资本束之高阁。

从知识的生产、传播和应用的角度看,人是有意识、能动性的智慧生物,信仰、习俗、道德、技能、文艺、科学等人类知识一旦形成,人类知识的内容、性质和数量,人类知识的生产、传播和应用就全面深入影响着个人行为和经济发展,绝对不能轻视、歪曲人类知识对经济活动、政治活动的巨大能动作用。比如,人们的教育、知识、思维水平,对于劳动、职业、财产、消费、生育、家庭、创新、秩序、合同、竞争、冒险、生命、自然等现象的认识和态度,是悲天悯人还是幸灾乐祸,是因循守旧还是创新进取,这些既是每个人的知识和观念,又指引着每个人的选择和行动。再如,牛顿《自然哲学的数学原理》、斯密《国民财富的性质和原因的研究》、汉密尔顿等《联邦党人文集》、马克思与恩格斯《共产党宣言》和马克思《资本论》、凯恩斯《就业、利息和货币通论》、希特勒《我的奋斗》、卡森《寂静的春天》等作为知识性上层建筑,对于现代经济、政治活动都产生了巨大影响。

创新是一连串的不确定、突发性的知识演化事件,一旦知识创新、技术进步改进了劳动生产率,个别资本、单个企业为了降低商品生产的个别劳动时间和工人工资的必要劳动时间,降低生产、管理和销售成本,就会提高劳动熟练程度和劳动强度,以避免亏损以至破产,获取最大化甚至超额的剩余价值。在个人权利、财产私有、利润驱动和市场交换、全面竞争的条件下,个别资本、单个企业不只具有积累和投资的可能性,而且必须连续不断地积累和投资,投资于研究开发,更新、采用新技术、新机器,使得企业具有国内乃至国际竞争的比较优势,直到新知识、新技术传播、应用到全社会。如美国电话电报公司(AT&T)1877年创办的贝尔电话公司,1925年收购西方电子公司的研究部门后成立贝尔电话实验室公司,取得了有声电影、立体声录音、晶体管、蜂窝移动通信、太阳能电池、激光器、发光二极管、数字交换机、通信卫星、射电天文学、电荷耦合元件、UNIX操作系统、C语言等一系列重大发明。1987年成立的中国华为技术有限公司,自1998年起将其约10%~15%的销售收入、45%的员工用于研究开发,并将其大部分盈利和98%的股份用于员工激励,从而迅速成为世界先进的通信设备制造企业。

在资本主义的发展过程中,资本运动所推动的知识的创新、传播、应用越来越成为资本积累、产业调整、经济增长的基本途径。可以把知识的创新、传播和应用而导致的经济创新、经济增长分为两种类型或方式:(1)产品创新和分工扩展。知

---

① [美]约瑟夫·熊彼特. 经济发展理论[M]. 何畏,等译. 北京:商务印书馆,1990:73-74.

识的创新、传播和应用促使形成了新的产品、职业和行业,淘汰了旧的产品、职业和行业,打破了原有的分工、竞争和市场均衡状态。由于资本不断投资于研究开发,诸如动植物品种和化肥、饲料、农药,发电、石油、核能、钢铁、塑料等能源、材料产品,书写、印刷、电话、电报、电影、电视、电子计算机、互联网等通信或信息技术,蒸汽机、轮船、火车、汽车、飞机、管道等交通运输设备,铸造、冲压、焊接、热处理、机械加工、装配等加工技术不断发生了基本的、重大的创新,形成了一个个新的产品和行业,引发了三次工业革命。(2)劳动生产率的提高。知识生产、技术进步应用于经济活动,即便未形成新的产品和行业,往往也导致了劳动能力、工艺技术、生产资料、销售方法、组织形式等方面的改进或革新,提高了某一企业、行业甚至全社会的劳动生产率,进而创新形成了新的社会生产条件和供求平衡。比较而言,产品创新、分工扩展往往迅速、持久、全面地提高了劳动生产率和社会总产品,是创新的主要方式。因此,创新性劳动不是一般的复杂劳动,不是自乘或多倍的简单劳动,创新性劳动因创造新技术、开发新商品、更新生产条件而在同等时间内形成了垄断性的利润和巨大的社会进步,所以,对人力资本、知识资本的持续普遍投资才是维持资本主义发展的基本手段。

例5-2 爱尔兰的创新奇迹

瑞士、瑞典、荷兰、芬兰、丹麦、以色列、新加坡等都是依靠知识创新而实现社会经济发展的人口、资源小国,爱尔兰是经济创新的后起之秀。爱尔兰与英国比邻,面积7万多平方千米,2018年人口487万人,是个传统的农牧业国家,数百年来一直以出国移民潮、悲情诗人、饥荒、内战和矮精灵而闻名,1919年宣布独立后经济发展缓慢,1973年加入欧盟时是最穷的成员国,1988年英国《经济学人》杂志以爱尔兰做封面故事,标题为"欧洲的乞丐"。进入20世纪80年代,爱尔兰在制度、政策创新的激励下,开始建立国家创新体系,如中央政府对教育、研究开发、技术服务和技术转让提供直接的资金支持和减税免税政策,教育公共开支自1985年一直是首要项目,1996年实现大学免费教育,培养了大批高质量人才。政府又保护、鼓励企业进行自主创新和市场自由竞争,电子信息、软件、工程、制药、金融高附加值产业的世界顶尖公司大半纷纷在爱尔兰建有生产基地、研发中心,2002年就吸引了260亿欧元的外商直接投资,而中国当年只有550亿美元外商直接投资。20世纪90年代以来,爱尔兰经济保持年均7%增长,1998年软件出口额超过美国、印度而跃居世界第一,是全球前十大药品出口国,观光旅游业每年收入也超过50亿欧元,1997年《经济学人》的爱尔兰封面故事标题为"欧洲之光"。2003年爱尔兰人均GDP达4.1万美元,相当于欧盟平均水平的136%,超过了德国、法国和英国,2023年人均GDP达11.4万美元而远超欧洲大多数国家。

资料来源:参见英国广播公司2011年纪录片《爱尔兰的故事》(The Story of Ireland);约翰·吉布尼著、吉尔与麦克米伦出版社2006年版、潘良译、广西师范大学出版社2021年版《爱尔兰

简史》(*A Short History of Ireland*) 等。

正如剩余劳动是剩余价值的唯一来源，生产和占有剩余价值的基本方法包括绝对剩余价值生产和相对剩余价值生产，知识生产、教育普及、技术进步也是通过剩余价值生产的两种方法而实施和发挥作用的。(1) 在必要劳动时间一定的条件下，技术进步可以通过以下途径融入绝对剩余价值生产，而不必绝对延长劳动时间：一是随着生产机械化、自动化，工人成为了机器、生产线的附属或助手，更多的妇女儿童参与了生产劳动。二是随着设备的连续运转，工人劳动采取了分班、换班制度，从而降低了设备的无形磨损。三是劳动标准化，工人劳动采取了标准操作、重复操作的方式。四是在标准化、网络化的实时监控下，工人还可以采取分散劳动、弹性劳动。(2) 通过知识的创新、传播和应用，资本家可以不断改进劳动力、劳动手段、劳动对象，优化商品生产和交换的方式方法，从而普遍提高资源配置的静态效率和动态效率，缩减必要劳动时间和劳动力价值，组织相对剩余价值、超额剩余价值的生产。

二、分工扩展与扩大再生产

知识的生产、传播和应用而导致的扩大再生产或经济增长的基本方式是产品创新和分工扩展，斯密、马克思、马歇尔、熊彼特、哈耶克等人都深刻分析了个别分工、社会分工与经济增长的关系问题，米瑟斯强调"整个人类的文明就建立在这种劳动分工所带来的很高的生产效率的基础之上"①。

（一）分工的效益

知识生产、技术进步导致了新的产品、职业和行业不断出现，社会分工和企业内部的个别分工不断扩展。不断扩展的劳动分工成为社会生产力进步的主要途径，人类从脆弱、孤立、蛮荒的古代社会逐渐转向大规模生产、开放性竞争的资本主义工业化、市场化、全球化时代。分工和分工扩展对经济运行和增长的作用，可以从企业内部的个别分工和企业、行业之间的社会分工两个方面具体分析。

分工的效益首先表现在斯密、马克思、马歇尔等人所具体探讨的企业等组织内部的生产劳动的个别分工大大提高了劳动生产率上：(1) 个别分工和专业化使得每个劳动者原本要独立完成的一系列的生产劳动阶段或工序，分割、集中在单一或较少的专门操作上，使得每个人的知识、技能的学习专业化和操作重复化，大大提高其工作的熟练程度和判断力，减少工作失误，所谓的熟能生巧、精益求精，有利于形成和提高人力资本，极大提高工作量。(2) 个别分工使得企业雇用专业化工人，工人节约了转到不同的操作或工种的成本，企业减少了更换和培训工人的损失，从

---

① ［奥］路德维希·冯·米瑟斯. 自由与繁荣的国度 [M]. 韩光明, 等译. 北京：中国社会科学出版社, 1994：60. F. A. 冯·哈耶克. 个人主义与经济秩序 [M]. 邓正来, 译. 北京：三联书店, 2003：77, 128.

而降低了劳动力的市场交易成本。(3) 个别分工和协作使得多个劳动者可以在同一时间、同一空间共同完成劳动生产的不同阶段或工序，可以持续、反复、共同、大量使用厂房、土地、机械等生产资料，企业可以实行专业化、标准化、连续化、精益化等生产方法，从而简化和节省工人的劳动，节省原材料的运输和投入，进而降低单位产品的劳动和生产资料投入，这都提高了生产效率，降低了生产成本。(4) 企业内部众多劳动者之间既分工又协作，这种集体性或团队性劳动既可能激发竞争和学习，又可能引起偷懒和串谋，资本家势必要改进企业的组织结构和管理水平，优化企业内部的分工和协作，从而促进组织创新，降低管理成本。(5) 分工劳动不仅要求劳动者专门学习和熟练掌握旧知识，而且要求他们发现生产上的问题，改进劳动手段、劳动对象和生产方法，生产工具从简单机械走向大机器、机械化、自动化，普遍性、持续性降低了生产成本。在斯密时代，许多技术和机器就是一线工人开发的，如英国纺织工人哈格里夫斯发明的珍妮纺织机，铁匠纽可门研制的蒸汽机。总之，企业内部的个别分工如斯密所言，同样数量的劳动者能够完成比过去多得多的工作量；换言之，马歇尔特别分析了个别分工使得个别资本有效组织商品生产和交换，获得了专业化、规模经济、范围经济等内部经济收益，提高了企业和行业劳动生产率。①

分工的好处更加表现在社会分工、迂回生产、网络经济上，社会分工导致了生产力进步、所有制形成和不同职业、企业、行业之间的全面持久的商品交换和市场竞争：(1) 社会分工首先使得每个劳动者、企业的生产劳动专业化，个人、企业因从事专业化生产而获得了如前所述的一系列收益。(2) 社会分工和个别分工的不断发展，提高了社会生产力和劳动产品量，物质资料甚至出现了相对剩余，劳动及其产品的不平等分配又形成了各种所有制，这正是马克思《德意志意识形态》和《资本论》第一卷的分析结论。(3) 社会分工是个人、企业之间竞争和交换的必要条件和一般基础，即同一行业的企业在市场上相互竞争，不同行业的企业在市场上相互交换，市场交换实现了因分工和竞争而提高的劳动收益，建立在分工、交换和竞争、协作机制上的资本主义市场经济极大地发展了社会生产力，这或许是分工的最重要的经济效应。(4) 社会分工和竞争促使每个人、每个企业不断创新知识，发明技术，特别是知识生产的社会分工和市场竞争全面推进了知识的创新和应用，知识的生产、传播和应用是通过产品创新、效率提高而实现的，这进而推动了劳动手段、劳动对象、生产方法的不断改进，推动了投资、决策、管理、营销、激励等商品生产和交换方式的不断创新，银行、股份公司、证券交易所等企业及其治理结构不断变革，新产品、新行业以及相关产品、行业和国民经济的全面、持续、有效的增长和发展。(5) 创新和分工意味着不断涌现新的产品和行业，增加生产的链条和层级，形成迂回式生产方式——分工劳动、迂回生产的经济效率又取决于企业规模和

---

① [英] 亚当·斯密. 国民财富的性质和原因的研究：上卷 [M]. 郭大力，王亚南，译. 北京：商务印书馆，1972：9~12. 马克思. 资本论：第一卷 [M]. 北京：人民出版社，2004：374-580. 马歇尔. 经济学原理：上卷 [M]. 朱志泰，译. 北京：商务印书馆，1964：265-324. 李由. 大国经济论 [M]. 北京：北京师范大学出版社，2000：28-31.

市场规模,推动了从国内到国际的开放、分工和竞争。① (6) 社会分工的专业化,以及规模经济、范围经济等经济效应推动了企业的经济一体化或企业规模的扩张,同一行业的个别资本、企业之间竞争生产而形成了外部的规模经济,不同行业的个别资本、企业分工交换而形成了外部的范围经济,个别资本、企业之间的外部规模经济、范围经济合称为外部经济,分工和交换、竞争和协作等产生的规模经济、范围经济、外部经济等又导致人口和生产资料、企业和行业的聚集经济,促进了经济增长、城市繁荣和社会进步。

规模经济是得自知识创新和劳动分工的一种显著的、普遍的经济效应。对于一定生产技术条件下的某种商品,当企业所有投入以一定比例同时增加、产出增加的比例大于投入增加的比例时,换言之,生产某种商品的长期平均成本随着生产规模的扩大而下降时,就是规模收益递增或规模经济。马歇尔把规模经济分为两类:一是个别企业在生产技术、经营管理上提高效率而形成的内部规模经济,内部规模经济还可能带来企业的市场垄断;二是多个企业之间因合理的分工、布局、联合等因素而形成的外部规模经济,即外部经济。希克斯把规模经济分为因劳动专业化而导致的规模经济和因大机器、大工厂而导致的规模经济。实际上,分工劳动的条件之一就是一定规模的市场需求和批量生产,斯密的分工和专业化理论已是规模经济的古典解释,技术进步还可以导致新的规模经济,因知识创新、分工扩展而产生的规模经济在工业生产特别是一次次工业革命中得到了突出表现。

阿伦·杨格1928年《收益递增与经济进步》在斯密、马克思等人的分工理论遭到长期冷落后,从收益递增角度重新探讨了分工、专业化与经济增长之间的关系。② 知识生产和技术进步形成了新的分工和行业,分工的实施又要求人力资本、物质资本的投资和积累,采取大企业的组织形式和大规模、迂回式的生产和交换,这导致了分工、交换扩展和资本积累、市场规模扩大,形成了个别企业的规模经济、范围经济和企业之间的聚集经济,扩展的市场规模又诱致和深化了分工,如此互动、循环和累积、发展。这时,诸如观念、法律和政府管理、产权保护和资本积累如果都支持市场发展,产品具有较大的需求弹性,创新、分工和增长就能够顺利推进了。卡尔多1967年《经济发展中的战略因素》发现,12个工业发达国家的经济增长率与该国工业部门的产出增长率正相关,工业部门的劳动生产率与产出增长率即工业规模正相关,工业部门存在着普遍的规模经济,而且整个经济的劳动生产率增长率与工业部门的产出增长率正相关。③ 概言之,在商品生产中,由于企业内部分工和机器使用,众多企业、行业不仅呈现了静态上的成本递减的规模经济,还引致了知识积累、技术进步、外部经济等动态上的经济效益。因此,资本推动、市场协调的

---

① [英]亚当·斯密. 国民财富的性质和原因的研究:上卷 [M]. 郭大力,王亚南,译. 北京:商务印书馆,1972:16-20. 马歇尔.《经济学原理》上卷 [M]. 朱志泰,译. 北京:商务印书馆,1964:265-331.

② Allyn A. Young. Increasing Returns and Economic Progress [J]. The Economic Journal, 1928, 38 (152):527-542.

③ Kaldor, N. Strategic Factors in Economic Development [M]. The Frank Pierce Memorial Lectures at Cornell University. Ithaca: university Press, 1967.

技术更新和工业增长越快，劳动力从农业向工业转移越快，即工业资本雇佣劳动越多，劳动生产率也提高越快，这就是所谓的卡尔多－凡登定理（Kaldor－Verdoorn Law）。内生增长理论侧重分析知识生产和资本积累、人力资本积累问题，把知识创新的外部性作为了经济增长模型的内生的、基本的因素。

（二）分工的扩展

知识的应用、分工的扩展受到自然条件和社会条件的制约，受到个人劳动能力、生产技术、企业规模、市场规模等因素的制约。一个国家的地域越大，人口数量越多，人口质量越高，居民越自由，法治越健全，国家越开放，人均收入、人均可支配收入和社会需求规模就增长越快，知识创新、技术进步就越容易，每种商品、每一行业的专业化、规模经济、范围经济、聚集经济等经济效应也就越能发挥作用，而这不仅易于实现创新、分工、交换和竞争的效益，而且催化引致了新的创新、分工和专业化，不断扩展着社会分工的规模和结构，使剩余价值率和利润率保持在较高水平。美国建国之后，以其地域、人口、经济、教育和科技的持续扩展，以及长期宪政和全球开放，保障了美国能够充分实现分工、交换和竞争的企业效益和产业效益。分工如果超越国界，在世界范围开展竞争和交换，就能进一步扩展分工和交换的效益。由此，国际的分工、交换和竞争实现了世界范围的生产要素有效配置：分工和交换突破了国界的限制后，企业可以全球生产和交换，劳动力和生产资料可以全球配置，从而提高了资本利润率，最终也提高了各国的国民收入和消费水平。

工业革命、产业结构和消费结构调整是分工扩展的集中表现。在知识创新和技术进步的支持下，劳动力质量不断提高，社会分工不断扩展，新产品、新行业不断出现，如果企业的交易成本低于管理成本，企业内部的个别分工就会扩展为专业化程度不断提高的企业之间、行业之间的产品之间的社会分工，进而扩展为行业内部的企业之间的产品内的社会分工，即产品内分工，而企业内部的规模经济扩展为更多企业的规模经济和外部经济，经济的产业结构和社会的经济结构不断精细化，经济的市场化、社会化程度不断提高。资本主义经济中的产业结构调整具体表现为①：（1）在三次产业结构中，农业的产值和就业人口的比例不断下降，先是工业、后是服务业的产值、就业人口比例不断上升，欧美发达国家的服务业比例不断上升。（2）农业、工业、服务业的内部结构不断变化，特别是工业、服务业形成了分工越来越专业化、行业越来越精细的产业、产品体系。（3）基于知识、信息和数据技术的创新和应用，知识性、信息性、数字性产业迅速发展，经济合作与发展组织1996年《以知识为基础的经济》估算，发达国家的知识经济产值已经占当时国内生产总值的一半；进入21世纪，美国、德国、日本、英国等国数字经济迅速发展。（4）国内经济中的城乡结构、地区结构和国际经济结构也都不断调整。社会分工扩展而形成了新产品和新行业，这就意味着不断出现剩余价值的新的生产部门。当今服务业

---

① 陶大镛. 现代资本主义论［M］. 南京：江苏人民出版社，1996：210－297. 李由. 大国经济论［M］. 北京：北京师范大学出版社，2000：87－115.

或第三产业的迅速发展,意味着剩余价值生产的主体正从体力劳动者转向脑力劳动者,劳动的复杂、创新程度不断提高,剩余价值的生产和占有手段越来越隐蔽、复杂和高超。

城市化是分工扩展的重要表现。城市是指经济活动和居民住户集中,以致私人企业和公共部门产生内部规模经济、范围经济和外部规模经济、范围经济的连片地理区域。古代社会的基础是农业经济和乡村社会,城市主要承担政治统治和军事防卫的职能。资本主义城市是以资本为基础和纽带,以工商企业为组织形式,一定规模的劳动力和生产资料聚集和结合的产物,是实现社会分工、组织商品生产和剩余价值创造的空间形式。城市化是指分散孤立的人口和经济由乡村向城市转移聚集,人们的生产生活方式由乡村农业向城市工业服务业转化的发展过程。城市化的基本动力依然是资本、工人追逐更高水平的利润、工资。显然,社会分工既受到知识的创新和应用的支持,又受到市场规模的限制。劳动力、生产资料以及货币资本只有积聚到一定规模和密度,生产和交换规模足够大,个别资本、企业、行业才能够实现分工生产和市场交换的专业化、规模经济、范围经济等经济效应,众多资本、企业、行业才能够实现企业之间的聚集经济、网络经济的经济效应,特别是城市的房地产和生活服务行业不仅创造了新的剩余价值,而且消耗了工人趋于提高的工资收入,城市的产业发展和经济效应又循环累积地扩展了社会分工和城市规模。

(三)分工的局限性

创新、分工、交换和竞争是组织生产、提高劳动生产率的基本方式,资本通过创新、分工和专业化生产而推动了经济增长,获得了剩余价值,但分工和专业化也内含着一系列明显的缺陷或局限。

第一,分工和专业化导致劳动的单调重复,降低个人的劳动兴趣和劳动能力。斯密《国民财富的性质和原因的研究》第五篇在论及教育问题时指出,一个人长期消磨于少数单纯的操作,可能形成专用性劳动能力,但他缺少机会来养成和发挥其全面、均衡性的能力,导致知识上的狭隘单调、精神上的愚钝浅薄和情感上的荒凉抑郁。不断演进的创新和分工意味着在没有他人协作、交换的情况下,每个人的独立生存发展能力越来越差,社会的富裕不是作为个人的富裕,而是作为一个富裕社会的成员而富足。马克思《1844 年经济学哲学手稿》,马克思、恩格斯 1845~1846 年《德意志意识形态》等著作,曾经把这种劳动者被迫从事某种劳动、固定在一定生产环节的专业分工称作旧式分工,认为它是一种文明的、精巧的剥削手段,是一种异己的、使人的活动丧失主动性、幸福感的力量,分工扩展容易造成劳动异化等社会问题,这种异化、非人性化的劳动至今依然引起工人的焦虑、怠工和反抗,企业必须不断改进劳动方式和组织管理方式。在《资本论》等著作中,马克思还基于资本主义生产方式,从经济分析而非哲学思辨的角度阐明了劳动异化的本质。事实上,知识创新、分工扩展的速度往往大于多数人的知识学习、职业调整和伦理变迁的速度,当代社会的创新、分工与人的适应性、丰富性、幸福感之间的冲突尤其明显。

第二，个别分工需要内部协作，社会分工引起商品交换，分工作为经济活动的一种方法，必然产生相应的成本和收益。斯密、马克思等人已经分析了分工和交换的生产成本、管理成本、流通成本问题。科斯 1937 年《企业的性质》提出交易成本概念以来，交易成本逐渐成为解释经济发展、衡量制度效率的重要工具。[①] 对于某种商品，在家庭、企业等社会主体内部是个人独立完成还是分工生产，取决于不同方式生产单位商品的成本收益比较；在家庭、企业等社会主体之间是独立生产还是分工生产，同样取决于不同方式生产单位商品的成本收益比较。从会计核算的角度看，企业各种成本大致分为生产成本和管理、销售、财务上的费用。个人生产的成本如果最低，那么分工、家庭、企业、市场等都不可能出现了。市场组织生产的交易成本如果过大，企业就会走向扩张、并购、一体化，政府主导的管制经济、计划经济甚至有可能取代市场经济。

第三，建立在私有制和社会分工基础上的商品生产和交换蕴含着供求失衡、经济危机的风险。个别分工和社会分工意味着生产者必须独立自主地组织经济活动，分工既导致了决策分散化、信息不对称，在存在不充分、不对称信息的风险、不确定性的经济环境中，无数个社会主体的分散决策、分工生产又如何达到个体和社会的理性？马克思系统研究了社会分工和个别分工，认为包括一般分工和特殊分工在内的社会分工使独立的商品生产者互相对立，他们只承认竞争的权威，只承认互相利益的压力加在他们身上的强制，这种竞争具有市场自发性和无政府性；个别分工和工场手工业分工以资本对人的绝对权威为前提，人变成了属于资本家的一个机构的单纯肢体，劳动者终身从事某种局部操作并消极地服从资本的强制管理。这样，个别劳动与社会劳动之间，私人生产与社会需求之间如何协调均衡，分工、交换在促进经济发展的同时，也蕴含着供求失衡、经济危机的风险。任何一个企业、行业、群体如果不正常履行分工和交换职能，如事故、罢工、破产，通过市场的网络放大效应，都可能让生产和生活陷入困顿甚至瘫痪，而经济的周期性波动就成为资本主义经济的必然产物和必要代价。

第三节　资本积累的一般规律和劳资关系

每一个资本家都强烈追逐更多的剩余价值，不断推动资本积累、知识创新、技术进步、分工扩展和扩大再生产，由此资本主义经济在创新和波动中增长，欧洲、北美等地区相继实现了工业化、现代化，其他国家和地区卷入了追赶进程。马克思在《资本论》第一卷第七篇分析个别资本的资本积累和再生产，《资本论》第二卷第三篇分析社会总资本再生产时，探讨了技术进步、资本有机构成提高、利润率和利率下降等问题，提出了由于资本主义经济基本矛盾的屡屡恶化，失业、贫困、污染、经济危机等社会问题不断发生，工人经济状况及其与资产阶级之间关系也不断

---

① R. H. Coase. The Nature of the Firm [J]. Economica, New Series, 1937, 4 (16): 386–405.

变化。

一、资本积累的一般规律

（一）资本积累的客观规律性

如何认识资本积累在资本主义经济中的地位和作用？资本积累和扩大再生产的一般规律是什么？

在资本主义经济中，资本积累具有客观必然性。一方面，剩余价值规律是资本主义商品生产、资本积累的内在动力，资本积累就是资本家为了追逐最大化的剩余价值，剩余价值不断转化为资本的自我强化过程。资本家除了在现有生产条件下提高对工人的剥削程度外，还必然致力于知识生产和资本筹集，通过资本积聚和资本集中的形式而不断增大资本量，改进生产技术和使用新的设备，将更大规模的生产资料和劳动力不断投入经济活动，以提高劳动生产率和剩余价值率。资本雇佣劳动而生产剩余价值，剩余价值转化为追加资本，追加资本又生产追加剩余价值，由此剩余价值资本化的资本积累就成为资本主义经济的永恒旋律和客观现象。另一方面，价值规律和竞争规律是资本积累的外部压力。为了把商品的个别价值降低到社会价值以下，在竞争中打败对手，资本家只有不断地进行资本积累，且不变资本的增长率还常常快于可变资本。可见，资本积累是资本家不断扩大资本和生产规模的过程，是资本结构特别是资本有机构成不断提高的过程，其实质是扩大剩余价值生产和社会财富越来越多地集中在资本家手中的过程。这一过程现在又被称为资本广化、资本深化问题，其中，资本广化是指在经济活动中，实际资本的增长率与劳动力的增长率相等，从而总资本和总劳动的比例得以保持不变；资本深化是指人均储蓄超过了资本广化而使得人均资本上升，即人均资本积累超过了资本广化而使得资本有机构成上升的现象。

对于资本主义的资本积累和经济发展问题，斯密《国民财富的性质和原因的研究》上卷在分析国民财富增长问题时，第一、二篇就分别分析了劳动、劳动分工和资本、资本积累问题，认为劳动分工和资本积累是经济增长的基本方法。而莫尔、康帕内拉、巴贝夫、圣西门、傅立叶、欧文、蒲鲁东等空想社会主义者对此展开了持久性的批判，欧文等人还进行了空想社会主义的社会实验。马克思《资本论》第一卷第七篇从简单再生产、资本积累和扩大再生产等方面进行了分析，提出了资本积累的一般规律："社会的财富即执行职能的资本越大，它的增长的规模和能力越大，从而工人阶级的绝对数量和他们的劳动生产力越大，产业后备军人数也就越大。可供支配的劳动力同资本的膨胀力一样，是由同一些原因发展起来的。由此，产业后备军相对量和财富的力量一同增长。但是同现役劳动军相比，这种后备军越大，常备的过剩人口也就越多，他们的贫困同他们所受的劳动折磨成反比。最后，工人阶级中贫苦阶层和产业后备军越大，官方认为需要救济的贫民也就越多。这就是资本主义积累的绝对的、一般的规律。"①

资本主义积累的一般规律包含着三个具体规律：资本家利润增加和财富积累规律，相对人口过剩规律，工人阶级贫困规律。在普遍化、竞争性的商品生产中，由资本主义生产方式及其基本矛盾所决定的资本主义积累的一般规律是客观存在的经济规律，资本主义积累的一般规律揭示了资本积累所引起的资产阶级的财富积累同工人阶级的贫困积累之间的内在联系和必然趋势。因此，在一极是利润的增加和财富的积累，同时在另一极是受雇佣和支配、劳动折磨、失业贫困、无知粗野的积累，二者之间呈现根本性的对抗，工人阶级在资本主义社会难以摆脱这一命运。

随着剩余价值生产和资本积累的如此循环进行，资本总额不断增大，不变资本的增长率常常快于可变资本，资本的有机构成比例随之趋于提高，这些都在整体、长期上影响着价值和剩余价值生产、工人雇佣和就业等经济发展状况。当然，在发展变化的现实经济中，资本主义积累的一般规律也会有具体不同的形式和内容，这具体表现为资本家利润增加和资本积累、利润率下降、相对过剩人口、对自然资源的掠夺性开发破坏、经济波动增长等规律性现象。在当代经济的信息化、网络化、全球化的进程中，商品和职业更替加速，劳动生产率不断提高，大资本的信息和管理优势有所提高，资本、生产和销售的集中程度有所强化，拥有并提供简单劳动的广大劳动者的就业机会、工资水平、收入份额和社会处境相对恶化，这一现象在发达国家的低文化、低收入阶层和许多发展中国家尤其突出。

（二）资本积累和一般利润率下降

19世纪中期以来，随着英国等国家工业革命的逐渐完成和分工、市场的不断深化，商品生产从独立、分散的个别行动逐渐转变为社会行动，产品从个别产品转变为社会产品，生产转向工业化、市场化、城市化、全球化的现代大生产。显然，个别资本家为了在市场竞争中处于有利地位，必然不断将剩余价值转化为资本，改进生产技术，扩大固定资本投资，以提高劳动生产率。而资本积累对生产资料和劳动力产生了新的需求，资本家无论是以不变资本代替劳动而提高劳动生产率，还是以劳动替代资本而提高相对剩余价值生产，归根结底是在其资本、投资一定时降低成本水平，提高剩余价值率和剩余价值量。在知识创新、技术进步、工作日缩短的趋势下，多数资本家竞相引进设备，在愈来愈多的生产环节用机器代替劳动，而技术进步和固定资本更新又导致不变资本较快增长，较少量的劳动可以推动较多量的机器和原料，生产较多量的商品，从而使可变资本在资本中的比例趋于降低，资本有机构成趋于提高。

然而，由于资本主义私有制与社会化大生产之间的基本矛盾，资本家即便全力扩大积累和生产，但因为剩余价值的生产和剩余价值的实现并不是一回事，剩余价值生产也往往难以顺利实现，利润率难以提高甚至下降。由于资本积累和经济增长中的内在的、结构性矛盾，剩余价值的实现和剩余价值率的提高不只受到社会生产

---

① 马克思. 资本论：第一卷 [M]. 北京：人民出版社，2004：742.

力的制约，还要受到不同生产部门的比例和社会需求、消费力的制约，社会消费力受到资本主义分配关系、资本家资本积累和扩大再生产的欲望的限制。在相对剩余价值生产中，商品单位价值随劳动生产率的提高而下降时，生产的使用价值量比价值和剩余价值量增长得更快，剩余价值生产和剩余价值实现之间的矛盾更加激化。在资本主义发展过程中，随着资本积累加速和资本有机构成提高，个别资本、单个行业的资本利润率即便不变甚至提高，社会总资本周转速度也会趋于减慢，剩余价值的实现条件趋于恶化，生产能力和商品出现过剩，剩余价值率和剩余价值量趋于降低，社会一般的或平均的利润率就常常出现了下降趋向，作为平均利润率表现的利息率也出现了下降趋向，这还打开了经济危机和政治危机的通道。

从第四章的剩余价值率 m′、利润率 p′公式，可以清晰地看出利润率与剩余价值率、资本有机构成之间的关系：

$$利润率\ p' = p/(c+v) = m'v/(c+v) = m'/(c/v+1)$$

概言之，利润率与剩余价值率成正比，与资本有机构成成反比。例如，假设在某一时期，可变资本绝对量和剩余价值率不变，资本的周转速度也不变，那么随着固定资本的投资，不变资本的绝对量会不断增加，资本总量和资本有机构成也会不断提高。在全社会的资本有机构成不断提高、即便剩余价值率不变的情况下，同一时间的利润水平即一般利润率显然也会逐渐下降。[①] 例如，假设剩余价值率从100%提高到150%，资本有机构成（c/v）从60/40提高到80/20，这时利润率不仅没有提高，反而从40%下降为30%。又如，假设其他条件不变，但全社会资本的周转速度变慢，那么同一时间的利润率也将趋于下降。一般利润率趋于下降是资本积累、商品生产中的一个重要现象，某些时期甚至出现了负利润率、负利率，这不只出现在资本和劳动投入驱动、经济创新不足的资本主义初期阶段，也出现在经济知识化、全球化的21世纪发达国家，马克思称之为资本主义特有的经济规律。

对于马克思提出的资本主义的一般利润率下降的理论，以及利润率与资本积累、资本有机构成、实际工资率、劳动生产率等因素之间的关系等问题，经济学界长期研究，争论至今不息。[②] 比如，利润率下降的因素是什么？李嘉图等经济学家认为，利润率下降应归因于生产要素的边际生产力递减规律。利润率下降是一种局部的、阶段性的现象还是普遍的、长期的现象？马克思在《资本论》第三卷列举了对于利润率下降起反作用的六种因素：一是工作日的延长、劳动的强化等因素，提高了劳动剥削程度即剩余价值率；二是工资被压低到劳动力价值以下，当然这不是一般性的原因；三是增加使用机器，提高劳动生产率，从而使得不变资本各要素变得更便宜，即降低了单位不变资本的价值；四是存在相对过剩人口，不仅有助于发展一些资本有机构成较低、利润率较高的企业或行业，而且可以压低工人工资而提高剩余价值率；五是通过对外贸易，可以获得价格更低的生产资料和消费资料，提高剩余

---

① 马克思. 资本论：第三卷 [M]. 北京：人民出版社，2004：236.
② 牛文俊. 战后美国利润率长期变动的研究 [D]. 天津：南开大学，2009. 鲁保林. 一般利润率下降规律：理论与现实 [D]. 成都：西南财经大学，2012. 刘灿，韩文龙. 资本积累、利润率下降趋势与经济周期 [J]. 经济学动态，2013（3）.

价值率;六是增加使用只提供利息或股息的股份资本。①

当然,利润率即使出现了局部性、阶段性下降现象,剩余价值率也往往并不一定下降,剩余价值率的提高还有助于阻碍利润率的下降。而且,随着资本积累和生产规模的不断扩大,以及垄断资本、垄断利润的趋向扩张,资本家雇佣劳动所获得的剩余价值量或利润量往往并没有减少,反而趋于增加,这都正是资本积累规律作用的必然结果。因为随着资本总量的扩大,可变资本所占比例虽然降低,但它的绝对量不断增加,资本所雇佣的剩余劳动量、占有的剩余价值量或利润量也不断增加。在资本积累的过程中,利润率的下降和利润量的增大是同一过程的两个方面,所以马克思又把利润率趋于下降规律称为利润率下降和绝对利润量同时增加的二重性的规律。

马克思之后,资本积累、技术进步、分工扩展、垄断资本、国际竞争、政府干预等因素对工人就业、资本有机构成、工资水平、利润量和利润率等产生了错综复杂的影响。由于利润最大化是每个资本家经济活动的基本目标,正如萨缪尔森、置盐信雄等人所探讨的,资本家势必采取各种手段阻止利润率的下降,资本积累加速、产品和技术创新、资本有机构成提高、金融市场创新、对小资本家和其他生产者的剥夺等都必须遵循最大化利润原则,这些手段只有能够降低生产成本即不降低利润率时才可能被资本家引入和运用,置盐信雄还提出了技术进步促使利润率上升的"置盐定理"。② 比如,由于社会总资本中用于生产劳动、生产商品的资本数量虽然趋于增长,但用于非生产劳动的资本数量增长得更快,越来越多的劳动力转向非生产性部门,特别是转向金融部门和政府部门,剩余价值的创造与分配之间也出现了冲突,降低了利润率和利息率。再如,阻碍利润率下降的根本因素是知识的创新、传播和应用。资本家为阻止利润率下降而必然投资于研究开发,重大的、基础性的产品创新一旦出现,新兴行业和相关行业的劳动生产率、剩余价值率和利润率就会趋于提高,工人生存发展所需要的消费资料价格和价格总额也可能相对下降,利润率也将有所提高。

自19世纪70年代第二次工业革命、20世纪中叶第三次工业革命以来,随着知识的创新、学习、扩散和应用,社会分工的规模和结构不断扩展,劳动生产率的不断提高,新产品、新行业不断形成着新的剩余价值。随着资本的集中和集聚而导致的资本利用效率的提高,随着垄断资本在国内、国际的不断扩展,随着资本的国际流动和市场的国际竞争而导致的不发达国家物美价廉的生产资料、消费资料不断流入发达国家,工人劳动力价值及其工资多年不变甚至下降,由于以上这一系列因素的影响,剩余价值率、利润率并没有出现长期性、普遍性的下降,相反,在某些国家、某些时期、某些行业还出现了上升的趋势,比如20世纪六七十年代以来欧美国家剩余价值率和利润率的提高。当然,新产品、新行业的生命循环一旦进入成熟和

---

① 马克思. 资本论:第三卷[M]. 北京:人民出版社,2004:258-268.
② Okishio, N. Technical Change and the Rate of Profit[J]. Kobe University Economic Review, 1961(7):85-99. [日]置盐信雄. 技术变革与利润率[J]. 骆桢,李怡乐,译. 教学与研究,2010(7).

衰退阶段，利润率下降又将居于主导地位。因此，资本主义生产方式在资本有机构成趋于提高时，还存在着阻碍利润率下降的多种因素，保证了某些地区和行业的利润率不下降甚至有所提高，平均利润率的下降主要是一种长期性、周期性波动的现象或趋向。

（三）资本积累和相对过剩人口

资本积累在整体、长期上影响着工人阶级的就业、工资等经济状况，这就需要分别从个别资本和社会总资本的角度，分析资本积累与人口、就业、工资之间的关系问题。

假设资本积累增加，但资本有机构成不变。资本有机构成不变，这意味着在资本主义生产中，一定量的不变资本始终需要相应量的劳动力。随着资本积累增加，对劳动力的需求也将同步增加，这将提高工人的就业水平。资本积累对劳动力的需求如果一时超过劳动力的供给，就会提高工人的工资水平，反之就会降低工人的工资水平。那么，资本家如何解决资本积累与劳动力供不应求或供过于求的问题？马尔萨斯提出了人口增长率快于食物、经济增长率的命题，而马克思批评马尔萨斯的人口理论为"经济学的教条"和"人口的狂想"，提出了相对过剩人口的产业后备军理论。当然，资本主义生产方式限制了工资变动的界限，工资水平提高一旦降低了剩余价值率，资本家就会采取各种降低劳动成本的措施。

假设资本积累不变，但资本有机构成提高。资本有机构成提高，这一般是技术进步、劳动生产率提高的结果，即资本家投入生产中的不变资本、生产资料的增长率高于可变资本、劳动力的增长率，较少量的劳动推动较多量的生产资料生产较多的商品。换言之，单位劳动使用了更多的生产资料，生产了更多的商品，这是资本主义经济的常见现象。然而，可变资本相对减少就意味着资本对劳动力的需求相对降低甚至绝对降低，资本雇佣劳动力的数量趋于下降。同时，随着人口增长和农村劳动力、女工和童工涌入劳动力市场，发展中国家劳动力流向发达国家，劳动力的供给也在绝对地增加，从而形成相对过剩人口，一部分劳动者处于失业、半失业状态。相对过剩人口是指劳动力的供给超过了资本对它的需求，即劳动力人口供给相对于资本需求而出现了剩余。对于资本主义社会中经常存在的、有时增长着的大量失业和半失业的相对过剩的劳动人口，马克思又称为产业后备军、失业大军。

尽管资本积累和资本有机构成趋于提高，但知识的创新、传播和应用也导致了社会分工扩展和新行业出现，在一定程度上缓解了相对过剩人口问题。技术进步一方面可能导致机器替代工人的劳动，效率更高的新机器相对减少了对劳动的需求，从而造成相对过剩人口；技术进步另一方面可能因分工扩展、新行业出现而增加工人就业。第三次工业革命以来，新的信息、生物、空间、材料等技术进步和产业兴起，不仅降低了单位产品的不变资本消耗，阻碍了资本有机构成提高，一系列的技术进步又形成了新的产品和行业，创造了一系列新的就业岗位，资本雇佣了新的劳动力并获得了新的剩余价值，但这并不能从根本上消除相对过剩人口现象。

在人类历史上，每一种生产方式、每一个国家都有其一定的人口增长规律，但人口增长与经济发展之间应当保持一定的数量和结构关系。李嘉图已经提出，劳动的自然价格就是必须使劳动者能够共同生存，就是人类不增不减永世长存的价格；换言之，劳动的市场价格虽然可能上下波动，但工人长期的实际工资收入刚好可以保持一家数口温饱的水平，维持劳动力的生产和再生产，不会剩余也不会饿死，这就是所谓的工资铁律。马尔萨斯1798年匿名首次发表、1803年再版《人口原理》，曾经基于"食物为人类生存所必需""两性间的情欲是必然的"两个法则，根据"人口增加必然为生活资料所限制""生活资料以增加算术级数（1、2、3、4、5……）增加，而人口以几何级数（1、2、4、8、16……）增加""人口增长必然超过生活资料增长，从而人口过剩和食物匮乏，占优势的人口增加必将为贫困和罪恶所抑制，使人口和生活资料保持均衡"三个命题，诚惶诚恐地提出了他的人口和经济理论。[①] 古典学派的李嘉图、约翰·穆勒等人也十分倚重马尔萨斯的人口理论，根据所谓的人口增长、土地和资本收益递减等规律，提出人口增长率如果持续超过食物增长率，资本主义经济就可能陷入停滞状态，人类社会就会陷入所谓的马尔萨斯陷阱。尽管马尔萨斯混同了人口和就业、劳动和工资等经济现象，马尔萨斯的法则和命题颇为危言耸听，罗马俱乐部1972年《增长的极限》中的悲观预测也一直没有兑现，但人类社会长期存在着消费需要与生产供给之间的严重冲突。

相对过剩人口实质上是资本积累、市场竞争的经常结果，是资本主义生产方式的存在条件之一。这是因为：相对过剩人口形成了一支可供资本挑选、雇佣的产业后备人口，为资本积累、生产扩大随时提供了劳动力资源；资本主义生产具有周期性波动，繁荣时期增加就业，危机时期增加失业，相对过剩人口适应了生产周期波动对人口需求的变化；相对过剩人口的存在和扩大，还增大了就业人口的工作压力和失业人口的就业竞争，迫使就业工人不得不从事较高强度、较低工资的工作，资本家可以强化对工人的支配和剥削。在1929~1933年大危机期间，资本主义国家工业生产下降幅度最高达40%，失业人口最多超过3000万人，1933年美国、德国失业率接近30%。[②] 因此，相对过剩人口不是单纯的人口现象，而是资本主义经济的客观产物，相对过剩人口又成为调节就业、工资水平从而保证较高的剩余价值率的重要条件。

资本积累、市场竞争中的相对过剩人口存在着不同的表现形式。马克思将相对过剩人口分为流动的过剩人口、潜在的过剩人口、停滞的过剩人口等表现形式。其中，流动形式指时而就业、时而失业的人口，即临时性、短期的失业人口，主要是青少年失业人口。潜在形式指因资本主义农业生产而导致的过剩的、失业半失业人口，主要是濒临破产的个体农民和因机器排挤而失业的农业工人。停滞形式指长期失业人口，长期失业往往与产业结构、技术结构变动有关，与分工发展、大机器生

---

① [英] 马尔萨斯. 人口原理 [M]. 朱泱, 等译. 北京: 商务印书馆, 1992: 10-17.
② [美] 阿瑟·林克, 威廉·卡顿. 一九〇〇年以来的美国史中册 [M]. 刘绪贻, 等译. 北京: 中国社会科学出版社, 1983: 6-15. [美] 米尔顿·弗里德曼, 安娜·雅各布森·施瓦茨. 大衰退（1929—1933）[M]. 雨珂, 译. 北京: 中信出版社, 2008. [美] 默里·罗斯巴德. 美国大萧条（1929—1933）[M]. 谢华育, 译. 上海: 上海人民出版社, 2009.

产及其对劳动的替代有关，也与个人的身体、文化素质低下有关，而资本积累、资本有机构成提高、生产技术进步则是保持相对过剩人口的重要原因。

随着资本主义从自由竞争转向垄断，以及技术、工业和社会的不断发展，垄断资本主义的生产条件发生了重大变化，资本积累和劳动力供给呈现了新的特征：（1）劳动力供给结构发生了变化。由于全面确立了资本主义制度，劳动力从非资本主义部门向资本主义部门、从农业向工商业的转移基本停止。20世纪后半叶，发达国家进入后工业化时期，农业人口比例普遍少于5%，几乎不存在马克思所称的潜在形式的失业人口，一旦经济危机爆发，城市失业人口不能再赶到农村，就又加剧了资本主义社会的不稳定性。（2）发达国家人口和劳动力增长率趋于降低，但发展中国家人口增长过快。由于童工制度逐渐废止，灾害、战争特别是两次世界大战导致了人口大量死亡，居民的教育年限和就业年龄不断提高，这都减轻了劳动力供给压力。随着法国60岁以上人口占比从19世纪后期开始超过10%，发达国家20世纪六七十年代以来纷纷出现了晚结婚、高离婚、低生育、高学历、高龄化的人口老龄化现象，人口出生率和增长率不断下降，劳动力增长逐渐放慢甚至下降。如2008年全球60岁以上人口占比超过10%，而发达国家达到20%，65岁以上人口占比达到15%；2023年日本、意大利、德国、法国等30个国家65岁以上人口占比超过20%，而非洲国家普遍不足5%，欧洲、东亚地区许多国家人口总量开始下降。一些国家传统的婚姻、家庭趋于解体，如2020年经济合作与发展组织国家男女初婚年龄均超过30岁，非婚生育人口占比超过40%，而墨西哥、智利等发展中国家甚至超过70%。相对地，发展中国家特别是非洲人口迅速增长，世界人口总量从1950年25亿人急增到2023年80亿人，其中，发达国家、发展中国家人口分别为11亿、69亿人，迅速增长的人口及其消费需要对自然环境、社会稳定形成了巨大压力。[①]（3）垄断资本对劳动力需求也发生了一系列变化。由垄断资本的地位和性质决定，垄断资本加速积累而增加了一定的就业量，资本积累和有机构成提高又相对减少了对劳动力的需求，最终往往加剧人口的相对过剩。由于垄断时期产品、产业结构的迅速变化，许多传统的行业特别是劳动密集型的行业逐渐衰落、消亡或者转移了，一些新的行业逐渐兴起，特别是资本密集型的工业行业和知识密集型的服务行业迅速发展，这对劳动力需求和就业提出了新的要求。由于社会保障制度的逐渐建立，因工资、福利水平上升而导致劳动成本相对提高，这迫使资本家采取节约劳动的技术和设备，提高资本有机构成，抑制对劳动力的需求。

资本主义社会存在着经常性、大量性的失业人口，意味着社会再生产、劳动配置存在着低效、失灵现象。马克思之后，以新古典经济学为代表的经济学家一般不承认资本主义存在着非自愿性失业，而把失业归结为摩擦性失业、自愿失业等。如摩擦性失业是指由于劳动力流动性不足，信息不完全，职业技能不足，以及市场组

[①] 世界人口数据可见世界银行（https://www.shihang.org/）、联合国（https://www.un.org/）等国际组织的统计数据，以及中国国家统计局根据世界银行等国际组织而编制的2008—2023年《国际统计年鉴》，如《国际统计年鉴2023》（https://data.stats.gov.cn/files/lastestpub/gjnj/2023/zk/indexch.htm）。

织不健全等季节性、技术性因素，劳动力供给与工作岗位之间出现了时间、空间上的不匹配，一部分人寻找、等待就业而一部分岗位空缺，这是一种临时性的失业现象。A. 庇古提出了自愿失业，即工人由于不接受现行的工作条件和工资水平或比现行工资稍低的工资而未被雇佣，这种因劳动力主观不愿就业而出现的失业现象称为自愿失业，而工会和工人斗争、最低工资标准等被认为是导致自愿失业的重要原因。不过，凯恩斯1936年《就业、利息和货币通论》承认，资本主义经济存在严重的有效需求不足和非自愿性失业，并不只是摩擦性失业、自愿失业。在现代社会，结构性失业、周期性失业、摩擦性失业、季节性失业、工资刚性失业都属于非自愿失业。

（四）工人阶级贫困和分配不均

按照资本主义的经济逻辑，随着资本积累和经济增长，工人的工资收入和物质生活的绝对水平虽然缓慢提高，但工人作为一个阶级，其经济和社会状况、工人工资的相对水平终将趋于停顿而难以根本改变，甚至经常恶化。马克思《资本论》第一卷指出："由此可见，不管工人的报酬高低如何，工人的状况必然随着资本的积累而日趋恶化。……因此，在一极是财富的积累，同时在另一极，即在把自己的产品作为资本来生产的阶级方面，是贫困、劳动折磨、受奴役、无知、粗野和道德堕落的积累"。[①] 工人阶级贫困是指只要资本主义制度存在，工人阶级就一定要受资本家的雇佣和剥夺，阶级对立就一定存在，工人工资只能保留在维持工人劳动力生存和再生产的水平，并且随着资本主义的发展，这种剥夺和奴役的范围越来越大。

对于工人阶级的贫困问题，可以从剩余价值率，失业和半失业人口，相对贫困与绝对贫困，国内和国际的收入分配与收入差距，工人消费水平，工人阶级斗争与经济民主、社会保障制度等方面进行全面分析。而诸如19世纪中叶萨克雷《名利场》、狄更斯《双城记》《艰难时世》、巴尔扎克《人间喜剧》、雨果《悲惨世界》和20世纪托马斯·曼《布登勃洛克一家》《魔山》、辛克莱《屠场》等文学作品，对资本主义社会也有形象而深刻的描写。

剩余价值率或利润率是反映资本雇佣和剥削工人状况的基本指标。根据相关统计数据，欧美国家的剩余价值率不仅水平较高，而且有增长趋势。如欧美资本主义国家近300年来资本收益率年均4%～5%，而国民收入的年均增长率大约为1%～2%，居民的收入分配财产分配一直维持着较大差距，而往往不是从高到低的库兹涅茨倒"U"曲线演变过程。[②] 据杜厚文、章星分析，1947～1986年美国生产部门剩余价值率从109.29%缓慢而波动地提高到120.69%，其中峰值为1965年的131.66%。据李翀分析，1947～1970年美国私人企业剩余价值率从51.2%下降到35.5%，1970～2018年又上升到46.1%；1948～1982年美国一般利率趋于下降，1982～2015年又趋于上升，且一般利率与资本有机构成的相关系数为 -0.03，与剩

[①] 马克思. 资本论：第一卷 [M]. 北京：人民出版社，2004：743 -744.
[②] [法] 托马斯·皮凯蒂. 21世纪资本论 [M]. 巴曙松，等译. 北京：中信出版社，2014：360 -370.

余价值率的相关系数为 0.87。① 再如，20 世纪后半叶，美国国民储蓄率长期低于 20%，而居民储蓄率长期低于 10%，1985~2000 年下降到 9%~2.3%，21 世纪以来除了 2020~2021 年疫情期间常常趋近于零，许多工人负债累累，这也是引发美国 2008 年经济危机和 2016 年以来社会分裂的重要因素。②

绝对贫困和相对贫困。在资本主义经济中，物质资料与劳动力之间的分离是资本家和劳动者进行交换的社会必要条件，工人的绝对贫困是指资本积累下的工人被雇用、剩余价值被占有的经济地位的绝对规律，而不是指工人工资水平的长期下降，发达国家和发展中国家工人工资长期以来是振荡上升的。马克思指出，劳动能力是工人唯一能够出售的商品，此外一无所有，工人只是作为劳动能力与物质的、实际的财富相对立，工人阶级中的贫困阶层和产业后备军是资本主义积累的绝对的、一般的规律。考察工人的贫困状态，不仅要考察工资收入、消费生活的贫困状态，还要考察生产资料占有和资本积累下的贫困状态。在资本和劳动对立、资本家追逐剩余价值的条件下，工人的相对贫困是指工人只能获得其劳动创造的价值的一部分即剩余价值之外的劳动力价值，是指资本主义分配关系中的工人收入状况，剩余价值与工资之间的分配状况。由于资本主义生产关系即资本雇佣工人是工人相对贫困的基础和根源，因此，工人工资的绝对水平或相对水平可能因生产力进步、工人斗争而趋于增长，但只能在劳动力价值附近波动。

需要说明的是，后来考茨基、列宁等人从工人阶级的工资水平、物质生活角度提出了绝对贫困、相对贫困问题，并提出了绝对贫困化即无产阶级物质生活状况的绝对恶化规律，这与马克思的绝对贫困、相对贫困概念并不相同，也与工人阶级的物质生活绝对水平趋于改善的历史趋势并不一致。社会学也从收入分配、物质生活水平角度，提出了绝对贫困是指个人或家庭不能维持最低生活水平，比如每人每天收入 1 美元或 2 美元的绝对贫困标准，相对贫困是指个人或家庭的生活水平相对于社会正常生活水平的状况。如现代欧洲多数国家以居民收入中位数的 50%~60% 左右作为贫困线，贫困线以下的相对贫困人口约占总人口的 20%；美国以基本生活费用指数计算的月收入标准作为贫困线，贫困线以下的人口约占 10%~15%。世界银行 2022 年宣布，将低收入国家的国际贫困线从 2015 年的 1.90 美元/日自 2022 年上调至 2.15 美元/日，中低收入、中高收入国家上调至 3.65 美元/日、6.85 美元/日。③ 相反地，资产阶级为了适应生产力的发展，还会适当改革、调整资本主义生产关系，比如政府通过所得税、财产税和社会保障制度等再分配手段，适度缩小了居民收入差距。再如 20 世纪后半叶实行的工人参与制、持股计划、分享经济等经济

---

① 杜厚文，章星. 当代资本主义社会剩余价值的生产和分配 [J]. 中国社会科学，1991 (1)：17-32. 李翀. 新的历史条件下马克思剩余价值比率和结构变化的研究 [J]. 武汉科技大学学报，2019 (3)：275-281. 李翀. 马克思利润率下降规律：辨析与验证 [J]. 当代经济研究，2018 (8)：5-15.
② 美国国民储蓄率、居民储蓄率数据，可见美国经济分析局（BEA，https://www.bea.gov）网站，亦可参考：王学武. 美国个人储蓄率研究 [J]. 社会科学家，2006 (4)：73-76.
③ [英] 安东尼·B. 阿特金森. 全球视觉的贫困测量 [M]. 李瑞，等译. 上海：格致出版社，2023. 杨正位，等. 从国际视角看全面小康后我国的相对贫困标准 [J]. 中国浦东干部学院学报，2022 (2)：107，128-135.

民主行动，具有专业知识和技能的复杂劳动能力的工人参与公司经营和管理，从而提高了收入水平。

工人阶级贫困状况可以从资本主义国家工人实际工资增长率往往低于名义工资增长率，工人的实际工资时常出现绝对水平和相对水平的下降阶段（典型的如20世纪七八十年代欧美许多国家工人的实际工资水平下降），在资本主义全球化中的发展中国家资本对劳动的剥削程度有所提高等方面反映出来。据S.雷斯尼克等人的研究，从19世纪90年代到20世纪70年代后期，美国制造业的劳动生产率年均增长约2.3%，而工人实际工资尽管在第二次世界大战后至60年代曾经较快增长，但实际工资年均增长仅约1.8%；1978～2007年，美国制造业的劳动生产率年均增长约3.2%，工人的实际工资却出现了下降趋势，其中，1978～1995年生产工人实际小时工资几乎下降了10.4%～13.7%[1]；根据美国2022年总统经济报告，1980～2021年美国生产工人平均周工资年均增长率为3.32%，扣除消费者价格因素后为0.2%，而不断增长的剩余价值源源不断地转化为了资本家的收入和财产。[2]

以国民收入中的劳动和资本的收入份额为例。尽管资本主义国家目前依据新古典经济学而计算的国民收入中的劳动与资本的收入分配比例在理论和方法上都不尽合理，没有充分考虑所有制、非竞争性市场、科技进步等重要因素，但工资依然占劳动收入的主要部分，劳动与资本的收入份额数据仍有参考意义。从劳动收入在国民收入中所占份额上看，许多资本主义国家劳动份额在18世纪到19世纪50年代曾出现了下降趋向，这正是《共产党宣言》发表的经济背景，罗伯特·福格尔等人甚至发现1861年美国南北战争爆发前南方的奴隶制生产效率和奴隶生活水平都更高[3]，而19世纪50年代到20世纪70年代劳动份额大致稳定，其中，20世纪五六十年代曾有所上升，但20世纪70年代末80年代初发达国家劳动份额又有所下降，随后发展中国家也出现了类似的趋向。英国国民收入中的劳动份额在18世纪后半叶至19世纪前半叶趋于下降，随后才大致稳定在0.65～0.7，20世纪50年代之后出现了20多年的缓慢上升，20世纪80年代以来有所下降。从全球来看，20世纪50年代以来发达国家劳动收入份额大致为0.5～0.7，平均占比超过0.55，但自20世纪80年代以来出现了下降趋向；发展中国家大致为0.3～0.5，平均占比不足0.4；2008年大危机前，发达国家和发展中国家劳动收入份额都下降到了0.5、0.35的最

---

[1] ［美］斯蒂芬·雷斯尼克.经济危机：一种马克思主义的解读［J］.孙来斌，申海龙，译.国外理论动态，2010（10）.Brenner, R., The Economics of Global Turbulence［M］. London：Verso, 2006：209-210.

[2] ［美］斯蒂芬·雷斯尼克.经济危机：一种马克思主义的解读［J］.孙来斌，申海龙，译.国外理论动态，2010（10）.Brenner, R., The Economics of Global Turbulence, London：Verso, 2006, 209-210. 美国2022年等年度总统经济报告（Economic Report of the President）。
Robert William Fogel and Stanley L. Engerman. Time on the Cross：The Economics of American Negro Slavery. Boston：Little, Brown, 1974. Robert William Fogel. Without Consent or Contract：The Rise and Vail of American Slavery. New York：Norton, 1989.

[3] Robert William Fogel, Stanley L. Engerman. Time on the Cross：The Economics of American Negro Slavery［M］. Boston：Little, Brown, 1974. Robert William Fogel. Without Consent or Contract：The Rise and Vail of American Slavery［M］. New York：Norton, 1989.

低点，尔后又有所回升。①

工人阶级的贫困还体现为收入和财产分配上的悬殊差距。随着剩余价值率的提高，工人阶级在新创造的价值总量和财产积累中所占比例难以提高甚至趋于下降，工人与资本家之间，以及发达国家和发展中国家之间存在着收入和财产分配上的严重不均等，资本支配劳动的权力以及劳动对资本的依赖程度趋于增大。正如《圣经·马太福音》第 25 章所说：因为凡有的，还要加给他，叫他有余；没有的，连他所有的也要夺过来。这可以从资本主义国家的居民收入、收入增长与收入差距的各种指标值，如基尼系数、贫困线标准、资本收入和劳动收入占国民收入的比例、财产继承等反映出来。在人类历史上，最富有的 10% 人口长期拥有 60%～90% 的财富。按照法国皮凯蒂 2013 年版《21 世纪资本论》，纯粹资本主义具有一种资本收益率大于经济增长率、财产和收入分配的不均等程度持续扩大的趋势，如法国居民的工资收入分配虽有差距，最高的 10% 人口一般获得 25%～30% 的工资收入，但财产分配差距更为悬殊，最富有的 10% 人口 1810～1930 年拥有 80%～90% 的财产，1930～1970 年这一比例下降为 60%～80%，此后至 2010 年又有所上升，而底层的 50% 人口几乎一无所有，类似情况在资本主义国家普遍存在。② 美国最富有的 1% 人口 1978 年拥有 11% 的税前收入，2018 年上升到 20%；而最穷的 50% 人口拥有的税前收入比例则从 1978 年的 20% 下降到 2018 年的 13% 左右。③ 皮凯蒂严肃枯燥的学术著作竟然畅销法国、英国、美国、中国等众多国家，其电子版和盗版流行网络，可见公众对收入、财产分配问题的严重关注。按照美国约翰·E. 罗默、爱德华·沃尔夫等人的研究，2001 年美国最富有的 1% 家庭分别拥有全国收入、财产的 20%、33.4%，10% 的家庭拥有美国财产的 70%，而最穷的 40% 家庭只拥有全国财产的 0.3%。④ 麦肯锡全球研究所 2016 年的一份研究报告指出，中产阶级收入停滞或下滑并非只出现在美国，2005～2014 年发达国家 70% 人口的家庭总收入没有增长。⑤

在资本雇佣劳动的资本主义经济中，尽管存在着人口相对过剩、工人阶级贫困、劳动收入份额下降等问题，但由于工人的勤奋劳动、不断创新，劳动生产率不断增长，社会生产力不断进步，工人的物质消费水平依然出现了缓慢增长的趋势。正如第二章所述，商品的劳动生产率的增长率如果大于其社会必要劳动时间的降低率，那么该商品的单位价值虽然有所降低，但商品生产增长率更快，该行业新创造的价

---

① 关于国民收入中劳动份额、资本份额，见胡怀国. 功能性收入分配与规模性收入分配：一种解说[J]. 经济学动态，2013 (8). 国际货币基金组织. 世界经济展望：第三章[R]. 2017 (4).
② [法] 托马斯·皮凯蒂. 21 世纪资本论[M]. 巴曙松，等译. 北京：中信出版社，2014：248，346. [法] 托马斯·皮凯蒂. 不平等经济学[M]. 赵永升，译. 北京：中国人民大学出版社，2015.
③ [法] 伊曼纽尔·赛斯，加布里埃尔·祖克曼. 不公正的胜利[M]. 薛贵，译. 北京：中信出版社，2021.
④ [美] 约翰·E. 罗默. 分配正义论[M]. 张晋华，等译. 北京：社会科学文献出版社，2017. Edward N. Wolff. A Century of Wealth in America [M]. Cambridge, MA: Belknap Press of Harvard University Press, 2017.
⑤ 麦肯锡全球研究所. 2016 年：比父母更穷——发达国家收入停滞或下跌. (见：Poorer than their Parents: Flat or Falling Incomes in Advanced Economies) http://www.mckinsey.com/global-themes/employment-and-growth/poorer-than-their-parents-a-new-perspective-on-income-inequality.

值总量还是提高了，而商品生产数量包括工人消费资料数量增长得更快。在资本主义几百年的发展史上，尽管工人实际工资增长缓慢，但工人得益于劳动生产率的更快增长和社会保障制度的逐渐建立而相对改善了物质生活水平，发达国家人口预期寿命从 19 世纪的 30 多岁延长到如今的 70 多岁，美国居民恩格尔系数从 20 世纪 50 年代的 0.3 发展到 20 世纪末不足 0.1。

工人阶级跨越贫困陷阱、改变自身状况的方法，还在于经济逻辑之外的政治斗争和制度变革！马克思之后，各国工人在各种各样的理论指导下进行了有组织、持续性的社会斗争，一些国家的共产党、社会民主党等政党还成为了执政党，加上频繁出现的经济危机和国际战争，迫使资本家阶级不得不一次次做出让步，采取了一系列缓解社会经济矛盾的措施，工人阶级的经济状况和社会地位有所改善。诸如工人在企业管理中的参与制（共决制）等经济民主制度，实施累进的公司所得税、个人所得税政策，建立社会保障制度，义务教育的扩展和知识的创新和传播，可以调节居民收入和财产分配的过大差距，但这并不能够从根本上改变工人阶级受雇佣、受剥夺的经济地位。相反，发展中国家的工人阶级如果不能够有组织、持续性地改善自身的经济地位，而是陷入了失业、贫困、怨恨和绝望状态，就极有可能引发社会经济动乱和极权主义统治。

（五）自然资源问题

人类、地球、太阳、银河都不过是浩渺宇宙的一粟一粟。人类的产生、生存、发展自始至终、全面深入地受到外界物质条件的制约，都要依托于特定的自然环境并开发利用自然资源，人类只不过是自然演变中兼具自然属性和社会属性的一种动物罢了。人类与自然之间的物质变换和制约关系既表现在自然界为人类提供了外在的、原初的生存发展的物质条件，又表现在人类通过经济活动，能动而全面地改变着自然条件，进而改变着人类的生存发展条件。

自然资源问题可以分为两大类：一类是由自然界自身变化而引起的不利于人类生存发展的自然问题，如火山、地震、冰河、洪水、暴风、瘟疫、天体碰撞等；另一类是由于自然资源长期以来属于公共资源，人类对其认识不足、产权不清和市场、政府缺失，自然资源成本一时没有充分进入自然资源占有使用者的成本，而是由社会成员共同地、跨代地分担转嫁，资本或投资的私人成本低于社会成本，这导致了人类无偿、低效地占有使用自然资源，从而严重破坏了自然资源。自然问题古已有之，但在人类短短一万多年的文明史、五千年的文字史，特别是几百年的资本主义史中尤其严重。由于资本对剩余价值的长期疯狂追逐，历史上不断发生环境污染、生态破坏、资源枯竭等严峻问题。其中，环境污染包括大气、水、土壤、光等方面的污染，以及由各种污染所衍生的环境效应，如温室效应、臭氧层破坏、酸雨、城市热岛效应、抗生素效应等。马克思一家自 1848 年移居伦敦，经历过 1873 年、1880 年、1882 年等重霾，1952 年 12 月 5～10 日伦敦重霾又致死 5000 多人。生态破坏主要是指各种生物资源和非生物资源遭到破坏，以及由此衍生的生态效应，如森林减少、草原退化、土壤沙化和盐碱化、水土流失、物种灭绝等。资源枯竭现象更是举目可见，不仅石油、煤炭、金属矿产等不可再生的自然资源迅速枯竭，许多可再生的生物资源也难以再生，工业革命以来地球上一半以上的物种已经消失。①

人类现有的行为方式不仅导致了环境污染、生态破坏、资源枯竭等自然问题，而且直接威胁着人类的生存发展，人类必须将自然问题全面纳入私人投资和公共政策的范围。按照联合国环境规划署1980年颁布的《世界自然资源保护大纲》，环境保护是"安排人类对生物圈的合理使用，使目前这代人得到最大的持久性利益，并保护它的潜力，以满足后代的需要与愿望"。自20世纪50年代以来，反对污染、保护自然首先成为发达国家的社会运动，雷切尔·卡森1962年《寂静的春天》直接引发了美国环境保护高潮。联合国1972年在瑞典斯德哥尔摩召开人类环境会议，通过了《人类环境宣言》和《只有一个地球——对一个小小行星的关切和维护》等非正式报告，使环境保护成为全球共同的要求和行动。20世纪80年代以来，人类重新认识自然问题，提出了可持续发展战略，陆续签订了《联合国气候变化框架公约》《京都议定书》《巴黎协定》《不扩散核武器条约》等，但自然环境资源全面恶化趋势并未得到根本性扭转。

（六）垄断资本的积累问题

随着资本积累和垄断资本主义的到来，社会生产无限扩大与社会需求相对不足之间的经济矛盾出现了新特征。一方面，垄断企业试图增加积累和投资，扩大生产，输出商品和资本，以获得更多的利润，但随着资本不断积累，资本存量和产品不断增加，又会引起供过于求，产品过剩，价格下跌和利润率下降。垄断企业为了避免这种困境，一般不会降低价格，只好抑制投资，压缩生产，生产资料和劳动力不能充分利用，这导致了开工不足、设备闲置、失业上升等资源配置的低效率问题。另一方面，由于工人工资水平低下，收入分配不平等，社会需求特别是消费需求相对不足，已经投资的生产能力难以充分利用，已经生产的产品难以全部销售，产生了严重的生产能力过剩、产品积压、环境污染等问题，企业为了销售商品又采取巨量广告、过度包装、奢靡享受等营销方法，资产阶级沉溺于炫耀性、奢侈性消费，大量的资源被浪费性地无效配置。在垄断资本时期，这都意味着现实的经济增长率往往严重落后于其应有增长率，个别资本和一国以至于全球的社会总资本配置远没有达到有效状态。

由于私人垄断和国家垄断、国内垄断和国际垄断并存，垄断资本、垄断企业可以通过控制价格和产量，剥夺非垄断行业和非垄断企业、农民等小生产者和落后国家的收益等方式，获得高额垄断利润，垄断时期的资源配置效率往往低于自由竞争时期。例如，20世纪美国在AT&T垄断电话电报业务、福特等三大汽车企业垄断汽车生产、IBM垄断电子计算机生产时，相关行业的技术进步、劳动生产率都十分低

---

① ［美］爱德华·威尔逊. 生命的未来 ［M］. 陈家宽，等译. 上海：上海人民出版社，2005. ［美］威廉·诺德豪斯. 均衡问题：全球变暖的政策选择 ［M］. 王少国，译. 北京：社会科学文献出版社，2011. ［英］比阿特丽斯·福歇尔. 正在消失的物种 ［M］. 陈阳，译. 北京：社会科学文献出版社，2022.

下。由于垄断企业的竞争和交易依靠的主要是广告、包装等营销性手段，而不是技术、劳动生产率、价格等生产性手段，广告、包装等流通成本大幅上升，这进一步抑制了经济技术进步。相反，政府一旦实行反垄断、放松管制政策，外国资本进入，市场转向竞争时，美国通信、汽车、电子等行业的技术进步、劳动生产率往往出现了显著改进。

垄断资本时期的巨大流通成本，还体现在大幅上升的非生产性支出上。如果按照广义的交易成本理论，交易成本就是经济体系的运行成本，从企业角度而言的交易成本就包括企业之外的交易成本、企业内部的管理成本和企业与政府之间的政府成本。居民、企业与政府之间的政府成本主要体现在政府的各项管理支出上，这可分为生产性支出和非生产性支出，非生产性支出主要是用于维持国家机构和国防的费用，尽管一部分非生产性支出也是保证资本主义有序运行的必要成本，但非生产性支出规模往往过于庞大。

（七）资本积累的历史趋势

经过资本原始积累、文艺复兴、资产阶级革命、商品交换和市场扩张、科技进步和工业革命等各方面的发展，资本主义生产方式最终替代了封建主义生产方式。资本主义确立之后，生产资料和工人的分离和对立、资本雇佣劳动、剩余价值生产成为资本主义经济的基本特征。资本家为了追逐剩余价值，必然在占用剩余价值的基础上，不断将一部分剩余价值转化为追加资本。不断进行的资本积累和资本集中，既促进了社会分工、市场竞争、社会协作的发展，提高了生产的现代化、社会化、全球化程度，推动了社会经济的持续发展，又使得收入和财产不断集中到资本家手中，加深了对工人的支配和剥削程度，工人阶级日益壮大、觉悟和组织起来。

资本积累的基础是资本对雇佣劳动的剥削，资本积累的目的是对剩余价值的追逐。资本利润率的经常下降和经济危机的频繁发生都表明了资本积累、生产扩大与价值、剩余价值增殖之间，生产、供给与市场、需求之间存在着深刻的矛盾，资本主义经济基本矛盾主要通过经济危机周期性、尖锐性地暴露出来，严重动摇着资本主义经济、社会和政治的基础。由于资本过剩和利润率下降要求资本家开辟新的产品和行业，寻找新的投资场所和商品市场，要求商品、资本和资本主义制度向其他国家输出，从而导致了资本国际分工、竞争和交换，资本主义成为全球性的社会制度，资本主义经济矛盾也成为世界经济发展的基本难题，世界经济一直在萧条与繁荣、战争与和平之间艰难曲折地前行。

显然，资本主义如果不能及时、有效地调整、缓和社会发展中的各种矛盾，剥削、贫困的程度如果不断加深，自然环境资源如果不断遭到破坏，就会如马克思《资本论》第一卷所构想的，"生产资料的集中和劳动的社会化，达到了同它们的资本主义外壳不能相容的地步。这个外壳就要炸毁了。资本主义私有制的丧钟就要响了。剥夺者就要被剥夺了。从资本主义生产方式产生的资本主义占有方式，从而资本主义的私有制，是对个人的、以自己劳动为基础的私有制的第一个否定。但资本主义由于自然过程的必然性，造成了对自身的否定。这是否定的否定。这种否定不是重新建立私有制，而是在资本主义时代的成就的基础上，也就是说，在协作和对土地及靠劳动本身生产的生产资料的共同占有的基础上，重新建立个人所有制。"① 19世纪以来的一系列工人运动和社会变革，1917年俄国十月革命和后来的一系列革命活动，1997年、2008年经济危机以来发达国家和落后国家不断爆发的各种抗议和暴力行动已经屡屡表明了资本主义发展中的深刻矛盾，这就是资本主义积累和发展的历史趋势。

二、资本积累与劳资关系

（一）资产阶级的阶层变化

阶级是指人们由于对生产资料占有情况不同，由于所处的经济社会地位不同而分成的社会集团，是一种经济性、历史性的现象。资本主义社会的两个基本阶级是资产阶级和工人阶级，此外还有广大的中间阶级。资产阶级是指占有生产资料并使用雇佣劳动的阶级，工人阶级是指没有自己的生产资料、因而不得不靠出卖劳动力来维持生活的阶级，资本雇佣劳动、劳动创造价值和剩余价值、资本占有剩余价值是资本主义经济的基本特征。劳动和资本之间的关系，也是全部现代社会体系所围绕旋转的轴心。

在资本主义发展初期，地主和农民阶级逐渐衰落，新兴的工人阶级和资产阶级虽然生机勃勃但力量相对弱小，此外还存在着一个成分多样的中间阶级。随着资本不断积累和垄断资本主义的到来，资本主义社会的阶级结构、阶级状况和劳资关系都发生了重大变化。资本主义社会的经济关系，在整体和结构上表现为社会各阶级以及阶级内部各阶层的相互关系，而工人和资本家之间的劳动关系则是资本主义社会的基本经济关系。

第一，资产阶级除了传统的中小资产阶级，还产生了垄断资本家。中小资产阶级虽然人数较多，但资本规模和企业规模较小，雇佣的工人数量也不多，他们广泛分布于竞争性行业。到了垄断资本主义时期，大资产阶级凭借资本和市场优势，往往转化为了垄断资本家，并把越来越多的利润和其他财富集中到了手中。金融资本的形成，进一步造成了在现代资本主义社会中居于统治地位的金融寡头。垄断资本家的出现和居于统治地位，是垄断资本主义时期资产阶级状况和阶层的最重要变化。与此同时，存在着人口数量上占绝大多数的中小资本家，他们与垄断资本家之间有着既统一又冲突的利益关系。

第二，资产阶级中进一步分化出了食利阶层和管理者阶层。财产权利一般分为占有、使用、收益、处分等四项权能，这四项权能既可集中、统一支配，也可相对分立、分别支配。随着资本的集中和积聚，经济活动的分工、专业化和社会化，资本的占有、使用、收益、处分等权利出现了相互分离的现象，一部分资本家及其家

---

① 马克思. 资本论：第一卷［M］. 北京：人民出版社，2004：874.

庭成员脱离了资本主义生产过程，从生产性领域退出，成为依靠股利、利息生活的食利者阶层，特别是欧美国家已经进入了食利性资本主义的阶段。例如，企业特别是大中型企业出现了所谓的所有权和控制权分离现象，相当一部分投资者持有股份的主要目的不是参与企业的生产经营，而是参与公司的利润分配，成为食利者。同时，资本家还将一部分剩余价值存入银行，购买企业债券和政府债券，或者进行国际借贷，食利阶层不断扩大，发达国家和少数暴富国家如石油输出国成为了食利国。

资本家中的另一部分，包括广大的中小资本家和公司中的部分股东直接参与企业的生产经营，成为资本家兼管理者阶层。资本主义经济中的管理者阶层除了部分资本家外，还包括职业化的、基本上不持有股份的管理者，他们往往接受了高等教育，掌握了一定的管理经验，受资本家或股东的委托，成为公司的管理者。职业化的管理者阶层的出现，并没有改变企业的资本主义性质和资本家的统治，因为他们受资本雇佣，执行资本的意志，履行生产中的管理职责，为资本主义生产目的服务。职业化的管理者薪金有时超过了其劳动力价格，部分高薪管理者可能转化为资产阶级的新成员。

（二）工人阶级的阶层变化

在资本主义发展过程中，随着第一、第二次工业革命的推进和农业人口向工业、城市的转移，产业资本雇佣的产业工人是工人阶级的主要部分和主导力量。此外，还存在着一个史称"流民""游民""流氓无产者"的工人阶级阶层，他们是无产阶级的底层结构，缺乏稳定、正当的职业，经常处于失业和游荡状态，是蒙昧、散漫、不幸的集中体现。在资本积累、工业增长和垄断资本发展过程中，由于知识创新、技术进步、社会分工的发展，产业结构、社会结构的调整，工人阶级的素质和结构也发生了重大变化。

第一，工人阶级的教育水平和职业技能有了显著提高。在全部工人中，熟练工的比例上升，半熟练、非熟练工的比例下降，欧美国家的熟练工一般已经超过半数。在同一行业或企业，工人的职业、岗位出现了显著差别，直接从事产品生产或消费服务的工人比例下降，为生产配套服务的研究、管理、销售、财务等职位的工人比例上升。对于工人结构，白领、蓝领就是一种从体力、脑力劳动角度的形象化的分类。白领概念1928年就出现了，是指受教育年限较长、工作经验丰富、以脑力劳动为主的工人，他们在企业里从事研究、文秘、管理、财务等专业化的岗位工作，工作环境比较整洁，穿着整齐，衣领洁白，欧美国家的白领工人已经超过了蓝领。相对的蓝领概念出现于20世纪40年代，是指受教育年限相对较短、以体力劳动为主的工人，他们的工作服通常为蓝色，典型的工种有农业、采矿业、制造业、建筑业、运输业、修理业、零售业等行业的一线工人。蓝领工人具有统一的生产技能和职业规范，具有较高的组织化水平。20世纪50年代，美国工人中的白领人数逐渐超过蓝领而成为工人中的最大阶层，农业工人人数则迅速下降。此外，还有关于工人职业的金领、粉领、灰领等形象化概念，如金领一般指具有较高的管理、技术等复杂劳动能力且工资收入较白领更高的工人，粉领一般是指女性工人特别是女性白领工人。对于传统的蓝领工人之外的工人，常常又称为职工、员工、职员等，但广大的蓝领、白领、粉领等普通工人的工资与其劳动能力和劳动时间有关，相互之间并没有显著的差距，而低技能的白领工资往往低于高技能的蓝领工资。

第二，非物质产品生产部门即第三产业的工人数量不断增加，欧美资本主义国家第三产业的产值和就业人口自20世纪五六十年代纷纷超过农业和工业之和，七八十年代相继超过60%甚至更高。在自由竞争和私人垄断时期，经济结构以传统的农业、采矿、制造、建筑等物质产品生产部门为主，它们所雇佣的工人和创造的产值都超过了半数，工人结构也以蓝领为主。进入20世纪后半叶，随着科学技术的进步和劳动分工的发展，为物质产品生产服务的部门不断发展，欧美和日本等发达国家的农业工人不断下降到10%以下，第三产业雇佣工人的比例相继超过半数，美国、英国等发达国家20世纪90年代的第三产业就业人数已经超过了70%。在运输、通信、商业、餐饮、旅游、金融、教育、医疗、体育、传媒、科研、公用事业、生活服务、公共管理等第三产业中，白领工人占有相当大的比例。

第三，竞争行业、垄断行业和政府部门的雇佣劳动者的数量和地位也发生了变化。在20世纪之前，资本主义整体上还属于自由竞争时期，垄断行业和政府部门的雇佣劳动者数量有限。进入20世纪，垄断资本不断发展，政府财政收入和支出持续增长，垄断行业、政府部门的雇佣劳动者人数不断增加。以美国为例，20世纪70年代已经有1/3的工人受雇于垄断行业，而且这部分工人的工作相对稳定，工会力量较强，工资和福利水平较高。比较而言，竞争行业的工人也占1/3左右，他们的工作条件较差，工会力量薄弱，工资和福利水平较低；而公共部门的就业人数也接近1/3，他们的工作条件、工会力量、工资福利等大致处于垄断行业和竞争行业之间。20世纪四五十年代，美国30%以上的工人加入工会，但此后工会持续衰落，2000年工会会员比例下降到13.4%，其中，私人部门不足10%，政府部门为37%；2020年工会会员比例下降为10.8%，其中，私人部门为6.3%，政府部门为33.8%。比较而言，2000年丹麦、瑞典、芬兰工会会员比例高达80%，意大利、英国、德国、西班牙低至37%、29%、22%、13%，法国则不足10%。[1]

（三）中间阶级和中产阶级

资本主义社会除了工人阶级和资产阶级这一基本的阶级结构，还包括其他阶级成分。在资本主义初期，存在着地主、自耕农、城市小工商业者、独立职业者等在总人口中占有相当大比例的其他阶级。到了垄断资本时期，除了工人阶级和资产阶级，还存在着独立的农场主、工商服务业中的小业主，以及医生、律师、会计师等独立职业者，他们的共同特征是拥有少量生产资料，独立或联合经营，不雇佣或雇佣少量工人，全部或主要依靠自己的劳动为生的小资产阶级。这部分人口既处于资

---

[1] 顾昕，范西庆. 全球化背景下的工会运动[J]. 当代世界社会主义问题，2005（4）：58-65. 李翀. 美国工会的兴衰与经济效应研究[J]. 福建论坛，2020（8）：136-150. 阎天. 美国工会怎么了？[J]. 文化纵横，2020（2）：93-102. 美国就业和工会的具体数据，可见：美国劳工统计局（Bureau of Labor Statistics, BLS）网站, https://www.usa.gov。

产阶级与工人阶级的社会基本结构之外,其财产、收入水平和社会地位又处于劣于资产阶级而优于工人阶级的中间状态,被称为中间阶级,中间阶级主要是基于所有制、财产状况标准的社会划分。随着垄断资本主义社会结构的两极分化,工人阶级、资产阶级之外的中间阶级人数相对减少,阶级构成也发生了变化。

中产阶级(middle class)不是马克思主义在所有制、财产状况上的阶级划分,而是指社会上具有相近的工作环境、收入水平、生活方式、价值取向、心理特征的一个群体或阶层,是欧美经济学、社会学等学科使用的,与中间阶级字面相似但性质不同的概念,又称中产阶层、中间阶层、中等收入者等,中产阶级具有思想保守、行为机械、生活细致等特征。1951年,美国C.赖特·米尔斯《白领——美国的中产阶级》一书较早提出了中产阶级、白领阶级的概念,将发达国家依附于庞大机构、不直接从事物质生产、主要依靠知识与技术谋生、收入水平相对较高的管理与技术人员,包括政府部门中级行政官员,国有和私人垄断企业中的中级管理人员和工作人员,以及其他领域中的专业技术人员等所组成的新的群体称为中产阶级,而保罗·福塞尔1983年《格调》则生动描述了美国的社会等级和生活品位。① 但人们对中产阶级并没有统一明确的划分标准,除了社会底层贫困人口和少数顶层富裕人口,发达国家大多数人口都可以划入中产阶级的范围,如欧美许多国家70%左右的人口就被划入或自认为中产阶级,他们大多其实就是形形色色的工人。在现代资本主义经济中,具有较高的知识水平和管理能力的白领阶层正在成为社会生产的主导力量,传统的产业工人不再是工人阶级的主导部分,资本雇佣劳动、劳动创造价值、工人运动都出现了新的特点。尽管如此,白领、蓝领、金领、粉领等不同职业特征的经济和社会阶层在整体上依然属于资本雇佣的工人群体,工人阶级只是随生产技术变化而出现了劳动条件、劳动方式、劳动内容、劳动工资的变化。

从上可知,现代资本主义的阶级结构出现了复杂多层的特点:(1)两大传统对立的阶级,即经济上居于支配、统治地位的资产阶级和被雇佣的工人阶级都随着经济发展而发生了一定的变化,两大阶级之外的中间阶级也具有了新的特征。换言之,发达国家的工人阶级主体已经从工业革命时代的蓝领工人转变为知识经济时代的白领工人。(2)在技术进步、市场竞争中,资产阶级与工人阶级之间的分野具有一定的不确定性,社会具有一定的流动性。(3)随着社会生产力的不断发展和工资收入的缓慢增长,发达国家的工人物质消费水平有了显著改善,一部分工人拥有了住房、耐用消费资料和少量股票等私人资本,加上发达国家建立了社会保障制度,进入中间阶层的人口逐渐增多,资产阶级与工人阶级之间的基本矛盾虽然存在,但阶级对抗趋于缓和,阶级之间出现了对话与协作现象。

(四)劳资关系

劳资关系是指劳动和资本、工人和资本家之间因在生产资料占有上的不平等状

---

① [美] C.赖特·米尔斯. 白领——美国的中产阶级 [M]. 杨小东,等译. 杭州:浙江人民出版社,1987. [美] 保罗·福塞尔. 格调 [M]. 梁丽真,等译. 北京:世界图书出版公司,2011.

态，而在劳动力与生产资料的结合方式和劳动成果分配方式上的不平等经济关系，它体现为工人与资本家之间在权利和义务上的劳动关系，劳动者个人及工会等工人组织与资本家及其组织，以及政府管理部门在生产劳动过程中所发生的各种关系。劳资关系包括劳动任务、劳动条件、劳动时间、童工女工保护、劳动期限、生产效率、劳动纪律、劳动保护、劳动工资、社会保险、生活福利等以及有关的劳动争议及其处理关系，这种关系一般通过劳资双方签订的劳动合同而成立。劳资关系是资本主义社会特有的一种阶级关系，反映的是资本家和工人之间形式上平等互利、实质上雇佣和被雇佣、剥夺和被剥夺的经济关系。

第一，随着社会经济的发展，特别是经历了两次世界大战、俄国革命和1929~1933年经济大危机，工会组织不断发展壮大，以工人阶级为中坚的广大劳动者取得了一系列社会进步成果。在工人运动和社会主义革命的强大压力下，劳资关系中的力量对比发生变化，欧美发达国家开始推进经济民主化，如北欧国家的民主社会主义政策、德国的社会市场经济政策，政府逐渐调整过去的放任、纵容资方的劳资关系政策，相继废除了禁止结社、罢工等方面的法律，出台了工厂法、劳动保护法、社会保险法、工会法、劳动争议处理法等法律，兴起了企业社会责任运动。

第二，劳资之间的斗争方式出现了变化。随着经济增长和生活水平提高，工人特别是发达国家工人的斗争精神、革命意志相对消退，资本家组织与工会之间出现了协商谈判方式，政府也积极参与劳动力再生产和劳动关系监督活动。一些国家成立了由工人、资本家和政府三方参加的机构，劳资之间大规模的激烈对抗就会相对减少，取而代之的是日常的、法律化、有组织的行动，如集体谈判、三方协商、集体合同等，劳资关系相对缓和。其中，集体谈判是联合起来的工人和资本家之间调整劳资关系的重要方式，20世纪初期在欧美国家开始出现，20世纪后期普遍展开，一般是工会和雇主（资本家）协会之间围绕工资、福利、工作条件等进行的协商谈判。

第三，争取广泛的民主参与权。20世纪后半叶，欧美发达国家普遍开展不同形式的经济民主改革，工人开始参与企业的管理活动。如欧洲一些国家企业建立了有工人代表参加的工厂委员会，工厂委员会可参与一些同工人切身利益相关的决策活动。德国在企业中实行劳资共决制（工人参与制），工人能够通过企业监事会、董事会、工人委员会等组织体制，争取和保障工人的权利，参加企业管理。第二次世界大战结束后，日本许多企业也实行了终身雇佣、劳资协商会议、集体谈判等调和劳资矛盾的制度。欧美国家20世纪60年代开始兴起社会责任投资（SRI），1980年代兴起企业社会责任（CSR），2004年联合国环境规划署提出了"环境、社会和治理"（ESG）口号。

第四，资本主义国家开始调整收入分配关系，建立包括失业、医疗、养老、教育、社会救济等领域的社会保障制度。英国资本主义初期的济贫法、德国俾斯麦政府1883年《疾病保险法》和1889年《养老保险法》即是社会保障制度的早期尝试，美国总统罗斯福1935年签署《社会保障法案》后也开始建立社会保险、公共救助、社会服务等社会保障制度。第二次世界大战结束前后，在工人阶级斗争和经济政治危机的推动下，发达国家普遍开始建立社会保障制度，不断扩大社会福利支出。以英国为例，A. 坦普尔大主教 1941 年首次使用了"福利国家"概念，威廉·贝弗里奇 1942 年系统提出了社会福利政策即《贝弗里奇报告》，把社会福利确定为一项法定社会责任，要求建立一套以国民保险制度为核心的社会保障制度，使由于各种原因达不到最低生活标准的所有居民，都有权享受"从摇篮到墓地"的统一的社会保障服务，工党艾德礼政府 1948 年宣布建立福利国家。国际劳工组织 1952 年发布的《社会保障最低标准公约》，也要求在社会风险覆盖率、社会保障覆盖率和保障力度方面达到一定标准。以社会保障费用占 GDP 的百分比衡量，1950 年英国、联邦德国、法国、瑞典这一指标约 10%，日本、美国不足 4%；但 1977 年瑞典超过了 30%，联邦德国、法国约 25%，英国达 17%，日本、美国也超过了 10%；1995 年瑞典、丹麦、法国、德国等许多发达国家超过了 30%，英国、美国达到了 27%、23%；日本 2003 年也超过了 21%，工人收入中来自社会保障等转移性收入的比例不断增加。① 在这种情况下，阶级斗争虽然继续，但斗争目标更多地转移到社会改良特别是经济改良，而不愿意进行推翻整个制度的政治革命。

关键概念

资本积累；资本集中；资本集聚；资本有机构成；简单再生产；外延扩大再生产；内涵扩大再生产；人力资本；国有资本；社会分工；科研；知识创新；技术进步；经济创新；规模经济；经济增长；利润率下降；失业；相对过剩人口；绝对贫困；相对贫困；环境污染；劳资关系；中间阶级；中产阶级；社会保障制度

阅读书目

马克思. 资本论：第三卷［M］. 北京：人民出版社，2004.

［法］托马斯·皮凯蒂. 21 世纪资本论［M］. 巴曙松，等译. 北京：中信出版社，2014.

［美］保罗·斯威齐. 资本主义发展论［M］. 陈观烈，齐亚男，译. 北京：商务印书馆，1997.

［美］彼得·德鲁克. 创新与企业家精神［M］. 蔡文燕，译. 北京：机械工业出版社，2009.

［美］达龙·阿西莫格鲁. 现代经济增长导论［M］. 唐志军，等译. 北京：中信出版社，2019.

［美］威廉·J. 兰德斯，理查德·A. 波斯纳. 知识产权法的经济结构［M］. 金海军，译. 北京：北京大学出版社，2005.

---

① ［英］贝弗里奇. 贝弗里奇报告［M］. 劳动和社会保障部社会保障研究所，译. 中国劳动社会保障出版社，2008. 赵建国，等. 欧盟综合社会保障统计体系：演进历程、核算框架与应用价值［J］. 统计研究，2023（10）：138－150. 丁纯. 社会保障与经济发展：来自欧洲的证据和启示［J］. 社会保障评论，2022（5）：26－55. 郑秉文. 美国社保改革：迈向股票市场的一跃［J］. 改革，2003（2）：118－127.

[英]理查德·海曼. 解析欧洲工会运动[M]. 吴建平,译. 北京:工人出版社,2015.

李由. 大国经济论[M]. 北京:北京师范大学出版社,2000.

孟捷. 利润率的政治经济学[M]. 北京:社会科学文献出版社,2018.

世界银行. 知识与发展[M]. 北京:中国财政经济出版社,1999.

思考题

1. 如何认识资本积累与再生产之间的关系?
2. 辨析资本积聚和资本集中的异同,讨论资本积累的来源和方式。
3. 如何认识知识创新、技术进步、经济创新与经济增长?举例说明知识创新与企业或国家之间的经济增长。
4. 如何认识资本积累、资本有机构成与利润率下降问题?
5. 如何认识资本积累与工人阶级贫困?
6. 比较世界代表性国家国民收入中的资本、劳动份额。
7. 调查分析某一行业、地区或企业的工人就业、失业问题。
8. 如何认识垄断资本主义时期的阶级特征与劳资关系?

第六章 剩余价值的实现

学习目标

◆ 了解资本循环的三个阶段和三种形式，资本循环和周转的时间，资本总周转，资本周转与剩余价值生产，商业资本的构成，商品流通的具体形式。

◆ 熟悉资本的循环和周转，固定资本的磨损和折旧，商业资本及其职能，市场方式的成本和收益。

◆ 掌握产业资本的三种职能形式，固定资本和流动资本，流通成本的构成。

资本主义经济是普遍化、自适应的商品经济，商品价值和剩余价值在生产中创造，在交换后实现和分配。在产业资本运动中，每个资本家、每个企业都必须把资本持续、有效地投入商品生产中，购买生产资料和劳动力，组织生产，然后售卖商品，实现剩余价值即获得利润。产业资本运动既是生产、交换和分配过程，也是资本的循环和周转、资本的积累和再生产等过程。本章首先继续基于单一、全能的产业资本模型，分析产业资本如何在循环周转过程中独立完成了剩余价值的生产和实现，进而扩展到包含产业资本、商业资本的模型，分析商业资本如何通过分工和交换而实现了价值和剩余价值。

第一节 产业资本的循环和周转

马克思从不同角度、不同层面分析了资本运动现象，诸如资本运动中的生产、交换和分配，循环和周转，以及资本的积累和再生产等问题。产业资本雇佣劳动、劳动创造价值、价值实现和分配的运动过程，又表现为产业资本从购买、生产到售卖、从货币资本、生产资本到商品资本的循环不断再生产的过程，表现为资本周而复始的一个个周期性运动过程，马克思《资本论》第二卷第一、第二篇就全面分析了资本的循环和周转。第四、第五章已经从个别资本、产业资本运动的角度分析了剩余价值的生产问题，第六章第一、二节则分别从产业资本的循环和周转、商业资本运动的角度，分析剩余价值的实现问题。

一、资本循环

（一）资本的三种职能形式

正如资本运动公式所揭示的，资本循环是指产业资本从一种形式出发，经过一系列的形式变化和运动阶段，又回到原来出发点的运动过程，完成了价值和剩余价值的生产和实现。在产业资本的循环过程中，资本在不同阶段交替采取货币资本、生产资本、商品资本等三种不同的职能形式，在同一时间各有一部分资本分别承担货币资本、生产资本、商品资本的职能，历经货币资本循环、生产资本循环、商品资本循环等三种循环，从而连续有效地实现了资本主义再生产。

资本的货币资本、生产资本、商品资本三种形式是指同一种的产业资本在循环过程中依次采取的职能形式，是同一资本承担的不同职能，而不是三种独立的职能资本。其中，由于货币资本、商品资本是在流通过程中执行其职能的，所以两者合起来又被称为流通资本，流通资本在现实经济中又可以独立、转型为商业资本。

货币资本是以货币形式存在的资本，是上一生产过程的结果和下一生产过程的起点。在产业资本循环、生产阶段开始之前，货币资本的职能是购买劳动力和生产资料，为生产价值和剩余价值准备条件，货币资本转化为生产资本。在产业资本的三种职能形式中，货币资本循环准确揭示了资本主义生产前、中、后的完整过程，是资本循环的典型、一般形式，因此通常从货币资本的角度分析资本循环问题。

生产资本是以劳动力、生产资料的形式存在的资本，其职能是在生产过程中创造出包含剩余价值的商品价值。劳动力和生产资料在任何社会都是生产的基本要素。不过，只有在资本主义经济中，资本家以货币资本购买劳动力和生产资料，用于生产商品、赚取剩余价值时，劳动力和生产资料才成为生产资本。劳动力和生产资料在资本家的组织管理下，经过生产阶段，生产了包含剩余价值的商品，才转换为商品资本。

商品资本是以商品形式存在的资本，是劳动力价值、生产资料价值和工人劳动创造的剩余价值的转化、集合形式。商品资本的职能是通过售卖，把生产的含有剩余价值的商品卖掉，商品资本转化为货币资本，实现商品中所包含的预付资本价值和剩余价值。

在产业资本的循环运动中，货币资本、生产资本、商品资本等三种资本形式既相互对立，互为条件，又相互关联，相继转换：

一方面，货币资本、生产资本、商品资本处于资本循环的不同阶段，采取不同的形式，执行不同的职能。如果没有生产资本的作用，流通资本就不能执行买和卖的职能；没有货币资本执行职能，剩余价值生产就不能进行；没有商品资本执行职能，包含于商品中的剩余价值就不能负载和实现，再生产运动就会中断。包含货币资本和商品资本的流通资本与生产资本之间还存在着量上的反比关系：在一定量的产业资本中，流通资本所占的比例越大，生产资本所占的比例就越小；反之亦然。

随着商品生产的发展和产销矛盾的加深，流通资本的数量趋于增加，而生产资本的数量相对减少，这就限制了再生产的规模和资本价值增殖的程度。

另一方面，如果从货币资本到生产资本、生产资本到商品资本、商品资本到货币资本不能够顺利转化，产业资本的循环就会中断，资本增殖就不能顺利实现。由此，货币资本、生产资本、商品资本必须在时间上相继转化，在空间上同时存在。随着社会分工和市场交换的发展，流通资本从产业资本运动中分离出来，独立经营，成为商业资本，这有助于缩短流通时间，节约流通成本，提高生产资本的运动效率。随着劳动力的教育培训、生产资料的研究开发和经济活动的公共管理也独立出来，人类实践进而就分为了经济活动、政治活动、知识活动等基本形式。

（二）资本循环的三个阶段

产业资本在循环运动中，都要依次经过购买、生产、售卖三个阶段。

购买阶段是资本家在市场上用货币购买劳动力和生产资料，把货币转化为商品，完成货币资本到生产资本转化的过程。在资本运动公式中，表示为 G—W，W 包括劳动力和生产资料。G—W 从形式上看似乎是一般性的商品流通，但在资本主义生产关系中，G—W 实质上是资本运动，因为货币购买的劳动力和生产资料商品不是为了生活消费，而是为了生产消费。而且，用货币购买的劳动力和生产资料，还应当根据市场需求和生产技术，符合一定的结构和比例，以保证二者之间的最优配置，以最小投入生产最多产品，创造最大化的价值及剩余价值。

生产阶段是资本家用购买的劳动力和生产资料进行生产活动，生产新的商品的过程。在资本运动公式中，表示为 $W \cdots P \cdots W'$。正如第二、四章所分析的，生产阶段是资本循环中具有决定性意义的阶段，因为劳动力和生产资料通过结合使用，不仅生产了新的商品，而且生产了剩余价值。

售卖阶段是资本家把生产过程生产的商品拿到市场上出售，完成商品资本到货币资本的转化。在资本运动公式中，表示为 $W'—G'$。对于资本家来说，这一转化是资本循环的最后环节，也是关键环节，马克思称之为"商品的惊险的跳跃。这个跳跃如果不成功，摔坏的不是商品，但一定是商品占有者"[①]。换言之，生产的商品如果卖不出去，商品价值及其包含的剩余价值就不能实现，资本的再生产就会中断；如果卖出一部分或者卖得很慢，商品价值就只能部分实现，剩余价值往往难以实现，资本的再生产就可能延滞，规模可能缩小，最终妨碍资本主义生产目的的实现。

从产业资本的循环过程上看，购买阶段和售卖阶段属于流通过程，第二阶段是生产过程，资本循环是流通过程和生产过程的有机统一。产业资本循环的三个阶段是互相依赖、互为条件的，只要其中的某一个阶段发生了阻塞或中断，资本循环就不能正常进行。资本通过不同形式的不断变换，分别完成不同的职能，最后实现价值增殖，价值增殖是资本循环的核心和本质。

---

① 马克思. 资本论：第一卷 [M]. 北京：人民出版社，2004：127.

(三) 资本循环的三种过程

产业资本在循环过程中不仅采取三种形式，经历三个阶段，而且表现为资本的货币资本、生产资本、商品资本等三种不同职能形式的物质循环的完整过程。

货币资本循环是资本从货币形式出发，经过一定的运动又回到货币形式的全部过程，它主要表现了价值增殖的资本运动的动机和目标。它以货币资本为出发点，用货币（G）购买劳动力（Arbeiterschaft，A）、生产资料（Produktionsmittel，P_m）等商品（W），然后进入生产过程（P），生产含有剩余价值的新的商品（W′），最后销售商品，获得比预付货币（G）的价值更大的货币价值（G′）。其循环公式是 G—W—G′。更准确的是 G—[W⋯P⋯W′]—G′，G′ > G，G′ − G = ΔG，ΔG 即是剩余价值。

货币资本循环是产业资本循环的典型性、一般性、最片面的过程。说它典型，是因为货币资本循环鲜明地揭示了资本主义生产的动机和目标就是追逐剩余价值。"以实在货币为起点和终点的流通形式 G⋯G′，最明白地表示出资本主义生产的动机就是赚钱。生产过程只是为了赚钱而不可缺少的中间环节，只是为了赚钱而必须干的倒霉事。"[①] 说它一般，是因为货币资本循环的反复运动已包括生产资本循环和商品资本循环。说它片面，是因为货币资本循环不仅把货币这种人类常见的一般等价物作为了资本循环的开始和终结，而且货币资本的增殖似乎表明了货币流通可以带来更多的货币，货币资本的循环形式具有一定的虚幻性或欺骗性。

生产资本循环表示商品生产、价值创造的循环过程，是资本从生产资本出发、经过一定的运动又回到生产资本的全部过程。它以生产资本中的劳动力和生产资料投入生产劳动作为出发点，劳动力和生产资料在生产过程中相互结合并发挥作用，生产了含有剩余价值的新商品；然后，经过售卖过程，卖出商品，获得货币，商品资本转化为货币资本；再用货币资本购买劳动力和生产资料，货币资本回到生产资本，开始新的生产过程。其循环公式是 P⋯W′—G′—W⋯P。

与货币资本循环相比，生产资本循环具有以下特点：货币资本循环掩盖了资本雇佣劳动的生产性，生产资本循环揭示了资本的生产性质，即资本的生产过程就是价值创造、价值增殖的再生产过程；货币资本循环以流通过程为始终，以生产过程为中介，而生产资本循环以生产过程为始终，以流通过程连接生产，这就揭示了剩余价值不是来自流通过程，而是来自生产过程。当然，这又制造了另一种假象，资本主义似乎是为生产而生产，而不是为剩余价值而生产。

商品资本循环表示商品价值及其内含的剩余价值的实现过程，是资本从商品形式出发、经过一定的运动又回到商品形式的全部过程。它以商品资本为出发点，经过商品售卖，把商品资本转化为货币资本；然后用货币购买劳动力和生产资料，进入生产过程，生产了含有剩余价值的商品，由生产资本再转化为商品资本。其循环公式是 W′—G′—W⋯P⋯W′。

---

① 马克思. 资本论：第二卷 [M]. 北京：人民出版社，2004：67.

商品资本循环具有以下特点：简单的商品循环的起点和终点都是商品；商品资本循环不只是简单的商品买卖过程，作为起点和终点的商品资本是生产过程的结果，商品资本价值都包含了预付资本价值和剩余价值，换言之，商品资本的流通包含资本价值的流通和剩余价值的流通，是资本价值以及剩余价值的实现过程。商品资本可分为生产资料和消费资料，因此，商品资本循环包括生产消费和生活消费。商品资本循环还是一个再生产过程，它的起点是前一个生产过程的结果，终点是后一个生产过程的开始，由此商品资本实际联系着两个生产过程。

资本循环是资本的三种职能形式转换、三个运动阶段循环的完整过程。无论是单个资本家，还是社会总资本，要持续有效地生产剩余价值，资本循环就必须保持连续性、有序性和比例性。对于单个资本家，只要生产是连续有效进行的，商品是全面持续供应市场的，其资本就不能只采取一种形式，而必须按照一定的比例，分成相应的货币资本、生产资本和商品资本三种职能形式，并在空间上保持三种职能形式的并存。而且，不同职能形式的资本在时间上都必须依照各自的顺序持续循环，每一种职能形式都要相继通过循环的三个阶段。资本循环的任何一个环节一旦出现问题，再生产就可能中断，剩余价值就难以创造和实现。

二、资本周转

产业资本为了追逐剩余价值，就必须不断地循环运动，一次又一次地经历从货币资本、生产资本到商品资本的周而复始的运动过程，资本周转就是把产业资本的循环运动过程当作经历一定时间的周期性过程来考察。资本循环和资本周转研究的都是产业资本的运动和增殖过程，比较而言，资本循环侧重分析了产业资本运动中的职能形式、循环阶段和循环过程，揭示了价值和剩余价值的生产和实现问题；资本周转侧重分析了产业资本运动的时间和次数、固定资本和流动资本的周转特征，揭示了价值和剩余价值的生产和实现的速度和效率问题。

（一）资本周转的时间和次数

资本周转时间又称资本循环时间，是指个别资本、个别企业完成从货币资本、生产资本到商品资本的一次循环的时间，是经过一次完整的生产过程、完成价值和剩余价值生产所经历的全部时间。从产业资本的职能形式、循环阶段的角度看，是指一定价值量的某一职能形式资本从预付、运动之时始，到这一形式的资本带着剩余价值回到资本家手中之时止的时间，即资本完成一次循环、周转过程的时间。资本在循环、周转过程中要经过生产阶段和流通阶段，周转时间包括生产时间和流通时间，生产时间包括劳动时间和非劳动时间。

生产时间是指资本在生产阶段的运动时间，包括劳动时间和非劳动时间，生产时间显然要长于劳动时间。（1）劳动时间是指生产一件商品所经过的实际劳动过程的全部时间，它是劳动力和生产资料相结合而发挥作用、用劳动来生产商品的时间，是工人创造价值和剩余价值的时间，不包括休息、停工等时间，因此在资本运动时间中具有决定意义。(2) 非劳动时间是指商品生产中的劳动过程中断的时间,具体包括:自然力对劳动对象独立发生作用的时间,某些商品在生产过程中需要独立地发生物理、化学、生物等变化的时间,比如林木的自然生长,酒的糖化发酵,而劳动暂时停止了;生产资料储备时间,生产资料虽已进入生产领域但还没有投入劳动过程的那一段时间;停工时间,即生产过程中断、已经进入生产过程的生产资料暂不发挥作用的时间,主要是指机器设备在正常检修或工人夜间、节假日休息时而停止发挥作用的时间。在非劳动时间,使用价值可能变化,但不创造价值和剩余价值。

流通时间是指资本在商品流通阶段的运动时间,包括购买时间和售卖时间。其中,购买时间是指货币资本转化为劳动力、生产资料商品所需要的时间,售卖时间是指生产的商品转化为货币所需要的时间。在资本运动过程中,流通时间是资本增殖、剩余价值生产的必要条件,没有购买和售卖,生产过程就无法进行,剩余价值就不能生产和实现。流通时间受到企业与市场之间的空间、时间距离,运输和通信条件,市场发展和运行状况、政府政策等因素的影响。一般而言,劳动力、生产资料的购买比较容易,占用较短的流通时间;商品售卖比较困难,占用较长的流通时间。对于产业资本,售卖商品就是价值和剩余价值的实现问题,所以售卖比购买更重要。

资本周转次数是指一定价值量的资本在一定时间(通常指 1 年)内完成资本循环、周转的次数,资本的周转时间与周转次数之间显然成反比例关系。资本周转次数(n)等于 1 年时间除以一定资本周转 1 次的时间,其公式是:资本周转次数(n)=1 年时间/周转 1 次的时间。

资本周转速度是指资本在一定时间内完成资本循环或资本周转的次数。从上可知,资本的周转速度与周转时间成反比:资本的周转时间越长,表明资本的周转速度越慢,反之亦然;资本的周转速度与周转次数成正比:资本的周转次数越多,表明资本的周转速度越快,反之亦然。资本的周转时间的短长、周转次数的多少反映着资本的周转速度的快慢、周转效率的高低,资本的周转时间、周转次数都是反映资本周转的速度的指标,资本周转速度一般是指资本在一定时间内完成周转的次数。

资本周转速度对于价值和剩余价值的创造和实现具有重要影响:资本周转速度尤其是可变资本周转速度越快,意味着预付资本在一定时间内执行职能的次数就越多,可变资本创造价值和剩余价值的能力就越强。因此,缩短资本周转的时间,增加资本周转的次数,从而提高资本周转的速度和效率,最终目的就是用尽可能少的预付资本雇佣尽可能多的劳动力,生产尽可能多的价值,赚取尽可能多的剩余价值。

(二) 固定资本和流动资本

用于雇佣劳动、生产价值和剩余价值的资本由不同性质、不同种类的资本构成。资本中的不变资本、可变资本在价值和剩余价值的创造过程中发挥着不同作用,资本中的固定资本、流动资本在价值和使用价值创造、资本的循环和周转过程中也发挥着不同作用,影响着资本周转速度和资本增殖效率。

固定资本是指在资本运动、商品生产的过程中,某些不变资本的物质形态即使用价值能够保持固定不变地、重复多次地参加产品的生产过程,其价值不是一次而是部分地、分次地流通、转移到新产品中的那部分资本。换言之,生产资料中的厂房、生产设备、运输设备、土地等劳动资料,能够在商品生产中保持着原有、固定的物质形态,独立、重复地循环使用,直到其使用价值磨损无用、价值全部转移到商品中去,因此属于固定资本。例如,某企业 1 台机器价值 5 万元,可以固定、重复使用 5 年,整台机器每年都全部参加生产过程,假设每年生产 1 件产品,机器价值匀速转移,那么每年就有 1 万元价值转移到了该件新产品中;假设每年生产 1 万件产品,那么就有 1 元价值转移到了每件新产品中;该机器使用价值 5 年后报废,价值 5 年转移完毕。

流动资本是指在资本运动、商品生产的过程中,某些不变资本的物质形态全部地、一次性地投入生产过程,使用价值全部流动、消耗到新产品生产中,其价值也全部、一次性流通、转移到新产品中的那些资本,流动资本是每次生产过程都需要更新投入的资本。换言之,生产资料中的原料、材料、辅助材料等劳动对象,其使用价值在每次生产过程中全部耗竭,其价值全部转移,因此属于流动资本。

可变资本、劳动力商品也属于垄断资本。资本家每次支付、用于购买劳动力商品并投入生产过程的可变资本,其价值通过必要劳动时间而重新创造并被资本家收回,其使用价值在流动、耗竭过程中还创造了超过可变资本的新价值即剩余价值,这是劳动力形式的可变资本与劳动资料、劳动对象形式的不变资本之间的本质差异。同时,劳动力商品的使用价值在工资合同约定的时间内全部地、一次性地流动、耗竭,劳动力价值及其创造的剩余价值也全部、一次性地流通、凝结到新商品中,并经过商品售卖而全部回到资本家手中,这与原料、材料等流动资本并无二致。由于作为可变资本的劳动力在每次生产过程中都被耗竭,每次生产过程都需要重新购买,因此在经济分析和经济统计上也将可变资本、劳动力商品视同、划分为流动资本,流动资本由可变资本即劳动力和不变资本中的劳动对象这两部分组成。

固定资本与流动资本虽然都是资本家预付的资本,但二者在商品生产、资本循环中发挥着不同的作用,存在着多方面的区别:(1)二者的使用价值使用和价值转移、价值收回的方式不一样,固定资本是使用价值固定重复使用、价值分次转移和收回,流动资本是使用价值一次使用、价值一次转移和收回。(2)二者的周转时间、速度不一样,固定资本的周转时间长于流动资本、周转速度慢于流动资本,流动资本在固定资本周转一次的时间内可周转不止一次。(3)二者投入和物质更新的方式不一样,固定资本是一次投入、重复使用,流动资本是一次投入、一次使用,在固定资本固定、重复使用的过程中,流动资本则反复更新、流动不断。不变资本可分为固定资本和流动资本,可变资本都归为流动资本。

(三)固定资本的磨损、维护和更新

商品的物质形态、使用价值是价值的物质实体、载体,使用价值和价值共存于商品实体之中。资本中的固定资本在生产过程中,因种种原因而导致其固有的使用价值的存续时间逐渐减少，其价值也分次地流通、转移到新产品中，这种现象被称为固定资本或固定资产的磨损。

固定资本磨损一般分为两种：有形磨损和无形磨损。（1）有形磨损又称物质磨损，是指厂房、机器等固定资本的物质要素一是由于生产使用，如机器摩擦、疲劳，二是由于自然力的作用，如金属锈蚀、生物腐烂，从而引起固定资本的使用价值看得见、摸得着的磨损。（2）无形磨损又称精神磨损，是指固定资本在其有效使用期内，由于技术进步等原因，一是出现了社会必要劳动时间更少、价格更低但使用价值相同的机器等生产资料，从而引起原有生产资料价值的绝对降低；二是出现了价值、价格不变但使用价值更好、生产效率更高的机器等生产资料，从而引起原有生产资料价值的相对降低。无论在哪一种情况下，都已经按原来的价格购买了新的固定资本。尽管原有的固定资本的账面价值不变，物质形态或使用价值也依然保持，但相对于更新后的固定资本，其价值和使用价值实际上都降低了，因此被称为无形的、精神上的磨损。

固定资本维护是指为了保证固定资本的物质形态的正常使用和价值的正常转移，对固定资本进行的必要的维持、护理、修复。固定资本维护有两种方法：（1）通过使用而维护，如机器等生产资料长时间不使用就可能损坏，必须经常运转。（2）通过直接的劳动保养而维护，如对机器的检查、擦洗、润滑、遮护等。为维护固定资本的支出就是固定资本的维护费用，它属于流动资本，要按年平均计算，分摊、转移到全部产品中。

固定资本更新是指当固定资本使用、损坏到一定程度，失去了固有的使用价值，需要频繁地、高成本维修时，就要在物质形式上进行替换，在价值形式上进行补偿。固定资本更新分为简单更新和技术更新，简单更新是以技术水平、使用价值、价值相同的固定资本更替原有的固定资本，技术更新是以价值不变但技术上更先进、使用价值更大的固定资本更替原先的固定资本，固定资本的技术更新属于内涵扩大再生产的范围。固定资本更新一般通过固定资本折旧、设立提取固定资本折旧费用（折旧基金、折旧额）而完成。

固定资本折旧是指在固定资本的预计使用寿命内，根据固定资本磨损程度，将其逐渐转移到新产品中去的价值部分，在生产的商品售卖之后，从销售收入中提取并积累相应数量的货币，作为折旧基金，以便在固定资本价值全部转移完毕时，用于购买、更替新的固定资本。已经被消耗、转移的这部分价值，不断以货币形式提取、积累起来的过程就是固定资本折旧，以这种方式积累起来的用于补偿固定资本原来价值的货币就是固定资本折旧费用（折旧基金）。固定资本如果预计使用一定年限，那么固定资本年折旧费用的计算公式为：年折旧费用=固定资本价值/预计折旧年限。固定资本折旧率是指一定时期内固定资本折旧费用对固定资产价值的比率，分为年折旧率、个别折旧率、分类折旧率、综合折旧率等。固定资本年折旧率的计算公式为：折旧率=年折旧费用/固定资本价值；或者为：年折旧率=固定资产价值/固定资本预计使用年限×固定资产价值=1/固定资本预计使用年限。

固定资本折旧是对不变资本中的固定资本价值转移的扣除和补偿，是第一次工业革命以来普遍存在的经济现象。由于大机器、大工业和股份公司的发展，人们在固定资本概念的基础上提出了资产折旧概念，企业在经济核算、会计制度上也由收付实现制（实收制）向权责发生制（应收制）、复式记账转变。固定资本由于可以在企业生产经营过程中长期使用，并可以在多个会计期间内为企业带来经济利益，因而在企业采用权责发生制核算的条件下，按照配比原则的要求，需要将固定资本的价值按一定的方法在固定资本的折旧年限内进行分配，以正确计算产品成本和当期损益，并提取折旧费用。固定资本折旧的基本方法有匀速折旧法、加速折旧法两种。

匀速折旧法是基于科学技术不变或进步缓慢，资本家早期普遍使用的平均分配折旧费用的固定资本折旧方法，具体方法有年限平均法（直线法）、工作量法（产量法）。年限平均法是假设固定资本的使用强度比较平均，而且各期所取得的销售收入差距不大，根据固定资本在整个使用寿命中的磨损状态而确定的成本分配结构，其折旧费用是固定成本。工作量法是假设固定资本的使用寿命主要是受其工作量或使用量影响，根据固定资本的产出量如机器小时、产量等来分配其成本的方法，其折旧费用是变动成本。

随着科学技术加快进步和劳动生产率不断提高，相同价值的固定资本的性能不断提高，无形磨损速度加快，资本家为了提高原有设备的利用率，加快固定资本的周转，降低固定资本无形损耗的风险，及时采用新技术、新设备，就需要采取加速折旧的方法。加速折旧是基于同样价格的固定资本相对于技术进步后的固定资本，在使用初期，磨损和维修费用较低，但使用价值和价值较高，参与创造的价值（收入）也较大。随着使用年限增加，固定资本磨损和价值减少加快，参与创造的价值也更小；而此时由于技术进步，原先购买使用的固定资本相对地就出现了贬值，继续匀速、原速使用这些性能较低、资本贬值的固定资本，就意味此时生产成本较高而创造的价值较低，在市场竞争和交换中处于不利地位。因此，加速折旧就是指固定资本在预定的使用年限早期多提折旧，后期少提折旧，同时对固定资本进行减值处理，折旧费用呈现递减的状态，从而相对加快固定资本折旧、更新的速度，以提前收回投资，这样才可以使各个时期创造的价值与资本，即收入与成本之间相适应。固定资本加速折旧的具体方法有双倍余额递减法、年数总和法等。

可变资本虽然属于流动资本，但可变资本表现为资本所购买的劳动力商品，劳动力是人的劳动能力，企业可通过签订劳动合同而重复性、低成本地使用劳动力商品。但劳动力的使用价值和价值也随着年龄的增加而变化，随着知识创新、教育、医疗进步等而变化，因此，可变资本同样存在着维护、更新问题，存在着在职培训、工资变动等问题。资本如果长期雇佣某种劳动力，签订长期劳动合同，某种劳动力就类似于固定资本，还可能存在着加速折旧或减速折旧的问题。

（四）资本总周转速度

从商品生产、价值和剩余价值创造和实现的角度看，产业资本的一次循环、周转经历了从货币资本、生产资本到商品资本的完整过程。由于现实经济中的资本可分为不变资本和可变资本、固定资本和流动资本，资本的不同部分和不同构成在再生产过程中具有不同的职能、发挥不同的作用，这就需要对一定时间的一次预付资本的总周转速度、剩余价值量、剩余价值率进行具体的、定量的分析。

资本总周转速度一般是指某一企业的预付资本的不同组成部分完成一次周转的平均周转速度，是资本组成中的固定资本价值的分次周转和流动资本价值的一次周转的平均周转状况。当固定资本、流动资本的各自周转速度不变时，资本周转速度与固定资本占比成反比，与流动资本占比成正比。在现实经济活动中，一般按年度计算资本全部价值的总周转的次数或速度，其公式如下：

资本的总周转次数 =（固定资本年周转价值总额

+ 流动资本年周转价值总额）/资本价值总额

例如，某企业的资本总额为 12 万元，由 10 万元固定资本和 2 万元流动资本组成；固定资本年周转 1/5 次，年周转价值为 2 万元；流动资本年周转均为 2 次，年周转价值为 4 万元；则资本总周转的次数 =（2+4）/12 = 0.5（次）。该企业 2 万元流动资本如果分为 1 万元不变资本和 1 万元可变资本，1 万元不变资本年周转 4 次，1 万元可变资本年周转 6 次，年周转价值分别为 4 万、6 万元，则资本总周转的次数 =（2+4+6）/12 = 2（次）。由于可变资本创造价值和剩余价值，该企业就应当不断提高资本周转速度，特别是流动资本中的可变资本的周转速度。

（五）资本周转与剩余价值

资本中的固定资本、流动资本的各自性质以及二者之间比率，资本运动中的资本周转时间、资本周转速度等因素，都影响着价值和剩余价值的生产和实现。

资本周转速度影响着预付资本量、剩余价值量。一定量的预付资本是资本运动、剩余价值生产的起点，而加快资本周转速度，就意味着降低了一定时间、一定产出所需要投入、使用的资本量，从而节约、减少预付资本的量，使一定量的预付资本在一定时间内可以购买更多的生产资料并雇佣更多的劳动力，生产更多的商品，从而生产、获得更多的剩余价值。

不变资本包括固定资本、流动资本，分别提高它们的周转速度，也会对价值和剩余价值生产产生相应的影响。提高固定资本的周转速度，比如某资本家的固定资本周转 1 次需要 10 年，现在缩短为 5 年，就可以在技术进步的情况下既避免或减少无形磨损，又加快购置劳动生产率更高的固定资产，从而生产更多的剩余价值。提高流动资本的周转速度，可以降低维持同样生产规模所需要的流动资本数量，降低生产的成本，同时相对增加了固定资本数量，扩大了生产规模。

在预付资本中，用于购买劳动力的资本既是可变资本，又是流动资本，提高这部分资本以及相配套的其他部分资本的周转速度，就意味着在一定时间内，同样的可变资本可以雇佣更多的工人，创造和实现了更多的价值和剩余价值，提高了剩余价值率和年剩余价值量。

年剩余价值量是指预付资本在 1 年中雇佣工人、生产的剩余价值总额，是产业资本完成 1 次运动过程而生产的剩余价值与资本周转次数的乘积，即剩余价值率与预付可变资本量及其周转次数的乘积。以 M 表示年剩余价值量，以 M′ 表示年剩余价值率，则年剩余价值量的计算公式如下：

年剩余价值量（M）= 剩余价值（m）× 资本周转次数（n）= m×n

公式也可以写为：

年剩余价值量（M）= 剩余价值率（m′）× 可变资本（v）× 周转次数（n）= m′×v×n

年剩余价值率是指年剩余价值量与预付可变资本的比率，年剩余价值率以及年利润率的计算公式如下：

年剩余价值率（M′）= 年剩余价值量（M）/可变资本（v）= M/v = m′×n

年利润率（P′）= 年利润量（P）/全部资本（c+v）= P/(c+v)

例 6-1　如何计算年剩余价值率和年利润率？

A、B 两家企业资本都是 10 万元，其中，可变资本都是 2 万元，剩余价值率都是 100%，A、B 企业不变资本年周转皆为 1 次，A、B 企业可变资本年周转分别为 10、5 次。那么，A 企业的年剩余价值量是 2×10 = 20 万元，年剩余价值率 = 20/2 = 1000%，年利润率 = 20/10 = 200%；B 企业的年剩余价值量是 2×5 = 10 万元，年剩余价值率 = 10/2 = 500%，年利润率 = 10/10 = 100%。根据此例，可以实地调查、具体分析某企业的商品生产、资本周转和剩余价值率、利润率等问题。

第二节　商业资本的运动

对于资本主义经济，第四、第五章和本章第一节首先从最一般的产业资本模型开始分析，假设产业资本独立有效地完成了价值和剩余价值的生产和交换过程。然而，现实经济中的产业资本往往难以独立完成剩余价值的生产和交换，从产业资本的商品资本、货币资本形式中就分离、独立出了商业资本，商业资本专门替代、承担原先由产业资本执行的商品交换或流通职能，实现商品的价值和剩余价值。第四、五章主要从商品生产、产业资本的角度，分析了价值和剩余价值的生产过程，这一节和下一节则主要从商品交换、商业资本的角度，分析价值和剩余价值的实现过程。

一、商业资本及其职能

（一）商业资本的概念

在第四、五章的资本运动模型中，假设产业资本使用自有资本，独立完成价值和剩余价值的整个生产过程。在资本主义发展初期，由于生产规模小，商品种类少，市场规模有限，生产直接满足社会需求，资本家往往身兼数任，既生产，又交换，还融资，前店后厂，自产自销，直接面对消费者，很少进行间接、跨期、远程、多边、跨国的迂回式生产和复杂性交换，产业资本在运动过程中依次采取货币资本、生产资本和商品资本的三种形式，经过三个阶段，产业资本家可以独立有效地完成剩余价值的生产和交换。

商业资本又称商人资本，是专门从事商品交换或流通以及相关的货币业务的资本形态，是资本运动公式中的流通资本的独立化、专门化的经济形式。汉语中的商、商业、商务、商人概念有广义、狭义之分，广义的是指经济、经济活动，如商学院、民商法、商务参赞；狭义的是指非生产性的商品交换或商品流通即商业、贸易，包括商品的国内流通和国际流通，即商品的国内贸易和国际贸易，但不包括交通运输、仓储保管等生产性行业。随着社会分工、商品交换中出现了货币，商品交换就从物物交换转向了以货币为尺度和媒介的商品流通，简单的商品流通和货币流通成为商业资本产生的条件。当一部分社会成员专门从事商品、货币流通的职能，一部分物质资料投入商品、货币的流通领域，成为独立形态的商业资本，商业资本家也就应运而生了，从农牧业、手工业中分离、独立出来的商人、商业是古老的社会分工，商业资本是古老的资本形态。不过，古代社会的商业资本只是奴隶制经济、封建主义经济的附属物，是自然经济的补充物。商业资本发展成为一种独立和庞大的资本形态，只是资本主义经济发展的产物，其经济职能和生产关系也都不同于古代的商业资本。

在资本主义经济中，随着社会分工的发展和工场手工业特别是机器大工业的巩固，产业资本依靠其巨大的生产能力创造了巨大的商品供给，商品生产和交换的种类、规模不断扩大，商品流通的时间和空间不断延展，商品流通中的资本量和劳动量也逐渐增加，而众多产业资本家的能力和资本相对有限，往往难以独立有效地完成从购买、生产到售卖的复杂业务，商品流通效率相对低下。在这种情况下，产业资本中的商品资本和货币资本形式即流通资本就要按照社会分工和专业化的成本比较优势原则，从产业资本中分离出来，独立发挥流通资本的职能，专门从事商品和货币流通业务，成为商业资本。而且，由于执行流通职能的商业资本具有相对的有效性，能够降低商品流通时间，提高资本运动的效率，最终获得商业利润，这就使得流通资本具有独立为商业资本的客观可行性。可见，商业资本是产业资本中的商品资本、货币资本的独立的、转化的形态，是社会总资本的组成部分，马克思撰写、恩格斯编辑的《资本论》第二卷第一篇、第三卷第四篇对于商品流通、商业资本作了具体分析。

知识创新和技术进步是推动资本主义商品生产和交换的革命性因素。诸如铁路、轮船、汽车、飞机、管道、卫星、集装箱、电话、电报、电影、电视、冷藏等能源、交通、电子、通信、仓储等领域的一系列技术革命，不断改变着商业资本运动的方式和效率。随着电子计算机、微电子、互联网、区块链等领域的技术不断革新，20世纪70年代开始萌芽、90年代全面兴起了商业资本运动的电子化、网络化、智能化的电子商务形式。电子商务是指利用电子计算机、通信设备、互联网、企业内部网、物联网等技术，以电子方式进行货物和货币的交易活动和相关服务的全球化的商业活动，雅虎、谷歌、脸书、亚马逊、安可达等都曾是全球性的电子商务企业。

（二）商业资本的职能

商业资本作为产业资本中的商品资本、货币资本的独立运行形态，专门执行生产资料、消费资料、劳动力、货币等商品的交换职能，即在流通领域专门从事商品买卖以及相关的货币经营。由于商业资本在商品的价值和使用价值、工资和剩余价值的实现过程中发挥中介的作用，商业资本运动过程是资本雇佣劳动、组织商品生产和交换的再生产过程的一个阶段，即商业资本独立、专门执行着资本运动中的流通过程，以提高产业资本和总资本的运动效率和剩余价值率，实现商品的价值和剩余价值，由此商业资本也要与产业资本一样获得社会平均利润水平的商业利润。由于产业资本主要执行商品生产即生产价值和剩余价值的职能，商业资本主要执行商品交换即实现商品的价值和剩余价值的职能，它们既社会分工、又协同完成了商品生产和交换，都是实现资本增殖职能的资本，因此，产业资本、商业资本又被统称为职能资本。前面关于产业资本的资本循环和周转、流通时间和流通成本等分析，同样适用于商业资本。

商业资本在其运动过程中，具体采取商品经营资本、货币经营资本的形式，发挥了实现商品中包含的价值和剩余价值的资本职能。比较而言，不论是商品经营资本运动公式 $G—W—G'$，还是货币经营资本运动公式 $G—G'$，其共同特点在于：它们都是以预付货币资本开始，以货币资本增殖结束，因此，商业资本主要是以货币资本的形式存在着。然而，无论是包含了商品资本的商品经营资本，还是本身就是货币资本的货币经营资本，它们都是非生产性的商业资本，它们经营的对象都来自生产领域。这就意味着商业资本的增殖额 ΔG 虽然都在流通领域实现，但不能在纯粹的流通领域创造，只能来自生产领域。

在资本主义经济中，独立经营的商业资本因其专业化、规模化、国际化等优势，在商品流通上具有较高的经济效率：由于分工和专业化，商业资本和产业资本、生息资本等资本形态都能够专注于各自领域，发挥各自的相对成本优势。商业资本由于通过资本积聚、资本集中的方式而规模化投资和网络化经营，能够进行多品种、批量化、标准化、长期性的采购和销售，把商业活动集中起来，加快商业资本周转，从而既节省了社会总资本中的流通资本，提高了商业资本效率，又增加了生产过程中的产业资本，加快了产业资本周转，从而提高了劳动生产率和剩余价值率。随着商业资本的国际流动，还可以通过跨国经营而降低流通成本，有效实现商品中的价值和剩余价值。

商业资本执行流通职能的相对有效性，是对产业资本以及企业管理方式的一种替代。企业之间的市场流通成本如果较高，就可能通过扩股、合并、收购等方式而实现纵向或横向一体化，扩大企业资本和生产规模，以企业内部的管理方式替代企业之间的市场方式。这样，随着资本集中、市场垄断的加强，一部分原先市场配置的资源改为企业内部配置，大企业集团还可能组织内部的劳动力、货物和货币交流，由此商业资本和商业规模也将相应下降。不过，相对于大规模、标准化的商品生产，商品流通更为繁杂多样，商业流通占用了更多的资本并瓜分了更多的利润。

商业资本除了执行生产资料、消费资料、劳动力、货币等商品流通的基本职能，实现了产业资本创造的价值和使用价值，它往往还承担了延续到流通领域的某些产业资本的生产性职能，在商品的运输、保管等生产环节耗费了一定的生产劳动，创造了一定量的价值和剩余价值。

由于商业资本既连接了产业资本上游的购买环节，给产业资本提供劳动力和生产资料，又连接了产业资本下游的售卖环节，为产业资本销售生产资料、消费资料，因此，商业资本是社会总资本的必要组成部分，商品流通是市场经济的组成部分和市场方式的主要部分，通过价格和市场机制而组织和协调、约束和激励了商品生产活动，解决着生产什么和如何生产的问题。

（三）商业资本的构成

商业资本是从产业资本中的商品资本、货币资本形式中分离出来，专门实施商品流通、实现商品价值的职能资本。商业资本从它在资本运动中的行业分工看，可以分为商品经营资本和货币经营资本两部分。从它在资本运动中的职能承担看，可以分为直接购买、售卖一定量商品的预付资本、用作流通成本的资本和生产性流通成本的资本等三部分。

商业资本首先是直接用于买卖商品的预付资本，即商业资本家直接用于购买、售卖一定价值量的劳动生产的商品，使商品的价值形态发生变化的预付资本，包括从货币资本转化为商品资本和从商品资本转化为货币资本的这两部分商业资本。纯粹的商业预付资本是单纯执行商品买卖中的货币交换媒介、支付手段、贮藏手段等职能的预付资本，一般是以预付货币资本开始，然后转化为商品资本，最终出售商品而获得更多的货币，即 G—W—G′，是商品资本和货币资本的转化形式。在资本运动中，总有一部分资本处于流通过程之中，表现为流通中的商品资本和货币资本即商业预付资本。为了既保证商品周转、资本周转不间断地进行，又提高资本使用效率，商业资本家一般并不是一次出资购买需要售卖的全部商品，而是分批次、不间断地买和卖，每批次只购买保持商品正常流通所必需的一定量的商品。由于信用制度，商业资本家还可以在购买商品时采取应付账款、售卖商品时采取预收货款的赊账方式，从而尽可能减少预付、投入的商业资本量。商业资本家直接用于支付商品价款的这部分预付资本，就计入了商业资本、总资本之内。假设商品年销售量不变，这部分的商业预付资本量同商品和货币流通速度、同商业资本周转速度成反比。

商业资本还包括用作补偿商品流通过程中投入、耗费的生产资料和劳动力的资本，流通成本分为生产性流通成本和纯粹流通成本两部分。现实经济中的产业资本、商业资本都不是纯粹的产业资本、商业资本，产业资本保留了商业资本的某些职能，商业资本也承担了产业资本的某些职能。马克思舍弃了产业资本的流通职能，重点分析了产业资本延续到流通领域的某些生产性职能。生产性流通成本是指商业资本承担了延续到流通领域的产业资本的运输、保管等生产性职能，从而投入、消耗的劳动力和生产资料。商品流通并不是瞬间、自动完成的，纯粹流通成本是指只与所买卖商品的价值转移和价值实现有关、完成商品交换、价值实现职能的成本。纯粹流通成本和生产性流通成本都是完成商品流通职能的生产资料和劳动力的支出，都需要投入商业资本。

用作流通成本的商业资本，也是商品生产和交换中的资本投入和成本，其资本构成类似于产业资本的构成：用于购买为实现商品流通所必需的生产资料的商业资本，类似于产业资本中的不变资本；用于购买商业工人劳动力的商业资本，类似于产业资本中的可变资本。用作流通成本的商业资本，还可以类似地划分为固定资本和流动资本。

（四）商业资本的循环和周转

在产业资本循环中，货币资本、商品资本承担了价值和剩余价值实现的职能，它与生产资本共同完成了资本主义经济活动，参与了利润率平均化并取得平均利润。随着一部分流通资本独立化为商业资本，商业资本承担了价值和剩余价值实现的职能，商业资本依然要参与利润率的平均化并继续取得平均利润，只不过商业资本不仅要在流通过程中实现已经生产出来的利润，而且要通过流通过程获得商业利润，商业利润表面上来自购销差价，其本质依然是产业工人创造的剩余价值。

在商业资本的循环过程或每次周转中，商业资本也不同于产业资本。产业资本的循环或周转时间包括生产时间和流通时间，纯粹的商业资本周转不过是产业资本周转中的购销环节的独立化运动，包括生产资料和劳动力的购买阶段 G—W 和商品的售卖阶段 W'—G'，商业资本的周转时间只是流通时间，只实现价值和剩余价值而不创造价值和剩余价值。从个别资本的角度看，某商业资本周转时间如果大于社会必要、社会平均时间，即商业资本周转速度慢于社会平均速度，那么它就得不到商业平均利润，反之就能够得到超额利润。如果商业资本周转加快的条件在于商业场所的优越位置，那么超额利润的一部分又将转化为地租。从社会总资本的角度看，商业资本周转不是单个商业资本的周转，而是代表一系列的、不同部门和环节的商业资本的周转。

商业资本的周转速度、周转效率不只影响着商业资本的利润水平，而且影响着产业资本、生息资本进而影响社会总资本的运动状况和利润水平。商业资本周转速度的加快，不仅可以提高商业资本的利润率，而且可以降低社会总资本中的商业资本比例，增加产业资本的比例，导致全社会商品价值和剩余价值量的相应变化。由于商业资本和产业资本的相对分离、独立和分工，商业资本和产业资本都要通过资本流动、自由竞争而追逐社会平均利润。而商品销售一旦不畅，价格普遍下降，出现大量存货或应付、应收账款，生产与消费之间出现严重不平衡，就可能导致经济危机。

二、商品流通的形式

商业资本作为流通资本的一部分，可以细分为商品经营资本、货币经营资本两种形式，商业资本的这两种形式又不断演化、具体表现为一系列的商业形式。

(一) 商品经营

商业资本的职能是完成商品交换、实现商品价值和剩余价值,商品经营资本就成为商品资本的转化形式和商业资本的主要部分,商品经营就成为商业活动的主要内容。商品经营资本又称商品买卖资本,是指专门经营商品买卖业务的商业资本。商品经营资本通过批发、零售、商店、超市、配送、订制等方式,从事生产资料、消费资料、劳动力等商品购买、售卖以及相关的商品运输、保管等业务,成为社会总资本的组成部分,从而完成货币资本到商品资本和商品资本到货币资本的循环,实现个别资本和社会总资本的再生产。

对于包含了资本循环三个阶段的产业资本,商品资本循环是 W—G—W′,即出售商品,获得货币,实现价值和剩余价值,然后再开始新的商品和剩余价值的生产过程。对于独立承担商品流通职能、作为商业资本的主要组成部分的商品经营资本,商业资本家则要投入包含商品预付资本、流通成本的货币资本 G,购进商品 W,经过复杂的流通过程,售出商品,收回增殖了的货币 G′。因此,商品经营资本的运动公式是:G—W—G′,G′ = G + ΔG。这个公式也是商业资本的运动公式,ΔG 是执行商品流通职能而分配的剩余价值即商业利润。比较而言,产业资本购进的可能是机器、棉花等生产资料和纺织工人劳动力,但售出的是加工而成的棉布,购进、售出的商品从使用价值到价值都不一样;而商业资本从产业资本购进了棉布,售出的还是棉布。纯粹的商品经营活动只与所买卖商品的价值转移和价值实现有关,并不改变商品的使用价值,并不创造新的价值和剩余价值。

商品经营资本的职能是作为商品交换的手段或媒介,是通过买卖实现商品的价值。人类历史先是经历了种植农业和畜牧业的社会大分工,而后是农业、畜牧业和手工业、商业的社会大分工。在商品生产中,劳动产品无论以什么生产方式生产,都要以商品形式进入流通领域,商品经营资本就成为古老的资本形态,商人就成为古老的社会阶层。商业和商业资本的发展,促进了古代生产方式向资本主义生产方式的过渡。

(二) 商业形式

商品经营资本是通过一定的商业形式,对生产资料、消费资料、劳动力、货币等商品组织交换的资本。在商品流通中,商业形式又可细分为生产资料市场、消费资料市场和劳动力市场,以及批发和零售、现货和期货、场内和场外、国内和国际、现金和信用、手工和电子等交易形式。

批发和零售。批发是指商品在生产者之间、生产者与商业之间、商业内部各交易环节之间的生产资料、消费资料的商品流通,一般是指大批量、集中性的商品流通。零售是指生产者、商业对消费者之间的零散、小量的商品流通,主要是指消费资料的零售,如专业店铺、百货公司、超级市场等商业形式,广义的零售也包括生产资料的零售。其中,现代百货公司兴起于 18 世纪末的英国、法国等地,如 1796 年英国伦敦的 Harding Howell & Co. 商店、1852 年法国巴黎的邦马尔谢(LeBon

Marché）商店。超级市场（超市）是20世纪30年代出现的一种以食品、日用品为主的大型综合性零售商业形式，它采取大批量进货、顾客自助、低成本经营的方式满足消费者的需要，1962年美国开办的沃尔玛折扣商店迅速扩张为多年位居全球营业收入最大的企业。由于商品生产和交换的最终目的是满足人们的消费需要，所以零售商品的种类、数量、质量、价格直接影响着社会经济的运行状况。

现货和期货交易。现货又称实物，是指现实存在的、可即时交割的商品，如钢铁、大豆、电子计算机、房地产，广义的现货包括劳动力、货币、股票等商品。现货交易一般是指对现实存在的商品采取钱货两清的即时交易方式的交易，也可采取赊账交易、限期交易等方式，包括物物交换、钱货交换两种类型，包括零售、赊销、邮购、网购、直销、传销、信用卡交易等具体不同的方式。期货（futures）与现货不同，期货是未来产生的产品或商品，主要是如棉花、大豆、石油、钢铁，以及货币、股票、债券、股票价格指数等大批量、标准化的某些产品。为了规避未来商品交易中的市场主体的不确定性和商品的数量、质量、价格的不确定性的风险，期货交易表现为场内的、集中的、标准化的合同交易。期货交易是从现货远期交易发展而来，如1570年英国伦敦设立的商品远期合同的皇家交易所，1848年美国芝加哥设立的谷物交易所在1865年确立了标准合约的期货交易模式。

无论是商品经营还是货币经营，都必须搜寻、度量、变换、传递、储存、利用相关信息，采取铁路、公路、航空、水运、管道等运输方式，经过预测、决策、执行、监督、评估等管理过程，最终完成商品交换。从历史来看，轮船、火车、汽车、飞机等交通工具，书信、电报、广播、电话、互联网等通信方式和媒体，都强有力地推动了商业发展。随着交通、通信、互联网等技术发展和金融创新，20世纪90年代以来兴起了电子商务的商品流通形式。

（三）货币经营

现代的商品流通不同于原初的物物交换，而是以货币为手段或媒介的商品交换。货币经营资本又称货币买卖资本，是指专门经营由货币职能引起的诸如记账、出纳、结算、保管、兑换、汇兑等各种货币业务的商业资本，货币经营业务是一种特殊的商业业务。在商品流通中，货币作为交换媒介，产生了现金出纳（收付）业务；作为支付手段，产生了结算和平衡的业务；一部分货币资本从资本运动中暂时游离出来，暂时闲置为货币贮藏，用作购买手段和支付手段的准备金，这就产生了保管货币的业务；商品流通如果扩展到国际贸易，不同国家的货币充当国际贸易的价值尺度和交换媒介，就又产生了不同货币之间的兑换业务和其他经营业务，比如古希腊、古罗马就有货币兑换业，1609年建立了全权兼营出纳业和兑换业的阿姆斯特丹汇兑银行，威尼斯、热那亚、伦敦、斯德哥尔摩、汉堡等地也设立了汇兑银行，这就需要一定的货币经营资本。此外，货币流通中还会出现磨损毁坏，需要补充更新货币。

由此，货币经营资本从货币资本中分离、独立出来，专业化、集中化地为产业资本家、商业资本家等整个资本家阶级和其他社会成员提供货币经营的技术性服务，提高资本的周转速度和剩余价值率。货币经营资本为了开展上述业务，既耗费一定的劳动力和生产资料,即产生流通成本,又通过经营货币业务、收取手续费等而获得收入。由于货币经营资本是为商品交换服务的资本,商品经营资本运动公式 G—W—G′中的商品项 W 就消失了,货币经营资本的运动公式就简化为:G—G′。货币经营活动也只与所服务的商品价值转移和价值实现有关,并不改变商品的使用价值,并不创造新的价值和剩余价值。

(四)营销

商品流通包括商品经营和货币经营,商品流通是实现商品价值和剩余价值的资本运动过程。然而,商品交换的完成,商品生产的私人劳动与社会劳动之间矛盾的最终解决并非轻而易举之事,而是一次次的商品的惊险的跳跃。为了顺利完成商品流通,资本家特别是商业资本家就必须投入一定的生产资料和劳动力,采取各种各样的销售货物和服务的方法和手段,有关商品销售、价值实现的相关理论和方法被称为营销学(marketing),汉语又译市场学、市场营销等。

营销是关于生产者向消费者销售货物和服务的各种理论和方法,包括从市场和消费者分析、市场细分和目标市场选择、产品开发、商品销售(包括定价、分销、促销等策略)到消费满足等一系列与商品流通有关的企业业务经营活动。如1967年《营销管理》作者菲利普·科特勒认为,营销是个人和集体通过创造产品和价值,并同别人自由交换产品和价值,来获得其所需所欲之物的一种社会和管理过程。按照美国营销学会(AMA)2013年的定义,营销是在创造、沟通、传播和交换产品中,为顾客、客户、合作伙伴以及整个社会带来价值的一系列活动、过程和体系,主要是指营销人员针对市场开展经营活动、销售行为的过程。资本为了增殖,还会基于个人的价值观念和兴趣爱好、生活场景和社会关系,通过信息监控、数据挖掘、数据合成等技术而大规模、精准性地制造、发布、推荐或屏蔽相关信息,从而追逐最大化利润。

第三节 市场的成本和收益

前几章节主要从劳动价值、产业资本或生产供给的角度,分析了价值和剩余价值的生产过程。然而,商品经济或市场经济是以私有制和社会分工为基础,通过自由竞争、价格机制、商品交换的市场方式,来组织经济活动、实现分工利益的生产方式。这一节在分析了商业资本的职能和形式后,进一步分析商品交换和市场方式的成本、收益问题。

一、成本和收益

(一)商品交换和市场方式

人类组织经济活动的基本方式大致可以分为传统方式、政府方式和市场方式。

在资本主义的产生和发展过程中，自由竞争、价格决定、自愿交换的市场方式替代了人类经济活动的自给自足、政府管制的传统方式，成为了组织生产的基础性、决定性方式。资本主义经济一方面是普遍化的商品经济，是社会分工发达、工业化生产、社会化生产的商品经济，物质产品普遍采取了商品形式，从生产、交换、分配到消费都遵循着市场原则，以至出现了商品拜物教、货币拜物教现象。资本主义经济另一方面是特殊性的商品经济，是不同于古代社会的小商品经济的生产方式，是建立在生产资料资本家私有制和工人劳动力商品化基础上的生产方式，是资本雇佣劳动、全面追逐剩余价值的生产方式，商品生产和交换具有资本主义的时代特色。

在资本主义经济中，商品交换、资本增殖依赖一系列专门化的市场而完成。从产业资本运动公式 G（货币）—W（商品）—G′（货币）看，产业资本首先要购买一定种类和数量的生产资料和劳动力商品，作为生产投入，这就要求存在劳动力市场、生产资料市场和货币市场。在生产环节，工人将劳动力和生产资料（W）结合起来，加工转换为新的商品（W′）即产出，然后售卖给消费者，这还要求存在消费资料市场。从商业资本运动公式 G—W—G′ 看，商业资本既将资本家的生产资料和工人的劳动力商品向产业资本售卖，又将产业资本生产的消费资料向消费者售卖，现代经济学一般将劳动力、生产资料、消费资料这三类市场称为劳动市场、资本市场、产品市场。

劳动力市场、生产资料市场、消费资料市场是人们组织生产、分配和消费活动的三大市场，商品流通就是劳动力、生产资料、消费资料在工人、资本家、企业之间循环流动、生产和再生产的过程。在现代经济中，由于人们消费的绝大多数消费资料经历了先生产一系列的生产资料、最终再用生产资料生产消费资料的迂回式、社会化大生产过程，所以资本市场是一个种类繁多、数量巨大的市场体系。由于货币介入经济活动，土地、房屋、设备、原材料等物质资本市场和现金、贷款、股票、债券、金融衍生品等金融资产市场都为商品生产服务，它们都可以归入广义的资本市场体系。

市场之所以成为资本主义经济活动的基础性、决定性方式，就在于它耦合了资本运动的内在利润动机和外部市场压力，有效协调了分工、协作、竞争、交换、创新等经济机制，解决了商品生产、资本增殖和人口生产问题，农业、工业、交通和通信业、商业、金融业等经济部门得到了虽然波折多变但持续巨大的发展，资本主义创造了比过去一切世代创造的全部生产力还要多得多的生产力，资本家在支付了工人工资之后还获得了巨额的剩余价值。总之，市场是在经济活动的多种方式中，投入、成本较低而产出、收益较高的一种方式，是具有比较优势的一种经济制度。

（二）成本

经济活动是在一定的社会条件约束下，有目标、选择、投入和产出的劳动过程，是为了生产更多的货物和服务而获得更大的消费满足，是追求以最小投入获得最大产出的理性行动。人生苦短，资源有限，天上不会掉馅饼，人间没有免费的大餐，任何一种商品生产，都可能有不同的约束条件、备选方案和生产方法，都要面对波诡云谲、日新月异的市场竞争，选择和实施任何一种方案都不仅要投入一定的劳动力和生产资料，还要经历一定的风险或不确定性，一定的投入要得到更大的产出，付出成本要获得更大收益并不是轻松简单的事情。

在经济研究中，成本是指为了达到一定目标而在经济活动中付出的劳动力和生产资料的相对代价，是各种生产要素或价值的耗费，是用于分析个人、企业、政府等社会主体的经济决策的选择和实施、商品生产的投入和产出状况的基本概念，是约束每一个社会主体的行动选择的基本原则，各种成本最终都可以归结为人类的劳动投入。因此，资源、资本与成本、费用是两组相对性的概念：资本是关于资源的存量性、占有和分配状况的概念，表示的是过去已有的资源；成本是关于资源的运动性、使用和收益状况的概念，表示的是未来不定的投资。在此基础上，20世纪发展起来的成本收益分析（CBA）、成本效益分析（CEA）、成本效用分析（CUA）等就是具体分析经济活动效率的几种方法和工具。

那么，如何具体地界定、计量和分析某一社会主体的经济活动成本？对于成本概念，其内涵应当从多个方面界定和分析：（1）成本是会计成本与机会成本的统一。成本不是每个社会主体实际发生的、会计记录的投入，而是面临多种可能性选择时所放弃的选项中的最大投入，是多种竞争性、可替代方案中的最优选择，经济分析中的成本包含了会计成本和机会成本。（2）成本是私人成本与社会成本的统一。对于个人或企业，成本往往不只是他在某一经济活动中的全部投入即私人成本，还是相关各方在某一经济活动中的全部投入即社会成本。尽管个人或企业通常计算的只是其直接投入的私人成本，但一旦存在外部效应，私人成本往往不等于社会成本。（3）成本是可货币计量和非货币计量的各种投入的统一。经济活动中的一部分成本、收益可以采用货币、价格工具进行衡量、计算，但相当一部分成本、收益难以采用货币、价格计量，必须将成本的货币性指标和非货币性指标结合起来。（4）成本是指一定条件下的单位产品的平均成本即单位成本，以及由此而发生的边际成本、总成本等成本形式。（5）成本是投入和产出、成本和收益的统一。成本是社会主体过去发生的、现在执行的、影响未来的投入，而不能只片面理解为过去的投入或未来的收益，成本分析是一种动态的、连续的分析。

私人成本和社会成本、私人收益和社会收益是分析私人物品、外部效应、公共物品等经济现象的概念。外部效应又称外部性、外溢性等，是指某一个人、企业或群体的行动致使其他的人、企业或群体无故受损或受益的情况，即行为主体的成本与收益不完全由该行为主体承担的情况，外部效应可细分为外部正效应（外部经济）和外部负效应（外部不经济）。对于某一社会主体，如果某一经济活动的私人成本等于社会成本，则这是典型的私人的、市场化的经济活动，不存在外部效应，生产提供的货物和服务就是私人物品；如果私人成本小于社会成本，则经济活动存在外部负效应，即个体将部分成本转嫁给了他人，典型的如环境污染；如果私人收益小于社会收益，则经济活动存在外部正效应，即个体将部分收益分享给了他人，典型的如公益活动。

在分工、竞争的经济活动中，每一社会主体的同一生产要素往往具有不同的用途和收益，同一项经济活动往往具有不同的方案和选择，有得必有失，有舍才有取，人们所做的事几乎都是选择了一种方案，同时放弃了其他的可能性，都是对多种可能性的分析、取舍和决策。因此，成本不只是某一社会主体对于某一活动的过去的、单方的投入或支出，而是关于某一行为的全面的、动态的比较和权衡的结果，是维塞尔所说的机会成本或米尔顿·弗里德曼的相对价格，是基于过去、面向未来的各种可能性方案的比较和选择，是选择某一方案而放弃了其他方案中的最大收益即最大代价，而最小成本就是对各种方案中的最大化收益的选择即理性选择。

总之，经济活动中的成本不应当只分析、计算每个人、每个企业发生的、会计上核算的各种投入，成本是对某一经济活动中全部投入的劳动和资本、实物和货币的分析和权衡，是对人的劳动分工的成本收益、前因后果的经济分析，应当分析、计算机会成本、社会成本、非财务成本，以及平均成本、边际成本等。成本的高低取决于未来的收益是否能够充分补偿过去的投入，成本、资本、价值、价格在本质上是相通的、等价的概念。

（三）收益

在经济活动中，与投入、成本相对的是产出、收益，以及由此而生的效率。在自由选择、充分竞争的经济活动中，确定了成本也就确定了价格和收益。如同对于成本的定义和分析，对于收益也可以进行类似的研究。

如何具体地界定、计量和分析某一社会主体的经济活动收益？对于收益概念，其内涵同样应当从多个方面界定和分析：（1）收益是在会计成本与机会成本基础上给出的概念，会计核算上的收益是指社会主体的总收益与总成本的差额，但经济分析中的收益计算还要考虑机会成本因素。（2）收益是私人收益与社会收益的统一。对于个人或企业，收益往往不只是他在某一经济活动中的全部收益即私人收益，还是相关各方在某一经济活动中的全部收益即社会收益。尽管个人或企业通常计算的只是其直接获得的私人收益，但一旦存在外部效应，私人收益就往往不等于社会收益。（3）收益是可货币计量和非货币计量的各种收益的统一。（4）收益是指一定条件下的单位产品的平均收益即单位收益，以及由此而发生的边际收益、总收益等收益形式。（5）成本是投入和产出、成本和收益的统一。收益是社会主体基于过去投入而在未来获得的收益，收益分析也是一种动态的、连续的分析。

在政治经济学中，收益虽然是人力和物力、劳动和资本投入使用的结果，但归根结底是人类劳动的投入和凝结的产物。资本主义分配的对象是生产过程创造的物质产品即商品价值，是商品销售的收入。某种商品的价值和全部商品的社会总价值在构成上都包括三部分，即 $w = c + v + m$，其中，工人劳动创造的 $(v + m)$ 部分才是新增、净增的价值和收入，这些收入才能在工人和资本家之间，以及工人、资本家内部进行初次分配，在全体社会成员之间再分配。

效率是关于社会主体的经济活动及其结果的投入与产出、成本与收益的比较状况，是一定条件下的经济活动的产出与投入、收益与成本之间的比率，如劳动效率、资本效率、教育效率。效率可分为微观效率和宏观效率、静态效率和动态效率等。

微观效率指个人、企业等社会主体的经济活动的效率,如企业的劳动生产率、剩余价值率、资本利润率等,而宏观效率指某一国家、地区以至人类的经济活动的效率,如社会福利水平、帕累托效率、人均 GDP、人均可支配收入等。静态效率指一定时期内、生产方法和偏好不变条件下的经济效率,而动态效率指长期或跨期的、技术进步、经济创新条件下的经济效率,资本主义趋向于采取相对剩余价值生产方法。

(四)成本、价格是市场运行的基本信号

在普遍商品化的资本主义经济中,成本是商品生产和交换中的劳动力和生产资料的投入,归根结底是劳动力的投入和使用状况,价格是劳动耗费的市场化、货币化的表现,经济活动归根结底是对劳动和资本、生产技术和所有制形式、市场方式和非市场方式等经济手段运用的成本收益的比较和选择。

从个人、企业的角度看,成本可分为企业内部的生产成本、管理成本、财务成本和企业对外的市场交易成本、政府管理成本。成本、价格全面、准确、及时地反映着商品生产和交换的状况,指引和激励着每一社会主体为了最大化利益而最大化努力。其中,生产成本制约着企业生产技术,管理成本制约着哪些环节、哪些部分的经济活动交给企业内的非市场体系,销售成本决定着哪些环节、哪些部分经济活动交给市场体系,政府管理成本制约着哪些环节、哪些部分的经济活动交给政府体系,财务成本决定着企业使用自有资本还是他有资本。

从社会总资本、社会再生产的角度看,成本可分为劳动力、生产资料以及土地、金融资产等生产要素的投入和成本,成本可分为不同行业、不同部门的成本,劳动力工资、生产资料价格、土地租金、资金利息、消费资料价格等就是成本的具体形式,这些成本形式可一般化为劳动成本、资本成本、产品成本。在某种商品生产中,假设资本家投入的劳动力和生产资料的物质形态全部地、一次性地耗费到生产过程,其价值全部地、一次性地转移到新商品中,假设会计成本与机会成本、私人成本与社会成本相一致,假设成本都是可计量的、货币化的成本,那么在会计核算上,总资本 = 总投入 = 总成本;反之,资本中的固定资本因其使用价值、价值是部分地、分次性耗费转移到新商品中,那么总资本 > 总成本。对于某种商品或行业,生产者的个别劳动时间或成本只有不高于社会必要劳动时间或行业平均成本才具有市场竞争力,才可能获得利润。

二、流通成本

人类经济活动采取过传统方式、政府方式、市场方式等不同的形式和制度,而自由竞争、等价有偿、自愿交易的市场方式成为了资本主义经济活动的基本方式。对于市场方式,既可进行个别的、微观的专门分析,也可对市场方式与非市场方式进行一般的、长期的比较分析。马克思关于个别资本中的流通资本、流通成本的分析大致属于前者,关于资本主义经济基本矛盾、社会总资本和社会再生产、经济危机的分析大致属于后者。从古典经济学到现代经济学,关于商品交换的成本收益还

有分工和专业化、绝对优势和比较优势、相互依存性、消费者剩余、自然禀赋和获得性禀赋、生产成本和交易成本、知识创新等角度和因素的分析。[①] 那么，如何观察和分析商品流通、市场方式的成本收益？首先从个别资本的角度，对价值、剩余价值的生产和实现过程中的流通成本、商业资本进行分析。

（一）流通成本和交易成本

对于商品生产和交换过程中投入、耗费的生产资料和劳动力，可以分别从生产资本和流通资本、生产成本和流通成本的角度进行分析。生产成本是指生产过程中实际耗费的生产资料转移价值和劳动力价值的货币表现，在资本主义经济中就是不变资本和可变资本的价值，可表示为 $c+v$。而在不创造价值的商品交换中，同样存在着生产资料和劳动力的投入和补偿问题，对此人们常常不称之为成本，只归入费用的范畴，即所谓的流通费用，广义的流通费用包括商业预付资本、纯粹的流通费用和生产性流通费用。由于成本、费用都是商品生产和交换中的生产资料和劳动力的投入和耗费，本书等同于使用流通成本、流通费用的概念。

市场方式是人类社会协调商品生产、实现商品价值的必要条件和基础方式。在资本主义经济中，价值和剩余价值在生产过程中由劳动创造，同时又必须经流通过程的劳动而交换实现。由于商品买卖往往并不能迅速、直接地自动完成，利用市场、市场运行就是一种有投入、有成本的资源配置方式。商品流通成本不只是组织商品交换的成本，实质上还是通过市场而组织生产、分配收益、满足消费而付出的成本。由于资本在购买、售卖商品的循环过程中要经历一定的时间，消耗一定的投入，资本家在商品购买、售卖过程中所投入、耗费的全部劳动力和生产资料就是商品交换或流通的成本，马克思、恩格斯称之为流通费用即流通成本。换言之，流通成本就是商品价值通过市场实现的成本，就是承担商品流通的商业资本。在商品交换过程中，从商品信息的搜寻处理、通信传递、广告发布到商品的购买、运输、保管、售卖，从购买、售卖中的讨价还价、签订合同、合同执行到违约处理，从货币的发行、兑换到保管，从进货、存货到售货，凡是为了实现商品交换所消耗的劳动力和生产资料都应当计入流通成本、商业资本，资本主义经济中的全部流通成本包括商业预付资本、纯粹的流通成本和生产性流通成本。

长期以来，商品交换或市场方式的成本被忽视，或者假设为零。典型的如萨伊的"供给自动创造需求"理论，边际革命中的瓦尔拉一般均衡理论，以及阿罗－德布鲁模型都暗含着价格灵敏充分、交换瞬息完成、交易成本为零的假设条件，新古典经济学一直把企业视为在既定技术、价格条件下的同质简单的生产单位。概言之，企业是简单同一、投入产出、价格决定的企业，市场是充分竞争、价格灵敏、瞬间出清的市场。不过，企业往往有着复杂多样的内部组织和治理结构，市场往往是不

[①] [美] 约瑟夫·E. 斯蒂格利茨，卡尔·E. 沃尔什. 经济学 [M]. 黄险峰，张帆，译. 北京：中国人民大学出版社，2005：54-55. 进一步可阅读：[美] 安德鲁·马斯，克莱尔，等. 微观经济理论 [M]. 曹乾，译. 北京：中国人民大学出版社，2014. 张五常. 经济解释 [M]. 北京：中信出版社，2015. [美] N. 格里高利·曼昆. 经济学原理 [M]. 梁小民，梁跃，译. 北京：北京大学出版社，2020.

完全信息、不充分竞争、非平滑无摩擦的经济活动方式，康芒斯、希克斯、科斯、阿罗、阿尔钦、斯蒂格勒、威廉姆斯、诺斯等人都探讨了市场交易、企业管理的成本问题。康芒斯早前探讨过交易和交易成本，现在广泛使用的是科斯提出的交易成本、社会成本概念。科斯的交易成本、会计上的销售成本概念，大致对应于马克思的商业资本、流通成本中的纯粹流通成本。

经济活动具体是由企业组织、权威指挥，还是由市场组织、价格决定？科斯1937年《企业的性质》提出，企业管理方式、命令机制和市场方式、价格机制是两种相互竞争、边际替代的协调经济活动的基本方式，而交易成本不过是使用价格机制的成本，是通过在公开的市场上进行交易、开展业务的成本。具体地说，企业为了进行市场交易，有必要发现何人希望交易，有必要告诉人们交易的愿望和方式，以及通过讨价还价的谈判缔结合同，督促交易条款的严格履行。[1] 阿罗、诺斯等人将交易成本扩展到了市场经济体系的设立和运行的成本，是一系列的不直接发生在生产过程中的制度性成本，包括搜寻与信息成本、谈判与决策成本、拟订和实施合同的成本、界定和控制产权的成本、监督管理的成本、制度结构变化的成本等一系列的成本构成。换言之，交易成本是从信息搜寻到交易完成的过程中发生的一系列成本，是与市场方式直接相关的各种成本。

由于人在经济活动中面对着不对称信息和有限理性、外界的风险和不确定性、资产的专用性、交易的频率、政治和政府的干预等一系列因素，通过市场和企业组织经济活动都必须付出相应的交易成本和管理成本。诸如货币以及实物货币、信用货币，信用货币从纸币的发行流通、记账结算到货币的电子化、数字化，都在一定程度上降低了协调经济活动的交易成本和管理成本，提高了经济活动的效率，特别是极大提高了商品生产和交换的效率。假设某种商品的单位生产成本不变，当组织商品生产的市场交易成本低于企业管理成本时就采取市场方式，反之就采取企业方式，企业的存在就是因为其较低的管理成本而替代了较高的市场交易成本，企业的规模或边界就取决于管理成本与交易成本之间的竞争比较。

（二）流通成本的成因

以上分析的流通成本、交易成本都是直接耗费在商品交换环节、实现商品价值的成本。那么，为什么市场存在流通成本，这些成本为什么还具有数量不断增长的趋向？由于资本主义存在着生产资料私有制和社会化大生产之间的基本矛盾，这具体表现在人的有限理性、市场发育和交易特征等方面，所以商品交换是一个复杂、惊险的跳跃过程，商品交换的成本往往居高不下。

对于流通成本，至少可以从市场主体的有限理性、市场和资本特征等方面具体分析：（1）人的有限理性因素。人是个体脆弱、能力有限、情绪多变、不能有效利用自然资源的生物，个人必须能动性、有组织、高效率地认识和改造世界。然而，

---

[1] R. H. Coase. The Nature of the Firm [J]. Economica, New Series, 1937, 4 (16): 386 – 405. ［美］罗纳德·哈里·科斯. 企业、市场与法律 [M]. 盛洪，陈郁，译. 上海：上海三联书店，1990：5 – 7, 34 – 57.

面对千变万化、错综复杂的风险和不确定的世界，个人的不完全且不对称、高成本的知识或信息问题突出表现在产权的界定和转让、劳动力和资本的市场交换上。即便当今科学研究、信息技术相当发达，知识和信息应用非常便利，以至于进入了电子化、大数据、云存储、智能化时代，即便采取直观决策、模仿决策、固定规则决策等决策方法，但人的预测、决策和执行能力依然相对有限，难以理性认识、科学改进自身和世界，个人即便理性但群体、整体未必理性，市场难以普遍、有效达到一般均衡。相反，产权保护、市场交换上存在着各种无知、从众、欺骗、强制等愚昧、暴力、急功近利、损人利己的行为。（2）市场和资产特征。奥利弗·E.威廉姆森1985年《资本主义经济制度》第一、二、三章具体探讨了资本主义的交易特征和交易成本成因，如交易的三个特征：资产专用性即资本一旦投入、资产一旦形成就难以转作他用，市场风险和交易不确定性，交易频率高而交易成本大。① 此外，垄断、寡头等非竞争性市场，知识的创新和应用上的外部效应等因素，以及政府的税赋、管制等公共政策，也都影响着商品交换及其成本。

（三）流通成本的构成

如前所述，从商品价值和剩余价值生产和实现全过程看，商品交换中的投入和耗费的全部劳动力和生产资料可分为流通成本的三个部分：用于购进一部分商品的商业预付资本，纯粹流通成本，生产性流通成本。

第一，商业预付资本。商业资本家为卖出而买进一定价值量商品的预付资本，这是在生产环节创造的、进入流通环节的一部分商品价值的货币表现，并非纯粹的流通成本。如果全社会的商业信用和银行信用十分健全，那么商品从生产环节进入流通环节，以及资本从商品资本到货币资本的运动过程应当尽可能不重复性地投入、占用资本，但这部分资本也是社会分工、商业资本独立的物质担保和必要代价，是组织商品流通的投入和成本的一部分。商业预付资本已如前所述，它是完成商品生产和交换活动的资本投入，应当作为总资本的一部分而计入商业资本。

第二，生产性流通成本。正如马克思《资本论》第二卷第六章所分析，商品在离开生产环节、实现价值之前，往往还要经过运输、保管等生产性劳动，最终才能进入消费环节。在运输、保管等生产性流通环节，劳动力、生产资料投入不仅与商品的使用价值变化有关，而且与商品的价值增殖有关，它所耗费的生产资料价值转移到了商品中，所耗费的劳动力还会创造价值和剩余价值，生产性流通成本应当是商品价值、价格的构成部分。

生产性流通成本包括两部分：（1）保管成本，又称储备成本、仓储成本，是为了储备、保管商品而消耗的成本，主要包括商品分类、包装、储备等所消耗的劳动力、生产资料和存货损耗这两项成本。（2）运输成本，这是因为商品的空间移动而引起的成本，是生产过程在流通领域的继续，属于生产性投入。显然，商业资本家

---

① ［美］奥利弗·E.威廉姆森. 资本主义经济制度［M］. 段毅才，王伟，译. 北京：商务印书馆，2002.

因替代完成了产业资本的运输、保管等生产性职能,相应产生了运输成本、保管成本等生产性流通成本,它不仅应当计入商品的价值,而且应当是商业资本、总资本的组成部分,应当从商品销售总收入中收回投资,并获得平均利润,而不是从剩余价值中扣除。

第三,纯粹流通成本。商品交换往往并不能迅速、直接地自动完成,市场机制是一种有投入、有成本的经济方式。纯粹流通成本是指不改变商品的使用价值和价值,只与所买卖商品的价值转移和价值实现有关,单纯发生在货币转化为商品、商品转化为货币的交换过程中而消耗的各种投入,包括由商业场所、商业谈判、买卖执行、簿记、合同、货币流通等引起的流通成本,其中,会计簿记耗费的成本包括笔墨、纸张、办公桌、事务所等劳动力和生产资料的费用。① 换言之,纯粹流通成本是为了完成商品交换而实施的搜寻商品、分析决策、销售谈判、签订合同、推销商品等业务,以及相关的估价、定价、记账、决算等簿记业务,出纳、结算、保管、兑换、汇兑等货币业务,由此投入、耗费劳动力和生产资料所产生的各项成本。诸如招牌、吆喝、书籍、报纸、杂志、电话、广播、电影、电视、黄页、邮寄、招贴、互联网等载体或形式的推销广告本来都是为了降低交易信息的不完全、不对称性,广告应当真实、清晰、及时,但欺诈性、不公平、诱导性等广告又加剧了信息不完全、不对称性。广告支出往往占企业支出的2%甚至更高,如2013年全球GDP约74万亿美元,广告支出超过5000亿美元,电视、报纸、互联网是名列前三的广告载体;② 我国2001年规定广告支出占企业支出比例可以突破2%,制药、食品、日化、家电、通信等行业可以达到8%,但2018年制药、食品等行业上市公司的广告支出占比普遍偏高,34家制药公司广告支出占比竟然超过50%。③

纯粹流通成本在经济核算上如何处理,是从剩余产品、剩余价值中扣除,还是计入商业资本、总资本,从总收入中扣除?这不仅涉及对生产性劳动、商业资本的解释,而且影响到平均利润、生产价格的计算和剩余价值的分配。马克思《资本论》第二卷第六章分析流通费用、运输费用时指出,纯粹流通成本是非生产耗费,并不创造价值,"一切只是由商品的形式转化而产生的流通费用,都不会把价值追加到商品上。"④ 那么,如何认识和处理流通成本、纯粹流通成本,如何分析商业资本及其构成、商业资本利润,纯粹流通成本是从社会总剩余价值中得到补偿和扣除,还是通过商品加价方式而迂回地补偿,第七章还将继续分析。

随着商品种类日益增加,市场规模不断扩大,流通成本出现了扩大的趋向。瓦莱斯和诺斯1986年曾估算,1870年仅交易成本就占美国生产总值的26%,1970年提高到了46.6%~54.7%,交易成本的相对增加似乎是获得专业化与分工利益的必

---

① 马克思. 资本论:第二卷 [M]. 北京:人民出版社,2004:146-154.
② 见 eMarketer2013年9月发布的《全球媒体研究报告》(Global Media Intelligence Report Q32013),相关数据见 eMarketer 网站 https://www.emarketer.com。
③ 王卡拉. 34家上市药企销售费用占比超50% 中药企业居多 [N]. 新京报 2019-05-07. 梁瑜. 上市医药企业2023年"成绩单"发布 [N]. 新快报,2024-05-14.
④ 马克思. 资本论:第二卷 [M]. 北京:人民出版社,2004:152-153,167.

要代价。[①] 其他学者后来的多项研究也表明，20世纪后半叶的交易成本占GDP的比例高达52%~86%。[②] 在一定时期或一定国家，市场竞争如果不自由，交易成本如果非常大，商业资本大量挤占产业资本，严重阻碍着市场运行和经济增长，经济危机频繁地、严重地爆发，那么政府或企业的行政管理方式就可能替代市场方式，甚至可能发生经济动荡和社会革命。

三、市场方式的成本和收益

（一）市场方式的成本

以上分析的是直接发生在商品交换、市场过程中的流通成本或交易成本。在历史经验和理论逻辑上，现代社会组织生产、提供物质资料的生产方式或经济制度大致分为市场经济和政府计划（管制）经济两种。在极端的或理想的状态下，全部经济活动都基于私有制、市场方式的是纯粹的市场经济，全部经济活动都基于国有制、政府方式的是纯粹的计划经济或管制经济。在一定条件下，哪一种经济制度的成本较低、收益更高？这就需要对人类社会的不同生产方式，进行长时期、全方位的成本收益比较，不仅要分析直接发生在商品交换中的流通成本或交易成本，还要分析资本主义生产方式的各种成本收益。

资本主义经济是建立在私有制和社会分工的基础之上，普遍以自由竞争、等价有偿、自愿交易的市场方式来组织生产、追逐剩余价值的生产方式，由此需要全面分析通过市场来组织、协调经济活动而发生的各种成本收益，即资本主义生产方式的成本收益。由于单个资本、企业内外的各种交易活动都是对人与人之间的社会分工、社会关系的组织、协调行为，都是经济活动中的社会性、制度性的劳动和资本投入，由此就要对经济活动中的生产成本和协调生产分工的制度成本进行全面、长期的比较。假设直接生产过程的生产成本不变，发生在直接生产过程之外的组织、协调经济活动的各种成本就构成了广义的交易成本或制度成本。实际上，组织、协调经济活动的传统方式、政府方式、市场方式不只全面深入影响着资源配置的静态效率，而且影响着资源配置的动态效率，以至全面深入影响着人类的知识活动、政治活动，而自由竞争的市场方式至今仍是具有革命性的、能够全面促进知识创新、经济创新和制度创新的生产方式。

按照康芒斯的解释，组织、协调现代经济活动的各种交易活动包括了社会主体之间的买卖交易、组织内部的管理交易、政府等组织对个人的限额交易等三种类型。前一种的买卖交易就是通过商品交换、市场竞争来组织生产的价格方式、市场方式，其中发生的成本就是纯粹的流通成本或交易成本，而诸如失业、破产、通货膨胀以

[①] Wallis, John J., North, Douglass C. "Measuring the Transaction Sector in the American Economy, 1870 – 1970" In E. L. Engermand and R. E. Gallmaneds. Long – Term Factors in American Economic Growth [M]. Chicago: University of Chicago Press, 1986.

[②] 沈满洪，张兵兵. 交易费用理论综述 [J]. 浙江大学学报，2013 (2).

致经济危机等市场缺陷也是市场方式的成本现象。后两种方式实质上都是通过权威、等级、计划、管理等方法组织生产的强制性的命令方式，发生的分别是企业等组织内部的管理成本和个人、企业与政府之间的公共管理的政府成本，会计上又常常把企业内部的管理成本和个人、企业与政府之间的政府成本统称为广义的管理成本，其中，为了人的人身安全和财产安全而防范欺诈、掠夺、杀戮的各种安全性支出可能是占比最大的管理成本。无论是企业内部的管理和政府对个人、企业的管理，都建立在一定的社会关系及其相关的法律制度的基础之上，而人的社会关系集中体现在公民人身权和财产权的界定和保护、政府权力的分立和制衡的民法、宪法、行政法、刑法等制度上，市场交换、企业管理、政府治理上的成本共同构成了一种经济体系、生产方式的制度性成本。

资本家之所以普遍、最终选择了分工、交换和竞争的市场方式，归根结底是因为资本主义与封建主义等其他文化、制度之间长期竞争的历史选择。近现代社会的人类实践经验反复表明，市场方式在组织商品生产特别是私人物品生产上虽然存在着巨大的成本，但市场方式更好地协调了自由与管制、分工与协作、效率与平等、创新与稳定等经济运行发展中的矛盾冲突，服务于市场方式的企业内部的生产、财务、管理等项成本和企业之外的政府管理成本相对不高，特别是资本追逐利润的强大动机长期、普遍地促进了知识创新、技术进步及其在社会活动中的传播、应用，市场方式在长期和整体上是一种利大于弊、相对有效的经济制度，应当成为人类组织现代经济活动的基础性、决定性的生产方式。而资本主义之所以建立现代国家，采取立法、行政、司法等政府手段，就是因为现代国家及其政府不仅为居民授权、委托、监督，现代国家在立法、行政、司法等公共物品生产提供上还具有比较优势，换言之，个人、市场和政府分工竞合，各得其所，政府的基本职能就是维持个人、企业的自由平等的商品生产和交换，防范和纠正市场失灵，从而实现社会总资本运动的市场成本和政府成本最小化，价值和剩余价值的最大化。

（二）市场方式的收益

在资本主义经济中，商业资本在商品流通过程中的直接耗费是各种流通成本，在商品流通过程中获得的直接收益是商业利润，商业利润是工人创造的剩余价值的一部分。那么，如何认识商业资本、市场方式对于生产、交换、分配、消费的作用，如何认识商品经济或市场经济的收益？

对于因社会分工、自由竞争、商品交换而实现的市场收益，从古典经济学到新古典经济学已经给出了分工和专业化、资本积累和投资、自然禀赋、绝对优势和比较优势、消费者剩余、生产者剩余等角度的分析，当代经济学家还探讨了知识创新、技术进步、人力资本等因素。按照马歇尔的解释，在自由竞争、均衡价格的市场中，个人消费者只购买支付意愿高于市场价格的商品，因此，消费者剩余普遍存在且等于支付意愿与市场价格之间的差额，消费者按照均衡价格支付而生产者按照边际成本售出。因此，生产者除了最后一单位商品外，其他商品都按照高于边际成本的市场均衡价格售出，生产者剩余是指各边际成本与均衡价格之间的差额。消费者剩余与生产者剩余之和就是买者支付价格与卖者实际成本之间的差额，就是市场方式、市场供求双方的总剩余或总收益，而竞争市场上的均衡价格和均衡产出也就达到了最大的市场总剩余。相反，当政府对竞争市场进行管制、征收税赋时，就破坏了市场效率，减少了市场总剩余，除非政府干预的收益大于市场减少的收益。但马歇尔的市场效率解释中的剩余理论是基于主观效用价值论的，应当代以劳动价值论。

那么，国与国之间为什么还要贸易？斯密提出的绝对优势是指在商品生产上比其他生产者、其他国家生产技术更先进、效率更高，由此具有绝对优势的国家通过贸易而获得了贸易收益。但具有绝对劣势的生产者、国家为什么还要从事贸易？长期以来，一般化的解释就是李嘉图提出、穆勒等人发展的比较优势理论，生产者、国家的分工是为了进行相对有效的商品生产。假设美国、中国都生产电子计算机和衬衣两种商品，生产这两种商品的劳动成本如表 6-1 所示，显然美国在电子计算机、衬衣的研究和生产上都更有效率，但美国为什么从中国进口计算机？相对于生产衬衣而言，中国虽然在电子计算机的科学研究和技术开发、关键设备和器件制造等方面都相对落后，但企业加工一台计算机的劳动是生产一件衬衣的 15 倍，而美国企业加工一台计算机的劳动是生产一件衬衣的 20 倍，中国生产计算机虽然也是绝对劣势行为，但其相对成本具有比较优势。由此，生产者分工生产并售出自己具有比较优势的商品，购进自己具有比较劣势的商品。

表 6-1　　　　　　　　　　生产计算机和衬衣的劳动成本

类别	美国	中国
一台电子计算机	100	120
一件衬衣	5	8

分工、竞争的市场方式中，这些收益或结果是如何产生的，投资和专业化等如何形成了市场收益？早期的经济学家强调自然禀赋即自然条件，比如热带生产香蕉、橡胶而温带生产小麦、葡萄酒，晚近的经济学家强调后天的、人为的努力即获得性、社会性禀赋，比如劳动技能、固定资产、法律制度等，而诸如知识创新和知识水平、教育和医疗体系、生产结构等也是获得性禀赋。那么，自然禀赋和获得性禀赋如何形成了商品生产的成本比较优势和商品交换的收益？归根结底，对于商品生产和交换的收益，还要运用劳动价值理论和剩余价值理论进行分析。市场经济之所以具有比较优势或相对收益，核心的因素还是人的劳动，人的自由、竞争的分工劳动创造了价值和剩余价值，而市场交换、国际贸易只不过有效组织和配置了商品生产的人类劳动，实现和分配了劳动所创造的价值！如第四、第五章所述，在资本主义经济中，资本家对剩余价值、工人对工资的不断追求，法律和政府对居民人身权、财产权和行为自由的保护，有效激励了知识的创新、学习、应用和劳动、资本的社会配置，不断提高了劳动生产率，实现了从外延扩大再生产转向内涵扩大再生产。概言之，市场方式是一种相对于自然经济、计划经济更有效率的经济运行和发展体制，国际分工与国内分工遵循的是同一种思想观念和经济规律。

当然，资本主义追逐着最大化的资本收益，几百年来在创造了空前丰富的物质财富的过程中，由于市场竞争的优胜劣汰，由于私有制、市场和政府的失灵，并非每一个人、每一家企业、每一个国家都在生产、交换和分配上获得了更多的、更公平的收益，新古典经济学的消费和生产理论、瓦尔拉一般均衡、帕累托效率等理论就忽略了分析生产资料私有制和货币市场机制的内在缺陷。那些在市场竞争中失利的工人以至资本家时常反对社会分工、市场竞争和自由贸易，获得超额利润的垄断资本家、官僚资本家也反对自由竞争和经济民主，某些利益严重受损的地区或行业的人们甚至可能推动政府制定实施具有短期理性、局部理性但社会非理性的经济政策，这些问题在发展中国家尤其突出。商品生产和交换即便实现了帕累托效率，不使某些人境况恶化，但也可能是一极贫困而另一极巨富的一般均衡，这是虽然符合帕累托效率标准但并不符合部分人群意愿的经济状况，何况现实中的资本主义还存在着严重的市场失灵、经济危机和政府失灵、政治危机。

关键概念

资本循环；资本周转；货币资本；生产资本；商品资本；固定资本；流动资本；固定资本折旧；商业资本；商品经营资本；货币经营资本；成本；流通成本；交易成本；市场成本。

阅读书目

马克思. 资本论：第三卷［M］. 北京：人民出版社，2004.

［德］鲁道夫·希法亭. 金融资本［M］. 福民，等译. 北京：商务印书馆，1994.

［美］德隆·阿西莫格鲁，詹姆斯·罗宾逊. 国家为什么会失败［M］. 李增刚，译. 长沙：湖南科学技术出版社，2015.

［美］菲利普·科特勒. 营销管理［M］. 王永贵，等译. 北京：中国人民大学出版社，2012.

［美］罗纳德·哈里·科斯. 企业、市场与法律［M］. 盛洪，陈郁，译. 上海：上海三联书店，1990.

［美］欧文·费雪. 利息理论［M］. 陈彪如，译. 北京：商务印书馆，2013.

思考题

1. 为什么要全面、具体地分析资本的循环和周转问题？
2. 如何认识产业资本循环的三个阶段和三种形式？
3. 如何认识商业资本的职能？
4. 什么是流通成本，比较不同国家的流通成本水平。
5. 调查某一种商品的具体流通过程，分析其流通成本。
6. 调查并分析电子计算机、通信、互联网等技术创新对商业资本运动的影响。
7. 如何理解市场方式的成本和收益？

第七章 剩余价值的分配

学习目标

◆ 了解经济活动中的分配与资本主义的工资和剩余价值分配，剩余价值、利润和利润率，平均利润率的下降，商业资本、生息资本和土地资本。

◆ 熟悉商业资本、生息资本、土地资本的利润和工人的工资，信用和银行信用，利息和银行利润。

◆ 掌握平均利润、平均利润率和生产价格，级差地租和绝对地租的理论。

在分析了资本主义经济的生产和交换问题后，随之而来的就是为谁生产即收入分配问题了。基于劳动价值理论和价值规律理论，第四、第五章主要从单一产品、产业资本的角度分析了价值和剩余价值的生产，第六章主要分析了价值和剩余价值的实现。剩余价值虽然由物质资料生产部门的工人创造，但参与剩余价值生产和实现的全体工人都要求获得工资，全体资本家都要求分割剩余价值，分工和竞争中的产业资本、商业资本、生息资本都要求获得社会平均利润。由此，本章在探讨资本主义收入分配关系的基础上，重点分析剩余价值的分配问题：首先分析产业资本内部的剩余价值即利润分配，然后从单一、全能的产业资本模型逐渐扩展到包含商业资本、生息资本、土地资本等分工、竞争的资本模型，具体分析各种形态资本的运动过程和工资、剩余价值的分配问题。

第一节 资本主义的分配关系

分配是指社会成员、生产要素所有者对一定时期的经济活动成果即新生产的总产品、总价值，按照一定的原则、标准、方式进行分割和占有，用于消费和投资。在资本雇佣劳动的资本主义经济中，工资先是以可变资本形式同工人相对立，工人实现了劳动力价值，即工人取得工资的收入形式；资本家又占有了剩余价值，即资本取得利润、利息、地租的收入形式。

一、分配和资本主义分配

（一）分配

因为资本对剩余价值的疯狂追逐，14世纪、15世纪开始萌发的资本主义生产方式逐渐结束了人类经济的长期停滞状态，可分配的物质产品迅速增加。按照安格斯·麦迪森的估算，1000~1820年世界人均实际收入只增长了约50%。进入19世纪，世界经济逐渐加快增长，1820~1870年人均实际收入每年增长0.9%，1870~1913年提高到1.4%，然后是两次世界大战和全球经济大危机，但1820~2000年世界人均收入依然增长了8倍以上，人类预期寿命从1000年的24岁提高到2000年的66岁。① 商品生产、资本运动的完整过程由占有、生产、交换、分配、消费等环节组成，其中，分配是指社会成员对一定时期的经济活动成果的分割占有。由于分配具有分布、配给、配置之义，所以分配还指社会产品在经济活动中的分布使用状况即所谓的资源配置。

对于分配问题，可以从收入和财产、微观和宏观、初次分配和再分配等不同角度进行分析，还可以从分配的对象、原则、标准、方法、过程、结果等方面进行分析。其中，收入是个人、家庭在一定时期内的工资、利润、利息、租金等所得或进账，是单位时间内的流量，收入分配是对人们在一定时间内新创造的价值或收入（v+m）的分配，主要是对社会总产品、国民收入或GDP的分配，比如国民收入在劳动和资本之间的分配，在不同职业、行业和地区之间的分配，在私人竞争部门、垄断部门和公共部门之间的分配，在不同年龄、性别、受教育年限的人口之间的分配，在居民和政府之间的分配等，剩余价值率就是工人劳动创造的价值（v+m）在资本和劳动之间的分配（m/v）。由于社会总产品包括生产资料和消费资料，因此，社会总产品分配还是对人们在一定时期生产的生产资料和消费资料的分配。财产是个人、家庭在一定时点上的不动产、动产、知识资产等资产的货币净值，是一个时点上的存量，财产分配是一定时点上的社会全部资产在人们之间的分布情况，比如社会成员的财产分配，居民与政府的财产分配。微观分配是指个人、家庭、企业的分配活动，如个别生产者、个别企业的分配活动，企业内部的劳资关系和工资、利润分配。宏观分配是从全社会的总人口、再生产、总产品的角度，分析总产品、总收入在社会的各阶级、集团、成员之间的分配活动。

分配不是独立的经济活动，分配只是社会再生产的一个环节，分配关系只是生产关系的一个方面。从社会再生产上看，收入分配和消费既是本次生产的结束——社会成员将分配成果用于消费和投资，又为下一次生产准备了条件——过去的收入分配影响着现在的财产分配和生产活动；分配是连接生产和消费的中间环节，资本

---

① 关于世界经济增长状况的具体探讨，见：[英] 安格斯·麦迪森. 世界经济千年史 [M]. 伍晓鹰，等译. 北京：北京大学出版社，2003.

主义不断再生产着商品价值、剩余价值和生产关系。从生产关系上看，生产资料所有制既决定着经济活动的生产、交换、分配等方面关系的性质和结果，又决定着社会成员在生产和分配中的地位，还决定着分配的原则、标准、方法、过程和结果。

基于社会调查和统计数据，经济学家通常从个人收入分配（总量收入分配）和功能收入分配（生产要素收入分配）的角度，测度和分析居民收入分配问题。（1）个人收入分配处理的是居民个人或者家庭以及他们的收入，重点考虑的是收入的数量而不是收入的来源或途径，比如一般不考虑收入来自雇佣劳动还是利润、利息、租金、赠与，也很少考虑收入的地区性（如城市或农村）、职业性等差异。经济学家和统计学家按照收入水平对所有人口进行分类和排序，通常按照收入高低将所有人口分为多个连续群体比如5组、10组，然后具体确定每个收入群体的收入水平和占总收入的比例。在此基础上，根据居民收入的统计数据，测度不同群体之间的收入分配差距即收入不均等状况，比如最富裕1%、10%人口的收入占总收入的比例，最贫困的10%、40%人口的收入占总收入的比例。常用的个人收入分配的定量分析工具有洛伦兹曲线、基尼系数、泰尔指标等。比如表征居民收入分配的基尼系数在0.2以下为比较平均，当今发达国家大多在0.3左右；0.4以上为差距较大，0.5以上为差距悬殊；表征财产分配的基尼系数一般更大，当今发达国家大多在0.5~0.9。（2）功能收入分配处理的是国民收入在劳动、土地、资本等生产要素各个组成部分中的分配状况，通常把劳动作为一个整体，把土地、资本等生产要素获得的利润、利息、租金等作为另一个整体，分析劳动和资本的所有者的收入分配问题，而一般不考虑生产要素、市场方式背后的其他影响因素，比如劳资谈判、垄断等不完全竞争、法律和政府等因素。此外，还可以按照等级、资历、排队、抽签、票证、暴力、权力等原则和标准，对收入和财产进行分配。

（二）资本主义分配

对于资本主义的收入分配，古典经济学存在两种代表性的观点，这后来成为了马克思经济学和新古典经济学的理论渊源：（1）李嘉图等人从劳动价值论出发，认为利润、利息、地租都是工人劳动创造价值的一部分，由此分配本质是工人劳动创造的价值在工人和资本家之间的分配，工资和利润之间具有对立性，工人工资是相对于利润水平的相对工资。（2）萨伊等人提出了劳动、资本、土地分别形成价值，并相应获得工资、利润、地租等收入的三位一体的生产要素分配理论，马歇尔进一步认为劳动、资本、土地、企业家相应获得工资、利息、地租、利润。斯密、约翰·穆勒等人坚持的则是折中的分配理论，认为价值创造和价值分配是两个问题。

由于生产资料私有制是资本主义经济的基本制度，资产阶级、工人阶级是资本主义社会的基本结构，资本雇佣劳动，劳动创造价值，生产资料私有制决定着资本家在生产和分配中的决定、支配地位，对资本主义分配就必须从资产阶级与工人阶级、资本与劳动之间既对立又合作的这一社会条件出发，从个别资本和社会总资本等不同角度，具体分析资本家与工人、资本与劳动、工资与利润之间，以及资本家、工人内部的分配关系。资本主义的不同人群之间、工人和资本家之间的收入分配上呈现着较大差距，财产占有上呈现着更大差距。

从商品生产和交换的完整过程看，一个国家或地区的相互联系、相互制约的个别资本构成的资本总和就是社会总资本，社会总资本就是全部个别资本、各种形态资本、各个行业和企业资本，社会总资本包括产业资本、商业资本、生息资本、土地资本等形态。在社会总资本的运动过程中，尽管工人劳动创造了商品价值，而交换过程只是完成商品价值实现和分配，但社会再生产过程中的所有部门、所有行业的工人都要求获得不低于劳动力价值的工资，所有形态、所有部分的资本都要求最大化地占有工人创造的剩余价值，进而要求分割工人创造的剩余价值，剩余价值在产业资本、商业资本、生息资本之间转化为平均利润，资本家和工人还需要将一部分利润、工资缴作政府的财政收入。

资本主义分配的对象是生产过程创造的物质产品即商品价值，分配的原则和标准是经济活动中投入的劳动力和资本，分配的基本方式和过程是自由竞争、等价交换的市场方式以及企业分配机制。商品价值和全部商品构成的社会总产品价值包括三部分，即 $w = c + v + m$。为了保证个别资本和社会总资本的正常运动，即保持企业再生产和社会再生产的顺利进行，首先应当扣除补偿不变资本 c 的部分，剩下的 $(v + m)$ 部分才能作为企业收入或国民收入，在工人和资本家之间，以及工人、资本家内部分配，工人获得工资，资本家获得剩余价值即利润，这又称为收入的初次分配、功能性分配。

在工人的工资收入中，工资先是以可变资本的形式与工人对立，工人受生产过程中的不变资本和可变资本的支配，工资是生产性的概念。资本雇佣工人，工资以雇佣劳动为前提，工人获得了由可变资本转化而来的工资收入后，工人变成了可变资本的实物存在形式。随后，工人必须通过自己的劳动，不仅创造一个工资的等价物偿还给资本家，还要创造出超过工资价值的剩余价值，剩余价值以资本为前提。在工人创造的新价值分配上，工人和资本家、工资和剩余价值即利润之间呈现着对立统一关系，工资又是分配性的概念。

从实践上看，工人如果不能通过工会组织、劳资谈判、政治斗争等方式争取经济和政治上的权益，那么资本家凭借私有资本和国家政权的优势就会延长劳动时间，压低工资水平，提高剩余价值率。相反，工会力量如果很大，工人如果不断斗争，工资水平就可能等于甚至超过劳动力的价值。如果还保持资本主义生产方式，由于利润率降低甚至无利可图，那么资本家就会或者停止或转移投资，或者引入提高劳动生产率的技术和设备，以降低就业率，抵制工资率上升而利润率下降的趋向。工人与资本家之间长期存在着激烈的博弈过程，可能既推动了资本主义发展，又导致经济的周期性波动，甚至出现经济危机，比如马克思提出的 10 年左右的经济周期性危机即朱格拉周期，菲利浦斯 1958 年提出的货币工资率与失业率之间存在交替性关系的经验解释就涉及了这一经济现象。

在资本主义的社会结构中，除了从事经济活动的工人、资本家以及其他所有制的社会成员，还包括从事政治活动、知识活动等非经济活动的社会成员，以及因年龄、疾病等原因而无力参加经济、政治、知识等社会活动的社会成员，政府是作为管理资本主义共同事务的委员会。因此，政府要从社会总产品中征收相应的税赋，社会总产品要在从事政治活动、知识活动等非经济活动的社会成员，以及老幼病残等社会救助成员之间进行再分配，社会成员通过社会保障、慈善、家庭等方式而获得转移性收入。

二、资本主义的分配制度

（一）小商品生产转变为市场化生产

在马克思之前的配第、魁奈、斯密、李嘉图时代，资本主义正从小商品经济向市场化、工业化、全球化经济过渡，经济活动中的商品生产和交换、商品价值和价格、工人工资和资本利润等内容和形式都在变化。

在小商品经济中，农业是经济活动的主要部门，生产关系和产业结构简单而稳定，商品生产和交换种类少，数量小，范围窄，过程短，是对自然经济的补充和维护。在一定的时间和地点条件下，商品价值取决于商品生产的社会必要劳动时间，社会必要劳动时间相对稳定，商品价格围绕价值而上下波动，商品依照其市场价格而直接交换。

随着资本主义生产方式的确立和发展，生产关系和产业结构不断调整，主要的商品生产者从个体工商业者转变为资本主义工商企业，工商企业的主要形式是有限公司、股份公司，资本雇佣着经理、文员、蓝领、店员等各类劳动者，商品生产和交换种类多，数量大，范围广，过程长，同一行业、不同行业、不同地区的生产者之间展开了全面多样、迂回曲折的激烈竞争，产业资本不再独立发挥商品生产和交换的全部职能，产业资本、商业资本、生息资本分工承担了商品生产和交换的不同职能。与此同时，由于资本在工业、商业、金融业等不同的部门、行业、企业竞争和流动，不同的部门、行业、企业的资本结构不同，商品从按价值交换转化为按生产价格交换，资本家获得的剩余价值转化为平均利润，价值规律、剩余价值规律的内容和形式也发生了变化。

（二）商品生产所有权规律转变为资本主义占有规律

在资本主义经济中，商品生产必须同时投入和使用生产资料和劳动力。工人如何出卖劳动力和获得工资，资本家如何占有和瓜分工人劳动创造的剩余价值，商品生产所有权规律是如何转变为资本主义占有规律的？

任何社会的经济活动都应当是在一定的法律、习俗、伦理等正式和非正式的制度约束下有序进行的。正如第四章所分析的，在资本主义私有制和社会分工的生产方式中，参与商品生产和交换的工人和资本家及其企业都是权利完整、地位平等的社会主体。具体而言，工人是劳动力的所有者，资本家是资本的所有者，工人、资本家在商品交换中遵循自由平等、等价交换、诚实信用的市场规则，工人自由、等价地一次次出卖劳动力而获得工资并购买相应的消费资料，资本家以其所有的可变资本、不变资本而自由、等价地一次次地购买劳动力和生产资料，获得了劳动力和生产资料的所有权和内在的价值、使用价值，进而在生产过程中依法支配和使用劳动力，工人必须依照劳动合同而提供劳动，资本依法占有了使用劳动力和生产资料而创造的商品中的价值和剩余价值，并且在市场上自由、等价卖出商品而实现了价值和剩余价值，这就是自由平等的商品生产所有权的具体内容。

可见，工人、资本家权利平等，自由选择，等价交换，遵循商品生产的经济规律和所有权规律，借助工人劳动力成为资本家购买的商品这一中介环节，实现了资本与劳动的结合和使用。当然，工人劳动力一旦被购买和雇佣，价值和剩余价值生产就在企业内部进行，企业内部奉行的并不是市场竞争方式，而是行政管理方式。企业通过章程、计划、权威、等级、考核、监督等组织经济活动，分配工资和利润。尽管企业管理符合法律，市场交换遵守规则，但这最终普遍导致了资本雇佣、支配工人并占有工人劳动成果的异化现象，商品生产所有权规律转变为了资本主义占有规律，即商品生产的等价交换规律转变为了资本主义的剩余价值规律。[①]

在资本主义经济中，正如下一节将要分析的，所有资本家都在资本流动、全面竞争的资本市场、产品市场上追逐最大化剩余价值，剩余价值在产业资本的行业之间通过生产价格、平均利润而分配，在产业资本、商业资本、生息资本等不同形态资本之间通过平均利润而分配，不同资本家分别获得了产业利润、商业利润、银行利润和借贷资本利息、地租等利润形式。

（三）资本主义的公平、均等与效率

"天下为公""均贫富、等贵贱"并不只是中国古代的政治口号，公平、均等似乎也是古今中外人类历史上的永恒问题，这一诉求在经济活动中的财产占有、劳动分工、收入分配等领域尤其强烈。那么，如何认识资本主义经济中的效率、公平与均等问题，在制度公平与经济效率之间还是在结果均等与经济效率之间存在着权衡、取舍关系？

如前所述，效率（efficiency）是对经济活动的投入与产出、成本与收益的评价指标，那么公平、均等是指什么？"equity""justice""fairness"等英美经济学、政治学等领域广泛使用的观念皆可译为汉语的公平、公正、正义、正当，约翰·罗尔斯还提出了"公平的正义"（justice as fairness）概念。不过，"equality"应当译为"均等、等同、平均"，但国内常常误译为公平、平等。在概念的内涵上，公平一般是指经济、政治的制度、规则及其实施、运行方式的个人自由、权利平等，如所谓的公民权利、人权平等、机会均等、制度公平、法律公正、社会正义等，公平、正当、自由、权利等可视为等价的事物和概念。从经济实践上看，公平的本体和实质就是每个人、所有人都拥有着充分且平等的人身权、财产权和行动自由，都能够自由平等地参与商品生产和交换，从而充分保障其经济活动的积极性和创造性，商品是天生的平等派，资本主义因公平权利而导致了知识创新、技术进步和经济创新并

[①] 马克思. 资本论：第一卷［M］. 北京：人民出版社，2004：673－678.

进而创造了巨大的生产力。而均等一般是指经济、政治、知识等人类活动结果的均等、等同、平均性，尤其是指社会成员在收入分配、财产占有结果上的均贫富、无差距状态。

资本主义社会中的公平是什么？美国《独立宣言》提出："人人生而平等，造物者赋予他们若干不可剥夺的权利，其中包括生命权、自由权和追求幸福的权利。"亦如法国大革命时提出、后来写进法国宪法的"自由、平等、博爱"，以及21世纪以来美国共和党布什的"富有同情心的保守主义"，英国工党的"对所有人都公平的未来"，英国保守党的"对每个人都公平的约定"和"更强盛、更公平、更繁荣的英国"，或者2016年美国大选中桑德斯的"民主社会主义"和共和党特朗普的"让美国再伟大"等竞选口号，其中的"公平"等概念实质上都是指所有公民的权利平等、机会平等，都指向了追求经济和政治公平、增进生产力和社会福利的目标。边际革命之后，约翰·贝茨·克拉克1899年《财富的分配》提出的、希克斯等人完善的边际生产力理论被认为是对资本主义经济活动特别是收入分配的不只是合法性、而且是正当性的经典辩护：商品价值即价格由市场供求而形成，在生产要素所有者之间按其边际生产力而合理分配；当充分竞争的市场达到一般静态均衡时，生产过程中相互合作的每一个参与者都获得其生产要素边际贡献的全部价值，即资本家获得其资本边际收益，工人获得其劳动边际收益。作为对资本主义生产和分配制度的修正和总结，约翰·罗尔斯1971年《正义论》提出了公平或正义的两个原则：第一原则是自由优先原则，每一个人都应当拥有充分且平等的权利；第二原则是平等原则，包括机会平等原则和差异原则，即机会不平等不影响社会中处于最不利地位的成员的最大利益。罗伯特·诺齐克也主张个人权利优于国家权力，反对国家权力对于个人权利、自由竞争的限制，经济活动中的任何人只要不侵犯其他人的权利，那么收入分配结果的任何不均等都不应当视为不公平。①

然而，在资本主义私有制的条件下，这种法律、政治上的公平制度与经济上的公平实践之间存在着广泛的不一致性。尤其在财产的来源和占有上，如果按照古典学派和马克思的劳动价值论，那么资产阶级的财产归根结底是来自雇佣劳动者的劳动创造。边际革命之后的生产和分配的理论回避了财产的来源和占用的公平性问题，把现实中的生产要素所有权决定收入份额视为公平合理的分配制度。由于资本主义生产方式内含着生产资料私有制与社会化大生产之间的基本矛盾，资本雇佣劳动且按照生产要素分配收入，而工人阶级整体上几乎一无所有，工人个体之间劳动能力差距甚大，所以尽管存在着知识传播、资本流动、自由竞争的发展机制和反垄断、义务教育、社会保障的公共政策，资本家与工人之间，以及资本家和工人内部依然存在着收入和财产分配上的重大差距。

不过，从资本主义几百年的运行历史看，这种基于资本主义所有制和市场竞争

---

① ［美］约翰·罗尔斯. 正义论［M］. 何怀宏，等译. 北京：中国社会科学出版社，1988，2009. ［美］罗伯特·诺齐克. 无政府、国家和乌托邦［M］. 何怀宏，译. 北京：中国社会科学出版社，1991. ［印］阿马蒂亚·森. 正义的理念［M］. 王磊、李航，译. 北京：中国人民大学出版社，2012.

的生产要素分配理论和实践，这种资本获得利润、劳动力获得工资、等量资本获得等量利润的分配制度，似乎保障了资本顺利实现其追逐剩余价值的经济目标，激励并保持生产力的持续发展。阿瑟·奥肯1974年阐述的"均等与效率之间的抉择"，也是指资本主义生产和分配制度既具有较高的经济效率，又产生了收入分配结果上的不均等，认为资本主义应当在经济效率与收入差距相对合理之间达成平衡。① 换言之，资本主义的私有制和市场方式被视为一种公平的生产和分配方式，这一财产、市场的制度公平（equity）与经济效率之间大致处于互动、统一的关系，而财产占有、收入分配结果的人人均等的平等（equality）与经济效率之间呈现着冲突、取舍的关系。过去几百年来，生产资料私有制和市场竞争既形成了资本主义经济的生命力和高效率，而它导致的工人失业和贫困性、收入和财产上的不均等又成为了经济危机和政治革命的直接原因。

第二节　职能资本和平均利润

在现实经济中，产业资本和商业资本执行着商品生产和交换的职能，完成了剩余价值的生产和实现，并获得了相应的产业资本利润和商业资本利润。这一节首先分析产业资本的生产成本、平均利润和利润分配，商业资本的利润分配问题。

一、成本、利润和利润率

（一）商品生产的资本和成本

分配是对劳动创造的企业收入、国民收入（v+m）的分配，特别是指收入中的剩余价值（m）的分配，本章对于资本主义的分配特别是剩余价值的分配依然从产业资本开始分析。由于产业资本分为了众多行业和企业，生产着不同种类的商品，所以如何分析各个行业和企业的生产和产出，各个行业的成本、利润和利润率，商品价值转化为生产价格等问题，就成为马克思分析剩余价值的生产和分配的关键问题，这就需要从生产、成本的角度探讨商品的价值、成本、利润等基础概念。

假设在产业资本的运动过程中，价值由劳动形成和决定，商品按照其生产时所耗费的社会必要劳动时间即社会价值进行交换，价值与价格相等，产业资本实现并占有了工人创造的全部剩余价值或利润。在资本主义经济中，资本购买、雇佣劳动力并组织商品生产，可变资本等于劳动力价值，劳动形成了劳动力价值和剩余价值，转移了不变资本即生产资料价值。因此，某种商品的价值（w）由生产资料价值、

---

① ［美］阿瑟·奥肯. 平等与效率［M］. 王奔洲，译. 北京：华夏出版社，1987. 按："equality"应译为"均等"，但中国社会科学出版社2013年版陈涛译本仍然译为"平等与效率"，周新城、吴晓波等人则称之为"公平与效率"。

劳动力价值和剩余价值三部分构成，用公式表示就是：w＝c＋v＋m。显然，构成商品价值的三个部分来源不同，性质也不同。其中，c 是生产资料的价值转移，v 是工人创造的、补偿可变资本的价值，m 是工人创造的、被资本家占有的剩余价值，（v＋m）是劳动新创造的全部价值，商品价值 w＝c＋v＋m 表现为生产该商品所耗费的过去物化劳动生产资料和现在活劳动的价值总和。

但对于资本家来说，商品价值中的资本价值部分（c＋v）是资本家投入、耗费的全部预付资本，是他生产经营的生产成本、成本，剩余价值被视为全部资本或成本的附加值或增加值。换言之，如果从商品价值中减去剩余价值即利润 m，剩下来的就只是资本家投入和耗费的全部资本价值（c＋v）、全部成本的补偿价值。由于生产资料包括流动资本和固定资本，商品生产中的流动资本价值是一次转移，固定资本价值是多次转移，为了分析简便，暂且假设固定资本价值也是一次转移。由于（c＋v）的价值难以直接计量，人们能够计量和把握的是商品交换中表现出来的（c＋v）的价格形式，即生产资料价格和劳动力价格，资本家称之为成本价格。对于商品生产中的（c＋v）这一被资本家称为商品生产的成本、生产成本或成本价格，本书统称为成本。如果把商品生产的成本（c＋v）用小写的 k 表示，那么 w＝k＋m，这样成本中的不变资本和可变资本之间的差别就不见了，剩余价值 m 就只是全部资本、生产成本的附加值。当然，若假设固定资本价值分次转移，不变资本的全部价值、每次转移到商品中的不变资本价值分别用 C、c 表示，则单位商品价值中的不变资本价值 c 只是不变资本价值的一部分，成本只是全部预付资本的一部分；再假设全部预付资本用大写的 K 表示，价值一次转移的可变资本仍然用 v 表示，那么，全部预付资本 K＝C＋v，成本 k＝c＋v，C≥c，K＝C＋v≥k＝c＋v。

从再生产的实物补偿和价值转移的角度看，成本是补偿商品生产中所消耗的全部资本，换言之，作为成本的资本数量是企业维持再生产的补偿尺度。由此，当商品的社会必要劳动时间即商品价值一定时，个别企业的商品成本高低，就影响着企业的竞争能力和生存状况，影响着剩余价值 m 即利润的多少，从而制约着企业再生产扩大的可能性。利润动机和竞争压力促使资本家重视成本管理，力求以尽可能少的资本耗费来实现补偿，以获取尽可能多的利润。

（二）剩余价值转化为利润

剩余价值本来只是雇佣劳动的产物，是工人劳动创造、可变资本价值变动的结果。但是，由于不变资本与可变资本的价值之和（c＋v）转化为了成本，这就造成了不仅转移价值的不变资本形成了剩余价值，而且整个投入、全部预付资本似乎都参与了商品生产、剩余价值形成的过程的假象，造成了剩余价值似乎是由全部预付资本、全部成本产生的假象，是预付资本的增加值，从而掩盖了剩余价值与可变资本、工人劳动之间的直接联系和因果关系。

剩余价值如果被理解、定义为全部预付资本而非劳动的产物，就转化成了利润形式，即剩余价值是全部预付资本带来的利润，进而资本家就可以因为投入资本、付出成本而无偿占有剩余价值了。可见，剩余价值与利润在来源和本质上是同一个东西,剩余价值是利润的本原,利润是剩余价值的存在形态和转化形式,差别只在于相对于可变资本而言的剩余价值,相对于全部预付资本就变成了利润,是同一个东西的两个名称、两种形式而已。

以上的利润仍然是抽象的、一般化的利润概念,是剩余价值的单纯转化形式,利润在绝对量上与剩余价值相等。利润作为非劳动收入的概念,在资本主义现实经济中具有不同的表现形式,或者说一般化的、剩余价值转化形式的利润可表现为具体不同的利润形式。对于单个资本或企业,利润就是商品价值减去不变资本、可变资本后的余额,或者售卖商品总收入扣除全部成本后的余额,利润是独资企业资本家的个别利润,是公司全部股本、全体股东的个别利润。正如第二、第四章所述,由于单个资本、企业的个别劳动、个别价值不一定等于社会必要劳动、社会价值,所以个别利润水平可能等于、大于行业的平均利润、超额利润,也可能低于平均利润而亏损。对于不同职能、不同部门的资本,利润是指产业利润、商业利润、银行利息和利润、地租等形式。对于职能资本中的行业资本,利润是指行业利润、平均利润。其中,超额利润一般是指某一企业因劳动生产率高于行业水平,商品生产个别成本低于行业平均成本而获得的超额收益;行业利润是某一行业的、生产某种商品的全部资本家的利润,行业利润在完全竞争条件下就是平均利润,但垄断性行业的利润是超额利润;利息一般是指银行借贷资本的利润,是平均利润的一部分;地租是指农业资本家为租种土地、取得土地使用权,而向土地所有者缴纳的超过平均利润的那部分剩余价值。此外,在无雇佣劳动的家庭作坊或独资企业中,利润是其劳动和生产资料的总收益。

资本的利润是商品价值减去不变资本、可变资本后的余额,马克思主义把利润视为工人劳动的产物。在单个资本或企业的经济核算上,商品销售总收入扣除成本后的余额称为会计利润。从市场竞争、平均利润、机会成本的角度看,每个资本、企业都在追求不低于社会平均的利润,但其会计利润与平均利润可能并不一致,而所谓的既基于机会成本又超过平均利润的经济利润即超额利润只是新古典经济学对于资本动机、资本收益的一个神话,是以个别资本、企业取得的超额利润这一特殊现象,混淆和掩饰了资本家普遍追求和获得的产出大于投入的社会平均利润。

在李嘉图、马克思之后,出现了一系列关于利润、利息的来源和性质的辩护理论。其实,斯密已不是完全的劳动价值论者。诸如萨伊的生产要素价值论、西尼尔的资本家节欲利润论和最后一小时利润论,以及穆勒等人的利润是资本家风险行为或创新行为的收益,马歇尔等人的利润是对资本家等待的补偿,利息是现在资本家少消费、以后多消费的时间偏好或等待的收益等理论,都是对劳动价值论的反动,同样具有不可克服的逻辑上的缺陷和经验上的反常。比如,对于资本利息是节欲、等待、时间偏好的收益,在常识上是银行为储户提供货币保管服务,通常应当是储户向银行而不是银行向储户付息,古希腊的亚里士多德、中世纪的阿奎那早就批评过了资本生息的伪善现象。

再如克拉克最初提出,哈耶克、弗里德曼等大多数新古典经济学家所同意的,资本主义分配的根本原则是根据他所拥有的生产要素生产出来的结果即边际生产力进行分配。根据新古典经济学的假设，生产要素是劳动 L（或人力 H）和资本 K，生产要素同质，生产函数是一次齐次的 Q = f(L, K)，那么依照数学上奇妙的欧拉定理，就有 Q = f(L, K) = Lf_L(L, K) + Kf_K(L, K)，换言之，生产成果恰好按照生产要素所有者的要素边际贡献而分配，工人、资本家各尽所能，各得其所。然而，即使假设各种生产要素都对价值创造具有贡献，但生产要素的所有者通常不是生产要素的使用者，提供资本不是一种生产行为，只因为是生产要素的所有者就获得使用生产要素的收入份额，这是资本主义私有制及其法律秩序决定的分配原则而非劳动形成的价值份额，价值的生产理论与分配理论之间显然存在着逻辑上的断裂或不一致。

（三）利润率

剩余价值、利润理论不仅要分析利润的性质和数量，还要分析利润与全部预付资本的比率即利润率，利润在商品新价值中的份额即资本与劳动、利润与工资之间的比率，利润的增长率等问题，而且这些问题都可以在个别资本、行业资本和社会总资本这三个不同层次上进行研究。

剩余价值转化为利润，表示资本家对工人剥削程度、可变资本增殖程度的剩余价值率（$m' = m/v$）就转化为了表示全部资本增殖程度的利润率 $p' = p/(c+v)$。由于 $m = p$，因此剩余价值率和利润率不过是同一剩余价值量与不同资本的两种比率而已，利润率是剩余价值率的转化形式。当然，剩余价值率转化为利润率，二者之间还是存在着一定差别：（1）二者在数量上出现了差异。由于 $c + v \geqslant v$，所以剩余价值率大于利润率，$m' \geqslant p'$。由于利润率是利润与 $(c+v)$ 之比，而利润只能来自工人的创造，即利润只能与 v 有关，所以 $(c+v)$ 的数额和 c 与 v 之比就影响着利润和利润率。马克思把资本的不变资本和可变资本的技术构成决定的资本价值构成称为资本有机构成，资本有机构成影响着剩余价值率和利润率。（2）二者的经济和社会内涵也不同，剩余价值率反映的是资本家、可变资本对工人的剥削程度，利润率反映的是资本家全部资本的增殖程度。

人类社会的一切经济活动都要追求价值或收益最大化，只是对于收益或价值的定义、来源和收益的分配原则并不相同。无论如何定义，剩余价值或利润都是资本主义经济的根本动机和基本目标，资本主义经济的一切手段都是为了剩余价值率或利润率的最大化。对此，马克思引用英国评论家托·约·邓宁 1860 年的一段话，生动表达了资本主义的经济动机和资本家的经济形象："资本逃避动乱和纷争，它的本性是胆怯的。这是真的，但还不是全部真理。资本害怕没有利润或者利润太少，就像自然界害怕真空一样。一旦有适当的利润，资本就胆大起来。如果有 10% 的利润，它就保证到处被使用；有 20% 的利润，它就活跃起来；有 50% 的利润，它就铤而走险；为了 100% 的利润，它就敢践踏一切人间法律；有 300% 的利润，它就敢犯任何罪行，甚至冒绞首的危险。如果动乱和纷争能够带来利润，它就会鼓动动乱和纷争。走私和贩卖奴隶就是证明。"[①] 在资本主义经济现实中，生产毒品、销售假

[①] 马克思.资本论：第一卷[M].北京：人民出版社，2004：871.

药、污染环境、开设赌场或总统集权、权钱交易等也同样是证明。

如果对利润率公式加以变形：$p' = p/(c+v) = m' \cdot v/(c+v) = m'/(c/v+1)$。从中就可以看出影响利润率的一些因素。在资本有机构成等条件不变时，利润率与剩余价值率成正比，提高剩余价值率的办法也就是提高利润率的办法；在剩余价值率等条件不变时，由于 c/v 是资本有机构成，因此利润率与资本有机构成成反比；在剩余价值率、资本有机构成等条件不变时，资本的年利润率与资本周转速度成正比。此外，劳动生产率的提高、可变资本的降低、不变资本的节省等也都会影响利润率的水平。

二、产业资本、平均利润和生产价格

前面在分析私有制和社会分工条件下的剩余价值生产和产业资本运动时，假设商品在每个企业生产，按照其价值而交换，产业资本是社会单一的物质资料生产部门和社会唯一的资本形态，且产业资本相继顺利采取货币资本、生产资本、商品资本的形式。但在分析现实中的资本主义经济中，需要逐渐放松假设条件：(1) 生产资料、消费资料等物质资料生产部门是由农业、矿业、制造业、建筑业、运输业、通信业、餐饮业、房地产业等一系列的生产性行业组成，而农业、矿业、制造业等行业大类又由一系列的行业中类和小类组成，不同行业的产业资本分别雇佣劳动、共同完成了剩余价值生产，工人创造的剩余价值还必须在产业资本各行业、企业中进行分配。但不同行业资本的技术构成、有机构成往往不同，利润率也往往不同。(2) 商业资本从物质生产部门中独立、分离，生息资本从产业资本、商业资本等职能资本中独立、分离之后，产业资本、商业资本、生息资本以及其他形态资本共同完成了剩余价值的生产和实现，都要参与剩余价值的竞争和分配，由此还必须在产业资本、商业资本、生息资本等资本中进行分配，等量资本都要求等量利润。

（一）平均利润和平均利润率

先针对产业资本总体，分析产业资本内部的行业竞争和行业利润率问题。在物质资料生产的各大行业之间，以及各大行业内部的各行业之间，各个资本家、各个企业为了追求最大化的剩余价值而全面竞争，工人之间为追求最大化的工资也全面竞争，生产资料、劳动力要素自由流动。如果这样，资本和劳动之间、资本家之间、劳动力之间的分工、竞争和流动，将如何影响行业之间的剩余价值的生产和分配？假设行业之间的剩余价值率相同，工资水平不变，生产的其他条件也相同，那么在资本主义私有制或所有权规律和商品生产、市场竞争规律的共同作用下，行业之间的利润率差异主要取决于资本有机构成、资本周转速度（时间）这两个因素。

首先，假设商品生产部门分为汽车、服装、食品三个行业，因劳动力的竞争和流动，其剩余价值率相同，均为 100%，其他条件也相同，但不同行业因经济技术水平不一而不变资本、可变资本的有机构成不同,如表7-1所示。① 需要说明的是,表7-1以及表7-2、表7-3关于汽车、服装、食品三个行业的剩余价值、平均利润、生产成本的数字模型,以及第九章关于社会简单再生产和扩大再生产的数字模型,只是对相关经济命题的说明和分析,而不是现代数理经济学的模型和演绎证明。那么,三个行业的利润和利润率状况应当如何?

表7-1　　　　　　食品、服装、汽车行业的剩余价值和利润率

行业	资本	资本有机构成	剩余价值率(%)	剩余价值	商品价值	利润率(%)
汽车	100	70c + 30v	100	30	130	30
服装	100	80c + 20v	100	20	120	20
食品	100	90c + 10v	100	10	110	10

表7-1显示,商品如果均按照其价值售卖,那么产业资本三个行业的总的平均利润率(一般利润率)为20%。同是100个单位的预付资本,三个行业的剩余价值率相同,但如果资本的有机构成不同,其各自的行业利润和利润率似乎就出现了明显差异。在资本主义的生产方式中,市场自由竞争,资本逐利流动,等量资本要求获得等量利润,但这一理论假设与有机构成不同(等量资本但不等量可变资本)的三个行业获得了不同的剩余价值、利润和利率,经济现实似乎相悖了!

其次,假设商品生产部门分为汽车、服装、食品三个行业,其剩余价值率均为100%,资本有机构成以及其他条件也相同,但不同行业因不变资本中的固定资本、流动资本比例不同,且资本周转的时间不同,可变资本在同样时间内完成的剩余价值生产次数也不同,其利润率自然也就不等,不同行业的利润率与资本周转时间成反比。例如,假设汽车、服装、食品行业的资本周转时间分别为1、2、3,换言之,汽车、服装、食品行业的资本周转速度分别为3、2、1,剩余价值生产次数也分别为3、2、1,那么在同样时间内,汽车、服装、食品行业的利润率之比就是3∶2∶1。进一步假设三个行业的资本有机构成也不同,其利润率差异还将扩大。

在资本主义市场经济中,资本不仅决定着商品生产和价值形成,而且决定着价值的分配,即资本雇佣劳动,劳动创造价值,工资和剩余价值按资本分配。由于企业充分竞争和资本自由流动,那么等量资本在企业内部要求同股同权、同股同利,在企业和行业之间也要求得到同样的权力和利益,分配大致相等的利润。等量资本如果不能得到等量利润,就会从利润率较低的企业流向利润率较高的企业,从利润率较低的行业流向利润率较高的行业,同时,不同企业、行业的资本有机构成、剩余价值率也会相应调整,直至利润率较高的企业、行业因资本过剩、资本有机构成调整而导致利润率低于平均水平,资本又开始流出,最终达到不同行业的资本利润率趋于均等,形成社会平均的一般利润率,即平均利润率。由此,在产业资本的每

---

① 关于平均利润率、市场价格及其数字模型,参见马克思《资本论》第三卷第二篇第九、十章。

个行业内部,企业的个别价值转化为同一的社会必要劳动即社会价值或市场价值,形成该行业的特殊利润率;在产业资本的各个行业之间,形成社会平均利润率。

进而,随着商业资本从产业资本中分离、独立出来,商业资本承担着商品资本和货币资本的职能,参与剩余价值的生产和实现,商业资本以及商业的各个行业也要求形成平均利润率。生息资本虽然不直接参与剩余价值的生产和实现,但银行等金融机构的资本家以自有资本投资并经营货币借贷业务,一部分闲置的产业资本、商业资本转为生息资本,共同承担着为产业、商业资本服务的职能,这一部分的生息资本同样要参与形成平均利润率。因此,从社会总资本运动的角度看,平均利润率就是全社会剩余价值总额与全社会直接参与商品生产和剩余价值创造的资本总额之间的比率,又称一般利润率;按照平均利润率归资本家占有的利润,称为平均利润。平均利润率和平均利润的计算公式如下:

$$平均利润率 = 剩余价值总额 / 社会总资本$$
$$平均利润 = 预付资本 \times 平均利润率$$

平均利润率和平均利润的形成过程,也就是全社会的各个企业、各个行业、各种职能形式的单个的个别资本通过雇佣工人、市场竞争、资本流动,不断追逐、完成和瓜分剩余价值的过程。假设通过市场竞争和资本流动,各个行业都趋向了 20% 的平均利润率,但不同行业、不同资本构成的资本家所得到的平均利润一时仍然并不完全等于本行业工人创造的剩余价值。其中,资本有机构成较高的行业得到的平均利润大于本行业创造的剩余价值,资本有机构成较低的行业得到的平均利润小于本行业创造的剩余价值,这可以在表 7-2 中得到清楚的示意。

表 7-2　　食品、服装、汽车行业的剩余价值和平均利润

行业	资本	资本有机构成	剩余价值率(%)	剩余价值	平均利润率(%)	平均利润	平均利润与与剩余价值之差
汽车	100	75c + 25v	100	25	20	20	-5
服装	100	80c + 20v	100	20	20	20	0
食品	100	85c + 15v	100	15	20	20	+5

从表 7-2 可知,资本有机构成较低的汽车行业创造了 25 单位的剩余价值,但只得到了 20 单位的平均利润;资本有机构成较高的食品行业创造了 15 单位的剩余价值,也得到了 20 单位的平均利润;只有资本有机构成中等的服装行业,剩余价值创造与平均利润相等。从社会各行业的角度看,平均利润总额与剩余价值总额相等,平均利润还是剩余价值,是剩余价值在不同行业重新分配后的转化形式。而且,每个行业的资本总量如果不等,那么每个行业的平均利润量也不相等,但平均利润率依然相等。

各个行业的不同利润率转化为平均利润率,从而使得利润转形为平均利润只是资本主义经济分工和竞争的一种趋势、一项原则。在等量资本追逐等量利润的竞争

过程中，各个企业、行业的生产技术、资本有机构成、剩余价值率等也可能变动。对此，应当避免两种片面的、机械的理解：一种是把等量资本获得等量利润的一般趋势、动态均衡理解为各个企业、行业利润的绝对平均化结果，然而竞争和创新的市场经济中的平均、均衡是偶然性现象，不平均、不均衡才是经常性现象。另一种是忽视或否认企业、行业之间的利润率实际差别，少数企业、行业可能因技术创新、资源垄断、政府管制等因素而获得较高利润甚至超额利润，部分企业、行业可能因劳动生产率过低、个别劳动时间过高而普遍亏损甚至破产。

不只产业资本的各个行业利润率转化为平均利润率，产业资本、商业资本等职能资本的各个企业、各个行业都要求等量资本等量利润，要求获得平均利润率，生息资本各个行业也力求平等瓜分利润，股权资本和债权资本、经济领域的资本和非经济领域的资本、国内资本和国际资本也都力求平等瓜分利润。同理，在自由竞争、劳动力流动的市场经济中，产业工人、商业工人等参与生产和实现价值和剩余价值的工人都要求等量劳动获得等量工资，即行业、职业不同但劳动能力、劳动耗费相当的工人要求获得大致相同的工资率，以致经济、政治、知识领域的社会分工不同但劳动能力、劳动耗费相当的社会成员也都要求大致相同的工资率，即等量劳动获得等量工资，全社会的同质劳动力的价格趋于相同，不同劳动力的价格高低有序。

剩余价值转化为利润，已经掩盖了利润的本质、来源和资本剥削劳动的关系。剩余价值率转化为利润率，不同行业利润率转化为平均利润率，利润转化为平均利润，这就进一步掩盖、扭曲了利润的本质、来源和资本剥削劳动的关系。

（二）生产价格

剩余价值转化利润，利润率转化为平均利润率，利润转化为平均利润后，商品价值也就转形变化为了生产价格，生产价格等于成本（成本价格）加平均利润，是全社会竞争条件下的商品生产的社会必要劳动、商品价值的转化结果和表现形式，商品按生产价格而非按价值交换。马克思的生产价格也就是斯密的自然价格、李嘉图的生产价格、生产费用和重农学派的必要价格，但马克思明确分析了生产价格与价值的异同关系。[①] 从表 7–3 中，可以清楚地看出不同行业的生产价格的形成过程。

表 7–3　　　　　　　食品、服装、汽车行业的价值和生产价格

行业	资本	资本有机构成	剩余价值	平均利润	价值	生产价格	生产价格与剩余价值之差
汽车	100	$75c+25v$	25	20	125	120	−5
服装	100	$80c+20v$	20	20	120	120	0
食品	100	$85c+15v$	15	20	115	120	+5

---

① 马克思. 资本论：第三卷 [M]. 北京：人民出版社，2004：220–221.

从表7-1到表7-3可知，资本有机构成不同的三个行业起初可能存在着不同的利润率，经过资本家的市场竞争和资本流动，这些不同的剩余价值率、利润率逐渐趋向平均利润率。由于形成了平均利润率，不同行业的资本家的等量资本都得到了平均利润，不同行业的商品也形成了生产价格。生产价格即商品价格就是成本与平均利润之和，而不是成本与剩余价值之和，进而商品按照生产价格销售，而不是按照其价值销售。在这种情况下，资本有机构成较高的食品行业平均利润高于其创造的剩余价值，商品的生产价格也高于其价值；资本有机构成较低的汽车行业平均利润低于其创造的剩余价值，生产价格却低于其价值；只有资本有机构成中等的服装行业，其利润、平均利润和所生产的剩余价值都相等，其生产价格和价值相等。当然，在基于资本主义私有制的等量资本追逐等量利润的市场竞争过程中，各个行业的剩余价值、利润和平均利润、价值和生产价格之差也将趋于缩小。

商品的生产价格虽然是在工人创造的价值和剩余价值的基础上形成的，是企业之间、行业之间的资本家市场竞争和资本流动引起利润平均化的结果，是剩余价值进而价值在不同企业、不同行业之间均衡分配的结果，是价值的转化形式，受资本主义所有权规律和价值规律的支配。然而，商品的生产价格与价值之间在质和量的规定性方面显然存在着一定差别。从质的方面看，生产价格同资本有联系，同活劳动没有直接联系。从量的方面看，许多商品或行业的生产价格和价值经常不一致，比如示例中的食品、汽车行业就是如此。那么，生产价格是如何具体形成的？

首先分析资本家、企业在同一行业内部的竞争情况。在行业内部，各个企业为追逐更多的剩余价值或利润，必然不断改进生产技术，改善经营管理，加快资本周转，以提高劳动生产率，降低其生产价格。行业内部竞争的结果，就是不同企业生产商品的个别劳动时间、个别价值均衡为社会必要劳动时间、社会价值。某些企业无论是提高工人的劳动效率，还是采用先进的生产技术，只要其个别生产价格低于社会生产价格，就可以获得高额利润甚至超额利润。这些企业因较高剩余价值率而获得的超额利润来自工人劳动，因先进技术、较低资本有机构成而获得的超额利润则来自行业剩余价值的分割和社会总剩余劳动，不同企业、不同行业之间的剩余价值、利润的社会化转移和分配进一步掩盖、扭曲了剩余价值、利润的性质和来源。由于商品的社会价值是通过市场竞争、资本流动、社会供求等因素而形成的，商品的社会价值又称为市场价值，所以商品价值的市场的、货币的表现就是商品的价格即市场价格。

其次分析资本家在不同行业之间的竞争情况。如前所述，不同行业、不同区域的资本家为追逐、瓜分更多的剩余价值，必然展开全面、激烈的生产和市场上的竞争，资本从利润率较低的行业流向利润率较高的行业，又从利润率低于平均水平的行业流出。通过自由竞争和资本流动，直到不同行业的利润率趋于相等，形成社会平均的利润率，商品价值转形变化为生产价格，不同资本家的等量资本获得了大致相等的利润。

这样，马克思《资本论》第三卷第一、第二篇通过对市场竞争、资本流动的总体分析，揭示了剩余价值的纯粹形式与利润形式的异同，分析了剩余价值向利润、平均利润转形变化的原因和过程，建立了平均利润和生产价格理论，揭示了商品按照其生产价格而非其价值进行交换是资本主义社会化生产和竞争中的正常现象。

（三）生产价格的理论意义

商品的价值转化为生产价格后，商品的市场价格就不再孤立简单地以某种商品价值而是以社会化生产中的生产价格为中心而上下波动了。这时，决定商品生产和交换的基本规律是否还是劳动价值基础上的价值规律？如果是，那么如何解释商品以生产价格而不是价值为中心而上下波动？

价值规律既是对商品生产和交换规律的最一般的抽象和概括，在具体不同的社会条件下又具有不同的作用机制和表现形式。正如第二章所分析的，对于某一行业即某种商品而言，假设不考虑其他行业、其他商品生产和交换的影响，那么该商品价值既由社会必要劳动时间决定，价值又表现为价格，而价格受到货币发行、商品供求等因素的影响，价格围绕价值而上下变动，同种商品以其价值量为基础，不同商品以各自的价值量为基础，以价格为形式，按照平等自愿、等价有偿的原则进行交换。在简单商品生产和资本主义发展初期，自由竞争，技术稳定，各企业、各行业的经济活动相对独立，商品交换的空间和时间范围相对有限，商品生产的社会必要劳动时间相对稳定，因此，商品交换基本上是以商品的社会价值、市场价格为基础进行的。

随着资本主义的发展，竞争灵敏的市场机制和开放统一的市场体系逐渐形成了，劳动力和生产资料既可以在不同行业、不同区域之间甚至国家之间自由流动，生产者可以在行业内部、行业之间甚至国家之间自由竞争，而不同行业的生产技术、资本构成、市场结构等方面又存在着一定差异，这时资本不仅雇佣劳动并追逐剩余价值，等量资本也要求并追逐等量利润。这样，资本转化为成本，剩余价值转化为利润，利润转化为平均利润，价值转形变化为市场价格、生产价格、国际价格，价值规律的表现形式和作用机制发生了变化，生产价格规律全面调节资本主义的商品生产和交换。具体而言，生产价格规律调节着劳动力、生产资料在社会生产和再生产各部门中的流动和使用，生产价格规律刺激着生产者不断提高劳动生产率，生产价格规律还调节着资本主义的收入分配，特别是剩余价值在不同部门资本家之间的分配。

李嘉图曾经修正了斯密的劳动价值论，提出全部价值都是由劳动生产，并在劳动者、资本所有者、土地所有者三大阶级之间分配的规律，由此工资与利润、地租之间存在着对立关系。然而，斯密、李嘉图等古典经济学家在运用劳动价值论分析资本主义生产时还是遇到了两个难题：第一，价值规律同资本与劳动相交换之间的矛盾，即价值规律要求等价交换，那么资本与劳动如果等价交换，劳动创造的价值归工人所有，资本的剩余价值从何而来？第二，劳动价值规律、价值规律同有机构成不同的等量资本获得等量利润之间的矛盾，即如果坚持劳动创造价值、剩余价值的理论原则，那么剩余价值与利润、剩余价值率和利润率应当与可变资本、雇佣劳动及劳动创造的剩余价值有关，等量资本但其有机构成如果不同，剩余价值、利润与平均利润率也应当不同。但是，现实中的利润、平均利润率为什么只和全部预付资本、社会总资本有关，有机构成不同的等量资本为什么获得了等量的利润和平均利润率？

马克思运用劳动价值理论，通过对资本主义生产中的劳动力市场和资本市场的分析，发现了劳动力价格与劳动力使用价值、劳动力价值与劳动价值之间的联系和区别，创立了工资理论和剩余价值理论，工人劳动创造的价值一般大于劳动力价值，工资是劳动力价值而非劳动价值，从而解释了剩余价值来源的第一个理论难题。但马克思《资本论》第三卷第二篇对于古典经济学家遇到的第二个难题的平均利润率、生产价格解释，后来又引起了经济学家的一波又一波的长期争论，这就是所谓的商品生产的价值规律与平均利润率规律是否存在着矛盾的李嘉图悖论、价值向生产价格转形是否存在着矛盾，以及转形理论是否有必要的"转形问题"（transformation problem）。① 资本利润转化为平均利润、商品价值转化为市场价格的转形问题一直被一些人视为马克思劳动价值、剩余价值理论上的重大缺陷，在马克思去世前就开始争论，在《资本论》第三卷1894年出版后又受到了庞巴维克、鲍特凯维兹、伯恩斯坦、斯拉法直至萨缪尔森、斯蒂德曼、鲍莫尔、伊藤诚等人的质疑或反对，国内学者如朱绍文、白暴力、李翀、孟捷等人也有所探讨。② 其中，19世纪80年代至20世纪50年代争论的重点是在总价值等于总生产价格、总剩余价值等于总利润的条件下，价值规律和生产价格规律是否矛盾等问题；20世纪50年代至80年代争论的重点是总价值等于总生产价格、总剩余价值等于总利润是否合理，生产价格的形成是否违反了价值规律等问题。

工人劳动如果创造价值，在竞争性市场中，假设工资率、剩余价值率相等，即同样的雇佣劳动在不同企业、不同行业创造的价值和剩余价值相同，那么资本有机构成相同、雇佣同样劳动的企业、行业的等量资本就应当得到同样的剩余价值或利润，资本有机构成不同、雇佣不同劳动的企业、行业的等量资本就应当得到相应不同的剩余价值或利润。然而，由于现实中的不同企业、不同行业的资本有机构成并不完全相同，等量资本要求获得等量利润，如果剩余价值率相同，行业之间的剩余价值和利润就出现了不一致，某些行业的商品价值与生产价格并不相等，那么，如何解释这些不一致、不相等现象，价值可以转形为生产价格吗？为什么假设全社会的总生产价格与总劳动价值一定相等，总利润与总剩余价值一定相等？

在资本雇佣劳动的商品生产和交换中，价值规律通过剩余价值规律、生产价格规律而发生作用，资本增殖通过利润、平均利润而实现，某些企业、行业的生产价格与价值之间、剩余价值与利润之间存在一定的偏离，虽然模糊了生产价格、平均利润与价值、剩余价值之间的内在关系，但并没有否定劳动价值和价值规律，平均利润、生产价格只不过是剩余价值、价值的社会实现方式。（1）从某种商品、某一

---

① 马克思. 资本论：第三卷 [M]. 北京：人民出版社，2004：159-233.
② 白暴力. 论价格直接基础或价值转化形式 [M]. 西安：西北工业大学出版社，1986；白暴力. 价值价格通论 [M]. 北京：经济科学出版社，2006；李翀. 价值和价格论 [M]. 广州：中山大学出版社，1989；李翀. 新的历史条件下马克思政治经济学研究 [M]. 北京：中国经济出版社，2023.

行业看，生产价格和价值之间可能存在差异，但从全社会看，生产价格的总和等于价值的总和。因为，商品价值的变化最终将反映为生产价格的变化，但卖方的生产价格就是买方的成本，这一成本包含着卖方已经实现的利润；买方的生产价格即成本加上利润又成为下一买方的成本，这一成本同样包含着上一买方已经实现的利润。从全社会看，如此循环，也就不存在价值与生产价格的差别。（2）从某种商品、某一行业看，资本家所得的平均利润与工人创造的剩余价值可能不一致，但从全社会看，利润的生产和实现是一个动态的、社会的过程，资产阶级所得的利润总和等于工人阶级所创造的剩余价值总和。总之，从长期和整体上看，生产价格无论是否偏离商品价值，生产价格的总和都等于商品价值的总和，取决于工人的社会必要劳动以及工人劳动生产率的变化情况。（3）从全社会看，劳动力和资本的流动、资本之间的竞争、利润和平均利润的形成、生产价格及其变动，仍然建立在价值规律的基础之上，从根本上取决于劳动创造的商品价值及其变化状况。

在此基础上，马克思的平均利润和生产价格理论不仅解释了劳动价值论、价值规律与等量资本等量利润之间看似矛盾、实则统一的理论难题，还揭示了工人阶级与资产阶级之间的关系特征，具有社会实践上的重大意义。由于劳动与资本之间是一种社会关系，工人不只受到个别资本家的雇佣和剥削，不同企业、不同行业的资本家还共同雇佣并瓜分了工人阶级创造的剩余价值，工人阶级和资产阶级之间存在着整体性、根本性的既对立又合作的双边竞合关系。资本家之间尽管在追逐剩余价值、瓜分利润上存在着竞争和矛盾，但他们在雇佣、剥削工人这一根本问题上的立场和利益是一致的，工人只能得到劳动力价值的工资。因此，工人阶级如果想摆脱资本雇佣，争取经济和政治权益，就不能只反对个别的资本家，而必须组织、联合起来，与资产阶级进行长期、艰苦的经济和政治斗争。

（四）平均利润率的下降趋势

社会总资本的平均利润率形成后，由于受到各种因素的影响，会发生不同的变化。但由于资本不断积累、资本有机构成提高、物质资料生产部门相对缩小、工人阶级斗争等因素，马克思《资本论》第三卷第三篇提出了平均利润率具有趋向下降的规律。

社会总资本的平均利润率的趋于下降，具有多方面的原因。第五章关于资本积累的分析表明，在全面竞争、技术进步等条件下，资本技术构成和有机构成出现了不断提高趋向，剩余价值率和利润率出现了下降趋向。同时，资本主义的社会分工、经济结构和社会结构也在不断扩展，更多的资本、更多的为物质资料生产部门服务的行业要求瓜分剩余价值，这也降低了利润率水平。此外，工人阶级通过各种方式，要求提高工资水平，提高工资在总收入的份额。利润率趋向下降的规律是资本主义经济基本矛盾的表现，这一基本矛盾展开所引起的资本主义经济各方面矛盾的尖锐化是爆发经济危机的基本原因。

社会总资本的利润率下降并不一定意味着剩余价值率的下降，社会的剩余价值量、利润量还经常出现提高的趋向。因为在资本主义发展过程中，利润率的下降不仅是一个缓慢、曲折的过程，还存在阻碍甚至抵消剩余价值率、利润率下降的一系列社会经济因素，如教育发展、技术进步和劳动生产率的不断提高，技术进步导致不变资本的价格更快下降。如在资本主义全球化过程中，发达国家资本家利用国际分工和国际竞争，从发展中国家获得了更高水平的剩余价值率和更大的利润量。

三、商业资本的利润

产业资本运动模型只是高度简化的资本主义经济假设，资本雇佣劳动创造的工资、剩余价值不只在产业资本中分配，还在商业资本、生息资本、土地资本等资本形态之间分配，在社会全体劳动者和全体成员之间分配。

（一）商业资本的利润性质

在资本主义之初，社会分工和商品生产相对简单，产业资本在社会总资本运动中居于基础性和主导性地位，供求失衡、生产相对过剩的经济危机并不严重，产业资本不仅获得了丰厚的产业利润，还因承担了一定商业职能而瓜分了部分商业利润。随着技术进步、社会分工和商品生产的不断发展，随着商品生产和交换的种类、规模不断增加，个别资本家、产业资本家能力有限，往往难以独立有效地完成从购买、生产到售卖的复杂业务，产业资本中的商品资本和货币资本形式即流通资本的一部分逐渐分离出来，按照社会分工和专业化的成本收益原则，专门从事商品经营和货币经营而成为商业资本。随着商业资本、借贷资本越来越全面深入地渗透、操控了商品生产和交换领域，流通成本不断上升，工人创造的更大比例的剩余价值被商业资本家瓜分了。随着商业资本的国际流动，还可以通过跨国经营而降低流通成本，有效实现商品中的价值和剩余价值。此外，现实经济中的商业资本还承担了延续到流通领域的某些生产性职能。

剩余价值虽然由产业资本雇佣工人劳动而创造，在生产环节产生，但必须在商品流通的交换环节而实现。纯粹的商业资本作为一种职能资本，作为产业资本中的货币资本和商品资本的独立运动形态，它在流通领域分担了产业资本的职能，提高了资本运动的效率，实现了商品价值和剩余价值。因此，产业资本就不能独占产业工人创造的全部剩余价值，商业资本就需要参与价值和剩余价值的分配，按照价值规律和平均利润率规律的要求，等量劳动力交换并获得等量工资，等量资本追逐并获得等量利润，商业资本家应当获得与产业资本一样的平均利润。商业资本家获得的利润率如果低于产业资本家的利润率，就会向产业资本转移；反之，产业资本就也会流向商业资本。这样，产业资本、商业资本通过分工、竞争和流动，商业资本得到与产业利润相当的平均利润。商业资本在商品流通中获得的利润，简称为商业利润。

商业利润从何而来？从表面上看，它是商品贱买贵卖的结果，是来自商品购销的价格之差。然而，商品购销价格之差的来源是什么？按照劳动价值理论，在纯粹的商品流通领域，商业资本、商业工人并不直接参与物质资料生产过程，并不创造价值和剩余价值。因此，商业资本获得的利润只能是产业工人创造的剩余价值的一部分，是产业资本让渡、转移给商业资本的一部分利润。在计算平均利润率时，社会总资本必须包括产业资本和商业资本，这才是社会的一般利润率。以此为前提形成的生产价格，才是完全形态的生产价格，对平均利润率和生产价格的这一分析才进一步接近了资本主义经济现实。

（二）商业资本的利润形成

剩余价值来自产业资本的运动过程，产业资本家是如何把一部分剩余价值让渡给商业资本家的，商业资本是如何追逐、形成商业利润的？简单地说，假设把商业资本视为从产业资本中分离、独立出来的资本，社会总产品中的价值和剩余价值都是产业工人劳动的产物，再假设商品买卖过程中不发生任何交易性的纯粹流通成本，那么产业资本家就要按照低于原先的商品生产价格的价格，把商品卖给商业资本家，商业资本家再按照生产价格把商品卖给消费者，其中的差额就是商业资本的利润即商业利润。

在《资本论》第三卷第十七章，马克思实际上从社会总资本分为产业资本和商业资本的角度，给出了一个分析商业利润的产业资本数字模型：假设一年内预付的总产业资本为 $720c + 180v = 900$，不变资本与可变资本之比为 $4:1$，创造的剩余价值为 180，剩余价值率 $m' = 100\%$，固定资本一年内全部转移到新产品中。这样，一年内生产的社会总产品价值 $W = c + v + m = 720c + 180v + 180m = 1080$，社会平均利润率为 $180/900 = 20\%$。产业资本家如果不投入任何流通性资本或成本而直接售卖，那么实现的总收入 $= 900 + 900 \times 20\% = 1080$，正好等于商品的价值总和，也等于商品的生产价格总和。[①]

现在放松假设条件：上述的 900 产业资本承担的只是价值和剩余价值的生产职能，还需要一部分资本即商业资本承担商品流通、价值实现的职能。假设商业资本家为销售 1080 的商品，首先需要预付、投入直接购进商品价值 100 的商业资本（商人资本）；商品买卖过程中还产生了流通成本（费用），其中包括生产性流通成本 50，纯粹流通成本 50，这还需要投入相应的商业资本 100。但在现实的经济活动中，商业资本、市场成本是一项巨额投入，而且商业资本占总资本之比还趋于提高，模型中的各项商业资本 100、50、50 的假设数字显然过小。

首先分析直接用于购进 100 商品价值的商业资本。预付的 100 商业资本是作为总资本 $900 + 100 = 1000$ 的一部分，专门执行商品流通职能。这 100 商业资本因为并不出现在生产过程中，并不创造价值和剩余价值，所以总资本用于分配的剩余价值仍是 180。但这一商业资本要求按照等量资本获得等量利润的原则，参与剩余价值即利润的分配。这样，总资本的平均利润率就下降到 $180/(900 + 100) = 18\%$，产业资本和商业资本都要按照 18% 的平均利润率分配剩余价值，归产业资本家所得的平均利润为 $900 \times 18\% = 162$，归商业资本家所得的平均利润为 $100 \times 18\% = 18$。在这

[①] 马克思. 资本论：第三卷 [M]. 北京：人民出版社，2004：317 – 320.

种情况下，产业资本家就不能按照 1080 的生产价格将商品卖给商业资本家，而只能按照生产成本加产业利润的价格即 900 + 162 = 1062 卖出，商业资本家再加上商业利润，最后按照 1062 + 18 = 1080 的价格卖给消费者。由此，生产价格 = 成本 + 平均利润就转化为生产价格 = 成本 + 产业利润 + 商业利润。

其次分析流通成本中的生产性流通成本 50。商业资本中的生产性流通成本类似于产业资本，是生产过程在流通领域的必要延续。假设这部分商业资本 50 的不变资本、可变资本之比仍为 4∶1，即 50 = 40c + 10v，剩余价值率仍为 100%，那么总资本就增加到 900 + 100 + 50 = 1050，新创造的剩余价值为 10，商品总价值增加到 1080 + 50 + 10 = 1140，用于分配的剩余价值增加到 180 + 10 = 190。因此，平均利润率变为 190/1050 = 18.095%，这时产业资本家获得的平均利润为 900 × 18.095% = 162.86，商品卖出价为 900 + 162.85 = 1062.86；商业资本家获得的平均利润为 150 × 18.095% = 27.14，商业资本家按照 1062.86 + 50 + 27.14 = 1140 的价格，也就是 1080 + 50 + 10 = 1140 的价格卖给消费者。

最后分析流通成本中的纯粹流通成本 50，商业资本中的这部分成本也不创造价值和剩余价值。马克思既在《资本论》第二卷第六章分析产业资本的运动过程时，提出了发生在流通环节的纯粹、巨额的流通成本属于非生产费用，不形成商品的价值和使用价值，不创造剩余价值[1]，又在《资本论》第三卷第十七章从生产总过程、平均利润率分析了商业资本及其利润问题。那么，如何在经济分析和会计核算上处理商业资本中的纯粹流通成本？纯粹流通成本是从剩余价值中扣除，还是作为总资本的一部分而参与剩余价值分配？苏联、日本、中国等国家经济学家曾就这一问题展开过讨论。苏联卢森贝、日本森下二次也、宇野弘藏以及中国部分学者认为，纯粹流通成本并不创造价值，其补偿的源泉只能是产业工人创造的剩余价值，必须从社会总剩余价值中得到补偿和直接扣除。[2] 由此，尽管总资本增加到 1050 + 50 = 1100，但可分配的剩余价值减少为 190 - 50 = 140，平均利润率变为 140/1100 = 12.73%，商业资本家获得的平均利润为 200 × 12.73% = 25.45。

然而，即便在产业资本运动中，纯粹流通费用 50 也是商品生产和交换中的资本投入的客观的、必要的组成部分。从商品生产和交换的完整过程看，纯粹流通成本虽然只是为履行商品流通职能而发生的成本，不参与商品价值和剩余价值的直接生产过程，但也是为创造和实现价值和剩余价值而必须付出的资本或成本，这些成本与直接用于买卖商品的商业预付资本 100 并无本质上的差异。在商业资本运动中，商品交换、供求相等、市场出清并不是自动、瞬间地实现的，而是包含了询价、议价、签订和履行交易合同的复杂惊险的市场过程，纯粹流通成本是完成商品交换、实现商品价值的必要的、大量的资本投入和成本构成。由此，纯粹流通成本既应当作为商业资本的一部分而计入总资本，并获得平均利润，又要通过商品加价方式而

---

[1] 马克思. 资本论：第二卷 [M]. 北京：人民出版社，2004：152 - 153，167.
[2] [苏] 卢森贝. 资本论注释 [M]. 李延栋，等译. 北京：读书·生活·新知三联书店，1963；[日] 森下二次也. 现代商业经济论 [M]. 姚力鸣，译. 北京：中国商业出版社，1989；北京大学经济系《资本论》教学组. 资本论释义 [M]. 北京：北京出版社，1983.

迂回地补偿，从商品总价值中扣除，而不能从产业工人创造的剩余价值中直接扣除，这也是马克思《资本论》第三卷第十七章和徐毓枏、蒋学模等人关于纯粹流通成本、商业利润的分析。① 如果这样，那么社会总投入、总资本事实上增加到 1050 + 50 = 1100，包含产业资本和商业资本的总资本 1100 的平均利润率 = 190/1100 = 17.27%，商业资本家全部资本投入 200 所获得的商业利润为 200 × 17.27% = 34.55，产业资本家的利润减少到 190 - 34.55 = 155.45。

（三）商业工人的工资

与产业资本家一样，商业资本家预付一定数量的资本，购买劳动力和生产资料，专门从事商品买卖，最终完成了价值和剩余价值的生产过程，也瓜分和占有了来自产业工人创造的剩余价值，即获得了相应的商业利润。那么，如何认识商业工人的劳动性质和工资，如何认识商业资本家的剥削性质？

如果只从纯粹的商品流通领域上看，那么由于商业资本家雇佣商业工人进行的商业活动只与价值实现有关，并不创造价值和剩余价值，所以是一种非生产性劳动。然而，货币资本、生产资本、商品资本都是产业资本的职能形式，共同创造和实现了价值和剩余价值，商业资本在本质上只是产业资本中的商品资本和货币资本职能的分化和独立。因此，从社会总资本、社会再生产的角度看，商业资本是社会总资本的组成部分，是完成商品生产和交换、实现商品价值和使用价值的中介和手段，商业工人是工人阶级的组成部分，商业工人的劳动是社会再生产所必需的一部分劳动。由于商业资本雇佣和组织的商业工人参与了劳动，才保证了社会总资本的有效运动，顺利实现了价值和剩余价值，因此，商业资本家需要获得商业利润，商业工人也需要获得其劳动力价值的工资收入。

与产业工人一样，商业工人的劳动也分为必要劳动和剩余劳动。在必要劳动时间，商业工人为商业资本家、最终为全体资本家实现了商品价值，商业工人工资是其劳动力价值的货币形式。在剩余劳动时间，商业工人实现了产业工人创造的、产业资本家让渡的、被商业资本家占有的那部分剩余价值，即商业利润。商业工人的剩余劳动是商业利润的必要条件和形成途径，商业资本家通过延长劳动时间、增加劳动强度而提高对商业工人的剥削程度。

第三节　生息资本及其利润

货币、信用既是完善商品生产和交换、促进资本主义经济发展的强力杠杆，又是导致资本主义经济危机的重要帮手。马克思《资本论》第三卷第五、第六篇等篇章对于货币资本、生息资本、资本利息等问题的分析是篇幅最大、结构最庞杂但未

---

① 马克思. 资本论：第三卷 [M]. 北京：人民出版社，2004：325 - 326；徐毓枏. 纯粹流通费用的补偿问题 [J]. 经济研究，1956 (5)；蒋学模. 关于纯粹流通费用的补偿问题 [J]. 经济研究，1956 (6).

能完成的内容，也是恩格斯增补了《价值规律和利润率》《交易所》两章后至今仍待完善的部分。

一、信用与生息资本

（一）交换、信任和信用

马克思把产业资本运动分为购买、生产和售卖三个阶段，采取货币资本、生产资本和商品资本三种职能形式。如果把购买、售卖阶段合为商品交换或流通阶段，那么资本循环运动又可以简化为物质资料直接生产和物质资料交换即流通两个阶段。前面关于产业资本、商业资本等职能资本运动的分析，以及自瓦尔拉以来关于一般均衡的分析，虽然涉及了货币、价格问题，但都抽象掉了货币作用和信用、借贷等问题。随着商品交换的发展和货币的出现，商业资本分离、独立出来了，专门执行商品流通的职能。然而，商品交换还出现了实物、价值上的空间分离、时间延滞，包括交换双方之间的商品与货币错期交付，以及商品、货币、资产的所有权与使用权之间的相互分离和让渡等现象，资本主义经济不仅是逐利性、普遍性、货币化的商品经济，而且应当是合同化、信用性、扩展性的商品经济，这就必须分析资本主义经济中的货币、价格、信用、借贷、利息等经济问题。

信用（credit）是因为需要交换的商品、货币等在实物、价值上出现了空间分离和时间延滞，且交换双方之间因为信任和承诺而产生的单方面交付的社会现象。在经济活动中，人与人之间的交换体现在商品、货币等经济资源的交换上，原始的、简单的交换是即时结清的物物交换。由于种种原因，双方之间交换的客体并非一定双向、同时转移，并非一定物物、钱物、钱钱即时结清，而出现了越来越多的物物、钱物、钱钱的单方的、延时结清的商业信用现象，例如商品交换中的预订和赊账，即预先付款和延期付款。双方之间还可能进行承包、租赁、借物、贷款、发债等经济活动，商品、货币等经济资源的所有者不变，所有权与使用权之间分离和让渡，届时还本付息。在资本主义社会，诸如预订、赊账、承包、租赁、借贷之类的交换现象得到了广泛发展。

对于交换中出现的实物、价值上的空间分离、时间延滞现象，双方之间的债权确定和债权实现如果采取债务人或第三方的抵押、质押等形式的担保，那么这种经济活动就不是建立在信任基础之上的信用行为，不是单方面的实物、价值交换现象。双方之间也可以基于信任和合同，即双方之间既在信息上坦诚公开，又有兑现承诺的客观经历，从而进行单方面的实物、价值的交换活动。人类社会中的信任有多种类型，比如从信任的因素或条件看，信任可分为基于血缘、才能、财产等个体特性的信任，基于道德、产权、合同、黑帮、司法等正式和非正式制度的信任，基于信誉的信任。所以，信用就是居民、企业、政府等社会主体因在各种交换中能够充分、连续地履行书面合同、诺言或默契而取得的信任，现代社会的信用主要是基于制度和信誉的信任。

交换不管是即时结清的交换，还是存在实物、价值上的空间分离、时间延滞的交换，双方之间只要信息不充分、不对称，存在着风险甚至不确定性，相互交换次数有限且缺乏足够有效的担保和惩罚机制，信任和信用问题就产生了，一定的信任是人类开展、扩展分工、交换和协作的必要条件。对于交换活动，特别是交换双方基于信任、承诺而进行的、以还本付息为条件的各种货币借贷活动，借贷双方之间是债权债务关系，而货币发挥着延期偿还债务或者预先支付货款的支付手段职能。换言之，人与人之间在交换商品、借贷货币、租赁资产时，一方如果获得了商品、货币等经济资源，却并不即时付给对方相应价值，而是允诺在将来某时某地付给相应价值的经济行为，债务人就要按照合同或承诺，到期付给商品、货币本息等相应价值。

信用种类繁多，形式多样：（1）根据信用的时代特征，信用可分为古代信用和现代信用。在私有制、自然经济的古代社会，信用主要是血亲、熟人社会的小范围、偶发性的私人信用，包括实物租借、商业上的预订、赊销等信用和以高利贷为特色的货币借贷。从秦汉以来权力分配上的郡县制、三省六部制和乡村自治，社会生活中的傅别、赊贷、子钱、捉钱、飞钱等现象，到宋元开始发行的交子、钞票，江苏、山西等地发达的钱庄等一系列事例表明，中国古代社会的信用体系曾经相对发达。在现代社会，信用主要是以制度和信誉为依托的广泛性、社会性的信用，市场经济、民主政治就建立在公民权利的民法、人民主权的宪法等制度基础之上。（2）根据商品、货币是所有权的跨期转移，还是使用权的转移和偿还，信用可分为所有权转移的延期、异地支付的信用和所有权不转移、使用权转移的跨期还本付息的信用两种形式。（3）根据债权人的组织特征和资本形式，信用可分为居民（个人）信用、商业信用、银行信用、政府信用等形式。商业信用又称企业信用，是工商企业在商品交易、货币交易中的信用活动，是最初的也是基础性的信用形式。银行信用则是在商业信用的基础上独立出来的货币借贷，是发展迅速、规模庞大、品种繁多、影响深远的信用形式。

基于交换双方之间的信任和承诺而产生的信用形式是狭义的、严格意义上的信用，如纸币发行、企业预订和赊销、银行信用贷款、信用发债、信托贷款，信用有时特指银行基于信用的贷款。广义的信用则包括基于信任和基于担保的各种经济行为，信用有时特指银行的各种贷款，包括信用贷款和担保贷款。

（二）生息资本及借贷资本

建立在信用或担保的基础上，为了获取收益或利息而在一定时间内租借给他人使用的资本就是生息资本，包括商品（实物）资本和货币资本。生息资本是建立在商品和货币流通基础之上的一种经济活动，它的出现虽然晚于商业资本，但也是一种古老的资本形式。在商品生产和交换中，生息资本包括两种基本形式：一是资本主义之前的借贷资本特别是高利贷资本；二是资本主义的借贷资本，包括货币借贷、融资租赁等形式。这里主要分析的是以货币作为经营对象的生息资本，重点是银行贷款、企业债券等借贷资本。

生息资本、货币经营资本虽然都以货币资本为经营对象，货币借贷、货币经营业务虽然通常都由商业银行提供，但二者是性质不同的经济现象和概念。货币经营资本是从产业资本的货币资本中独立出来的商业资本，是专门经营因货币的交换媒介、支付手段、贮藏手段等货币职能而引起的诸如出纳、结算、保管、兑换、汇兑等各种技术性服务业务的商业资本，是为商品流通提供服务的商业资本。而生息资本是从产业资本、商业资本中独立出来的借贷资本，是为工商业资本家等提供贷款、债券等货币借贷业务的资本。在商业银行的资产负债表上，为客户办理支付、代理、承销、基金托管等委托事项而收取手续费的中间业务大致属于货币经营业务，负债业务、资产业务大致属于货币借贷业务。

高利贷资本和借贷资本虽然都是借贷性的生息资本，资本运动公式一样，但二者性质不同，存在着一定的差别。高利贷资本是古代奴隶社会、封建社会的借贷资本，它的发放和剥削的对象主要是小工商业者以及农民。随着商人资本，特别是货币经营资本的发展，高利贷资本发生了新的变化，传统的货币兑换者也转而兼营货币经营和货币借贷业务。借贷资本是资本主义社会的生息资本，是生息资本的特殊形式。借贷资本贷出的对象主要是工商业资本家，用于解决可变资本、不变资本的不足，反映了借贷资本家与工商业职能资本家既分工竞争、又共同参与剩余价值生产和分配的生产关系。借贷资本贷出的对象还包括广大劳动者，用于解决劳动力生产中的资金不足。

借贷资本作为生息资本的资本主义形式，主要是产业资本、商业资本在循环、周转中暂时闲置，从中分离、独立出来的，为取得利息而通过银行等金融机构在一定时间内贷给产业、商业资本家使用，用于生产和实现剩余价值的货币资本，借贷资本运动是一种特殊的商品交换活动。产业、商业等资本家在商品生产和交换过程中，可能会因为新增固定资本、补充流动资本、合并收购等方面的原因，需用大量的货币资本。当某些产业、商业资本家的自有资本不能完全满足其资本需求时，就要从社会上筹集、使用其他资本。工业、商业等企业筹集使用货币资本的活动，就是所谓的企业金融或企业财务。

在资本的来源上，借贷资本可分为两部分：一部分资本是为经营货币借贷业务的银行等金融机构资本家直接投入的自有的、股权性资本；大部分资本是产业资本、商业资本的循环、周转中暂时闲置的货币资本，包括积累中的折旧费用、闲置的流动资本、尚未消费和投资的剩余价值，以及劳动者的储蓄、政府的财政资金等，这部分闲置资本对于银行等金融机构而言，是他有的、借入的资本。某些职能资本家一旦需要，这些闲置资本就又通过金融中介而流回剩余价值的生产和实现过程。

在资本的用途上，借贷资本的主要使用者是在产业资本、商业资本的循环、周转中出现资本短缺的职能资本家。产业、商业等资本家基于投资扩张、资本结构、委托代理等方面的考虑，主要通过金融市场，采取银行贷款、企业债券、信托资金等形式，实现货币资本的流通使用。职能资本家使用借入的资本从事工商经营，就必须按期从获取的平均利润中拿出一部分，作为利息支付给生息资本所有者及其经营者，剩下的利润部分才是归于职能资本家所有的利润，马克思称之为企业利润。

(三) 生息资本的性质

从产业资本的运动过程看,资本需要采取货币资本、生产资本、商品资本等三种形式。由于现实经济中的产业资本主要承担了商品生产的职能,商业资本分担了商品的购买、售卖等流通职能,产业资本、商业资本因为直接参加了资本主义生产,独立承担了剩余价值生产和实现的经济职能而被称为职能资本。那么,适应了社会分工、商品交换、经济发展的需要的生息资本,是不是独立的职能资本形态?

按照马克思《资本论》等著作的分析,生息资本以产业资本、商业资本等职能资本的运动为存在基础和服务对象。生息资本无论是经营银行等货币借贷业务的资本家自有的资本,还是其他来源的闲置资本,它都经过借贷而转化为工商业的职能资本,用于创造价值和剩余价值。生息资本由于最终都要投向价值和剩余价值生产,生息资本的所有者和使用者凭此参与了剩余价值分配,平均利润分割为工商资本家的企业利润、生息资本的借贷利息。因此,货币在生息资本所有者手中是生产条件,是债权性资本,租借到工商资本家手中才发挥了生产职能,是债务性资本。可见,生息资本虽是货币资本职能的独立形式,但不是一种独立的职能资本,对其所有者带来的利息只能是对产业资本、商业资本所取得的平均利润的瓜分和扣除,是一种派生收入,难以获得平均利润,因此不被认为是与产业资本、商业资本并列的职能资本。

但是,资本主义经济并不是原始的实物经济,而是商品经济和货币经济,资本运动既是资本家雇佣工人、生产商品的过程,资本又普遍采取了货币形式,这个过程是商品运动和货币运动的统一。由此,银行等金融机构作为借贷资本的经营机构,银行等资本家作为借贷资本的所有者和经营者,特别是银行垄断资本和工商业垄断资本结合起来,形成了希法亭、列宁等人所称的金融资本。金融机构集中和积聚着大量的货币资本,全方位、系统性地作用于职能资本的运动,影响甚至操控着资本主义经济发展,提高了货币资本和社会总资本的运动效率,生息资本必然要求瓜分剩余价值,拥有并经营借贷资本的资本家要求获得平均利润,居于垄断地位的借贷资本还常常攫取了垄断利润。

经营银行等金融机构的资本家除了投入使用自有资本、借入资本外,还曾经通过发行代用货币的银行券和信用货币而创造了货币资本。不过,随着银行券转化为纸币,纸币发行权主要由政府的中央银行所垄断,政府因纸币发行而形成了政府信用和国有资本。

(四) 商业信用和银行信用

资本主义的各种各样的信用现象,主要是商业信用和银行信用两种基本形式,以及个人信用、政府信用等。

商业信用又称企业信用、贸易信用,是工商企业在经济活动中采用的信用。商业信用主要分为两种类型:(1) 商品交换、商品所有权转移中的商业信用,由于赊账、预订等而形成的信用关系,是工商企业之间相互提供的信用形式,资本主义的商业信用是产业、商业资本家提供的信用。在产业、商业资本的循环过程中，各个企业之间在生产时间、流通时间上往往存在着不一致，从而使商品、货币运动在空间、时间上脱节。企业之间通过相互提供商业信用，可以减少在商品资本、货币资本上的预付资本数量，缓解企业在物质资料或货币资本供求上的暂时矛盾，从而提高资本利润率。诸如原材料生产企业授予消费品生产企业，或消费品生产企业授予商品批发企业，商品批发企业授予零售企业的信用，这都减少了资本的投入，加快了资本运动。商业信用的形式主要有：延期付款、预收货款和商业汇票。在国际经济中，商业信用表现为与进出口业务直接相关的国际信用。可见，商业信用既是产业资本循环和周转的需要，也是商业资本存在和发展的条件。（2）商品的所有权不变、所有权与使用权之间分离的信用，诸如基于信任、合同而进行的承包、租赁、借贷等商业活动，期满不仅偿还原物，且给付一定的租金或收益。

银行信用是在商业信用基础上发展起来的、经营货币资本业务的银行等金融机构提供的货币信用，包括存贷款、发行债券等货币借贷活动，银行通常采取签发的汇票、本票、支票等票据形式。银行长期是资本主义金融体系的中坚和主导力量。

消费者信用是商业信用、银行信用的特殊形式，是指工商企业、银行或其他消费信用机构向消费者在购买商品、服务时所提供的信用，消费者到期必须按照合同进行偿付。消费信用历史悠久，但第二次世界大战结束后才迅速发展起来。资本主义企业为了解决生产迅速扩大而广大消费者购买力相对不足的矛盾，设计出各种促进消费的信用工具，主要是工商企业提供的消费信用和银行等金融机构提供的消费信用。企业提供的消费信用主要有赊销和分期付款两种形式，如中国的蚂蚁花呗、京东白条。银行等金融机构提供的消费信用主要是对消费者发放的贷款，消费信贷可分为开放式和封闭式两种，信用卡是常见的可反复循环使用的开放式信贷，特定期限内分期贷款和还款的封闭式信贷包括房屋抵押贷款、汽车贷款、家电贷款、发薪日贷款等。

政府信用又称国家信用、公共信用，是政府机构提供的商业信用、银行信用的特殊形式，是一个国家的中央政府、地方政府举借债务的能力和行为。政府的银行信用又可分为两种形式：一种是国家与国家之间的借贷关系，如一国政府对其他国家政府的贷款，世界银行贷款；另一种是国家政府与本国企业、居民之间的借贷关系，如政府发行的纸币、国债等信用工具。政府信用如果不足，甚至政府债务货币化，居民就会用手投票、用脚迁徙或用刀反抗。

国际信用指不同国家的企业、银行、政府、居民等法人或自然人之间提供的信用，是国家之间的信用关系。产业资本、商业资本的国际循环运动与国际信用有着密切联系，国际票据结算就是国际信用的最初形式。第二次世界大战结束后，随着国际贸易和资本流动的迅速发展，国际信用的规模迅速增长，新的现象不断涌现：随着国家垄断资本的发展，国家成为国际信用的积极参加者；在生产、资本国际化和跨国公司发展的基础上，银行等金融机构、资本市场都出现了国际化趋势；发展中国家在国际信用领域中的地位和作用正在提高。国际信用可分为国际商业信用、国际金融信用和政府间信用，私人信用和国家（政府）信用等不同形式。

(五) 企业资本结构

每一个产业、商业资本家在剩余价值的生产和实现过程中，除了使用自有资本，都还可以向其他职能资本家筹资，向银行、企业、居民、政府等社会主体借款。在资本来源上，工商企业实际占有和使用的资本包括股东出资、剩余价值积累（如企业资本公积、留存收益）和借入的资本。在会计核算上，将企业股本、资本公积、留存收益等股东权益与借入资本即负债之和统称为企业总资产。相应地，金融企业占用的资本也可分为股东权益资本和借入资本。因此，企业的资本、资产结构是指自有资本与借入资本、企业股东权益与负债之间的比例，狭义是指企业长期融资工具的组合即股东出资与企业债券之间的比例。

筹集、流通货币资本的金融市场包括货币市场、资本市场、保险市场、外汇市场、黄金市场等组成部分。按照金融资产所有权性质的标准，金融市场可以分为股权市场和债权市场。其中，涉及股权关系的金融资产的发行和交易的市场称为股权市场，涉及借贷关系的金融资产的发行和交易的市场称为债权市场，公司融资的基本方式也相应地分为股权融资和债权融资。债权融资可以是银行贷款即信贷资金、应付账款，也可以是发行债券；可以是向银行等金融机构借款，也可以是向股东、居民、企业等非金融机构借款；可以是1年期内的货币市场的短期贷款，也可以是1年期以上至几年、几十年的资本市场的长期贷款和债券。居民、企业等社会主体通过债权融资而形成的资本被称为债权资本，包括银行和非银行金融机构贷款、工商企业借款、债券等形式。由于贷款主要来自存款，存款又主要通过银行这一经营货币的金融机构贷给工商企业，因此，银行贷款是间接融资的一种主要形式。相反，货币所有者如果直接借款给工商企业，或者直接认购工商企业发行的债券，那么这些就属于直接融资形式。

在不同的资本主义国家，社会体制和市场发育存在差异，筹集、流通货币资本的形式和结构也不相同。银行贷款曾经长期是债权融资的普遍形式。随着金融创新和信息技术进步，股票、债券逐渐成为资本市场上的主要金融工具，其中，债权融资比重往往超过股权融资，发行债券成为大中型企业的重要融资渠道。1995年美国银行业金融资产约为5万亿美元，资产管理公司的金融资产不足2万亿美元，但20年后的2015年二者的金融资产都达到了约15万亿美元，2018年美国债券余额/GDP之比提高到203%，债券融资约占企业债务的80%。但日本、欧洲的银行业依然相对发达，2018年日本、欧盟银行贷款分别约占企业债务的80%、72%。在遭受1997年金融危机重创之后，韩国、马来西亚、泰国等许多国家也非常重视发展债券尤其是企业债券市场。

例7-1 资本结构的MM定理

居民、企业、政府等社会主体无论采取什么样的资本结构，从风险与收益权衡的角度看，都应当既从全社会筹集资本，又把资本投资到不同的领域，以追求资本收益最大化，这就是所谓的"共同基金定理"（mutualfunds theorem）。假设企业筹集资本的方式只有股权和债权、股票和债券两种，那么资本结构的基本问题是：股票与债券应当保持什么样的比例，使得企业全部资本的市场价值最大化？传统观点认为，谨慎地增加企业负债（即在一定的负债比例内）不会增加普通股股东的风险，并且这比完全不利用负债融资使股票具有更高的价值。不过，F. 莫迪利亚尼和 M. H. 米勒 1958 年提出了有别于传统解释的资本结构的"MM 定理"，包括定理Ⅰ、定理Ⅱ、定理Ⅲ，以及 1961 年的一项推论、1963 年的修正结论和 1966 年的实证结论。MM 定理的基本思想为：假设金融市场完善地运行并且处于均衡状态中，一个企业的市场价值同它的债务大小和结构无关，资本的平均成本也同债务无关。简言之，在自由竞争、资本流动的条件下，等量资本要求等量利润，企业的市场价值与资本形式、资本结构无关。当存在企业税时，债券融资有利于企业避税而增加市场价值；当存在代理成本时，结果就更加复杂多样了。推而广之，在自由发展的社会中，等量的经济资本、政治资本、知识资本也都要求等量利润。

二、生息资本利润

生息资本既然是社会总资本的组成部分，通过借贷而参与了剩余价值的生产和实现，产业资本、商业资本就应当付出相应的生息资本成本，生息资本就应当参与瓜分剩余价值或利润。

（一）银行资本

银行是商品生产和交换发展到一定阶段，专门经营各种货币业务的金融机构，是传统性、基础性的金融机构。银行除了经营与货币相关的兑换、结算、信用证、信托、租赁、代理等传统的货币经营业务，以及国际贸易中的货币兑换、结算、信用证等业务，还充当存款人和借款人即货币资本的所有者和使用者的信用中介，经营存款和贷款这一资本业务。此外，一些国家的银行可以发行银行券、纸币，允许混业经营的银行还可以经营证券发行和经纪、商业保险、投资基金等金融业务。如果不允许混业经营，在银行之外还有保险、证券、信托、基金等非银行金融机构，其中，证券公司或投资银行就承担了股票、债券发行和交易的职能，非银行类金融机构也为职能资本提供一部分货币资本。

银行信用包括存贷款、发行债券等货币借贷和汇票、本票等信用证券。工商企业在生产投资、产品销售、合并收购等过程中，货币资本如果不足或交割不便，银行等金融机构就可以为工商企业等提供贷款、债券等各种形式的货币信用，银行信用本质上是银行基于对需要货币资本的工商企业的信誉、信任而提供的贷款。对于不符合其信用标准的工商企业，银行就要求其提供抵押、质押等形式的担保，或者由第三方为这些企业作出担保，采取担保的贷款就不属于严格意义上的信用形式，而是广义的银行信用。

与商业信用相比，银行信用具有以下特点：（1）银行信用是以货币资本形态提供的信用，克服了商业信用在使用方向和规模上的局限性，是一种普遍性、经常性的信用形式。（2）银行具有广泛筹集、专业经营货币资本的能力，大大提高了信用借贷的规模和效率。（3）银行信用的借贷双方一般是货币资本家和产业、商业等职能资本家，这可能提高整个社会的资本循环、周转的效率。但由于银行信用提供的借贷资本，与生产、消费的需求在时间、空间上相对分离，在数量、结构上可能不一致，这又加大了供求失衡、经济危机的风险性。

银行资本即银行经营货币、提供贷款、发行债券等全部货币资本，它包括两部分：（1）银行资本家为设立、经营银行而投入的自有资本，以及由此发生的资本增值，这部分在银行总资本中一般只占 10% 左右。如国际清算银行（BIS）1988 年首次通过、2010 年第三版的"关于统一国际银行的资本计算和资本标准的协议"（简称"巴塞尔协议"）规定，商业银行的核心资本充足率 =（核心资本/加权风险资产总额）×100%，且不低于 6%，同时计提 2.5% 的防护缓冲资本和不高于 2.5% 的反周期资本，这些资本是银行开展业务、承担风险的资本基础。（2）银行的借入资本，即通过各种途径集中到银行的货币资本，主要是各种存款，一般占银行总资本的 90%。

（二）银行利润和工人工资

银行资本家用于设立银行、雇佣工人、经营借贷业务而投入的资本，虽然不同于产业资本、商业资本等职能资本，但同投资于其他行业的资本一样，要求获得平均利润水平的银行利润，银行吸纳的其他生息资本要获得相应的利息，银行等金融机构工人也要获得相应的工资。

在资本主义经济中，银行等金融机构的资本家吸收了各种来源的暂时闲置的货币资本，这些货币资本经历了最终所有权和实际使用权的连续分离，表现了多重的生息资本形式：闲置的货币资本所有者作为债权人，把货币存入银行等金融机构；银行等金融机构的资本家作为借入资本的债务人和经营者，把存入的货币以贷款、债券等形式借出；产业、商业等职能资本家作为货币即贷款、债券的使用者，把货币投入剩余价值生产和实现。这样，在一个完整的生产过程中，同一生息资本既是货币所有者存入的资本，又是银行等金融机构贷出的资本，还是产业、商业等职能资本家使用的借入资本，但三方获得和瓜分的只是同一来源的剩余价值，生息资本不同于产业、商业资本家自有的职能资本。不过，职能资本家由于使用了贷款等生息资本从事生产经营，那么他就必须付出使用生息资本的成本，换言之，生息资本必定参与瓜分工商业资本的平均利润，平均利润被分割为两个部分：一部分支付给生息资本，作为其出让资本使用权的贷款利息；剩下的部分才是归工商业资本家所有的企业利润，这一企业利润率显然低于不使用生息资本的工商企业的平均利润率，且一般不高于贷款利率。

银行资本家的利润包括以下组成部分：（1）银行等资本家的利润来源首先是其自有资本的利息。银行等金融机构的资本家投入的自有资本既可以投资于货币流通、借贷业务，也可以直接投资于工业、商业等行业，按照等量资本等量利润的原则，这些资本同样要求获得平均利润。显然，自有资本的贷款或债券利息是对职能资本平均利润的扣除，一般低于平均利润，银行等金融机构资本家还要求获得其他的收益，自有资本的总和利润率不低于平均利润率。（2）工商业资本家要将剩余价值即平均利润的一部分以贷款或债券利息方式支付给银行，贷款利息再分为两部分：生息资本所有者获得存款利息，银行资本家的自有资本则直接获得贷款利息；银行资本家等生息资本经营者获得贷款利息与存款利息的差额或余额。（3）银行通过为工商业资本家以及其他社会成员提供的兑换、结算、信用证、信托、租赁、代理、银行卡等各种货币经营业务，获得各种收费，这也是银行利润的重要来源。（4）银行坏账损失即贷款损失、银行经营成本等各项成本则减少了银行利润。

与产业工人、商业工人一样，银行等金融行业的工人也要获得工资。如果只从生息资本的经营领域上看，那么由于银行等金融机构的资本家雇佣工人只是给工商业资本家提供货币经营、货币借贷等服务，并不创造价值和剩余价值，金融行业的工人劳动是一种非生产性劳动。但从社会总资本、社会再生产上看，生息资本同样是社会总资本的组成部分，金融工人是工人阶级的组成部分，金融工人的劳动是社会再生产所必需的一部分劳动。特别是金融工人通过对资本供求的调查分析和资本配置，提高了货币资本和社会总资本的使用效率。正是由于金融工人的中介性的劳动，生息资本所有者以借贷利息、银行等资本家以银行利润等形式瓜分剩余价值，金融工人才能够获得其劳动力价值的工资收入。而且，金融工人的劳动也分为必要劳动和剩余劳动，金融工人在必要劳动时间为生息资本家、最终为全体资本家实现了商品价值，在剩余劳动时间实现了职能资本家让渡的、被生息资本家占有的那部分剩余价值。

（三）利息和利率

银行等金融机构吸纳存款、发放贷款或发行债券，就要对货币所有者支付存款利息或债券利息。产业、商业职能资本家使用生息资本，这些职能资本家就要向经营贷款或债券的银行等金融机构支付借贷利息。显然，货币本身并不能创造货币，不会自行增殖。那么，贷款、债券等生息资本的利息和利率是什么，利息是如何形成的？

利息是产业、商业等职能资本家因获得他人货币的未来使用权，而将其平均利润的一部分让渡给生息资本所有者以及经营者，是职能资本家使用生息资本必须分割、支付的成本，职能资本家剩下的部分称为企业利润，由此利息既取决于职能资本的利润率，其最终来源又是生产劳动创造的剩余价值，是剩余价值的转化形式。"利息是由利润调节的，确切些说，是由一般利润率调节的。""不管如何，必须把平均利润率看成是利息的有最后决定作用的最高界限。"[①] 当产业、商业资本家预期未来投资可获得不低于平均利润的收益、但自有资本相对不足时，就可借贷、使用

---

① 马克思. 资本论：第三卷 [M]. 北京：人民出版社，2004：403.

生息资本从事商品生产和交换活动，生产并获得剩余价值。因此，生息资本虽然不是独立的职能资本，利息虽然受到职能资本利润率的决定，但也不能无偿使用，生息资本所有者及其经营者必须凭借对货币资本的所有权，要求与职能资本家共同瓜分剩余价值。反之，当产业、商业资本家预期未来投资难以获得平均利润，生息资本所有者也不看好职能资本家的投资活动时，他们要么不借贷，要么为抵御较高风险而提高利率。可见，利息在本质上与利润一样，最终来源于工人阶级创造的剩余价值，是剩余价值的特殊转化形式，反映了生息资本所有者和职能资本家共同雇佣、剥削工人的经济关系。

由于生息资本所有者、经营者和职能资本家只能对同一资本带来的平均利润进行瓜分，生息资本所有者及其经营者获得的只是平均利润的一部分即利息，而不是平均利润，利息率即利率一般低于平均利润率，利率一般在平均利润率和零利率之间，受到平均利润率水平、生息资本供求状况、存贷款的时间长短和风险程度，以及通货膨胀率、政府货币政策等因素的影响。在自由竞争、供求均衡条件下，职能资本家的企业利润与生息资本所有者及经营者的借贷利息应当趋于相等，此时的利息率就是平均利息率、中等利息率。"一般利润率事实上会作为经验的、既定的事实，再表现在平均利息率上，虽然后者并不是前者的纯粹的或可靠的表现。""中等利息率在每个国家在较长期间内都会表现为不变的量。"① 由于资本主义存在着资本积累增加和平均利润率下降的趋向，加之生息资本量随着社会财富不断增加、信用制度不断发展而相对过剩，因此利率也呈现下降的趋向。

不过，经济学家在利息问题上同样存在着广泛的分歧和争论。马克思之前的约翰·穆勒1848年《政治经济学原理》第23章提出：资本的总利润可以分为对风险的收益，对烦劳的收益和对资本本身的收益等三部分，分别称之为风险收益、监督工资和利息；在对风险给予补偿以后如果还有剩余，这种剩余一部分归于货币资本所有者作为节欲的收益，一部分归于资本使用者作为其所费时间和烦劳的收益。马克思之后的庞巴维克1884年《资本与利息》等著作把利息分为三类：借贷利息是利息的一般形态，企业利润是利息的特殊形态，租金是耐用物品的利息，它们都是时间的收益而非剩余劳动的转化。在金融学界影响较大的欧文·费雪认为，利息与通货膨胀、风险、交易成本甚至货币都没有直接关系，只要存在市场，就有利息，利率大于零主要有两个原因：一是消费者急不可耐，乐于享受；二是投资有机会，有收益，在商品、资源缺乏的情况下，利率是提前享用或预先投资的价格，是现在价值与未来价值的差价。② 而凯恩斯认为，利率是由货币的供求关系、货币的流动性决定的。总而言之，利息居然似乎与劳动、生产无关，货币的数量、利息居然是外生的、心理的现象。

利率是利息率的简称，表示一定时期的利息量与生息资本本金量之间的比率。对于银行，利率表示一定时期的利息量与借贷资本本金量之间的比率，利率通常用

---

① 马克思. 资本论：第三卷 [M]. 北京：人民出版社，2004：409-410.
② [美] 欧文·费雪. 利息理论 [M]. 陈彪如译. 北京：商务印书馆，2013：55-56.

百分比表示。利率的计算公式是：利率＝利息量/生息资本量×100%。根据计算的期限标准不同，利率可分为年利率、月利率、日利率。根据计算利息方法的不同，利率可分为单利和复利，复利是指本金和以前各期所产生的利息都要计息的一种计息方法，俗称"利滚利""驴打滚"。利率还可以分为存款利率和贷款利率、固定利率和浮动利率、长期利率和短期利率、基准利率和市场利率、名义利率和实际（真实）利率、正利率和负利率等。魏克塞尔1898年《利息与价格》提出了自然利率概念，自然利率是指假设所有价格都具有充分弹性，总需求与总供给相等时的利率水平，又称为均衡利率、中性利率。由于货币利率不仅与职能资本的利润率相关，而且与货币供求、币值、汇率等因素有关，实际利率是指扣除币值、汇率因素影响后的利率。考虑到未来收益的稳定性，利率还分为无风险利率和风险利率。以上所述的都是狭义的关于生息资本的利息和利率概念，广义的利息和利率是泛指职能资本和生息资本、实物资本和货币资本的收益及其收益率。

利息是使用货币资本而付出的代价，由此存款利率一般大于零。不过，现实经济中也可能出现利率小于零即负利率的情况，负利率类似于货币资本的所有者反而要向保管、使用者支付费用。负利率包括名义负利率和实际负利率两种情形，其中，名义负利率是指不考虑通货膨胀因素的负利率，实际负利率是指通货膨胀率高于银行存款利率的负利率，此时存入银行的货币资本随通货膨胀而贬值。从资本主义的几百年发展过程看，随着社会一般的或平均的利润率出现了下降趋向，名义利率和实际利率也都出现了下降趋向。一旦通货膨胀率超过存款利率，实际负利率就出现了。负利率是在经济萧条甚至衰退，职能资本家的资本利润率走低甚至为负，对货币需求下降而借贷资本家经营相对成本上升、借贷资本相对过剩时的产物。凯恩斯、弗里德曼等人都讨论过负利率问题，如弗里德曼认为货币经济中的市场利率不可能为负，但凯恩斯认为预期收益而非货币成本决定着投资需求，在经济危机时期可能出现负利率。2008年世界经济危机爆发之后，资本主义开始进入负利率时期：2009年7月，瑞典首先宣布将中央银行回购利率降低到－0.2%，随后2012年丹麦、2014年欧洲中央银行和瑞士、2016年日本和匈牙利等中央银行相继宣布对商业银行基准利率的负利率政策。

贴现值是与利息直接相关的概念，是对未来货币或资金现在使用所获得的价值，由此所支付的利息与未来价值之比就是贴现率。由于利率通常是正值，现在的1美元在未来会变得大于1美元，现在消费1美元的成本要大于未来1美元的消费，即现在1美元的价值大于未来1美元的价值，货币具有所谓的时间价值，贴现值就是对于未来一定数额的资金或货币的现在的支付价值，它一般小于未来价值。假设货币年利率为5%，1年后100美元的现在价值即贴现值就是100/(1＋5%)＝95.24美元。在商业银行业务中，远期汇票等票据持有人在汇票尚未到期前付给受让人或者银行，要求兑为现值，受让人或银行扣除相应利息后而支付的货币就是贴现值，贴现率就是将未来支付改变为现值时先行扣除利息所使用的利率，各商业银行将已贴现的票据作为担保而向中央银行借款时所支付的利息则是再贴现率。与此类似，任何投资都要对未来的总收益进行评估，未来不仅要收回资本原值，还要获得高于实际利息水平的利润，贴现值是确定投资的基本指标。

（四）债券及其利息

债券是工商企业、金融机构、政府等社会主体向社会借债而筹措资金时，向货币资本所有者发行，承诺按约定利率支付利息并按约定条件偿还本金的债券债务凭证，是资本主义积累的重要形式。债券可以由工商企业直接发行，也可以委托金融机构发行。债券种类繁多，形式多样。如根据发行主体，债券可分为国债（联邦政府或中央政府债券）、地方政府债券、金融机构债券和工商企业债券。根据偿还期限，债券可分为短期债券、中期债券和长期债券。根据发行范围，债券可分为国内债券和国际债券。

企业债券是以工商企业为债务人、以债券持有人为债权人的特定的债权债务关系凭证，是工商企业依照法定条件和程序，通过发行有价证券的形式，向货币所有者募集资金所产生的债务。债券购买者与发行者之间是一种债权债务关系，债券发行人是债务人，债券购买者或持有者是债权人。根据不同的标准，工商企业发行的债券也划分为不同的种类：记名企业债和无记名企业债；担保企业债和无担保企业债；可转换企业债和非转换企业债；以及其他一些分类，如公募债券和私募债券，固定利率债券和浮动利率债券等。

债券利率是指发债主体在一定时间（一年）内，向债权人支付的利息占票面金额的比率。从本质上看，债券利息也是生息资本所有者瓜分工人阶级创造的剩余价值的一种形式。由此债券利率取决于平均利润率、生息资本的供求关系、债券期限长短、企业经营风险即债券信用等级、利息支付方式，以及通货膨胀率、政府部门的利率政策等因素，低收益债券往往是低风险的政府债券，高收益债券往往是高风险的垃圾债券。由于债券是直接融资方式，在同样条件下，债券利率一般高于银行存款利率。付息方式是指发债主体在债券的有效期限内，一次或分期向债权人支付债券利息的方式。债券的付息方式一般分为一次性付息和分期性付息，一次性方式又可分为利息预扣和本息一次付清。

（五）股票、股东利润和股票价格

现代企业特别是股份公司的股东资本即股份资本也被认为是信用资本的一种形式，或者说股份资本也放入了信用、借贷资本的分析范围。为了适应资本主义工业化、市场化、全球化发展的需要，采取有限责任、社团法人制度的现代公司特别是股份公司就顺势而生了。股份公司首先基于信用、合同等约束机制，常常通过资本市场以股票形式而公开、大量发行资本，将孤立、分散的个别资本联合、集中为社会性的公司股份资本，股票还可在资本市场自由转让，信用制度是资本主义的私人企业逐渐转化为股份公司的重要基础，这是资本主义私有制在其生产方式范围内的一个变革。其次，对于业务复杂、规模较大的大中型公司特别是股份公司，股东不能或不愿管理，公司还必须基于信用、合同等约束机制，在公司股东与公司管理机构之间实行资本所有权与经营管理的控制权之间的分离和配置，这是资本主义私有制在其生产方式范围内的又一个变革。不过，公司股票发行虽然是筹集使用资本的一种方式，股票虽然是有价证券的一种形式，可以在证券市场上交易，公司权利分立虽然基于信任、托管关系，股东凭借出资即股票分配股息和红利，认购股份的股东与公司及其管理者之间虽然具有一定的信任、信用关系，股票特别是优先股具有一定的债权特征，但股份、股票对于企业来说是自有资本、权益资本，而不是他有资本、债务资本。

投资者认购或受让公司股份，获得了公司签发的证明股东所持股份资本的凭证股票而成为公司股东，股东可以凭其持有的股票而行使表决权、分配股息和红利权、剩余财产分配权等股东权利。股东利润分为股利即股东凭借股份而从公司利润中分配的股息和红利，资产增值即公司利润中支付股利后的资本公积金和未分配利润，股东也可以通过交易股份而获得市价差价收益。公司股份如果分为优先股和普通股，那么公司首先按照公司经营状况和利率而预先确定优先股股东的股息率，然后根据剩余的利润和公司经营状况确定普通股股东的红利水平。股东利润形式上是资本市场中的股份资本的收益，实质上仍然是工人创造的剩余价值的一部分。

股份公司在资本发行、资本集中过程中，不只采取私下募集的融资方式，而且发展了证券市场、公开发行的融资方式。在金融市场中，由于出资的股东一般要比依约领取利息的贷款人、债权人承担更大的风险，所以公司如果经营不善，股东就可能无利润可分，甚至连股本都损失殆尽。因此，股东在转让股份时，其收益不仅包含了利息水平的收益部分，而且包含了超出利息水平的、变化无常的风险收益，这种可能超过了利息水平的收益就是所谓的创业利润。在竞争性市场上，股份发行上市的公司大多是生产效率、利润水平较高的公司，证券市场也有助于准确显示公司的生产状况和股份的价格，再加上证券市场的一定投机性，股份公司的创业利润水平一般较高。可见，创业利润是对创立股份公司、承担风险的股东的一种激励，也是获得超额利润的一种途径，这有助于公司资本的集中和生产规模的扩大。

公司股东利润和资本市场的利率就主要决定了公司股票的价格水平，即股票价格与股东利润成正比，股票价格与利率成反比。股票价格用公式表示为：股票价格＝股东利润/利率。当然，影响公司股票价格的除了公司的劳动生产率和剩余价值率，还有市场竞争、经济周期、货币发行、财政税收政策、政治和法治水平、国际环境等许多因素。

第四节 土地资本和地租

农业是古代社会物质资料生产的主要部门。在资本主义经济中，传统农业逐渐转变为资本主义农业，受到资本的全面支配，成为产业资本的一个部门。农业的产值和人口也不断下降，发达国家农业的产值、人口在国内生产总值、就业人口中的比例普遍下降到5%左右。不过，土地作为生产要素和资本的特殊类型，依然是商品生产和资本运动的基础条件，农业是资本主义生产的重要部门，地租是剩余价值的重要形式。前面各章在分析资本运动和剩余价值生产时，土地只是作为资本的组成部分或特殊类型而没有具体分析，本节分析土地、土地价格、级差地租和绝对地租，揭示土地所有者、土地资本家如何瓜分劳动创造的剩余价值。

一、土地资本

（一）土地

满足人类需要的使用价值是如何形成的？一是土地等自然因素的力量，二是人类劳动。狭义的土地仅指地球陆地表层一定范围的地段，是由近地表气候、地貌、土壤、岩石、水文、动植物等自然要素以及人类活动的种种结果而共同形成的物质系统。广义的土地不仅包括陆地部分，而且还包括光、热、空气、海洋等各方面组成的物质系统。

人类的产生、存在和发展离不开土地。土地是地球生物生存发展的自然环境，是人类生存资料的原初的、重要的来源，也是人类生产各种物质资料的重要场所和劳动对象。因此，非稀缺的土地一定是无交换价值的土地，人类对于自然有用、稀缺性的土地必然进行占有、研究、开发、耕种、畜牧、建筑、转让等各种活动，人类对土地投入的各种劳动是土地成为生产资料的充分条件。通常所说的土地是指经过人类劳动改造的稀缺有用、有价值的土地，这些土地成为了生产资料、物质财富的重要组成部分，成为了一种特殊形式的物质资本，某些古典经济学把土地与资本并列为两种生产要素。

土地作为一种重要且特殊的生产资料，在生产劳动中具有独特的使用价值。(1) 土地数量的稀缺性。土地的稀缺性是指相对于人口数量及其不断增长的需要，土地资源供给的有限性。在远古时代，人口数量很少，人类所认识和利用的土地与人类需要之间的矛盾尚不突出，稀缺性几乎不是土地的特征。然而，随着人口数量不断增长和人类需要的不断膨胀，以及人类对土地资源的破坏，自然力量和人类劳动形成的土地资源相对不足，土地供求矛盾很快就趋于激烈了，人类自古至今在各个地方的不断迁移，为土地资源而频繁爆发的各种冲突甚至战争都说明了这一问题。(2) 土地具有物质形态和地理位置的稳定性，由此不可移动、可多次使用的土地被称为固定资产，不可移动的土地及建筑物、采矿权等附属物又被称为不动产，其他可移动的物质资料相应地被称为动产。(3) 土地的位置、质量等使用价值具有多样性或差异性，这一特征使得同样的劳动与不同的土地相结合，劳动生产率和经济收益也不相同。(4) 土地用途的排他性或专用性。排他性意味着土地尽管具有多种可能性用途，但一旦为某人占有、使用于某一方面就难以转作他用，土地投资具有一定的沉没性。(5) 土地收益的递减性，即由于土地资源的有限性和活劳动、水、肥料、种子、农药、机械、能源、材料等各种土地投资收益的递减性，土地投资收益会递减。土地资源的不动产性、排他性、收益递减性等特性，进一步强化了人类需要与土地供给之间的矛盾。

根据土地的位置、质量、效能等方面的生产条件差异性，如土地的地域和方位、地貌、植被、土壤肥沃或瘠薄、气候、水利等物质属性和土地投资的产出，以及土地的所有权及使用权安排，可以将土地进行分类。如土地可分为私有土地和公有土地，农村土地和城市土地，农业用地和非农业用地等类型。我国将土地分为农用地、建设用地、未利用地三大类。在分析资本主义地租时，一般将土地分为优等、中等、劣等，或者分为最好、较好、较差、最坏土地。

（二）土地所有权

相对于人口的数量和需要，土地的稀缺程度和使用价值不同，人类对于土地的占有使用就形成了不同的所有权制度。

在古代的欧洲、中国或其他地区，土地制度多种多样，没有统一不变的所谓的封建主义土地制度。如欧洲西部地区经历过马尔克公社土地所有制、自主地、贵族大地主占有制、委身制、采邑制、庄园制等形形色色的土地制度，但欧洲中世纪大致采取的是封建土地制度，即全国土地在法律上属于国王，国王是最大的封建领主，国王把土地分封给臣属，大封建领主把土地分给小封建领主，各级领主再把土地租佃给农民。中国不同时期、不同地区的土地制度也不断变化，每有不同，与欧洲古代、近代土地制度大不相同，如西周的封邦建国社会，秦汉以来的地主租佃经济，政府横征暴敛与农民之间冲突而非地主与贫雇农之间冲突往往是古代社会动荡、农民起义的直接原因。在资本主义的发展过程中，不同国家的土地制度和农业经济经历了各不相同的发展道路，如英国的圈地制度，列宁概括的普鲁士、俄国、意大利、日本的改良道路和法国、美国的革命道路，但并没有废除土地私有制，只是形成了不同于古代社会的资本主义土地所有权。

与古代社会相比，资本主义土地所有权具有以下特点：(1) 土地主要采取私有制，但消除了人身的强制和经济的依附，土地所有者、农业资本家、工人之间是一种分工、竞争和交换的关系。(2) 土地所有权常常与土地使用权相分离，地租体现了土地所有者、农业资本家共同剥削农业工人的三个阶级之间的关系。(3) 欧美一些资本主义国家的家庭所有、自己耕种和经营的土地占有较大比例，家庭农场较多，土地集中现象不显著，但数量不多的大农场在农业生产中往往居于支配地位。(4) 从长期看，农业资本有机构成、农业劳动生产率趋于提高，而农业就业人口、农业产值在国民经济中的比例趋于降低，许多发达国家的农业就业和产值比例已不足5%。(5) 为了保证国内经济稳定，现代资本主义政府常常支持农业发展，在国际竞争中实施土地保护、农业保护的特殊政策。

土地是一种生产要素，一种资本。人类占有、使用土地，就必须持续不断进行生产投入，活劳动和物化劳动的投入就形成了土地资本。那么，土地资本在生产过程中的作用是什么，土地资本的收益如何分配？在生产过程中，土地资本一般是一种固定资本，如农业土地、建筑土地，土地资本的物质形态长时期不变，价值分次地转移到商品中。不过，矿产土地等特殊形态的土地资本类似于流动资本。至于土地上的投资和收益分配，一般由土地所有者（地主）和租地资本家之间通过谈判、合同而确定。

（三）地租和租金

从广义上说，土地价格、地租、租金都是土地的价格形式。比较而言，土地价格是土地资本或土地所有权的价格，是一定时间、一定范围内的土地资本价值的市场形式。土地所有权在经济活动中可以分立为占有、使用、收益、处分等权能，地租是土地所有者对租赁、承包土地，让渡土地的使用、用益等权能而获得的收入。不过，政治经济学对于土地价格、地租、租金有严格的定义，这就有必要区分这三个与土地相关、容易混淆但内涵并不相同的概念。

资本主义的土地所有者即地主对土地可以采取多种占有和使用方式：直接雇佣农业工人进行耕种；出租给农业资本家，农业资本家雇佣工人耕种；直接出租给农业工人耕种；出租给工业、商业、银行等资本家，资本家雇佣工人劳动。当然，土地所有者还可以卖出土地。对于同一条件下的土地，在自由竞争条件下，土地的不同经营方式或权利安排导致土地耕种、租用的使用成本、收益及其分配既各具特色，但各种经营方式的土地资本平均收益又趋于相等。对于不同条件下的各种土地，土地所有者将选择收益最大化即剩余价值最大化的经营方式。

地租是指土地所有者凭借所有权而从土地使用者那里获取的收入，是土地所有权借以实现的经济形式，是全部剩余价值中扣除平均利润后的那一部分剩余价值。在古代社会，土地所有者收取的地租一般分为劳役地租、实物地租和货币地租三种形式。在资本主义社会，土地所有者如果采取将土地出租给租地农场主即农业资本家、农业资本家雇佣工人耕种的"三位一体"的社会结构，那么地租就可定义为：地租是农业资本家为取得土地使用权、租种土地，向土地所有者缴纳的全部收入中超过平均工资和平均利润的那部分剩余价值，包括级差地租和绝对地租两种基本形式；地租来源于农业工人创造的剩余价值或利润，是超额利润的转化形式；地租体现了土地所有者和农业资本家共同剥削农业工人，以及土地所有者和农业资本家共同瓜分剩余价值的经济关系。由此，马克思《资本论》第三卷第六篇在探讨资本主义地租时，其标题就是"超额利润转化为地租"。土地所有者如果直接将土地出租给农业工人耕种，比如爱尔兰租地的一般是小农，那么地租又可定义为：地租是农业工人为取得土地使用权、租种土地，而向土地所有者缴纳的全部收入中超过平均工资的全部剩余价值，小农甚至拿不到正常的工资；地租来源于农业工人创造，是利润和超额利润的转化形式；地租体现了土地所有者剥削农业工人、占有剩余价值的经济关系。[①]

土地所有者在一定条件下，把土地出租给农业资本家或农业工人，目的是追求地租收益最大化。地租收益如果过低甚至为零，那么土地所有者宁愿土地闲置、撂荒也不会让资本家或工人无偿使用。正如农业资本家为了交纳地租并获得平均利润，就必须保持农产品的一定价格水平，在生产相对过剩时宁愿倒掉牛奶或销毁谷物。

---

① 马克思. 资本论：第三卷 [M]. 北京：人民出版社，2004：705 – 710.

地租与土地租金也是容易相混淆的概念。土地租金是指由于租种土地而向土地所有者缴纳的全部货币，土地租金除了包含政治经济学上的来自土地资本本身的地租之外，常常还包含着以下组成部分：土地所有者在土地之上兴建的灌溉设施、车间、仓库等其他固定资产，农业资本家需要交纳这部分固定资本的折旧费用和租赁费用；为了收取高额租金，农业资本家有时要压低农业工人的工资，有时要被迫让渡其一部分农业利润。可见，地租一般是土地租金的基本的、主要的组成部分，土地租金在数额上一般大于地租。

（四）土地的价值和价格

土地所有者既可以凭借土地所有权，通过租借、承包土地，出让土地使用、收益权而获得地租，也可以按照一定的价格出卖土地、转让土地所有权而获得收益。那么，土地作为一种特殊的生产资料或资本形式，其价值、价格如何确定、形成？

在资本主义经济中，土地作为一种资本形式，土地价值主要受到占有、使用土地而投入的劳动力和生产资料的价值量大小所决定。"人们只要对已经变成生产资料的土地进行新的投资，也就是在不增加土地的物质即土地面积的情况下增加土地资本。"[①] 资本对土地的投入既包括短期性的投入，如施肥、除草、灌溉等改良土地使用价值的投入，还包括长期性的投入，如水利设施、平整土地等，这些都形成了土地资本的价值。

土地价格是土地资本价值的货币表现形式。土地所有权之所以被买卖或转让，是因为它能够为其所有者或使用者带来价值或收益。土地价格由土地价值决定，又受到社会供求、货币利率、通货膨胀率、财政税收政策等因素的影响。由于资本有机构成有不断提高、利润率有趋于下降的趋势，货币利率呈现下降的趋向。再加上人口不断增长，对土地的需要不断扩大，信用货币制度容易发生通货膨胀等因素，而土地资源具有数量的相对稳定性和土地的私人垄断占有等特性，地租水平经常大于货币资本利率，换言之，地租往往是超额利润而非平均利润的转换形式。由此，土地价格呈现上涨的趋势。

土地价格、地租之间具有什么关系？显然，土地价格的高低主要取决于投资于土地所能够带来的预期收益的多少，预期收益原则是确定土地价格的基本依据，而土地收益特别是地租水平就成为确定土地价格的基本方法。由此，土地价格首先与地租成正比，是地租资本化的价值形式；换言之，地租是土地资本有限使用的价格。在确定土地价格时，其基本公式是土地在未来一定年限所能持续产生的预期纯收益折算现值的总和。假设土地价格取决于地租，地租可长期获得，土地资本的地租收益不低于社会总资本的平均利润，不低于货币资本的收益即利率。不考虑影响土地价格的其他因素，土地价格等于土地价值，那么一定年限的土地价格、地租率可表示为如下公式：土地价格＝地租/利率。换言之，土地价格＝地租/地租率。

---

① 马克思. 资本论：第三卷 [M]. 北京：人民出版社，2004：698－699.

二、地租的形式

首先分析资本主义农业经济中的地租问题。假设土地所有者将土地出租给农业资本家，农业资本家雇佣工人耕种。在土地的这种经营体制下，根据地租产生的原因和条件，可以将农业工人劳动创造的地租分为级差地租和绝对地租两种基本形式。此外，资本主义地租还有垄断地租、矿山地租等特殊形式。马克思《资本论》第三卷第六篇用了十一章二百多页的篇幅，具体探讨了资本主义地租问题。①

（一）级差地租

私有制下的土地多种多样，并不是使用价值和价值均等的土地资产。不同的土地，其位置、质量、专用性等使用价值和价值各不相同，具有普遍的、显著的差异性，土地差异性对劳动生产具有不同的影响。根据土地使用价值的差异程度，比如土地的肥沃、地理位置、生产设施等生产条件差别，可以将土地分为不同的等级，如优等、中等、劣等土地。假设一定时期、一定国家或地区的土地具有稀缺性，难以通过自由的人口迁移、粮食贸易或人类劳动影响土地稀缺状况，土地产出相对有限，不同等级的土地都必须用于农业等经济活动。由此，租种面积相同但肥沃、位置不同的土地，预付资本相同，劳动时间相同，但土地产出、收益有别，优等土地收益最高，劣等土地收益最低，土地收益又归地主所有，因此地租数额也具有差异。在土地稀缺且私有的条件下，这种因等量资本投入等量面积但不同等级的土地而产生不等额利润所支付的差别性地租，即等量资本租种等量面积但不同等级土地而缴纳不等的地租就是级差地租。

级差地租的数额是如何确定的？配第、斯密、J. 安德森等人提出了级差地租思想，李嘉图为反对英国保护地主利益但损害工人、工商业资本家利益的《谷物法》而发展了级差地租理论。马克思指出，首先，农产品和工业品都是按照基于价值的生产价格出售，只有在这个前提下，农业资本家才能获得平均利润，投资农业生产。其次，农产品的价值、生产价格由劣等土地生产条件的劳动时间决定，而不是由平均的或中等土地生产条件的劳动时间决定。这是因为土地首先是一种自然存在的物质资源，难以通过投资而增加，相对于人类不断增长变化的需要，农业土地稀缺，土壤肥沃、位置便利的优等土地更为稀缺，必须耕种劣等土地才能满足人类的需要。于是，地主具有的土地所有权就自然地垄断了对这些土地的经营，阻碍了农业生产的充分、自由的竞争，使得农产品的价值、生产价格不是由中等土地而只好由生产率最低的劣等土地的生产劳动决定，由此优等、中等土地所有者就能够稳定地获得农业超额利润。否则，经营劣等土地如果得不到平均利润，投资劣等土地的资本就将转移到其他行业，劣等土地就将闲置，最终导致农产品供不应求，价格就会上涨到由劣等土地决定的生产价格水平为止。这样，租种优等、中等土地，雇佣工人劳

---

① 马克思. 资本论：第三卷 [M]. 北京：人民出版社，2004：693 – 919.

动的个别价值、个别生产价格普遍地、不同程度地低于劣等土地的社会价值、社会生产价格,从而获得不同水平的超额利润,这就形成了级差地租。

与产业资本相比,农业生产中的土地资本的超额利润具有特殊性:(1)产业部门的超额利润一般是一种暂时的、局部的现象,而稀缺性土地资本特别是较高等级土地由于归地主私人性、垄断性占有,且土地稀缺性、垄断性难以改变,所以农业超额利润是一种相对经常、持久的现象。(2)工业品生产价格由社会平均生产条件下的劳动熟练和劳动强度的生产劳动而决定,而农产品生产价格由劣等土地生产条件下的生产劳动而决定。(3)产业部门的超额利润一般因个别生产者的劳动生产率高于行业平均水平而形成,这种超额利润并不稳定;而农业中的个别劳动生产率只要不低于劣等土地的劳动生产率的平均水平,就可以稳定获得超额利润。

按照级差地租形成的条件和特点,地租形态又可分为级差地租Ⅰ、级差地租Ⅱ这两种形式。(1)级差地租Ⅰ是指投入同样的劳动力和生产资料,但土地的肥沃、位置不同,劳动生产率和劳动产出也不同,在土地肥沃、地理位置较好的优等、中等土地上产生的超额利润的转化形式;换言之,优等土地的单位农产品生产价格最低,中等土地次之,劣等土地的生产价格最高,优等、中等土地就可获得大小不等的级差地租Ⅰ,这是基础和始点的级差地租,这类级差地租当然归土地所有者独占。(2)级差地租Ⅱ是指连续追加投资于同一土地而提高产量或质量,每次追加投资的生产率不同,只要追加投资的单位农产品的生产价格低于劣等土地的生产价格,由此产生的超额利润而转化的地租,就是级差地租的延伸形式。追加投资而产生的超额利润如果发生在农业资本家租种地主土地的合同期内,那么一般归农业资本家所有;合同一旦期满,地主就要提高租金而形成级差地租Ⅱ。比较而言,劣等土地一般不存在级差地租Ⅰ,或许存在级差地租Ⅱ。至于新增的超额利润能否转化、转化多少为级差地租,就取决于土地所有者和农业资本家以及农业工人之间的斗争合作状况了。

(二)绝对地租

以上在考察级差地租时,假设优等、中等土地产生级差地租,租种劣等土地的农业资本家不交纳级差地租。但在现实经济中,租种劣等土地的资本家即使不支付级差地租,也需要交纳一定量的地租,这种与土地所有权有关,与土地等级的优劣或同一土地上的连续投资无关,租种优等、中等、劣等土地的农业资本家或农业工人都必须交纳的一定量的地租,称为绝对地租。凡是租种各种等级的土地都普遍必须交纳的,并且与级差地租相区别的基础性地租,就是绝对地租,超出基础性绝对地租的就是级差地租。绝对地租也是农业工人创造的价值和剩余价值的一部分,是土地所有者占有的剩余价值的转化形式。

绝对地租产生的原因,首先在于土地的稀缺有用性和土地的资本主义私人所有制。显然,只要土地稀缺且农产品供不应求,农产品价格就取决于劣等土地的社会必要劳动时间和社会生产价格。土地租种者如果不交纳地租,那么土地所有者凭借对土地的所有权,宁可自己雇工耕种甚至闲置,也不能让他人无偿耕种或使用。

占有并出租土地包括劣等土地，之所以能够获得绝对地租，还在于现实中的农业资本有机构成长期低于产业资本这一前提条件。因为农业资本的有机构成较低，稀缺垄断性的土地资本又难以自由流动而形成平均利润，假设剩余价值率相同，但资本主义经济不仅按照劣等土地的单位农产品的价值和生产价格决定农产品的价值和生产价格，而且同样投资的农产品剩余价值、生产价格也高于产业资本、社会总资本的剩余价值、生产价格，由此即便劣等土地的农业等量资本获得的剩余价值或利润也高于其他部门的平均利润，其中的差额就形成了绝对地租。不过，农业资本家获得的依然只是平均利润，劣等土地农产品剩余价值中高于平均利润的部分，中等、优等土地农产品剩余价值中高于平均利润、级差地租的部分，都必须交给土地所有者，这就形成了绝对地租。

随着知识、技术的不断创新和农业资本有机构成的不断提高，单位农业产量不断提高，农产品价值和生产价格降低，等量资本的农业剩余价值和绝对地租出现了下降趋向。农业资本有机构成如果趋近以至超过资本平均水平，土地的稀缺性如果降低而流动性增强，农业剩余价值下降，那么绝对地租就可能下降以至于消失，土地的经营方式也必须发生变革。事实上，随着农业的投资不断增加，农业工人人口和比例不断减少，农业资本的有机构成和劳动生产率已经和工业相差不多，少数发达国家农业资本的有机构成甚至超过了产业资本。由此，农业生产方式就必须调整改革：农业资本家减少租赁需要支付绝对地租的劣等土地，部分土地所有者只得身兼农业资本家，直接雇佣工人耕种，小土地所有者往往采取家庭农场的生产方式，土地所有者还常常采取雇佣季节性工人即弹性工作、租用大型农业机械等灵活经营方式，发达国家政府还经常实行农业保护和财政补贴政策。

（三）地租的特殊形式

在资本主义经济中，传统的地租是指基于租种土地的农产品收益而产生的地租，包括级差地租和绝对地租。随着资本主义的产业结构从以农业为主逐渐转向以工业、商业、服务业为主，地租的形式就不再局限于传统的农业地租，还包括垄断地租等地租的特殊形式。垄断地租是指因私人拥有了具有稀缺而独特条件的土地，从土地上获得的超额利润转化而来的地租，如农业、矿产、城市建筑等方面的垄断性地租。政府如果限制甚至垄断了土地供应，也会产生垄断性地租。

农业垄断性地租。某些土地由于特殊的自然条件，出产了某种具有独特使用价值的农产品，而其他土地无法或不能生产类似的产品，这些农产品的价格水平并不按商品的价值和生产价格来决定，而是取决于购买者的需要、偏好和支付能力。某些消费者如果对这些特殊产品愿意支付高于社会价值、社会生产价格的自然垄断性价格，从而产生了自然垄断性的超额利润，这就是所谓的垄断地租。例如，世界贸易组织在有关贸易的知识产权协议中关于地理标志（原产地）的定义就是指自然垄断性产品：地理标志是鉴别原产于某一国家领土或该领土的某一地区、地点的产品的标志，标志产品的质量、声誉或其他确定的特性应主要取决于其地理来源。如苏格兰威士忌、法国香槟葡萄酒、牙买加蓝山咖啡，以及我国的新疆库尔勒香梨、贵州茅台酒、云南宣威火腿等就属于自然垄断性产品。不过,在资本主义自由竞争条件下,这种农业垄断价格只是发生在个别地区、个别行业的特殊现象,不是普遍存在的自由竞争的市场价格。

矿产地租。矿产泛指地球上由地质作用形成的、可供人类开采利用的各种固态、液态、气态等形态的物质资源,这些资源根据其矿产特性及其主要用途,分为能源矿产、金属矿产、非金属矿产和水气矿产。由于矿产存在于土地之中,土地如果是私人所有,产业资本家为取得开发矿产的权利,就需要向矿产土地所有者交纳开采矿产的地租。这些超额利润形成的矿山地租也是雇佣工人所创造剩余价值中的超过平均利润的部分,反映了土地所有者和产业资本家共同剥削工人所创造的剩余价值的经济关系。矿山地租和农业地租一样,可划分为级差地租、绝对地租和垄断地租三种形式。其中,级差地租是基于各个矿山不同的资源丰度、开采条件、运输距离等,以及对矿山追加投资的劳动生产率差异等因素所导致的,各个矿山开采同种矿产的个别生产价格也各不相同,经营优等、中等矿山的资本家就可获得超额利润,并把它以级差地租形式交给矿山所有者。绝对地租是指矿业资本由于有机构成通常低于加工工业,矿产品价值也就高于它的生产价格,矿业资本家把按照价值售卖而产生的超过平均利润的差额交给矿山所有者。此外,开采独一无二的矿产资源,诸如江苏宜兴紫砂、新疆和田玉石、鄂尔多斯煤炭,还会产生垄断性地租。

建筑地段地租是指各个行业的资本家为建造厂房、商店、商用或民用房屋等建筑物,向土地所有者交纳的地租。在农业时代,人口主要是农业人口,土地主要用于生产提供粮食等农产品。随着人口增长、工业化和城市化的发展,越来越多的人口聚集到大中城市,人口主要是城市人口,商品主要是非农业产品,越来越多的土地用于民用和商用建筑,城市土地的租金和价格不断上涨。资本家主要在城市土地建造厂房、商店、商用或民用房屋等建筑,建筑地段地租又称为城市地租。建筑地段地租也可以划分为级差地租、绝对地租和垄断地租三种形式。在建筑地段地租的形成因素中,与城市人口、工商业发展、政府管制直接相关的位置或区位成为制约土地价值和价格的首要因素,增长中、国际性的大城市的工商业繁华地段简直是寸土寸金。如20世纪七八十年代日本东京、新加坡、我国香港等地的土地价格高速增长,单位土地和房产价格一度超过了欧美都市水平。

关键概念

收入分配;职能资本;平均利润;生产价格;平均利润率;商业资本;商业利润;信任和信用;生息资本;资本结构;利息;银行利率;负利率;银行利润;债券利率;土地资本;地租;土地价格;级差地租;绝对地租

阅读书目

马克思. 资本论:第三卷 [M]. 北京:人民出版社,2004.

[美] 安格斯·迪顿. 逃离不平等:健康、财富及不平等的起源 [M]. 崔传

刚，译. 北京：中信出版社，2014.

[美] 佛朗哥·莫迪里阿尼. 资本结构理论研究译文集 [M]. 卢俊，译. 北京：上海三联书店、上海人民出版社，2003.

[美] 弗朗西斯·福山. 信任：社会美德与创造经济繁荣 [M]. 彭志华，译. 北京：南海出版社，2001.

[美] 悉尼·霍默，理查德·西勒. 利率史 [M]. 肖新明，曹建海，译. 北京：中信出版社，2010.

白暴力. 价值价格通论 [M]. 北京：经济科学出版社，2006.

张培刚. 农业与工业化 [M]. 北京：华中工学院出版社，1984.

张五常. 佃农理论 [M]. 北京：商务印书馆，2000.

思考题

1. 如何认识剩余价值的生产与分配？
2. 如何理解平均利润和生产成本？
3. 如何认识产业资本与商业资本、生息资本之间的关系？
4. 如何认识商业资本和商业利润？
5. 如何认识电子计算机、通信、互联网等技术创新对商业资本运动的影响？
6. 如何理解利润、利息和利率，存款、贷款利率和银行利润？
7. 如何认识利率呈现长期下降趋向和负利率现象？
8. 比较农业级差地租和绝对地租的异同。
9. 试了解欧美主要国家的产业经济发展状况。
10. 调查、分析当前我国的土地制度和农村土地、城市房地产的价格。

第八章 垄断资本、世界经济和政府

学习目标

◆ 了解垄断资本和世界经济的发展和性质，以及资本、垄断资本与国家权力之间的关系。

◆ 熟悉垄断的成因和类型，帝国主义的五个特征，股份公司、国有企业、跨国公司，资本主义政府的性质和职能，国际贸易、国际金融、外国直接投资。

◆ 掌握垄断资本、垄断价格和垄断利润，金融资本和国际资本，国际分工、国际价值和国际价格等理论。

为了有效追逐更多的剩余价值，资产阶级在不改变生产资料私有制的前提下，还会适当调整生产方式和上层建筑的具体形式，资本主义从产生之初就是一种开放性、扩张性、演进性的体系，而诸如知识创新、股份公司、垄断资本、金融资本、国有资本、国际资本就是资本主义发展变革的具体表现，资本主义自19世纪末20世纪初进入了私人垄断资本、国家垄断资本、世界经济的发展阶段。

第一节 垄断资本

前面几章在讨论资本主义的生产、交换、分配、积累和再生产等问题时，遵循从具体到抽象的研究方法和从抽象到具体的叙述方法相结合的科学抽象法，理论模型大都包含三个假设条件：（1）主要研究资本家和工人两大社会主体，暂不考虑政府等因素。（2）自由竞争、自愿交换、供求均衡的市场体系，生产资料、劳动力自由流动，货币只具有中性的职能，任何行业或市场都不存在诸如寡头垄断、完全垄断、国家垄断等不完全竞争现象。（3）资本主义生产、交换、分配只在本国进行，是封闭经济，没有商品、劳动力、资本等要素的国际流动。而在现实社会中，随着经济货币化、知识化、网络化和全球化，垄断资本、金融资本、知识资本成为经济活动的重要现象，资本在全球范围内流动和竞争，政府全面深入地介入经济活动。因此，这一章进一步放宽假设条件，分别分析垄断资本、金融资本、国际资本时期的生产、交换和分配，国际分工、国际贸易和国际金融，以及资本主义政府等问题。

一、垄断的成因和类型

资本主义生产方式自 15 世纪初萌发以来,迄今约有 500 年的历史。在资本主义经济中,自由竞争、等价交换虽然是一种市场理想和理论假设,垄断虽然是市场竞争和消费者的大敌,但某些时期、某些行业的垄断或不完全竞争并不是资本主义的离经叛道,而是资本运动的合理选择和资本主义发展的实际结果。

(一)垄断资本的形成

垄断又称独占,是在英国、法国、德国、美国等发达国家首先出现并不断演变的一种经济现象,是资本主义自由竞争发展到一定程度的产物。每个资本家为了在追逐利润的市场竞争中取得优势,必然竞相采用新的技术和设备,雇佣高效能劳动力,扩大生产规模和市场占有率,以提高劳动生产率和降低生产成本。这就需要不断地通过剩余价值的资本化,进行资本积聚。在资本积聚的基础上,竞争又迫使资本合作即资本集中,这主要是通过设立公司、合并收购、金融市场等方式而实现的。资本积聚和资本集中的结果,使技术、生产、销售日益集中于少数大企业,而许多大企业的资本有机构成高于中小企业,又限制了利润率水平。大资本、大企业既不满足于获得平均利润,又渴求依靠资本规模而获得高额、超额利润,实现这一目标的最好途径就是垄断!这样,垄断虽然在资本主义的早先阶段就开始出现,但直到 19 世纪后期才成为了资本主义发展的一般趋势和基本规律。

从单个资本、企业生产的角度看,垄断是指单个或者少数资本家、企业单独控制或共同控制某种商品或某一行业的技术、生产、销售等业务,规定商品的垄断价格并获取超额垄断利润的经济现象。当自由竞争引起生产集中,资本、技术、生产、销售等集中到一定程度,主要集中在一个或几个企业手中,其他企业难以进入,也缺乏替代性商品时,垄断就形成了,垄断某种商品的技术、生产、销售并通过垄断价格获取垄断利润的资本就是垄断资本。私人资本从单个资本、公司资本不断发展为垄断资本、金融资本,垄断资本在运动过程中表现为技术垄断、生产垄断、市场垄断、垄断价格、垄断利润等现象,表现为垄断企业、垄断同盟等组织形式,资本主义就从自由竞争发展到了垄断阶段。由于少数垄断性大企业的存在,广大中小企业处于受支配、被排挤的地位,某些行业甚至只存在一家独大的企业。

自 19 世纪 70 年代第二次工业革命和 1873 年世界经济危机发生后,发达国家出现了资本和生产的集中趋向,煤炭、钢铁、石油等重化工业企业之间掀起了各种形式的联合、合谋与并购,出现了横向、纵向和混合一体化的扩张高潮,生产走向大规模、批量化、国际化,各具特色的辛迪加、卡特尔、托拉斯、康采恩等垄断组织纷纷出笼,以美国、德国为代表的少数大企业开始垄断地区、国家甚至世界范围的许多行业的生产和销售。

进入 20 世纪,更多的行业和国家掀起了一轮又一轮的企业并购高潮,资本和生产呈现集中的趋势,私人资本发展成为在经济生活中占统治地位的垄断资本,特别是少数大银行和大企业融合而成的垄断性金融资本集团。垄断资本往往还采取产业资本和银行资本相结合的金融资本形式，金融资本进一步强化了垄断的力量。20世纪90年代以来，发达国家的金融、信息技术、航空、新闻、钢铁、汽车等行业又出现了持续性企业并购高潮，公司敌意接管、管理层杠杆收购和公司重组等事件大量出现。

从社会总资本、社会再生产的角度看，当资本主义在不可遏止的扩张动机的推动下，资本、技术、生产积聚和集中到一定程度，众多企业、行业的竞争性私人资本发展为垄断性资本，生产、市场垄断大规模、全面性地代替自由竞争而在经济生活中占有了统治地位时，资本主义就演变到了垄断资本即帝国主义阶段。少数大企业为了避免在竞争中两败俱伤，暂时也会谋求妥协，通过操纵生产、瓜分市场、限定价格、排挤竞争对手的合同、默契或联合，攫取超额垄断利润。垄断资本、金融资本为维护其垄断利益，往往还操纵着国家政权，控制着内外政策，国家政权与垄断资本相结合又形成了国家垄断资本主义。

在垄断资本时期，私人资本主要采取公司资本的形式，资本家成为公司股东，资本主义私有制和企业管理呈现出一些新特征：（1）私人股东数迅速增加，资本社会化程度不断提高。（2）机构投资者持股比例不断上升。20世纪80年代以来，原本分散在众多自然人手上的股份被越来越集中到机构之中，投资基金、退休基金、保险基金等集合了私人资本的投资机构进入了金融市场，成为许多公司的大股东，形成了股东机构化、法人化的现象。（3）单个垄断资本家对大公司的持股比例趋于降低。由于大公司股东众多，股份分散，大股东持股比例趋于降低，众多大中型公司存在着"所有权与控制权分离""管理者革命"的现象。当然，这并不意味着资本家对公司控制的放松或削弱，只表明资本家对资本、生产采取了联合控制、间接控制的管理方式，少数垄断资本家以更少的资本控制了更大比例的中小私人资本和经济总量。

垄断尽管为垄断资本家带来了超额垄断利润，但也破坏了市场有效竞争，损害了中小资本和广大工人的利益，在更大的规模和范围上激化了资本主义经济矛盾，以至于加拿大在1889年、美国在1890年率先出台了反托拉斯法。进入20世纪后半叶，更多的发达国家实施了公平竞争、反垄断政策。然而，私人资本的垄断现象并未从根本上消除，相反出现了私人垄断资本与国家权力相结合的国家垄断现象。随着经济全球化的一次次推进，私人垄断还从地区垄断、国内垄断向国际垄断发展，垄断企业之间甚至借助政府干预、国际垄断同盟等方式强化垄断利益。20世纪六七十年代波音公司一度占有2/3的商用飞机市场，1970年欧洲空中客车公司成立和1998年波音与麦道合并后，波音、空中客车双寡头垄断了国际商用飞机市场，其中，波音市场份额长期超过50%。再如石油出口国之间的垄断组织欧佩克拥有全球70%以上的石油储量，长期控制了50%左右的石油出口。①

---

① 李巍，张梦琨. 空客崛起的政治基础——技术整合、市场拓展与战略性企业的成长[J]. 世界经济与政治，2021（11）：4-37. 单卫国. 欧佩克60年石油市场战略演变及未来发展前景[J]. 国际石油经济，2020（9）：1-9.

(二) 垄断的成因

垄断现象是如何产生和发展的？垄断是指个别或少数企业占有、控制某一市场或行业，导致垄断性市场结构的具体原因不外乎以下几种：生产、销售上的成本递减；对稀缺有用的土地、矿产等自然资源的独家占有；垄断性的专利权、商业秘密和私人信息；政府的特许、许可等保护垄断的政策。这几种因素又可以分为两类：一类是生产性、市场性的因素；另一类是非生产性、政府性的因素。

生产性因素导致的垄断现象曾被称为自然垄断，早期的自然垄断一般与生产条件特别是物质资源方面的生产条件有关，主要是指因特定物质资源的集中分布而形成的垄断。随着经济社会化、全球化和网络化，早期的自然垄断现象已不多见，自然垄断更多的源自货物和服务在生产提供上具有专业化、规模经济、范围经济等成本收益效应，其平均成本随产量增加而趋于下降，在采矿、制造、运输、商业、通信、金融、教育等行业具有突出表现。当某一国家或地区的市场规模只能容纳一家或几家具有成本收益比较优势的企业时，通过竞争就会淘汰多余的企业，最终形成完全垄断或寡头垄断的市场结构。

马克思《资本论》第三卷第十章探讨了自然的、市场的垄断现象，第四十六章分析了因自然力被垄断而导致的建筑地段地租、矿山地租等垄断价格问题。马克思《资本论》第一卷第十一章等章节又分析了规模经济等经济现象：如"即使劳动方式不变，同时使用人数较多的工人，也会在劳动过程的物质条件上引起革命。……大量积聚的并且共同使用的生产资料的价值，一般地说，不会和这些生产资料的规模及其效果成比例地增加。"同时，"许多人在同一生产过程中，或在不同的但互相联系的生产过程中，有计划地一起协同劳动，这种劳动形式叫作协作，"[①] 协作可以降低商品生产中的劳动时间。后来，马歇尔、斯拉法、琼·罗宾逊、爱德华·张伯伦等人逐渐建立了不完全竞争理论。W. J. 鲍莫尔等人1982年提出用部分可加性（subadditivity）重新定义自然垄断，即只要单一企业生产提供所有产品的成本小于多个企业分别生产提供这些产品的成本之和，由单一企业垄断市场的社会成本依然最小，该行业就是自然垄断行业，这就扩大了自然垄断的范围。在信息化时代，对居民、企业等社会主体的私人信息的大规模、不对称性的拥有，拥有巨量私人信息的企业等组织也可以在经济活动的生产、销售、管理、金融等环节形成垄断。

私人资本在生产、销售的集中、垄断过程中，除了采取扩大生产、销售规模的生产性方法，它们之间还经常采取各种形式的公开或暗地的合谋、联合行为，即人为的垄断。早期的垄断资本往往采取公然勾结的方式达成联合，如卡特尔、辛迪加，以固定价格划分市场，排斥竞争。随着一些国家制定和实施公平竞争、反垄断政策，暗地串谋、默契成为垄断资本联合的主要方式。当然，由资本家追求利润最大化的动机所决定，无论是公开联合、暗地串谋还是心照不宣的协同，垄断资本之间往往只是暂时的、不稳定的联合，一旦有利可图，垄断资本就会采取机会主义行为，追

[①] 马克思. 资本论：第一卷 [M]. 北京：人民出版社，2004：376 - 378.

求各自最大化的垄断利润。

垄断的政府性因素是指因为政府的法律规定、行政管制、财政补贴、公共投资等因素，实现国家权力与私人资本的结合，限制竞争，导致生产、销售的垄断。（1）特定资源的权利保护。如对物质资源（土地、矿产、生物、无线电频率、水域、空域等）所有权、使用权的排他性保护，完全垄断或寡头垄断这些资源的资本家就形成了生产和市场上的垄断。（2）对知识资产所有权的排他性保护，知识资产是指发明、著作、商标等人类智力性的创新成果，法律规定这些知识资产所有者在一定的时间、地域、行业中具有排他性的权利，同样可以形成生产和市场上的垄断。（3）政府对企业的竞争限制是指通过法律规定、行政许可等方式，政府只准许一家或几家企业进入某一行业，从而管制生产、销售某些商品的企业数量，限制以至排斥市场竞争。（4）对于某些行业，政府还可以通过国有企业的垄断性经营，限制或禁止其他企业进入，形成国有垄断经济。

（三）垄断的类型

根据不同标准，可以对资本主义经济中的各种各样的垄断或不完全竞争现象进行相应的分类，比如卡特尔、辛迪加、托拉斯、康采恩等，完全垄断、寡头垄断和垄断竞争，自然垄断、人为垄断和国家垄断，行业垄断和跨行业的混合垄断，国内垄断和国际垄断等。

卡特尔、辛迪加、托拉斯、康采恩等。少数势均力敌的寡头性的大企业，为了避免在竞争中两败俱伤，瓜分垄断利润，相机采取从松散的同业公会到公司合并的各种垄断组合形式。这是根据企业的组织形式和相互关系而进行的分类，也是对市场垄断现象的传统分类。（1）卡特尔（cartel）是指同一行业的少数势均力敌的大企业，在划分市场、规定产量、确定价格等一个或几个方面达成合同，形成垄断性联合，但卡特尔的成员企业保持生产、销售、财务等方面的独立性。这些企业之间如果存在某些共同的利益关系，如董事的兼任、相互持股、共同的银行关系等，而且拥有一个强力的监督企业行为的中央委员会，那就相对容易形成并保持卡特尔。相反地，松散性、无约束力、君子协定式的卡特尔就很不稳定，利润动机会刺激每个企业千方百计、随时随刻地破坏垄断合同。卡特尔是最初产生于德国、法国的垄断资本的典型形式，德国曾被称为卡特尔国家。（2）辛迪加（syndicat）是指同一行业的企业，通过订立统一的销售合同，形成垄断联合，辛迪加成员的企业在生产和法律地位上保持独立，只是在生产资料购买和产品售卖上服从辛迪加的统一管理，辛迪加最初在法国等欧洲国家比较流行。（3）托拉斯（trust）是指生产同类产品或在生产上有密切联系的企业，从生产、管理、销售到资本上实现全面的合并，托拉斯的参加者在经济活动和法律地位上均失去了独立性，成为合并后企业的股东，这是狭义的、典型的美国垄断资本形式。由于托拉斯直译为信托，因此广义的托拉斯还包括某些独立公司的大股东或多数股份的股东将投票权等股权交给某一受托公司，受托公司采取垄断性的共同行动，这种托拉斯形式与卡特尔、辛迪加异曲同工，殊途同归。（4）康采恩（konzern）是指分属不同行业的大企业，以其中实力最雄厚的企业或银行为核心，一般以金融控制为基础，结成垄断联合的企业集团，康采恩在20世纪30年代以后日益成为重要的垄断组织形式。默契又称默示合同、隐性合同、非正式合同、心理合同等，是指大企业之间并没有签订明确的、有形的合同，但达成了事实上的垄断合同，采取了一致性的垄断行动。

完全垄断、寡头垄断和垄断竞争，这是根据企业的市场结构和行为特征而进行的分类，如安东尼·A.古诺、皮埃尔·斯拉法、爱德华·H.张伯伦、琼·罗宾逊等人的早前研究。市场结构可以分为竞争市场和不完全竞争市场，不完全竞争市场再细分为完全垄断市场、寡头垄断市场和垄断竞争市场。（1）完全垄断是指某一市场或行业被一家企业或企业集团完全控制的状态，且该企业的产品没有相近的替代品，其他企业几乎不能进入该市场。如美国的国际商业机器（IBM）在电子计算机，国际电话电报（AT&T）在电话电报、柯达（Kodak）在胶卷、通用电气（GE）在电气，施乐（Xerox）在复印机、惠普（HP）在芯片、微软（Microsoft）在电子计算机操作系统，谷歌（Google）在互联网信息、脸书（Facebook）在社会交往等行业都长期居于一家独大的垄断地位。（2）寡头垄断是指某一市场被几家企业共同控制的状态，且这几家企业势均力敌，其他企业难以进入该市场，如美国的福特、通用、克莱斯勒在汽车，波音、麦道在飞机，高盛、摩根斯坦利（又译"摩根士丹利"）、美林、雷曼兄弟、贝尔斯登在投资银行，普华永道、德勤、毕马威、安永、安达信在会计师事务所等行业都长期处于寡头垄断地位。（3）垄断竞争是指某一市场中有许多企业生产、销售同类型产品，生产企业数量多于寡头企业但又不足以完全竞争，产品之间略有差异而不能完全替代，每个企业都依靠其经济优势或产品差别而对其产品的产量和价格有一定的控制力量，所以形成竞争性、局部性的垄断。比如福特汽车、通用汽车等寡头长期垄断美国汽车市场，但20世纪七八十年代以来因欧洲、日本等汽车企业的进入而转向了垄断竞争。

自然垄断、人为垄断和国家垄断，这是根据垄断的形成原因而进行的分类。（1）自然垄断是在诸如电力、电信、自来水、铁路、钢铁、汽车等行业，因资源、生产、市场上的规模性、网络性等特征而具有规模经济、范围经济等效应，经过生产扩大、技术进步、市场竞争，形成了少数甚至个别企业的平均成本随生产规模的扩大而在行业内下降的趋势，且大量资本一旦投入这些行业又难以退出，而竞争也受市场或行业范围的限制，行业内难以维持众多企业有效竞争的局面，这就是所谓的自然垄断现象，自然垄断实质上也是生产性、市场性的垄断现象。（2）人为垄断是指少数资本家、少数企业有意识、主动性地通过公开联合、暗地串谋或默契的方式，实行限制生产和竞争、提高价格等垄断行为，如通过合同或合谋导致的垄断，产销上的托拉斯、划分市场和价格的卡特尔、销售上的辛迪加、金融资本垄断的康采恩。（3）自然垄断、人为垄断往往还是资本家、私人企业形成的私人的、市场性的垄断，而国家（政府）垄断是指国家权力通过法律规定、行政管制、财政补贴、公共投资等手段而形成的国家垄断，包括政府直接投资而形成国有垄断资本，政府与私人资本在经济领域的各种结合。

产业垄断资本、商业垄断资本和金融资本，这是根据垄断资本生产提供的货物、服务性质而进行的分类。私人资本借助国家权力,形成了商业资本输出和对外贸易的商业垄断即重商主义时期,英国东印度公司就是商业垄断资本的早期代表。进入垄断资本时期,产业资本的国内垄断和国际垄断是初期的突出现象,随后产业垄断资本和银行垄断资本结合起来而形成了金融资本,控制了某些行业的商品生产和交换。第二次世界大战后,随着美国经济政治的全面崛起、美元成为世界货币和20世纪70年代以来的放松金融管制和金融工具创新,垄断资本形成了金融资本的典型特征。

行业垄断和混合垄断。(1)行业垄断。上述关于垄断的分类都是对某一商品、某一市场或行业的分析,产品性、行业性垄断可以分为横向垄断和纵向垄断,横向垄断是指生产、销售同一种类的货物、服务的市场垄断,纵向垄断是指生产、销售上下游的货物、服务之间的市场垄断。(2)混合垄断。私人资本不仅可以在某一商品、行业实现垄断,垄断资本为了追逐更大的垄断利润,还会在相关或不相关行业通过合并、收购、合同等方式,谋求跨行业的混合垄断。20世纪上半叶,工业垄断资本与银行垄断资本已经开始结合为金融资本。第二次世界大战结束后,私人垄断资本开始跨行业、跨国界、多元化的扩张,出现了跨行业、国际性的混合垄断企业或总体垄断企业。

国内垄断和国际垄断,这是一国政府对市场是否竞争开放而形成的垄断。商品是天然的自由派、开放派,但私人垄断资本为了保护市场垄断地位,政府权力部门为获得市场管制的利益,也会实行保护主义政策甚至封闭经济体制,从而导致私人资本、国有资本的国内垄断。国际垄断资本是指私人资本以及国家权力超越国家界限,在世界范围垄断了生产、销售、金融等经济活动。

(四)股份公司

在资本主义发展过程中,股份公司成为了实现资本积累、生产和市场垄断的基本组织形式。资本主义私有制是在个体店铺、家庭作坊的基础上发展起来的,最初采取独资企业、合伙企业等自然人性质的古典企业制度,自然人对企业承担无限责任或无限连带责任。然而,18世纪末第一次工业革命特别是19世纪70年代开始的第二次工业革命,一方面导致了新产品、新产业的不断产生和发展,如内燃机的发明、新的炼钢法的推广、电力的应用、化学工业的产生等,这些重化工业企业和交通通信企业往往采取高投入、标准化、批量化生产和网络化、大范围运营,具有显著的规模经济、范围经济效应,需要投入大量的资本和劳动力;另一方面导致了市场竞争空前激烈,技术和市场风险不断增大。因此,中小资本家具有消除或抑制竞争、降低和分散市场风险的需要,大资本家具有扩张生产、谋取超额利润的需要。以股份有限公司和有限责任公司为代表的现代公司在集中资本和劳动力、组织和管理经济活动、分担风险和责任、分配收益等方面具有一系列的制度优势,是对独资企业、合伙企业等自然人企业制度的一次革命。19世纪后半叶以来,私人资本越来越普遍采取了社团法人、有限责任的公司形式,欧美各国的股份公司数量和规模急剧膨胀。这样,原先孤立、分散的私人资本通过公司而联合,工商业资本与土地资本通过股份而合作,各种资本都采取了社会化资本、联合资本的形式,资本家从单个资本家转化为结合资本家,甚至工人也在公司中组织起来了,这都缓解了私人资本与市场化、工业化、集中化生产之间的紧张关系,实现了私人资本在资本主义生产方式范围内的扬弃和转型,资本主义从自由竞争逐渐走向垄断发展阶段。

股份公司通过银行、证券交易所而在国内外公开、广泛发行股票,资本形式从个别的私人资本向联合的股份资本、垄断资本转变,企业从个人独资企业向公司、集团公司、跨国公司转变,公司通过权力分立和制衡的组织机构解决大中型企业的经营管理问题,从而应对了资本主义发展中的资本集中和生产社会化的挑战,这促使私人资本特别是垄断资本普遍采取了公司资本的形式,数量虽少但资本雄厚的股份公司成为资本主义经济的主导性力量。而且,垄断性股份公司往往不是分散的私人资本结成公司资本,而是公司特别是股份公司之间的横向、纵向等各种形式的联合,成为全行业甚至跨行业、跨国性的公司集团。垄断性公司往往以其资本、技术、管理、市场等方面的优势地位,通过持有子、孙公司的股份,控制子、孙公司的业务等方式,利用公司之间的联合或合谋,特别是产业资本和银行资本融合而成的金融资本,控制着更大比例、更广范围的资本和生产,在更新、更高的层次上实现了资本的社会化。

第二次世界大战结束后,欧美国家大中型公司的私人、家族控股比例尽管有所降低,许多大公司已由私人绝对控股变为相对控股,持股比例甚至只有10%左右。但占人口10%的极少数资本家往往拥有了全国一半以上的财富,通过金字塔形的股权和公司结构控制了比自有资本大几倍、十几倍甚至更多的其他资本,大型股份公司成为现代经济中居于主导地位的企业形式,资本家的生产目的也从获取个别利润向平均利润、超额利润、垄断超额利润转变,资本主义生产走向全面的集中和社会化。与此同时,居民收入和未来消费也从个人、家庭管理逐渐转向企业、政府管理,各种形式的储蓄互助、商业保险、公共基金、退休基金等金融机构迅速发展,这些公司化的储蓄、保险、基金机构集中并管理着社会相当部分的消费资金,并将相当一部分用于未来消费的收入用于现在的股票、债券、货币、不动产等投资,这就进一步提高了资本的社会化程度。

可见,现代资本主义中的公司股份资本具有二重性:一方面,股份公司通过资本发行特别是股票、债券公开发行制度,不仅将原先孤立、分散的私人资本转变为集中性、社会化的公司资本,使资本主义生产关系发生了部分质变,生产关系的变化也促进了社会生产力发展,股份公司的社会性是对资本主义制度的内在扬弃,马克思、恩格斯、E.伯恩斯坦等人还把股份公司视为导向未来社会的过渡形式。另一方面,股份资本并没有克服私人资本与社会生产之间的根本对立,没有从根本上改变资本主义生产方式的本质,随着私人垄断资本与国家权力的各种结合,国家垄断资本成为资本主义的重要特征,资产阶级全面操纵着国家的经济和政治命脉,资本家所有制、雇佣劳动、剩余价值生产、资本主义基本矛盾依然是资本主义的基本现象。

(五)垄断时期的竞争

竞争首先是指生产同一商品、同一行业或市场的资本家之间的竞争,进而是在不同行业、不同地区、不同国家的资本家之间的竞争。无论是从自由竞争中生长的垄断，还是政府干预的垄断，都不可能彻底消除竞争，只是凌驾于竞争之上。只要资本主义建立在私有制和社会分工的基础之上，各个资本家为了追逐更多的剩余价值，等量资本为了追逐等量利润，就会在各个行业、各个地区全面展开各种竞争。如美国微软公司1995年推出的Windows95操作系统，迅速成为全球个人电子计算机的主要操作系统，长期占有约80%的市场份额。但是，由于面对激烈的市场竞争和反垄断诉讼，微软公司大股东比尔·盖茨一再强调：微软离倒闭永远只有18个月。相反，垄断资本之间、垄断资本与非垄断资本之间，以及非垄断资本之间依然进行着各种形式的激烈复杂的竞争，特别是新知识、新技术的发现和传播更是打破垄断的重要力量。如曾经长期在胶卷市场居于垄断地位的柯达（Kodak）公司因面对数字技术竞争和业务转型失误，2011年申请破产保护；美国最大连锁百货公司西尔斯（Sears）集团受到超市、电子商务等竞争，2018年申请破产保护。

垄断资本之间的竞争是指同一行业或市场中的寡头垄断资本家之间的竞争，即同一行业通过竞争而产生了多个居于寡头垄断地位的大企业之间的竞争。显然，在寡头垄断市场情景中，大资本家之间在生产、价格等方面既存在着依存性，又存在着竞争性，某一企业改变其产量或价格，其他企业都会受到影响，从而采取相应的对策，寡头竞争结果具有很大的不确定性，寡头垄断市场的竞争比自由竞争、完全垄断的市场竞争有时更为复杂激烈。寡头企业之间即便达成卡特尔、辛迪加、康采恩等垄断合同，每一企业为了追逐更多的垄断利润，也会采取各种各样破坏合同的竞争行为，所以垄断合同难以持久稳定。这样，任何一家大企业作出某项决策的时候，都必须充分考虑其竞争对手的反应，并对这种反应作出估计和应对，寡头资本家之间通过公开或隐蔽的价格手段，技术、设计、广告、服务等非价格手段以及其他方式，展开着或勾结、或竞争的各种各样的经济活动，常常陷入难以合作的囚徒困境。

在信息化、互联网时代，传统的劳动分工、市场交换中的诸如专业化经济、规模经济、范围经济、外部经济等经济效应虽然依旧存在，但借助信息化、网络化等生产技术，又形成了所谓的梅特卡夫效应、双边市场效应、去中心化效应、长尾效应等新现象。（1）用户之间的梅特卡夫效应。同一类型用户如社交平台的用户之间的网络效应，即网络价值与网络节点（用户）数的平方成正比，换言之，用户数量越多，用户之间的信息沟通、分享就越密集，网络成本递减而用户效用或收益递增，网络平台的价值和收益也越大。（2）供求双边市场效应。不同类型的用户如电子商业平台的销售者与消费者之间的供求双方的正反馈互动的网络效应，众多的销售者之间竞争越充分，消费者获益越多；反之，消费者越多，销售者收入越大。（3）平台的规模经济、范围经济等网络效应，平台生产、提供的商品品种和数量越多，单位商品、单次交换的成本就越低。以上网络效应既容易形成平台的垄断或寡头垄断的市场结构，但生产技术进步和企业之间的自由竞争和业务差异化竞争又约束了垄断力量而增进了消费者福利。

寡头垄断资本之间的竞争行为一般被概括为多种理论模型：（1）古诺模型，假设生产同一商品的各个寡头之间并不相互勾结,而是以产量为竞争手段,根据其他寡头的产量决策,按利润最大化原则调整自己的产量。(2)斯威齐模型,假设当某个寡头提高价格时,其竞争对手并不提价以保持市场份额;当某个寡头降低价格时,其竞争对手只得降价以避免市场份额减少。(3)伯特兰德模型,分析各个寡头如何以价格为竞争手段,达到竞争均衡。(4)卡特尔模型,假设各寡头之间相互勾结,通过合同、默契等各种方式,达成共谋或协作,确定各寡头的销售额、价格、销售条件、技术使用方式等,其销售额多少取决于各寡头实力的大小,价格形成方式包括价格领先制、成本加成法等,其中,价格领先制指产品价格通常由某一寡头率先制定,其余寡头追随其后确定各自产品的价格,成本加成法指根据成本和平均利润确定产品价格。

垄断资本与非垄断资本之间的竞争,是指在同一行业或市场内部的少数垄断性的大资本家与众多中小资本家之间的竞争。在许多行业,既存在一家或几家能够显著影响价格、产量的大企业,也存在众多的中小企业,大企业为获得超额利润而力图控制、排挤中小企业,中小企业为了生存也与大企业进行着激烈的竞争。垄断性大企业可以通过多种方式限制中小企业的竞争:(1)市场进入壁垒,垄断性企业对市场外中小企业进入设置各种障碍,包括在投资规模、知识产权和技术标准、产品差异、广告、原材料等投入品等方面的限制。(2)通过销售合同、生产外包等方式控制中小企业,垄断性企业利用资本规模、技术力量、市场份额等方面的优势地位,迫使相关中小企业签订不平等的购买、售卖合同,或者将一部分生产业务委托、转包给中小企业,从而不仅事实上控制着中小企业,而且将投资和市场波动的部分风险转嫁给中小企业。(3)通过恶性竞争、并购等方式,扼制中小企业的发展,特别是对于在生产技术、经营方式等方面的创新型中小企业,垄断性企业可能采取短期内不计成本的竞购、倾销等方式挤垮中小企业,或者采取收购、合并、合同等方式将中小企业纳入其资本、生产系统。如美国 Facebook 公司 2004 年创立后,至 2019 年先后收购了约 90 家潜在竞争性企业。

垄断虽然是现代资本主义、帝国主义经济的基本特征,但自由竞争、知识创新、分工生产、商品交换毕竟是资本主义经济运行和发展的基础机制。在当代资本主义国家,矿业、运输、通信、金融、基础设施、某些制造业存在着垄断、寡头垄断等现象,某些行业相对强大的工会也可能提高工资水平,但中小企业依然占市场主体的大多数,知识创新和技术进步不断冲击打破着垄断,竞争依然是农业和许多制造、服务行业的基本现象。而且,随着经济全球化的不断发展,许多即便是国内垄断的企业也面临着国际范围的竞争。不过,垄断企业由于实力强大,垄断条件下的企业竞争往往比自由竞争阶段的企业竞争还要剧烈残酷,垄断企业常常破坏着自由、公平的市场竞争规则,影响着劳动的有效配置和收入的合理分配,进一步剥夺了工人、小生产者的收入和私人非垄断资本的利润,这就使得资本主义经济的固有矛盾更趋复杂和尖锐。政府为了保障市场经济的竞争发展,缓和经济矛盾,还会采取必要的反垄断政策。比如,长期垄断美国电信市场的美国 AT&T 在 1984 年被分拆为 7 家地区性贝尔电话公司和新的主营长途电话的 AT&T,2016 年 AT&T 宣布以 854 亿美元收购时代华纳后引发了联邦法院两年的反垄断调查，2020年美国联邦贸易委员会对Facebook（Meta）提起反垄断诉讼，2023年美国联邦贸易委员会对亚马逊提起反垄断诉讼，亚马逊因无法取得欧盟反垄断审批而放弃收购iRobot，2024年美国司法部和38个州对谷歌搜索引擎排他性合同提起反垄断诉讼。

二、帝国主义和国家垄断资本

垄断资本不只是国内发展的私人垄断资本，私人资本特别是垄断资本还可以与国家权力进行各种结合，更可以冲出国界而在全球范围垄断着商品生产和交换，帝国主义、国家垄断资本是资本主义发展的新现象和新阶段。

（一）帝国主义

帝国一词早就出现，如罗马帝国、奥斯曼帝国、大英帝国，多用来表示对外侵略、扩张的主张、政策或制度。英语帝国主义（imperialism）来自拉丁语"imperium"（统治大片领土），马克思在研究资本主义和殖民主义时还未使用这一概念，对后来称为帝国主义战争的中英鸦片战争也只是称为商业战争。19世纪后期以来，随着生产力的发展和生产社会化程度的提高，资本主义从自由竞争阶段转入私人垄断、国家垄断、国际垄断的阶段，帝国主义一词在19世纪70年代出现、90年代广泛使用，帝国主义从英国维多利亚时期的特殊现象成为普遍现象。J. A. 霍布森1902年《帝国主义》、R. 希法亭1910年《金融资本》、R. 卢森堡1913年《资本积累论》、布哈林1914年《帝国主义和世界经济》、列宁1917年《帝国主义是资本主义的最高阶段》、熊彼特1919年《帝国主义与社会阶级》等著作，率先探讨了垄断资本问题，汉娜·阿伦特把殖民主义之后的1884~1914年划为帝国主义时期。清朝末年，欧美的帝国、帝国主义概念开始传入中国，如1895年《马关条约》中、日文本皆称"大清帝国"，梁启超主持的《清议报》1901年转载了《横滨开智录》之"论帝国主义之发达及二十世纪世界之前途"，不无矛盾地称帝国主义"以文明之手，广人类活动之场"，"大兴蛮民以利益"。①

不过，资产阶级学者往往从国家政策、对外侵略扩张的角度解释帝国主义。如帝国主义是通过占有领土或对其他国家建立经济和政治霸权来扩大一国权威的政策；帝国主义是一个国家有很强的实力或对其他国家有很大影响，特别是在政治和经济事务中。1985年版《不列颠百科全书》（*Encyclopedia Britannica*）对帝国主义仍然如此阐释：一国在本国领域之外违反当地人民的意愿而对其实行控制的政策，这种政策使统治国得以为其本身的利益而开发从属国的资源，从属国不仅为帝国主义强国的工业提供初级产品，而且成为其制成品的当然市场；帝国主义常常使用文化（如

---

① 自强. 论帝国主义之发达及廿世纪世界之前途［M］//鲁法芹. 清末民初中国社会主义论争文献汇编. 北京：社会科学文献出版社，2023：1410-1411；［日］三谷博. 黑船来航［M］. 张宪生，谢跃，译. 北京：社会科学文献出版社，2017.

美国通过其影片和风尚等)、援助(如苏联常以友好条约援助他国)支配其他社会。① 1987年版《新帕尔格雷夫经济学大辞典》则把马克思主义中的帝国主义概括为两个命题:帝国主义与垄断资本主义是同义词;资本主义造成了第三世界的不发达。②

对于资本主义发展的新现象、新阶段,1917年列宁《帝国主义是资本主义的最高阶段》一书批评和发展了霍布森、希法亭、卢森堡等人的思想,对资本主义发展的帝国主义即国家垄断资本主义、国家资本主义阶段进行了系统分析。③ 列宁认为,不应当泛泛讨论帝国主义,帝国主义的本质不在对外政策,不同时期、不同国家的帝国主义也有其不同的经济内容。在现代资本主义时期,帝国主义的本质首先和主要是一种特定的经济关系,是垄断资本的经济关系,特别是指垄断资本时期发达国家与发展中国家之间的关系。如果必须给帝国主义下一个简短的定义,那么垄断是帝国主义的经济基础和基本特征,帝国主义是资本主义的垄断阶段和国际形势。按照列宁的概括,帝国主义具有四个特征,即垄断组织、金融资本的经济统治已经确立,资本输出具有特别重大的意义,国际托拉斯开始分割世界,主要的资本主义国家瓜分世界领土完毕。1917年列宁《大难临头,出路何在?》提出:"国家垄断资本主义是社会主义的最充分的物质准备,是社会主义的前阶。"④ 1922年列宁《俄共(布)中央委员会政治报告》提出:"国家资本主义就是资本主义制度下由国家政权直接控制这些或那些资本主义企业的一种资本主义。"⑤ 和平与发展尽管是人类社会的主题,但极端的民族主义、民粹主义和专制主义、军国主义的结合,使帝国主义容易发展为极权而暴力的法西斯主义。

第二次世界大战结束后,随着垄断资本的发展和国际经济政治条件的变化,帝国主义发生了新的变化,这主要表现在以下几个方面:(1) 垄断资本与国家权力进一步结合,许多国家不仅建立了大量的国有企业等国家垄断资本的直接形式,国家权力与私人资本之间在资本运动、社会生产过程中还有各种各样的外部、间接的结合方式,国家垄断资本渗透到经济活动的各个方面。(2) 在资本输出上,国家垄断资本所占的比例和发挥的作用迅速上升,政府信贷、主权投资基金、经济政策、军事力量等大大推动了资本国际流动,资本流动更多地集中在发达国家之间。(3) 跨国公司等垄断组织获得了广泛发展,直接参与国际分工和国际贸易。(4) 资本主义国家之间出现了经济一体化的趋势,诸如欧洲经济共同体、欧洲自由贸易联盟,以及后来的欧盟等一体化集团成为了国家垄断资本国际化的高级形式。(5) 随着旧的殖民体系逐渐瓦解,资本主义国家对世界领土和市场的分割主要采取了经济殖民主

---

① 见 Encyclopedia Britannica 的 12 卷简编(*micropaedia*)和 17 卷全编(*macropaedia*)的相关辞条,参阅中国大百科全书出版社 1986 年编译本 10 卷《简明不列颠百科全书》、1999 年 20 卷《不列颠百科全书》中的相关辞条,维基百科的"Imperialism",https://en.wikipedia.org/wiki/Imperialism。
② [英]约翰·伊特韦尔等. 新帕尔格雷夫经济学大辞典:第二卷[Z]. 陈岱孙,等译. 北京:经济科学出版社,1992:785-791.
③ 列宁. 帝国主义是资本主义的最高阶段[M]. 北京:人民出版社,2001.
④ 列宁全集:第32卷[M]. 北京:人民出版社,1985:218-219.
⑤ 列宁全集:第43卷[M]. 北京:人民出版社,1987:83.

义的形式，垄断资本呈现国际垄断的特征，发达国家与发展中国家之间的经济矛盾依然突出。

（二）垄断资本与国家权力的结合

在资本主义特别是帝国主义的发展过程中，私人资本特别是垄断资本之所以与国家权力相互结合，是由资本和资本主义政府的性质共同决定的。自古以来，国家权力就与统治阶级及其各种利益集团相互结合，追求各自利益最大化。资本主义经济是资本雇佣劳动并追逐剩余价值的逻辑和历史的统一，政府的建立和管理也就必然为资本主义经济服务。进入垄断资本、帝国主义时期，资本主义经济基本矛盾也趋于激化：一是私人垄断资本的市场竞争、分散决策与社会总资本稳定有序运行之间的矛盾；二是生产能力的巨大增长与社会需求、消费规模的相对不足之间的矛盾；三是社会对公共产品和公共服务不断增长的需求（诸如公共基础设施、教育、医疗、科研等公共性需求）与私人资本投资动力不足之间的矛盾；四是发达国家与落后国家之间的矛盾；等等。基于资本主义生产方式的性质以及利润率趋于下降的规律，这就要求私人资本借助国家权力，共同阻止利润率的下降，榨取更多的剩余价值。

进入 20 世纪，发达国家政府不只行使政治职能，而且开始全面干预经济活动。1914 年 8 月 5 日，第一次世界大战全面爆发的第二天，德国犹太企业家瓦尔特·拉特瑙就向政府提出了经济管制建议，德国的经济试验被称为"战时社会主义"。为了支持战争和稳定经济，交战各国纷纷设立战时经济管制机构，对重要部门的生产、原料分配、劳动力调度、运输工具使用、重要生活必需品分配以及贸易、金融、物价、工资等实行国家直接控制和强制性调节，并通过国有化、军事订货、财政补贴、政府贷款等方式资助私人垄断组织，加速了国家垄断资本的发展，列宁称之为"军事国家垄断资本主义"。1929 年世界经济大危机爆发后，为了保护垄断资本的超额利润和资本主义制度的生存，以凯恩斯主义为代表的宏观经济理论逐渐流行，主要资本主义国家颁布一系列经济法规，设立经济管制机构，宣布停止金本位制，运用财政、货币等政策工具，对经济活动实施各种调节或管制，出现了美国的罗斯福政府新政和德国、意大利、日本的法西斯式统制经济和极权主义政治。[①] 第二次世界大战结束后，资本主义国家为了防止大危机和世界大战重演，恢复和发展经济，进一步提高了国家垄断资本和资本社会化程度。

当私人资本特别是私人垄断资本与国家权力之间日益全面结合，政府直接参与了社会总资本的再生产过程时，政府就不仅是政治上层建筑和公共管理工具，而且成为了私人资本、垄断资本追逐剩余价值的强有力工具，成为了经济上的总的垄断资本家，或者称为"理想的总资本家"，资本主义经济就从自由竞争为主转向了竞争与垄断相结合，私人垄断、国家垄断、国际垄断等多种垄断并存的垄断资本主

---

① ［美］汉娜·阿伦特. 极权主义的起源［M］. 林骧华，译. 北京：生活·读书·新知三联书店，2014. ［德］乔西姆·费斯特. 希特勒传［M］. 黄婷，等译. 武汉：长江文艺出版社，2013.

时期。政府不只通过财政货币政策、政府管制等传统的政治上层建筑,从外部与私人资本进行间接结合,还通过国有独资企业与私人垄断资本共同出资建立混合企业等方式,直接参与资本运动,这种国家垄断资本就具有了上层建筑和经济基础的双重性质,是经济基础与上层建筑的综合体,国家垄断资本成为了经济基础的重要组成部分。

资本主义从竞争到垄断的发展过程,具有明显的演进性和阶段性:早期为局部自由竞争和重商主义的简单协作和工场手工业资本主义,自由竞争加炮舰政策的工业资本主义,这是世界范围的自由竞争资本主义时期;19世纪后期开始的私人垄断资本主义,20世纪30年代大危机时开始、第二次世界大战结束后全面发展的国家垄断资本主义,这是垄断资本主义时期。国家垄断资本主义发展的阶段和程度还具有明显的地区性差异:如欧洲、北美地区和日本的国家垄断资本相对发达,西欧、北欧、南欧、东欧等不同地区的垄断资本主义又各具特色,而其他地区的国家垄断资本发育相对缓慢。

(三) 国家垄断资本的性质

与私人垄断资本相比,国家垄断资本具有以下特征:(1) 私人垄断资本为了依靠国家权力而获得巨大利润,通过政治献金、税收、贿赂等形式获得政党和政府支持,私人垄断与国家权力资本之间全面结合起来。政府又以其强大的政治经济力量,通过政府投资和国有企业、财政货币政策、政府管制等手段,对国民经济进行全面调节控制,以保障社会总资本的生产和积累,完成剩余价值的生产、实现和分配。(2) 国家垄断资本追求的不只是平均利润,而是垄断利润和国家垄断利润。垄断资本与国家权力紧密结合在一起,向工人阶级和全社会大规模征收税费,并将相当一部分国家收入在官僚集团与垄断组织之间瓜分。(3) 国家垄断资本实力雄厚,资本社会化达到新的高度,经济全球化不断推进。

在国家垄断资本时代,政府通过各种手段,对剩余价值的生产、实现和分配进行了全面干预:(1) 在剩余价值的生产上,政府通过各种手段,向私人垄断资本提供资金、科研成果、劳动力训练和其他社会服务,帮助私人垄断资本调整经济结构,完善社会再生产的条件,促进扩大再生产的顺利进行。(2) 在剩余价值的实现上,政府充分利用强制性力量,采取扩大政府投资、财政支出、政府信用等各种手段,扩大国内消费,为私人垄断资本提供有保证的市场;通过国际组织、政府出口信用保险等手段,帮助垄断企业开辟国外市场,对私人商品输出和资本输出提供优惠和保障。(3) 在剩余价值的分配上,政府通过财政、货币、收入等政策,对国民收入进行再分配,保证私人垄断资本的超额利润。

从自由竞争、私人垄断资本发展到政府干预、国家垄断资本,意味着资本主义生产关系和上层建筑的具体形式和运行方式发生了一定变化,国家垄断资本是比私人垄断资本更全面、更集中的资本社会化的形式。政府由于具有了政治上层建筑和经济基础的双重性质,不仅能够继续对国民经济进行调节,而且能够与私人垄断资本共同、直接地追逐、榨取剩余价值特别是超额垄断利润,政府与垄断资本的身份和目标就高度统一了。然而，国家垄断资本无论表现为哪种形式，都是国家权力与私人资本在资本主义私有制范围的结合，生产资料私有制依然是雇佣和剥削工人的经济基础，分工和竞争依然是组织经济活动的基本方式，政府依然是总资本的人格化形式，并没有改变资本主义生产关系和国家政权的根本性质。

三、垄断资本的特征和性质

雇佣劳动、自由竞争引起资本的积累、集聚和集中，资本、生产的集中发展到一定阶段势必产生资本和市场的垄断。随后，私人资本借助国家权力，产业资本、商业资本借助银行等垄断资本和金融创新，进一步强化、维护垄断，垄断对资本主义的生产、交换和分配等都产生了新的影响，这就需要具体分析垄断资本的发展特征和制度性质。

（一）垄断组织的统治地位

列宁当年概括的垄断资本主义的五个特征至今具有理论价值，而垄断组织的统治地位是垄断资本主义的首要特征。私人资本的自由竞争是一般商品生产和资本主义的基本特征，而帝国主义是在自由竞争的基础上发展起来的，垄断就成为帝国主义的基本特征和经济实质。"自由放任"源自18世纪的法语"laissezfaire"，本意是国王放手让工商业者自主生产、自由贸易。古典经济学提倡自由放任、自由竞争，既是反对封建主义，反对政府对国民经济的全面管制和繁重赋税的政策主张，也是市场经济、资本主义有效发展的内在要求。资本主义萌芽于14、15世纪，兴起于16世纪，经过18世纪后半叶开始的工业革命和全球扩张，资本主义的生产方式最终确立，进入自由竞争的鼎盛时期。

自由竞争是指每个人都享有从事经济活动的充分且平等的权利，生产资料和劳动力可以在市场上自由流动，众多企业可以在国内放开、国际开放的市场上自由竞争；同一种商品、同一个市场上存在众多的竞争性的生产者和消费者，每一家企业都受到商品生产的价值规律、供求规律的制约，都是竞争性价格的接受者。进入20世纪，主要国家的资本、生产和销售出现了高度集中化、全球化趋势，在许多工业行业乃至其他行业产生了居支配地位的垄断组织，垄断排斥、限制自由竞争，垄断组织在经济生活中发挥着统治作用。

第一，资本、生产的集中。生产集中是指在商品生产和市场竞争过程中，通过资本积聚和资本集中，社会的生产资料和劳动力不断集中于少数大资本家、大企业的控制之下，少数大企业在社会生产中所占的份额日益增大。资本家为了追逐超额利润，在竞争中处于有利地位，不得不把部分剩余价值用于扩大资本总额，这是资本的积聚；同时，大资本排斥、吞并小资本，或者若干资本组成更大的资本，从而扩大单个资本的规模，这是资本的集中。在资本主义经济中，公司制是资本、生产集中的基本组织形式，借助信用、资本市场进行的公司并购是资本、生产集中的主要方法，在经济危机时进行公司并购是资本、生产集中的大好时机，技术进步又为资本集中、生产社会化提供了物质技术条件。

第二，生产的社会化。生产社会化是指经济活动的生产、交换、分配、消费等各个环节，农业、工业、商业、金融等各个经济部门，以及社会的经济部门和非经济部门从相对孤立、分散状态转化为分工协作、交换竞争的统一经济体系。马克思根据19世纪资本主义经济的实际状况和发展趋势，分析了资本主义生产的市场化、集中化、大型化等生产社会化问题。

从资本主义生产过程上看，生产社会化可以概括为相互联系的四个层面现象：(1) 劳动力和生产资料的生产、使用的社会化，即劳动力和生产资料、可变资本和不变资本从个人、家庭的私人所有、分散使用，转变为各种生产要素在企业、行业、地区甚至全国、全球范围内的联合占有、社会使用，即民法所定义的建立在私人所有制基础上的财产共有制。在此基础上，公司制成为社会化占有和使用私人财产的普遍形式，技术、生产、销售出现了积聚和集中的趋势。诸如学校、医院、公园、社会保障体系就是共同生产劳动力的基础设施，银行、保险公司、证券交易所、基金公司就是全面募集和信用使用私人资本的金融机构。20世纪末21世纪初以来，积聚、集中了巨量信息的大型企业成为协调社会供求和资本运动的经济中心，出现了所谓的网络经济、共享经济、平台经济。(2) 生产组织、生产过程的社会化，即生产过程从孤立、分散的个体行动，转变为社会成员之间的分工、协作、交换、竞争的一系列、全方位的社会行动。随着生产技术的不断进步，铁路、航空、印刷、发电、电话、电报、电子计算机、互联网、区块链等技术创新将孤立分散的个人、家庭、企业和国家连接起来，大型化、自动化的机器和水、电、气、电视、通信等网络化、基础性设施能够供众多居民和企业共同使用，这些都为社会化、大规模生产、销售和消费提供了物质技术条件，少数大资本、大企业凭借资本、技术、信息等规模经济优势，高度控制着个人、企业、国家以至世界范围的生产、交换和分配。(3) 生产管理的社会化。不仅大企业、企业集团统一管理其生产经营，行业协会、政府部门和国际组织也广泛协调着经济活动，生产管理的社会化程度不断提高。随着交通、通信、生物、能源等技术进步，特别是互联网、物联网等技术发展，跨国公司可以对其全球子公司和相关业务进行实时管理。(4) 生产成果的社会化、全球化，即市场化生产替代了自给自足的自然经济和小商品经济，生产成果通过市场交换而在家庭、企业、地区之间，以至在全国、全球流动和消费，私人劳动、私人产品经过市场而成为了社会劳动、社会产品乃至全球产品，社会化生产提供的货物和服务最终满足着全社会、全世界的消费需求。

第三，资本、技术、生产和市场的垄断性。进入20世纪，主要资本主义国家的生产集中已经发展到很高的程度，垄断组织在工业部门广泛出现。第二次世界大战结束后，垄断组织从工业部门发展到农业、商业、金融、生产和生活服务等国民经济的众多行业，从国内发展到国际。随着信息可计算、电子化、网络化的发展，拥有先进技术、巨量信息的企业也加入了垄断组织的行列，这些垄断性企业还影响、操纵着居民的消费心理和购买行为。当然，在垄断资本时期，垄断尽管破坏和限制了竞争，但自由竞争依然是资本主义得以发展的基础机制。

（二）金融资本统治与金融资本主义

金融资本是指产业资本与银行资本相互渗透、相互融合而形成的资本形态，最初特指工业垄断资本与银行垄断资本相互渗透、相互融合而形成的垄断资本形态。"生产的集中；由集中而成长起来的垄断；银行和工业的融合或者说长合在一起，——这就是金融资本产生的历史和这一概念的内容。"[①] 资本、技术、生产、市场的集中与垄断，生息资本的发展是金融资本出现和发展的基础。随着私人资本的集聚和集中，产业、商业等职能资本需要得到银行等生息资本的全面支持，生息资本需要筹集产业、商业闲置资本并分享职能资本的利润，以德国、美国、日本等为代表的资本主义国家的工业资本、商业资本等职能资本与银行、保险、证券等金融行业不仅出现了集中和垄断的趋势，而且多种资本形式势必互相渗透、日趋融合，成为金融资本和金融寡头，形成金融垄断资本集团，金融资本成为垄断资本主义的一个重要现象和发展阶段。金融资本又反过来全面支配着生产、交换、分配和消费活动，强化了产业、商业的集中和垄断，促使政府成为垄断资本统治的工具，资本主义经济具有了金融资本统治的基本特征。

金融资本的主要组织形式是金融资本集团，特别是大银行和大企业融合而成的垄断性金融资本集团，又称财团、财阀，实为金融资本寡头。许多国家都形成了为数不多的巨大金融资本集团，操纵着国家经济和政治生活，影响着国内外资本运动。如第二次世界大战结束后，美国的摩根、洛克菲勒，以及加利福尼亚、第一花旗银行、芝加哥、波士顿、梅隆、得克萨斯、杜邦、克利夫兰等集团，日本的三菱、三井、住友、富士、第一劝业、三和等六大财阀都分别或共同控制了众多工商行业和银行、保险等金融机构。由于很多公司股份分散，大股东往往并不需要持有50%以上的股份就可以控制公司，低至30%、10%甚至5%的股份就可能控制公司，大股东还可以通过子公司、孙公司的方法而控制越来越多的社会资本，这就意味着金融资本寡头通过股份公司形式不仅实现了资本集中和生产、市场垄断，而且有效控制了巨大的社会资本，攫取了巨额的利润。

产业、商业等职能资本和银行等生息资本通过资本和业务、人事和组织等多种途径，实现了相互渗透和融合，全面深入地影响着经济活动：

一方面，职能资本和生息资本之间在资本、业务上的相互渗透。职能资本通过开办银行等金融机构，持有银行等金融机构的股份，与银行等金融机构结成合作关系等途径，不断跻身金融领域；银行等金融机构通过资本借贷、证券发行、直接投资等业务，插足工商业资本的生产经营活动。19世纪末20世纪初以来，产业资本不断扩展，一些大型工业企业逐步演变为囊括商业、运输、服务等多行业的混合企业集团，商业银行等金融机构也逐渐发展为包括银行类金融机构和保险、证券、信托等非银行类金融机构的多元化金融体系，职能资本与生息资本之间也结成了复杂多样的经济关系。如德国的大银行利用其雄厚的货币资本和广泛的金融业务，通过

[①] 列宁.帝国主义是资本主义的最高阶段[M]//列宁选集：第二卷.北京：人民出版社，1995：613.

货币经营、存款和贷款、证券发行和交易等业务，全面深入地介入了工商业活动。再如美国 19 世纪 60 年代起家的摩根集团是从银行资本发展为金融资本的典型，洛克菲勒集团是从石油等产业资本发展为金融资本的典型，沃尔玛、亚马逊等也将商业资本与金融业务融合起来，Facebook 公司 2019 年甚至推出了数字货币项目 Libra。由此，当代金融资本从产业资本与银行资本的结合形式发展为产业、商业资本与金融业资本相结合的跨行业的资本形式，许多金融资本集团也从私人资本、家族资本的独家控制逐渐转向寡头控制、联合控制。

例 8-1 美国的金融控股公司

J. P. 摩根公司是崛起于美国南北战争和承销 1871 年法国国债的商业银行，在 19 世纪末 20 世纪初逐渐发展为横跨金融和工商业的垄断企业，摩根集团、摩根体系直接或间接控制了美国钢铁、通用电气、大陆石油、国际电话电报、美国电话电报、西屋电气、联合金属碳化物等众多公司，业务延伸到法国、英国、墨西哥、阿根廷等政府，J. P. 摩根 1913 年去世时总资产相当于美国所有企业总资产的 1/4。1929 年经济大危机后，欧洲金融机构依然混业经营，美国 1933 年银行法案则要求商业银行和证券投资业务分离，1935 年成立的摩根斯坦利（又译"摩根士丹利"）与高盛、美林、雷曼兄弟、贝尔斯登等投资银行通过为美国和他国工商企业提供证券发行和交易、资产管理、公司并购、经济咨询等金融业务，发展成为全面影响经济活动的金融机构。1999 年，美国废除了商业银行和投资银行的分业经营条款，摩根斯坦利、高盛等投资银行又在 2008 年金融危机爆发后改组为"银行控股公司"的金融控股企业。其中，摩根斯坦利下设股票研究部、投资银行部、私人财富管理部、外汇债券部、商品交易部、固定收益研究部、投资管理部、直接投资部、机构股票部等 9 个部门，在 40 多个国家设有摩根斯坦利国际银行（中国）有限公司之类的经营机构。

资料来源：[美] 琼·施特劳斯. 华尔街之子：摩根 [M]. 王同宽, 贺慧宇, 译. 北京：华夏出版社, 2004. [美] 罗恩·彻诺. 摩根财团 [M]. 金立群, 译. 北京：中国财政经济出版社, 2003. 摩根大通集团网站 https：//www.jpmorganchase.com；摩根斯坦利网站 https：//www.morganstanley.com。

另一方面，职能资本和生息资本之间在人事、组织上的相互渗透。如垄断性的产业、商业资本和银行资本相互派人进入对方企业，充当各类管理人员，产业、商业资本家往往也是银行资本家。这些既控制着职能资本又垄断着金融活动的金融资本逐渐形成并取代单纯的职能资本，结成了命运共同体后，一身多任的金融资本家以其自身的力量，既全面了解、监督并影响工商企业的生产、经营活动，又通过银行存贷款、商业保险、债券发行等金融业务，推进和加快了资本、生产、市场的集中和垄断，控制着工商企业的经营活动，在经济体系中占据统治地位，主宰着国内、国际的经济活动，是资本主义经济和政治活动的真正统治者。职能资本和生息资本的全面融合，金融资本在经济和政治上的全面统治，标志着资本主义发展进入了金融资本阶段。

如果说20世纪初期希法亭、列宁等人揭示了金融资本的性质和特征，那么第二次世界大战结束前的1944年布雷顿森林体系确立了以美元为核心的世界货币和国际资本体系，资本家在国内外金融市场发行股票、债券和各种金融衍生工具，全面参与甚至控制了国内和国际经济活动，金融资本主义逐渐形成了。1973年布雷顿森林体系崩溃和美元纸币化、汇率浮动化，加之英国、美国、德国、日本等国家70年代末相继推行新自由主义经济政策，特别是1986年英国的金融自由化改革和美国的试点混业经营，以及电子计算机、互联网、物联网、移动通信等信息技术发展，资本主义金融创新加快，金融资本空前强大，金融全面深入地渗透影响着经济活动。

（三）资本输出、国际垄断同盟和瓜分殖民地

随着垄断组织、金融资本的统治和资本输出的发展，资本不仅控制了国内的生产和交换，还在国外激烈争夺投资场所、原料产地和商品市场，国家权力又为资本追逐剩余价值提供了政治和军事保障。资本主义对外扩张的主要方式从自由竞争时期的商品输出转向资本输出，从国内分工转向国际分工，资本输出不仅针对经济不发达的殖民地和附属国，而且在发达国家之间进行，少数资本主义国家把落后国家卷入了世界市场，在全世界特别是在落后国家掠取利润和垄断利润，帝国主义成为金融资本统治下的世界体系。

资本主义作为一种跨国性、全球化的体系，不同国家和地区的资本在抢占市场份额、追逐各自利益上具有尖锐的矛盾冲突。垄断资本为了避免两败俱伤，从经济上瓜分世界，往往形成国际垄断同盟，共同进行剥削。到1914年，缔结正式协定的国际卡特尔有国际电气卡特尔、国际铝卡特尔、国际钢轨卡特尔等116个，列宁称之为"超级垄断"。当今垄断资本则在石油、钢铁、航空、海运、谷物、矿产、电子、影视等行业缔结了各种形式的国际同盟，如石油业的欧佩克，海运业1875年成立并兴盛一个世纪的班轮公会和20世纪90年代兴起的新世界联盟、伟大联盟、马士基海陆等六大海运联盟集团控制了80%以上的货源，航空业的星空联盟、寰宇一家、天合联盟、合格联盟、翼之盟等五大国际联盟瓜分了一半以上的世界航空市场，垄断了世界铁矿石2/3以上市场的澳大利亚必和必拓、英国力拓、巴西淡水河谷三大矿业公司2004~2007年连续将铁矿石提价18.6%、71.5%、19%，[①] 微软、高通等信息技术寡头企业也不断遭到反垄断调查。

资本主义经济发展的不平衡，必然要引起重新瓜分世界的政治军事斗争。在资本主义发展之初，各国瓜分世界市场和领土的巨大冲突就导致了各种各样的商业竞

---

① 余德，胡怡琳. 力拓秘技起底 [N]. 经济观察报，2009-07-12. 汪雷：谁在贿赂胡士泰 [N]. 经济观察报，2010-02-12. 徐唯桑. 全球铁矿石定价机制的演变历程和博弈分析 [J]. 价格月刊，2015（6）：6-9. 张洁，王大海. 铁矿石贸易纠纷的法律救赎 [J]. 法学杂志，2011（2）：74-77.

争和军事对抗。例如,英国和西班牙之间为了争夺海外利益,从1586~1604年两国海战至两国在1775~1783年北美独立战争中的角逐,断断续续进行了两个世纪的战争。随后,英国与荷兰这两个新的商业对手之间,又挑起了1652~1654年、1664~1667年、1672~1678年三次战争,英国最终建立了海权、贸易、殖民地相结合的帝国主义模式。为了掠取垄断利润,发达国家从19世纪70年代又掀起了争夺殖民地和附属国的高潮。

20世纪以来,资本主义国家不仅创造了巨大的物质财富,而且因经济政治发展中的矛盾和不平衡,重新展开了一次又一次瓜分世界的活动,导致了第一次、第二次世界大战,以及许多局部战争。

综上可知,垄断资本主义在经济政治方面的五个特征是互相联系的,垄断组织和金融资本统治的前两个特征反映了国内范围的生产垄断和生产社会化,资本输出、国际垄断同盟和瓜分殖民地的后三个特征反映了国际范围的生产垄断和生产社会化,反映了20世纪初以来资本主义经济政治的国内国际发展状况和实质。垄断资本、金融资本、国家垄断资本、国际垄断资本的帝国主义作为资本主义发展的最新阶段,对内剥削,对外掠夺,既表现了资本的逐利性、掠夺性,又表现了政治上的暴力性和发展上的过渡性。帝国主义还不断激化了资本主义的各种矛盾,资本主义体系一旦出现薄弱环节和经济动荡,就有可能爆发社会变革甚至革命。

(四)垄断资本的性质

从自由竞争到垄断,从平均利润到垄断利润,资本主义的生产关系和生产力、资本运动和剩余价值规律的作用形式都发生了一定变化,但资本主义的经济制度和生产目的并没有改变,攫取利润特别是垄断利润决定了资本主义经济发展的方向和进程。垄断资本对资本主义发展具有双重作用:一是垄断资本的生产关系适应生产力的发展而发生了变革,个别资本和社会总资本的运动方式也相应进行了调整;二是垄断资本的这些变化调整,并不能从根本上消除资本主义经济的基本矛盾。

第一,垄断资本为了攫取垄断利润,在一定时期、一定程度上适应了资本、生产和市场社会化的要求,社会经济不断发展,这具体表现在垄断资本时代的生产力和生产关系上。

在生产力上,垄断并不能全面、长久地排除竞争。私人资本为了追逐垄断利润,降低成本,在竞争中获胜,往往会有选择、大规模地进行科学研究和技术开发,采用新的技术、设备和扩大生产规模,推进社会化大生产,提高垄断企业的劳动生产率。私人资本与国家权力相结合,能够在国家甚至世界范围内调节经济活动,提高劳动力和生产资料的全球配置效率。因此,垄断资本主义时而出现停滞,时而变革发展,在某些国家、行业甚至出现较快发展,发达国家的经济增长率甚至超过了自由竞争时期。

在生产关系上,私人资本为了攫取垄断利润,在资本主义范围内变革私有制的实现形式,往往会改变企业的组织形式和管理体制,优化资本的积聚和集中,调整垄断组织对生产、销售和收入分配的控制。垄断组织能够在一定程度上协调与工人之间的经济关系，缓和劳动与资本之间的矛盾。当私人资本的自我调整仍然适应不了发展起来的社会生产力时，垄断资本就同国家权力相结合而发展为国家垄断资本和国际垄断资本，政府对国内、国际经济政治活动进行调节管理，加强对国内工人阶级和其他劳动者以及对发展中国家的统治和掠夺。

第二，垄断资本并不能改变资本主义生产关系的本质特征，不能消除资本主义经济的内在矛盾。垄断资本家如果凭借垄断地位，通过规定垄断价格、限制市场竞争就可以较长期地获得超额垄断利润，就会削弱通过技术进步、经济创新来发展社会生产力的动因。垄断资本家攫取超额垄断利润的目的如果与生产技术相冲突，就会人为地阻碍技术进步、市场竞争、经济增长和供求均衡。垄断资本家由于攫取了超额垄断利润，抑制了广大劳动者的收入水平和消费需求增长，就会加剧生产无限扩大与劳动者消费需求相对不足的基本矛盾，引发诸如 1997 年亚洲经济危机、2008 年美国和世界经济危机，所以只有竞争和创新才能够维持和发展资本主义。

四、垄断价格和垄断利润

（一）垄断价格

私人资本追逐着平均利润，而垄断资本追逐着超额利润。从自由竞争转向垄断，资本主义的生产方式出现了一定变化，资本、价格和利润形式也发生了相应变化，垄断价格和垄断利润是垄断资本主义形成的基本标志。垄断价格是垄断企业在购买生产资料和劳动力、售卖商品时，凭借其资本实力和市场控制地位而确定的、旨在获得最大限度的垄断利润的价格，是垄断企业的成本加垄断利润构成的价格，垄断利润主要是垄断组织通过制定垄断价格而实现的，而不是企业通过市场竞争而形成的价格和利润。马克思在分析土地的建筑地段地租、矿山地租时，已经意识到垄断价格的特殊性："这种在这里由垄断价格产生的超额利润，由于土地所有者对这块具有独特性质的土地的所有权而转化为地租，并以这种形式落入土地所有者手中。"[①] 是土地私有制导致地租，进而导致垄断价格、超额利润和级差地租。在垄断性市场中，垄断价格的公式为：垄断价格 = 成本价格 + 垄断利润。换言之，垄断利润 = 垄断价格 – 成本价格，垄断利润 > 平均利润。

垄断价格包括垄断高价和垄断低价两种形式：垄断高价是指垄断组织出售商品时，利用其卖方的市场支配性地位而规定的高于竞争性的生产价格的价格；垄断低价是指垄断组织在购买非垄断企业所生产的原材料等生产资料时，利用其买方的市场支配性地位而规定的低于竞争性的生产价格的价格。无论是哪种价格形式，垄断价格都长期偏离了竞争条件下的商品的价值和价格，是一种特殊的垄断性生产价格。不过，垄断价格的出现并不是对价值规律的否定，只是价值规律、竞争规律等经济规律在垄断资本主义生产条件下的新的表现形式，只不过垄断领域的价值规律转型

---

① 马克思. 资本论：第三卷 [M]. 北京：人民出版社，2004：877.

为了垄断价格规律。

第一，垄断企业的生产和交换行为仍然遵循价值规律等经济规律，垄断价格的形成和变动仍然取决于生产商品所耗费的社会必要劳动时间量及其变化，仍然以商品的价值为基础。垄断企业通过垄断高价或垄断低价获取的垄断利润，只是垄断价格与其价值、生产价格的短期的、行业内的局部背离，只是其他商品生产者和消费者所失去的价值部分。垄断资本家凭借垄断地位，通过垄断价格而获得的超额利润，主要分为两大部分：一部分是来自本企业工人所创造的超额剩余价值；另一部分是其他企业、行业的劳动者创造的价值和剩余价值的转移。

可见，垄断价格不过是在垄断资本条件下，对全社会的价值和剩余价值进行有利于垄断资本集团分配的一种手段。垄断价格作为垄断资本主义的一个经济范畴，不仅体现了垄断资本对工人阶级剥削的加强，而且也体现了在商品生产和交换过程中对小生产者的价值剥夺，在价值和剩余价值分配过程中对非垄断资本的剥夺。而从社会和长期的角度看，某些行业的垄断价格没有改变全社会商品价格总额和商品价值总额的一致性，某些行业的垄断利润不过是本行业的剩余价值加上其他行业转移到垄断资本的一部分利润，垄断价格的总和加上非垄断价格的总和仍然等于价值的总和。

第二，垄断企业无论是直接定价、领导价格，还是协同定价，都是价格和产量的决定者，垄断价格相对固定而非自由浮动，垄断企业售卖商品的价格水平一般高于市场竞争价格，垄断行业的平均利润率一般高于非垄断行业的平均利润率，垄断行业平均利润率与非垄断行业平均利润率之间呈现了既二重化又有级差性的特殊现象。由于垄断利润的相当一部分是转移、占有其他生产者、劳动者的价值，不是来自技术进步、劳动生产率的提高，这就在相当大的程度上抵消了技术进步和经济增长的动因，从而限制了资本主义经济发展。而且，技术进步必须以保证和扩大垄断利润为前提，这又限制了技术的创新和传播，垄断价格的形成和发展进一步激化了资本主义的固有矛盾。

第三，垄断价格和垄断利润的水平受到资本流动、市场竞争的制约。垄断企业操纵了某些行业的生产和市场，限制甚至阻止了行业内部、行业之间的资本流动和市场竞争，限制甚至阻止了价值转化为自由竞争价格、生产价格，而非垄断资本不得不接受较低的利润率。但垄断并不能永远、完全地排除竞争，各个资本家为了追逐利润和垄断利润，寡头垄断企业之间存在着竞争，垄断企业与非垄断企业之间存在着竞争，本国资本与外国资本之间也存在着竞争，垄断价格和垄断利润的水平仍然受到资本流动、市场竞争的制约。

在短期内，由于社会总价值不变，垄断企业的超额利润必然降低了其他生产者、劳动者的收入水平和购买能力。垄断资本为了维持垄断地位和超额利润，还将一部分利润用于游说、行贿等而寻求政府保护。同时，垄断高价格还意味着垄断企业减少生产量和销售量，阻碍行业内部的资本积累、研究开发和技术创新，降低固定资本循环、周转效率，最终可能导致单位产品的成本上升和利润下降，降低垄断企业的市场优势。因此，在市场规模一定的条件约束下，垄断企业必须在垄断价格和产量之间进行权衡，被迫实现一定的资本更新和技术创新，而不能任意提高、长期控制垄断价格。

从长期看，一旦某些垄断企业长期维持较高的垄断价格和垄断利润，其他资本家集团和工人阶级终将通过市场竞争、技术创新、制定反垄断政策、劳资斗争等手段，限制以至打破垄断，制约着垄断价格对商品价值和生产价格的扭曲和变形。例如，生物、能源、机械等领域的技术创新和替代产品的出现，铁路、轮船、飞机、管道等运输技术，电话电报、移动通信、电子计算机、互联网等通信技术的创新和传播，都一次次强有力地推进了生产和市场的竞争，冲击甚至打破了某些行业的垄断。

（二）垄断价格的特征

与自由竞争条件的商品价格以及生产价格相比，资本主义的垄断价格具有以下三个显著的特征：

第一，垄断价格不是自由竞争形成的价格，而是垄断企业依靠垄断地位而单方形成的偏离自由竞争价格水平的价格。垄断价格并不一定是行业统一的最高或最低价格，垄断企业根据上游供应企业的市场地位、下游消费者的购买能力和购买量、潜在对手的竞争、商品需求弹性等具体条件，可以采取不同形式的定价策略。比较而言，自由竞争中的商品价格与耗费在商品中的劳动时间相一致，生产价格与自由竞争价格之间的数量偏离也可以在理论上加以证明。而垄断企业的产量往往低于竞争性企业，货物和服务的质量往往劣于竞争性企业，价格高于竞争性企业。当然，垄断企业为了应对市场竞争，打垮竞争对手，有时也会凭借资本实力和垄断地位，在短期内抬高收购价格，压低售卖价格，甚至出现收购价格高于竞争价格的竞购现象和售卖价格低于竞争价格的倾销现象。但垄断企业的高价竞购、低价倾销的最终目的都是在占领市场之后，仍然抬高商品的售卖价格，获得超过竞争条件下的平均利润水平的垄断利润。

作为商品生产、售卖者，垄断企业为了增加利润，还可以针对不同的消费者或不同的购买量，实行不同水平的高价格即价格歧视：垄断企业对每一单位商品按照每一消费者的最大支付能力而进行不同定价，或者对不同的售卖量而进行不同定价，或者对不同消费需求的消费者而进行不同定价，或者对不同国家或地区的消费者而进行不同定价；垄断企业可以捆绑销售，即用同一个价格打包销售不同的商品；垄断企业还可以实行二重定价，即要求消费者先预付一定的费用，然后再按一定的价格购买商品。同理，作为生产要素的购买、使用者，垄断企业可以按照低于竞争价格的价格购进各种生产要素。不管如何定价，垄断企业最终都获得了超过平均利润水平的垄断性利润。

第二，垄断价格具有相对的稳定性。在自由竞争条件下，任何一个企业都不可能影响或者控制价格，价格弹性大，变动频繁，幅度很大。而在垄断条件下，垄断企业往往依靠支配性的经济地位，根据成本加成原则，直接确定货物和服务价格，控制了生产和市场，而不是接受市场竞争价格。无论是完全垄断企业直接制定价格，还是最大的垄断企业实行价格领导、其他企业跟随定价，以及几个势均力敌的寡头垄断企业相互协调、妥协而形成价格，垄断价格都具有价格刚性大、变动频率低、幅度小的特征，在一定水平上保持了相对稳定，这种相对稳定的价格制度保证了垄断企业较长期地获得大大超过平均利润的垄断利润。

第三，垄断价格和国家垄断时期的财政、货币等政策相互叠加，都是影响一般价格水平、导致通货膨胀的重要因素。通货膨胀是指商品价格水平的普遍、持续、严重上涨，这主要是信用货币的纸币时代才存在的经济现象。垄断企业由于控制着行业价格水平，垄断价格一方面不敏感，不能灵敏反映技术进步、市场竞争、劳动生产率变化的影响，在经济停滞或衰退时难以下降甚至上升，垄断价格往往高于市场竞争下的价格水平。刚性、向上的垄断价格另一方面通过出售产品、服务传递给非垄断企业和行业，使经济活动的一般价格具有刚性、向上的特征，垄断价格是促使一般价格水平长期上涨的一个直接因素。进入垄断资本阶段，金本位货币制度在20世纪30年代全面崩溃，并在1973年彻底退出世界舞台，不可兑换、强制流通的纸币为通货膨胀的出笼开启了方便之门。

在垄断资本时期，政府为了维护经济稳定运行，经常实行调整供给、刺激需求的财政、货币等各种经济政策。而私人垄断与国家垄断相结合，推动政府出台有利于垄断价格的经济政策，从不同方面加剧着资本主义经济矛盾，持续的物价上涨和通货膨胀成为经常出现的经济问题。例如，在英国1717～1914年、美国1834～1914年实行金本位制度时期，价格水平长期相对稳定。在英国1931年、美国1933年放弃金本位制度后，英美物价水平都迅速上涨。特别是20世纪70年代以来，先是欧美发达国家，后是拉丁美洲、非洲某些国家反复出现了经济增长率下降而失业率和通货膨胀上升的异常现象，即所谓的经济停滞与通货膨胀并存的"经济停滞性通货膨胀"即"滞胀"（stagflation）。但一些国家在促进生产供给、实施反通货膨胀政策后，又产生了工业生产率大幅度提高而社会购买力相对不足、经济停滞和物价紧缩并存的"滞缩"（stagdeflation）现象。

（三）垄断利润

追逐最大化利润是资本主义经济的基本目标，超额的垄断利润则是资本家从自由竞争走向垄断的根本动力。垄断利润中超出平均利润的超额收益、额外收益部分，由于是垄断资本不需要付出更大投资或生产更多商品而获得的收益，新古典经济学又称之为纯利润、垄断租金，即纯利润＝（垄断利润－平均利润）。根据劳动价值论和剩余价值论，资本主义的利润来自工人创造的价值和剩余价值，垄断利润也只能如此，不能凭空而生。那么，垄断利润的来源是什么，具有哪些特征？

在资本主义经济中，垄断利润主要由两部分构成：(1) 来自垄断企业工人创造的超额剩余价值。这是因为通过资本积聚和集中而形成的垄断企业，集中了优势的生产条件和生产技术，雇用了众多工人特别是更多的具有复杂劳动力的工人，工人在单位时间付出了更多的劳动，垄断企业从而长时期地保持着较高的劳动生产率，获得超额的、大量的剩余价值。(2) 来自垄断企业之外的劳动者创造的价值和剩余价值，是把其他生产者的一部分利润转移给了垄断资本家。垄断企业凭借其垄断地位，在购买、售卖过程中采取偏离竞争价格水平的垄断价格，将垄断行业的其他企业和非垄断行业的工人创造的剩余价值转移到了垄断企业。在现实经济中，不仅存在资本主义生产方式，还存在其他性质的生产方式，垄断利润还来自依靠垄断地位而转移、占有的其他社会成员创造的价值。

来自垄断企业之外的垄断利润可分为两部分：（1）来自国内的垄断利润。具体包括：垄断企业以外的本行业其他企业主要是中小企业所丧失的部分利润；其他行业非垄断企业所丧失的部分利润；农民和其他小生产者高价购买生产资料、低价出售产品所损失的价值；本国居民特别是工人阶级高价购买垄断行业的消费资料所损失的价值；垄断资本和国家政权相结合，通过税收减免、财政补贴、国家订货等手段而进行有利于垄断资本集团的国民收入再分配等。（2）来自国外的垄断利润。资本主义从一开始就是全球资本主义，在开放性的国际分工、国家贸易和国际金融条件下，垄断利润还包括来自其他国家，特别是殖民地、半殖民地、附属国和其他经济落后国家的类似于发达国家国内上述情况下所损失的利润、利息、地租、工资等形式的价值。

与自由竞争资本主义的平均利润相比，垄断利润具有以下两个特征：

第一，垄断利润是超过平均利润的超额、高额利润。在自由竞争条件下，企业只能根据生产价格销售商品，获得平均利润。而在垄断条件下，某些国家、某些行业的生产和销售只要被个别或几家大企业垄断，这些垄断企业就可以妨碍、限制甚至排斥行业内部和行业之间的自由竞争，实现对产量、价格的控制，按照低垄断价格购进或高垄断价格售卖，从而能够经常地获得超过平均利润水平的高额垄断利润。由于垄断利润高于竞争性行业的平均利润，所以完全垄断行业、寡头垄断行业、竞争性行业就呈现了由高到低的级差性利润率。如果某些国家、某一时期的产业资本、商业资本、生息资本等资本的不同形态，国民经济的许多部门和行业纷纷形成了垄断资本，就会阻止一般利润率的下降趋向。

第二，垄断利润是相对稳定的利润形式。在自由竞争的条件下，等量资本要求得到等量利润，资本在各个部门、行业、地区之间自由流动，造成利润率的平均化，企业一般只能获得平均利润。个别企业可以通过率先采用最新技术，提高劳动生产率，降低个别生产的成本，获得高于平均利润的超额利润。其他企业一旦普遍采用这种最新技术，这部分超额利润就会随之消失，个别企业获得的超额利润只是一种暂时的、局部的现象。而在垄断资本时期，众多垄断组织凭借对资本、技术、生产和销售的控制，通过规定垄断价格，阻碍了资本的自由流动，限制了利润率平均化的趋势，相反加强了对工人阶级和其他劳动人民的剥削以及对非垄断的中小企业利润的侵占，相对长期地、稳定地获得了超过平均利润的高额利润即垄断利润。同时，垄断资本和国家政权相结合，进一步加强了对内剥削和对外掠夺，保障了垄断利润的形成和存在。

第二节 世界经济

资本主义自产生之初，就不可能是局限于某一地区或国家的封闭性经济体系。资本家对剩余价值的狂热追逐和生产的不断扩大，使得资本具有打破空间和时间的限制，超越国家和文化的分割，发现世界和征服世界的强烈而持久的冲动，资本运动是资本国内运动和国际运动的统一，资本主义是一种全球性的商品生产和交换体制，资本主义是竞争与垄断、国内经济与国际经济的统一，国际性分工和竞争、全球化贸易和金融是资本运动的必然结果。在分析自由竞争和垄断资本的基础上，这一节主要从全球开放的世界经济角度，分析产业资本、商业资本、生息资本的国际运动，以及国际分工、国际贸易、国际金融等世界经济问题。

一、国际分工

私有制和劳动分工是商品生产和交换的基础条件，利润动机和竞争压力推动着资本运动和生产扩张。在剩余价值规律的推动下，劳动分工从企业内部分工扩展到国内分工和国际分工，国际分工基础上的商品生产是国际贸易、国际金融的基础，国际分工、国际贸易和国际金融又不断打破一国生产和交换上的低效率状态，实现全球范围的劳动和资本的有效配置，形成了世界市场和世界经济。在资本主义发展过程中，商业资本首先开始了大规模的国际运动，然后产业资本、生息资本也开始了国际运动，剩余价值生产和分配就在世界范围展开和完成了。

（一）国际分工的原因

资本有人格，它的人格化身就是极力追逐剩余价值的资本家。但资本无国籍，资本运动的唯一动机和目标就是价值增加，就是剩余价值的生产和实现，就是剩余价值或利润的最大化，凡是可能降低生产成本、带来更多剩余价值的国家都是资本的祖国。因此，生产者是采取独立生产、自给自足的生产方法，还是采取分工、竞争和交换的生产方法，是采取国内生产和交换方式，还是海外冒险、国际分工和国际贸易，是闭关锁国还是开放竞争，体现的都是资本的逻辑，取决于哪种生产方法在商品生产和交换上的劳动生产率的比较，生产者和社会成员最终选择的是能够导致并保持较高的劳动生产率、成本较低而收益较高的生产方法，追逐的是世界范围的劳动力和生产资料的有效配置和最大化的资本利润率。从个别生产者的角度看，分工和交换突破了国界的限制后，生产者可以在世界范围分工生产和交换，这就扩大了市场范围，促进了市场竞争，削弱、减少了垄断，提高了劳动生产率，降低了商品成本，提高了资本利润率。从社会生产的角度看，通过国际分工、竞争和交换，各国的劳动力和生产资料在全球流动和运用，先进的知识、技术、制度等在全球学习、传播和普及，这最终优化了各国的资源配置效率，实现了资本主义再生产，私人资本在国际范围生产、实现和分配了更多的剩余价值。

国际分工只是国内分工的延伸和扩大。对于分工、国际分工和资本国际运动，古典学派提出了绝对优势和比较优势理论。斯密认为，不同国家的居民、企业因为实行不同的分工和专业化生产，产生了生产不同产品的不同生产力或绝对优势，各国以其绝对优势的产品交换自己需要的、他国绝对优势的产品，源自分工和专业化的绝对优势是国际分工和贸易的根本原因。而李嘉图认为，各国基于比较优势而相互分工和贸易。早期技术相对简单的轮船、汽车、飞机等制造企业大多局限于英国、美国或德国国内生产，当代的汽车、飞机以至计算机、手机、食品、服装则在全球范围分工制造。其实，分工的绝对优势或比较优势，其本质都是商品生产和交换的成本收益比较。分工的扩展和国际分工、国际贸易的发生，世界市场的形成，这一切只是因为生产者能够借此突破各国自然条件和社会条件的限制，进一步降低商品生产和交换成本，获得更高的资本利润率。

分工受劳动者、劳动资料、劳动对象、生产技术、交易方式、政府政策等自然条件、社会条件的限制。国土面积是代表自然条件的基本因素，阳光、大气、水、土壤、植物、动物、微生物、矿藏等可再生和不可再生的各种自然资源一般正相关于国土面积。人口和产出是代表社会条件的基本因素，其中，人口因素表现为人口的数量和质量，人口质量可从人口的知识生产、教育发展、人口流动、社会组织等方面进行衡量，产出可从生产技术、交易方式、产业结构、人均收入及其增长率等方面进行衡量。在现代经济中，相对于人口质量、生产技术和产权制度，自然条件对于经济发展往往并不具有决定性的作用，自然条件相似的德国西部和东部、朝鲜半岛南部和北部之间的发展差距，自然条件平平的瑞典、日本、以色列、新加坡等国家的经济发达与自然条件优越的许多亚非拉国家的经济落后都形成了鲜明对比。

分工还受市场规模的限制。企业的规模经济、范围经济等经济效应都发生或建立在一定规模的劳动力、生产资料投入和社会需求的基础之上，发生在一定规模的商品生产和交换的基础之上。一个国家的地域越广，人口越多，自然资源越丰富，人口素质越高，人均收入及其人均可支配收入水平越高，特别是个人权利越充分平等，人口流动和组织越自由，就越能够保证社会分工、市场竞争和商品交换的充分开展，发挥每种产品、每种行业的专业化、规模经济、范围经济和城市聚集经济等经济效应，分工的扩展和实现又扩大了市场和剩余价值规模。英国本是地域、人口、经济上的中小规模国家，这就要求英国不仅消除国内专制和封锁，而且对外开放和扩张，建立国际市场和国际秩序，在世界范围开展竞争和交换，这才能够充分实现分工、竞争和交换的经济效益。

国际分工是针对资本不断积累、生产无限扩张而市场需求相对有限的现象，为了解决利润率和利率下降的问题而产生的。资本家为了追逐更高的利润率和更大的利润量，必然凭借劳动力、技术、管理、货币等方面的优势，不断积累资本和扩张生产，扩大投资场所和商品市场。到了垄断资本时期，垄断资本、金融资本逐渐支配了国内资本运动，加剧了国内社会经济矛盾，致使垄断资本全面扩大对外贸易和对外投资的领域和规模，从外国特别是发展中国家获得更多的利润，阻止利润率以及利率下降的趋势，资本主义发展成为世界体系。

国际分工还受到各个国家、各个行业发展水平的限制。从国家的层面看，各国的科研状况、教育水平、劳动力素质、产业结构、所有制结构、市场规模、居民收入、资本供求关系、政治法律制度、知识产权政策、政府经济政策等各不相同。从某一行业、市场的层面看，各国的产品创新和产品生命周期、产品和加工技术深度、产品差异程度、市场规模、市场竞争和市场结构、产业成长阶段等各不相同。从单个企业的层面看，企业的生产规模和规模经济、生产技术水平、创新能力、组织结构和管理水平、劳资关系等也存在差异。只有在国际分工和竞争的条件下，当资本过剩国家在某些产品或行业上具有生产、技术、管理等方面的优势，资本输入国家的市场体制初步形成，经济开始起飞而资本相对短缺，国家之间出现了经济发展不平衡性，资本输出具有国际比较成本优势，商品生产能够获得较高的利润率时，过剩资本才在国际流动，商品交易才在国际展开。更一般的情况是，资本只要能够通过分工和交易而各得其所，取长补短，降低成本，获得更多的利润，就可以在经济发展绝对不平衡的发达国家与发展中国家之间流动，也可以在经济发展相对不平衡的发达国家之间或发展中国家之间流动。

资本家具有把一切地点、一切时间、一切行业的生产变成资本雇佣劳动和资本增殖的强烈而持久的冲动。因此，商品生产者之间的分工、竞争和交换既可以在一国的地区、行业内部进行，在地区、行业之间进行，也可以超越国家的界限，在世界范围插上资本的旗帜。资本国际运动是指国家之间的资本流动或循环，是指相对过剩资本从一个国家向另一个国家的流动或转移，包括商业资本、产业资本、生息资本等资本形态的运动，包括国际移民、国际贸易、国际金融、援助捐赠等具体途径的资本流动。换言之，国际生产就是产业资本的国际运动，就是为了降低生产成本而创造更多剩余价值；国际贸易就是商业资本的国际运动，就是为了通过国际市场而实现利润甚至超额利润；国际金融就是货币和生息资本的国际运动，就是为了获得更高的资本利息率。

（二）国际分工的性质

资本主义的经济活动不仅是商品生产和交换的过程，也是资本主义生产关系的生产和再生产过程。国际分工和交换是资本国内运动的延伸，是资本追逐最大化剩余价值或利润的结果。随着资本和劳动力流向国外，分工、竞争和贸易从国内扩展到国外，资本主义生产关系也逐渐扩展到了其他国家，形成资本主义的国际经济关系体系。因此，国际分工作为资本主义生产关系的国际延伸和表现形式，受到资本主义生产关系的制约，在不同时期和不同国家具有不同的特征，具有资本主义的时代性质，其特征和形式取决于资本主义生产关系及其上层建筑的特定性质。

在资本主义发展之初，殖民主义盛行，国际分工明显带有宗主国掠夺、统治其殖民地、附属国的特点。随着18世纪末英国、法国等国开始第一次工业革命，英国、法国等少数国家率先发展为工业国，其他国家则大多处于农业国、原料国的地位，这是资本主义国际分工的起步和形成阶段。19世纪70年代以来，英国、法国、美国、德国等国开始了第二次工业革命，生产力空前提高，分工空前深化，垄断资本逐渐形成，殖民地瓜分完毕，非洲几乎全部地区和亚洲、美洲许多地区沦为欧美国家的殖民地。少数落后国家如日本、阿根廷也开始引进技术与机器设备，某些工业部门得到了一定发展，但大多数国家依然处于初级产品供应国的地位，国际资本特别是国际垄断资本支配着国际分工和国际秩序。进入20世纪下半叶，人类开始了第三次工业革命，尽管出现了大批民族独立国家和一些社会主义国家，但国际分工依然冲决了民族和主义的藩篱，各国政府和跨国公司在国际分工中发挥着重要作用，国际分工从产业之间的分工进一步向产业内部、产品内部的分工和专业化生产发展，发达国家之间的投资甚至常常超过了发达国家向落后国家的投资。20世纪末21世纪初，随着电子计算机和互联网、移动通信、生物技术等方面的技术和生产创新，国际分工又呈现了新的特征。

在国际经济关系中，虽然存在着不同性质的生产关系，但资本主义生产关系占据支配地位，在资本主义的国际化发展过程中，出现了两种相辅相成的趋势：

一方面，国际分工打上了资本的烙印。发达国家以优势的资本、劳动力、技术、管理等条件进入落后国家以至社会主义国家，通过国际化的生产、贸易、金融等方式，各国的生产、交换和消费都成为世界市场的一部分，各国在经济、政治、文化上联结起来。当然，资本主义从中心发达地区发展到外围落后地区往往不是采取简单的扩展形式，英国、法国、德国、美国、日本等发达国家凭借在国际分工中的核心和垄断地位，以及政治、军事、文化方面的优势，在国际竞争中发展壮大，生产和资本不断集中，形成并控制着世界市场，落后国家成为发达国家的原材料供应、商品加工的基地和商品销售的市场，发达国家与落后国家之间形成了控制和被控制、剥夺和被剥夺的关系。各国资本特别是帝国主义垄断资本为了各自的利润目标，相互之间也长期存在着激烈的经济竞争以至国际战争，国家之间的市场和制度分割越来越不适应全球化发展，需要超国家的政治力量协调分工和竞争的矛盾，诸如美国布雷顿森林体系和联合国、世界银行和关贸总协定以及世界贸易组织、欧洲共同体和欧盟的建立就是资本主义国家试图缓解国际冲突的一种尝试。

另一方面，国际分工推动了世界经济发展。国际分工意味着为了追逐剩余价值，商品在世界范围的生产和交换，资本在世界范围的运动和增殖，资本国际化运动成为资本主义持续发展的条件。随着资本流动、国际分工和国际贸易，一切民族甚至最野蛮的民族都卷入了资本主义文明，古老的自给自足、闭关自守的文化和经济走向消亡，各国工业、商业、运输和通信业、金融业得到了不断发展，世界市场逐渐开拓形成，各国劳动生产率和国民财富在资本增殖过程中得到了不同程度的提高。不过，由于资本家有国籍，国家及其政府首要维护的是本国居民特别是本国资本家的利益，在发达国家和垄断资本的控制下，落后国家一般只是被动地、后发地卷入了市场化、工业化进程，长期依附、服务于发达国家，全球化进程一直存在着规则、价格不公平竞争和工人工资、资本利润不平等现象，只有如日本、以色列、新加坡、韩国等极少数国家借助大国竞争的地缘优势和相对和平的国际环境，因缘际会，奋发图强，开始跻身发达国家行列。

对于资本主义国际分工、国际竞争的历史意义，马克思、恩格斯《共产党宣言》早已作了生动全面的概括：资产阶级，由于开拓了世界市场，由于一切生产工具的迅速改进，由于交通的极其便利，把一切民族甚至最野蛮的民族都卷到文明中来了，使一切国家的生产和消费都成为世界性的了。它的商品的低廉价格，是它用来摧毁一切万里长城、征服野蛮人最顽强的仇外心理的重炮。古老的民族工业被消灭了，它们被新的工业排挤掉了，新的工业的建立已经成为一切文明民族的生命攸关的问题；这些工业所加工的，已经不是本地的原料，而是来自极其遥远的地区的原料；它们的产品不仅供本国消费，而且同时供世界各地消费。过去那种地方的和民族的自给自足和闭关自守状态，被各民族的各方面的互相往来和各方面的互相依赖所代替了。正像它使农村从属于城市一样，它使未开化和半开化的国家从属于文明的国家，使农民的民族从属于资产阶级的民族，使东方从属于西方。物质的生产是如此，精神的生产也是如此。它迫使一切民族——如果它们不想灭亡的话——采用资产阶级的生产方式；它迫使它们在自己那里推行所谓文明，即变成资产者。民族的片面性和局限性日益成为不可能，于是由许多种民族的和地方的文学形成了一种世界的文学。各民族的精神产品成了公共的财产。一句话，它按照自己的面貌为自己创造出一个世界。[①]

（三）国际分工的类型

因劳动力性质、生产技术等方面的差异，不同国家既有同一行业、同一商品上的国际分工，也有不同行业、不同商品之间的分工。从行业、商品的角度，可以将国际分工划分为水平型分工和垂直型分工两种基本形式。

水平型国际分工又称横向分工，是指在同一行业、同一商品的生产分工，水平型分工往往发生在经济发展水平相近的国家之间。水平型分工又可分为两类：（1）同一行业的商品差异性分工，即不同国家生产同一商品，但在外观设计、型号规格、商标、内在质量、价格等方面有所差异，在劳动密集程度和技术密集程度上有所差异。诸如同类飞机、轿车、电子计算机、手机、饮料生产的国际分工，如空中客车与波音的飞机生产，诺基亚、苹果、三星、华为的手机生产的分工和竞争。（2）同一行业的商品内部分工，即不同国家、不同企业在同一商品的研究开发、零部件加工、组装、销售等生产的不同阶段或环节的分工协作。诸如大到飞机、汽车，小到手机、饮料等许多商品就是在多个国家分工生产，如波音飞机、丰田汽车、苹果手机或 ASML 光刻机都是在多个国家分工完成，商品内分工成为当代经济全球化的重要现象。

垂直型国际分工又称纵向分工，是指在不同行业、不同商品的生产分工，如不同国家在飞机、汽车、手机、饮料等不同行业的生产分工，在铁矿石开采、钢铁冶炼、钢铁加工、商品制造等上下游行业的生产分工。垂直型分工往往发生在经济发

---

① 马克思，恩格斯．共产党宣言［M］//马克思恩格斯选集：第一卷．北京：人民出版社，1995：275 - 276. 德语中的文学（literatur）泛指科学、哲学、文学、艺术、政治等各方面的精神产品或著作。

展水平不同的国家之间,如发展中国家生产初级商品、低技术商品,发达国家生产制成品、高技术商品,初级品与制成品的生产过程构成纵向的市场关系。当然,许多国家实际上既参与某些水平型国际分工,又参与某些垂直型国际分工,是混合型的国际分工。如发达国家一般就是混合型国际分工,它对发展中国家一般是垂直型分工,对其他发达国家一般是水平型分工。

(四)跨国公司

居民、企业、政府等都是实施国际分工和资本国际运动的组织形式,而跨国公司(transnational corporation)是组织国际分工和国际经济活动的基本形式。跨国公司又称多国公司、国际公司、超国家公司、宇宙公司,是指某一具有全球性经营目标和战略的资本或公司,在多个国家设立独资公司、合资公司、合作公司等组织机构,从事国际化的生产、销售、金融等业务,以获取高额利润以至垄断利润。从现代企业产生和发展的历史看,1600年设立的英国东印度公司就已经是从事国际经济活动的跨国公司。19世纪末20世纪初,跨国公司大量涌现。第二次世界大战结束后,跨国公司得到迅速发展,联合国经济及社会理事会1974年决议统一采用"跨国公司"这一名称,美国跨国公司的规模和数量长期居世界首位,如美国《财富》杂志1976年推出的美国和国际前500名公司即500强公司、1995年推出的世界500强公司大多是跨国公司。跨国公司有力推动了资本主义的生产扩张和市场垄断,成为国际分工、国际投资、国际垄断的一种主要组织和实现形式,大多数国家的资产价值和生产规模不及一家大型跨国公司。

跨国公司作为一种国际性、集团性的企业形式,具有组织和管理上的以下特征:(1)跨国公司以某个国家具有经济技术优势和国际管理能力的母公司为总部和依托,通过对外设立新公司或并购外国公司的方式,在多个国家建立子公司或分公司,跨国公司成为国际资本运动的重要组织形式。(2)跨国公司一般具有一个最高决策中心和完整的决策实施体系,各子公司或分公司既服从最高决策中心,又根据自己经济条件而灵活经营。跨国公司通过其组织机构和经营体系,在资金、人员、商品、技术、信息等方面进行统一配置和管理,从而在国际竞争中保持和扩大自己的优势。(3)跨国公司将私人资本和国家权力结合起来,资本主义国家通过各种政策和国有资本,建立国际经济组织,制定国际经济规则,开展国际经济协调,甚至采取军事威胁和国际战争手段,为跨国公司的经营活动创造必要的国际条件,支持私人资本的对外竞争和扩张。

例8-2 《财富》杂志的世界500强中的跨国公司

美国《财富》(FORTUNE)杂志1955年开始按照销售额对美国前500名公司即500强公司进行排名,1976年开始对美国之外的国际公司进行排名。1993年世界500强工业公司中,美国159家,通用汽车、福特汽车和埃克森名列前三,日本、英国、德国、法国分别为133家、41家、32家、26家,韩国和瑞典各12家,澳大利亚10家,瑞士9家;在世界500强服务公司中,美国136家,英国和德国各43家,日本40家,法国29家,加拿大17家,意大利15家,西班牙14家,这些企业大多数是跨国生产经营的公司。2011年世界500强公司中,埃克森美孚、沃尔玛、雪佛龙名列前三,但美国公司数从2002年高峰期的198家跌到133家,日本从最高峰1995年的149家跌到68家,欧洲172家,其中法国35家,德国34家,英国31家,瑞士15家,荷兰14家,意大利10家,印度从1家上升到8家,巴西从2家上升到7家。2018年世界500强公司中,沃尔玛、国家电网、中国石化名列前三,美国、日本公司数跌到126家、52家,法国、德国、英国分别为32家、28家、21家,中国内地、香港、台湾公司则从2000年9家、0家、1家增加到104家、7家、9家,中国经济重又融入全球化进程。

资料来源:2018年财富世界500强排行榜[EB/OL]. 财富中文网,2018-07-19. (https://www.fortunechina.com/fortune500/c/2018-07/19/content_311046.htm? wm=405.) 1993年、2002年、2018年、2023年等年度数据,可见美国《财富》网站 https://www.fortune.com.

跨国公司适应了资本主义的国际分工、国际竞争的需要,在资本主义的世界经济体系中发挥着主导性作用:(1)跨国公司根据世界经济的发展状况和自身的生产条件,往往将产业资本、商业资本和生息资本结合起来,参与国际分工和交换,在世界范围配置生产资料、劳动力等生产要素,组织生产活动,使商品生产更好地适应各国不同的特点和需要,从而大幅降低成本,最大限度地提高利润率。(2)大型跨国公司将垄断地位从国内扩展到国际,成为国际生产和贸易的垄断者,在世界市场上推行垄断价格,获取垄断利润,是垄断资本进行国际剥削的主要手段。(3)跨国公司通过在各个国家设立子公司,可以充分利用各个国家的政策差异,规避各国的行政许可、税收及关税、文化差异等各种壁垒,攫取最大化利润。

二、国际贸易和国际价值

在对外开放以至开放经济的条件下,一国资本总要通过生产、贸易、投资等方式,通过劳动力、货物、服务、技术、货币等生产要素的流动,以追求资本最大化利润,国与国之间逐渐形成了各种各样的、全面深入的经济联系,包括国际移民、国际贸易、国际金融等国际经济关系,各国市场日益成为相互联系、休戚与共的世界市场的一部分。

(一)国际贸易

国际贸易是指不同国家之间的货物、服务的商品交换活动,是建立在国际分工、生产基础上的货物、服务的国际转让,又称进出口贸易、世界贸易,是国际分工、商品生产和交换的必然过程和环节。按照商品形态,国际贸易分为有形贸易、无形贸易,有形贸易是指传统的初级产品和制成品的货物贸易,无形贸易是指服务或其他非实物商品的进出口而发生的收入与支出,广义的国际贸易还包括人口买卖和人口流动。按照商品的移动方向,国际贸易分为进口贸易、出口贸易、过境贸易等。通过劳动力、货物、服务、技术、货币等生产要素的交换,各国市场连接起来,形成了跨国界、国际性的市场即世界市场。

在资本主义之前,自然经济占统治地位,国家之间多以朝贡、掠夺、边贸等方式进行经济交往。只是到了资本主义时期,随着生产国际分工和资本国际流动,国际贸易具有了坚实的经济技术基础,才实现了突飞猛进的发展。

第一,国际贸易促进了资本主义生产方式的产生和发展。资本主义的产生需要两个前提条件:一是货币转化为资本和资本的一定积累;二是劳动分工和劳动力成为商品。在资本主义的初始阶段,这两个条件主要是通过资本的原始积累过程而形成的,而国际贸易是资本原始积累的重要途径。诸如炮舰贸易、黑奴贩卖等各种或野蛮、或精明的国际贸易既为欧美国家带来了金银等货币财富,并转化为资本;不断扩大的国际贸易又瓦解了原来的自然经济,推进了商品生产,分化破产的农民和小生产者被迫成为出卖劳动力的雇佣工人。

第二,国际贸易是资本追逐利润的产物。资本家为了追求最大化的利润,必须不断积累资本,扩大生产,特别是采取机械化、规模化、标准化的大生产,不断扩张的资本和生产既要求投入相应的生产要素,又要求形成相应的市场需求。然而,由于存在不断扩大的生产供给与国内相对不足的市场需求之间的资本主义基本矛盾,资本家必须提出自由放任、自由贸易的政治经济主张,不断打破地域和国家的界限,开展并扩大国际贸易,商业资本和产业资本走向国际化。迅速发展的国际贸易实现了资本的国际运动和生产要素的国际配置,降低了商品生产的成本,提高了资本利润率,从而完成商品和剩余价值的生产。诸如斯密的绝对优势理论和李嘉图的比较优势理论论证了在专业化生产和自由竞争前提下,各国都可以得到国际贸易的利益;约翰·穆勒从相互需求角度,解释了国际商品交换的价格和国际贸易利益的分配问题。后来,赫克谢尔、俄林、萨缪尔森、克鲁格曼等人进一步完善了国际贸易和国际经济理论。垄断资本甚至可以利用各国经济发展的不平衡性,凭借市场垄断地位而获得超额垄断利润。

第三,不同时期的国际贸易具有各自特征。在资本原始积累时期,获得金、银等货币收入是国际贸易的主要动力。在自由竞争资本主义时期,国际贸易主要建立在全面竞争的市场结构之上,对资本主义发展产生了显著的外部性和互补性,主要国家大都主张自由放任的国内国际贸易政策。在垄断资本时期,国际贸易和国际投资建立在竞争和垄断并存的市场结构之上,垄断资本、规模经济、技术进步等成为决定资本国际流动的重要因素。第二次世界大战结束后,在欧洲经济恢复、日本经济高速增长、中国改革开放等带动下,国际贸易规模不断扩大,国际贸易增长率常常超过了经济增长率,国际商品贸易中的工业制成品比例超过初级品比例,服务贸易特别是技术贸易迅速发展。

(二)国际价值

国际贸易作为国内分工、生产和交换的延伸,作为世界范围的商品交换和资本运动，同样受到资本主义经济规律特别是价值规律的支配。由于资本主义的生产和交换发生在国家之间，商品价值的创造和实现过程发生了某些变化，价值规律的作用形式也有所不同。

每一行业、每种商品的价值是由分工生产该商品的社会必要劳动时间决定的。在封闭经济条件下，各国生产某种商品的社会必要劳动时间往往并不一致，各国的社会必要劳动时间都是该商品的价值即国别价值（国民价值）。当商品生产和交换超越国家的范围而进入世界市场时，某种商品除非只有个别国家生产，或者个别国家支配了商品生产，否则商品价值不再由任何一国的社会必要劳动时间决定。换言之，世界市场上的商品价值并不取决于某一国家单独生产的个别价值，而是取决于全体国家共同生产的社会价值，是由世界范围的各国平均的社会必要劳动时间决定，即马克思所说的"世界劳动的平均单位"，国内商品的价值必须转换成商品的国际价值即世界价值。世界范围的社会必要劳动时间是指在世界范围正常的生产条件下，在世界平均的劳动熟练程度和劳动强度下生产某种满足世界需求的使用价值所需要的劳动时间。这里的生产条件是指商品生产中的劳动对象、劳动工具、生产技术、生产规模、劳动环境等方面的世界范围的经济条件，以及交换方法和交换半径、国际政策等方面的社会条件。

世界范围的社会必要劳动时间并非固定不变的。从商品的国际价值的形成过程看，商品生产和交换建立在每一个生产者、每一个国家的众多生产者的劳动分工、资本构成和劳动效率的基础之上，国际价值是在各国形成的国别价值的基础之上，经过世界市场上的激烈竞争和国际交换而在国际均衡水平上形成的，国际价值通过国际价格反映出来。从商品的国际价值的组成和形成看，商品价值（$c+v+m$）中的生产资料国际流动性较强，劳动力国际流动性较弱，各国工人的劳动效率和工资水平差距很大，这些都影响着商品的国别价值和国际价值。比如，发达国家与发展中国家之间生产某种商品的资本技术构成即便相似，但在工人技能、工人工资、生产资料等方面因历史和现实导致存在着较大差距，同样可变资本购买到的劳动力数量和质量往往不同，其资本有机构成也不相同，劳动生产率较低的发展中国家单位商品的价格水平常常高于发达国家，经常存在着价值和剩余价值的国际转移，发达国家对发展中国家的投资可以获得远高于本国的剩余价值率和利润率。从动态的角度看，因各个国家的知识创新和传播、劳动者技能和体能提高、劳动资料和劳动对象变化、法律和政府管理变革等，商品生产的劳动生产率随之发生重大变化，由此在世界上生产某种商品的社会必要劳动时间及其所决定的商品价值量、商品价值总量，国别价值与国际价值都将发生变化。在资本主义发展过程中，随着一次又一次科学革命、工业革命和社会变革，许多商品的国际价值和价格不断调整，甚至发生了巨大变化。

一国商品参与国际分工和竞争，其商品的国别价值在多大程度上表现为国际价值，取决于该国的一系列的知识、经济和政治因素，取决于该国生产商品时的平均的生产条件、劳动熟练程度、劳动强度和劳动有效性。一般而言，一国的劳动生产率越高，生产单位商品所耗费的劳动时间越低于世界平均的社会必要劳动时间，它的国别价值就越低于国际价值,在国际竞争和交换中就越处于有利地位,反之亦然。比如,发达国家许多行业的工人劳动生产率较高,同一劳动时间内生产同种商品的数量较多,换言之,同种商品的发达国家国别价值低于国际价值,从而产生了国际不平等的商品交换。国际不平等交换可进一步分为两类:国际等价交换,即按照世界生产的社会必要劳动时间交换,国际价值与国际价格相等;国际不等价交换,即国际价值与国际价格不相等,国际垄断是导致不等价交换的重要原因。

(三) 国际价格

商品价格是商品价值的货币表现。商品的国际价格就是指商品在世界市场上的价格,是商品国际价值的货币表现。

生产商品的社会必要劳动时间不变,商品价格在总体上与商品价值相等。然而,在世界市场上,由于商品的价格往往受到货币和汇率、商品供求、商品需求弹性和替代弹性、运输通信、国家政策等各种因素的全面影响,在不同时间、不同国家而呈现不同的价格水平,高于或低于商品的国际价值。比如,两个国家的同一商品价格无论使用同一货币还是不同货币标价,由于货币汇率与货币购买力水平经常不一致,这都导致商品价格与商品价值之间不一致。

在国际市场上,某种商品的国际价格与各国的国内价格往往不一致,换言之,不同国家的同一商品的国别价值和国别价格的水平常常并不一致。比如阿吉里·伊曼纽尔提出,资本国际流动性强而劳动力国际流动性弱,发达国家生产某种商品的行业资本有机构成、工资水平往往较高而不发达国家较低,但发达国家的剩余价值率往往较低而不发达国家较高。按照平均利润率和市场价格理论,世界经济中的不同国家就形成了价格水平相同但构成不同的生产价格。由于资本有机构成较高国家的生产价格高于其商品价值,资本有机构成较低国家则反之,从而世界各国生产的全部剩余价值在不同国家之间进行了再分配,发达国家似乎用较少劳动交换到较多劳动,剩余价值或利润从不发达国家转移到了发达国家,这就是所谓的国际不平等交换。阿吉里·伊曼纽尔还区分了广义的和狭义的两种不平等交换,其中,广义的不平等交换仅仅是在工资相等而资本有机构成不相等时由价值转变为生产价格而引起的,狭义的不平等交换在于工资和有机构成都不相等,而只有工资的国民差异导致的资本有机构成差异才是不平等交换的根本原因。[①] 此外,劳尔·普雷维什、安德烈·冈德·弗兰克、萨米尔·阿明等人提出了外围国家对中心国家即发展中国家对发达国家的依附理论,克鲁格曼等人分析了南北国家之间因技术差距、规模经济等而形成的经济发展差距。[②]

在国际市场上,商品的国际价格还常常受到私人垄断、国家垄断等因素的限制,具有国际垄断的特征,呈现单边上升、下降或不变的价格刚性,国际价格水平与国

---

① [希腊] A. 伊曼纽尔. 不平等交换 [M]. 文贯中, 等译. 北京: 中国对外经济贸易出版社, 1988.
② [埃及] 萨米尔·阿明. 不平等的发展 [M]. 高铦, 译. 北京: 社会科学文献出版社, 2017. [美] 保罗·克鲁格曼. 克鲁格曼国际贸易理论 [M]. 黄胜强, 译. 北京: 中国社会科学出版社, 2001.

际价值之间可能发生严重背离，垄断者可能获得超过平均利润的超额垄断利润。当然，由资本的特性所决定，某一商品的垄断价格如果长期高于竞争价格，那么由于存在着众多的生产企业，追逐更高利润率的各种资本必然千方百计涌入，只要垄断不是资本主义国家立法和行政保护的结果，市场竞争和经济创新总要想方设法打破国内垄断和国际垄断状态，各个国家的资本为了追逐平均利润率，同种商品的国内价格趋于一致。

三、世界货币和国际金融

货币出现之后，一切货物和服务、劳动力或人力资本、收入和财产都具有了货币表现的价值价格形式，生产、交换、分配、消费等经济活动都表现为了货币资本的周转和运动。当分工、生产、交换和分配国际化后，一国一定时期内和其他国家的居民、企业之间因经济、政治、知识等而发生的货物和服务贸易、资本往来等各种经济活动的货币价值之和被称为国际收支，因经济、政治、知识等联系而产生的货币资本的周转和运动被称为国际金融，国际金融的本质是与之相应的人类生产劳动决定的物质资本运动的货币表现。国际金融由世界货币、国际汇兑、国际信用、国际投资、国际结算、国际收支等部分构成。

（一）世界货币

当人口、商品、货币跨出国界，生产和交换在国际展开之时，就必须建立国际货币体系，某种国内货币或新发行货币就需要越出国内流通领域，成为其他国家接受的国际货币或世界货币，并将商品的国内市场价格转化为国际市场价格。世界货币就是指在国与国之间的移民、贸易、投资、捐赠等经济活动中，一国货币或国际新发行货币在多个国家甚至全世界充当一般等价物，自由兑换，执行货币的价值尺度、交换媒介、支付手段等职能的货币。国际贸易、投资等经济活动越发达，货币就越要脱离它的民族和国家的色彩，某一种或几种货币就需要成为世界范围的一般等价物。在自由竞争时期，人们普遍接受金、银等贵金属继续充当世界性货币，黄金成为国际储备的主要形式，国际收支差额主要用黄金来弥补。金本位制给世界市场上的货币兑换和商品交换都提供了普遍、稳定的价值尺度和交换媒介，国际统一的支付原则和结算制度、相对稳定的汇率和商品价格都有利于世界范围的资本运动和商品流通，推动了世界经济的发展。

随着世界经济的不断发展，金、银等贵金属货币不能满足日益变化和扩大的商品流通需要，资本主义国家先后建立了金块本位和金汇兑本位制，代替金币流通的是中央银行发行的准信用货币。随着1929年世界经济大危机爆发和金本位制崩溃，金汇兑制的美元凭借美国经济、金融和政治、军事实力的全面上升，在1944年布雷顿森林会议后逐渐成为主导性的世界货币，其他国家的货币与美元挂钩并建立固定比价关系。美元成为纸币后，美元和德国马克、英国英镑、法国法郎、日本日元等依然是世界性货币，这些强国还形成了相互关联的货币集团，如英镑集团、法郎集团、美元集团。然而，以准信用货币美元为中心的世界货币制度运转同样需要具备一定条件，比如货币的兑换黄金和国家信用，美元是价值符号和美国的债务，而持有美元的其他国家则忧心忡忡。美国经济学家罗伯特·特里芬1960年《黄金与美元危机》提出了两个难以同时达到的条件即特里芬难题：美国美元作为国际货币核心的前提条件是保持美元币值稳定和贸易顺差，但其他国家为实行美元的结算和储备如何也能够保持贸易顺差？

美元由于发行过多而导致美国地位下降、黄金储备不足，1962年美国联邦储备系统与法国中央银行签署了第一个双边货币互换协议，以解决美元发行过多的美国信用问题。1968年发生美元挤兑黄金的危机后，国际货币基金组织（IMF）1969年设立了1单位特别提款权（SDR）等于1美元的"纸黄金"制度，但仍然解决不了美元信用、黄金兑换、国际收支失衡等问题。于是，1971年8月15日，美国干脆宣布停止履行外国政府或中央银行用美元向美国兑换黄金的义务，美元对黄金贬值，1973年10月美国宣布不再规定美元含金量和停止固定汇率制，全世界进入了信用货币纸币时代。符号性、债务性的纸币如果跨国流通，就应当具备更加严格的条件，如一般需要双方或多方国家之间签订条约，依法进行，国家信用充分，币值稳定，如此货币才能够承担着价值尺度、交换媒介、支付手段等职能。当一国货币可以在国际自由兑换，用来向国外购买商品、支付债务时，它就发挥着其国际流通、支付、结算等职能。以1976年国际货币基金组织通过的《牙买加协定》为基础，以美元为主导的多元化国际货币体系即牙买加体系建立起来了。2007年美国金融危机爆发后，美国联邦储备系统与14家外国中央银行达成了美元流动性互换协议，2020年3月美国联邦储备系统又宣布与澳大利亚、巴西、韩国、墨西哥、新加坡、瑞典、丹麦、挪威、新西兰等九国中央银行建立临时美元互换协议，以稳定美元供应。

美元成为当代世界货币体系中的主导性货币，英镑、法郎、马克等货币也曾执行了世界货币的职能，但世界货币体系一直存在着规则弱化、信用不足等问题，货币的发行和币值，货币的流通和兑换都缺乏相对稳定的基础，网络化、数字化技术不断冲击着货币制度，多元化的世界货币体系经常陷入波动和混乱。能否建立一种超主权国家的、全球统一的世界货币？法国、德国等国家在欧洲共同体的基础上，逐渐建立了实行统一货币的经济货币联盟，1992年《欧洲联盟条约》确定发行欧盟货币即欧元，1999年起欧元在奥地利、比利时、法国、德国等11个国家正式使用，并于2002年取代各国原有货币。2015年欧盟28个成员国已有19个国家加入了欧元区，一批非欧盟国家也使用欧元或者货币与欧元直接挂钩，而英国、丹麦等国家一直未加入欧元区。此外，一些国家和地区也在一定程度上推进了经济货币合作，如非洲金融共同体、经济互助委员会、亚洲"10+3"经济合作机制、人民币国际化。不过，由于各国不平衡发展和近年来保护主义抬头，亚洲、非洲货币以至世界统一货币的进程依然步履维艰。

（二）外汇和汇率

商品一旦在国际分工生产和交换，货币以及其他金融资产一旦在国际流通，就形成了外汇、汇率和国际汇兑、国际结算、国际储备等经济现象。

外汇是以外国货币表示的，为各国普遍接受的，可用于国际汇兑、国际结算、国际储备的各种支付手段。外汇具有三个特点：（1）可支付性，即必须是外国货币或者以外国货币表示的金融资产。（2）可获得性即可偿还性，必须是在国外能够得到偿还的债权。（3）可兑换性，即必须是可以自由兑换为其他支付手段的外币资产。广义的外汇是指一国拥有的外币以及一切以外币表示的各种资产，一般包括外国货币，外币存款，外币有价证券如政府公债、国库券、公司债券、股票等，外币支付凭证如票据、银行存款凭证、邮政储蓄凭证等，特别提款权等外汇资产。外汇储备是国际储备的主要组成部分，国际储备一般是指为弥补国际收支逆差、保持汇率稳定、应付紧急支付而持有的国际上可接受的一切资产。第二次世界大战结束后，各国国际储备主要由政府持有的美元、黄金、在国际货币基金组织的储备头寸、由国际货币基金组织分配的特别提款权等部分组成。

汇率是一个国家的货币折算成另一个国家货币的比率，除英国和美国外，其他国家一般采用直接标价法，即以一定单位的外国货币作为标准，折算为本国货币来表示其汇率。在没有国际金融的情况下，出口等于进口，不存在贸易赤字，贸易赤字只有在国外借款和放款时才可能发生，汇率也主要由进出口的供给和需求决定。一旦发生国际借贷和长期国际资本运动，外汇市场和汇率决定就变得相当复杂了。1870年至1973年期间，由于国际货币体系建立在金本位和美元金汇兑本位的基础上，国际通行的是固定汇率制。1973年以美元为核心的布雷顿森林国际货币体制崩溃后，许多国家开始实行浮动汇率制或有管理的浮动汇率制。浮动汇率制虽然可发挥调节国际经济活动的功能，但同时也因汇率变化而蕴藏着经济动荡甚至经济危机的巨大风险，如1997年7月因泰国宣布放弃固定汇率而诱发的亚洲金融危机。由于缺乏统一且稳定的世界货币，不同国家的货币汇率与货币购买力水平常常不一致，这都导致商品价格与商品价值之间不一致。瑞典经济学家古斯塔夫·卡塞尔1922年提出了购买力平价（PPP），即分析计算两种或多种货币之间的等值系数，也就是不同国家的货币购买相同数量和质量的商品和服务时的价格比率，以便有效比较各国的商品价值和国内生产总值。英国《经济学人》杂志1986年提出了一个测量购买力平价的简单而有趣的巨无霸指数，它比较麦当劳在各国出卖巨无霸汉堡包的价格，同样一个巨无霸的美国价格如果是4美元，英国价格是3英镑，那么美元与英镑的购买力平价汇率就是4:3。

（三）外国直接投资

资本国际运动又称国际资本往来、资本流动，是指一国和其他国家的居民、组织之间因经济、政治、文化等而发生的资本输出输入，按照期限可分为长期资本流动和短期资本流动。长期资本流动是指偿还期限在1年以上或未规定偿还期限的股本等国际资本运动，包括外国直接投资和国际间接投资，国际直接投资之外的其他长期投资一般都属于国际间接投资，包括证券投资、国际贷款等形式。短期资本是指期限为1年或1年以内或即期支付资本，短期资本流动是指偿还期限不超过1年的和即期付款的资本流动。对于输出资本的资本家,资本国际运动首要目标是追逐利润特别是超额利润。

外国直接投资(FDI)又称国际直接投资(IDI)、跨国直接投资(TDI)、海外直接投资(ODI)等,是指一国居民、企业等投资者凭借资金、技术、管理、销售等方面的优势,通过对其他国家投入货币资本或其他生产要素的投资,以获得投资企业的控制权,从而获取利润特别是超额利润的长期投资行为,是资本国际化的重要形式。我国因大陆地区与港澳台地区之间的特殊关系,在经济统计上长期把港澳台投资作为外商、境外资金,与外国投资合并统计,由此我国统计指标中的 FDI 一般译为外商直接投资。外国直接投资可分为直接设立新企业和通过跨国合并、收购而控制外国企业两种形式,分为产业资本、商业资本、银行资本等领域的直接投资。

资本运动遵循的是剩余价值和利润率规律,外国直接投资等长期资本的国际运动也必然是为了获得更高的利润率和利率。19 世纪末 20 世纪初,国际直接投资增长率迅速超过国际贸易,英国、法国、德国是资本输出的主要国家。由于发达国家在资本、技术、管理、销售等方面具有对发展中国家的全面优势,而发展中国家的劳动力、土地等生产要素价格低廉,发达国家大量投资发展中国家,攫取了超过本国水平的剩余价值。

外国直接投资的领域也在不断变化。早期的外国直接投资往往集中在商业、运输、银行等领域,为发达国家的商品生产和国际贸易提供支持。进入 20 世纪,发达国家进入垄断资本、国家垄断资本时期,在科技进步特别是第二次科学革命的推动下,产品和产业结构不断变革,劳动生产率大幅提高,发达国家的国内市场规模既不能满足分工深化和企业竞争的需要,也不能消费垄断企业不断扩大的商品生产。因此,资本主义企业必须在世界范围进行分工和生产,并在世界范围销售商品,以实现剩余价值。而科技革命引起的运输、通信领域的一系列革命性发展,大大降低了生产和交换的运输、通信成本。联合国、世界银行、关税与贸易总协定等国际组织的建立和国际条约的签订,大大减少了国际分工和竞争的壁垒。这样,外国直接投资的重点逐渐转向物质产品生产的工业部门,特别是制造业的化工、机械、电气、电子计算机、医药、生物技术等行业。

(四)国际间接投资

国际直接投资之外的其他长期投资一般都属于国际间接投资,包括国际贷款、国际证券等形式。资本输出如果采取国际贷款、债券等生息资本形式,那么不仅可以从债务国获得利息,而且在提供贷款时还可以附加种种条件,诸如强迫债务国高价购买它的技术、设备、消费资料等,从而输出了商品,获得了垄断利润,这就是列宁所说的资本家输出资本时"要从一头牛身上剥下两张皮"。资本输出、投入生产、转化为产业资本后,由于资本一般是输出到相对落后的行业或国家,那里资本少,土地、原料价格和劳动力价格偏低,市场竞争不充分,产业资本家还可能获得超额利润。

国际间接投资主要采取国际贷款、国际证券投资等形式。(1) 国际贷款是指资本主义国家的银行、企业、政府等组织,把资本以贷款形式借给其他国家的居民、企业、银行、政府等各种资金需求者,是生息资本输出的重要形式。生息资本的国际流动同样是为了获得更高的利息,并借此向输入国提出各种要求,特别是要求输入国为其产业资本、商业资本的输出提供有利条件。(2)国际证券投资是指在国际债券市场上购买企业或政府的中长期债券,在国外股票市场上购买企业股票的一种投资活动。企业发行债券和股票,主要用于筹集生产中短缺的资金,扩大企业总资产,以获得更多的利润。政府发行国际债券,可以用于弥补财政赤字和国际收支逆差。从一国资本流出和流入角度看,发行国际证券意味着资本流入,购买国外证券意味着资本流出。

国际贷款、国际债券一直是生息资本输出的主要形式,英国伦敦一直是传统的国际金融中心。第二次世界大战结束后,迅速增长的国际直接投资要求资本所有者和银行提供货币资本支持,货物和服务国际贸易要求提供大量的贸易信用和外汇交易,积累了大量的境外货币跨国公司也要求将暂时闲置的资金存放在银行或投资于证券。国际经济的这些发展都要求创新发展国际金融业务,为国际经济活动提供资金充足、借贷便利的国际金融市场,纽约、法兰克福、苏黎世、东京、香港等成为新的国际金融中心。国际金融市场包含国际性的外汇市场,融通短期资金的货币市场,融通中长期贷款和发行股票、企业债券和政府债券的资本市场,以及国际黄金市场、国际租赁市场等组成部分。比较而言,银行在金融体系中的主导地位正在弱化,而股票、债券等直接融资和资产管理公司的作用在不断增强,资本市场逐渐成为全球金融市场的主要部分。

国际短期资本运动包括贸易资本、银行资本、保值性资本、投机性资本等形式的资本流动,一般通过政府债券、商业票据、银行承兑汇票、银行活期存款凭单、大额可转让定期存单、短期国际贷款等有关信用工具,通过电话、电报、传真、互联网等通信方式进行。由于短期资本运动规模大,复杂性、投机性、市场性强,其中,投机性的国际短期资本又被称为国际游资或热钱,这进一步扰动了外汇交易和各国经济。

(五)国际收支

国际收支是指一定时期内,一国和其他国家的居民、组织之间因经济、政治、文化等,发生的货物和服务贸易、资本往来等各种经济活动的货币价值之和。一国与他国之间因发生经济交往而产生了债权债务关系,这种关系必须在一年、半年或一个季度等一定时期内通过外汇资产进行清算与结算,从而产生了国际性的外汇收入和支出。一国的国际收支是一国对外国的货币资金收付行为,不但反映了该国的国际经济关系,而且反映着该国的经济结构和经济发展水平。与国际收支相关的是国际收支平衡表,国际收支平衡表是将一国一定时期的国际收支情况分别按不同项目编制的记录和统计表,它综合反映了一国同外国在一定时期内货币资金往来的全面情况。

例 8-3　国际收支平衡表

　　国际收支平衡表在内容上由经常项目、资本与金融项目、净差错与遗漏项目、储备与相关项目等四部分组成。(1) 经常项目主要反映一国与他国之间的经济资源的转移，包括有形贸易即商品或货物的进出口，无形贸易即航运、金融、旅游等服务收支，以及收益和经常转移（单方面转移）等 4 个项目，是国际收支中的主要项目。(2) 资本与金融项目主要反映的是国际资本流动，包括长期、短期的资本流出和资本流入，资本项目包括资本转移和非生产、非金融资产的收买或出售，金融账户包括直接投资、证券投资和国际信贷、预付款等其他投资。(3) 净差错与遗漏项目是为了使国际收支平衡表的借方总额与贷方总额相等，编表人员人为地在平衡表中设立该项目，用来抵销净的借方余额或净的贷方余额。(4) 储备与相关项目包括外汇、黄金和分配的特别提款权（SDR），特别提款权是国际货币基金组织利用国际金融合作的形式而创设的一种新的类似于黄金、自由兑换货币的国际储备资产，是根据会员国认缴的份额分配的、可用于偿还国际货币基金组织债务、弥补会员国政府之间国际收支逆差的一种使用资金的权利，又被称为"纸黄金"。特别提款权 1970 年最初发行时以黄金为定值单位即与黄金直接挂钩，每一单位等于 0.888671 克黄金即 1 美元，1976 年与一篮子 16 国货币、1980~2000 年与 5 国货币（美元、法郎、马克、英镑、日元）、2001~2015 年与 4 种货币（美元、日元、英镑、欧元）定值，2016 年人民币加入特别提款权货币篮子。

　　资料来源：国际收支平衡表、特别提款权及其数据，参见国际货币基金组织（International Monetary Fund）及其网站 https：//www.imf.org 的相关栏目，中国国家外汇管理局及其网站 https：//www.safe.gov.cn 的"国际收支平衡表编制原则与指标说明"。

　　在对外经济关系中，许多国家的国际收支经常存在不平衡的现象，即国际收支逆差或顺差。国际收支不平衡数额如果巨大且又长期持续存在，就会引起一系列的不良后果。因此，政府一般会采取国际收支调节、外汇管制等干预措施，力求改善国际收支不平衡状况。不过，一国采取措施一方面可能与发展国内经济的要求背道而驰，比如为吸引国外资金而提高利率，但在经济复苏时期提高利率又会影响经济增长，经济复苏受阻又会影响国际贸易增长；另一方面可能引起其他有关国家的报复行动，从而减弱或抵消该国调节措施的作用。

四、世界经济

　　资本为了降低成本，追逐更大利润，通过国际化的分工、竞争和交换，将资本主义生产方式从国内扩展到国外，各个国家和地区的经济逐渐纳入资本运动体系，资本主义从地方性走向全球化。世界经济是人类经济活动发展到一定阶段的必然产物，是指各个国家和地区的经济相互联系和相互依存而构成的世界范围的经济整体，相近的还有国际经济、经济全球化、经济国际化、国际经济一体化等概念。

（一）世界经济的形成过程

从历史上看，世界经济的形成与发展是资本主义生产方式出现和发展的结果。人类虽然具有共同的起源，但在前资本主义时期，社会生产力水平低下，简单分工、自给自足的农业经济、自然经济占统治地位，农业、畜牧业、手工业等产业间的国际分工虽然出现，但国际贸易的范围和规模都很小，诸如地中海贸易、"丝绸之路"等国际交换活动都是偶然的、局部的现象，只是对孤立分散、停滞不前的自然经济、国内经济的有限补充，不能形成真正的世界经济或全球化经济。

资本主义一开始就是一种跨国性、全球化体系，开放竞争才能够保障每个人、每个国家实现全面持续发展，国际分工、国际贸易和国际投资正是适应了资本主义发展的必然结果，世界经济正是商业资本、产业资本、生息资本为追逐更大利润而在国际运动的产物。15世纪末16世纪初，资本主义刚刚萌芽，西班牙、葡萄牙、荷兰、英国、法国、瑞典等国家就纷纷着手海外贸易和殖民，资本家开始国际分工、竞争和交换，在全球范围不断追逐更多的剩余价值或利润，全球市场开始形成。18世纪中叶到19世纪中叶，欧洲和美国相继发生并完成了以蒸汽机改进和推广为代表的第一次工业革命，铁路、轮船等交通运输业迅速发展，建立在分工和竞争基础上的机器大工业导致生产迅速增长，贸易和投资日益超越国家的边界，各国相继卷入资本主义国际分工和国际交换的体系，生产资料、劳动力在世界范围流动和配置，欧美国家成为资本和生产的中心地区，亚非拉地区成为原料产地和工业品销售市场，商品输出和商业资本成为资本国际运动的首要形式，国际分工首先和主要是通过商业资本和商品交换而进行的，各国之间相互依存的资本主义世界经济体系初步形成。为了适应国际贸易的需要，少量的生息资本和产业资本也开始越过国界，加入资本的国际运动。

19世纪70年代之后，资本主义国家开始了以电力、内燃机应用为标志的第二次工业革命，工业生产由蒸汽时代转向电气时代，美国、德国资本主义发展后来居上。与此同时，资本和生产更加集中，资本主义从自由竞争转向私人垄断，金融资本控制了众多行业，发达国家积累了相对过剩的大量资本。资本家和政府为了追逐高额利润或利息，就不再局限于国际贸易和商业资本运动，而以直接投资、信用贷款等方式，向经济开始起飞的发展中国家输出资本，国际资本运动表现出以产业资本、垄断资本为主导的特征，直接投资和国际贷款迅速增长，发展中国家进一步卷入资本主义生产体系。到第一次世界大战前，资本主义出现了国际投资、国际贸易的第一次高潮，最大的资本主义国家已经从经济和领土上瓜分世界，金融资本在国际经济关系中占统治地位，宗主国与殖民地之间形成了政治和经济上双重不平等的国际关系，帝国主义的世界经济体系基本形成。随着1914年第一次世界大战爆发、1917年俄国十月革命和1929年世界经济大危机，各国一度盛行保护主义政策，资本主义全球化因之受到阻碍。

第二次世界大战结束后，国际分工和资本流动的条件和现象出现了一系列的新变化：以原子能、航空航天、电子计算机、合成材料、生物技术、互联网为代表的第三次技术革命和工业革命不仅涌现了大量的科技成果，而且大大加快了科技成果转化为生产力和物质财富的速度；私人资本和国家权力全面结合，资本主义从私人垄断进入国家垄断；部门内分工的国际化程度不断加深，发达国家资本家利用其劳动力、技术、管理、货币的优势地位，全面参与全球生产和剩余价值分配，形成了金融性、垄断性、全球性资本主义；以美元为核心的国际货币体系，以美国主导的联合国、世界银行、国际货币基金组织、关税与贸易总协定等国际政治经济组织在战后世界经济的恢复和发展中发挥了一定的组织协调作用，国际经济和政治体制不断改革开放；俄国十月革命和欧亚一批社会主义国家诞生，虽然打乱了世界经济进程，世界经济分为资本主义和社会主义两个对立的经济体系，但不同经济体系之间相互竞争和相互渗透，世界经济依然在错综复杂地向前发展。在这些新的条件下，资本国际运动从贸易领域全面扩展到生产和金融领域，形成了以产业资本国际运动为核心和主导、以跨国公司为主要载体的资本国际化浪潮，美国凭借经济和军事优势而一举取代英国，成为全球的经济和政治霸主，有力推动和影响了世界经济进程。

20世纪80年代以来，资本主义国家放松经济管制，社会主义国家纷纷改革开放，中国推行从对外开放到开放型经济的发展战略，1993年欧盟建立和1995年世界贸易组织建立，技术和工业革命向纵深发展，知识、信息的生产、分配和使用成为经济增长的主要因素，区域经济一体化全面推进，经济全球化又进入了新的发展时期，直到2008年世界经济危机爆发后才有所阻碍。与此同时，国际资本运动重点不仅转向发展中国家，一些新兴工业化国家和地区随着产业结构变化和企业技术、管理等水平提高，其对外直接投资也出现了速度加快、规模扩大的趋势。如韩国、新加坡、我国台湾在对外投资上开始转向高科技领域的生产和开发活动，韩国在半导体、软件开发、电信技术等行业，新加坡在计算机、生物技术、基因工程、电子技术等行业，我国台湾地区在化学、半导体、计算机等行业具有一定竞争能力，投资对象包括发达国家和发展中国家。

（二）世界经济的发展特征

在国际分工、开放经济条件下，通过人口、商品、技术、货币的国际运动，资本在世界范围雇佣和剥削工人劳动，追逐国际剩余价值，资本主义生产方式逐渐成为全球性的经济体制，对各国经济和世界经济产生了复杂多样的影响，人类经济发展进入国际化、全球化时代。

第一，世界经济发展首先表现为资本主义生产方式和经济危机的全球化。随着资本主义生产方式从少数国家扩展到越来越多的国家和地区，资本主义成为世界范围的基础性、主导性的生产方式。在全球化进程中，资产阶级对各国工人进行雇佣剥削，从各国获得了巨额的剩余价值，工人的工资水平也逐渐提高。同时，不同国家的资产阶级之间也存在着各种矛盾与斗争，既相互协作又相互斗争，世界经济发展不平衡，利润分配不均等。

由于资本主义生产方式成为世界范围占统治地位的生产方式，经济全球化仍然是私人资本特别是垄断资本的积累和统治，资本主义生产关系的性质并未改变，劳资之间、国家之间的贫富差距依然巨大，国家之间存在着经济、政治和文化上的对立。资本主义经济基本矛盾一旦激化，社会经济危机就不仅可能在国内爆发，而且容易扩散为多国甚至全球经济危机，进而引发全球政治、军事和文化危机。如1847年欧洲经济危机和1848年欧洲革命，列强自1840年起对中国的持续殖民化过程，第一次、第二次世界大战的相继爆发，1929~1933年经济大危机的全球蔓延和旷日持久，都是资本主义经济政治矛盾的全球爆发。1989年苏联东欧国家制度转型、1991年冷战全面结束之后，和平与发展成为时代主题，但资本主义经济的根本性缺陷并未消除。首先是转型后的东欧国家在欧美经济的冲击下陷入了衰退，随后1994~1995年墨西哥发生"龙舌兰酒危机"即金融危机，1997年7月始于泰铢贬值而引发的亚洲金融危机，1997~1998年俄国金融危机，1999年巴西金融危机，2001年阿根廷金融危机，2008年美国金融危机导致的全球性长期萧条，2020年春因COVID-19（新冠肺炎）全球性扩散而引起的美国和全球证券市场暴跌。同时，尽管欧盟和世界贸易组织不断扩展，但世界政治危机和国际战争依然不断爆发，特别是东欧、中东、非洲地区战火不断。

第二，资本的国际运动推动了世界经济发展，出现了贸易、生产、金融的全球化。随着商业资本、产业资本、生息资本的国际运动，各国经济活动相互依存、相互制约和相互影响，日益联结在一起，人类经济从古代的部落经济、地区经济、国家经济的封闭分散发展转向了国际化、全球化发展。特别是20世纪90年代以来，在信息技术革命、跨国公司、各国政府和国际经济组织的推动下，经济全球化出现了加速势头。经济全球化就是指通过国际分工、生产资料和劳动力的国际运动，各国私人资本、国有资本在世界范围组织商品生产和交换，生产要素配置从一国之内扩展到世界范围，人类的、世界的科学、技术知识和经济、政治体制不断变为民族的、国家的知识和体制，各国经济活动日益走向国际化、一体化的发展趋势。任何民族、任何国家都是人类文明、人类命运共同体的一部分，都应当奉行开放包容、分工交换、共同繁荣的发展战略，促进和而不同、兼收并蓄的文明交流、理解和认同，做世界和平的建设者、全球发展的贡献者和国际秩序的维护者。

经济全球化主要表现以下几个方面：（1）贸易全球化。以贸易自由化为先导，货物、服务、技术等在全球自由流通，商业资本全球化、贸易全球化是最先出现的经济全球化现象。（2）生产全球化。经济全球化的核心内容在于产业资本全球化、企业生产全球化，私人资本依托国际分工和交换，通过跨国公司、离岸公司等组织形式，在全球范围内组织生产活动。（3）金融全球化。贸易和生产的全球化主要是通过私人资本的国际运动而实现的，私人资本的全球化运动主要采取货币化的直接投资和生息资本形式，私人资本的全球化也就是金融全球化，是货币资本的自由化、全球化流动和配置。（4）人力、科技、信息全球化。尽管移民政策趋于严厉，保护主义几度抬头，但亚非拉移民依然不断涌入美国、加拿大、欧洲。电子计算机、互联网、移动通信等领域的技术创新，不断推进着贸易、生产、金融和劳动力再生产的全球化。（5）经济政策、经济秩序的全球化。贸易、生产、金融全球化就必须打破国家之间的贸易、技术、劳工、环境等各种政策壁垒，经济全球化过程也是各国开放发展、经济政策全球化的过程。

第三，世界经济发展具有不平衡性。在几百年的资本国际运动、经济全球化进程中，各个国家和地区的发展速度并不一致，原先的欧美资本主义国家因国际贸易、国际投资而保持和强化了在世界经济中的支配地位，其他国家和地区除了日本、新加坡、韩国等少数国家经济获得了迅速发展，大部分国家经济增长缓慢，非洲、拉丁美洲地区出现了长期停滞，南北差距甚至有所扩大。

世界经济发展不平衡首先表现在发达国家、发展中国家的内部。在发达国家之间，资产阶级特别是垄断资产阶级在世界范围内追逐利润，资本主义经济基本矛盾转换为世界范围的矛盾，发达国家的资产阶级既协作又斗争，第一次、第二次世界大战就是资本主义经济基本矛盾在国家之间激化爆发的结果。20世纪后半叶，美国、欧洲、日本等发达国家之间依然经常爆发经济政治上的各种冲突，以经济或文化的形式争夺着世界霸权。在发展中国家之间，经济发展不平衡导致形成了多样化的国家类别，大致可以划分为石油生产和输出国、新兴工业化国家、原料及初级品生产和出口国、最不发达国家等类型。

世界经济发展不平衡还表现为发达国家与发展中国家、核心国家与边缘国家之间的南北差距具有不断扩大的趋势。在国际分工中，发展中国家、边缘国家由于其资本、生产、技术、法律等条件相对落后，其生产和贸易更多地受到发达国家资本特别是垄断资本的支配，服从于发达国家而不是发展中国家的生产和消费的需要，发达国家的私人垄断资本与发展中国家弱小的私人资本之间存在着各种矛盾，资本主义国家的工人阶级之间也存在着一定的利益冲突。如1914年第一次世界大战爆发后，1889年成立的第二国际即社会主义国际的许多政党纷纷违背了原先的革命原则，表示支持本国帝国主义政府，事实上宣告了第二国际的破产。

第二次世界结束前后的1945年雅尔塔会议和联合国大会以来，发达国家之间的经济实力不断变化，形成了一超多极的经济格局，美国保持了长期的超级大国地位，美国与欧洲、日本又形成三足鼎立的局面。尽管日本在20世纪上半叶的资本全球化过程中成长为发达国家，西亚、北非少数石油输出国在20世纪下半叶也获得了巨额石油收入，新加坡、韩国等个别发展中国家开始走上工业化道路，但发达国家依靠资本、生产、技术优势，加上主导国际经济组织，控制贸易和投资规则，垄断世界市场，使得发达国家与发展中国家之间的经济差距整体上出现了扩大趋势，而信息技术革命、金融自由化更加深了国际贫富差距，绝大多数发展中国家人均收入低下，生态环境恶化，国际债务沉重，战争威胁仍在，社会经济发展陷入停滞甚至混乱状态。

第四，不同资本主义国家的社会制度既出现趋同性，又具有各自特色。资本主义尽管已经成为全球性的社会制度，但不同国家因进入资本主义制度时间有先后，历史传统、自然环境、生产条件有所差异，形成了各具特色的资本主义经济制度，诸如英美资本主义、莱茵资本主义、拉美资本主义、东亚资本主义等不同模式。

第三节 资本主义政府

资本主义是在一定的地理空间和一定的制度约束下产生和发展的,国家政权、国有资本参与了价值和剩余价值的生产和实现过程。随着资本积累、生产集中和生产社会化,随着垄断资本、世界经济的发展和经济危机的频繁爆发,私人资本特别是垄断资本、国际资本依然渴望借助政府力量,通过政府管制、财政货币政策、国有经济等手段和方式,双方在经济领域进行各种结合,在全国以至全世界保障资本追逐剩余价值。20 世纪 30 年代以来,资本主义从自由竞争、私人垄断资本进入了政府干预、国家垄断资本的发展阶段,这就需要在分析产业资本、商业资本、生息资本和垄断资本、国际资本之后,分析国家和政府的性质、作用和演进,认识政府与资本运动、剩余价值生产之间的关系。这也是马克思 1859 年《〈政治经济学批判〉序言》分析资本主义经济的应有之义:考察资产阶级经济制度应按照资本、土地所有制、雇佣劳动、国家、对外贸易、世界市场的次序。

一、国家和政府

(一)国家的性质

推动人类社会发展的基本力量是物质资料的生产与再生产,人类历史就是人类对其消费需要与物质资料生产供给之间的矛盾关系的各种解决过程,包括人类在生产力、生产关系、知识和政治上层建筑等领域的实践活动。原始社会末期,随着社会生产力的提高和私有制的出现,阶级和阶级矛盾的产生,人类的经济关系、社会结构、知识体系、政治制度也发生了变革。当社会运行和发展出现问题,特别是社会矛盾不可调和的时候,国家政权作为维持社会稳定、保护统治阶级利益的工具也就出现了。国家随着社会生产的发展而产生,是人类在一定的时期、区域和人口中,垄断性使用强制性手段解决社会问题的一种社会组织和制度安排,是以居民为主体、以领土为活动空间、以主权政府为公共治理机构的多重结构的社会共同体,现代国家还要以国旗、国歌、国徽、首都等作为国家的标志。

完整的国家概念包括三重含义:(1)文化认同、数量稳定的居民。这些居民拥有相对稳定和包容的语言、知识、信仰、艺术、伦理、习俗,现代社会是公民社会,认同平等权利、市场经济、民主政治、多元知识的社会结构,形成相对一致的思维、感觉、行动的方式即国家文化,以及居民结成的各种组织。(2)稳定的领土。领土是一个主权国家管辖下的陆域、水域、空域的总体及其间的全部资源。(3)独立、垄断、强制性、合法性的公共治理机构即主权政府。政府依法管理所在的居民和领土。英语中与"国家"相关的概念有 state、nation、country 等,它们的含义分别侧重于政府、国民、地域。因此,广义的国家是一个具有多重内涵的概念,包括居民、文化、领土、政府等要素或子系统，现代国家的本质是公民及其拥有的财产、土地、知识、公共机构等要素组成的共同体，是不同地区、不同民族的经济、文化的交流和融合体系，是国体和政体的统一。梁启超1899年在《清议报》发表的《爱国论》明确指出："国者何？积民而成也。国政者何？民自治其事也。爱国者何？民自爱其身也。故民权兴则国权兴，民权灭则国权亡。"[①] 狭义的国家只是指国家中的独立、垄断、强制性、合法性的公共治理结构即政府组织，政府是广义国家结构中的一个要素、一个子系统，诸如"国家是上层建筑""国家垄断资本""国家干预经济活动""国家与企业之间的关系"中的"国家"只是指政府。

国家是具有多重结构的政治共同体，是国体和政体的统一。国体是指国家的阶级、国民性质，即哪个阶级、哪些国民掌握着政治权力，历史上出现了奴隶制国家、封建制国家和资本主义国家，专制国家和民主国家，启蒙运动、文艺复兴、资产阶级革命提出了国家权力属于全体公民的政治原则。政体是指国家政权的权力结构和组织形式，即掌握政治权力的阶级、国民用什么方式来行使政治权力。国家的政治权力可分为立法权、行政权、司法权等组成部分，可分为中央权力和地方权力，政治权力划分、分配和使用的方式被称为权力结构和组织形式。从政治权力的划分、分配和使用上看，奴隶制国家、封建制国家广泛采用行政权高于立法、司法两权，权力高度集中的君主专制性权力结构，资本主义国家确立了立法、行政、司法三权分立和制衡的民主体制的权力结构。在组织形式上，广义的政府是指立法、行政和司法在内的政府机构，狭义的政府只是指政府行政机构。

在国家、政府的起源和性质问题上，曾经有过神授论、暴力论、契约论、自然法论、交易论、人民民主论、公共治理论等多种解释。综合起来，可以将国家、政府的起源和性质大致归结为阶级统治、暴力掠夺工具的理论和社会契约、公共管理的理论这两大类型。

政府首先是阶级统治的暴力工具。在历史上，国家、政府的产生和发展显然遵循着家庭、私有制、利益的冲突和交换、暴力工具的逻辑，政府首先和主要是在经济上居于优势地位的阶级利益的代理者和管理者，是一种暴力工具和社会组织。恩格斯根据L.摩根的古代社会研究，指出具有公共权力的政府体制代替氏族制度是私有制产生和阶级矛盾激化的必然结果，政府是调和阶级矛盾、镇压和剥夺被压迫阶级的手段，后来的K.杜林、K.考茨基、列宁、马克斯·韦伯、诺斯、奥尔森等人也在一定意义上坚持了这一理论[②]。资本主义政府并不是相互竞争的利益集团的中立的裁判者，其首先和主要是保护财产制度特别是资本主义私有制和阶级结构稳定的暴力工具，是维护资产阶级利益，压迫、支配其他阶级的暴力工具。即如在专制或民主的制度选择上，全体公民享有充分且平等的权利、一人一票的普选制度等民主制度及其公共政策，显然有悖于早期野蛮的资本主义，并不完全有利于资产阶级

---

① 梁启超. 饮冰室合集文集：第3册[M]. 北京：中华书局，1989：67.
② [美]道格拉斯·C.诺斯. 制度、制度变迁与经济绩效[M]. 刘守英，译. 上海：上海三联书店，1994. [美]曼瑟·奥尔森. 权力与繁荣[M]. 苏长和，嵇飞，译. 上海：上海人民出版社，2005. [美]安德烈·施莱弗，罗伯特·维什尼. 掠夺之手[M]. 赵红军，译. 北京：中信出版社，2004.

特别是大资产阶级的利益,所以民主是长期不受统治阶级包括资产阶级欢迎和支持的制度选项,柏拉图、亚里士多德、阿奎那以至18世纪多数的启蒙学者都对民主抱有厌恶或恐惧的心理,普选权是马克思时代工人阶级的政治诉求,许多发达国家直到第二次世界大战前后才开始推进普选制,女性在20世纪五六十年代才逐渐获得普选权。但是,正如卢梭《社会契约论》、马克斯·韦伯《经济与社会》、熊彼特《资本主义、社会主义与民主》等著作所分析,公民平等权利及其民主制度都是社会分工和市场竞争的制度条件,精心设计的民主制度只是在资本主义生产关系笼罩下的一套公共选择和公共管理的手段,政治权力的生产与再生产类似于商品、劳动力的生产与再生产,能够调和劳资矛盾,民主就是资本家和工人对于政治上层建筑管理者的授权和选拔方式。

政府还是公共管理的工具。源于古罗马法,经过格劳秀斯、斯宾诺莎、霍布斯、洛克、普芬多夫、孟德斯鸠、卢梭、哈耶克、熊彼特、罗尔斯等人的发展,公民与政府之间的社会契约被解释为建立和行使公共权力的合法基础,政府是通过社会成员之间的斗争、妥协而达成的为社会成员提供公共管理的社会契约的产物,政府当然首先和主要是为经济上居于支配地位的阶级、阶层利益服务的。在垄断资本时期,政府不仅主要地代表垄断资本的利益,维护垄断资本运动的秩序,还要兼顾社会总资本和的整体利益,采取某些缓解垄断资本与中小资本之间矛盾的措施。即如在劳动力市场上,工人要维护作为卖方的权利,资本家要维护作为买方的权利,买卖双方的权利都是自由交换、价值规律所承认的平等权利,这时主要维护资本家利益的国家权力就发挥了决定性、偏向性的作用,政府可以规定较长的工作日和较低的工资水平,限制甚至禁止工人争取劳动权益的一系列行为。由于资本主义社会不仅存在资产阶级,同时存在工人阶级,以及个体工商业者等其他社会成员,所以政府还要采取某些限制资产阶级特别是垄断资产阶级的措施,实行诸如扩大普选权、征收资本所得和遗产税、建立社会保障制度等政治改革,以调节资产阶级与工人阶级、其他社会阶层之间的矛盾,保障市场竞争和社会稳定。

马克思、恩格斯的一系列著作,列宁1917年《国家与革命》,以及卢森堡等人的研究都对国家权力与公民(市民)社会、各个阶级之间的关系,对国家权力与社会发展之间的关系提出了有力解释。马克思从人类历史特别是资本主义发展经验出发,把社会生产方式以及公民社会理解为整个历史的基础。由此,不是政府决定公民社会,而是公民社会决定政府,"家庭和市民社会都是国家的前提,它们才是真正的活动者,而思辨的思维却把这一切头足倒置"。① 马克思、恩格斯《共产党宣言》及其序言反复指出:"每一历史时代的经济生产以及必然由此产生的社会结构是该时代政治的和精神的历史的基础;现代的国家政权不过是管理整个资产阶级的共同事务的委员会罢了。"② 马克思1859年《政治经济学批判·序言》又指出:法

---

① 马克思.黑格尔法哲学批判[M]//马克思恩格斯全集:第二卷.北京:人民出版社,2005:10.
② 马克思,恩格斯.共产党宣言[M]//马克思恩格斯全集:第一卷.北京:人民出版社,2012:380,402.

的关系正像国家的形式一样,既不能从它们本身来理解,也不能从所谓人类精神的一般发展来理解,相反,它们根源于物质的生活关系,对市民社会的解剖应该到政治经济学中去寻求。① 不过,过去的国家理论大致把政府等政治上层建筑视为适应生产方式发展变化的产物,是经济活动的因变量而不是自变量,没有给出政府行动的系统理论。第二次世界大战结束后,马克思主义等学派针对资本主义的新发展和苏联社会的新问题,反对把政府简单地理解为统治阶级的工具或中性的政府理论,从资本、阶级、国家中心、战略理论等不同角度,发展了国家和政府理论。

(二) 政府职能

恩格斯晚年提出,"社会创立一个机关来保护自己的共同利益,免遭内部和外部的侵犯。这种机关就是国家政权。"② 列宁 1920 年也指出,"政治是经济的集中体现"。③ 政府职能是指政府的职责和功能,那么资本主义政府的职能是什么,政府与居民、企业、市场之间的关系和边界是什么,政府行动的对象和目的是什么,政府的职责和功能是什么,公共政策的产出和影响是什么? 政治是经济性质的集中体现,是资本逻辑的合理延伸。资本主义的经济目标和行为逻辑就是保障社会分工和市场交换的有效运行,最终实现资本增殖,就是剩余价值最大化。资本的逻辑不仅贯穿经济活动的全部过程和所有环节,而且渗透、支配着政治和知识活动。在自由竞争资本主义时期,政府职能主要还是建立和维护资本主义制度,为资本充当"守夜人"和"裁判员"。正如斯密所提出,君主或政府主要履行保护社会的国防职能、保护人身和财产安全的司法职能、建设并维护某些公共事业及某些公共设施的职能。资本主义对外扩张中的 1842 年《中英南京条约》第一条即规定:"自今以往大不列颠·爱尔兰联合王国女王陛下与中国皇帝陛下以及两方臣民之间和平敦睦,两方臣民各在对方疆土之内得享人身、财产之完全的保障与维护。"进入垄断资本时期,国家权力与垄断资本相互结合,政府职能从"守夜人""裁判员"逐渐转变、扩大为"总资本家",政府的政治、经济和文化职能不断扩大。

政府的职能可以分为制定法律、确立秩序的立法职能和履行法律、维护秩序的行政与司法职能两大类,分为政治职能、经济职能、文化或知识职能等组成部分。(1) 政治职能。任何政府都首先和主要为居于优势、支配地位的阶级服务,通过立法、选举、代议制、行政管理等政治手段,使用军队、警察、法庭、监狱等暴力工具,调整资本各部分之间以及资本与劳动者之间的关系,维护资产阶级特别是垄断资产阶级统治。比如,启蒙运动、资产阶级革命贯彻和树立了自由、平等、安全等原则,强调保护人身权和财产权。而一旦涉及资产阶级的根本利益,政府都有滥用权力、偏袒统治阶级利益的强烈倾向,如德国等法西斯主义、美国麦卡锡主义和亚

---

① 马克思. 政治经济学批判序言 [M]//马克思恩格斯选集:第二卷. 北京:人民出版社,1995:32.
② 恩格斯. 路德维希·费尔巴哈和德国古典哲学的终结 [M]//马克思恩格斯选集:第四卷. 北京:人民出版社,1995:253.
③ 列宁. 论工会、目前局势及托洛茨基同志的错误 [M]//列宁选集:第三卷. 北京:人民出版社,1995:367-391.

非拉国家频繁出现的威权主义。为了保护人身健康和财产安全,人类全力研究、生产、使用着足以把人类一次次毁灭的各种武器。(2)经济职能。政府职能的扩大化突出表现在经济领域,如1967年联邦德国《促进经济稳定和增长法》明确提出了政府在经济管理上的经济增长、物价稳定、充分就业、国际收支平衡的四大目标,政府经济管理目标后来又扩大到了调节收入分配、保护环境资源等方面。政府通过财政货币政策、政府投资和国有企业、社会保障等手段,提供各种必要的公共产品和公共服务,调节社会总供给和总需求,以保障资本积累和资本主义再生产的顺利进行。(3)文化职能。通过宗教、学校、工会、媒体等工具,向公众灌输资本主义观念和知识,使他们认同资本主义制度,形成社会共识,保持社会经济稳定运行。

资本主义国家如果运用政治权力,履行政府职能,就必须在全社会范围集中和使用一部分国民收入。没有财政收入,政府机构就无法运转,权力无法行使,政策无法实施,熊彼特甚至把现代国家称为税收国家。通过对国家法律和权力、政府机构和人员、政府财政收入和财政支出、政府职能和目标等方面的定性和定量分析,就可以判断政府的规模和成本,因为政府的财政收入和支出规模就是政府方式的主要成本,是居民、企业等社会主体与政治、政府之间主要的交易或代理成本。当然,广义的政府成本还应当包括政府机构及其人员占有、耗费的一切资源,包括官员贿赂、非政府的政治机构成本等项,而政府成本是企业对外的管理成本的主要组成部分。由于政府是对个人、市场失灵的替代和校正,而政府一直受到虚拟人格、有限信息、有限责任、垄断地位等因素的限制,所以政府干预既可能是市场运行、经济增长的条件,又可能是侵犯人权、妨碍竞争、破坏发展的祸首,政府和国家的失败远过于个人和市场的失败。

二、政府的经济政策

国家权力与私人垄断资本之间可以采取多种多样的结合形式,以保障资本主义的稳定运行和发展。如何分析政府对经济的干预活动和经济政策,如何定义国家垄断资本,至今没有统一的标准和结论。例如把政府干预分为国有经济和政府调节两种形式,分为国有经济、政府采购和政府调节三种形式,分为国有经济、政府财政对国民收入再分配、国家政策与计划调节三种形式等。从实践上看,资本主义政府依靠其国家权力,凭借立法、行政和司法机构,主要采取国有经济、财政货币政策、政府管制、反垄断政策等方式,从上层建筑和经济基础、宏观和微观上控制调节社会总资本的运动。

(一)国有资本和国有经济

国有资本又称国家(政府)资本、公共资本,是政府依靠其强制性的公共权力,通过立法、税收、货币发行、军事等手段集中起来的归国家所有的各种形态的资本,是政府为了保障资本主义经济的有序有效运行而积聚、集中使用的资本,包括国家立法、行政、司法、军事等机构占有和使用的各种资本。广义的国有资本不仅包括政府机构占有和使用的资本，还包括一切用于国家事务、保障和维护社会运行的资本，如用于政党、工会、各种非政府公共组织的资本。国有资本从其资产形态上看，可以分为经营性资产、非经营性的行政事业性资产（包括国防资产）、资源性资产和其他权益性资产等类型，其中，国有经营资产主要表现为国有经济，其他权益性国有资产包括债权、无形债权、国有知识资产等。国有经营资产一般采取国有企业的组织形式，国有经营资产从事的经济活动及其成果就是国家所有制经济即国有经济。国有企业表面上是国家所有制或全民所有制，其实质是国家权力与国有资本直接结合而形成的国家垄断资本，它主要生产提供公共物品，某些国家还生产提供部分甚至广泛的私人物品，国有企业是比私人垄断企业更极端的、更集中的资本社会化的形式。

国有企业由来已久，在资本主义产生之初就已经存在了。居民、市场方式对私人物品的生产提供相对有效，资本主义长期存在着生产相对过剩现象，但对公共产品和公共服务的生产提供相对不足。当时政府主要兴办一些投资量大、周转期长、利润率低、私人资本无力或不愿投资，但又是保证经济运行所必需的产业或企业，主要是生产提供公共产品和公共服务的基础设施、公用事业。直到1929年经济大危机爆发之前，欧美国家基本上是私人企业一统天下，国有经济只局限于邮政、铁路、市政等少数公共基础事业。经济大危机爆发后，欧美国家私人银行和企业大批倒闭，无法继续经营，而苏联国有经济、计划体制一时取得了巨大成就，从经济落后国家而一跃成为与资本主义强国抗衡的工业国家。于是，一些资本主义国家直接介入生产领域，通过政府投资而形成了一批国有企业，积累了大量国有资本，如法国1936~1937年的国有化政策，美国1939~1944年建立了1000多家国有企业，这被凯恩斯讥笑为"爬行的社会主义"。第二次世界大战结束后，法国、英国成为资本主义国有经济的典型国家，亚洲、非洲一批新兴独立国家也实行了国有化政策，如印度尼西亚政府1957年、1962年分别没收了一批外国企业，埃及政府1957年在苏伊士运河战争后将外国公司国有化，新加坡政府1974年创办淡马锡控股公司。由于国有企业依托国家权力而建立和运行，往往既带有政府固有的官僚主义、软预算约束等弊端，企业经济效率往往不高，又扭曲了市场竞争机制，挤压了私人企业发展，《福布斯》《财富》《商业周刊》等世界大企业排行榜上就长期罕见国有企业。因此，资本主义国家一般限制国有企业的建立和发展，常常在经济危机过后实行私有化政策。如20世纪70年代末80年代初，资本主义国家又掀起了国有经济私有化运动。

例8-4 欧美的国有化和私有化

第二次世界大战结束后，戴高乐政府为了促进法国经济的现代化，维护其大国的独立地位，推行了政府指导性计划和国有化运动。1981年，法国社会党在总统和议会选举中获胜后，又推行了"平静的革命"，1982年2月宣布对3500家大型企业和90%的商业银行实现国有化，这包括整个冶金业和军事工业、大部分电子工业的大型企业，国有投资成为这些行业的垄断资本。英国工党政府在 20 世纪 40 年代后期和 70 年代两次掀起国有化运动，德国经济中的国有控股公司也占有一定的比重，如大众汽车、汉莎航空、德国邮政等都曾经是国有控股公司。美国国有企业数量虽然很少，但政府在基础设施、公用事业、基础研究等领域投资良多。英国撒切尔夫人政府 1979 年上台后，率先对国有经济展开了私有化，随后美国、加拿大、联邦德国、日本、法国等也相继推行了私有化政策。如法国 1986 年 7 月颁布私有化法案，28 家国有企业实行了私有化；1993 年颁布第二个私有化法案，13 家国有企业首先实行私有化，1993～2000 年约有 1800 家国有企业私有化。2003 年 9 月，法国国民议会又批准了法国电信公司私有化法案，允许将国有股比例由 59% 减至 20%。然而，一旦经济危机爆发，私人资本陷入困境，扶危济急的国有化政策往往又卷土重来。2003 年 5 月，日本政府对发生经营危机的第五大银行索纳金融控股集团采取了国有化措施。2008 年 9 月美国金融危机全面爆发后，联邦财政部立即全面干预，防止金融和经济崩溃：7 日接管房利美、房地美（Fannie Mae, Freddie Mac）两大住房抵押贷款融资机构，17 日接管美国国际集团，宣布禁止证券市场裸卖空，次日宣布在 10 月 1 日（后延期到 8 日）前停止 797 只金融股卖空，严查操纵市场行为，稍后对花旗银行、美国银行、富国银行等注资 450 亿美元，对美国通用汽车公司出资 495 亿美元而持有公司 60.8% 股份，加拿大联邦政府和安大略省政府出资 95 亿美元，持有 12.5% 股份。美国政府向金融、汽车等企业注资 4218 亿美元，至 2013 年收回 4327 亿美元，但从通用汽车只收回 390 亿美元资金。

资料来源：[世界银行] 马姆德·阿里·阿尤布, 斯文·奥拉夫·赫德斯特德. 公有制工业企业成功的决定因素 [M]. 罗龙, 黄剑平, 译. 北京: 中国财政经济出版社, 1987. [美] 热拉尔·罗兰主编. 私有化 [M]. 张宏胜, 等译. 北京: 中国人民大学出版社, 2011. [意] 皮埃尔·安格鲁·托尼奈利主编. 西方国有企业的兴衰 [M]. 汤吉军, 等译. 北京: 经济科学出版社, 2020. 吴成良. 美国三大汽车公司实现盈利政府退出汽车业救助计划 [N]. 人民日报, 2013-12-11.

国有企业一般采取国有独资公司、国家持股公司两种形式：(1) 国有独资公司是指政府持有全部资本的公司，是纯粹的国有企业、国家垄断资本。政府主要通过以下途径建立国有企业：直接接管私人企业和敌国资本；推行国有化政策，通过收购或补偿损失的办法将私人企业收归国有，如第二次世界大战结束后，英国、法国、意大利、奥地利等国推行国有化政策，将若干设备陈旧、利润率不高或有亏损的煤炭、钢铁、电力、煤气、铁路等部门或企业以偿付高额补偿金的方式收归国有，将汽车、造船等部门或企业收归国有；政府直接投资建立新的企业，如一些国家通过财政拨款兴建了原子能、宇航等新兴尖端工业和基础设施。(2) 国家持股公司是指国有资本与私人资本在企业内部的结合，即政府、私人双方共同持有资本的企业，这类企业又称为国家参与制企业、混合所有制企业。国有资本与私人资本的结合也有多种途径：政府出资持有私人垄断企业的部分资本；原国有企业向私人垄断资本转让一部分资本；国家同私人垄断资本联合投资建立新企业。

国有资本对私人资本特别是垄断资本的支持服务也具体表现在剩余价值的生产、

实现和分配等各个方面。(1) 在剩余价值的生产上，国有资本直接向私人资本特别是私人垄断资本提供生产所需的固定资本和流动资本。政府以低价向私人资本出售、出租国有资产，提供货物和服务，又以高价从私人企业购买货物和服务。第二次世界大战结束后，欧美许多国家将为战争服务的大批国有企业廉价出让给私人资本，国有银行等金融机构为私人垄断资本提供大量、优惠的贷款和金融支持，政府投资兴建基础产业和公共基础设施，为私人垄断资本提供再生产所需要的货物和服务。再如政府投资进行科学技术研究，欧美国家的政府研究开发费用占 GDP 的比例从 20 世纪初的微不足道，迅速上升到 21 世纪初的 2%~4%，如据世界银行 WDI（世界发展指数）数据库，高收入国家研究开发费用占比 2000 年、2020 年分别为 2.3%、2.9%，其中美国、德国、英国、法国、日本、韩国分别为 3.5%、3.1%、2.9%、2.3%、3.3%、4.8%，而中低收入国家 2000 年、2020 年分别为 0.6%、1.6%，[①] 其中政府研究开发费用约占一半，这些研究开发成果主要供私人资本无偿或廉价使用，从而实现了国家权力与私人垄断资本的直接结合，保证垄断资本获得超额垄断利润。(2) 在剩余价值的实现上，国有资本协助解决私人生产与社会生产之间的矛盾。比如，政府及国有资本作为国内市场的重要消费者，向私人垄断资本大量采购，政府采购占 GDP 的 10%~15%，2023 年我国政府采购占 GDP 的 2.9%。[②] 国有资本通过对外投资、出口信贷等措施，促进私人资本的商品出口和资本输出。通过国有企业，政府能够以较少的国有资本直接影响以至控制大量私人资本的运动，提高技术水平和调整经济结构，稳定和恢复经济增长，在一定程度上弥补了私人资本、私人劳动的缺陷。(3) 在剩余价值的分配上，国有资本通过向私人垄断资本低价销售，高价采购，即价格转移机制，以及税收和财政支出政策，把国有企业工人创造的一部分剩余价值转移到了私人垄断企业，降低了私人垄断资本的成本，提高了私人垄断资本的利润率水平。

(二) 财政、货币和收入政策

财政政策、货币政策、收入政策等都是现代资本主义国家广泛使用的经济政策。国有垄断资本当然可以直接建立国有企业，可以与私人垄断资本结合建立混合企业，然而，国家垄断资本的这种直接形式在数量和比例上毕竟有限，私人资本毕竟是社会总资本的主要部分，是资本主义的经济基础，政府通过经济政策、政府管制等职能手段与私人垄断资本的外部结合才是形成国家垄断资本的普遍形式。政府通过财政政策、货币政策、收入政策和社会保障制度等，影响生产和交换，调节国民收入分配，从而保障了私人资本的正常利润和资本积累。

财政政策是政府对国民收入的直接、强制性的分配和使用，是政府机构运行和经济政策实施的资金保障。相对于国有经济对经济活动的直接参与和政府管制对经

[①] 研究开发费用数据，见世界银行（https://www.shihang.org）WDI 数据库，中国国家统计局《国际统计年鉴 2023》16-4 研究与开发经费支出和公共教育经费支出占国内生产总值比重。
[②] 蓝佛安. 强化政策支持和资金保障 促进国民经济循环畅通 [N]. 人民日报，2024-01-04.

济活动的强硬调节,财政政策是介乎经济基础和政治上层建筑之间的政府干预手段。随着工业化发展和资本社会化,马克思、A. 瓦格纳等人都提出了公共部门在数量和比例上存在内在扩大机制,公共支出不断膨胀。更重要的是,对居民、企业等社会主体的征税、收费、补贴等财政政策还是一种可以长期反复使用、激励约束有效的政策工具,财政政策由此处于国家各项政策的核心地位。政府拥有和使用的财政政策工具包括政府预算、税收、政府支出、政府债务等。其中,税收以税负能否在居民之间转嫁为标准,可以分为直接税和间接税,直接税主要以财产和收入为征税对象,如财产税、个人和企业所得税、社会保险税,间接税主要以生产、交易过程或行为为征税对象,如营业税、增值税、消费税、关税。政府支出按是否与居民、企业的货物和服务相交换,可以分为购买性支出和转移性支出。购买性支出表现为政府根据政策目标,直接购买货物、服务的经济活动,包括购买满足政府日常活动的消费品和用于国有企业、长期项目的投资品。转移性支出直接体现为财政资金对居民、企业的无偿、单方的转移,包括社会保障、财政补贴、债务利息等方面的支出。

财政政策作为国家权力与私人资本相结合的重要手段,主要在保障政府运行、促进经济增长、调节收入分配等方面发挥作用。比如,政府向居民和企业征税,发达国家的税种从间接税逐渐转向直接税,特别是向广大居民征收越来越多的个人所得税、社会保险税。政府向企业提供各种财政补贴,如价格、产业、地区、出口等补贴,并对私人企业提供各种税收减免的优惠措施。政府向公路、铁路、机场、通信、水电煤气、环境治理等基础设施,向教育、科研、医疗、体育、文艺等社会事业提供大量财政拨款或财政补贴,资助私人资本完成资本积累和劳动力再生产,保障企业获得高水平、低工资的劳动者和大量廉价的科研成果,为私人部门和国民经济的增长创造条件。第二次世界大战结束后,发达国家普遍开始建立社会保障制度,不断扩大社会福利支出,这既保证了社会再生产所必需的劳动力供给,又通过扩大消费需求而促进了企业商品的顺利售卖。

货币政策是政府关于货币发行、货币流通的政策,通过发行债务性信用货币,购进外汇、黄金和票据、债券等而调节货币资金的社会流通,防范系统性经济风险,现代国家使用的货币政策工具分为一般性政策工具、选择性政策工具和其他政策工具。其中,一般性政策工具是指可以普遍使用、用于调节货币总量、影响宏观经济运行的货币政策工具,包括调整存款准备金率、贴现窗口和调整贴现率、公开市场操作、资本充足率、杠杆率等。选择性政策工具是指加强或改进货币政策对特殊经济领域影响的选择性控制工具,包括消费者信用控制、证券市场信用控制、直接信用控制、间接信用指导、再贷款、利率控制等。政府通过货币发行政策,为商品生产和交换提供一种充当价值符号、交换媒介、财富贮藏手段、延期支付工具的一般等价物的法定货币,保持货币统一和币值稳定。政府通过货币流通政策,相机使用存款准备金率、公开市场操作、利率、信用控制等政策工具,调节货币流通的数量和结构,从而调节社会总资本的运动,促进国民经济总量平衡。

收入政策是政府采取的旨在直接影响居民收入的水平和结构,提高居民的社会福利的一系列政策。由于居民收入采取货币收入形式,狭义的收入政策是指限制一般价格水平上涨而采取的价格、货币工资等政策，如工资－物价指导线即政府根据长期劳动生产率来确定工资和物价的年均增长率，对特定的工资、价格实行口头劝说或管制、冻结，实行税收政策以调节工资增长率。广义的收入政策还包括建立个人所得税、社会保障税、遗产税等税收制度，建立和完善有关生育、教育、失业、医疗、养老、社会救济等社会保障制度，从而调整居民收入分配的过大差距。第二次世界大战结束后，欧洲、加拿大、澳大利亚、新西兰、日本等发达资本主义国家纷纷建立了从摇篮到坟墓的社会保障制度。

政府通过制定和实施财政、货币、收入等经济政策，在一定程度上调整了社会总资本的生产、分配和积累，促进了私人成本的社会化，扩大了社会福利范围，缩小了收入和财产分配上的两极分化，调和了工人与资本家之间的矛盾冲突。然而，资本主义私有制决定了其生产和分配的过程和结果，财政、货币等经济政策无法消除资本主义经济的基本矛盾，相反可能引发新的矛盾。例如，资产阶级反对按照均等、民主原则对国民收入进行分配和再分配，政府财政支出不断增长，但政府收入增长相对有限，这往往导致政府入不敷出，政府债务不断扩大，引发财政危机和政府破产，财政危机又影响了生产和积累的运行，最终导致了资本主义合法性的危机。又如，政府实行通货膨胀、放松金融监管等货币政策，导致了物价持续快速增长和金融危机频繁爆发。进入20世纪，资本主义国家的财政危机、金融危机反复爆发，如1929年经济大危机严重动摇了资本主义制度，2008年美国金融危机又引发了持续不断的经济危机、财政危机和政府危机。

（三）政府管制

资本主义政府对经济活动的干预政策一直摇摆在全面管制与自由放任两个极端之间，前者体现为专制政府、统制经济，后者体现为民主政府、市场经济。

政府管制一般是指政府作为政治上层建筑，通过立法和行政、司法手段，对居民、企业的权利、义务，对社会活动的方式、范围、过程、结果等方面的调节控制，包括社会性管制和经济性管制。经济性管制是政府依照一定的法律规定，通过特许权、行政许可、技术标准、财政收支、产业政策、经济计划、交易规则等手段，对居民、企业等在市场准入和退出、价格等市场行为、货物和服务质量、信息披露等方面的经济活动所采取的一系列行政措施，以提高经济活动的有效性。政府还常常在劳动就业、消费者权益、环境保护、教育医疗、社会文化生活等方面实行社会性管制。显然，政府制定实施的各种管制手段，虽然在一定程度上限制了私人资本和市场机制，但它可能从微观上规范着私人资本特别是私人垄断资本的投资、生产、竞争、交易等经济活动，调节了市场竞争不足或市场过度竞争状况，最终保证甚至促进了剩余价值的生产、实现和分配。

行政许可又称政府核准、行政审批，是政府对居民、企业参与经济活动除了要求符合法律规定的一般性条件和程序外，还必须经过审查批准，从而对企业设立、商品生产、市场销售等进行控制。在资本主义初期，欧美国家对企业的设立、经营曾经实行过特许主义，如英国、法国等国家的国王特许制，美国的州特许制，每设立一家企业就必须经由国王、州长特批或制定特定的法令，这就大大增加了企业设立的成本，限制了企业的充分竞争。现代政府常常基于外部效应、规模经济、信息不完全、道德规范、国家安全等方面的考虑，事先或事中地设置一些市场进入的壁垒，如政府颁发许可证，设立产品质量标准、企业管理质量标准、劳动标准、环境标准，创设排他性的知识产权、公共产权等措施，管制企业的投资、生产、交易、价格等活动，限制国内外的企业进出和市场竞争，以保护国内私人企业特别是垄断性企业。

产业政策是现代政府干预市场运行、调节产业发展的一系列相关政策措施的总称，包括产业组织、产业结构、产业技术、区域发展、国际竞争等方面的政策，其中，以促进市场竞争、反垄断为主要内容的产业组织政策是产业政策的基础部分，以支持或限制某些行业的产业结构政策是对市场机制的弥补和替代。资本主义国家对产业政策的重视和推行是与日本第二次世界大战后的发展经验分不开的，从20世纪70年代起，经济合作与发展组织、联合国工业发展组织、世界银行等国际组织都推介了日本的产业政策经验，20世纪80年代以来，欧美许多国家经常把产业政策作为竞选和政策的重要内容。在经济活动上，中小资本家要求通过自由竞争来获得平均利润，垄断资本家主张保护垄断而限制竞争，而某些行业、某些地区的资本家则要求获得政府的特殊保护，产业政策就是各个资本家集团相互竞争又相互妥协的结果，往往倾向于保护垄断资本家的利益。

经济计划是一些国家组织生产的一种方法，是指与市场相对的计划调节方式，即凭借国家权力，通过自上而下的指导性计划、指令性计划来配置资源。从广义上说，各个企业、各个国家的经济活动中都存在计划调节方法。但进入20世纪，人类开始有意识地制定和实行经济计划，全面指导、管理和调节国民经济，特别是德国在第一、第二次世界大战中的经济管制，俄国1918年战时共产主义政策和苏联1928年实施第一个五年计划之后，许多资本主义国家也尝试制定和推行经济计划，包括经济增长计划、财政收入与货币发行计划、国家重点投资计划、科技教育发展计划、产业发展计划、区域发展计划等，经济计划成为政府调节国民经济的一种综合形式。

（四）反垄断政策

不断加强的垄断现象严重约束着自由竞争的市场制度，众多中小资本在激烈竞争和垄断重压下而不得不宣告破产。资本主义国家在中小资本家、工人阶级和其他社会阶层的压力之下，也需要对垄断资本采取一定的限制措施，如放松政府管制、制定最低工资标准、实施劳资集体谈判、建立社会保障体系，最主要的就是制定和实施公平竞争、反垄断的政策，以保证市场的自由公平竞争，维护资本主义经济的有效运行。

欧洲威尼斯共和国1474年《专利法》早就规定，对机械装置给予10年专利保护。英国1623年制定、次年实施的《垄断法》也规定，只有发明专利受到保护，其他垄断都是无效的。不过，市场公平竞争和反垄断政策始于1889年加拿大《禁止限制性贸易合并法》和1890年美国《谢尔曼法》（反托拉斯法）。如美国《谢尔曼法》、1914年《克莱顿法》主要限制以下几种可能导致垄断和不公平竞争的行为：（1）各种垄断行为，包括一切通过不正当手段取得垄断地位的行为和限制竞争的合谋，尤其是共同制定行业产品的垄断价格行为，如1961年对美国通用电器、西屋等公司划分市场、固定价格行为的处罚。（2）妨碍竞争的并购，包括横向并购、纵向并购和混合并购。（3）各种类型的价格歧视，即并非基于成本差异而对不同的市场或不同的消费者制定不同的价格。（4）搭配销售。（5）独家交易。进入21世纪，世界上约一半国家制定和实施了反垄断法。

对于垄断企业和垄断行为，政府常常实行了价格管制、市场结构管制和垄断企业分拆、市场准入管制等反垄断政策。（1）价格管制。主要方法包括：成本加价法，即计算企业的平均成本，再加上固定而合理的净利润额，从而形成销售价格；收益率法，即在企业的平均成本上加上一个其他主要行业的投资平均利润率；最高限价法，即根据公众意见订立一个最高限制价格，企业收费不得超过这一限价；（RPI－X）最高限价法，即被管制行业的平均价格上涨率不能超过零售价格指数上涨率（RPI）减去该行业的技术进步增长率（X），英国在电信管制上就实行了这一政策。（2）市场结构管制。它解决的是在某一行业现有的市场规模下，应当存在多少家企业以及这些企业在各个业务领域中的分布。对于行业中的垄断企业，最简单的办法就是将其分拆，形成可竞争的市场结构。（3）市场准入管制。它与市场结构管制密切相关，即通过鼓励竞争，引进一定数量的新的竞争者，以打破垄断性的市场结构。（4）垄断行为管制。近年来，欧美国家反垄断政策的重点由垄断结构管制转向垄断行为管制，政府一般不反对垄断企业本身，主要反对垄断企业滥用市场地位或力量，限制公平竞争的市场行为。

当然，为了维护垄断资本的利益，提高本国企业的国际竞争力，大多数国家的反垄断政策并不如美国严格，何况美国的反垄断政策也有许多例外之处，比如对波音、Microsoft等公司的反垄断就网开一面，比如美国的反垄断政策重点不在企业的垄断地位而只限制企业的垄断行为，甚至鼓励企业的横向合并行为，反垄断法难以从根本上限制或消除垄断势力。美国自20世纪70年代后期，特别是1984年、1992年两度修订企业合并准则后，逐渐放松了对垄断和并购的管制，取消和放宽了银行之间和银行跨州间的并购限制，但禁止或限制外国企业并购涉及国防、航天、电视及传播媒介、银行、基础设施等行业的企业。再如日本在第二次世界大战结束后，曾经解散了以金融寡头为中心的一大批垄断财阀集团，但不久就以规模经济、产业合理化为由，赦免了一些大企业集团遵守反垄断法的义务，各大企业之间的人事和资本渗透、管理合作、营销默契、业务排外等合谋行为相当普遍。

（五）国际经济政策与世界经济秩序

资本为了降低成本，追逐利润，必然要采取各种手段，将资本主义生产方式从国内扩展到国外，通过国际化的分工、竞争和交换，生产资料和劳动力的国际流动，使得每个人、每个国家的知识和观念、经济和政治利益逐渐融合起来，资本主义从地方性走向全球化。这时，各国资产阶级的资本和利益不再局限于本国，各国工人阶级的利益也逐渐连接起来，开始形成了世界资产阶级和世界工人阶级。尽管不同国家的同一行业的资产阶级、工人阶级之间可能存在着竞争和矛盾，但资产阶级政府在世界范围从对立和战争逐渐走向沟通和协作，世界经济秩序就在资本主义全球化的过程中逐渐形成了。

在资本主义的全球扩展和国际竞争进程中，各国政府的政策首先和主要维护的是本国资本家的经济利益，这些涉及国际贸易、国际金融等领域的经济政策大致可以分为两种类型：（1）以英国代表，发达国家的自由放任以至帝国主义的开放政策。18世纪以后，英国在工业革命和海外扩张中逐渐确立了经济和军事上的竞争优势，围绕维护地主利益的《谷物法》斗争也在1846年以自由贸易的胜利而告终。自由放任的国际政策是指国家对商品进出口、资本往来等不加干预，包括对进口商品不加限制，对出口商品不予优惠，商品在国内外市场上自由竞争，资本主义各个时期，相对发达国家一般奉行自由贸易政策。（2）以美国、德国为代表，相对落后国家的保护主义政策。当自由放任在英国赢得胜利时，资本主义工商业相对幼稚的美国北方各州纷纷主张和奉行保护主义政策，种植业发达的南方各州却要求实行自由贸易政策。1806年之前，德国土地上分布着300多个政治实体，各政治实体实行贸易保护，统一过程中的德国对内坚持法律统一、关税同盟，对外实行贸易保护的双重政策。美国、德国在其资本主义的发展强大过程中，经济政策又从国内保护转向国际竞争。而到了垄断资本时期，资本主义既要求对内保护垄断行业，以维持超额垄断利润，又要求支持垄断资本对外扩张，为垄断资本寻求新的投资和贸易空间。

国际组织是各国私人资本、国家权力为调节资本国际运动的矛盾，在国际范围结合，通过订立国际协定、建立国际组织而维护世界经济秩序的行为方式。国际组织又称国际团体或国际机构，一般指政府间国际组织，是具有国际行为特征的组织形式，是两个或两个以上国家或其他国际法主体为解决国际经济政治问题，实现共同的经济政治目标，依据其缔结的条约或其他法律文件而建立的有一定规章制度的常设性机构。早在资本主义产生之初，佛罗伦萨共和国诗人和政治家但丁就提出"人类统一体""联合统一的世界各国"的思想，后来圣西门主张"欧洲议会"，边沁倡导"国际法庭"，康德设想"和平联盟"。19世纪早期，欧洲出现了诸如莱茵河、易北河等国际河流委员会。随着垄断资本在国内、国际的产生发展，交通、通信等领域的技术和产业进步，国际组织从19世纪后期以来加速建立，出现了国际电信联盟、万国邮政联盟等商业性和行政性相结合的国际组织。进入20世纪，相继出现了国际协会联盟、国际联盟、国际劳工组织、国际货币基金组织、世界银行集团、关税与贸易总协定、欧洲经济货币联盟和欧洲政治联盟、世界贸易组织等国际组织，全球性商品市场、资本市场促进了国家之间相互竞争、相互依存的发展关系。到21世纪初，政府间和非政府间的国际组织快速扩张，其中，政府间国际组织从20世纪初200多个发展到7000多个，非政府间国际组织超过6万个，覆盖了政治、经济、社会、文艺、体育、卫生、教育、环境、安全、贫困、人口、妇女儿童等众多人类生存和发展相关的广泛领域，成为协调世界经济、政治、文化发展的重要力量。

区域经济组织是指以对内加强经济合作、增强经济实力，对外增强国际竞争力为目的，由地域相邻的一些国家或地区签订文件或条约，在不同程度上将缔约国家和地区的经济结合在一起，促进区域性经济发展的国际组织。根据发展目标和发展程度的不同，区域经济组织可分为不同类型，如特惠关税区、自由贸易区、关税同盟、共同市场、经济货币同盟、完全的区域经济一体化。建立区域经济组织，生产要素可以在更大的市场范围流动配置，企业可以在更大的市场范围进行生产和交换、竞争和协作，从而促进区域经济增长，提高资本利润率。典型的如1991年欧洲共同体开始转型为欧洲联盟，实现了商品、货币、人员、服务的自由流动；1992年美国、加拿大、墨西哥三国签订北美自由贸易协定，1994年正式成立北美自由贸易区；2005年新西兰、新加坡、智利和文莱四国发起签订跨太平洋战略经济伙伴关系协定，后来美国、澳大利亚等相继加入谈判，2015年新西兰等四国、美国、澳大利亚、秘鲁、日本等十二国就跨太平洋伙伴关系协议（TPP）达成基本协定，2017年转为全面与进步跨太平洋伙伴关系协定（CPTPP），2021年中国申请加入该协定。2016年6月，英国开始脱离欧盟，2023年英国加入全面与进步跨太平洋伙伴关系协定（CPTPP）。

世界经济秩序又称国际经济秩序，是指国际经济活动的规则和方式，以及规范国际经济活动的原则、标准、程序、实施机制等各种制度。资本主义发展之初，资本原则和炮舰政策共同决定了国际经济活动规则。进入20世纪，垄断资本主导下的政治、经济体系逐渐形成和发展，确立了以国际分工为基础的国际生产体系，以不平等交换为基础的国际贸易体系和以国际垄断资本为基础的国际金融体系，这就要求超越民族、国家之间的封闭、分割、强权和对抗，建立和维持世界经济发展的开放、公平、有效的秩序。在经历了自由竞争、殖民主义掠夺和两次世界大战浩劫之后，以1944年布雷顿森林会议签署《国际货币基金协定》《国际复兴开发银行协定》以及后来产生的《关税与贸易总协定》三大协定为基本框架，形成了美国主导、主要反映欧美发达国家利益和要求的国际经济活动规则，这就是所谓的世界经济旧秩序。其中，积极干预国际事务的超级大国美国，以及缔结反法西斯联盟的苏联、英国、中国等国家被称为世界警察。

布雷顿森林体系建立以来，欧美资本主义国家在经济全球化中获得了快速发展，发达国家与发展中国家之间差距却日益扩大，贸易保护主义在1973年石油危机之后不断加剧，区域主义重新兴起，发达国家竭力推行新殖民主义，世界经济发展出现了严重的不平等、不平衡、不稳定性。为此，发展中国家提出了建立新国际经济关系的主张，1974年联合国大会第6届特别会议通过《关于建立新的国际经济秩序的宣言》和"行动纲领"，同年第29届联合国大会通过《各国经济权利和义务宪章》，提出了各国对其自然资源和一切经济活动拥有充分主权，调整不合理的国际经济结构，改革不利于发展中国家的国际金融制度和贸易条件，注重国际经济可持续发展等政策主张。经过发展中国家的努力和世界经济发展的推动，1995年关税与贸易总协定转型为世界贸易组织，试图通过实施市场开放、非歧视和公平贸易等原则，包括透明度原则、最惠国待遇、国民待遇、禁止倾销和补贴等原则，推动国际贸易和国际经济发展，国际经济新秩序取得了一定进展。但国际垄断资本依然控制着世界经济命脉，国际经济活动中的封闭、分割、强权、对抗等现象依然十分严重，建立公正合理的世界经济新秩序任重而道远。

关键概念

垄断资本；垄断类型；股份公司；帝国主义；金融资本；反垄断政策；垄断价格；垄断利润；国家垄断资本；国有经济；政府管制；世界经济；国际分工；跨国公司；国际贸易；绝对优势；国际价值；国际价格；外汇；国际收支；资本国际运动；外国直接投资；国际间接投资；世界经济秩序

阅读书目

列宁. 帝国主义是资本主义的最高阶段［M］. 北京：人民出版社，2001.

马克思. 资本论：第三卷［M］. 北京：人民出版社，2004.

［美］G. M. 格罗斯曼，E. 赫尔普曼. 全球经济中的创新与增长［M］. 何帆，等译. 北京：中国人民大学出版社，2004.

［美］安德烈·施莱弗，罗伯特·维什尼. 掠夺之手［M］. 赵红军，译. 北京：中信出版社，2004.

［美］保罗·巴兰，保罗·斯威齐. 垄断资本［M］. 南开大学政治经济学系，译. 北京：商务印书馆，1977.

［美］丹尼尔·贝尔. 后工业社会的来临［M］. 高铦，等译. 北京：新华出版社，1997.

［美］汉娜·阿伦特. 极权主义的起源［M］. 林骧华，译. 北京：读书·生活·新知三联书店，2008.

［美］默里·L. 韦登鲍姆. 全球市场中的企业与政府［M］. 张兆安，译. 上海：上海三联书店、上海人民出版社，2006.

［美］威廉姆·A. 尼斯坎南. 官僚制与公共经济学［M］. 王浦劬，译. 北京：中国青年出版社，2004.

［美］约翰·罗尔斯. 正义论［M］. 何怀宏，等译. 北京：中国社会科学出版社，2009.

［美］约拉姆·巴泽尔. 国家理论［M］. 钱勇，曾咏梅，译. 上海：上海财经大学出版社，2006.

［英］安格斯·麦迪森. 世界经济千年史［M］. 伍晓鹰，等译. 北京：北京大学出版社，2003.

［英］丹尼斯·C. 缪勒. 公共选择理论［M］. 韩旭，杨春学，等译. 北京：中国社会科学出版社，2010.

［英］霍布斯. 利维坦［M］. 黎思复，黎廷弼，译. 北京：商务印书馆，1985.

陶大镛. 世界经济新格局研究［M］. 北京：北京师范大学出版社，2001.

思考题

1. 如何理解垄断资本、垄断价格和垄断利润？
2. 试举例说明，私人垄断、国家垄断的成因、类型和作用。
3. 如何理解国家与资本主义国家的性质、职能？
4. 什么是国家垄断资本，国家政权与垄断资本是如何结合的？
5. 如何理解国际分工及其类型？
6. 如何认识国际贸易及其作用？
7. 如何理解国际价值和国际价格？
8. 什么是外汇和国际收支，中国国际收支现状如何？
9. 简述资本国际运动的原因和发展阶段。
10. 什么是外国直接投资，如何理解外商直接投资与中国经济发展的关系？
11. 如何理解世界经济和世界经济秩序？

第九章 社会再生产和经济危机

学习目标

- ◆ 了解社会总资本运动,当代资本主义的社会再生产,社会主义的可能性和可行性,社会主义建立、发展和改革状况。
- ◆ 熟悉社会总产品和社会总资本,社会简单再生产和扩大再生产,当代资本主义经济的基本矛盾,经济危机的性质和类型。
- ◆ 掌握社会简单再生产的基本比例关系及其实现条件,社会扩大再生产的前提条件和实现条件。

为了追逐最大化剩余价值,每个资本家都会有计划地组织生产活动,但如何保障其生产提供的商品在品种、数量、价格上正好满足市场需求,顺利实现资本增殖?全社会的单个资本、企业如何组织生产和交换,顺利实现社会再生产的供求平衡?如何认识资本主义生产方式的有效性和历史性?第四到第八章主要从个别资本和生产、交换、分配的角度,分析了资本的生产、循环、周转过程,资本积累与扩大再生产、垄断资本和世界经济等资本主义经济活动。这一章将从社会总资本运动的角度,逐步分析社会简单再生产和社会扩大再生产的实现过程和经济危机的发生机制,以及资本主义的历史性和社会主义的可能性等问题。

第一节 社会再生产

从逻辑和历史的角度看,资本可分为产业资本,以及从产业资本中分离、独立出来的商业资本、生息资本等形态,产业资本包括农业、矿业、制造业等不同行业,物质资料可分为生产资料、消费资料两大部类,每种资本形态、每个行业、每一部类一般都是由众多的单个资本、企业构成的,个别资本的总和就构成了社会总资本,这些相互联系、交错互动的个人、企业、行业、职能资本所生产的物质资料就构成了社会总产品,总产品包括货物和服务,社会总产品应当同时满足不同个人、企业、行业、职能资本的生产和消费需求。对于资本主义的社会再生产、经济危机等问题,这一章就从社会总产品、社会简单再生产开始分析。

一、社会总资本与简单再生产

(一) 社会总产品和国民收入

如何以一个国家或地区在一定时期的全部经济活动为对象,通过全面准确的调查、统计,提供有关资本、生产、交换、分配、消费、政府收支、国际经济等方面的基础数据是经济研究的重要条件。威廉·配第1676年《政治算术》和在此前后德国H. 康令《国情论》是最早的社会统计著作,F. 魁奈1758年《经济表》首次尝试了宏观经济分析,美国在1790年、英国在1801年也分别进行了第一次人口普查。

社会总产品是指全社会(通常为一国)的农业、矿业、制造业、建筑业、运输业、通信业、餐饮业等行业的劳动者在一定时期(通常为一年)生产的全部物质资料或全部商品的总和,社会总产品可分为生产资料和消费资料、货物和服务。社会总产品在价值上的表现就是社会总产值,社会总产值可分为生产资料转移的价值即不变资本价值和工人劳动创造的新价值,新价值包括工人必要劳动创造的价值即转化为工资的可变资本价值和工人剩余劳动创造的剩余价值。由此,与商品价值量的公式相似,社会总产品在价值上可分解为c、v、m三部分,用公式表示就是社会总产品 = c + v + m。从社会总产品中减去生产资料消耗的部分,剩下的(v + m)就是国民收入,国民收入是指劳动者新创造的全部价值。

社会总产品、社会总产值是基于统一的劳动价值理论、社会再生产理论而建立的宏观经济指标,反映了社会总资本的运动过程和运动结果。苏联、中国等社会主义国家以此为基础,曾经提出、制定了国民经济核算的"物质产品平衡表体系(MPS)",联合国1971年通过、1977年发表、1984年修订了该体系。欧美资本主义国家在古典经济学、新古典经济学的生产要素、边际效用、边际生产力、相对价格等理论和凯恩斯、库兹涅茨、斯通等人宏观经济研究等并不统一的理论基础上,在异质的资本品、消费品难以加总为一系列总量指标的基础上,借助统一的资本收益率、同质的工资和货币单位假设,也提出、制定了国民经济核算的"国民账户体系(SNA)",联合国1953年公布、推荐了该体系,并于1968年、1993年两次修订,我国从1985年开始采纳国内生产总值(GDP)指标。由于人类经济活动是在自然环境中进行的,是对自然资源的占用和开发,因此,还应当建立自然环境资源等领域的统计体系。对于社会总产值或国内生产总值等经济指标,既可用现行价格计算,也可用不变价格计算;既可以从生产角度计算,也可以从收入角度、支出角度计算。

国民收入在生产提供之后、最终消费之前,要经过复杂多样的交换和分配过程,而分配包括国民收入的初次分配和再分配两个过程。其中,国民收入初次分配是指国民收入在与生产要素、与物质资料生产有直接关系的各阶级、阶层及其成员之间的分配:物质资料生产部门的全体劳动者创造的国民收入,首先归职能资本家支配,其中,可变资本部分以工资形式支付给各种工人,剩余价值部分以利润、利息、地租等形式在产业资本家、商业资本家、生息资本家、土地所有者和农业资本家等资本家集团之间分配。国民收入再分配是指国民收入在从事非物质资料生产的其他阶级、阶层及其成员之间的分配,即主要通过财政预算、税费收入和财政支出的政府方式,在立法、行政、司法、军警等各类公共管理人员和教育、医疗、科学研究、文学艺术等公共服务人员,在为经济活动提供各种服务的社会成员之间的收入分配,以及政府进行的财政补贴、社会保障等转移支付、通过非政府的捐赠和慈善等方式的收入分配。

(二) 社会总资本运动

相互联系、相互制约的个别资本构成的资本总和就是社会总资本,社会总资本就是全部个别资本、各种形态资本、各个行业和企业资本。社会总资本运动是一个个资本家根据生产能力和社会需求而有效配置生产劳动的过程,是全部的个别资本、各种形态资本、各个企业和行业资本持续不断生产、交换的循环运动总和。社会总资本运动包括物质资料再生产和人口再生产,物质资料再生产分为生产、交换、分配、消费等四个相互联系、相互制约的环节。

对于社会总资本及其运动机制,法国医生、重农学派经济学家 F. 魁奈《经济表》率先从农业生产者、土地所有者即地主、非生产者即工商业者这三个阶级的角度,对社会总资本的生产和交换过程进行了探索,马克思称之为当时最天才的经济思想。马克思《1861~1863 年经济学手稿》初步探讨、《资本论》第二卷明确提出了社会总资本再生产理论,系统分析了国民经济运行和增长问题,直到 20 世纪 30 年代才有类似的富兰克·H. 奈特的经济循环图和瓦西里·里昂惕夫的投入产出表。由于马克思使用劳动价值理论来统一解释商品的价值和价格、劳动力的工资和资本家的利润,并在微观的个别资本和宏观的社会总资本分析中统一使用工人、资本家的社会主体分类,劳动力工资、资本家利润的收入分类,产业资本、商业资本、生息资本和消费资料、生产资料的资本分类,这就使得马克思的个别资本分析与社会总资本分析是一个统一连续的理论整体,从而避免了新古典经济学在微观分析和宏观分析之间的分割。对于社会总资本及其运动机制,可以从以下几个方面具体分析。

第一,社会总资本运动是商品的生产、交换和分配过程,是商品生产的劳动过程和价值增殖过程,是剩余价值的生产、实现和分配过程。从产业资本角度看,资本运动过程不仅包括生产资本的生产过程,还包括货币资本的购买和商品资本的售卖这两个流通过程,资本运动是货币资本、生产资本和商品资本的运动过程的统一,是剩余价值的生产、交换和分配的统一,在现实经济中是产业资本、商业资本、生息资本等资本运动的统一,是个别资本运动和总资本运动、私人劳动和社会劳动的统一。

第二,社会总资本运动包括生产消费和个人生活消费,生产资料流通和消费资料流通,以及剩余价值的分配、使用和循环运动。从个别资本的运动过程看,由于社会分工,资本家的生活消费和工人的生活消费主要是在其资本运动过程之外相对独立进行的,似乎不在其资本运动过程的范围。但从社会总资本的角度看,资本家和工人的生活消费、人口的生产和再生产只是社会再生产的组成部分：资本家和工人购买消费资料的过程，就是生产消费资料的资本家销售商品、商品资本转化为货币资本的过程；资本家和工人购买消费资料、进行消费的过程，就是人口的生产和再生产过程。对于剩余价值，资本家将其一部分作为资本积累、追加资本而进入了资本运动，将其另一部分作为资本家的生活消费而进入了消费资料流通。

第三，社会总产品的实物构成和价值构成。一个国家的全体劳动者创造的社会总产品既是社会总资本再生产的结果，又是下一次社会再生产的前提。从社会总产品的最终用途即使用价值上看，社会总产品由生产资料和消费资料两部分组成。马克思按照社会总产品的使用价值形式，将社会生产分为两大部类：第Ⅰ部类即生产资料生产的所有企业和行业，第Ⅱ部类即消费资料生产的所有企业和行业；按照其价值形式，将社会总产品分解为 c、v、m 三个部分。马克思关于社会总产品的实物形式的社会生产两大部类和价值形式的三个部分的理论，是分析社会再生产的两个基本原理。

第四，社会总产品的价值补偿和实物补偿。社会再生产的实现条件是指社会总产品的生产资料生产和消费资料生产两部类、价值形式（c+v+m）三部分等各个组成部分在全社会的生产、交换和分配的均衡条件，其实质就是社会再生产中的价值补偿和实物（使用价值）补偿的实现条件。其中，价值补偿是指社会总产品价值的各个组成部分如何从商品形式转化为货币形式，即社会总产品价值的各个组成部分如何通过市场交换而全部收回，这是"惊险的跳跃"。实物补偿是指社会总产品价值的各个部分转化为货币形式之后，如何再转化为资本家生产需要的生产资料和资本家、工人消费需要的消费资料。显然，价值补偿和实物补偿是相互关联、连续进行的，社会总产品的各个组成部分只有通过市场方式，在价值、实物上都得到了正常转换和补偿之时，社会再生产才能顺利进行。

第五，总供给和总需求。总供给和总需求是现代宏观经济学的概念和指标，马克思并没有提出现代经济学中的总供给和总需求，但马克思《资本论》等著作多次分析了供给和需求问题，他的社会再生产理论也包含了总供给和总需求思想，内含了社会总供求的总量分析、结构分析和动态均衡分析。[①] 总供给是指一个国家或地区在一定时期内由农业、制造业、建筑业等生产性行业，交通运输、邮政电信、银行保险、商业、教育、医疗等服务性行业等社会生产活动实际提供给市场的，可最终使用的产品（货物）和服务的总和，包括消费、储蓄、税收、进口，现在一般表示为国内生产总值指标。总需求则是全社会生产性需求（储蓄）和消费性需求的总和，是一个国家或地区对最终使用的产品和服务的需求总量，包括消费、投资、政府支出、出口。显然，一个国家在一定时期生产的总产品即生产资料和消费资料的总和大致就是总供给，而资本家用于生产的不变资本和资本家、工人用于消费的剩余价值和工资的总和大致就是总需求。在世界经济中，对社会再生产、社会总供

---

① ［美］保罗·斯威齐. 资本主义发展论［M］. 陈观烈，秦亚男，译. 北京：商务印书馆，1997：95 - 97.

求还应当进行国际分工和交换的开放经济分析。如果考虑到政府和国际经济因素，则在统计指标上总供给＝消费＋储蓄＋税收＋进口＝C＋S＋T＋M，总需求＝消费＋投资＋政府支出＋出口＝C＋I＋G＋X。

第六，社会总产品顺利实现的关键在于社会生产在实物和价值、品种和数量、时间和空间上按比例、均衡性运行，即每一个个别资本都能够生产提供符合社会需求的商品，换言之，在全社会按比例地、均衡性地配置私人劳动。社会总产品的价值补偿和实物补偿是通过自由竞争、市场交换而实现的，是通过生产资料、消费资料这两大部类的各个行业的个别资本、个别企业独立、分散进行的，社会再生产是一个既熙来攘往、井然有序，又剑拔弩张、波诡云谲的竞争、交换和分配过程。

（三）社会简单再生产

社会简单再生产是指社会生产过程在原有规模和结构上的重复进行，社会扩大再生产是指社会生产过程在扩大规模上的重新进行。资本主义再生产的特点是规模扩大的再生产，不是规模不变的简单再生产。但分析社会总资本的扩大再生产，之所以要从无资本积累、无技术进步的供求平衡条件下的简单再生产开始，是因为简单再生产是扩大再生产的历史起点、物质基础和逻辑起点：

第一，简单再生产是开展扩大再生产的历史起点。扩大再生产是生产资料和劳动力的投入、生产过程在规模扩大的基础上的再生产，而简单再生产就是进行扩大再生产的前期准备和必经阶段，是扩大再生产的一个组成部分。从现实的经济进程看，扩大再生产必须在实现了简单再生产的基础上才能够进行，简单再生产是扩大再生产的历史起点。

第二，简单再生产是实现扩大再生产的物质基础。要扩大再生产，就必须追加投入一定数量的生产资料和消费资料，必须购买劳动力，这些追加的生产资料和劳动力都是上一期生产出来的，即都是从原来的简单再生产的成果中剩余、积累而来的，扩大再生产只能在简单再生产的基础上进行。

第三，简单再生产是分析社会扩大再生产的逻辑起点。简单再生产是对社会再生产的一般化、基础性的理论模型，扩大再生产是简单再生产模型的扩展形式。政治经济学关于社会扩大再生产实现的条件、途径和规则，如社会扩大再生产的两大部类性质和基本交换关系、社会再生产的实现条件等，都可以首先在简单再生产中得到抽象和分析。在分析简单再生产模型的基础上，加入资本积累、技术进步等条件，就可以分析扩大再生产了。

（四）简单再生产的基本交换关系

对社会简单再生产的分析，仍然延续第四章开始的两阶级、产业资本、封闭经济的经济模型的假设条件：整个社会只存在资本家和工人两大阶级；经济活动只有产业这一物质资料生产部门，产业资本在运动过程中相继采取货币资本、生产资本、商品资本的职能形式，独立、完整、顺利地完成价值和剩余价值的生产和实现过程；还假设社会总产品都在一年时间、一国范围内得到补偿和实现；但不考虑土地私有制和地租等特殊的经济因素，不考虑因知识创新、技术进步而引致的分工扩展、劳动生产率变动等创新性、内生性的经济因素，不考虑国家之间的人口流动、商品贸易、资本流动等国际经济因素，不考虑政府税收、财政支出、政府管制，以及政治制度变革等政府因素，不考虑地球资源环境变化等自然因素对社会再生产的影响。在此基础上，再明确几个假设条件：产业资本的社会分工、产业结构不变，即资本运动、物质资料生产只分为生产资料Ⅰ、消费资料Ⅱ这两大部类；社会总产品价值由 c、v、m 三部分构成；依然用历史成本准则计算资本、价值、利润，资本有机构成不变，比如不变资本 c 与可变资本 v 之比 c/v 为 $4/1$；两大部类的资本周转速度相同，不变资本价值的周转时间是 1 年，即不变资本在当年的生产过程中全部转移到新产品中；市场健全，自由竞争，货币统一、币值稳定且货币中性，价格灵敏，商品价值与价格相等，等价交换，供求平衡；工资水平不变，工资全部用于生活消费，工人没有储蓄；可变资本和剩余价值相等，剩余价值率为 100%，剩余价值也全部用于资本家的生活消费，即资本积累率为零，这时工资、剩余价值在社会再生产中既是产出、收入又是投入、成本。由此，整个生产和交换体系是充分有效的，总产出大于总投入，可变资本 v 与剩余价值 m 之比 v/m 是国民收入中的工资与利润的分配比例。

根据社会再生产的生产资料生产和消费资料生产两大部类、社会总产品价值形式（$c+v+m$）三个部分的两个基本原理，以及上述假设条件，从商品资本形式的资本运动和循环的角度，按照对商品资本的各个组成部分的价值实现和物质补偿的分析，马克思在《资本论》第二卷最后两章提出了社会总产品的实物构成和价值构成的多组数字模型（又称公式、图式），以及其他变化的形式，作为分析社会再生产的出发点。[①] 其中，无资本积累、无经济增长的社会简单再生产模型如下：

生产资料Ⅰ：$c_Ⅰ + v_Ⅰ + m_Ⅰ = W_Ⅰ$

消费资料Ⅱ：$c_Ⅱ + v_Ⅱ + m_Ⅱ = W_Ⅱ$

其第一组数字模型如下：

生产资料Ⅰ：$4000c + 1000v + 1000m = 6000$

消费资料Ⅱ：$2000c + 500v + 500m = 3000$

在上面的简单再生产模型中，第Ⅰ部类产品是生产资料，其价值是 6000；第Ⅱ部类产品是消费资料，其价值是 3000；社会总产品价值是 9000。马克思的社会简单再生产和扩大再生产模型，是此前的古典经济学家从未系统、充分研究过的一个重要问题。在现代宏观经济分析中，生产资料生产和消费资料生产之和（$W_Ⅰ+W_Ⅱ$）构成了商品的社会供给总量，资本家用于生产的不变资本收入（$c_Ⅰ+c_Ⅱ$）、资本家用于消费的收入（$m_Ⅰ+m_Ⅱ$）和工人用于有消费的收入（$v_Ⅰ+v_Ⅱ$）构成了商品的社会需求总量，马克思还把资本家需求的消费资料称为奢侈品，把工人需求的消费资料称为必需品。同时，马克思社会再生产模型中的每一项都具有二重性：既代表一个投入的供给要素，又同时代表一个等量的需求要素；比如 $c_Ⅰ$ 既构成了生产资料、

---

① 马克思. 资本论：第二卷 [M]. 北京：人民出版社，2004：440 – 442.

社会供给的一部分，又构成了第Ⅰ部类资本家从生产资料销售中所得到的一部分收入，这部分收入要用于购买新的生产资料。

社会简单再生产如何顺利实现，社会生产的两大部类的各个构成（要素）之间应当具有什么样的相互关系？换言之，社会总供求如何实现均衡，社会总供给和总需求的各个要素之间应当具有什么样的相互关系？显然，社会生产的两大部类的产品必须经过市场交换，得到实物和价值上的充分补偿。在社会简单再生产中，存在以下三个基本交换关系：

第一，第Ⅰ部类和第Ⅱ部类之间的交换关系。第Ⅰ部类的工人工资和资本家剩余价值（$1000v + 1000m$）必须以生产资料的形式交换获得第Ⅱ部类的 2000 的消费资料，用于各自的生活消费；换言之，第Ⅱ部类 2000 的消费资料也必须交换获得第Ⅰ部类 2000 的生产资料，用于生产投入，于是有Ⅰ($1000v + 1000m$) = Ⅱ$2000c$。

第二，第Ⅰ部类内部的交换关系。第Ⅰ部类还剩下 $4000c$ 的生产资料，它们只能在本部类内部相互交换，以补偿本部类消耗的不变资本。

第三，第Ⅱ部类内部的交换关系。第Ⅱ部类的工人工资和资本家剩余价值（$500v + 500m$）必须用于各自的生活消费，它们也只能在本部类内部相互交换，即Ⅱ($500v + 500m$) = 1000。

（五）简单再生产的实现条件

通过以上分析可知，假设社会简单再生产顺利运行，其实现条件可以表示为关于两大部类相互交换、生产资料供求、消费资料供求的三个公式，其公式（等式）具体如下：

第一公式：Ⅰ($v + m$) = Ⅱc

第二公式：Ⅰ($c + v + m$) = Ⅰc + Ⅱc

第三公式：Ⅱ($c + v + m$) = Ⅰ($v + m$) + Ⅱ($v + m$)

马克思首先从社会生产两大部类的分工和交换的角度，提出了简单再生产实现条件的第一公式Ⅰ($v + m$) = Ⅱc。第一公式表明，在社会简单再生产中，第Ⅰ部类生产销售的包含可变资本和剩余价值的生产资料，在价值量上应当等于第Ⅱ部类需要购买的不变资本，在使用价值上应当符合第Ⅱ部类的生产需要。第一公式在实质上揭示了第Ⅰ部类生产资料生产和第Ⅱ部类消费资料生产之间的社会分工和价值、实物上的交换关系：第Ⅰ部类的生产资料供给在价值量和产品结构、使用价值上必须满足第Ⅱ部类的生产需求，第Ⅱ部类的消费资料供给在价值量和产品结构、使用价值上也必须满足第Ⅰ部类的消费需求。因此，这一公式是社会简单再生产得以实现的基本前提条件，也是平衡条件，是表达简单再生产过程的基本公式，而第二、第三公式都从第一公式派生、引申而来。

第二公式Ⅰ($c + v + m$) = Ⅰc + Ⅱc 表示的是生产资料的供给和需求关系，第Ⅰ部类的生产资料供给在结构和数量上应当符合两大部类资本家对生产资料的需求。换言之，第Ⅰ部类每年生产的生产资料价值总和应当等于两大部类消耗的不变资本价值总和，第Ⅰ部类每年生产的生产资料产品结构、使用价值应当符合两大部类对生产资料的需求。

第三公式 Ⅱ(c+v+m) = Ⅰ(v+m) + Ⅱ(v+m) 表示的是消费资料的供给和需求关系，第Ⅱ部类的消费资料供给在结构和数量上应当符合两大部类工人和资本家对消费资料的需求。换言之，第Ⅱ部类每年生产的消费资料价值总和应当等于两大部类的可变资本和剩余价值的总和，第Ⅱ部类每年生产的消费资料产品结构、使用价值应当符合两大部类对消费资料的需求。

以上三个公式体现了在社会简单再生产中，生产资料、消费资料这两大部类之间，以及两大部类内部应当遵循的基本比例关系，只有这样，社会总劳动才实现了有效分配，换言之，生产资料和消费资料市场才实现了出清，社会总供求才实现了均衡，社会生产和生活才能够持续有效地进行。资本主义经济如果遵循了以上条件和关系，就可以重复、稳定、有效地实现社会简单再生产了。

根据上述社会总产品、社会总产值、国民收入的概念，在两大部类的国民经济体系中，社会总产值就等于两大部类的全部物质资料的总和，即社会总产值 = Ⅰ(c+v+m) + Ⅱ(c+v+m)，国民收入 = Ⅰ(v+m) + Ⅱ(v+m)。由于 Ⅰ(v+m) = Ⅱc，于是国民收入 = Ⅰ(v+m) + Ⅱ(v+m) = Ⅱc + Ⅱ(v+m) = Ⅱ(c+v+m)，即国民收入也就是第二部类生产、进入消费过程的全部消费资料的价值，这些消费资料又称为社会最终产品。相应地，在生产过程中被消耗的生产资料又称为中间产品，中间产品 = Ⅰc + Ⅱc = Ⅰc + Ⅰ(v+m) = Ⅰ(c+v+m)。

（六）简单再生产的条件调整和具体分析

前面关于社会简单再生产的模型及其分析是在一系列的理想的假设条件和实现条件下进行的，假设起初就满足了简单再生产实现的基本条件 Ⅰ(v+m) = Ⅱc。然而，简单再生产顺利实现的基本条件如果从起初就不满足，即 Ⅰ(v+m) > Ⅱc 或 Ⅰ(v+m) < Ⅱc，那么就必须对社会再生产进行调整。假设剩余价值全部用于消费，调整社会总产品的第Ⅱ部类的实物构成和价值构成，可以给出如下一组数字模型，即马克思提出的还可以用于分析规模扩大的再生产的开端公式[①]：

Ⅰ：4000c + 1000v + 1000m = 6000

Ⅱ：1500c + 750v + 750m = 3000

显然，第Ⅰ部类生产了 6000 生产资料，但是再生产只需要 4000 + 1500 = 5500 生产资料，6000 > 5500，出现了一个不平衡；同时，第Ⅱ部类生产了 3000 消费资料，但不仅要交换工人的 (1000 + 750)v，还要交换资本家的 (1000 + 750)m，3500 > 3000，又出现了一个不平衡：除非两大部类的资本家对再生产过程进行调整，将 (1000 + 750) 剩余价值的一部分用于积累，否则商品资本各个组成部分的价值实现和物质补偿就不能顺利实现，简单再生产就不能顺利进行了。

根据社会简单再生产的模型和分析，前面只对第Ⅰ、第Ⅱ部类的生产资料、消费资料进行了总量分析。然而，由于现实中的社会再生产的具体过程非常复杂，总

[①] 马克思. 资本论：第二卷 [M]. 北京：人民出版社，2004：574.

资本分为产业资本、商业资本、生息资本等相互独立的部分,生产资料、消费资料都由许多种产品、许多个行业构成,货币在商品生产和交换中发挥着重要作用,由此商品生产和交换常常难以有序有效进行,这就必须适当调整、放宽前述的假设条件,具体而深入地分析社会再生产问题。马克思从各个角度和各种情况,相当繁杂地分析了社会再生产问题,诸如货币流通在交换中的中介作用,第Ⅰ部类的不变资本,两个部类的可变资本、剩余价值、不变资本,固定资本的货币补偿和实物补偿等问题。例如,前面假设在第Ⅱ部类的消费资金($500v+500m$)中,工人、资本家全部购买生活必要的消费资料。后来,马克思将消费资料进一步细分为必要的、奢侈的消费资料两类,由此分析了社会再生产的具体实现问题:必要消费资料,是工人和资本家的消费对象;奢侈消费资料,仅仅是资本家的消费对象,与剩余价值有关。

  前面的分析又假设:不变资本的价值必须在一年中全部消耗并转移到新产品中。然而,现实经济中的不变资本由固定资本、流动资本两部分组成,流动资本是一次消耗、全部转移,而固定资本是一次投入、多次转移,一般并不需要每年重新补偿。这样,单个资本家每年都有固定资本的部分价值转移到新产品中,但这部分实现的价值当年并不用于购买新的生产资料,社会上就有相应的一部分生产资料价值当年不能实现了,社会再生产是否就出现失衡、不能顺利进行了?如果从全社会的角度看,社会总资本是由全部的单个产业资本组成的,各个产业资本的固定资本可以处于不同的使用阶段,一部分资本家的固定资本在提取折旧基金、持币将来购买,但另一部分资本家的固定资本已经折旧完毕、需要全部更新,按照大数定律,持币待购的和一次购买的固定资本一般相等。由此可以假设:不同资本家的固定资本的折旧年限、折旧比例正好相互错开,在价值上正好相等,在时间上相互衔接,那么社会再生产依然能够顺利进行。

  显然,关于固定资本更新平衡的这一假设过于理想化,完全平衡只是一种偶然现象,不同资本家的固定资本折旧如果经常地、显著地出现了时间上不衔接、价值上不相等,就可能出现了供给不足、需求过剩,或者供给过剩、需求不足的现象。在资本主义社会,技术进步、生产扩张往往快于收入、需求的增长,加上其他因素的频繁冲击,社会总供求往往不平衡,由此行业性以至全社会的生产过剩的经济危机也就时常发生了。

  前面的分析还假设,货币在商品生产和交换中稳定、中性地发挥作用,货币只执行价值尺度、交换媒介等职能,货币按照经济需要的单一原则而稳定发行,货币流通量的增减只影响一般价格水平同比例、同方向的变化,不对利率、产出、收入等产生实际影响。然而,现实经济中的货币流通往往并非如此,产业资本在运动过程中如果不能相继采取货币资本、生产资本、商品资本的职能形式,货币不能正常发挥其各项职能,资本主义价值和剩余价值的生产和实现就不能独立、完整、顺利地完成。

二、社会扩大再生产

(一) 扩大再生产的源泉

由于资本不断追逐最大化的利润,资本主义经济的特征是资本不断积累、经济不断增长的扩大再生产,所以对资本主义经济就应当在简单再生产的基础之上,深入分析社会扩大再生产,建立经济增长理论。

简单再生产是生产规模不变的重复生产,不需要资本的积累。扩大再生产必须以资本积累为基础前提,剩余价值的资本化就成为扩大再生产的基础前提和主要源泉。扩大再生产的资本源泉还有劳动生产率提高、海外掠夺、自然因素等,如欧美资本主义的兴起和早期扩大再生产就偏重海外掠夺和奴隶贸易,某些自然资源的发现和开采也可成为资本形成的源泉。不过,由于工人劳动是商品价值和剩余价值的主要来源,而剩余价值资本化是资本积累的主要来源,也是扩大再生产的前提条件,因此,假设资本积累是扩大再生产持续实现的主要源泉。马克思的剩余价值资本化既明确了资本主义经济增长的内生动力机制,又继承了斯密、李嘉图的资本或投资推动经济增长的古典理论。

对社会扩大再生产的分析,同样也是在一系列假设条件下展开的。除了与简单再生产相似的上述假设条件外,再增加几个假设条件:扩大再生产的源泉或途径是国内资本家的资本积累,资本积累只来源于资本家占有的剩余价值,资本家占有的剩余价值一部分用于消费,另一部分用于积累,形成新追加的不变资本和可变资本,至于资本积累率则是一个任意数;是外延式扩大再生产,现有技术水平简单地体现为资本有机构成,而暂不考虑技术进步、分工扩展、劳动生产率提高、外来资本等其他源泉或途径;工人工资依然全部用于消费,没有储蓄或积累。

积累的资本如果用于扩大再生产,就必须具备两个条件或符合两条标准:(1) 资本积累一般采取货币资本形式,资本达到一定数量,足以增加生产能力,扩大生产规模。(2) 资本家能够在市场上买到扩大再生产所需追加的生产资料和劳动力,劳动力能够买到消费资料。下面分析的是基于资本积累的外延式扩大再生产。如果是内涵式扩大再生产,就还要求追加新型的生产资料和劳动力,市场生产提供新型的生产资料和消费资料。

(二) 扩大再生产的前提条件

资本积累是扩大再生产的基础前提和主要源泉,假设资本构成、产业结构、劳动生产率等都不变,那么社会或市场能否为扩大再生产的顺利进行提供追加的生产资料和劳动力,以及劳动力所需要的消费资料?下面首先和主要分析外延式扩大再生产的前提条件。

假设剩余价值不被资本家全部消费,资本家用于个人消费的部分为 m/x,$x>1$;用于积累的部分为 $(m-m/x)=\Delta m$,积累的资本又分解为追加的不变资本和可变资本，即 $\Delta m = (\Delta c + \Delta v)$。由此，在扩大再生产中，虽然起点的社会总资本投入量不变，即 $(c + v + m)$，但资本家用于再生产的资本结构调整为 $[c + v + (m - m/x) + m/x]$，即 $[(c + \Delta c) + (v + \Delta v) + m/x]$；扩大再生产完成后，生产资料、消费资料的总产值增加为 $[(c + \Delta c) + (v + \Delta v) + (m + \Delta v)]$，即 $(c + v + \Delta v + m + \Delta c + \Delta v)$，亦即 $(c + v + \Delta v + m + \Delta m)$。

扩大再生产首先必须有追加的生产资料，以作为两个部类追加不变资本之用，这种追加的生产资料来自第Ⅰ部类的剩余产品。换言之，第Ⅰ部类生产的生产资料在补偿了两个部类已经消耗的生产资料之后，还必须剩余一部分生产资料以满足两个部类对追加生产资料的需要。因此，扩大再生产的第一个前提条件或第一个公式如下：

$$Ⅰ[(c + \Delta c) + (v + \Delta v) + (m + \Delta v)] > Ⅰc + Ⅱc$$

即：
$$Ⅰ(v + \Delta v + m + \Delta m) > Ⅱc$$

可见，第一部类的可变资本与剩余价值之和及其追加部分的产出之和，必须大于第二部类的不变资本。

扩大再生产还必须有追加的消费资料，以作为两个部类追加可变资本之用，这种追加的消费资料来自第Ⅱ部类的剩余产品。换言之，第Ⅱ部类生产的消费资料在补偿了工人和资本家已经消耗的消费资料之后，还必须剩余一部分消费资料以满足两个部类对追加消费资料的需要。因此，扩大再生产的第二个前提条件或第二个公式如下：

$$Ⅱ[(c + \Delta c) + (v + \Delta v) + (m + \Delta v)] > Ⅰ(v + m) + Ⅱ(v + m)$$

即：
$$Ⅱ[(c + \Delta c) + 2\Delta v] > Ⅰ(v + m)$$

（三）扩大再生产的实现条件

上述两个前提条件如果得到了满足，扩大再生产就有可能进行。但是，扩大再生产并不一定能够顺利进行，因为要使追加的生产资料和消费资料都能够得到实现，就必须要求两大部类内部以及两大部类之间保持适当的比例关系。

例如，在分析扩大再生产时，继续沿用前面分析社会简单再生产的第一组数字模型，而暂不使用马克思提出的分析扩大再生产的数字模型；再假设第Ⅰ部类、第Ⅱ部类的资本家都将剩余价值的一半用于消费，一半用于积累，那么生产规模扩大了的社会总产品的实物构成和价值构成模型如下所示：

生产资料Ⅰ：$c + v + (\Delta c + \Delta v) + (m + \Delta v) = WⅠ$
消费资料Ⅱ：$c + v + (\Delta c + \Delta v) + (m + \Delta v) = WⅡ$

其数字模型如下：
生产资料Ⅰ：$4000c + 1000v + (400c + 100v) + (1000m + 100m) = 6600$
消费资料Ⅱ：$2000c + 500v + (200c + 50v) + (500m + 50m) = 3300$

在简单再生产的三个实现条件和扩大再生产的两个前提条件的基础上，可以引申出扩大再生产顺利实现的三个平衡条件和公式：

第一，扩大再生产若要顺利进行，那么第Ⅰ部类的可变资本、追加的可变资本与资本家用于个人消费的剩余价值的价值之和必须等于第Ⅱ部类的不变资本与追加的不变资本的价值之和,在实物或使用价值上必须相互符合。由此得出扩大再生产实现条件的第一个平衡公式:

$$Ⅰ(v+\Delta v+m+\Delta v)=Ⅱ(c+\Delta c)$$

这一公式揭示了第Ⅰ部类生产资料生产和第Ⅱ部类消费资料生产之间的社会分工和价值、实物上的交换关系,是社会扩大再生产顺利实现的平衡条件。

第二,扩大再生产若要顺利进行,那么不仅要求 $Ⅰ(v+\Delta v+m+\Delta m)>Ⅱc$,而且要求第Ⅰ部类生产的全部产品即生产资料的价值必须等于两大部类原有的不变资本价值和追加的不变资本价值之和。换言之,第Ⅰ部类的生产资料必须和两大部类需要补偿的生产资料,以及两大部类需要追加的生产资料之和相等。由此得出扩大再生产实现条件的第二个平衡公式:

$$Ⅰ[(c+\Delta c)+(v+\Delta v)+(m+\Delta v)]=Ⅰ(c+\Delta c)+Ⅱ(c+\Delta c)$$

即:$Ⅰ(v+m+2\Delta v)=Ⅱ(c+\Delta c)$

第三,扩大再生产若要顺利进行,那么不仅要求 $Ⅱ(c+\Delta v+2\Delta m)>Ⅰ(v+m/x)$,而且要求第Ⅱ部类生产的全部产品即消费资料的价值必须等于两大部类原有的可变资本、追加的可变资本及资本家用于消费的剩余价值之和。换言之,第Ⅱ部类的消费资料必须和两大部类需要补偿的工人消费资料和追加的工人消费资料,以及两大部类需要补偿的资本家消费资料之和相等。由此得出扩大再生产实现条件的第三个平衡公式:

$$Ⅱ[(c+\Delta c)+(v+\Delta v)+(m+\Delta v)]=Ⅰ[(v+\Delta v)+(m+\Delta v)]$$
$$+Ⅱ[(v+\Delta v)+(m+\Delta v)]$$

即:$Ⅱ(c+\Delta c)=Ⅰ[(v+\Delta v)+(m+\Delta v)]$

上述的扩大再生产的前提条件和实现条件,扩大再生产实现的三个平衡公式表明了社会总资本在扩大再生产中,生产资料生产、消费资料生产这两大部类之间,以及两大部类内部应当遵循的基本平衡关系,这些基本比例、平衡关系反映了社会扩大再生产的客观规律。只有这样,社会生产才能够持续有效地增长,社会生活才能够稳定有效地改善。按照马克思的扩大再生产模型,社会再生产的增长率 $=(\Delta v+m)/(v+\Delta v+m+\Delta v)=(\Delta v+m)/(v+2\Delta v+m)$。

接前所述,假设第Ⅰ部类、第Ⅱ部类的资本家都将剩余价值的一半用于积累,资本有机构成不变。这时,原先第Ⅰ部类的资本就从6000扩大到6400,第Ⅱ部类的资本就从2000扩大到2750。按照上述条件,剩余价值率为100%,社会再生产第一次扩大完成后,社会总产值就从9000增加到了9900:

Ⅰ:$(4000+400)c+(1000+100)v+1100m=6600$

Ⅱ:$(2000+200)c+(500+50)v+550m=3300$

至于第二次、第三次等社会扩大再生产的过程和结果,以此类推。

(四)扩大再生产的其他数字模型

在《资本论》第二卷第二十一章,马克思在分析扩大再生产时,给出了两组数字模型。其中，第一组数字模型如下①：

Ⅰ：$4000c + 1000v + 1000m = 6000$

Ⅱ：$1500c + 750v + 750m = 3000$

马克思假设第Ⅰ部类的剩余价值1000的一半500用于积累，其中，400转化为不变资本，100转化为可变资本，资本积累后的第Ⅰ部类的资本规模从5000增加到5500，其中，500m是资本化的剩余价值，而资本家消费减少了500。在第Ⅰ部类中，资本化的剩余价值500m必须按照其资本有机构成4∶1相应调整，其中，不变资本为$500 \times 4 \div 5 = 400$，可变资本为$500 \times 1 \div 5 = 100$。这样，资本积累后的第Ⅰ部类的社会总产品结构为：$(4000c + 400m) + (1000v + 100m) + (1000m - 400m - 100m) = 6000$，即$4400c + 1100v + 500m = 6000$，只有（$1100v + 500m$）用于工人和资本家消费。第Ⅰ部类的资本规模和结构为：$4400c + 1100v = 5500$。

由于第Ⅰ部类的工人消费增加了100，这必须向第Ⅱ部类购买获得，换言之，第Ⅱ部类不变资本必须增加100而达到1600，其可变资本必须按照资本有机构成2∶1而相应增加50，可变资本增加到800，资本家的消费则减少到600。这样，资本积累后的第Ⅱ部类的社会总产品结构为：$(1500c + 100m) + (750v + 50m) + (750m - 100m - 50m) = 3000$，即$1600c + 800v + 600m = 3000$。第Ⅱ部类的资本规模和结构为：$1600c + 800v = 2400$。两部类总资本为$5500 + 240 = 7900$。

按照上述条件，剩余价值率为100%，第一组数字模型的社会再生产第一次扩大完成后，社会总产值就从9000增加到了9800：

Ⅰ：$4400c + 1100v + 1100m = 6600$

Ⅱ：$1600c + 800v + 800m = 3200$

随后，马克思假设资本主义生产经过显著的发展，第Ⅰ部类资本有机构成从4∶1提高到5∶1，劳动生产率、工人就业等情况有所改变，又给出了用于分析扩大再生产的第二组数字模型②：

生产资料Ⅰ：$5000c + 1000v + 1000m = 7000$

消费资料Ⅱ：$1430c + 285v + 285m = 2000$

假设第Ⅰ部类资本家将剩余价值一分为二地用于消费和积累，资本积累后的第Ⅰ部类的社会总产品结构为：$(5000c + 500m) + (1000v + 500m) = 7000$，其中，500m是资本化的剩余价值，资本从6000增加到了6500，（$1000v + 500m$）用于资本家和工人消费。在第Ⅰ部类中，资本化的剩余价值500m要按照其资本有机构成5∶1相应调整，其中，不变资本为$500 \times 5 \div 6 \approx 417$，可变资本为$500 \times 1 \div 6 \approx 83$。这样，第Ⅰ部类的资本规模和结构如下：$(5000 + 417)c + (1000 + 83)v$，即$5417c + 1083v = 6500$。

由于第Ⅰ部类的消费资金调整为1500，而第Ⅱ部类只有1430c，所以必须从剩余价值中转化70。由此，第Ⅱ部类的社会总产品结构调整为：$(1430c + 70m) +$

---

① 马克思. 资本论：第二卷 [M]. 北京：人民出版社，2004：574.
② 马克思. 资本论：第二卷 [M]. 北京：人民出版社，2004：579.

$285v + 215m = 2000$。由于 $70m$ 要转化为不变资本 $70c$，相应的可变资本也要增加 $70/5 = 14v$，由此第Ⅱ部类的社会总产品结构变形为：$(1430c + 70c) + (285v + 14v) + 201m = 2000$，即 $1500c + 299v + 201m = 2000$，资本从 1715 增加到了 1799。由于第Ⅰ部类的资本结构调整后增加的 83，需要从第Ⅱ部类交换获得，第Ⅱ部类需要相应地增加不变资本 83，同时增加可变资本 $83 \times 1 \div 5 \approx 17$。这样，第Ⅱ部类的资本规模和结构进一步调整如下：$(1500 + 83)c + (299 + 17)v$，即 $1583c + 316v = 1899$。

按照上述条件，第二组数字模型的社会再生产第一次扩大再生产完成后，社会总产值就从 9000 增加到了 9798：

Ⅰ：$5417c + 1083v + 1083m = 7583$

Ⅱ：$1583c + 316v + 316m = 2215$

马克思以上分析的是两大部类同时简单积累的外延式社会扩大再生产模型，从中还可以得出一些具体结论或命题，比如受资本主义的生产关系和技术条件的制约，资本主义经济的稳定增长还要求每个部门对可变资本和不变资本的需求必须保持相同的比例增长。在此基础上，还可以进一步分析第一部类或第二部类单独积累的社会扩大再生产模型，分析内涵式社会扩大再生产模型。显然，社会再生产如果能够这样按比例、有计划地不断进行，资本主义经济就实现了稳定持续的运行和增长，没有经济周期或经济危机问题了。在 19 世纪后半叶，除了马克思外，没有哪位经济学家提出类似的社会再生产模型。事实上，马克思提出的就是一种基于资本主义私有制和分工交换的两部类平衡增长的经济模型，这一模型既是后来苏联第一个计划模型和列昂惕夫投入产出表的蓝本，又衍生了卡莱茨基、琼·罗宾逊、置盐信雄等人的经济增长模型。① 直到 20 世纪四五十年代，哈罗德和多马才提出了相对简单且难以平衡的经济增长模型，以及索洛经济增长模型等其他增长模型。

当然，资本主义经济由于存在着生产社会化和生产资料私有制之间的基本矛盾，即使通过市场竞争和交换的自动调节，也不可能完全按照经济运行和增长的客观需要来有效分配全部劳动，社会扩大再生产的前提和实现条件经常遭到破坏，从而伴随着经常性的经济失衡以至经济危机。

（五）基于创新的社会再生产理论

马克思《资本论》等著作中关于扩大再生产的主要源泉或途径是资本积累，其关于社会扩大再生产的数字模型假设生产技术和资本有机构成不变，社会分工、产业结构不变。这样，马克思的再生产理论尽管是动态的、进化的经济增长理论，尽管提及了科学技术是经济活动中的可变因素，但未能分析劳动力和生产资料的资本价值、资本有机构成的变动问题，未能分析内涵式扩大再生产和长期经济增长中的劳动生产率、产业结构的变动问题。由于时代条件所限，即便在马克思关于扩大再生产的上述两组数字模型中，剩余价值如何转化为资本，资本构成如何确定，商品

---

① [波] 米哈尔·卡莱茨基. 社会主义经济与混合经济增长论文集 [M]. 陈东琪, 译. 北京：商务印书馆, 1992. [英] 琼·罗宾逊. 经济学论文集 [M]. 顾准, 译. 北京：商务印书馆, 1984.

如何在两大部类内部、两大部类之间生产和交换,更多的也是逻辑演绎、数字演算的结果,而不可能进行完善的数理分析和计量检验。事实上,罗莎·卢森堡已经对此提出了质疑,她认为在马克思关于扩大再生产的第一组数字模型中,第二部类的积累和消费缺乏任何"看得见的规则",是以一种"无规则的方式"进行的。① 即便在第二组数字模型中,第一部类如果首先采取行动,那么第二部类的积累也完全由第一部类的积累而制约、决定。

资本主义社会是知识生产、科学技术革命性发展的时代,马克思、恩格斯反复论述了知识生产、科学技术直接推动、决定生产发展的理论。如马克思《1857～1858年经济学手稿》指出:"固定资本的发展表明,一般社会知识,已经在多大的程度上变成了直接的生产力,从而社会生活过程的条件本身在多么大的程度上受到一般智力的控制并按照这种智力得到改造。"② 显然,知识、技术如果出现了重大的、普遍的、持续的创新,知识生产、技术进步不仅提高了人类的文化水平和劳动技能,改进完善了劳动工具、劳动对象和劳动环境,加快了固定资本折旧和更新的速度,全面、持久地提高了劳动生产率,而且扩展了社会分工和产业结构,出现了新的生产资料、消费资料的生产行业,使同等数量甚至较少的劳动者在同等的劳动时间内能生产出更多品种、更大数量、更高质量的物质产品,知识的创新、传播以及在经济活动中的广泛运用成为经济增长的主要途径。知识生产、技术进步还致使资本主义经济的运行和增长出现了许多新现象、新问题,例如资本有机构成提高,不变资本即生产资料较快增长,生产、交换和消费结构变化,生产自动化、精益化、网络化和全球化,经济增长出现了加速趋势等。

马克思还提出了生产资料与消费资料的增长率比较问题,其中,生产资料增长可以在生产资料生产部类内部率先实现,但其增长的剩余产品如果与消费资料生产部类相交换就会打破原来的经济比例,出现生产过剩;而消费资料生产部类增长的消费资料也要与生产资料生产部类相交换,这也会破坏原有的经济比例。可见,在资本积累、生产扩大的过程中,可能存在着不变资本增长较快而可变资本增长较慢的问题,引发固定资本和流动资本之间、可变资本和不变资本之间、不变资本各部分之间、资本和收入之间的比例失调,从而导致资本家财富与工人贫困一同增长、经济危机频繁爆发等结果。列宁1893年《论所谓市场问题》、1899年《俄国资本主义的发展》等著作在马克思分析的基础上,明确提出了资本主义经济中的技术进步、生产资料生产较快(优先)增长的普遍规律性,完善了马克思的社会再生产理论。③ 生产资料生产较快增长理论是指:在技术进步的条件下,单位劳动力使用和推动的生产资料数量不断增加,资本有机构成逐步提高,因而在扩大再生产过程中,不变资本必然比可变资本增长得更快,社会对生产资料的需求必然比劳动者对消费

---

① [德] 卢森堡. 资本积累论 [M]. 彭尘舜,吴纪先,译. 北京:读书·生活·新知三联书店,1959. 陈其人. 卢森堡资本积累理论研究 [M]. 北京:东方出版社,2009.
② 马克思. 1857～1858年经济学手稿 [M]//马克思恩格斯全集:第31卷. 北京:人民出版社,1998:102.
③ 列宁. 论所谓市场问题 [M]//列宁全集:第1卷. 北京:人民出版社,1984. 列宁. 俄国资本主义的发展 [M]//列宁全集:第3卷. 北京:人民出版社,1984.

资料的需求增长得更快。从实物形式上看，假设其他条件不变，社会再生产中增长最快的是制造生产资料的生产资料生产，其次是制造消费资料的生产资料生产，最慢的是消费资料生产，即生产资料生产的增长率快于消费资料生产的增长率，列宁这一理论揭示了在一定条件下一国产业结构的变化情况。当然，生产资料生产并不能脱离消费资料生产而孤立地增长，最终要依赖消费资料的增长，而消费资料生产也要适应和促进生产资料的增长。苏联共产党 1925 年第 14 次代表大会提出社会主义工业化政策，强调优先发展重工业即生产资料生产。不过，生产资料较快增长只是关于经济发展的一个设想，技术进步、资本结构、分工扩展等因素仍有待纳入新的社会再生产理论。

正如第四、五、八章等章节所分析，边际革命之后，诸如瓦尔拉一般均衡理论及其证明普遍回避了社会分工、货币发行、交易成本、规模经济、外部经济、非竞争市场结构、政府干预等因素，回避了知识创新、经济创新、经济增长和经济危机问题。马歇尔、卡莱茨基、凯恩斯、拉姆齐、列昂惕夫、萨缪尔森、诺伊曼、斯拉法、哈罗德、多马等人虽然讨论了经济运行和增长问题，马克思还引发了卡莱茨基、列昂惕夫、斯拉法等人的研究，但知识生产、技术进步仍不是经济增长的内生的、基本的因素。熊彼特、索洛、尼尔逊、阿罗等人开始探讨知识生产、技术进步与经济增长问题，特别是保罗·罗默、卢卡斯等人在熊彼特、阿罗等人研究的基础上，从 1986 年开始建立新的经济增长理论。其中，新经济增长理论试图运用竞争行为、动态均衡等经济学的基本方法，整合了研究开发、知识生产、技术进步、分工扩展、人力资本、人口增长率、不完全竞争、国际分工、民主制度等理论内容，将基于知识生产的技术进步、产品创新、人力资本等作为经济增长的内在因素而纳入理论模型，并对这些因素给予充分估算，内生决定了经济长期增长率，因而被称为内生增长理论。

总之，在资本积累、知识生产、信用货币、垄断资本、政府干预、开放经济等新的条件下，利润率、利率、劳动力工资等价格工具如何发挥作用，企业扩大再生产和社会扩大再生产如何进行，生产资料和消费资料生产如何增长？生产资料如果较快增长，决定生产资料较快增长的条件是什么，如何确定生产资料优先增长的结构和数量？知识生产、资本积累与产业调整、经济增长之间的关系和机制是什么，如何处理因技术进步、劳动生产率提高而引起的资本价值和资本增殖的动态经济问题，如何构建基于知识生产、分工扩展的内涵型社会扩大再生产的理论和模型？而且，马克思关于社会再生产的分析模型还属于数字模型而不是数学模型，难以进行数学推导、经验检验并得出一般性的结论，如何将马克思的社会再生产模型扩展到数学模型，如何运用统计数据进行计量检验？这些都是马克思之后提出的、时代赋予我们的重大理论任务。

第二节 经 济 危 机

从斯密"看不见的手"的市场理论，萨伊"供给自动创造需求"的萨伊定理

(Say's Law)，瓦尔拉一般均衡模型，到当代的理性预期、内生增长理论，都试图说明资本主义生产方式的均衡有效，认为一般不会发生生产过剩的危机，更不可能出现就业不足现象。但萨伊定理不过是说说而已的定理，现实中的资本主义经济远不是萨伊所抽象的精巧模型，英国1788年就发生了第一次经济危机，1857年出现了世界性的经济危机，此后经济危机更是频繁爆发、愈演愈烈，向资本主义发出了严峻的、根本性的挑战。本节在此前分析特别是第五章第三节、第八章第三节的基础上，进一步分析资本主义生产方式的基本矛盾和经济危机。

一、经济危机的定义和表现

（一）经济危机的定义

经济稳定增长虽然是近现代社会追求的发展目标，但商品生产的私人劳动与社会劳动不一致、社会总供给和总需求不平衡是资本主义经济运行的常态，出现了包括长期波动、周期性波动、季节性波动、随机性波动等不同类型的经济失衡现象。在资本主义经济的各种失衡中，经济周期性波动是比较特殊，也是对经济稳定影响最大的一种失衡现象。对于社会生产不能顺利地进行，整个社会生产的比例失调和剧烈的、反复性波动的经济现象，一般称为经济危机、经济萧条或经济周期。由于每次经济危机的周期性波动的长度、振幅都不完全一样，每次周期性波动的具体原因也不相同，现在往往又把经济危机、经济周期称为经济波动、景气循环。

英国18世纪70年代以纺织业为先导的技术创新发生后，因水力纺纱机、蒸汽机等广泛运用，纺织业的生产效率迅速提高，大大超过了消费能力，1788年就发生了第一次经济危机，商品严重积压，企业折价抛售，工人大量失业。1793年，英国纺织业发生了第二次经济危机，不仅企业大量破产，甚至带动银行破产。因农业连年歉收，英国出现了需求下降、黄金外流、银行倒闭、物价大跌等现象，最终促成了1797年第三次经济危机。此后，经济危机开始在英国、法国、美国等国家不断出现。1857年秋季，美国货币和银行出现危机，纽约63家银行有62家停止了支付，股票价格下跌，危机迅速蔓延到英国和欧洲大陆，引发了资本主义历史上第一次世界性的生产过剩危机。

经济危机期间，往往出现商品积压、生产下降、工人失业、企业倒闭、物价下降而利率上涨等现象。马克思指出，经济危机的本质是生产过剩的危机，但生产过剩不是生产的绝对过剩，不是社会产品超过了社会需要，而是相对一部分劳动者的收入水平偏低，购买力不足，出现了生产的相对过剩。例如在1929～1933年大危机中，美国约1/4工人失业，3400万城市人口和1100万农村人口没有收入，工业产量倒退到1905～1906年水平，其中，机床、钢铁、汽车等重要工业品产量下降了70%以上；德国、英国工业产量倒退到1896年、1897年水平，英国1931年9月被迫放弃金本位制，英镑体系崩溃。1933年，美国11730家银行倒闭，2300万头大牲畜、600万头猪、500万只羊被宰杀、抛弃，1040万英亩棉花等农作物烂在地里，大量谷物、咖啡豆、食糖、牛奶被销毁、倾倒。罗斯福1933年3月4日就任美国总统时，不得不宣布银行"休假"，关闭纽约金融中心，放弃金本位制。① 在2008年美国经济危机中，新世纪金融、贝尔斯登、雷曼兄弟、美林、美联银行等大型金融机构被并购，美国财政部出资接管了两大房地产贷款公司房利美和房地美以及美国国际集团（AIG）、通用汽车公司，2011年9月美国纽约占领华尔街的抗议活动扩展到了世界其他地方。

（二）经济危机的周期性

经济危机不仅是生产相对过剩的经济危机，而且是重复性、周期性发生的经济危机。危机过后，资本主义再生产重新大规模地开始，经过一段时间，资本主义经济固有的各种矛盾重新激化，导致新危机的发生。于是，资本主义一直处于从经济繁荣（景气）滑向经济萧条（不景气），又从经济萧条冲向经济繁荣的这样一种周而复始的恶性循环过程。

英国自1788年发生了第一次经济危机后，1793年、1797年、1803年、1810年、1815年、1819年接连发生了经济危机，1825年发生了生产普遍过剩的经济危机，1836年、1847年、1857年、1866年、1873年、1882年、1890年、1900年又发生了经济危机。资本主义从自由竞争向垄断资本过渡以来，英国1900年、1907年、1914年、1921年、1929~1933年、1937~1938年依然发生了经济危机，直到第二次世界大战的全面爆发，两次世界大战成为消除经济危机的手段。再如第二次世界大战结束后，美国1948~1949年、1953~1954年、1957~1958年、1960~1961年、1969~1970年、1973~1975年、1980~1982年、1990~1991年不断发生经济危机，2000年互联网泡沫、2002年上市公司造假又引发了严重的经济动荡。从全球范围看，1957~1958年、1973~1975年、1980~1982年、1990~1991年、1997~1998年、2008年发生了显著的世界性经济危机。其中，1997年7月始于泰铢贬值而引发的亚洲金融危机席卷了东南亚、东亚地区，波及中国、俄罗斯和其他国家。2007年4月，美国第二大次级房地产贷款公司新世纪金融公司申请破产保护，次年美国金融机构和工商企业不断破产，经济危机从美国波及英国、西班牙、加拿大、日本等国家以至全世界。

在资本主义不断发生的经济危机中，从上一次危机开始到下一次危机开始的这段时间构成了一个完整的过程，被称为经济危机的一个周期。不同国家的经济危机尽管各有特点，但一般都周期性地呈现着经济扩张与经济紧缩交替更迭、循环往复的现象，社会总产出、总收入和总就业都呈现着阶段性波动特征，一般将一次经济危机分为危机、萧条、复苏、高涨四个阶段。其中，危机阶段是周期的起始阶段，

---

① ［美］阿瑟·林克，威廉·卡顿. 一九〇〇年以来的美国史中册［M］. 刘绪贻，等译. 北京：中国社会科学出版社，1983：9-18. ［美］默里·罗斯巴德. 美国大萧条（1929—1933）［M］. 谢华育，译. 上海：上海人民出版社，2009. 韦森. 重读凯恩斯：萧条经济学的演化生成与理论挑战［J］. 学术月刊，2022（3）：72-100. 杨春学，申始占. 大萧条的教训与遗产：基于制度改革的考察［J］. 经济学动态，2022（10）：121-139.

生产相对过剩的危机往往在市场最繁荣的时候如疾风暴雨般地突然爆发，销售困难，产品过剩，价格下跌，现金短缺，信用破坏，利率上升，生产下降，失业增加，社会生产陷入混乱和瘫痪状态。资本家为了减少商品供给，阻止价格下降，不惜毁坏设备和商品，强制性地改变供求关系，危机过渡到萧条阶段。在萧条阶段，社会生产处于停滞状态，广大工人困苦无助。随着存货减少，物价开始回升，投资开始恢复，社会生产转向复苏。在高涨阶段，生产和销售不断扩大，信用和投机活跃，经济一片繁荣，但新的危机因素又逐渐积累起来，危机就要再次爆发了。

恩格斯1878年《反杜林论》第三编形象地描述了经济危机的周期性过程：事实上自从1825年第一次普遍危机爆发以来，整个工商业世界，一切文明民族及其野蛮程度不同的附属地中的生产和交换，差不多每隔十年就要出轨一次。交易停顿，市场盈溢，产品大量滞销积压，银根奇紧，信用停止，工厂停工，工人群众因为他们生产的生活资料过多而缺乏生活资料，破产相继发生，拍卖纷至沓来。停滞状态持续几年，生产力和产品被大量浪费和破坏，直到最后，大批积压的商品以或多或少压低了的价格卖出，生产和交换又逐渐恢复运转，步伐逐渐加快，慢步转成快步，工业快步转成跑步，跑步又转成工业、商业、信用和投机事业的真正障碍赛马中的狂奔，最后，经过几次拼命地跳跃重新陷入崩溃的深渊。如此反复不已。①

（三）经济危机的类型

从已经发生的各种经济危机看，经济危机的本质虽然都是商品生产的供求失衡、生产相对过剩的危机，不同于古代社会的生产相对不足的社会危机，但不同国家、不同时期的经济危机又具有各自的特殊性。

经济危机按其发生的范围大小，可以分为行业性危机、局部性危机、普遍性危机和世界性危机。如英国1788年第一次经济危机至1819年经济危机，基本上属于行业性危机、局部性危机，1825年发生了生产普遍过剩的经济危机，此后的经济危机基本上属于普遍性危机。美国经济危机大多属于普遍性危机，但2000年互联网泡沫破灭、2002年公司财务丑闻引发的经济危机的影响范围就相对集中。随着资本主义生产的全球化，一国经济危机也可能引发世界性经济危机，如1847年欧洲经济危机在一定程度上引发了1848年欧洲众多国家革命，1857年美国经济危机蔓延为世界性经济危机后又发生了多次世界性经济危机。

经济危机按其循环时间的长短，可以分为平均时间长度为40个月或3～5年的基钦周期、9～10年的尤格拉周期、50～60年的康德拉季耶夫周期，以及15～20年的库兹涅茨周期等不同类型。美国国家经济研究局（NBER）2001年11月宣布，根据就业、工业产出等一系列统计数据，美国经济从当年3月陷入衰退，结束了长达10年的连续增长，进入了第二次世界大战结束后的第10个经济衰退期。2007年，美国爆发次级贷款危机，2008年美国和全球陷入了经济危机。随着新冠疫情暴发，大批企业停业，2020年春又爆发了新一轮全球经济动荡。

---

① 恩格斯. 反杜林论［M］//马克思恩格斯选集：第三卷. 北京：人民出版社，1995：626.

经济危机按其危机期间社会生产下降幅度的相对程度，可以分为古典型经济危机和增长型经济危机。20世纪上半叶，经济危机的强度不断加深，特别是1929～1933年爆发了资本主义时代最为严重的经济危机。第二次世界大战结束后，发达国家经济危机的波动强度相对降低，经济增长率绝对下降的年份已经不常见到，经济危机常常不是经济增长方向的逆转，而是经济增长率的波动。因此，把社会生产水平出现了绝对上升和下降的经济危机称为古典型经济危机，把社会生产水平没有绝对下降而只是增长率波动的经济危机称为增长型经济危机。不过，2008年美国经济危机爆发后，当年和次年美国GDP都出现了绝对下降。

引发经济危机的直接、先行因素，可分为自然因素、政治因素等非经济因素，商业因素、金融因素等经济因素，由此经济危机还可以分为自然型经济危机、政治型经济危机、商业型经济危机、金融型经济危机等。

（四）垄断资本时期的经济危机

经济危机在自由竞争时期已经频繁爆发。进入垄断资本时期，经济危机出现了一些新的现象，如经济危机出现了经济危机强度减弱，经济停滞与通货膨胀、经济停滞与通货紧缩并存，经济危机周期性不明显，金融危机和财政危机频繁引发经济危机等新的特征。

经济危机的强度有所减弱。第二次世界大战结束后，发达国家经济危机的平均强度相对降低，经济危机四个阶段的更迭不是很清晰，萧条和复苏阶段往往不明显，经济高涨缓慢，还可能被局部性的危机所中断。尽管如此，经济危机的生产过剩的本质特征依然存在，每次经济危机爆发，都不可避免地出现企业倒闭、工人失业、收入下降等问题。

"滞胀"和"滞缩"是当代资本主义经济特别是经济危机中的特殊现象。资本主义经济实践表明，充分就业、经济增长、货币和物价稳定、国际收支平衡等经济目标难以同时实现，相反经常发生着冲突。长期以来，资本主义经济一般表现为经济繁荣时期物价上涨、失业率较低或下降，而经济衰退时期物价下跌、失业率上升的特征，经济停滞与通货膨胀一般发生在经济危机的不同阶段。然而，在1957～1958年的美国经济危机中，工业生产下降了13.5%，消费物价却上涨了4.2%。[①] 70年代以来，特别是1973～1975年的世界经济危机期间及其以后，欧美国家广泛出现了经济停滞性通货膨胀即所谓的"滞胀"现象。滞胀是指经济停滞、通货膨胀、失业等不景气共同出现、交织存在的经济现象，换言之，就是经济停滞不前但物价上升这两种现象交织并发，是资本主义经济基本矛盾的一种新的特殊的表现形式。在1980～1982年的经济危机中，资本主义国家的通货膨胀比1973～1975年危机期间更加严重。对于资本主义经济中的滞胀弊病，由于凯恩斯主义应对乏力，以德国新自由主义和美国弗里德曼为首、英国撒切尔夫人力行的货币主义学派乘机兴起。进入80年代，欧美发达国家开始调整经济政策，如放松政府管制，国有企业私

---

① 施景朱. 1957-1958年美国经济危机和美帝国主义的削弱 [J]. 国际问题研究, 1959 (4): 1-7.

有化、改进研究开发和生产供给，金融市场自由化，加强投资、税率、汇率、利率等方面的国际协调，一些国家又出现了经济停滞与物价紧缩交织并存的"滞缩"现象，这一现象在2008年美国和世界经济危机爆发后愈益显著，延宕多年。

经济危机的周期性和周期间隔变得不规则。自英国1825年发生了生产普遍过剩的经济危机，自由竞争时期的经济危机大约具有10年的周期性。进入垄断资本之初，经济危机的周期间隔有所缩短，经济危机趋于频繁，但周期性依然相对规则。20世纪后半叶以来，技术迭代频繁，产品和市场日益细分，服务业在产业结构中的比例不断上升，企业更加灵活地调整投资和生产计划，大规模、周期性的固定资产投资难以出现，加上各国政府对经济活动实行了频繁、广泛的调节管制，这些都增强了经济活动的平衡性，减缓了经济危机的强度，经济危机的周期性和周期间隔开始变得不规则。

金融危机、财政危机引发的经济危机次数趋于增多。在自由竞争时期，经济危机主要表现为产业资本、商业资本运动中的危机。随着信用货币成为全球性货币制度，货币资本与职能资本全面紧密融合，商业信用、银行信用和政府信用迅速发展，私人垄断资本发展到国家垄断资本，政府大量发行各种公债，特别是1973年布雷顿森林体系崩溃和80年代发达国家实行金融和经济自由化政策以来，美元在世界各国泛滥流动，国际收支的资本项目管制逐渐放开，国际金融体系频繁动荡，以金融危机、财政危机为先导的经济危机显著增加，这突出表现为1997年、2008年爆发的经济危机。

二、经济危机的原因

（一）资本主义经济的基本矛盾

经济危机的本质和原因是什么？比较而言，古代社会的经济危机一般是天灾、瘟疫、战争等原因而造成的社会生产严重不足，特别是粮食供给严重不足，生产不能直接满足消费需求。由于资本主义经济是普遍化的商品经济，庞大堆积的商品只有通过交换和消费，才能实现商品价值和资本增殖，由此资本主义经济普遍存在的问题不是生产不足，而是商品如何完成交换并进入消费，经济危机表现为生产过剩，表现为相对性、结构性的生产过剩。马克思之前，诸如斯密"看不见的手"的市场理论，萨伊"供给自动创造需求"的市场定律、李嘉图需求无限的乐观主义都认为，自由竞争的市场方式能够自动解决供求问题，资本主义经济能够稳定有效地运行。然而，简单商品生产已蕴含着社会生产无政府状态的萌芽，商品运动、货币运动包含着供求失衡、经济危机的一般可能性，特别是货币作为交换媒介、支付手段而全面强化了买卖分离和经济失衡的可能性。建立在私人资本和市场竞争基础上的资本主义经济，在分工、交换、竞争、创新的同时伴生着更加多样、严重、全面的风险和不确定性，西斯蒙第、马尔萨斯等人早就指出了供求不平衡、有效需求不足可能导致经济波动问题，兰格把市场自动实现经济均衡的可能性比喻为猴子打字打出了《不列颠百科全书》。

由此，认识和分析经济危机的发生、发展和性质，认识生产盲目、交换不畅、消费不足的原因，要从资本主义的社会主体入手，全面具体分析商品生产和商品交换、生产供给和消费需求问题。由于一定时期的商品交换最终取决于消费者本期的收入分配、此前的收入积累即财产分配和本期的收入使用，收入和财产分配状况则取决于资本主义的生产力性质与占有和分配物质资料的生产关系即所有制性质，而资本主义的生产力与生产关系之间存在着既统一又冲突的基本矛盾，这一基本矛盾在资本积累、扩大再生产中经常激化，出现了诸如再生产比例失调、资本利润率和利率下降、生产过剩特别是工人贫困和消费不足、工人阶级失业等问题，而资本主义生产方式蕴含的基本矛盾的严重激化和系统爆发就表现为了经济危机。这样，周期性的生产相对过剩的经济危机就是资本主义经济内部产生、难以避免的产物，是资本主义生产技术起来反对资本占有和商品交换方式，生产力起来反对已经被它超过的生产方式，经济危机的每次发生都给社会生产力造成了严重破坏。

马克思《政治经济学批判》和《资本论》、恩格斯《反杜林论》等著作系统分析了从产业资本、个别资本到社会总资本的经济活动，深刻揭示了生产过剩的经济危机根源于资本主义生产方式本身，根源于资本对利润永不满足的贪婪和资本主义经济基本矛盾，资本主义的生产方式决定着其经济运行和增长的历史进步性和极大不稳定性，从而基本建立了经济危机理论。"资本主义生产的真正限制是资本自身，这就是说：资本及其自行增殖，表现为生产的起点和终点，表现为生产的动机和目的；生产只是为资本而生产，而不是反过来生产资料只是生产者社会的生活过程不断扩大的手段。以广大生产者群众的被剥夺和贫困化为基础的资本价值的保存和增殖，只能在一定的限制以内运动，这些限制不断与资本为它自身的目的而必须使用的并旨在无限制地增加生产，为生产而生产，无条件地发展劳动社会生产力的生产方法相矛盾。手段——社会生产力的无条件的发展——不断地和现有资本的增殖这个有限的目的发生冲突。"①

正是资本主义私有制决定着资本对利润的疯狂追逐，推动着资本不断积累、生产能力和市场规模不断扩大，经常导致生产能力、生产资料和消费资料生产的持续增长和相对过剩。又由于资本雇佣劳动，生产成果的资本主义占有方式决定着收入分配差距悬殊，少数资本家占有了相对巨大的利润，广大工人的工资收入和购买能力相对不足，消费资料相对过剩。在现代经济分析中，一个国家在一定时期的全部供给和全部需求被称为总供给和总需求，总供给和总需求实质上就是对同一个国家同一定时期的分工劳动的规模和结构的两个角度、两个方面的分析而已。由于资本主义的生产力与生产关系之间、社会化大生产与私有制之间存在着的基本矛盾具体表现在企业生产的有组织性与社会生产的无政府状态之间，社会生产的不断增长趋势与社会需求特别是广大劳动者购买力相对缩小之间的既统一又对立的矛盾关系是资本主义相对于古代社会的巨大进步，也是资本主义经济的内生之弊、难言之隐。

---

① 马克思. 资本论：第三卷[M]. 北京：人民出版社，2004：278-279.

当总供给与总需求之间的矛盾发展积累到一定程度时，全社会劳动配置一旦严重失调，总供给与总需求一旦出现结构、规模上的严重失衡，社会总资本运动、剩余价值生产和实现的连续性、平衡性一旦中断，经济危机就不可避免地爆发了。

在分析资本主义经济的基本矛盾、探讨经济危机的形成原因时，需要注意以下几点：（1）某种商品只有在价值和使用价值上适应了社会需求即供求平衡，社会总供给适应了总需求，完成了从生产、交换、分配到消费的完整过程，商品价值才能实现。资本主义经济是生产过程和流通过程的统一，资本必须按照公式 G（货币）—W（商品）—G′（货币）而正常运动和循环，剩余价值生产和实现才能够顺利完成。商品如果不被交换和消费，供求之间如果失衡，那么资本积累和商品生产就是失败和浪费。（2）商品供求存在供不应求、供过于求两种状态，但生产过剩、供过于求是资本主义经济的普遍状态，供不应求一般是短期现象或新产品现象。（3）商品生产虽然最终是为了满足消费需求，人们对消费资料的需求往往比生产发展得更快，但资本主义普遍采取迂回生产方式，任一时期一定条件下的需求都包括对生产资料的生产需求和对消费资料的消费需求，这也是马克思社会再生产模型的重要内容。（4）无论是简单再生产还是扩大再生产，面临的都是个别生产供给满足社会需求、总供求平衡问题，因此，资本积累、新投资或新产业一般并不单方面、单调性地影响供给或需求。

（二）资本主义经济基本矛盾的具体表现

资本主义经济的基本矛盾是由资本主义经济的内在因素和外部条件所决定的。资本主义依存于以下生产条件：一是资本主义私有制，生产资料主要集中在资本家手中，而劳动力主要集中在工人身上，个别资本通过企业而雇佣工人、组织生产；二是社会分工、机器生产，社会分工要求交换、协作的社会化生产，机器生产意味着生产扩张、生产能力巨大；三是国内市场、世界市场的形成和竞争。由此，资本主义经济基本矛盾具体表现在企业生产的有组织、扩张性与社会生产的无组织、盲从性之间，体现为社会生产的不断增长趋势与社会产品的资本主义分配方式、广大劳动者购买力相对不足之间的既统一又对立的冲突关系。

在社会生产上，资本主义经济基本矛盾具体表现为每个企业生产的有组织、扩张性与社会生产的无组织、盲从性之间的冲突关系。资本主义经济是社会化大生产，各个企业、各个行业之间形成了既分工、竞争又交换、协作的统一体系。商品如果不被交换，那么生产就是失败和浪费。在资本主义私有制条件下，商品生产既由千千万万个追逐剩余价值的私人资本、私人企业强有力决策和组织，而全面、激烈的市场竞争充分又调动了个人和企业生产的积极性和创造性，发达的大工业生产技术、金融体系和全球化市场则充分调配了一切可能的经济资源，资本主义生产具有了不断扩大的趋势。在马克思之前的第一次工业革命时代，社会生产力相对落后。在马克思、恩格斯之后，第二次、第三次科学革命和第二、第三次工业革命长时期、全球化发展，社会生产力暴涨，许多行业的少数企业生产能力即可满足全球的消费需求。各个企业内部的生产虽然是在资本的雇佣和控制下有组织、有计划地进行，但企业如何全面收集并有效处理各种信息，以保障企业生产的理性决策和理性实施？尽管假设每个企业生产的相对理性，但千千万万个企业生产的相对理性是否一定叠加或转换为社会生产的整体的、长期的理性，私人劳动能否顺利转换为社会劳动，满足社会对生产资料和消费资料的需求，社会生产是否不会陷入一种疯狂、虚拟、失衡的状态？从实践上看，资本主义生产方式时常把企业生产的有组织、高效率与社会生产的无组织、盲从性推向了极端，社会生产上的混乱失衡集中表现在生产资料供给与生产资料需求之间经常处于总量和结构上的供求失衡状态，主要是生产资料的供过于求、生产能力的相对过剩，并且往往发端于销售商品的商业和提供信贷的银行业。"危机最初不是在和直接消费有关的零售业中暴露和爆发的，而是在批发商业和向它提供社会货币资本的银行业中暴露和爆发的。"①

在消费需求上，资本主义经济基本矛盾表现为资本与劳动之间的矛盾，表现为社会生产的不断增长、相对过剩趋势与社会产品的资本主义的占有和分配方式、广大劳动者购买力相对不足之间的冲突关系。资本家为了追逐剩余价值，为了在竞争中打败对手，就要快速增加积累，改进生产技术，不断更新机器，扩展分工范围，提高劳动生产率，扩大生产规模，所以社会生产、商品供给具有不断扩大趋势。然而，由于生产资料、生产成果的资本主义占有方式，资本家对工人过度剥削，以及垄断资本控制的政府对于收入和财产分配差距不断扩大的漠视，人数较少的资本家占有了大量的、工人创造的剩余价值，而广大工人只获得相对低廉的工资收入，工人的工资收入、购买力与资本积累、生产扩张相比相对不足，同时，资本家也因不断积累而缩小了消费需求，资本家因高收入、消费边际效用递减而消费需求不足，从而造成了社会总需求特别是广大劳动者消费需求的相对不足。在2008年经济危机爆发前的半个多世纪，美国居民收入差距扩大而社会保障落伍，居民储蓄率经常不足10%，其中，1984~2008年下降到5%左右，尽管低收入劳动者大多通过消费信贷而透支消费，低收入者住房信贷过度增长，但广大劳动者的消费需求依然相对不足。② 这样，由于资本家的资本积累与工人的贫困积累的双重积累，不断扩大的生产供给与相对不足的消费需求之间经常处于总量和结构上的供求失衡状态，社会产品特别是消费资料供给相对于社会需求特别是广大劳动者的有限需求而生产过剩，这种相对过剩因经济危机而愈发严重。

当然，资本主义生产过剩的本质并不是一般的绝对生产过剩，不是总资本或总产品的绝对过剩，而是生产供给相对于社会需求特别是劳动者的消费需求的相对过剩，尽管劳动者必需的某些消费资料往往还生产不足。马克思《资本论》第三卷第十五章明确指出："生活资料和现有的人口相比不是生产得太多了。正好相反。要使大量人口能够体面地、像人一样地生活，生活资料还是生产得太少了。"马克思又指出，"生产资料应当作为资本执行职能，从而应当同随着自己的量的增加而增

---

① 马克思. 资本论：第三卷 [M]. 北京：人民出版社, 2004：339.
② [美] 拉古拉迈·拉詹. 断层线 [M]. 刘念, 等译. 北京：中信出版社, 2011. [美] 本·伯南克. 行动的勇气 [M]. 蒋宗强, 译. 北京：中信出版社, 2016.

加的价值成比例地增殖这个价值,生产追加价值。但是,这终究会是生产过剩,因为资本已经不能按照资本主义生产过程的'健康的、正常的'发展所需要的剥削程度来剥削劳动。……资本的生产过剩,从来仅仅是指能够作为资本执行职能即能够用来按一定剥削程度剥削劳动的生产资料——劳动资料和生活资料——的生产过剩;而这个剥削程度下降到一定点以下,就会引起资本主义生产过程的混乱和停滞、危机、资本的破坏。资本的这种生产过剩伴随有相当可观的相对人口过剩,这并不矛盾。"① 总之,生产过剩是因为资本主义生产方式而导致的过剩,是生产资料和消费资料不能正常销售,价值和剩余价值不能正常实现的过剩,生产过剩的实质是一种相对的、周期性的过剩。

社会有效需求不足是经济危机中的重要现象。马尔萨斯曾经基于人的消费欲望短期相对固定而生产能力不断增长,提出了消费需求不足而导致供求不一致的经济危机的解释。1929年经济大危机爆发后,凯恩斯提出国民收入由消费和投资组成,取决于人的消费和投资行为,而消费取决于人的消费倾向,投资取决于资本边际效率(收益率)和利息率,资本边际效率取决于资本的预期收益和供给价格,利息率取决于货币供给数量和交易、谨慎、投机的(现金)流动性偏好。然而,由于人的边际消费倾向递减、资本边际预期效率递减、流动性偏好等三大心理规律或动物精神,这就导致了消费、投资的有效需求不足、经济失衡和经济危机。② 可见,马尔萨斯、凯恩斯尽管提出了有效需求不足是经济危机的重要现象,但主要是心理分析,并没有或不愿意指明有效需求不足的根本原因在于社会化生产与资本主义私有制之间的基本矛盾。

固定资本的大规模更新是资本主义经济在物质技术上的重要表现。资本家为了追逐剩余价值,必然要不断增加资本和大量更新固定资产。马克思《资本论》第二卷第九章在分析预付资本的总周转时指出,虽然各个企业、行业的固定资本投入的期间是极不相同和极不一致的,但这种由一些互相联结的资本周转组成的长达若干年的周期,为周期性的危机造成了物质基础;而危机总是全社会大规模的固定资本新投资的起点,由此危机又或多或少地是下一个周转周期的新的物质基础。③ 当资本主义经济摆脱危机和萧条,走向复苏时,资本家为了追逐剩余价值,就纷纷要扩大生产能力,进行大规模的投资。固定资本的大规模更新固然是应用科学技术、提高劳动生产率的重要手段,为促进复苏和高涨阶段的到来准备了物质条件,也引起了生产能力和产品的新的过剩,但同时日益提高的资本有机构成使资本对劳动力的需求相对或绝对减少,增加了相对过剩人口,降低了劳动者有支付能力的消费需求。供给和需求这两方面因素共同促使资本主义基本矛盾趋于尖锐化,为下一次危机的到来准备了物质条件,最终引起新的经济危机。因此,从整个社会考察,大规模、周期性的固定资本更新既是下一次经济危机的物质技术起因,危机爆发又为再一次

---

① 马克思. 资本论:第三卷 [M]. 北京:人民出版社,2004:284-287.
② [英] 约翰·梅纳德·凯恩斯. 就业、利息和货币通论 [M]. 高鸿业,译. 北京:商务印书馆,1999. [美] 罗伯特·J. 希勒. 非理性繁荣 [M]. 李心丹,等译. 北京:中国人民大学出版社,2008:2016.
③ 马克思. 资本论:第二卷 [M]. 北京:人民出版社,2004:207.

的固定资本投资和经济危机开启了机会窗口。

在垄断资本时期，消费需求、投资需求和经济危机出现了新的特征。（1）企业生产的有组织、扩张性在公司化时代出现了新特征。企业制度越来越普遍地采用公司形式，数量虽少但垄断性的股份公司、跨国公司在一定程度上控制着资本主义经济，但股权分散的大中型公司大多实行董事会中心主义，委托人与代理人、所有权与控制权之间存在着既统一又冲突的矛盾，这使得企业生产与社会生产出现了新的风险和不确定问题。（2）工人工资和消费需求出现了新的特征。一方面，垄断资本由于在资本、生产、销售等过程的集中和垄断，加深了对雇佣工人包括对全球雇佣工人的剥削和对小生产者的掠夺，获得了超额垄断利润，这就限制了工人和小生产者的收入水平及其增长，限制了消费性需求的相应增长；第一次工业革命时期的英国有效需求不足问题还可能通过扩展海外市场而适当缓解，但经济全球化和发展中国家贫困就大大压缩了经济危机转移的国际空间。另一方面，由于工人阶级的斗争和社会保障制度的逐渐建立，发达国家工人的收入水平和消费需求有了一定的改善，但资本特别是垄断资本对工人的雇佣和剥削制度未变，发达国家工人相对贫困，发展中国家工人收入低下，网络化、数字化技术更加剧了收入差距，广大社会成员的消费需求水平及其增长依然落后于社会生产的发展。（3）投资需求也有了新的特征。一方面，由于垄断资本为了与其他企业、行业和其他国家的资本进行竞争，知识生产、技术进步和资产更新的速度加快，资本积累出现了阶段性、局部性的加速趋势，这些促进了垄断资本的投资性、生产性需求。另一方面，垄断资本由于在技术、生产、销售等过程的集中和垄断，更多地采取垄断下的较高价格和较低产量的手段来获得垄断利润，同时，垄断行业的准入壁垒、垄断资本降低成本的考虑等因素也限制了其他资本的投入，这些又抑制了垄断资本的投资性、生产性需求。在这种情况下，资本积累、投资需求时而加速、时而停滞甚至收缩，投资需求的结构也不断变化，但投资需求相对不足与生产资料生产不断扩大的矛盾依然存在。（4）由于垄断性的金融资本、不断的金融创新、发达的金融市场，货币和金融资产全面渗透甚至支配着社会化大生产，资本主义走向了金融资本时期，经济基本矛盾表现为规模庞大、品种繁多的金融资产、虚拟经济对创新和盈利能力相对低下的职能资本特别是产业资本、实体经济的相对过剩，供求失衡、经济危机因素在金融资本主义中被进一步放大。（5）发达国家从20世纪六七十年代开始转入人口出生率、增长率下降的老龄化社会，从80年代又加快了经济全球化，这都对劳动力供求、资本有机结构、总供求平衡等产生了新的影响。

随着行业垄断、国家垄断、国际垄断等市场结构的发展，自由竞争的市场机制受到抑制和破坏。知识创新、技术进步和经济全球化既在一定程度上延迟、缓解了商品生产和交换已有的风险性，又蓄积着资本主义经济的更大扩张性和全球风险性。随着金融创新和金融深化，贷款、股票、债券、期货等虚拟资本迅速增长，商品生产和交换又受到货币因素的复杂多样的全面影响。一旦社会有效需求不足，生产、交换、分配、消费环节堵塞或中断，生产严重过剩，资本回流缓慢，就会如马克思《资本论》第三卷第十八章对商人资本周转的分析那样："以致银行催收贷款，或者为购买商品而开出的汇票在商品再卖出去以前已经到期，危机就会发生。这时，强迫性拍卖，为支付而进行的出售开始了。于是崩溃爆发了，它一下子就结束了虚假的繁荣。"① 第二次世界大战结束后，欧美国家经历了五六十年代的经济快速增长，经济危机重又频繁爆发，并且呈现一些不同于自由竞争时期的特征。特别是2008年经济危机爆发后，许多国家迟迟未能摆脱经济萧条。

资本主义经济中也存在一些降低生产过剩、提高消费需求的因素，如保罗·斯威齐就列举了新产业、错误的投资、人口增长、非生产性消费、政府支出等5个因素。② 然而，新增的投资、产业对于生产和需求的作用与原来的商品生产有什么本质的差别，如何使得消费增长率大于生产增长率？在一定时期，生产、工资、收入相对稳定，人口增长固然导致资本雇佣更多的劳动力，但不变资本和生产能力也将增长，人口增长未必导致消费增长更快。至于诸如家庭仆役、土地贵族、教会、官员、消费性服务人员等非生产性消费是否有利于相对降低生产增长，也没有绝对肯定的结论。比较而言，错误的投资意味着资本家不仅不能扩大生产，甚至损失资本，这有利于降低资本和生产过剩。政府的部分支出是对私人资本、市场失灵的校正，政府的转移性支出、社会保障支出则适当扩大了社会需求特别是低收入人口的消费需求。不过，政府支出等因素并不能消除资本主义的消费不足、生产过剩等制度性、结构性问题。

对于资本主义经济的基本矛盾，还可以从人类活动的一般角度进行认识。从矛盾的产生条件上看，商品生产和交换必须建立在生产资料和劳动力的私有制基础之上，私有制和社会分工基础上的商品生产和交换必然表现为社会化大生产。因此，私有制与社会化大生产之间、分工生产与市场交换之间、资本家与工人之间呈现着既相互依存又相互对立的紧张关系，这种对立统一性保证了资本主义生产方式的最终确立和资本主义经济的长期发展。从矛盾的运动过程上看，在私有制和社会分工的基础上，商品生产和交换的私人劳动与社会劳动之间、私有制与社会化大生产之间的矛盾如何协调、解决，社会再生产如何有序有效地运行实现？私有制与社会化大生产之间的对立一旦积累和激化，生产、交换和分配一旦出现严重的失衡，经济危机就可能爆发了。从矛盾的普遍性和特殊性上看，资本主义占有方式与社会化大生产之间、工人阶级与资产阶级之间的基本矛盾存在于资本主义的所有国家、经济全部过程和各个方面，这是矛盾的普遍性；资本主义经济基本矛盾在不同时期、不同国家又具有不同的存在性质和表现形式，这是矛盾的特殊性。

从社会和历史的角度看，资本主义经济的基本矛盾还表现为工人阶级和资产阶级之间既协作又对立的社会关系和政治关系。经济危机不仅是资本主义经济基本矛盾恶化的必然结果，往往还激化了资产阶级和工人阶级之间的社会矛盾。经济基本矛盾如果不能得到及时有效的缓和，就可能爆发社会动荡、政府更替甚至政治变革，

---

① 马克思.资本论：第三卷[M].北京：人民出版社，2004：340.
② [美]保罗·斯威齐.资本主义发展论[M].陈观烈，秦亚男，译.北京：商务印书馆，1997：242–257.

引发资本主义的社会危机,如 1929 年大危机后兴起的德国、日本等法西斯国家和世界大战。这就迫使资本主义企业和政府在一定范围内采取反危机措施,资本家和工人之间可能达成某种妥协,签订社会契约,共同应对社会经济危机,如瑞典社会民主党 1932 年起长期执政,美国 1933 年开始罗斯福新政,第二次世界大战结束后的经济民主改革。因此,经济危机是资本主义得以持续发展的一种痛苦而必要的机制,强制性解决了资本主义经济的某些问题,成为推动社会和政治变革的强有力杠杆。然而,这些并不能从结构和制度上消除经济危机,经济危机成为资本主义发展中无法摆脱的痼疾和梦魇。

(三) 经济危机原因的其他解释

在经济思想史上,马克思关于资本主义经济基本矛盾和社会再生产的经济危机分析不只是第一个系统性、内生性的理论模型,而且判定经济危机是资本主义难以根治、可能溃败的根本性缺陷。马克思从资本主义生产方式的内在因素,从资本主义的占有、生产、交换、竞争、分配、消费的经济运动循环过程,从逻辑和历史、微观和宏观相统一的角度,给出了经济危机的一般性、自洽性的解释。那么,如何进一步分析经济危机的具体原因、运动机制和历史结局,如何给出定性和定量相结合的分析,这是政治经济学尚待解决的重要问题。

对于资本主义经济危机,除了马克思主义经济理论外,西方马克思主义和非马克思学派也给出了各种各样的解释。诸如从马尔萨斯到卡莱茨基、凯恩斯的有效需求不足理论,杰文斯关于太阳黑子、地球天气、谷物和经济波动的理论,哈耶克的人为干预的信贷膨胀、过度投资理论,琼·罗宾逊基于失业劳动力后备军、利润率下降、消费需求不足的解释,首届诺贝尔经济学奖获得者弗里希的外来噪声驱动经济周期理论,曼德尔的解释,从霍特里到弗里德曼的货币理论,卢卡斯等人的新古典宏观经济学,克鲁格曼、希勒等人关于生产过剩、亚洲金融危机和非理性繁荣的解释,非线性振子产生持续性、周期性的经济危机模型,基德兰德、普雷斯科特等人的真实经济周期理论等。这些理论大致可以分为经济危机的内生理论和外生理论,内生理论往往把经济危机归因为失业和消费、投资需求不足等经济现象,占据了统治地位的各种外生理论则把经济危机归因为太阳黑子、货币扰动、技术变化、总统胡佛的经济政策等诸多莫名其妙的外部冲击,但上述理论都没有给出令人信服的解释。比较而言,某些学者尽管痛定思痛,对于资本主义经济给出了痛心疾首的分析,甚至一度越出了资产阶级容忍的边界,比如马尔萨斯的阴郁结论,凯恩斯主义被讥为爬行的社会主义,但他们总体上坚持资本主义依然具有自我完善的能力。① 即便是熊彼特的创新理论、罗默等人的内生增长理论给出了增长和波动的解释,也长期遭到主流经济学的冷遇。

---

① 参见 [英] 约翰·梅纳德·凯恩斯. 就业、利息和货币通论 [M]. 高鸿业,译. 北京:商务印书馆,1999. [美] 米尔顿·弗里德曼,安娜·J. 施瓦茨. 美国货币史 (1867~1960) [M]. 巴曙松,等译. 北京:北京大学出版社,2009. [美] 小罗伯特·E. 卢卡斯. 经济周期模型 [M]. 姚志勇,鲁刚,译. 北京:中国人民大学出版社,2003.

2008年美国和世界经济危机爆发后,英国广播公司(BBC)2012年回顾了马克思、凯恩斯、哈耶克的经济思想,制作了反思21世纪经济的三集电视片 Masters of Money。比如按照奥地利学派庞巴维克、米塞斯、哈耶克等人的解释,一般均衡理论难以解释经济危机,非中性的货币是致使经济结构失调、经济波动的决定性原因。假设在充分就业的初始条件下,由于银行体系派生的信用增加,市场利率下降以至低于自然利率,生产者受利率误导而扩大投资,经济开始扩张。由于生产具有迂回式或更长的生产过程,投资增加而占用了大量的生产要素,由于消费品生产出现了下降,消费者的时间偏好并未改变,因信用和投资扩张而增加的货币收入又引起消费品价格上升,这就导致了资本在投资和消费上的跨期不当配置。一旦对生产的时间结构重新调整,信用停止扩张,正在进行的生产投资被迫萎缩或中止,已生产出来的资本品销售不足和价格下降,经济危机就爆发了。概言之,货币供应规模的变化,货币进入实际经济的时间、方式和结构,都会影响经济活动各个领域和环节的变量和结果。

第三节　资本主义的历史性

资本主义同历史上的一切社会经济体系一样,都非神圣、永恒的存在,而是有其发生、发展的过程,最终也应当被另一种更能促进社会经济发展的制度超越和替代。

一、资本主义的进步性和局限性

(一)资本主义的进步性

资本主义是在古代农业文明基础之上所产生和确立的生产方式和社会制度,适应了当时社会发展的客观需要,显示了巨大的历史进步性。

第一,资本主义确立的财产私有、分工交换、自由竞争的市场经济制度,以及相配套的思想自由、学术独立的知识制度和公民主体、权力制衡的政治制度,适应、促进和保障了社会生产力的持续快速发展。

资本主义确立了私人资本、分工交换、自由竞争的经济运行发展体制。由于确立了财产私人所有的生产关系,个人对私人财产和收入的拥有和追求成为经济活动的基本动力和目标,这种内在动力机制具体表现为资产阶级对资本和资本收益即价值和剩余价值的追求,工人阶级对工资的追求。这样,在资本主义经济中,作为资本人格化的资本家的生存意义就是永无止境地追逐剩余价值,千方百计地扩大剩余价值生产;工人在资本雇佣下拼命劳动,增加工资收入。个人对私人财产和收入的拥有和追求又是通过社会分工、竞争交换实现的,市场压力迫使资本家不断扩大生产规模,改进生产技术和经营管理方式,工人不断提高劳动素质和劳动投入,这些都共同提高了劳动生产率。

资本主义促进了研究开发和知识创新，并将知识创新不断转变为强大的生产力。正是资本无限追逐剩余价值的内在动力和资本家之间激烈竞争的市场压力，推动了资本主义时代的知识创新、技术进步和社会生产力的持续发展。在资本主义之前，社会生产是以简单重复的手工劳动为基础的小农经济。资本主义私有制充分调动了人们的积极性和创造性，激励人们发现、发明、采取各种提高劳动生产率的科学技术和经营管理方式，人文学科、自然科学和社会科学在几百年中得到了突飞猛进的发展，发生了三次科学技术革命，知识创新全面地应用于人类活动，极大地推动了社会生产力的发展，经济实践又反过来推动了知识创新，资本主义就是以创新性、专业化、工业化、市场化、全球化大生产为基础的现代经济。

第二，资本主义的社会政治制度特别是思想上层建筑和政治上层建筑在替代、战胜古代社会的思想观念、政治制度和生产方式，适应、促进和保障资本主义经济发展方面发挥着重要作用。在资本主义经济萌芽、产生和发展过程中，在反对自然经济、社会等级、政治专制、文化蒙昧的斗争中，资产阶级提出了符合自身利益目标的主权在民、天赋人权、"自由、平等、博爱"、权力分立和制衡等社会政治思想，资本主义逐步确立了个人本位的自由、平等的意识形态，自主探索、学术竞争的知识制度，人民主权的民主制度和三权分立的政府制度，这些与资本主义生产方式相适应的、为资产阶级利益服务的社会政治制度，促进和保障了社会发展。

资本主义作为一种革命性的生产方式和社会制度，极大发展了社会生产力，全面改善了人类的发展境况。对此，马克思、恩格斯1848年《共产党宣言》明确指出：资产阶级在历史上曾经起过非常革命的作用。由于资产阶级建立了自由竞争以及与自由竞争相适应的社会制度和政治制度，资产阶级在它的不到一百年的阶级统治中所创造的生产力，比过去一切世代创造的全部生产力还要多，还要大。①

第三，资本主义生产关系和政治上层建筑具有一定的变革、调节能力。针对科学技术、生产力和社会结构的不断发展变化，资本主义生产关系和政治上层建筑还具有一定的变革、调节能力。资本主义经济经历了从工场手工业向机器大生产、信息化大生产的转变，市场结构经历了从自由竞争向私人垄断、国家垄断和国际垄断的转变，相应地，资本主义生产关系经历了个人资本、股份资本、垄断资本和金融资本的转变，资本的组织形式经历了古典企业、公司企业、跨国公司的转变，私人资本从国内运动转向国际运动。同时，资本主义国家政权从原先的君主专制逐渐转向了权力分立和制衡的民主制度，国家政策也能够根据国内外发展的需要而相机调整，如20世纪30年代以来美国新政和欧美国家的凯恩斯主义经济政策，第二次世界大战结束后西欧国家的国有化、经济民主和社会福利政策，20世纪80年代以来欧美国家的自由主义政策调整。

---

① 马克思，恩格斯. 共产党宣言［M］//马克思恩格斯选集：第一卷. 北京：人民出版社，1995：277.

（二）资本主义的局限性

由于人类的消费需要无限而生产供给有限，已有的任何一种制度都不可能同时实现人类憧憬的一切目标或价值。资本主义是人类历史上已经出现的最具有建设性也最具有破坏性的生产方式。资本主义发展到马克思时代，社会生产力已经强大到资本主义生产关系和政治制度难以适应的地步，已经受到这种生产关系的严重阻碍，必须对资本主义生产关系进行改革或革命。

资本主义内在的局限性首先表现为资本主义经济的基本矛盾的对立性。按照马克思《资本论》第三卷、恩格斯《反杜林论》等著作，资本主义经济基本矛盾是指资本主义的生产力与生产关系之间的矛盾，即生产的社会性和生产成果的资本主义占有形式之间既统一又对立的矛盾。1848年前后，欧洲爆发了一系列革命。欧洲许多国家1845～1846年的严重自然灾害和1847年经济危机，加剧了阶级矛盾和民族矛盾，导致了1848年1月意大利西西里岛革命，2月法国巴黎革命，3月普鲁士柏林革命，5月和10月奥地利维也纳革命，6月捷克布拉格革命，1849年2月意大利罗马革命：这是1848年《共产党宣言》发表的欧洲社会背景。资本主义经济基本矛盾的对立性具体表现为资本主义企业生产的有组织与社会生产的无组织性之间的冲突，社会生产的不断增长趋势与广大劳动者购买力相对缩小之间的冲突，表现为工人阶级和资产阶级之间既协作又对立的阶级关系。资本主义经济的基本矛盾表明，资本主义追求剩余价值的生产目的与实现手段之间存在着冲突，剩余价值生产与剩余价值实现之间存在着冲突，资本主义经济基本矛盾不仅孕育着生产相对过剩的经济危机，而且包含着资本主义社会的一切冲突和变革的萌芽。

马克思、恩格斯去世之后，资本主义经济在危机、革命和变革中发展变化，第二次世界大战结束后还经历了一段快速增长。不过，由于资本主义经济基本矛盾依然存在，由于现实的资本主义经济难以满足诸如权利独立明晰的社会主体、完全信息、灵敏价格、自由竞争、自愿交易、完备合同、无外部性等条件，个人、市场方式在私人物品的生产和提供上虽然相对有效，但个人、市场方式在解决社会公共问题上存在着一系列市场缺陷或市场失灵情形，诸如不完全信息、不对称信息和不确定性导致的非理性行为，以及自然垄断、经济危机、环境生态破坏、收入差距悬殊、违反公序良俗等社会经济问题。

进入垄断资本即帝国主义时期，资本主义经济基本矛盾由国内扩展到世界范围，列宁概括为帝国主义的腐朽性、寄生性和垂死性。列宁从帝国主义的历史地位出发，认为帝国主义是资本主义的特殊历史阶段，这种特殊性表现在三个方面：（1）帝国主义是垄断的资本主义。（2）帝国主义是寄生的或腐朽的资本主义。帝国主义寄生性或腐朽性是指：由于垄断而引起的停滞和腐朽的趋势；资产阶级食利阶层的增长以及垄断资本国家成为寄生于广大殖民地和附属国的食利国；在垄断利润收买和培植下，工人阶级中产生了工人贵族阶层和工人运动中的机会主义。（3）帝国主义是垂死的资本主义。帝国主义的垂死性主要是从帝国主义的历史地位来说的，帝国主义是资本关系社会化的最高阶段，资本主义经济基本矛盾的加剧使资本主义向更高级的社会制度过渡的经济条件业已成熟，由此帝国主义性质的垂死性就意味着帝国主义时代的过渡性，帝国主义时代也就是资本主义的最后阶段和社会主义的革命时代。

1929年经济大危机前夜，美国总统胡佛、大经济学家费雪都曾向世人庄严保证：危机不会发生，繁荣必将持续。然而，许诺总是一厢情愿，生活往往并不领情，现实和人们开了一个又一个黑色的玩笑。1929年经济大危机及随后的法西斯极权主义政治和第二次世界大战，不仅是美国和全球性的人类灾难，是一代又一代经济学家和政治家的梦魇，也是主张政府负债、需求管理的凯恩斯理论兴起的历史原因。现在，无论是执政党还是在野党，无论是自由主义还是保守主义，无论是美国、欧盟还是金砖国家，无论是新凯恩斯主义还是新自由主义，谁都不敢自信地宣称：市场自发有效，危机不再发生。仅在20世纪，从1929年的大危机和随后的法西斯主义和世界大战，20世纪70年代的停滞膨胀，到不约而同、呼啸而至的1997年、2008年全球性经济危机，资本主义经济一直摇摆在发展和失衡之中，以至改革此起彼伏，革命暗流涌动。

资本主义内在的冲突性还表现在资本主义上层建筑特别是资本主义政治制度和政府政策与社会经济发展之间的对立统一性矛盾。由于资本主义经济的一系列缺陷，特别是经济危机的频繁爆发，这就要求资本主义政府必须通过税收、国债和发行货币，生产提供三大类公共物品：（1）基于外部性、公共利益问题，政府提供必要的公共产品和公共服务，诸如公共基础设施和科研、教育、就业、医疗、养老等方面的基本公共服务。（2）基于资本的无限贪婪和生产上的规模经济、范围经济而产生了垄断、寡头垄断等非竞争性市场结构和行为，这都降低了市场效率，政府为此而采取的保护交易和竞争、提高社会福利的措施。（3）即使个人、市场有效，但某些经济活动违反了公序良俗，损害了个人生命和社会和谐，政府也必须对经济活动进行干预。由于资本主义经济基本矛盾在资本运动和资本积累过程中不断激化，尽管资产阶级政府可以实施一些社会改良和经济民主措施，甚至饮鸩止渴地建立极权主义体制，资本主义不断趋向社会主义目标，但这都不可能彻底改革资本主义经济的私人所有制基础，不可能消除资本主义经济的内在冲突，全球性的经济危机依然频繁爆发。

资本主义内在的局限性在经济活动结果上的突出表现就是因资本雇佣劳动而导致的居民收入和财产分配上的悬殊差距，这种两极分化是经济危机的重要成因。资本主义作为一种文明而粗暴的生产方式，还使得人们普遍追求单向、物化、浮夸、快速的消费享受，造成了焦虑、孤独、无力、畸零、多余、沉默的精神状态。经济危机一旦爆发，出现失业、贫困、通货膨胀、环境污染、社会保障等社会经济等问题，人们就非常容易被狂热简单的国家主义所煽动裹挟，以至20世纪30年代意大利、德国、日本等多个资本主义国家形成了军国极权主义体制。[①] 20世纪80年代以来，在经历了长期的冷战对抗、社会动荡、停滞膨胀、生态危机和结构调整后，资

---

① [美]汉娜·阿伦特. 极权主义的起源[M]. 林骧华，译. 北京：读书·生活·新知三联书店，2014. [美]弗朗西斯·福山. 历史的终结与最后的人[M]. 陈高华，译. 桂林：广西师范大学出版社，2014.

本主义的活力有所恢复，但全球范围的居民收入和财产分配上的差距又出现了加剧趋向，2008 年爆发的经济危机迟迟不能结束，以至 2016 年发生了英国公民的投票脱离欧盟、美国总统选举中的特朗普现象等事件。

资本主义不只在理论上受到马克思主义等学派的严肃批判，在实践上也暴露了一系列严重的缺陷。熊彼特 1942 年初版《资本主义、社会主义与民主》基于其资本主义理性幻灭的创造性破坏分析，也提出了社会主义可能性理论：资本主义在其经济创新、总产量增长和利润率下降的过程中，偏好稳定收入的官僚主义的企业管理者逐渐替代了冒险、创新的企业家，知识分子集团批评资本主义经济而推崇官僚集团的政府干预政策，及时享乐和家庭解体又破坏了资本主义社会的储蓄动机和资本积累，资本主义因其财产制度和创新精神日渐消失而难以生存。[①] 资产阶级除非不断地变革其生产方式，否则就难以生存下去。那么，资本主义到底是一种可自我改革、长期生存以至永恒存在的社会体系，还是一种终将崩溃、可被替代的社会体系？不管如何，无论哪一个社会形态，在它们所能容纳的全部生产力发挥出来以前，是决不会灭亡的；而新的更好的生产关系，在它存在的物质条件在旧社会的胞胎里成熟以前，也是决不会出现的。

二、社会主义的可能性和可行性

（一）社会主义和共产主义

资本主义经济的基本矛盾如果客观存在，难以调整解决，资本主义发展的潜力如果发掘殆尽，难以创新延续，那么就需要探讨资本主义的演变前景和未来社会形态。对于资本主义经济的前景分析属于预测性或规划性的研究。预测性研究是针对特定的问题，依据一定的信息、理论和方法，对问题或事物的过去、现在与未来之间关系的研究和猜测，是对与当前问题有关的变量的未来不确定性状态的分析和推断，是为决策提出的各种可替代的备选方案。

对于预测性研究，可以从以下几个角度进行理解：（1）预测是基于历史和现状，针对未来需要解决的问题而分析、提出可能性的方案，预测具有经验基础和理论逻辑。（2）由于条件和结果的风险和不确定性，解决问题、实现目标就可能具有多种可能方式，或者说可能有多种可选择的方案，且多种方案之间彼此独立或者相对独立。预测提出的未来可能性方案是针对可能出现的问题的方案设计，它不同于必然、应当、唯一的方案。（3）通过预测研究提出的方案要包括背景和条件、动机和目标、手段和方法、过程和路径、结果和结论等方面的内容，要具有经济、技术、政治、自然等多方面的可行性。

那么，对于资本主义的替代物，对于资本主义之后的可能性的社会形态，在理论上就存在着多种可能性。事实上，从资本主义产生之初，人们就对资本主义进行

---

① [美] 约瑟夫·熊彼特. 资本主义、社会主义与民主 [M]. 吴良健，译. 北京：商务印书馆，1999.

了各种各样的批评，提出了形形色色的解决方案。即便对未来社会主要称为社会主义或共产主义，也有各种各样的理论分析和制度设想，以及实现社会主义的各种各样的手段和途径。

社会主义一词虽然在19世纪30年代才开始流行，但其思想在16世纪就已经产生了。社会主义最早产生于英国，托马斯·莫尔1516年撰写的《关于最完美的国家制度，乌托邦新岛的既有益又有趣的金书》（简称"乌托邦"）成为社会主义思想诞生的标志。18世纪，社会主义一词还曾经为德国神学家、意大利传教士等不同人群使用。19世纪20年代，欧文主义、圣西门主义者开始正式使用社会主义的概念，如罗伯特·欧文1827年首次使用"社会主义"一词，表达了不满资本主义的个人主义，渴望实现集体主义理想，提高劳动群众的福利和保障社会和平。而基于李嘉图的劳动价值理论，英国不仅出现了李嘉图派社会主义，也催生了欧文主义和马克思主义。1902年，梁启超在《新民丛报》第18号发表《进化论革命者颉德之学说》，宣扬"麦喀士日耳曼人，社会主义之泰斗也"。

共产主义源于拉丁文Communis，意思为公有、公共，而现代意义的共产主义概念最早出现于1834年至1839年的法国巴黎工人秘密团体集会中，如埃蒂耶纳·卡贝尔1839年《伊加利亚旅行记》明确宣传的"共产主义"，法国工人既渴望消灭私有制、实现财产公有制，又力求建立公社作为社会基层自治组织。随后，共产主义概念从秘密转向公开，在法国和其他国家开始流行。19世纪40年代，马克思、恩格斯一般把（科学）社会主义、共产主义作为同义词来使用，是关于工人阶级解放条件的学说，即关于批判资本主义、消灭一切阶级、实现共产主义的一般规律的理论。

社会主义或共产主义这一词语，至少包含了四种含义，是四个子概念的集合体：一种理想或信仰；一种理论或学说；一种社会运动；一种社会制度。分析社会主义的可行性，既包括作为一种理想、理论的社会主义，又包括作为一种运动、制度的社会主义。如果把替代资本主义的未来社会称为社会主义或共产主义，那么社会主义的理想、理论、运动和制度的内涵是什么？什么是真正的、可行的社会主义？马克思《1844年经济学哲学手稿》较早探讨了"最近将来"的共产主义："共产主义是对私有财产即人的自我异化的积极的扬弃，因而是通过人并且为了人而对人的本质的真正占有；因此，它是人向自身、也就是向社会的即合乎人性的人的复归，这种复归是完全的复归，是自觉实现并在以往发展的全部财富的范围内实现的复归。这种共产主义，作为完成了的自然主义，等于人道主义，而作为完成了的人道主义，等于自然主义，它是人和自然界之间、人和人之间的矛盾的真正解决，是存在和本质、对象化和自我确证、自由和必然、个体和类之间的斗争的真正解决。"[①] 而只有对私有制财产的扬弃，才能够达到人的一切感觉和特性的彻底解放。恩格斯1847年《共产主义原理》对第十四个问题的回答，进一步提出了工人阶级的解放条件：新的社会制度首先必须剥夺相互竞争的个人对工业和一切生产部门的经营权，而代之

[①] 马克思.1844年经济学哲学手稿[M]//马克思恩格斯文集：第一卷.北京：人民出版社，2009：185-186.

以所有这些生产部门由整个社会来经营，就是说，为了共同的利益、按照共同的计划、在社会全体成员的参加下来经营。由于个人经营工业的必然结果是私有制，竞争不过是单个私有者经营工业的一种方式，所以私有制同工业的个体经营和竞争是分不开的，因此也必须废除私有制，而代之以共同使用全部生产工具和按照共同的合同来分配全部产品，即财产共有。① 后来，马克思、恩格斯等人又根据社会实践而不断发展了社会主义理论。

作为一种思想体系和社会运动，社会主义产生和发展的几百年进程，对资本主义发展起到了全面深入的批判、约束、推动作用。可以说，没有工人阶级的一次次或和平或暴烈的斗争，没有社会主义国家的出现和竞争，资产阶级就不可能妥协、让步，资本主义国家就不可能进行经济民主、政治民主、社会福利等方面的改革。看看当年马克思、恩格斯《共产党宣言》郑重提出的十项革命措施：剥夺地产，把地租用于国家支出；征收高额累进税；废除继承权；没收一切流亡分子和叛乱分子的财产；通过拥有国家资本和独享垄断权的国家银行，把信贷集中在国家手里；把全部运输业集中在国家的手里；按照总的计划增加国家工厂和生产工具，开垦荒地和改良土壤；实行普遍劳动义务制，成立产业军，特别是在农业方面；把农业和工业结合起来，促使城乡对立逐步消灭；对所有儿童实行公共的和免费的教育，取消现在这种形式的儿童的工厂劳动，把教育同物质生产结合起来。② 马克思、恩格斯还提出了当时似乎遥不可及的工人争取普选权、罢工权等其他革命目标。

一个多世纪后，马克思等人当年构想、工人阶级舍生争取的这些革命措施或目标，现在已经在不同程度上成为人类追求的共同价值。资本主义国家特别是发达国家通过其经济政治改革和社会主义运动推进，或多或少地落实了这些革命主张，资本主义体系已经从当年野蛮、暴力、资本和利润至上的资本主义，逐步转向所谓的混合经济资本主义、民主资本主义、社会资本主义、市场友好型资本主义。由于工人阶级的艰苦劳动和长期斗争，工人的工资水平和社会保障有所改善，资本主义的生产不断扩大与社会消费需求相对不足之间的基本矛盾有所缓和。

（二）社会主义的可能性

可能性是指事物发展的不确定性的未来状态，可能性和外部条件共同构成了现实性的必要条件。社会主义的可能性是指资本主义私有制、社会分工和市场方式一方面是资本主义经济运行发展的制度基础，资本主义发展到一定阶段，其私有制和上层建筑已经越来越难以适应社会生产力发展的客观要求，其经济基本矛盾严重限制了经济发展，频繁爆发的国内经济危机和世界经济危机就是这一矛盾的集中爆发，所以必须对资本主义的私有制和国家制度进行改革以至革命。而资本主义的长期发展另一方面又为新的社会制度提供了经济、技术、知识和组织上的条件，产生了资本主义制度的掘墓人。那么，替代资本主义的、可能性的未来社会形态有哪些，是什么？

---

① 恩格斯. 共产主义原理 [M]//马克思恩格斯选集：第一卷. 北京：人民出版社，1995：237.
② 马克思，恩格斯. 共产党宣言 [M]//马克思恩格斯选集：第一卷. 北京：人民出版社，1995：273.

针对资本主义的局限性，20世纪曾经发生过社会主义、福利国家、国家主义、自由主义、军国主义、极权主义、生态主义、女权主义、世界主义等多种思潮、运动和制度。其中，通过政府手段组织经济活动、弥补私人市场失灵的国家干预主义，就包括苏联计划经济、美国罗斯福新政、德国希特勒国家社会主义、瑞典社会民主主义等不同方式。基于资本主义私有制和市场方式的社会福利国家的思潮和运动，就有英国、北欧、德国、美国、新加坡等不同类型的社会改革。而基于私有制和市场方式的所谓自由主义或自由市场制度，又有米塞斯和哈耶克的奥地利自由主义、英国渐进改良的自由主义、北欧社会民主主义、德国社会市场经济、美国自由主义、东亚威权资本主义等不同模式。

社会主义自诞生之后，同样不是一种统一、稳定的思想和运动，而具有各种各样的理论、做法和流派，不同的流派和运动之间发生过多次争论和斗争。如马克思、恩格斯《共产党宣言》把科学社会主义以外的当时欧洲流行的社会主义思潮归纳为反动的社会主义，包括19世纪中叶封建社会主义、小资产阶级社会主义和"真正"社会主义、资产阶级社会主义和批判的空想的社会主义等许多流派。恩格斯逝世之后，又出现了诸如德国伯恩斯坦和考茨基修正主义、民主社会主义、社会民主主义、德国拉萨尔国家社会主义、法国工团主义、英国费边主义、市场社会主义、生态社会主义等各种流派。第一次世界大战前，资本主义面临着德国、奥地利、瑞典等发达国家共产党人的挑战。20世纪20年代以来，路德维希·冯·米塞斯、弗里德里克·哈耶克与恩里科·巴伦（Enrico Barone）、弗莱德·M. 泰勒（Fred M. Taylor）、阿巴·勒纳（Abba P. Lerner）、奥斯卡·兰格等人之间展开了关于社会主义计划经济可行性的论战。

自1917年俄国十月革命开始，其间先后有100多个国家执政党或政府提出过社会主义的纲领和目标，进行了形形色色的社会主义试验，诸如苏联斯大林社会主义，德国希特勒国家社会主义，南斯拉夫社会所有制和工人自治社会主义，匈牙利小国改革与开放社会主义，波兰和捷克斯洛伐克未竟的社会主义改革，中国前三十年探索和后四十多年改革，古巴卡斯特罗社会主义，缅甸佛教社会主义，坦桑尼亚乌贾马社会主义，圭亚那合作社会主义，印度主权社会主义，埃及民主社会主义，西亚、北非各种伊斯兰社会主义，欧洲各种社会民主主义等。人们对于社会主义也抱有种种不同的态度，或如亚历克·诺夫所言：社会主义一词通常还能使人们产生极大的热忱，引起辛辣的讥讽，或强烈的敌意；它是一条通往未来的公平社会的道路，或是通向奴役制度的悲剧性的畸变？[1]

按照马克思、列宁等人的思想，只有改变资本主义的私有制及其上层建筑，建立社会主义制度，才能保证社会生产力的继续发展。由此，社会主义制度应当在发达资本主义国家首先出现。列宁提出的垄断资本主义的垂死性主要是从其历史地位来说的，垄断资本主义是资本关系社会化的最高阶段和资本主义发展的最后阶段，

---

[1] ［英］亚历克·诺夫. 可行的社会主义经济［M］. 唐雪葆，等译. 北京：中国社会科学出版社，1988：5.

是向未来新社会的过渡阶段。垄断资本主义的过渡性表现在：（1）工业化、社会化推动下发展起来的生产力，社会化的股份资本、合作经济、国有资本和社会性的管理机构，客观上为建立全社会共同占有生产资料和共同组织生产的新制度准备了技术、经济和组织上的条件。马克思、恩格斯《共产党宣言》由此提出"Aufhebung des Privateigentums"即"扬弃私有制"，而非后来简单地译为"消灭私有制"。列宁1918年《国家与革命》也设想，当时的邮政、铁路等就是按照国家资本主义垄断组织的样式组成的一种经济，革命之后就可以把国民经济、社会事务组织管理得像邮政一样。俄国十月革命胜利后，葛兰西还提出了社会主义革命的常规条件和非常规条件，俄国革命是在资本主义不发达、战争、饥荒等非常规条件下发生的。（2）资本主义在发展过程中产生了工人阶级这一掘墓人。资本主义社会的资产阶级和工人阶级之间具有对立斗争性，资产阶级由解放、发展社会生产力的先进阶级逐渐走向了反面，而工人阶级逐渐从弱小、分散性转向强大、组织性，工人阶级又因为经济上的被雇佣、被剥削地位而具有斗争和革命精神，工人阶级在其工会、政党的组织下而逐渐形成了自己的经济和政治主张，要求建立社会主义制度，并可以在掌握国家权力后把国家垄断资本主义转变为工人自己统治的社会主义。

那么，资本主义通向社会主义的道路或方式是什么？是只有采取工人阶级革命和专政的道路，还是在革命、改革、议会等道路之间相机选择？

根据《共产党宣言》，要达到共产主义必须经历长期的发展，而实现共产主义的第一步是通过革命、暴力夺取政权，实行工人阶级专政，建立社会主义国家，最终到达共产主义。由于资本主义已经是存在了几百年、在世界大多数国家占支配地位的生产方式，向社会主义的转变必然触及资产阶级的根本利益，几乎所有国家的社会主义运动都会受到暴力压制。因此，社会主义制度可能在一个或少数条件成熟的发达资本主义国家建立，其他资本主义国家则继续存在和发展，从资本主义向社会主义过渡必将是一个从个别国家逐步向更多国家的扩展过程，是一个复杂的、长期的、曲折的历史过程，实现共产主义需要经过多个阶段。

在古代社会，人们试图通过暴力手段而建立"均贫富、等贵贱"的人间天国，但实践一次次证明了人们的僭越和狂妄。古代社会的等贵贱或有可取之处，均贫富则往往导致了横征暴敛和普遍贫困。现代社会可不可以采取民主社会主义的改良道路，通过和平的、议会民主的方式废除私有制，走向社会主义？恩格斯1847年《共产主义原理》回答："但愿如此，共产主义者当然是最不反对这种办法的人。"[①] 在1848年欧洲革命、1870年巴黎公社起义等革命运动后，马克思、恩格斯多次提出工人争取普选权等和平斗争方式。第二次世界大战结束以后，欧洲许多资本主义国家在工人运动的推动下，已经实行了一系列经济民主、政治民主改革，有些人提出了资本主义正在从垄断资本主义向民主资本主义过渡的理论。

社会主义或共产主义作为一种社会制度，作为未来社会形态，它的产生、发展的阶段和过程是什么？对此，马克思尽管在《1844年经济学哲学手稿》等早期著作

---

① 恩格斯．共产主义原理［M］//马克思恩格斯选集：第一卷．北京：人民出版社，1995：239．

中曾经具体构想过共产主义，但后来又放弃了。他只是假设替代资本主义而出现的共产主义将是物质资料极大丰富、各尽所能、按需分配的社会，但不愿详细地预言或描述共产主义的阶段和特征。人们一般认为，社会主义需要经过两个发展阶段：第一阶段就是列宁所称的社会主义或共产主义的第一阶段，社会共同占有生产资料，消灭了阶级对立和压迫，但国家实行工人阶级专政，商品、货币仍然存在，社会主义还可分为社会主义的初级阶段和发达阶段。第二阶段是在发达社会主义基础上进入的共产主义，各尽所能，按需分配。此外，资本主义转向社会主义的这段时间现在称为社会主义的过渡阶段。

还有，如何认识社会主义革命未能首先在资本主义发达国家而在资本主义落后国家成功爆发，社会主义思想为什么在发达国家衰落、在落后国家混乱？这些社会主义国家的发展目标和手段、阶段和结果是什么？无论是俄国十月革命，还是后来的东欧和亚洲社会主义革命，几乎都不是发生在资本主义工业发达、充分竞争的国家，而是发生在资本主义经济落后的国家；革命的主要原因不是社会化大生产与资本主义私有制、工人阶级和资产阶级之间的矛盾，不是资本主义长期发展、过度成熟的产物，而是为了摆脱贫困、愚昧、专制、战争，反对官僚地主统治、殖民地剥削、民族压迫的斗争；革命领导人大多不来自工人阶级，而是出身富有阶层、具有社会主义理想的知识分子：这与马克思、恩格斯的分析结论并不完全相同。

（三）社会主义的可行性

自空想社会主义思想产生以来，社会主义已经有几百年的历史了。自1848年马克思、恩格斯发表《共产党宣言》以来，社会主义运动已经超过一个半世纪了。如果自1917年俄国十月革命算起，社会主义制度历时也有了一个世纪。其间，先后有100多个国家执政党或政府提出过社会主义的纲领或目标，进行了形形色色的社会主义试验，诸如苏联斯大林社会主义、德国国家社会主义、印度社会主义、埃及民主社会主义、欧洲各种社会民主主义等。然而，1956年苏联赫鲁晓夫秘密报告、匈牙利改革和苏联入侵等事件是社会主义运动的一大低潮，马克思主义在某些资本主义国家一度退缩到少数左翼政党和学者之中，不再是工人运动、社会变革的主要力量；20世纪80年代，中国、东欧、苏联等社会主义国家再次掀起了体制改革大潮，但1989年之后苏联东欧社会主义制度相继取消，作为一种实践的社会主义运动又多年陷入了低潮，直到2008年大危机爆发后才有所复苏。

政治经济学作为一门社会的、历史的科学，作为一种认识和改造世界的理论，在关于社会主义的可能性和可行性之间似乎没有什么不一致或冲突，而长期的理论研究和社会实践表明：在实践中把二者紧密有效地统一结合起来，远比马克思、恩格斯当年凭借激情和理性所能想象的要困难得多。工人阶级不能简单地掌握现成的国家机器，并运用它来达到自己的目的。那么，如何认识社会主义的可行性？什么是真正的、可行的社会主义？具体而言，建立和实施社会主义经济的动力、目标、手段、途径是什么，政治、经济、技术、知识等方面的可行性条件是什么，社会主义经济的动力、目标、条件、手段、途径等因素之间是否和如何统一？

社会主义不是宗教，不是乌托邦，分析社会主义经济的可行性，首要问题不是描述社会主义的意义、价值、目标等道德性、规范性内容，诸如人的解放和全面自由发展，社会主义的公平正义，共同富裕、和谐发展等社会主义目标的伟大性、先进性，而应当根据逻辑和历史相统一的理论原则，坚持历史的、实践的唯一标准，分析资本主义生产方式的进步性和局限性、社会主义生产方式的实践可行性。特别是在垄断资本主义时期，社会主义思想和运动对许多国家经济活动产生了深刻影响，社会主义制度在资本主义落后国家的废墟上进行了百年实践，这就为分析社会主义经济提供了经验证据。

马克思、恩格斯作为科学社会主义的创始人，不是从平等、博爱等理念或伦理角度批判资本主义，不是从理想出发来构造未来的社会愿景，而是根据逻辑和历史相统一的科学方法，通过对人类的历史进程和现实的资本主义生产方式内在矛盾和运动规律的经验分析，提出社会主义思想和运动是资本主义基本矛盾长期运动的历史产物，是解决资本主义基本矛盾、发展社会生产力的客观要求。能够替代资本主义的未来社会，一定要具有比资本主义生产方式更高的劳动生产率，一定要更有效地解决人类的物质和精神消费需求与社会生产之间的矛盾冲突，一定要通过具体的、实践的过程而获得自由。或许如此，马克思、恩格斯等人并没有苦思冥想、浓墨重彩地描述当时不可能证实的未来社会，《共产党宣言》只是审慎、简单地概括了未来社会的核心命题："代替那存在着阶级和阶级对立的资产阶级旧社会的，将是这样一个联合体，在那里，每个人的自由发展是一切人的自由发展的条件。"① 显而可见，每个人的自由发展不只是经济发展的前提条件和基本方式，而且是未来社会发展的基本原则和主要内容。马克思《资本论》第一卷第二十四章结束部分只宣示了未来社会的美好愿景："这种否定不是重新建立私有制，而是在资本主义时代的成就的基础上，也就是说，在协作和对土地及靠劳动本身生产的生产资料的共同占有的基础上，重新建立个人所有制。"② 对于马克思的个人所有制即联合起来的社会个人的所有制，恩格斯把其内涵具体解释为土地及其他生产资料的公有制和消费资料的个人所有制。马克思《哥达纲领批判》还提出，从资本主义向共产主义的转变过程中必须实行工人阶级专政，通过工人阶级专政而消除资本主义制度的种种弊端，而共产主义将消灭阶级、市场和国家，社会生产力极其发达，社会才能在自己的旗帜上写上"各尽所能，按需分配"。

作为一种社会制度和生产方式，作为对资本主义私有制和市场方式的批判，社会主义计划经济的核心结构可能是生产资料的社会共同占有制度，经济发展的中央计划制度，以及收入分配的按劳分配制度。1917年11月8日，俄国爆发十月革命的次日晚上，列宁在第二届苏维埃代表大会伊始就宣布："现在，我们就开始建设社会主义制度！"列宁1918年3～4月《〈苏维埃政权的当前任务〉一文的几个提

---

① 马克思，恩格斯. 共产党宣言 [M]//马克思恩格斯选集：第一卷. 北京：人民出版社，1995：294.
[美] 默瑞·N. 罗斯巴德. 古典经济学 [M]. 张凤林，等译. 北京：商务印书馆，2012：476 - 558.
② 马克思. 资本论：第一卷 [M]. 北京：人民出版社，2004：874.

纲》提出，"乐于吸取外国的好东西：苏维埃政权＋普鲁士的铁路秩序＋美国的技术和托拉斯组织＋美国的国民教育……＝总和＝社会主义。"① 1919年6月《伟大的创举》提出，"共产主义就是利用先进技术的、自愿自觉的、联合起来的工人所创造的较资本主义更高的劳动生产率。"②

俄国十月革命特别是苏联1922年成立后，苏联逐渐形成了高度集权的中央计划经济体制，在1928～1932年、1933～1937年前两个五年计划期间初步完成了工业化、农业集体化，国民经济直到60年代仍保持了较高增长率，军事、航空航天等重工业、化学工业比较发达，并在莫斯科1957年《社会主义国家共产党和工人党宣言》中提出了国有化、工业化、计划化的莫斯科共识，苏联模式一度成为社会主义国家和落后国家的学习榜样。然而，苏联经济增长倚重于物质资源和劳动力的大规模、粗放性投入，经济发展的动力和创新相对不足，事关民生的农业、轻工业、服务业严重落后，苏联及经济互助委员会成员国经济发展严重不平衡，国民经济从20世纪60年代长期陷入了停滞低效困境。同时，苏联在人权保护、民主政治、知识创新上问题重重，20世纪30年代杀害了约150万党政军各界人员，官僚专制主义国家机器过度膨胀，官僚阶层既享有特权又受贿严重，多次武装干预社会主义盟国，虽有多次改革而收效甚微。由于个人自由与经济发展之间，社会主义理想、理论与实践、现实之间出现了巨大的裂痕以至悖谬，以至熊彼特把俄国十月革命胜利称为侥幸成功，保罗·斯威齐1982年《革命后社会》把苏联称为介乎资本主义和社会主义之间的暂时存在的社会形态，东欧国家1989年纷纷剧变，苏联1991年底解体。

真正的、可行的社会主义经济到底是什么，如何避免社会主义运动中的空想和荒谬？经过马克思、恩格斯与当时各种社会主义思潮的论战，20世纪30年代的社会主义论战，80年代对社会主义的全面反思，经过苏联、中国等许多国家百年来的艰苦曲折的社会主义实践，人们对资本主义和社会主义的一系列问题有了全面深入的理论认识和实践检验。斯大林晚年就反思了经济规律的客观性和历史性、社会主义制度下的商品生产和国有企业与集体农庄之间的商品交换等经济问题，而苏联经济学界总结的社会主义经济基本规律、国民经济有计划按比例发展规律也只不过是社会主义经济的发展目标或运行原则而已。③ 在东欧社会主义国家，唯一广为人知的创新大概是魔方，但匈牙利鲁比克教授1974年的这一发明也未能有效商品化。在从新民主主义向社会主义的急速转变中，孙冶方、顾准、薛暮桥等人探讨了我国社会主义经济的商品生产与价值规律等理论问题，欧洲各国出现了民主社会主义、社会民主主义等各种思潮和运动。④ 但是，由于资本主义还具有顽强的生命力，社会

---

① 列宁.《苏维埃政权的当前任务》一文的几个提纲 [M]//列宁全集：第34卷.北京：人民出版社，1985：520.
② 列宁. 伟大的创举 [M]//列宁选集：第四卷.北京：人民出版社，1995：17.
③ 斯大林. 苏联社会主义经济问题 [M].北京：人民出版社，1952.
④ 孙冶方. 把计划和统计放在价值规律的基础上 [J]. 经济研究，1956（6）. 顾准. 试论社会主义制度下的商品生产和价值规律 [J]. 经济研究，1957（3）. 顾准. 顾准文集 [M]. 贵阳：贵州人民出版社，1994. 薛暮桥. 中国社会主义经济问题 [M]. 北京：人民出版社，1979.

主义因素还相对模糊弱小，人们对于个人自由平等、经济充满活力、政治更加公正、社会和谐发展、能够避免资本主义的主要弊端并替代资本主义的社会主义制度还不很明晰，资本主义向未来社会的过渡必将是一个复杂、曲折、长期的过程。

  判断人类的理想、理论、计划以至社会制度是否可行，根本和最终的标准不是政治上的合法性或逻辑上的严密性，而只能是政治、经济、技术上的经验有效性或实践可行性，是社会实践长期、全面检验的结果。可行性是关于人们实施某一理论、计划或制度的内在动力、外部条件和实施方式的效率状况评价，包括政治、经济、技术等方面的可行性，核心是经济上的可行性，即实施计划或项目的成本收益状况，可行性的实质就是手段、过程和结果的整体有效性。中国改革开放过程中提出的"实践是检验真理的唯一标准""党和国家领导制度的改革""三个有利于"理论，以及我国社会主义建设将长期处于初级阶段论断，关于计划和市场、公有制和私有制都是经济发展的手段等命题，都是对社会主义可行性的理论解释。社会主义的可行性就是指社会主义制度特别是社会主义经济制度更能适应人类社会发展的客观需要，在实践上更好实现人类对美好生活的全面追求，如此才具有政治或理论上的正当性。中国经过40多年的改革开放，探索提出的以人为本、人民主体的社会主义市场经济体制为人类现代化开辟了新的发展道路。①

关键概念

  社会总产品；社会再生产；资本主义再生产；简单再生产；扩大再生产；简单再生产的实现条件；扩大再生产的前提条件；扩大再生产的实现条件；经济危机；资本主义经济基本矛盾；社会主义；计划经济；乌托邦

阅读书目

  马克思. 资本论：第二卷［M］. 北京：人民出版社，2004.
  列宁. 论所谓市场问题. 列宁选集：第一卷［M］. 北京：人民出版社，2012.
  ［波］奥斯卡·兰格. 社会主义经济理论［M］. 王宏昌，译. 北京：中国社会科学出版社，1981.
  ［德］W. 桑巴特. 为什么美国没有社会主义［M］. 赖海榕，译. 北京：社会科学文献出版社，2003.
  ［美］彼得·德鲁克. 经济人的末日［M］. 洪世民，赵志恒，译. 上海：上海译文出版社，2015.
  ［美］道格拉斯·C. 诺斯. 暴力与社会秩序［M］. 杭行，王亮，译. 上海：格致出版社，2013.
  ［美］汉娜·阿伦特. 极权主义的起源［M］. 林骧华，译. 北京：读书·生活·新知三联书店，2014.

---

① 李由. 中国发展道路：条件、原则、方式与未来［J］. 徐州工程学院学报，2015（1）.

［美］罗伯特·J. 巴罗，夏威尔·萨拉伊马丁. 经济增长［M］. 夏俊，译. 上海：格致出版社等，2010.

［美］罗伯特·J. 巴罗，赫歇尔·格罗斯曼. 货币、就业、通货膨胀［M］. 张辑，译. 北京：商务印书馆，2015.

［美］罗伯特·J. 希勒. 非理性繁荣［M］. 李心丹，等译. 北京：中国人民大学出版社，2016.

［美］米尔顿·弗里德曼，安娜·雅各布森·施瓦茨. 美国货币史（1867—1960）［M］. 巴曙松，译. 北京：北京大学出版社，2009.

［美］约翰·罗尔斯. 正义论［M］. 何怀宏，等译. 北京：中国社会科学出版社，2009.

［匈］雅诺什·科尔奈. 社会主义体制［M］. 张安，译. 北京：中央编译出版社，2007.

［英］弗雷德里希·奥古斯特·哈耶克. 通往奴役之路［M］. 王明毅，等译. 北京：中国社会科学出版社，1997.

［英］卡尔·波普. 开放社会及其敌人［M］. 陆衡，等译. 北京：中国社会科学出版社，1999.

金雁，秦晖. 十年沧桑［M］. 北京：东方出版社，2012.

李由. 政经与不经［M］. 北京：经济科学出版社，2023.

沈志华. 一个大国的崛起与崩溃［M］. 北京：社会科学文献出版社，2009.

中共中央党史研究室. 中国共产党历史：第一卷，第二卷［M］. 北京：中共党史出版社，2011.

思考题

1. 分析社会简单再生产的假设条件和实现条件。
2. 分析社会扩大再生产的前提条件和实现条件。
3. 进一步思考知识创新、技术进步条件下的社会扩大再生产问题。
4. 如何理解资本主义经济危机的原因？
5. 为什么各国流通成本占总成本的比例有上升的趋势？
6. 思考、讨论2008年爆发的美国经济危机。
7. 如何认识资本主义的进步性和局限性？
8. 如何认识社会主义的可能性和可行性？
9. 如何认识苏联、中国的社会主义建设和改革？

主要参考文献

列宁．帝国主义是资本主义的最高阶段［M］．北京：人民出版社，2001．

马克思，恩格斯．马克思恩格斯选集［M］．北京：人民出版社，2012．

马克思．资本论：第一、二、三卷［M］．北京：人民出版社，2004．

［英］安格斯·麦迪森．世界经济千年史［M］．伍晓鹰，等译．北京：北京大学出版社，2003．

［美］保罗·巴兰，保罗·斯威齐．垄断资本［M］．南开大学政治经济学系译．北京：商务印书馆，1977．

［美］达龙·阿西莫格鲁．现代经济增长导论［M］．唐志军，等译．北京：中信出版社，2019．

［美］大卫·哈维．跟大卫·哈维读资本论［M］．刘英，译．上海：上海译文出版社，2014．

［英］大卫·李嘉图．政治经济学及赋税原理［M］．郭大力，王亚南，译．北京：商务印书馆，2013．

［奥］F.A.冯·哈耶克．个人主义与经济秩序［M］．邓正来，译．北京：读书·生活·新知三联书店，2003．

［美］卡尔·夏皮罗，哈尔·瓦里安．信息规则［M］．张帆，译．北京：中国人民大学出版社，2000．

李翀．新的历史条件下马克思政治经济学研究［M］．北京：中国经济出版社，2023．

李由．大国经济论［M］．北京：北京师范大学出版社，2000．

［英］马歇尔．经济学原理［M］．朱志泰，译．北京：商务印书馆，1964．

［美］米尔顿·弗里德曼，罗斯·弗里德曼．自由选择［M］．胡骑，等译．北京：商务印书馆，1982．

［美］萨缪尔·鲍尔斯．微观经济学：行为、制度和演化［M］．江艇，等译．北京：中国人民大学出版社，2006．

陶大镛．现代资本主义论［M］．南京：江苏人民出版社，1996．

［法］托马斯·皮凯蒂．21世纪资本论［M］．巴曙松，等译．北京：中信出版社，2014．

汪丁丁．新政治经济学讲义［M］．上海：上海人民出版社，2013．

［英］亚当·斯密．国民财富的性质和原因的研究［M］．郭大力，王亚南，译．

北京：商务印书馆，1972.

[英] 约翰·梅纳德·凯恩斯. 就业、利息和货币通论 [M]. 高鸿业，译. 北京：商务印书馆，1999.

[美] 约瑟夫·熊彼特. 从马克思到凯恩斯十大经济学家 [M]. 宁嘉风，译. 北京：商务印书馆，2013.

张五常. 经济解释 [M]. 北京：中信出版社，2015.